Iñaki
Gabilondo

# Testigo de la historia

Iñaki
Gabilondo

# Testigo de la historia

AGUILAR

2005, Santillana Ediciones Generales, S. L.
Torrelaguna, 60. 28043 Madrid
Teléfono 91 744 90 60
Telefax 91 744 90 93

• Aguilar, Altea, Taurus, Alfaguara, S. A.
Beazley 3860. 1437 Buenos Aires
• Aguilar, Altea, Taurus, Alfaguara, S. A. de C. V.
Avda. Universidad, 767, Col. del Valle,
México, D.F. C. P. 03100
• Ediciones Santillana, S. A.
Calle 80 Nº 10-23
Bogotá, Colombia

La editorial Aguilar agradece al Departamento
de Documentación de la Cadena SER,
y en especial a su directora Ángeles Afuera,
el esfuerzo realizado para la edición de este libro.

*Primera edición: abril de 2005*

ISBN: 84-03-09557-0
Depósito legal: M-9147-05
Impreso en España por Unigraf, S. L. (Madrid)
Printed in Spain

# *Índice*

# *Prólogo*

Falta el reloj. Las entrevistas que aquí se recogen fueron emitidas en la Cadena SER y en Televisión Española y siempre en directo. Falta, por tanto, el reloj.

Las entrevistas en directo, en tiempo real, tienen que ser entendidas como un encuentro a tres. Lo que aquí se ofrece es el encuentro de dos de los tres. Falta el testigo, el oyente, el espectador que en tiempo real asiste a estos encuentros. Pero hay que entender que son encuentros de un solo acto.

La función es ésta que aquí se ofrece, no tiene un segundo acto, que es el que en las entrevistas periodísticas finalizado ya el encuentro del entrevistador con el entrevistado permite al periodista una reconstrucción de la experiencia personal vivida.

Estas entrevistas que aquí se recogen pueden, por tanto, tener la tensión de los directos, pero siempre naturalmente cojearán por esa condena a lo incompleto, que es lo que no puede posteriormente revisarse. Lo que pasa pasa. Lo que no pasa no puede pasar. Y en su orden. En el orden exacto en el que se están produciendo las preguntas y las respuestas, con la agonía del tiempo que avanza cuando todavía nada de interés ha surgido, con la angustia de que el interés aparezca cuando está el tiempo a punto de concluir, porque el interés no puede después reconstruirse. No puede recolocarse o reordenarse en ese segundo acto, acto solitario del periodista.

Estas entrevistas tienen, por tanto, necesidad de ser traducidas porque falta el reloj y porque son, además, encuentros sin red, actos de honestidad obligatoria. La honestidad no tiene mérito en las entrevistas en directo en radio o en televisión, porque la trampa, el artilugio, el artificio está teniendo que ponerse permanentemente de manifiesto ante un testigo que nunca podemos olvidar.

Sí tienen mucho mérito los periodistas que pueden o no ser honestos y eligen la honestidad, que pueden, puesto que se encuentran ante la segunda oportunidad tras el acto periodístico de la entrevista, alterar, adulterar, falsificar, componer, que pueden no hacerlo, que pueden manejar con enorme fidelidad lo que allí ha ocurrido o con enorme sinceridad lo que allí se ha experimentado, incluyendo los errores que el propio periodista haya podido cometer.

A mí siempre me ha dado mucha envidia lo inteligentes que parecen siempre los periodistas de entrevistas en los periódicos, seguramente al comprobar lo tontos que parecemos siempre los periodistas de la radio y de la televisión. Y siempre me ha dado igualmente mucha envidia la posibilidad de lograr acabados perfectos, cosa que en nuestro trabajo, en esta actividad en tiempo real, es sencillamente imposible.

Quiero agradecer a quienes se han tomado la molestia de recoger todo este material, al tiempo que confieso sentirme abrumado ante la gran cantidad de horas que se esconden en el interior de estas páginas.

Iñaki Gabilondo

# *PRIMERA PARTE*

# *CRISIS DEL SOCIALISMO Y ASCENSO DEL PARTIDO POPULAR (1993-1996)*

1

# *Felipe González*
# *«¿Organizó, autorizó o toleró usted la guerra sucia del GAL?»*

Felipe González (Sevilla, 1942) había sido la gran esperanza del socialismo español durante la transición. Su triunfo electoral del 28 de octubre de 1982 había levantado una desconocida oleada de ilusión en el futuro del país. Comenzaba entonces un gran esfuerzo de modernización y de integración en Europa. El Partido Socialista Obrero Español volvió a conseguir mayoría absoluta en los comicios de 1986, pero en 1989 perdió, por un escaño, esa ventaja decisiva y a partir de las elecciones de 1993 se vio obligado a pactar con los nacionalistas catalanes (Convergència i Unió, CiU) para dar estabilidad al Gobierno.

Después de más de una década en el poder, el Gobierno socialista pasaba por sus momentos más delicados. Las distintas tramas de corrupción, aireadas en la prensa y espoleadas por el Partido Popular (José María Aznar) e Izquierda Unida (Julio Anguita), crearon un ambiente político irrespirable. Uno de los principales casos que afectaron al Gobierno de Felipe González fue el que protagonizaron los Grupos Antiterroristas de Liberación (GAL). Esta banda terrorista parecía vinculada a los aparatos policiales del Estado y había cometido diversos crímenes desde 1983 (hasta 29 asesinatos y varios secuestros). Era la «guerra sucia» contra ETA. La principal cuestión en este caso era dilucidar si el Gobierno había planeado y organizado los GAL en el ámbito estatal o era la aventura criminal de sujetos aislados.

A continuación se transcribe la histórica entrevista que Iñaki Gabilondo hizo a Felipe González el día 9 de enero de 1995 en TVE.

*—El GAL está en el centro de la actualidad, en el centro de la actualidad judicial, de la actualidad política, de la actualidad económica, en el centro de todo. Y mientras los procesos judiciales siguen su camino, creo que no se puede perder ni un minuto, señor presidente: es necesario tratar de despejar las incógnitas básicas de la credibilidad. Me va usted a permitir que le pregunte directamente: ¿organizó usted el GAL, señor González?*

—Jamás. Jamás se me hubiera ocurrido. Yo soy un demócrata de toda la vida, convencido de que sólo se pueden utilizar instrumentos democráticos para luchar contra el crimen.

*—¿Autorizó usted la guerra sucia contra ETA?*

—Nunca autoricé, ni nunca encubrí esa guerra sucia. Es más: he ordenado al ministro de Justicia e Interior [Juan Alberto Belloch] que interpongan una querella contra quien hace una afirmación respecto del Gobierno como la que hoy ha aparecido en prensa.

*—¿Toleró usted en algún momento eso porque le estaba resultando útil en la guerra contra ETA?*

—Repito que en ningún caso. Ni lo toleré, ni lo consentí, ni mucho menos lo organicé, obviamente.

*—Felipe Alcaraz [dirigente de Izquierda Unida] dice que ya está claro, que Felipe González es la X.*

—Pues yo creo que el señor Alcaraz tendrá que asumir su propia responsabilidad y demostrarlo.

*—¿Está usted muy enfadado?*

—No, enfadado no estoy. Yo no suelo enfadarme. Lo que pasa es que tengo convicciones que son muy profundas y no estoy dispuesto a que las pongan en entredicho nadie, ni Felipe Alcaraz ni nadie, y mucho menos, dos condenados, como han sido condenados por los Tribunales de Justicia en sentencia firme [1].

*—¿Comprendió usted o entendió que naciera el GAL?*

—En absoluto. Ha habido episodios de ésos en la democracia y yo nunca he hecho ningún tipo de cobertura, ni siquiera explicativa. Siempre he condenado cualquier acción que no sea una acción legal.

*—En las últimas semanas han surgido muchas voces que han tratado de contextualizar lo ocurrido para «comprenderlo», entre comillas. ¿Está usted entre los que... se explicarían esas actuaciones contextualizando lo que ocurrió en 1983?*

—Yo no he hecho ninguna contextualización. La lucha contra el terrorismo es una lucha desigual, lo he dicho muchísimas veces, porque nosotros tenemos que utilizar los instrumentos de la ley y los terroristas utilizan todos los instrumentos para matar o para extorsionar, hasta el punto que ha habido muchas víctimas del terrorismo, muchas: 867. Por consiguiente, estamos en una situación muy dura o hemos vivido y vivimos una lucha muy dura contra el terrorismo, pero yo no he contextualizado nunca esa lucha que siempre he pretendido que sea una lucha democrática y una lucha transparente.

*—Señor presidente, ¿y por qué sabe usted que no se va a descubrir nada que afecte al Gobierno?*

—Mire: recuerdo que un periodista me hizo una pregunta estando de visita en una residencia de ancianos... Exactamente me dijo: «¿Y si se demuestra que el Gobierno ha participado, de alguna manera, en la creación de los GAL?». Y yo contesté: «Mire usted: ésa es una hipótesis imposible, porque nunca lo ha hecho. Por consiguiente, es imposible que algún día se pueda demostrar eso».

*—Vamos a ver... ¿La cúpula de la lucha antiterrorista es Gobierno?*

—La cúpula de la lucha antiterrorista son funcionarios, no son Gobierno, pero son funcionarios que dependen del Gobierno en todas las luchas contra el terrorismo, y me parece que siempre han cumplido con absoluta lealtad y con una gran fidelidad a la democracia.

*—El director general de la Seguridad del Estado, ¿es Estado?*[2].

—Es Estado, sin duda alguna, claro. No se puede decir que sea Gobierno, pero, desde luego, es Estado. Y me parece que ha prestado un gran servicio a la sociedad española.

*—Acabamos de saber que ha sido decretada la orden de detención para el secretario personal del señor [Rafael] Vera, por el asunto del dinero... Se están produciendo al parecer en los procesos de investigación aproximaciones que estarían implicando a personas que difícilmente se pueden considerar ajenas al Gobierno...*

—Mire... Hoy han dicho en la prensa, esta mañana, que el Gobierno ordenó el pago de doscientos millones de pesetas a los señores Amedo y Domínguez, y yo he dicho al ministro de Justicia, inmediatamente, que presente una querella contra quien hace esa afirmación, porque es absolutamente falsa, no tiene ningún fundamento.

*—¿Si lo hubiera ordenado un ministro del Interior podríamos decir que el Gobierno estaba implicado?*

—Sin duda. El ministro del Interior forma parte del Gobierno, pero es que no es verdad.

*—¿Y un secretario de Estado no tiene una responsabilidad de gobierno?*

—Sin duda es una responsabilidad próxima al Gobierno, porque cuando se habla del Gobierno es el Gobierno. Pero, bueno, de todas maneras... la información es falsa y el propio secretario de Estado lo ha dicho.

*—Si pasados los días se terminara descubriendo la responsabilidad de personalidades de la cúpula de determinados ministerios o del Ministerio del Interior...*

—Mire usted: es que eso no forma parte de un talante democrático. Parto de un presupuesto democrático que me parece que todos tenemos que defender: presumir la inocencia de las personas y no la culpabilidad. Cuando se demuestre la culpabilidad de una persona, podremos decir: «Hay una sentencia firme condenando a una persona». Es el caso del señor Amedo y del señor Domínguez. Pero no es el caso de los demás. ¿Cómo podemos hacer hipótesis que presuman la culpabilidad de personas que han tenido una gran responsabilidad en la lucha contra el terrorismo?

*—¿No nos podemos sentir inquietos los demócratas de este país? Pudiera darse esta circunstancia y, por tanto, necesitamos que el presidente del Gobierno...*

—Vamos a ver: sería mucho más inquietante que estuviéramos presumiendo la culpabilidad como demócratas. Eso sería la Inquisición: tendríamos que demostrar la no culpabilidad simplemente por una imputación que no tiene fundamento. Los demócratas no podemos dar credibilidad a lo que digan dos condenados en declaraciones a un medio.

*—Lo que pasa es que no solamente es lo que digan dos condenados en declaraciones a un medio, es que en este momento están detenidos. Aunque actúa sobre ellos la presunción de inocencia, están detenidos, y se cita a grandes personalidades de la lucha antiterrorista que nos hacen temer que pudieran darse evidencias que terminaran siendo verdaderamente carga de dinamita contra...*

—Vamos a ver: de nuevo le digo que hay que presumir la inocencia de las personas, como es natural en democracia, incluso cuando están en una situación de privación de libertad. Y hay que respetar, y respetar seriamente, la independencia de los jueces que, bajo su responsabilidad, toman esa decisión. Y yo estoy dispuesto a respetarla, pero desde luego no estoy dispuesto a hacer un juicio de valor ni estoy dispuesto a condenar a ninguna persona simplemente porque un juez haya decidido la privación de libertad.

*—Usted, por tanto, no tiene absolutamente ninguna pista, ningún dato: no sabe absolutamente nada de los GAL, absolutamente nada.*

—No. Yo sé lo mismo que sabe usted y lo mismo que sabe mucha gente porque se ha informado mucho.

*—Pero no más.*

—Pero ¿por qué voy a saber más?

*—¿No tiene... digamos, información...?*

—Ha habido investigaciones judiciales, que siempre han sido investigaciones acompañadas del esfuerzo de la Policía para esclarecer los hechos, y eso es lo que ha ocurrido con el GAL desde hace diez años u once años, desde que esta historia empieza. Por consiguiente, ha habido una participación de la propia fuerza de la Policía judicial en el esclarecimiento de los hechos. Por tanto, ¿qué es lo que tienen que saber los ciudadanos? ¿Que el Gobierno está detrás del GAL, como se dice? ¿O como he oído decir a un señor, que yo soy el «señor X»? [3]. Espero que esta persona asuma su responsabilidad, espero que la asuma seriamente. Los ciudadanos tienen que saber que eso es falso, radicalmente falso, y como es falso, vamos a reaccionar querellándonos contra quien lo afirma.

*—Deduzco entonces que usted tiene el máximo interés en que se esclarezca absolutamente todo lo que tiene que ver con el GAL.*

—Sin duda, sin duda alguna.

*—Por tanto apoya y anima al señor [Baltasar] Garzón* [4] *a que continúe con...*

—Yo no tengo por qué animarlo. Él tiene una misión que cumplir y debe cumplirla. Lo que tengo es que respetar su actuación y su independencia; y eso lo tiene absolutamente garantizado, y lo sabe muy bien el señor Garzón.

*—Si pasado un cierto tiempo se dedujeran implicaciones de personalidades del Ministerio del Interior, responsables de lucha antiterrorista, ¿usted seguiría considerando que el Gobierno no está implicado? ¿No estaría implicado en este caso?*

—Repito que usted parte de una hipótesis que me parece peligrosa en democracia: es la hipótesis de presumir que puede haber implicaciones de responsables...

*—No, no... En caso de tener implicaciones, presidente, en caso de tener implicaciones... Es el sentimiento de muchos ciudadanos de este país.*

—¿Qué diferencia hay entre «en caso de» y «presumir»? Yo creo que hay que presumir la inocencia de las personas. No se trata de contextualizar nada. Es natural que la lucha contra el terrorismo, que no ha acabado todavía, sea un tema muy serio en el país; es un tema muy serio. Por consiguiente, hay que tener respeto a las personas que luchan contra el terrorismo, arriesgando su propia vida. Incluso en una situación de dificultad como la actual, hay que presumir la inocencia de esas personas. Pero, en todo caso, si los jueces establecen cualquier responsabilidad, cualquiera, yo asumiré la responsabilidad que a mí me corresponda, de eso no le quepa la menor duda, y siempre lo he dicho y lo he hecho políticamente.

*—Apelo en este momento al demócrata y al hombre que cree en el Estado de Derecho: ¿cómo calificaría a un Gobierno que hubiera practicado la guerra sucia contra el terrorismo? Porque yo creo que se han comentado algunos ejemplos internacionales con alguna admiración.*

—Yo creo que eso no tiene justificación. Así de claro.

*—Este tema está afectando a todos los asuntos y nos lleva directamente al asunto de los fondos reservados y del dinero. ¿Usted no tenía noticia de que hubiera un dinero que se estuviera pagando a nadie?*

—Es que yo creo que no es verdad. Yo creo que no es verdad. Mire usted, sobre los fondos reservados le voy a decir algo que me parece serio: todos los países democráticos necesitan el uso de fondos reservados para defender a las instituciones democráticas en el Estado de Derecho, todos, no hay ni una sola excepción. ¿Qué es lo que ocurre? Que mentir sobre fondos reservados es muy fácil. Yo a veces tengo la tentación de decir: «Bueno, ¿por qué no le explico a la gente qué pasa con los fondos reservados?». Pero, claro, no sólo el sentido de la responsabilidad, sino la propia Ley prohíbe a los responsables políticos hablar de fondos reservados. Es muy fácil, por consiguiente, hacer imputaciones sobre fondos reservados. Hay incluso un procedimiento judicial abierto; esperemos a ver qué es lo que dicen los jueces, pero, desde luego, lo que tiene que quedar perfectamente claro para todo el mundo es que los fondos reservados en todos los estados democráticos se utilizan para la defensa del propio Estado democrático. Y no hay una sola excepción, ni una sola excepción. Y son reservados porque no se puede declarar su naturaleza y eso lo comprende todo demócrata. Claro, quien no entiende qué es la democracia, no lo entiende o puede estar utilizándolo de manera torticera.

*—Sí... Lo que no he entendido muy bien es por qué ha dicho usted que es falsa la imputación de que había un dinero que había viajado camino de Suiza para pagar...*

—Repito. La imputación de esta mañana ha sido clara: el Gobierno ha ordenado que se pague no sé qué cantidad, doscientos millones de pesetas..., a los señores Amedo y Domínguez. Eso es falso. Y, además, lo vamos a demostrar, porque nos vamos a querellar contra quien lo ha dicho. Por tanto, vamos a demostrar judicialmente que es falso.

*—Volveríamos, tal vez, a la discusión de qué sería Gobierno. ¿El Consejo de Ministros actuó como tal?*

—Gobierno es un concepto que legalmente está acuñado, como es natural. Pero repito: en su conjunto, la imputación es falsa. Y, desde luego, no estoy dispuesto a tolerar en absoluto la imputación que se hace al Gobierno, porque como es falsa y nunca el Gobierno ha tomado una decisión de esa naturaleza, naturalmente quien dice esa falsedad tendrá que responder.

*—Este asunto está afectando de una forma sustancial a casi todo en este país: la economía está dando unos disgustos de grueso calibre, la Bolsa se ha venido abajo, lleva haciéndolo bastantes días, la peseta ha llegado a sus mínimos frente al marco alemán, hoy también, el* Financial Times *y el* Wall Street Journal *dedican editoriales a nuestro país y hablan de incertidumbre, de inquietud, de desasosiego...*

—Despejemos las incertidumbres que no son necesarias. Yo creo que hay una cierta repercusión de la situación política en la situación económica. Creo que es más importante controlar el déficit, desde el punto de vista de la evolución del cambio de la moneda o de la evolución de las expectativas, eso es más importante que toda esta discusión que tenemos. Y creo que es así para todos los mercados internacionales. Y como tenemos una absoluta voluntad de controlar el déficit, y se va a ir demostrando semana a semana, mes a mes, esa situación de los mercados irá cambiando. La situación de la economía es mejor de lo que habíamos esperado hace sólo seis, siete u ocho meses; el crecimiento va a ser de un 2 por ciento y hoy ya se sabe la noticia de que habrá ciento cincuenta mil parados menos en el año 1994. Quiero recordarle que esperábamos ciento veinte mil más; por tanto, la diferencia es sustancial y esto va a continuar así. Lo que pasa es que yo creo que no se le puede dar pábulo a aquellos que dicen que hay una crisis política que afecta a la recuperación de la economía porque hay dos personas condenadas que están haciendo imputaciones en declaraciones de prensa. Tenemos que tener un poco de firmeza, de serenidad, y de seriedad, como responsables políticos, porque esto no puede afectar a nuestro país, no puede afectar a la marcha de la economía y, menos, a la estabilidad. ¿Por qué va a afectar a la estabilidad política?

*—Por cierto... ¿tiene usted una opinión sobre la razón por la que Amedo y Domínguez han recuperado, de repente, la memoria?*

—No. Mire, yo no debería dar ningún tipo de opinión que interfiriera ni directa ni indirectamente en lo que puede ser una tarea judicial. Por consiguiente, ¿por qué voy a dar una opinión? Cada ciudadano se hace su composición de lugar. ¿Que han dicho una cosa antes y ahora dicen otra...? También es una valoración que tienen que hacer los jueces y que tienen que hacer los tribunales. Si yo hiciera una valoración, probablemente alguien pensaría que estoy interfiriendo, y como no tengo ningún interés...

*—Perdone... ¿y comparte el punto de vista de [José] Barrionuevo, de que Garzón está movido por intereses* non sanctos *en esta investigación?*

—Hombre, Barrionuevo es una persona a la que se le han hecho una serie de imputaciones, y tiene derecho a defenderse. Yo creo que ha sido un muy buen ministro del Interior, asumiendo una responsabilidad muy seria, como es siempre el Ministerio del Interior. Pero yo no comparto su opinión sobre los jueces, yo creo que... incluso... creo que sus opiniones están en el límite del debate político. Teniendo derecho cada uno a opinar lo que quiera, yo creo que no debía haber dado esa opinión. Por consiguiente, si lo hubiera pensado, en el caso de que hubiera pasado, se lo debería haber reservado y no haberla dado.

*—Por cierto, ¿cómo acabó usted con Garzón?*

—Pues yo no acabé mal. No hace mucho tiempo que lo vi, no hace mucho tiempo que lo vi, por otras razones, porque presidía una fundación de ayuda a pueblos indígenas o algo así. No hace demasiado tiempo que lo vi.

*—Hablaba usted de la economía, que trae buenas noticias, respecto al paro. Efectivamente, lo comentaba el ministro de Trabajo, el señor [José Antonio] Griñán. Pero, en relación con la incertidumbre, le leo lo que decía el editorial del* Financial Times *esta mañana; decía: «Si la subida de tipos frena la recuperación, las dificultades de Felipe González se van a intensificar. Para recuperar el control de la situación, el señor Gon-*

*zález debe encontrar un sucesor potencial que le ayude, pero el paso más importante es, simplemente, gobernar». ¿Cómo lo comenta?*

—Pues yo creo que sí, que la decisión de gobernar es una decisión absolutamente clara, absolutamente adoptada, no sólo hemos tomado una serie de medidas importantes en los últimos meses, que son de todo el mundo conocidas, y que han influido poderosamente en el proceso de recuperación económica, sino que tenemos un paquete de reformas importantísimas, desde la Ley del Suelo hasta la reforma de la Justicia. Tenemos que hacer que la recuperación del empleo y la recuperación económica se aprovechen al máximo; y, dentro de ese aprovechamiento de la situación de la mejora de la economía, tiene que estar la reducción y el control del déficit. El Gobierno está absolutamente decidido a hacerlo y, además, estamos totalmente de acuerdo con el apoyo parlamentario que tenemos, Convergència i Unió, en las prioridades de reducción de déficit. Por consiguiente, prioridad a todo lo que sea mejora de la situación económica...

*—¿Y esto otro de... de que debe «encontrar un sucesor potencial que le ayude»?*

—A mí me parece que tengo muchas ayudas y... Me parece bien, es una opinión. Me imagino... que alguien que ha hecho un editorial y tal... y me parece incluso razonable que haya alguien que opine que tengo que encontrar un sucesor que me ayude. Me ayudan todos los ministros y todos los miembros del Gobierno, pero, en fin... si hubiera otro que me ayudara, pues también estaría bien.

*—Y el* Wall Street Journal *dice que España es un país de alto riesgo para la inversión. Esta mañana, en un editorial, con una foto suya, habla de inestabilidad.*

—No comparto esa idea. Yo creo que se está introduciendo esa idea de manera poco razonable. Desde el punto de vista político, ¿en qué consiste la estabilidad de un Gobierno? Hablo de la estabilidad para hacer cosas, no de la estabilidad por la estabilidad. La estabilidad para hacer las reformas que el país necesita; la estabilidad de un Gobierno, consiste en tener apoyos parlamentarios y en el desarrollo de su propio programa. Yo tengo unos compromisos electorales que estoy cumpliendo y voy a seguir cumpliendo, desde la política de pensiones hasta la política de reformas estructurales: de eso depende la estabilidad. Cuando alguien cuestiona la estabilidad del Gobierno, introduce, sin duda, alguna duda sobre la estabilidad, pero yo le aseguro que no va a haber inestabilidad de Gobierno. Ni va a haber precipitación electoral.

*—Perdóneme, señor presidente, pero esto que estamos viviendo... ¿es estabilidad?*

—Sí. Yo creo que se confunden los términos: yo creo que hay un problema o una serie de problemas, y hay algunos problemas que son serios. Pero esto es algo que ocurre desde el punto de vista de la tarea del Gobierno y no pone en cuestión la estabilidad. No pone en cuestión la estabilidad. Lo que tiene que hacer el Gobierno es resolver los problemas, que es lo que estamos haciendo.

*—¿Cómo interpreta usted que los catalanes [CiU] confirmen su apoyo al Gobierno, pero se mantengan en compás de espera, a la vista de los acontecimientos? ¿Cómo lo interpreta?*

—El apoyo parlamentario de Convergència i Unió siempre va a ser así, ha sido así desde el principio. Y yo lo que agradezco es que de nuevo reiteren, y reiteren con seriedad, que va a seguir siendo el complemento del apoyo parlamentario al Gobierno. Me parece que eso es lo importante desde el punto de vista de la gobernabilidad.

*—Sí... perdone, ¿pero no quiere decir que se está desconfiando? Todo esto que estamos comentando, el tema GAL, etcétera, ¿no ha introducido un elemento de desconfianza en la sociedad, respecto a lo que pueda asomar mañana o pasado, y revelarnos alguna otra sorpresa? ¿No hay desconfianza por lo que está pasando en el país?*

—Yo creo que no...

*—¿No?*

—Yo creo que no. Yo creo que la inmensa mayoría de los ciudadanos confían. La inmensa mayoría de los ciudadanos confían, y confían en un Gobierno que tiene que tomar decisiones, y decisiones que son serias desde el punto de vista de la recuperación económica, repito, y desde el punto de vista de la reforma, y el Gobierno está absolutamente dispuesto a tomarlas.

*—Y ha dicho que no va a haber anticipo de elecciones... Francisco Álvarez-Cascos, del Partido Popular, decía que los plazos máximos de la resistencia de la musculatura política social, más o menos, están en torno a las elecciones municipales y autonómicas. ¿Hasta ahí puede llegar la resistencia en el actual momento? ¿Usted niega eso?*

—Yo respeto las opiniones que se puedan dar. Desde el mes de junio del año pasado pidieron elecciones anticipadas; en el mes de septiembre del año pasado las volvieron a pedir; en julio se decía: «Bueno... con este Gobierno no va a facilitarse la recuperación»; ahora se dice: «Con este Gobierno la recuperación puede que no continúe». Ya se admite que hay una recuperación económica, y una recuperación importante, incluso una recuperación en el tema que casi siempre se retrasa más, que es el empleo. Pero yo creo que eso es normal... Es normal que la oposición diga... Bueno... «normal»... Normal en España, pues en Gran Bretaña la oposición está a una distancia enorme del Gobierno y no pide anticipación electoral. Porque normalmente se tiene el hábito de pensar que las legislaturas deben agotarse, porque los gobiernos son elegidos para cuatro años, y que hay que respetar la voluntad de los ciudadanos. Hay varios procedimientos para que un Gobierno sea sustituido: uno, el más normal, el democrático por excelencia, es el de la convocatoria de elecciones en su tiempo. Hay otro procedimiento, que es la moción de censura y la sustitución de un Gobierno por otro, que es un procedimiento constitucionalmente establecido. Estos métodos están a nuestra disposición. Y hay otro procedimiento: el presidente del Gobierno, con las atribuciones que le confiere la Constitución, puede decidir que es mejor anticipar elecciones que esperar el período normal de legislatura. Yo no estoy en la tesitura de anticipar elecciones, y quiero dejarlo claro y despejado, para no tener que insistir.

*—¿Y cree que los apoyos catalanes van a mantenerse?*

—Yo creo que sí. Yo creo que sí, que se van a mantener, y creo que se van a mantener porque el resultado está siendo muy positivo, desde el punto de vista, repito, de los objetivos fundamentales de la acción de gobierno.

*—Hablemos de dos encuestas. Una de ellas, publicada por el* Abc *esta mañana, dice que si hoy se celebraran elecciones, ganaría el Partido Popular con un 40 por ciento. El Partido Socialista está en la cota más baja y se produce una subida muy fuerte de Izquierda Unida. El Partido Popular podría obtener mayoría absoluta. ¿Esta posibilidad es la que más aleja, justamente, esta disolución de las cámaras?*

—No, en absoluto, en absoluto.

*—¿Hay táctica de partido en esto...?*

—En absoluto. Además, yo ya llevo muchos años gobernando y me parece que he demostrado suficientemente... en otras cosas me habré equivocado, muchas veces, pero he demostrado suficientemente que antepongo los intereses generales del país a cualquier interés partidario y, desde luego, a cualquier interés personal. Por consiguiente, no es eso. Mire, yo creo que la serie de encuestas elaboradas por el Centro de Investigaciones Sociológicas demuestran muy claramente que la situación no es ésa. Pero da igual, imaginemos que fuera ésa: da igual, en medio de un período electoral puede haber una diferencia entre Gobierno y oposición. Yo creo que la encuesta que usted ha leído no se ajusta a la verdad, pero, bueno, la respeto, como cualquier otra.

—*Y la segunda encuesta dice que un 60 por ciento de la población cree que el Gobierno puede estar implicado en el caso GAL: este asunto está en el centro de todo.*

—Es que... claro... En una situación como la que estamos viviendo, una encuesta... depende de cómo se haga. Yo creo que eso no tiene rigor. Yo creo que la inmensa mayoría de la población rechaza cualquier tipo de actividad que no se ajuste a la legalidad, y eso me parece positivo, pero creo que esa apreciación no tiene rigor.

—*En un momento como éste, por tanto, ¿cree usted que el tiempo juega a favor de sus posiciones...?*

—Yo no estoy haciendo un cálculo de tiempo... Si me permite que se lo diga con claridad, esto no es un problema de calcular si el tiempo juega a favor o en contra, sino de hacer una tarea por responsabilidad, una tarea de gobierno que nos han encomendado los españoles. Y cuando los españoles decidan que no seamos Gobierno, está en su mano decidirlo. Por consiguiente, mientras tanto, tenemos que gobernar y tenemos que ayudar a sacar adelante a nuestro país y tendríamos que hacerlo todos, todos los que se sientan comprometidos con nuestro país. Por consiguiente, aun comprendiendo que la oposición pida elecciones anticipadas una y otra vez, yo creo que es un grave error: sería mucho mejor que estuvieran en una actitud constructiva, intentando ayudar a resolver los problemas del país.

—*¿Pero tiene aliento todavía este Gobierno y su partido para continuar adelante con esta legislatura? ¿No está más empecinado en continuar que empeñado con ilusión en una acción de gobierno?*

—Yo creo que no. Yo creo que tenemos un proyecto político, que es un proyecto político que ha producido una gran transformación de nuestro país. Ahora trata de olvidarse, porque... Tenga en cuenta que aquí hay varios procedimientos en marcha. Hay un procedimiento respetable de jueces, etcétera, pero también hay un proceso paralelo del que he hablado hace unos meses (y que generó mucho escándalo); este proceso es contra el Gobierno y contra el partido. Yo estoy dispuesto a soportarlo bien, porque este partido tiene un proyecto político que ha transformado la sociedad española, y la ha transformado de una manera muy seria, y un proyecto político que tiene un largo alcance. Por consiguiente, tiene que seguir el proceso de cambio de la sociedad española y debemos defender, además, algunas de las conquistas que hemos hecho en materia social y que tenemos que asentar, sea en política sanitaria, o sea en política de pensiones. Por tanto, tenemos que tener impulso político para continuar con ese proyecto histórico. Proyecto que, por cierto, no veo en otros.

*—¿Y no le está a usted sujetando el puro deseo de no caer ahogado en el tema de la corrupción?*

—Yo... mire... Lo que ha pasado...

*—Digamos que trata de vencer esta ola. No caer ahogado en ella.*

—Mire, lo que está ocurriendo es el resultado de las acciones que hemos emprendido en materia de corrupción. Antes se hablaba que había absoluta impunidad, y ahora se dice que hay actuaciones institucionales que ponen de manifiesto que ha habido comportamientos presuntamente irregulares. Bueno, esto es lo que hemos decidido hacer. Es curioso que cuando se toma esa decisión, que es un compromiso electoral, eso se pueda volver contra quien decide que efectivamente hay que luchar seriamente contra cualquier tipo de corruptela, pero es posible que eso se vuelva así; sin embargo, para mí, y no me cansaré de explicarlo, con este proceso ha desaparecido ese sentimiento de impunidad. Ahora se dice que es que hay muchos casos: hay los casos que hay. Yo creo que nadie podrá negar que se ha dado un impulso en ese sentido.

*—¿Quiere decir que estos asuntos, los cuales están ahogando al Gobierno, son el resultado de la propia acción depurativa del Gobierno?*

—¿Ahogando por qué? Usted me ha planteado que hay casos de corrupción y se están llevando adelante, se están llevando adelante o por los tribunales o por las propias investigaciones internas del propio Gobierno, como acaba de ocurrir en el Ministerio de Justicia e Interior, entregando toda la información a un juzgado. Bueno, pues eso es lo que tenemos que hacer, ¿no? Lo que nos reclaman los ciudadanos que hagamos: que funcionen las instituciones. Nosotros estamos facilitando el buen funcionamiento de las instituciones, desde nuestra responsabilidad como Ejecutivo. Esto me parece que es lo normal, así debe ocurrir y, por consiguiente, eso producirá, a mi juicio, un saneamiento permanente de la vida pública y una mayor transparencia...

*—¿El caso GAL es uno de los casos que forman parte de la misma acción...?*

—No, no, no... No confundamos: en el caso GAL se ha iniciado una investigación que tiene su causa en un suceso del año 1983, de diciembre de 1983... Por cierto, le recuerdo que en diciembre 1983, cosa que he explicado pocas veces, estuve reunido con el presidente de la República Francesa, justamente, para discutir el tema de la cooperación y la lucha contraterrorista y, justamente, de esa reunión nace el cambio de actitud del Gobierno francés en la cooperación con España; y a primeros de 1984 se produce el comienzo de la cooperación con las primeras extradiciones de etarras a España. Por consiguiente, en el mismo tiempo en que se sitúan estos acontecimientos, yo estaba luchando democráticamente por conseguir algo que no habíamos conseguido antes y que ha sido y es fundamental en la lucha contra el terrorismo: la cooperación del Gobierno francés.

*—¿Y en ese tiempo no se produce un «¡A por ellos!», un «cueste lo que cueste», un «vale todo»?*

—No, no, no. Le vuelvo a repetir que quien impute al Gobierno una responsabilidad en ese sentido, está, simplemente, mintiendo, está falseando la realidad. El Gobierno ha actuado de acuerdo con la legalidad y ha actuado desde convicciones democráticas profundas en la lucha contra el terrorismo; y, desde luego, ha actuado, repito, en términos muy desiguales, porque los terroristas tienen muchas ventajas cuando se lucha democráticamente contra ellos.

*—Muchas gracias, señor presidente del Gobierno.*

## NOTAS

[1] El presidente del Gobierno se refería probablemente a José Amedo y Michel Domínguez, citados poco más adelante, dos policías detenidos, procesados, juzgados y encarcelados que comenzaron a señalar a otras personas y a distintos responsables políticos como integrantes, participantes u organizadores de los GAL. Estas declaraciones se publicaron fundamentalmente en el diario *El Mundo*, dirigido por el periodista Pedro J. Ramírez.

[2] Julián Sancristóbal.

[3] El presidente probablemente se refería a Julio Anguita, por entonces máximo dirigente de Izquierda Unida.

[4] Baltasar Garzón, juez instructor de la Audiencia Nacional, había formado parte de los equipos ministeriales de Felipe González tras las elecciones de 1993. Ocupó la Dirección General sobre Drogas, pero abandonó muy pronto el cargo, por desavenencias políticas o personales, y regresó a su antiguo puesto en la magistratura. A partir de ese momento, desencadenó una serie de actuaciones judiciales que minaron el Gobierno González. Para unos fue una prueba de independencia del juez; para otros, un acto de revancha contra un Gobierno que, en teoría, le había prometido un ministerio que jamás le concedió.

2

# *José Luis Corcuera*
# *El artículo 21.2 y la dimisión*

José Luis Corcuera (1945) había sido trabajador de los Altos Hornos de Vizcaya desde los catorce años y desde muy joven estuvo implicado en la actividad sindical. A principios de los años ochenta era miembro de la dirección del sindicato socialista UGT (Unión General de Trabajadores). En 1982 fue elegido diputado y formó parte también de la ejecutiva del Partido Socialista Obrero Español. En julio de 1988 fue nombrado ministro del Interior en el Gobierno de Felipe González. Obtuvo importantes éxitos en la lucha antiterrorista, como la detención de la cúpula etarra en Bidart (Francia), en 1992, pero su trayectoria se vio enturbiada por su carácter intempestivo, por algunas acusaciones de corrupción relacionadas con los fondos reservados y por una Ley de Seguridad ciudadana ampliamente contestada. El ministro se había comprometido personalmente con la ley citada y cuando el Tribunal Constitucional anuló uno de sus artículos, José Luis Corcuera dimitió (noviembre de 1993). La judicialización de la vida política afectó profundamente a su trayectoria, aunque los tribunales finalmente certificaron su inocencia en el juicio sobre los fondos reservados (2002).

Iñaki Gabilondo entrevistó al ministro del Interior el día 23 de noviembre de 1993, en el programa de TVE *Gente de primera*. El motivo central del encuentro era, naturalmente, su dimisión.

—*Señor ministro, buenas noches... Todavía es usted ministro, ¿no?*

—Buenas noches. Sí, todavía soy ministro. Hasta que no figure el cese en el *Boletín Oficial del Estado*, soy ministro.

*—¿Y hasta cuando será eso más o menos? ¿Cuatro o cinco días?*

—Eso depende del presidente del Gobierno, pero creo que... serán pocos días. Intuyo que será... o bien el jueves o bien el martes.

*—Decía usted que es duro dejar de ser ministro. ¿Se ha arrepentido ya en estas últimas horas?*

—No, no. Yo quería decir que, a veces, la gente piensa que ésta es una responsabilidad muy dura y que uno está deseando dejarlo: no es cierto. Para un político, ser ministro, ser ministro de España es probablemente una de las cosas más grandes que le pueden ocurrir.

*—¿Está empezando a percibir ya el vacío?*

—Pues... un poquito, sí... Algo... algo... algo me falta. Hombre, bien es cierto que se suple con la solidaridad y, en fin, el cariño que percibo en muchos de mis amigos, ¿verdad? Pero sí, sí se nota, sí se nota.

*—Ha almorzado hoy con el presidente, ¿no?*

—Pues sí: he almorzado con el presidente.

*—¿Le ha reñido? ¿No le ha dicho: «Pero José Luis, en qué lío te has metido, en qué lío me has metido»...?*

—No, hoy no, porque he tenido la oportunidad de ver con él este problema, desde... creo recordar que el sábado de la semana pasada, y no es la primera reunión que he tenido con él, y por tanto... Hoy hemos estado hablando de otras cosas. Yo, además, tengo una relación especial con Felipe González. Creo que es el líder político más importante que ha tenido España desde hace muchísimos años.

*—Pero, el otro día, cuando le comunicó usted su intención de dimitir, tal como le había dicho, ¿no le dijo Felipe González eso de «Somos dueños de nuestros silencios y prisioneros de nuestras palabras»? ¿A qué vino aquello?*

—No, no me dijo eso. No, en absoluto. Yo creo que Felipe González sí que ha entendido eso, o sea, lo que dije en el momento en que lo dije. Yo creo que Felipe González sí lo ha entendido y ojalá que me entiendan todos, porque hay quien piensa que fue un error. Yo volvería a hacerlo, porque, si recordamos lo que ocurría en España en aquel momento, se verá que se estaba votando una ley con la aprobación de dos tercios del Parlamento, una ley apoyada por los nacionalistas vascos y por los nacionalistas catalanes, es decir, que lo apoyaron los demócratas de siempre. Esa ley generó un debate en el que nos venían a decir que estábamos cortando o coartando las libertades de los ciudadanos. Yo me sentí en la necesidad de decirles a mis conciudadanos: «Mire usted, yo no quiero coartar las libertades de mis compatriotas, y la forma que tengo de demostrarlo es ofrecer mi puesto, si hace falta». Bueno, pues sí, soy prisionero de aquel compromiso que adquirí con la sociedad, y por eso lo he cumplido.

*—Sí. Comentábamos que, a lo mejor, se parece un poco al caso de Zubizarreta con Clemente, ¿verdad? Zubizarreta se precipitó y obligó a actuar al que más apreciaba: a Clemente. Usted ha obligado a Felipe González a una sustitución que ya veremos cómo sale... A Clemente le salió bien con Cañizares. Ya veremos qué tal le sale a Felipe González. ¿No tiene un poco la sensación de que ha metido la pata, como Zubizarreta?* [1].

—No, no, no... Porque a mí nadie me ha sacado tarjeta roja: nadie. Entre otras cosas, porque creo que la sentencia del Tribunal Constitucional es una sentencia que no conduce a la dimisión de nadie que no hubiera ofrecido su dimisión: la modificación de cualquier aspecto de una ley no obliga a una dimisión. No, no... Yo creo que a mí no me han sacado tarjeta roja, y si me la han sacado, pues bueno, me he ido, y espero irme con la mayor dignidad posible. [...]

*—En resumen, señor Corcuera, que usted ha sido atropellado por un aspecto de la ley, el artículo 21.2; por los demás no, pero por ése sí, y quisiera preguntarle una cosa... Usted decía que si no tenemos un nuevo instrumental, no podemos actuar de una forma eficaz contra el pequeño narcotraficante. En este momento, la sentencia del Constitucional no les da ese instrumento que pretendían: entrar en un domicilio sin mandamiento judicial en según qué casos. ¿Es, por tanto, una faena? ¿Es una pérdida para la maniobrabilidad de la policía en la lucha contra el narcotráfico? ¿Se están frotando las manos los pequeños narcotraficantes?*

—Pues, aunque parezca una paradoja, yo creo que no. Porque el Tribunal Constitucional no ha dicho que no se pueda entrar en un domicilio en presencia de un delito flagrante. El Tribunal Constitucional dice que, para que eso pueda suceder, se tiene que producir evidencia, y yo creo que será posible (por lo menos, eso espero) que la modificación que el Parlamento tiene que hacer del artículo 21.2 de esa ley permita que la policía, en aquellos domicilios donde se venda droga, pueda seguir entrando a comprarla. Y que, una vez tenida la evidencia de que alguien la está vendiendo, tenida la evidencia... Antes la ley decía «tener la constancia». Ahora, una vez percibida la evidencia de que allí se está vendiendo droga, la policía podrá detener a ese delincuente y ponerlo a disposición de los jueces. Yo creo que es perfectamente posible hacer eso.

*—Pero usted había dicho en alguna ocasión que, como no se pusiera en marcha lo que ahora ha quedado desautorizado por el Tribunal Constitucional, sería muy difícil actuar contra el pequeño narcotraficante. Ahora, con la necesidad de la evidencia, ¿se puede actuar con eficacia o no?*

—Yo creo que sí, porque, fíjese: si yo dijera que en este momento me consta que usted me está haciendo una entrevista, no existiría ninguna duda de que me está haciendo una entrevista. Pero si digo que parece evidente que me está haciendo una entrevista, la diferencia entre «me consta» y «evidencia» es realmente muy escasa, ¿verdad? Por tanto, yo creo que con la modificación que haga el Legislativo, y así lo espero por el bien de todos y de nuestra propia seguridad, será posible entrar en un domicilio en presencia de un delito flagrante, cuando se trate de impedir la comisión de un delito o de detener a los delincuentes. Creo que eso es perfectamente posible, y lo tendrá que decir el legislador.

*—Usted es todavía ministro del Interior. Si le llaman y le dicen: «Nos consta que en este momento, en un piso concreto de Madrid, se está produciendo venta de...». ¿Da orden de seguir adelante o no?*

—Preguntaría si existe evidencia, y si me contestan que sí, diría que no dudaran en entrar y detener al delincuente que está vendiendo droga a nuestros jóvenes. No tendría el menor inconveniente.

*—En este caso, ¿por qué cree usted que se ha producido un frente tan fuerte de hostilidad hacia usted? Había fuerzas políticas a favor, había un clima popular que le entendía... Sin embargo, había muchas voces en contra. ¿Tenía algo que ver su propia manera de ser, la manera de enfrentarse a los hechos, como el que se quita la chaqueta y se enfrenta a pecho descubierto?*

—Pues... probablemente. No lo sé. Yo creo que asumo bastante bien las críticas. Asumo mucho peor los insultos, pero las críticas las asumo bastante bien. Es posible que haya molestado a alguien, a muchas personas, es posible, y desde aquí pido disculpas a quien haya molestado. En una ocasión dije que una manifestación contra la ley era más famosa que numerosa; pero eso no era ningún insulto: era contar los que había y la verdad es que había más bien pocos. Es probable que fueran muy importantes, pero en esto de la importancia de quien critica... yo hace mucho que pensé que la democracia censitaria había desaparecido: para mí vale lo mismo el voto de un trabajador que el de un catedrático, exactamente lo mismo. Y me importa exactamente igual la opinión de un trabajador que la de un catedrático, y yo creo que, en relación con este tema, la mayoría de la sociedad ha entendido lo que queríamos hacer. El Tribunal Constitucional, que es una institución a la que yo respeto, nos ha dicho que tenemos que adecuar una norma, y lo que debemos hacer todos es respetar las decisiones de una institución que la democracia ha puesto para que cuando el legislador, en su opinión, cometa un exceso, tenga que rectificarlo y punto.

—*Reconozca, señor Corcuera, que se ha debido de llevar usted una fuerte desilusión, porque, aunque haya más cosas en la ley, y hay muchos otros artículos, el 21.2 era un asunto en el que usted había puesto mucho personalmente, en enfrentamientos duros y directos contra jueces, periodistas, etcétera.*

—No, no sólo en ese artículo, yo quiero recordar...

—*No, no sólo en ése, pero en ése también.*

—En ése también, pero yo quiero recordar que el artículo 20 originó ríos de tinta. Ha habido muchos intelectuales, muchos... mucha gente famosa que ha señalado que ese artículo era inconstitucional. Pero resulta que el Constitucional ha dicho que es constitucional. Y yo espero de ellos que respeten la sentencia del Tribunal Constitucional como la respeto yo. El Tribunal Constitucional no es un tribunal que haya adquirido más prestigio como consecuencia de esta sentencia, según ha dicho, en mi opinión irresponsablemente, algún líder político de nuestro país. No, no: para mí el Tribunal Constitucional siempre ha gozado del mayor respeto, y ahora también, incluso ahora que me ha dado un varapalo, también.

—*Le ha dado un varapalo.*

—Pequeño.

—*¿Como tal lo recibe?*

—Sí, sí, pero yo eso lo respeto.

—*En ocasiones, señor Corcuera, ha dado la sensación de que se estaba produciendo en usted el llamado «síndrome del telefilm»... Es decir, en esas películas, el bueno siempre está lamentando que anden por ahí los periodistas, que estén los jueces, que haya tanta norma, como si tanta norma, tanta presencia, tanto juez y tanto periodista no dejaran a los policías hacer su trabajo, como si molestara un poco todo ese cerco democrático alrededor de la acción policial. No será verdad, pero muchas veces lo parecía, señor Corcuera.*

—Bueno... es que lo primero que usted ha dicho no tiene mucho que ver necesariamente con lo segundo. Eso no es un cerco democrático, no. Hay ocasiones en que, con la mejor voluntad, incluso con la mejor voluntad, se estorba la acción de la policía. Por ejemplo: cuando alguien interfiere una comunicación de las Fuerzas de Seguridad y cuenta lo que oye, está interfiriendo las funciones que tienen encomendadas las Fuerzas y Cuerpos de Seguridad. Y a mí eso me molesta, y, probablemente, yo moleste a quien le llame la atención por hacer algo que a mí me parece mal. Pero ¿qué le vamos a hacer? A mí me molesta. Y si yo acepto la crítica, ¿por qué genera tantas críticas el que yo pueda criticar, valga el juego de palabras?

—*¿Por qué? ¿Por qué cree usted que molestan sus críticas?*

—Porque hay mucha apariencia de democracia en algunos que no son demasiado demócratas.

—*¿A quién acusa?*

—Pues... ¿Cómo... cómo diría yo...? Éste es un país donde se ha hecho la transición política haciendo borrón y cuenta nueva, cosa que me parece extraordinaria, todos empujando en la misma dirección, haciendo nuestro país más libre y más democrático, todos. Pero, a veces, tengo la impresión de que esa transición se ha hecho para todos menos para las Fuerzas de Seguridad del Estado. Hay quien todavía ve a la policía con prevención, como si fuera una policía de la época de Franco. Y yo creo que ésta es una policía democrática, en un país democrático, con controles democráticos, y quien no tiene en cuenta eso a la hora de hacer una crítica, me hace recordarle qué era, si tiene edad para recordar, y qué ocurría cuando vivía Franco. Y me encuentro con algunos que aplaudían cuando iban a buscar a un ciudadano a las tres de la mañana, y no era precisamente el lechero. No daré nombres, pero usted los conoce como yo.

—*Dicen que es usted muy bruto, señor Corcuera.*

—¿Usted cree que decir esto es una brutalidad?

—*No, esto no.*

—Pues por decir estas cosas, algunos me llaman bruto.

—*Y por algún tipo de frases... ¿Las busca usted intencionadamente...? ¿Desea mantener el aire del hombre llano o sencillamente es usted así?*

—Soy así, pero es que, además, yo no sé por qué llama la atención, lo digo sinceramente. Alguna vez he puesto un ejemplo. Yo recuerdo que el secretario general de la UGT, Nicolás Redondo, una vez, refiriéndose a unas declaraciones que había hecho Felipe González, dijo: «Son chocholadas». Y todos le aplaudieron. «Pero qué cosas dice Nicolás, y tal, qué campechano». Y un día yo le dije a uno que era un «chocholo», y dijeron: «Pero ¿cómo puede decir que es un chocholo?». Pues es lo mismo: «chocholadas»... «chocholo»... es lo mismo. Y a mí me dijeron que era un bruto. Los mismos que habían aplaudido a Nicolás Redondo.

*—Está usted muy enfadado, en general, con los jueces, porque a lo largo de sus cinco años de mandato ha tenido varios... pequeños encontronazos...*

—No. En absoluto. Yo creo que la inmensa mayoría de los jueces... Fíjese en lo que le digo: no les conocemos; la opinión pública no les conoce, la inmensa mayoría trabaja, pone sentencias. Y yo no tengo nada que decir contra la labor jurisdiccional de un juez: no tengo nada que decir. Me parece que ése es un poder a fortalecer en una democracia. Ahora bien, cuando un juez interviene en un debate político, yo tengo todo el derecho a discutir con él y tengo el derecho a que no se malinterprete mi discusión, o mi crítica; tengo derecho a dirigirme a un juez que interviene en política, pero eso no es una crítica al conjunto de los jueces. Yo creo que en España estamos siempre propensos a la generalización, siempre propensos. Puede haber un político que haga las cosas mal, puede incluso haber un político corrupto, puede haberlo, pero ¿por qué hay que generalizar un hecho concreto e implicar al conjunto de la clase política en un país como España, una clase política que ha hecho la transición como no se ha hecho en ningún lugar del mundo? En España, la clase política es respetable. ¿Qué se gana con tratar de disminuir la capacidad de los políticos españoles? ¿Adónde conduce eso?

*—José Luis Corcuera, muchos dicen: «Se ha convertido usted en un policía». Le llaman el buen policía, y, sin embargo, entre los policías hay mucha gente que está enfadada con usted. A nosotros, algunos sindicatos policiales nos han dicho que la gestión de Corcuera como ministro del Interior les ha defraudado, porque, desde el punto de vista económico o de medios, las fuerzas nacionales están peor que las fuerzas autonómicas, por ejemplo. Y nos han dicho: «Dígale usted al ministro que no todos los policías están aplaudiendo su gestión».*

—Y tienen razón. Yo creo que esa afirmación es cierta. Hay una buena parte de los sindicatos de policía que piensa que durante estos últimos años, fundamentalmente los dos últimos años, han visto que sus ingresos, sus salarios, no han crecido en la medida que ellos desean. Y yo puedo añadir que tampoco han crecido en la medida que yo desearía que crecieran. Lo que ocurre es que las circunstancias económicas de nuestro país no permiten atender ciertas reivindicaciones, incluso juzgándolas justas. Y, dicho esto, hay que tener en cuenta que hay otros muchos trabajadores, muchos miles de trabajadores, que están en peor condición, hay muchos cientos de miles de trabajadores que han perdido su empleo; y, en el sector público, no lo pierde nadie. Por tanto, yo acepto esa crítica, y espero que se abran márgenes en la situación económica de España para que los funcionarios de Policía y otros funcionarios puedan ver cómo sus retribuciones crecen, para pagar debidamente las funciones tan importantes que tienen encomendadas las Fuerzas de Seguridad del Estado.

*—Bueno, será ya con otro ministro... porque usted ya no podrá hacerlo. Cuando le dijo usted a sus colaboradores más directos que se iba, ¿qué le dijeron?*

—Bueno... Éste es un Ministerio en el que se genera un gran clima de solidaridad. Todos los temas que tienen que ver con la violencia unen mucho a todos los que trabajamos en el Ministerio y, por tanto, es comprensible que se hayan producido... muestras de simpatía. En cualquier caso, lo que no se ha producido, ni mucho menos, son muestras de irresponsabilidad.

*—¿No le han dicho: «Nos vamos con usted»?*

—Bueno, hay... o yo he percibido que puede haber alguno de mis colaboradores con ganas de acompañarme. Pero, en esa situación, ha podido la responsabilidad y en el Ministerio del Interior no dimitirá nadie. Por tanto, quien me sustituya tendrá el tiempo necesario para tomar aquellas decisiones que juzgue pertinentes, e incluso espero que quien me sustituya pueda, para 1994, encontrar márgenes para subir las retribuciones de los funcionarios de la Policía y de la Guardia Civil.

*—No le voy a pedir que me diga el nombre, puesto que no sería ni educado... ni posible, pero, dígame: ¿usted sabe quién va a sustituirle?*

—Yo creo que sí que lo sé.

*—Lo sabe. Bien.*

—Entre otras cosas, sé, por ejemplo, que el secretario de Estado para la Seguridad no es una persona que tenga apetencias de ser ministro, entre otras cosas, porque es consciente de la importancia que tiene esa responsabilidad, y porque, creo yo, está dispuesto a mantenerse en esa responsabilidad.

*—[...] ¿Me equivoco mucho si pienso que una de las mayores penas que puede tener a la hora de dejar su cargo es no poder vivir el día feliz en la lucha contra el terrorismo?*

—No, no se equivoca.

*—¿Lo que más le hubiera gustado habría sido acabar con el terrorismo?*

—Sin ninguna duda. Sin ninguna duda. Yo creo... tengo la seguridad de que la sociedad democrática va a acabar con la violencia en España y deseo con el mayor fervor que sea cuanto antes, pero qué duda cabe que eso es lo que más me gustaría.

*—La situación en la que se encuentra ahora el sargento mayor Joseba Goikoetxea ha sido observada por algunos como una barbaridad más de ETA, pero con un acento especial, superando un listón que hasta el momento no se había superado* [2]*. ¿Qué impresión personal le produce a usted esta última acción de ETA?*

—Pues... respecto del atentado, el mismo que me produce cuando el objetivo es un policía o un guardia civil. En este caso, es un miembro de la Policía autónoma vasca. Es una persona que se ha distinguido, entre otras cosas, por favorecer el autogobierno de Euskadi, por favorecer... que haya una Policía autónoma, y por tanto, es comprensible que buena parte de la sociedad vasca lo perciba de distinta forma. En cualquier caso, yo estoy seguro de que esto seguirá fortaleciendo de forma muy importante la respuesta del pueblo vasco en contra de la violencia. Y yo diría a algunos que están cobijados, a algunos que probablemente esta noche hayan estado tomando potes por San Sebastián, miembros de KAS, que tengan en cuenta algo que dije un buen día... No pretendía, en absoluto, generar ningún enfrentamiento civil, y usted, porque es de allí, me entenderá perfectamente cuando digo o cuando dije aquello: «Algún día, la sociedad los sacará a gorrazos». Y lo digo sin que eso se pueda entender como una petición de enfrentamiento, sino porque cada día será más palmario el rechazo de la violencia por parte del pueblo vasco. Y la sociedad, insisto, va a acabar con el terrorismo: yo no tengo la menor duda.

*—Ha aludido está mañana al diario* Egin. *Ayer, Iñaki Anasagasti, Juan María Atutxa, y el lehendakari [José Antonio Ardanza] señalaron a* Egin *con una extraordinaria dureza, y creo que usted hoy ha pedido el cierre de* Egin. *¿Le gustaría que se cerrara* Egin*?* [3]

—Eso he dicho esta mañana. Yo creo que hay ocasiones en que tenemos que abandonar este pudor o esta especie de virtuosismo democrático, para defender, de verdad, la democracia frente a quien atenta contra ella. Y los terroristas atentan contra la democracia en España y en Euskadi. Los terroristas atentan contra la libertad y es evidente que *Egin* es un instrumento de esa violencia, y cuando esas cosas ocurren, hay que pensar... igual hay que pensar en la conveniencia de que ese medio pueda no ser publicado. Y yo estoy de acuerdo con lo que ha dicho el lehendakari y con lo que ha dicho el señor Atutxa... Por cierto, en otras muchas cosas también estoy de acuerdo con él.

*—Pero está haciendo una valoración puramente personal, no está anunciando ningún tipo de plan contra* Egin.

—Yo creo que se tiene que pensar... ¿Por qué no? Y tenemos que reflexionar en relación con esos temas, como tenemos que reflexionar sobre todas aquellas medidas que sean positivas o convenientes para aislar a los violentos. Nadie, por ejemplo, pone en cuestión lo importante que es que la sociedad aísle a los violentos. Probablemente tengamos que pensar en hacer un esfuerzo para aislarlos informativamente también. ¿Por qué no?

*—Así que, seguramente, de lo que se siente más... más satisfecho es de la lucha antiterrorista, aunque uno no se pueda sentir nunca satisfecho de una lucha de esta naturaleza...*

—En absoluto... Uno nunca se puede sentir satisfecho... Yo creo que ése es el tema que más me ha hecho sufrir. Son muchos muertos, muchos funerales a los que he ido, sí. Me ha... Sin duda, eso es lo que más me ha hecho sufrir.

*—Bueno, y a partir de ahora, ¿qué? ¿Qué va a hacer usted? ¿Es verdad que va a ser un hombre importante de cara al próximo congreso del partido, el XXXIII Congreso del PSOE?*

—Mire, yo tengo que decir que me siento, me siento... muy respaldado por muchos compañeros de mi partido. Yo creo que es perfectamente posible que los socialistas hagan, o hagamos, un gran congreso, donde identifiquemos los problemas que tienen los ciudadanos españoles y les ofrezcamos soluciones. Y yo, en eso, naturalmente, voy a trabajar como militante del partido. Pero si me pregunta si tengo alguna apetencia de responsabilidad política, le diré que no. Si algún día tuve que llenar un ego personal, la verdad es que cinco años y medio como ministro del Interior, como ministro de Interior de España, lo ha satisfecho. Yo no tengo... no tengo apetencia alguna. No sé si esto es creíble en un político: siempre se piensa que el político pretende hacer más cosas. No. Yo soy diputado y voy a seguir trabajando en el Parlamento. No me voy a ir, como ha dicho alguien, a la iniciativa privada ni a esas cosas. Y espero colaborar con mis compañeros de partido para que el congreso de los socialistas salga bien.

*—No tiene apetencias políticas, pero ¿el presidente no le ha dicho que puede tener interés en contar con usted para juegos de equidistancias y de equilibrios importantes en el próximo congreso del PSOE, aunque usted no tenga apetencias?*

—De aquí al congreso, yo colaboraré con el secretario general del partido y con la comisión ejecutiva en aquello que crean que es de interés para que salga bien el congreso. Quiero dejar eso bien claro. Para que el congreso salga bien... yo trabajaré todo lo que esté en mi mano: todo lo que esté en mi mano.

*—¿Y usted ya da por cerrada, digamos, una etapa muy activa en la vida política, al más alto nivel? Quiero decir... ya sé que se va a dedicar a las tareas de socialista de base, pero usted es un hombre joven, no tiene cincuenta años todavía...*

—Sí, pero yo estoy afectado por el plan de reconversión de Altos Hornos de Vizcaya. Y es muy posible, o por lo menos, creo, si no cambian las cosas, que en el año 1995 tendré derecho a una jubilación anticipada. Lo cual no quiere decir que me vaya a jubilar, ¿verdad? Depende de cómo me encuentre. Pero, no… no tengo... no tengo apetencias de puestos de relevancia. Es muy difícil estar en un puesto más relevante que el que voy a dejar dentro de unos días, muy difícil.

*—Por cierto, ha aludido usted a su condición de trabajador: entró de aprendiz en Altos Hornos cuando era un crío, cuando tenía catorce años; ha sido un responsable sindical, ha sido secretario general de UGT-Metal. Estamos en la semana en la que va a haber movilizaciones, el día 25. Se habla hasta de una huelga general. Usted, con esa raza sindicalista que tiene, ¿cómo ve a los sindicatos actuales? ¿Los comprende?*

—Tengo que esforzarme para entenderlos. Bueno, yo sí que puedo entender las dificultades que pueden tener en este momento muchos sindicalistas, sobre todo, los de las cúpulas sindicales, para cambiar en un corto espacio de tiempo la dialéctica que venían manteniendo desde hace unos meses. Ahora, si los sindicatos creen que con huelgas generales se pueden solucionar o se van a resolver los problemas que tiene España, yo creo que están en un profundo error. Y acepto que hagan lo que entiendan que debe hacerse, pero yo creo que la situación en la que estamos, económicamente hablando, requiere del esfuerzo compartido y solidario de todos los ciudadanos.

## NOTAS

[1] Iñaki Gabilondo se refiere a una polémica deportiva muy viva en aquellos meses: Andoni Zubizarreta era el discutido portero de la selección española en el Mundial de Fútbol de 1994; Javier Clemente era el polémico seleccionador; y Santiago Cañizares era el joven sustituto de Zubizarreta. Los supuestos errores del mítico arquero bilbaíno forzaron una sustitución bajo los palos de la portería española.

[2] El 26 de noviembre de 1993 fue asesinado en Bilbao el sargento mayor de la Ertzaintza Joseba Goikoetxea Alsa.

[3] El diario *Egin* era el órgano propagandístico de ETA y de su facción política, Herri Batasuna. Los comentarios de las tres personalidades señaladas eran muy relevantes, porque Iñaki Anasagasti era el portavoz del PNV en el Congreso de los Diputados, Juan María Atutxa era el consejero de Interior del Gobierno vasco y José Antonio Ardanza era, como se señala, el lehendakari o presidente del Gobierno vasco. El diario *Egin* fue cerrado tiempo después (1998) por orden del juez Baltasar Garzón.

3

# *Xabier Arzalluz*
# *De prudencia e intransigencia*

Xabier Arzalluz (Azkoitia, Guipúzcoa, 1932) fue uno de los dirigentes más importantes del Partido Nacionalista Vasco (EAJ-PNV). Fue diputado en el Congreso en 1977 y 1979, pero a partir de 1980 dedicó todos sus esfuerzos al partido, ocupando la Presidencia del Euskadi Buru Batzar o Consejo Ejecutivo de Euskadi, el órgano dirigente del PNV. Abandonó la dirección de la agrupación nacionalista en 2003. Su trayectoria política ha estado jalonada con numerosas polémicas y controversias, debidas esencialmente a su pensamiento nacionalista y a las opiniones sobre la banda terrorista ETA, consideradas en ocasiones contradictorias o contemporizadoras.

Iñaki Gabilondo entrevistó al líder nacionalista vasco en Televisión Española el día 8 de mayo de 1995.

—*Xabier Arzalluz: se dice de usted que es un hombre muy ambiguo. ¿Usted sabe quién es?*

—Sí, bastante bien.

—*¿Quién es Xabier Arzalluz?*

—¿Yo? ¿Qué soy? Soy buena persona. Más bien... todavía mantengo mis grados de ingenuidad, a pesar de que me considero maquiavélico; y, por lo demás, mi actividad... la he dedicado a mi pueblo.

—*Para usted... ¿usted está claro?*

—Sí.

—*¿Sabe que casi es para el único para el que está claro?*

—Bueno... probablemente, como pasa con casi todos. Lo que ocurre es que también es cierto aquello que se atribuye a Kennedy;

su padre le decía: «Tú no eres el que eres, sino el que dicen que eres». Y eso ya es otra cuestión. Usted pregunta al *Abc* o a *Egin* quién es Xabier Arzalluz y obtendrá mil respuestas diferentes.

*—Decía el otro día que la paz es el mandato de su pueblo. Eso es también lo que más importa en toda España: importa mucho la paz. ¿Acabar con ETA es lograr la paz o no?*

—No, mire: estos días he leído un artículo sobre el libro que ha escrito McNamara [1], uno de los protagonistas en la Guerra de Vietnam. En ese libro, el autor parece arrepentirse de haber metido a América en la guerra de Vietnam. El artículo al que me refiero termina diciendo lo siguiente: en todos estos problemas, especialmente en problemas de violencia, hay dos cuestiones fundamentales; una, un diagnóstico exacto, y la segunda, no despreciar jamás un nacionalismo.

*—¿El diagnóstico de la violencia en Euskadi se ha hecho correctamente o cree usted que no?*

—No, no, yo creo que en toda esta... predomina... No creo que sea la opinión... Se dice: «Es la banda: son unos asesinos». Bien. Bien. Pero ¿qué es ETA? Yo, desde luego, no creeré en una eficaz lucha contra la violencia y contra el terrorismo si aquí no pasa un poco como en Inglaterra, en el sentido de que este tema, que es enormemente importante, sea importante para todos de verdad. Y no habrá lucha eficaz hasta que todos los agentes públicos y los partidos políticos no estemos de acuerdo en que no se puede debatir públicamente sobre esto. Esto tenemos que hablarlo en privado. Se lleva una política, que es la que le toca llevar al Gobierno, y los demás nos callamos.

*—Pero si les pregunta a todos si esto les parece importante, todos le dirán que lo consideran importante... ¿O usted no cree que para todos sea importante? ¿Está dispuesto a decir quién no está concediendo importancia a este asunto?*

—No... Yo hace cinco años... Bueno... Hay gente que hace sus análisis políticos, hay gente que está persuadida, por ejemplo, de que para tener asegurado el País Vasco, Euskadi, y tener trincado al PNV, hace falta su dosis de terrorismo... controlada, eso sí. Porque el día en que se junten todos los *abertzales* y los nacionalistas aquello quedará un poco sin control. Y, luego, tiene usted el hecho práctico que sucede en todos estos fenómenos: hay toda una... los «roldanes», toda una serie de gente que vive de estos fenómenos, que cobra, que asciende, que se hace notoria con estos temas, y eso...

Yo suelo decir: a Franco la guerra de África no le interesó que terminara hasta que fue general; a partir de ahí, sí. Aquí pasa algo de esto.

*—Volvamos a lo anterior: la Policía, por tanto, puede acabar con ETA, pero no puede lograr la paz.*

—Bueno... El otro día, le oí a González Galindo [2], que está ahora en el candelero (dicen que porque le atacamos)... bueno, le oí decir que él se comprometía a terminar con los comandos de ETA, pero no con el problema. No sé qué quiere decir. A mí me gustaría saberlo, porque hasta ahora no ha acabado con los comandos de ETA, con los años que lleva. Pero, bueno, él también distinguía entre los comandos propiamente dichos, de la pistola, y el problema.

*—Pero, de todas maneras, ¿cómo se puede resolver un problema que, según los que manejan las pistolas, seguirá necesitando de pistolas hasta que se logre la autodeterminación, más Navarra, más Lapurdi, Zuberoa, Baja Navarra... es decir, Iparralde. ¿Tenemos doscientos años más de violencia por delante?*

—No. Yo creo que no. Yo creo que es un tema que ha llegado a su fin. El problema es que allí hay un fenómeno tremendo de persistencia, de radicalismo, que siempre ha estado un poco presente en el carácter vasco... Bueno... ETA tampoco es un tema monolítico: ésa es la segunda cuestión que hay que analizar. ETA es un mundo de doscientos mil votos, más o menos, póngalo así, y con tendencias diferentes en este momento. Eso impone una reflexión muy seria. Hay gente que cree que ha llegado el final de la violencia y, a imitación de otros sitios, hay que ir por otros caminos, mientras que un núcleo, dogmático, quiere persistir en la misma línea. Eso no es algo que va a durar doscientos años. Cuando uno ve que se repliegan cada vez más en una intransigencia dogmática, uno llega a la conclusión de que está más cerca su fin. Eso es lo que está pasando.

*—En el caso Olizana, algunos dijeron que se había producido una claudicación pero otros piensan que el PNV había tomado una decisión audaz, buscando una solución en una situación que parecía no tenerla. ¿Podría usted sorprendernos con alguna jugada en este tema de la paz en Euskadi?*

—No, no. El PNV no irá nunca a una aventura, ni hay un marco para que opere sólo un partido político. No tenemos nada que ofrecer a ETA. ETA quiere negociar con el Gobierno central... No sé exactamente si quiere negociar. Fueron a Argel y se asustaron, se quedaron en su búnker: rompieron Argel. En todo caso, sí es una cuestión de hablar, es una cuestión de abordar ese fenómeno complejo, de ver por dónde hay que ser comprensivos... naturalmente, no con el asesinato, pero sí con el fenómeno. Y después de un diagnóstico certero hecho entre muchos, ver por dónde hay que ir.

*—¿Sería útil la autodeterminación?*

—Yo no considero que haya que conceder la autodeterminación, ni yo se la pido al Estado español, ni al Gobierno: la autodeterminación es un derecho de todo pueblo.

*—¿Pero no es una temeridad plantearlo en este momento, habida cuenta de que eso podría fracturar la sociedad vasca?*

—No, porque está siempre planteada. Además, la autodeterminación es algo que estamos viendo en estos tiempos todos los días. Cuando se aprobó la Constitución, a nosotros nos dijeron que la Constitución era un tema de países coloniales... Nosotros no entramos en el tema de Constitución. En la actualidad, ahí tiene usted a Checoslovaquia, los alemanes se han unido, los noruegos han optado por no entrar en Europa, mientras que los suecos han entrado con referéndum: todos éstos son actos de autodeterminación. Por lo tanto, la autodeterminación es una decisión democrática de todo pueblo, que es muy dueño de marcar su propia estructura interna y su propia compañía o no compañía, incluso en la vida política.

*—Por tanto, ¿hay más cosas de las que ahora se están haciendo en la línea de la lucha por la paz?*

—No muchas más. Se está intentando. Bueno, yo creo que en período electoral no hay nada que hacer, desde luego. Pero sí creo que han llegado tiempos en que, por lo menos, hemos tenido ejemplos concretos de verdaderos milagros: yo nunca había creído que fuera posible ver a un [Nelson] Mandela al frente de Sudáfrica, jamás lo hubiera pensado. Que hubiera visto a [Isaac] Rabin y [Yasir] Arafat abrazándose, o lo que está pasando en este momento entre el señor [John] Major y los líderes del Sinn Fein... [3]. No lo hubiera pensado hace dos o tres años y, sin embargo, estos hechos se han producido. ¿Por qué tenemos que cerrar nosotros el futuro? ¿Por qué aquí no son posibles los milagros? ¿O es que ETA es una organización absolutamente ajena al mundo, que no tiene nada que ver ni con los palestinos, ni con los israelíes... irlandeses, quiero decir, en cuanto su contextura, su dureza y su fanatismo? ¿O tal vez somos otros los que no estamos a la altura de las circunstancias para abordar una problemática, como dice McNamara, y no estamos haciendo un diagnóstico exacto?

*—Usted tiene tres hijos, ¿verdad?*

—Sí.

*—¿Verán ellos un Euskadi en paz?*

—Sí, sí, sí, sí. Estoy seguro. Yo también espero verlo. No soy un jovencito, pero yo espero verlo. Y no falta mucho tiempo.

*—¿En qué tiempo cifra más o menos su esperanza?*

—Es difícil señalar tiempos. Depende mucho de las cosas que sucedan, pero yo creo que... no sé... Yo me atrevería a esperar un período de... El asunto irlandés ha durado unos ocho años hasta que ha cuajado... Yo creo que aquí no va a durar tanto.

*—Pero ha mencionado usted tres ejemplos: el de Mandela, el de Palestina y el de Irlanda. Jacques Delors advertía en un trabajo reciente que Irlanda era un ejemplo esperanzador, pero aludía a que los trabajos políticos se habían llevado a cabo contra las bases de los partidos... Como si hubieran hecho operaciones individuales, a espaldas de las bases de sus partidos. ¿Se van a fraguar movimientos de esa naturaleza también en Euskadi? Lo digo para usar algún tipo de referencias...*

—Por mi parte, si es necesario, sí. Nosotros queremos la paz, aunque haya una opinión bastante generalizada, sobre todo en determinados medios, de que nos estamos radicalizando o nos estamos acercando a ETA. Eso es falso: nosotros queremos la paz. Yo comprendo que en Andalucía o en Galicia, cuando tienen que asistir a los entierros de guardias civiles muertos, tengan todo el dolor que puedan tener y, por supuesto, comprendo a las familias. Pero somos nosotros los que necesitamos la paz: los vascos necesitamos la paz y la necesitamos allí, en nuestra vida económica y en nuestra vida social. Hay prácticamente mil personas en la cárcel y hay doscientos mil votos radicales: nosotros tenemos que vivir, tenemos que convivir, tenemos que sacar adelante a nuestra gente, a nuestro pueblo, y para poder convivir en un marco tan pequeño como el nuestro, necesitamos solucionar nuestros problemas.

*—Perdóneme, señor Xabier Arzalluz: cuando se enfrenta a un comando de ETA con un grupo de guardia civiles, ¿dónde se sitúa su corazón y su cabeza?*

—Bueno... la verdad es que no sé si da tiempo para colocar el corazón en ningún sitio. Yo sólo le digo a usted que yo me afilié al PNV en 1968, la primera vez que ETA asesinó a un policía: a Melitón Manzanas. Melitón Manzanas era un hombre odiado allí y, desde luego, para mí, la cuestión no fue que sintiera la muerte de Melitón Manzanas o no; la cuestión fue ver que se entraba por un camino enormemente difícil del que era muy difícil salir. Y yo, que vivía muy bien entonces, vivía libre, en Alemania, tomé la decisión de afiliarme y de tomar parte en la política, y me afilié al PNV, que entonces estaba bastante despreciado. Por lo tanto, no es tanto una cuestión sentimental. Cuando veo muertes, de verdad, me duelen tremendamente, y no voy a entrar a discutir si me duelen igual o no me duelen igual unas muertes que otras. Depende de la cercanía, pero esto es tremendo.

—*¿Está habiendo movimientos en KAS?* [4]

—Sí.

—*¿Qué está pasando?*

—Mucho. Ya le he dicho antes: éste no es un mundo precisamente monolítico, hay cosas muy diferenciadas. KAS es el KAS técnico, como lo llamamos nosotros: es el núcleo duro, dogmático, yo diría que revolucionario. Esa gente sabe que, fuera del camino que llevan, no tienen nada que hacer, y el día que no tengan el apoyo de ETA no serán nadie, y viven con el temor de que eso pueda pasar. Ésos son los que se están encogiendo cada vez menos y cada vez son más intransigentes. Lo último que hay es que KAS pretende constituirse en un partido político.

—*¿KAS pretende convertirse en partido político?*

—En partido político: estructurarse como un partido político. Sí, eso es así. Para mí está claro que ya no se fía de Herri Batasuna y tiene miedo a Elkarri. Es decir, quieren que todo ese mundo se vaya articulando al final como un partido político realmente estructurado, cosa que hoy no existe. Tratan de estructurarse para dominar lo que pudiera haber ahí, de cara a salir al público, de cara al voto, a las elecciones y a planteamientos políticos.

—*Disculpe, me parece bastante importante esto...*

—Eso es, eso es.

—*¿En qué fase...?*

—Bueno... Están hablando de esto. Por lo menos, lo que se ve es la necesidad que tienen de controlar...

—*Dice [Juan María] Atutxa que KAS es la que dirige a ETA. ¿Es así?*

—Eso dicen... Los que están en el tema, como Atutxa, dicen que ha pasado eso últimamente [5]. ETA ha tenido sus horas más bajas en estos últimos años, entonces, claro... operativamente no estaba precisamente en condiciones.

*—De los «grupos Y», ¿qué nos dice?* [6].

—Bueno...

*—Se ha visto vinculación...*

—Se ha visto a *Txelis* [7], que ahora está en una cárcel francesa, con determinados arrebatos místicos en este momento, por cierto... Eso de los «grupos Y» es una sustitución de ETA. Yo creo que por ahí va a venir también un poco de tensión, porque estos jóvenes, con sus bombas y sus acciones dirigidas, van a sustituir a ETA. No se trata de guerrilla urbana, pero algo parecido. ETA se va a ver sustituida y van a crear una línea paralela de actuación que al final ni ETA podrá controlar. Digamos que a ETA no le conviene el monopolio de la violencia.

*—Desde el punto de vista del PNV, ¿cómo se están haciendo las cosas desde el Gobierno de Madrid de cara al tema pacificación de Euskadi?*

—Yo veo una inercia tremenda aquí. Es decir, es lo de siempre: la vía policial, y la Guardia Civil, y la Policía y la Ertzaintza también. Se cree que aquello no está maduro para entablar una determinada conversación, tipo Argel. No sé qué entienden por «maduro». Yo no veo esfuerzos para buscar vías, como hemos visto en otros sitios, como usted decía, en Irlanda o en Sudáfrica o donde sea... Ha habido muchos contactos y muchos contactos muertos, cientos de contactos perdidos aparentemente, fracasos, etcétera, y, sin embargo, se ha buscado la solución: aquí, no veo yo que se muevan.

*—¿Cree en [Juan Alberto] Belloch?* [8].

—Yo hoy todavía no veo a Belloch llevando las riendas del tema. La verdad es que la situación de un Gobierno acosado como éste, en el que precisamente los temas de Interior están siendo objeto en este momento de debate político y electoral, no es precisamente la mejor para buscar una solución. Belloch no tiene tranquilidad como para tomar medidas realmente válidas, porque está mirando a la opinión pública, está mirando al PP y ahí no hay tregua. Saben que si dan un patinazo en cualquier intento por solucionar la cuestión, o si mantienen un contacto con quien sea, se les pasará factura electoralmente, porque hoy, contra lo que dicen de nosotros (dicen que andamos tras un puñado de votos, lo decía [Alfonso] Guerra), hoy, ir contra ETA da votos. Cualquier posición que parezca que se está contemporizando con ETA quita votos.

*—¿Está usted de acuerdo con el indulto de los guardias civiles Barroso y Domínguez?* [9].

—No lo sé, no les conozco, me parece un poco fuerte... Por lo que he oído, uno de ellos es reincidente...

*—Ha causado sentencia firme en el Tribunal Supremo...*

—Yo considero que la tortura es lo más vil, sobre todo si viene de... Mire usted, que un guardia civil que ha visto tanta tragedia a su lado, con las situaciones psicológicas en las que está en un determinado momento, haga una barbaridad... esto entra dentro del capítulo de las pasiones humanas. Por lo tanto, desde ese punto de vista, podría ser incluso comprensible. Pero que mandos policiales, policías, de forma organizada, torturen para sacar la verdad, etcétera, etcétera... Eso no lo entiendo hoy en día. Eso es lo más vil que puede haber, junto con el tiro en la nuca.

*—En este mismo lugar, donde está usted ahora, Felipe González me dijo que él sabía del GAL lo mismo que yo. ¿Usted se lo cree?*

—¿Usted sabía mucho?

*—Yo no.*

—Porque a lo mejor sabía usted mucho...

*—Yo sólo sabía lo que había leído en los periódicos.*

—Bueno, yo... Un presidente puede, evidentemente, aislarse y dejar el tema a un ministro, ¿verdad? Es posible. Es muy difícil que ese asunto no se hubiera sabido, no sólo a ese nivel, sino a otros niveles. Es difícil que no se conocieran las cosas que estaban pasando. Nosotros sabíamos, más o menos, lo que estaba pasando y teníamos un juicio bastante acertado. Lo que pasa es que nosotros no teníamos en mano las pruebas de lo que sucedía.

*—El viernes van a llegar a Tolosa los restos de [José Antonio] Lasa y de [José Ignacio] Zabala, ¿algún comentario?*

—Pues habrá acciones de guerrilla urbana, destrozos, etcétera, un cuadro triste que tenemos allí con demasiada frecuencia. Ese tipo de acciones se llevan a cabo porque se cree que es un homenaje a quienes, desde luego, han muerto de una manera terrible.

*—¿Es importante para la pacificación de Euskadi que se aclare con detalle el GAL?*

—Yo no sé hasta qué punto eso es fundamental. Yo pienso que para arreglar determinadas cuestiones de esta envergadura habrá que mirar más hacia delante que hacia atrás. Mirar detalladamente el GAL estaría muy bien, pero no tanto al contencioso en sí mismo, sino respecto a la dilucidación de lo que es un Estado democrático, para ir configurando, digamos, nuevas formas de actuación democrática. El GAL es la mayor... una de las mayores manchas que ha tenido la democracia española en esta última etapa. Pero en cuanto a solucionar los temas con ETA, yo creo que es más importante mirar al futuro, desde uno y otro punto de vista: todos tienen muertos, todos tienen excesos, abusos. Y creo que la solución, como en Irlanda, es más posible mirando al futuro y a los intereses de cada cual, calculando en qué se puede coincidir, que no mirando a hechos pasados protagonizados por unos o por otros.

*—¿Quiere decir usted que no está especialmente interesado en que se esclarezcan todos los detalles?*

—Yo estoy interesado en ese otro aspecto. Yo considero que la democracia, aquí, todavía es muy frágil y que necesita ejemplos. Y tiene que quedar muy claro que desde los presupuestos del Estado, desde la Administración organizada no se pueden emprender acciones de este tipo, porque... hoy han sido ellos, pero mañana pueden ser otros. Eso es un camino enormemente peligroso para cualquier ciudadano. Eso tiene que quedar claro, para que no se vuelva a repetir.

*—Dice algún periódico de Madrid que usted está prácticamente en campaña contra Rodríguez Galindo e Intxaurrondo. ¿Qué sabe usted de Rodríguez Galindo e Intxaurrondo?* [10].

—En primer lugar, eso es falso. Yo creo que lo he aclarado suficientemente. Otro periódico de Madrid, este [Luis María] Anson, anda con el tema... Dice que el PNV quiere sacar de allí a la Guardia Civil: eso es falso. La Guardia Civil tiene sus funciones y la Ertzaintza, las suyas; están fijadas en el Estatuto que nosotros aprobamos y nosotros apoyamos. Por lo tanto, cada cual, en su función. La cuestión es que, evidentemente [los problemas suscitados en Intxaurrondo], es parte de la *vox populi*. Nosotros seguimos los temas y no precisamente por las movidas que hay en torno a los presos de ETA, que dicen que todo son torturas y todo... Esto no tiene mucha credibilidad para nosotros. Nosotros trabajamos con informaciones directas y ahí, en torno a ese cuartel, han pasado muchas cosas graves. Evidentemente, nosotros tenemos convicciones, no tenemos pruebas; si tuviéramos pruebas, estaríamos obligados, como cualquier ciudadano, a ponerlas en manos del juez. Pero lo mismo decimos de la responsabilidad política: ahí han sucedido cosas, eso es evidente. El señor [Rodríguez] Galindo ha sido durante muchos años el responsable de toda la actividad antiterrorista en Intxaurrondo, donde viven mil doscientos hombres con sus familias; es un auténtico fortín y, psíquicamente, aquello tiene que ser un mundo muy... muy especial. Entonces, yo creo que al considerar determinadas cuestiones que ahora se agitan, como el caso de Lasa y Zabala y otras cosas que se han tapado, Galindo es quien tiene que dar una explicación, aunque él no sea personalmente causante o coautor de esos hechos... Él tiene su grado de responsabilidad en este tema.

*—Veo que tiene usted un escudo de Europa en la solapa... Es usted nacionalista y...*

—Sí, sí, soy muy nacionalista.

*—¿Nacionalista y europeísta?*

—Sí.

*—Nacionalista y europeísta... Dígame, ¿para usted España qué es: una hermana, una madre, una hija, una vecina, una enemiga...?*

—Depende de por dónde se mire. A veces es enemiga, evidentemente. Yo no puedo olvidar muchas cosas, no puedo olvidar muchas cosas de orden personal que a nosotros nos han pasado... con la lengua. No quiero explayarme en esto... Yo he llegado a odiar lo que se hizo, porque, la verdad, lo que han hecho con nosotros... ¡A nosotros se nos prohibió hablar en nuestra lengua! Yo jamás vi, en toda mi juventud, un papel en mi lengua; ni una emisora de radio que hablara en euskera, ni en la escuela, ni nada... Se quiso abolir el euskera. Yo me decía: «Entonces... esta lengua no es española, claro. Si fuera española, la llevarían en palmitas». En fin, cada uno tiene su evolución.

*—Por eso...*

—Entonces, España para mí es muchas cosas...

*—Hoy, en el momento actual, ¿cómo tiene perfilado ese sentimiento?*

—Bueno... en el momento actual, yo también soy de los que miro el futuro. Yo soy europeísta porque creo que las cosas van muy rápido, más de lo que dice la gente y más de lo que dice el señor [Jacques] Chirac. No hay otra solución: hay que entrar ahí y esto nos va a llevar a unas nuevas realidades que no tienen nada que ver con las antiguas y, además, bastante rápidamente. Y, sin embargo, estamos hablando de este futuro con un lenguaje antiguo, de independencias, de nacionalismos y demás... cuando los encajes van a ser otros.

*—A medida que se desarrolla el Estatuto hay menos nacionalistas... parece.*

—Yo no diría eso, yo no diría eso. Yo creo que hoy en día hay cada vez menos militantes de cualquier cosa, sea de lo socialista, o de lo nacionalista, o de lo religioso. Hay una cierta atonía, vamos a decir, un cierto hedonismo... La gente cada vez se apega menos a ciertas cosas, pero yo no diría que hay menos nacionalistas. Lo que ocurre es que cuando hay unas elecciones, cierta gente empieza a computar: el voto *abertzale*-nacionalista ha bajado y el españolista ha subido... Eso es muy relativo. [José María] Aznar ha dicho que él va a evitar que se intensifique o suba de tono cierto nacionalismo español. Hará bien, porque si siguen por derroteros chovinistas, verá usted cómo despierta otra vez el nacionalismo vasco y sube para arriba.

*—Le preocupan a usted ciertas señales... ¿Dónde ve esas señales de nacionalismo español, señor Arzalluz?*

—Bueno... Aznar... Aznar... Yo estimo a Aznar, la verdad. He tenido una relación con él sin ningún problema, pero a veces le veo... pues que habla de una España, grande y unida... Dice que él no va a tolerar... que no va a negociar ni la autodeterminación ni la independencia, dice que son lo mismo... Aznar tiene que volver a la Facultad de Derecho: no me puede decir que autodeterminación e independencia es lo mismo, porque de la autodeterminación puede salir la integración y no sólo la independencia, pero bueno... Entonces, yo veo a Aznar... Yo no veo ahí un partido, yo no veo ahí una cohesión ideológica... y determinados dinosaurios que quedan ahí, de épocas anteriores, siguen lanzando expresiones chovinistas y, desde luego, fomentando odios a lo que no es nacionalismo español o hacia lo que perciben que va contra del nacionalismo español.

*—O sea, que no recela de Aznar, pero recela del PP.*

—Sí, porque no es un partido, para mí.

*—¿Qué es, entonces?*

—Es un magma... No ha tenido tiempo... como todos los que acaban de nacer.

*—Dentro de poco puede que el Partido Popular esté en el poder. ¿Ahora ya tiene carisma el señor Aznar?* [11].

—Que estén en el poder no quiere decir que sea un partido. Me da miedo esto, y me da miedo... Cuando destrozaron a [Adolfo] Suárez, que fue un procedimiento... un proceso enormemente cruel por parte de los socialistas, había algo bueno: aquel cartel de Felipe González, en aquellos tiempos tan duros de golpes militares, se veía el cielo azul, un hombre joven... Parecía que venía con algo nuevo, con una renovación... Y ya ve usted cómo hemos terminado. La verdad es que yo dije que había una esperanza. Sin embargo, hoy yo no veo tan clara una esperanza. Veo al Partido Popular muy eufórico, muy... empujando para arriba, muy... queriendo ocuparlo todo... Yo le emplazo a usted: no a ocho, sino a cuatro años, para ver en qué queda todo eso.

*—¿Qué pronóstico hace usted?*

—Yo no veo dentro de ese partido la cohesión necesaria para tener un proyecto, para llevarlo adelante; veo que es un mundo muy dividido... Hoy, por ejemplo, el PSOE está muy dividido, pero éstos, los del Partido Popular, están divididos de entrada. Lo que pasa es que la euforia y la cercanía del poder parece que les aglutina y les convoca hacia una especie de unidad de acción, y la verdad es que están trabajando fuerte. En mi modesta opinión, que me perdonen los del PP, no veo esa esperanza y tengo ciertos reparos: creo que ese partido no está aglutinado y no creo que pueda abordar todos los problemas que hay por delante...

*—Y a Felipe González... ¿cómo lo ve? Hay algunos que dicen que está tocado...*

—Yo, cuando hablo con él (no es que hable mucho), le veo perfectamente correcto. Lo demás... no sé; no estoy en las entrañas del tema y en las relaciones dentro del Gobierno...

*—¿Le ve como para aguantar toda la legislatura?*

—Parece que está dispuesto. Bueno, luego... la palabra la tendrá el señor [Jordi] Pujol, pero yo creo que Felipe González está dispuesto a aguantar la legislatura. Ahora bien, el problema es en qué actitud quiere aguantar la legislatura.

*—Los resultados del 28 de mayo*[12] *serán relevantes: ya sabemos que técnicamente dicen más que lo que dicen, pero la historia suele decir, a veces, otras cosas. ¿Puede el 29 de mayo estar justificada una lectura más allá de la que ofrezcan los resultados municipales o autonómicos?*

—Sí y no. Sí y no. Hoy precisamente estaba viendo en clase... (mañana daré clase sobre la Constitución de la República), en fin, estábamos estudiando aquellas elecciones municipales del 14 de abril de 1931. Alfonso XIII abandonó el poder y se marchó por Cartagena en un barco. Se instauró la República y otros subieron al poder. Pero aquí, claro, Felipe González no se va a ir en barco por Cartagena... y sigue. Lo correcto es que este caballero cumpla y su partido cumpla los cuatro años, que para eso se les eligió, y se les eligió en plena vorágine, después del 92, con dos devaluaciones, el fracaso absoluto de la política de [Carlos] Solchaga, con una crisis económica galopante, con los Filesas, los Guerras, todos aquellos asuntos... ¡Todavía no había venido Roldán![13]. Y lo eligieron en esas condiciones. Cuando veo a estos caballeros, al señor Aznar y a [Julio] Anguita, clamando... y clamando... y clamando, durante años, que Felipe González debe dimitir o debe disolver... Para mí es ladrar a la luna. Usted reúna los votos suficientes, convenza a los ciudadanos, y ponga una moción de censura. Y si no, haga usted oposición, y no esté con un canto de derribo todo el tiempo. Por lo tanto, yo veo que esas elecciones municipales pueden ser un varapalo para el Partido Socialista, pero si Felipe González sigue gobernando, en función de los votos que obtuvo y con los apoyos necesarios, no habrá nadie que deslegitime su Gobierno.

*—Y para terminar, regresando a Euskadi: Euskadi hoy ofrece una doble imagen muy contradictoria, permanentemente. Lo observamos a menudo: está dando una impresión moderna, en muchos casos, se hacen muchas cosas, hay actuaciones estructurales que prácticamente nos conectan con el siglo XXI. Y, por otra parte, nos encontramos con bolsas sociales desoladoras y una juventud que parece haberse enamorado de una mística de la marginalidad, hay una cierta estética revolucionaria que parece fruto del infantilismo... Son dos imágenes de una misma sociedad. Usted lo vive a diario.*

—Sí, mire... En el fondo, allí, en nuestra tierra, tenemos unos componentes seculares. Un amigo mío me decía que el pueblo vasco, que es milenario, vive siempre entre la intransigencia y la prudencia. Me decía que si se pasa en intransigencia, se derrumba; y si se pasa en la prudencia, se lo comen. Ésa es, exactamente, la fórmula. Mire usted: ETA y todos los fenómenos paralelos, con todos los desarrollos marxistas que tengan, al final, son el mismo fenómeno de intransigencia persistente que se da allí. Por eso digo que, al hacer diagnóstico, se quiere eludir estas cosas. Y nosotros encarnamos la prudencia: somos los que sabemos que con las armas en las manos no se puede conseguir nada, que hay que convivir. El problema es si podemos llegar a convivir sin armas y si podemos sobrellevar esa doble tensión, que se da en todos los nacionalismos, por otra parte.

*—Para terminar, ¿cómo acaba el nacionalismo vasco? ¿Cuándo un partido nacionalista vasco puede decir «misión cumplida»?*

—Mire usted: yo me retiraría el día que viera que mi pueblo está reconstituido en su ser, en su lengua, en su libertad de organizarse, de gobernarse, sin más. Ni siquiera esperaría la independencia. Si yo viera eso, seguro de que mi pueblo iba a vivir, yo me retiraba de la política, sin más. Como nacionalista vasco, esto es lo que busco: justamente lo contrario que decía Unamuno, aquellos famosos juegos florales, cuando decía a los vascos: «Matad a vuestro pueblo, matad vuestra lengua, porque va en contra del sentido universal de estos tiempos, y, con las fuerzas que os queden, dad vida a lo que tiene de español, a lo no sé qué, no sé cuántos...». Yo soy justamente lo contrario: nada de genocidio, nada de matar a mi pueblo ni a mi lengua. Todo mi trabajo va precisamente por ahí, para que mi pueblo se reconstituya después de años de estar pisado en sus propias características. No hablamos sólo de Franco: usted sabe que al final del siglo pasado, por ejemplo, cuando se introduce el telégrafo y el teléfono, se prohibía hablar en euskera por teléfono y enviar telegramas en euskera... Todas esas cosas pesan como una losa en mí y, desde luego, yo no voy a ceder ante esto.

—*Una última pregunta: ¿qué es para usted el rey don Juan Carlos?*

—Bueno... Yo no soy propiamente monárquico. El Rey tiene su lado bueno; a mí me parece que es una persona buena. Dentro de una tradición de la legitimidad monárquica, ha sido restaurado, puesto que el trono le correspondía a su padre, y que ocupó su abuelo... Ha hecho una función. Se le atribuye un papel importante en el tema del golpe de Estado de Tejero; yo no lo sé. Pero, bueno, yo... comprenderá usted... Yo no me mato por Juan Carlos de Borbón.

## NOTAS

[1] Robert S. McNamara fue secretario de Defensa de Estados Unidos con John F. Kennedy desde 1961 a 1968. Fue responsable estratégico durante la larga guerra de Vietnam (1961-1973) y diseñó el Strike Command (Strikom), que se ocuparía de planificar un ataque nuclear a gran escala. Escribió el libro *The Tragedy and Lessons of Vietnam* (1995), en el que consideraba los errores del conflicto vietnamita.

[2] Se trata, en realidad, del general de la Guardia Civil Enrique Rodríguez Galindo, que años después fue procesado y condenado a penas de prisión por delitos relacionados con la muerte de dos etarras: José Antonio Lasa y José Ignacio Zabala.

[3] Nelson Mandela, después más de veinticinco años en prisión en la Sudáfrica segregacionista, triunfó en las elecciones multirraciales celebradas en el país (1994) y se alzó con la Presidencia (1994-2000). John Major, primer ministro británico

(1990-1997), inició las conversaciones de paz con el Sinn Fein, el aparato político del IRA, en 1994. Isaac Rabin, primer ministro de Israel, y Yasir Arafat, líder de la OLP (Organización para la Liberación de Palestina), firmaron un acuerdo de paz en 1994 en el que se ofrecía autonomía a distintos territorios palestinos. Isaac Rabin fue asesinado en 1995 por un sionista radical. Los conflictos en Sudáfrica y el Ulster prosiguieron en los años siguientes por cauces de solución. El problema palestino sigue sin resolverse.

[4] KAS era la Koordinadora Abertzale Sozialista, una plataforma política en la que se agrupaban distintos grupos independentistas vascos, entre ellos, ETA.

[5] Juan María Atutxa (PNV), antes de ser presidente del Parlamento vasco, había ocupado la Consejería de Interior en el Gobierno vasco y había liderado la lucha contra ETA.

[6] Los llamados «grupos Y» de ETA servían de apoyo a la banda terrorista. Muchos de ellos estaban integrados en la organización proetarra Jarrai. Estos grupos comenzaron la llamada *kale borroka* o lucha callejera.

[7] Luis Álvarez Santacristina, alias *Txelis*, uno de los principales dirigentes de ETA, fue arrestado en 1992 en la operación policial de Bidart (Francia). Se consideraba que había ideado la fórmula de los «grupos Y».

[8] Juan Alberto Belloch fue ministro de Justicia (1993) con Felipe González y más adelante asumió también la cartera de Interior (1994). Abandonó ambos cargos en 1996, cuando el Partido Popular ganó las elecciones generales. Años después concurrió a las elecciones municipales y ocupó la alcadía de Zaragoza (2003).

[9] Contra los guardias civiles Manuel Barroso y José Domínguez se había incoado un largo proceso por presuntos delitos cometidos contra varios etarras.

[10] En Intxaurrondo, un barrio de San Sebastián, había un cuartel de la Guardia Civil del que se decían las mayores atrocidades. Se suponía que en este lugar se torturaba a los detenidos etarras y fue, al parecer, una de las «bases» de los Grupos Antiterroristas de Liberación (GAL).

[11] Una de las cuestiones menores de aquel tiempo, cuando José María Aznar aún estaba en la oposición, era el debate sobre el carisma o la falta de carisma del líder popular.

[12] El 28 de mayo de 1995 se celebraron elecciones municipales y autonómicas, excepto en Andalucía, Cataluña, Galicia y País Vasco.

[13] El entrevistado se refiere a los casos de corrupción más señalados de la última época socialista: el caso Filesa hacía referencia a la financiación ilegal del PSOE y el caso Guerra llegó a la opinión pública porque se suponía que el hermano de Alfonso Guerra, que fuera vicepresidente del Gobierno con Felipe González, se había enriquecido mediante el tráfico de influencias. El caso de Luis Roldán, que había sido director de la Guardia Civil, fue el más espinoso: huyó de España y se desvelaron numerosos embustes, tramas económicas y políticas en las que había estado envuelto. Fue procesado y encarcelado. La suma de todos estos escándalos deterioró gravemente al Partido Socialista y al Gobierno de Felipe González, que perdió finalmente las elecciones en 1996.

4

# *Jordi Pujol*
# *Nuestro país es Catalunya y es España*

Jordi Pujol i Soley (Barcelona, 1930) fue uno de los políticos más relevantes del período político de la transición democrática. Fundó el partido Convergència Democrática de Catalunya (CDC) en 1974, que se alió muy pronto con Unió Democrática de Catalunya, formando una coalición estable desde entonces: Convergència i Unió (CiU). Jordi Pujol fue diputado en Madrid en 1977 y 1979. Tras la aprobación del Estatuto de Autonomía de Cataluña, se celebraron elecciones y el líder nacionalista fue elegido *president* de la Generalitat (8 de mayo de 1980). Triunfó en las elecciones de 1984, de 1988, de 1992 con mayoría absoluta; y con mayoría simple en 1995 y 1999. Con la convocatoria de 2003, el president Pujol abandonó la vida política.

El día 27 de marzo de 1995, Iñaki Gabilondo entrevistaba al presidente catalán en TVE. El escenario político era dramático: el Gobierno socialista de Felipe González se veía acosado por numerosos casos de corrupción y, sobre todo, por las investigaciones judiciales, la presión de algunos medios de comunicación y la labor del Partido Popular de José María Aznar, que esperaba ganar los comicios de 1996. Todo ello afectaba en parte al presidente de Cataluña y a CiU, que daban apoyo al PSOE en el Congreso de los Diputados. Este soporte parlamentario provocaba las iras de la oposición, que desplegó una campaña anticatalanista de la que tuvo que retractarse un año después, cuando el propio Partido Popular precisó la ayuda del Grupo Catalán en el Congreso para sacar adelante su programa de gobierno.

*—Nuestro invitado, esta noche, es el president de la Generalitat de Catalunya, Jordi Pujol. Buenas noches, señor Pujol.*

—Buenas noches.

—¿Es usted el jefe, el que más manda en España, señor Pujol?

—No, no...

*—¿Quién es el que manda?*

—Felipe González, el presidente del Gobierno y jefe de un partido con una representación mayor en el Congreso de los Diputados y en el Senado. En fin, el presidente del Gobierno. Nosotros... no yo, nosotros, Convergència i Unió y el presidente de la Generalitat, tenemos posibilidad de actuar y tenemos un peso importante. Pero... mandar, mandamos menos de lo que la gente dice o lo que algunos dicen. Pero, en todo caso, mandamos menos que aquel a quien le corresponde mandar más, que es el presidente, el jefe del partido mayoritario y el jefe del Gobierno

*—¿Conoce usted bien España, señor Pujol?*

—Pues sí, sí, la conozco bastante bien. Esta pregunta me la han hecho muchas veces, pero no sé por qué... ¿Porque la gente piensa que yo desconozco España? ¿No? Una vez... me acuerdo que esa pregunta me la hizo el presidente [Adolfo] Suárez, y yo le sorprendí con mis conocimientos sobre las provincias de Segovia y de Ávila, que son provincias que él conoce bien. También me la hizo una vez el actual presidente del Gobierno, Felipe González. Sí, yo la conozco... yo creo que bastante bien. Porque he viajado mucho y he visitado muchos lugares, y me interesé mucho por los problemas concretos y por la gente. Ahora viajo menos y cuando viajo, viajo muy condicionado. Pero, en fin, yo sé bien dónde están Trujillo o Plasencia, para entendernos. Y dónde están Lepe y Cartaya, en Huelva, y sé cuáles son los problemas de los fresones de Lepe, y sé que la gente de Lepe no tiene nada que ver con lo de los chistes, ¿sabe usted? Y bueno... conozco... yo creo que conozco bien el problema... no sé... de lo que ha sido el Plan Badajoz, en Extremadura, o lo que ha sido el problema de la minería asturiana, por ejemplo. Conozco bien Asturias...

*—¿Y me podría usted decir qué sentimiento le inspira a usted España?*

—Pues hombre... un sentimiento entrañable. Este sentimiento... Se nos está haciendo un poco de injusticia a los catalanes constantemente, porque hemos demostrado muchas veces, y yo creo que demostramos ahora, nuestra integración en el conjunto español. Lo que sucede es que... Una vez, un catedrático que había estado treinta años en Barcelona (no recuerdo si era burgalés...), durante un coloquio que hubo en Madrid, salió al paso de preguntas de este tipo... más que preguntas eran acusaciones. Él dijo, muy en plan castellano viejo: «Mire usted, he vivido treinta años en Cataluña, estoy casado con una mujer catalana (me parece que dijo que se llamaba Montserrat, incluso) y tengo hijos catalanes y muy integrados en Cataluña, incluso catalanistas. Y después de treinta años de vivir cada día con ellos, con mi mujer y mis hijos, muy profundamente y enraizadamente catalanes, pues bien, los catalanes... yo qué sé, pues se sienten españoles en España... Lo que pasa, y aquí puede venir el problema, es que lo sienten de una forma distinta a como lo sentimos seguramente la mayoría de españoles y, por supuesto, los castellanos viejos». Distinto. Evidentemente, ocurre eso por el hecho de la catalanidad, que, para ellos, para los catalanes es muy, muy importante y muy prioritario en ciertos aspectos. Pero ellos sienten España y, además, yo creo, francamente, que la historia de estos últimos años demuestra que los catalanes (incluso aquellos que somos más declaradamente catalanistas y nacionalistas catalanes, como yo mismo) sienten eso: creo que hemos demostrado muchas veces tener solidaridad con el sentido del Estado, quiero decir, sentido de lo que es el bien común, el bien general español. Pienso que esta pregunta que me ha hecho usted, y usted perdone... creo que es un poco injusta.

*—La pregunta buscaba sencillamente... buscar la oportunidad de precisar la naturaleza del sentimiento, justamente, para disipar los juegos de equívocos. ¿Podría usted explicarnos si se ha cumplido su sueño? ¿Ha venido Aladino y le ha hecho feliz? ¿Ya todo es como usted quiere que sea? ¿Cómo es Cataluña y cómo es España?*

—Bueno... Cataluña tiene que ser catalana, ¿no? Esto para empezar. Y España... bien, nosotros entendemos que España es una entidad no administrativa ni estrictamente política, sino entrañable, sino más profunda, fruto de la Historia... y asumida por todos los pueblos que la componen. Lo único que pasa es que esta España tiene que tener en cuenta esta realidad, a nuestro entender, no solamente plurilingüística y pluricultural (esto ya empieza a entenderlo todo el mundo), sino incluso plurinacional. Por lo tanto, la estructura española tiene que adaptarse a esto. Los demás, aparte de reclamar esta estructura plurinacional, tenemos que actuar lealmente, no lealmente a la Constitución, también, sino lealmente respecto a España. Y, además, en fin, debemos actuar de acuerdo con esta lealtad y con esta adhesión que le comentaba antes. Mi sueño es que España se estructure de esta forma. Evidentemente, ahora no es exactamente tal y como la quisiéramos; y, respecto a Cataluña, desearía que fuera muy ella misma en todos los sentidos, que sea un país de progreso, y de convivencia, y de cohesión, y, evidentemente, muy fuertemente catalana. Y además, que su pertenencia al conjunto español se llevase a cabo de una forma muy positiva para el conjunto de España; por supuesto, también para Cataluña.

*—Su partido es el que apoya en este momento al Gobierno del Partido Socialista, y se trata de perfilar un par de cosas: usted habla del 31 de marzo como fecha para las elecciones de Cataluña. ¿Ésa es una fecha que propone usted? ¿La ha pactado con González? ¿Es una fecha...?*

—No, no, yo no he pactado eso con González. Y, además, yo tampoco aseguro que las elecciones sean ese día. Vamos a ver: si es posible, nosotros procuraremos cumplir la legislatura hasta el final, es decir, hasta mediados de abril del año próximo. Pero, evidentemente, no se pueden hacer elecciones en abril, porque coincide con Semana Santa. Por lo tanto, el único domingo libre es el último domingo de marzo. Mi deseo es hacer las elecciones a finales de marzo. Pero, bueno, en realidad, lo único que hay seguro, serio, consolidado y además proclamado públicamente es que nosotros vamos a dar apoyo al Gobierno durante todo este año, de acuerdo con una serie de negociaciones que hemos mantenido con él, y además muy públicamente, de acuerdo con las resoluciones del último debate de política general en las Cortes, durante los días 8 y 9 de febrero, y donde además se articula todo un programa de actuación para el año 1995, y en eso estamos. Y, bueno, en diciembre, o en enero, o máximo en febrero, que es cuando se cumplirá un año desde el último debate de política general, entonces podremos analizar si conviene continuar o si es mejor para el bien de todos y por el interés general del país avanzar las elecciones. Ahora, por lo tanto, lo único firme es esto. Mientras dure esto, mientras dure este compromiso para todo 1995, no analicemos qué conviene hacer en 1996. Nuestro propósito es hacer las elecciones [autonómicas] lo más tarde posible. Ahora bien, podría darse el caso y así lo dije en un discurso en Lleida... lo que pasa es que la prensa recogió muy poco de esta segunda parte de mi discurso... Dije que las elecciones se celebrarían a finales de marzo, siempre que no sucedieran cosas que hicieran aconsejable avanzarlas; eso también lo dije. Y en la letra pequeña de los periódicos de Lérida está, pero no en los titulares.

*—Me gustaría que habláramos de eso. Pero de todas maneras, una cosa: sobre la fecha del 31 de marzo, aunque sea con estos matices, ¿se lo comentó usted al señor González?*

—No.

*—No.*

—No, no. Precisemos: con el señor González, lo único que hemos hablado es que apoyaremos al Gobierno durante 1995, en la línea de lo acordado a través de diversas conversaciones y a diversos niveles, y por diversas personas; y, además, se ha visualizado, se ha hecho público y se ha ratificado, además, con un voto en el Parlamento, o sea, con toda solemnidad, con toda la publicidad. Ahí hay un programa que, además, tiene un plazo en el tiempo, y una duración: 1995. Esto, evidentemente, lo hablamos con el presidente del Gobierno, pero además es un hecho bien público, ya digo, votado incluso en el Parlamento.

*—Ya. Ha dicho que se trata de tranquilizar a los mercados. ¿Quién intranquiliza a los mercados, señor Pujol?*

—Bueno, en general, los hechos, en fin... Esas noticias que salen, que, además, son noticias que responden... algunas, evidentemente pueden ser noticias capciosas o malintencionadas, y otras no. Por ejemplo, los cadáveres encontrados en Alicante, de estos dos chicos... de ETA... son... son muy reales, por desgracia [1]. Y, en fin, todo lo que esto comporta y las suspicacias que esto puede levantar, y las investigaciones que esto tiene que desencadenar, todo eso son hechos, no se los inventa nadie. Y esto perjudica... y, como esto, podría haber otros hechos que se han producido y algunos de ellos son muy graves, aunque, digamos, menos dramáticos, pero muy, muy graves. Bien... luego, evidentemente, a veces el Gobierno da una cierta sensación de inseguridad o de descoordinación. Eso tampoco ayuda, ¿no? Recientemente ha habido un caso... con esta ley que se ha enviado, luego el propio presidente ha dicho que no... También hay, indudablemente, una cierta intranquilidad por la forma en la que estos hechos son tratados por algunos medios de comunicación y, evidentemente, por la oposición. Todo eso ha hecho una cierta mella en la opinión pública y también ha tenido cierta repercusión internacional. O sea, que hay de todo, desde hechos objetivos hasta actitudes políticas.

*—Hablando de repercusión internacional: un banco internacional bastante destacado ha dicho que el factor de incertidumbre tiene nombre y apellidos, y se llama Felipe González.*

—Bueno, oiga usted, los bancos... un banco dice esto, otro banco dice otra cosa. En último término, de todas formas, es muy importante lo que dicen los bancos, porque pueden influir en eso que llamamos los mercados, la cotización de la peseta, pero en fin... Los bancos se equivocan muy a menudo también, como todo el mundo y yo me atrevo a opinar mejor sobre la economía española que este banco, por ejemplo. Pero, en fin... no es nada positivo que un banco diga esto. Ahora bien, yo creo que valdría la pena que nos ocupáramos un poco de cómo va el país, qué le pasa...

*—Exacto. Hablando del país... Yo le pregunté una cosa al señor González que le quisiera preguntar también a usted: esto que está usted sosteniendo, ¿esto es estabilidad, señor Pujol?*

—En ciertos aspectos, yo creo que sí. Vamos a ver, nosotros siempre hemos dicho que íbamos a cooperar para que en España haya una estabilidad que permita tomar determinadas decisiones, decisiones económicas, presupuestarias, fiscales, de apoyo a las empresas, de reforma laboral, de recorte presupuestario, de política internacional... Estas medidas se toman ahora, y se toman más de lo que se habían tomado nunca, y ha habido un cambio muy sustancial en lo que podemos llamar la orientación de la política económica española. Si se mantiene esto, incluso va a ser un cambio histórico, porque España, por ejemplo, nunca había tenido política industrial... bueno, que no la haya tenido nunca es un decir y suena un poco exagerado, pero me refiero a una política industrial permanente y seguida y realista, es decir, no espasmódica. Pues bien, como ahora, no la había tenido nunca. Y ahora parece que podemos orientar el país hacia esto. No se había dado, desde hace muchos años, una prioridad a lo que llamamos la economía productiva: la industria, el turismo, la agricultura, todo esto... Estamos en un país de economía financiera y con una mentalidad en la cual la producción apenas cuenta; en realidad, ha ocurrido así durante los últimos cuatro o cinco años del Gobierno socialista, pero venía de mucho más lejos. Y esto ha cambiado. Y, nosotros, con esta opción política que retomamos en 1993 y que hemos mantenido hasta hoy, y que mantendremos hasta finales de este año, lo que queremos es reforzar esa tendencia para que el Partido Socialista ahora o después de unas próximas elecciones o el Partido Popular, si gana las próximas elecciones, orienten la economía española en ese sentido.

*—Pues fíjese, señor Pujol: esta recuperación se ha producido, se han producido estos fenómenos que usted reconoce, y, sin embargo, estamos inmersos en la misma incertidumbre. Se evidencia de esta forma que, al parecer, la recuperación económica, que creíamos capaz de tirar, no tira...*

—No, no. La recuperación económica sí tira.

*—Yo no digo que no tire de la economía; digo que no tira de la confianza nacional, que no tira de la...*

—Eso es cierto. Esto es cierto, aunque en algunos aspectos esto pasa también en otros países. Por ejemplo, el consumo... El consumo está mal en Francia; lo que pasa es que en Francia ya no hay inflación y va a tener un crecimiento del 3,3, que suena muy bien. En Gran Bretaña, que no tiene consumo, la falta de consumo quiere decir falta de confianza de la gente, de seguridad en el futuro. En Gran Bretaña llevan ya once trimestres casi, prácticamente tres años con crecimiento sostenido... muy bien, muy bien. Es el país de Europa que ha ido mejor en estos últimos años, pero el consumo no tira. En Bélgica, el consumo no tira. En Alemania, que tiene mucho empuje, no tira el consumo. En Italia incluso ha bajado. Bien, por lo tanto, éste es un tema que no es estrictamente español; aunque evidentemente, en España hay hechos... En fin... otros países no tienen los dos chicos de Alicante, y no tienen el GAL... Bueno, tienen otros problemas. Francia tiene muchos problemas de ese tipo también, de judicialización de la vida política. En Bélgica hay políticos que se suicidan por cuestiones de escándalos, no digamos... Pero bien, en España, concretamente, también se da este tema, además, agravado con los hechos propios, pero la economía... la economía sí tira.

*—Sí...*

—Lo que pasa es que... en fin... todo eso queda sumergido por la cantidad de hechos a veces extrapolados, a veces manipulados, exagerados, y otras veces reales, que... en fin... que nos acongojan a todos.

*—Para tratar de ver cuáles son las circunstancias que podrían alterar el acuerdo que mantienen con el Gobierno, para dibujar ese tipo de escenario, para hacer ese cálculo político: ¿cuál es su hipótesis? Si se comprobara implicación de responsabilidad del Gobierno en el caso GAL, ¿mantendría el apoyo o no mantendría el apoyo?*

—Mire usted, ya es muy complicada toda la política para que tengamos que ir haciendo hipótesis, ¿no? Yo creo, sinceramente, que eso que usted dice no se va a producir. Yo, en este momento, lo que reclamo es lo siguiente... bueno, yo... Convergència i Unió... Lo que reclamo es lo siguiente: vamos a ver, se ha descubierto esto en 1995. ¿Qué hay que hacer? ¿Modificar nuestra política por los hechos que se produjeron en 1983? ¿Dejar de solucionar problemas de 1995 por hechos que se produjeron en 1983? No queremos pensar esto. Lo que hay que hacer es que un juez investigue esto a fondo, y creo que el Gobierno lo hace. Creo que lo hace, a través básicamente del Ministerio del Interior. Y, evidentemente, con el apoyo total y completo y pleno del presidente del Gobierno, que se den todas las facilidades y se abran todas las puertas que tengan que abrir. En fin, que se informe sobre todo lo que tenga que informar. Si al final de todo... Esto es en lo que estamos, y es bastante complicado. Si al final de este proceso resultase algún tipo de responsabilidades, pues... habría que verlas, y según qué tipo de responsabilidades, seguramente... no sería ni necesario que nosotros tomáramos ninguna decisión: las tomaría quien tuviese que tomarlas. Pero, oiga, no me haga usted defender constantemente... Una determinada línea de política económica ya es carga suficiente para que, además, tengamos que hacer elucubraciones sobre lo que puede suceder. Ahora bien, hay que investigar pase lo que pase, caiga quien caiga, afecte a quien afecte, con la plena cooperación del Ministerio del Interior, con pleno apoyo a esta investigación por parte del presidente del Gobierno, y de todo el Gobierno, pero básicamente de estos dos personajes: el ministro de Interior y el presidente del Gobierno. Hay que analizar esto a fondo y llegar a donde haya que llegar. Y esto es lo que reclamamos, más que empezar a pensar lo que va a suceder. Ya lo veremos. Pero esto sí: esto hay que investigarlo a fondo. Sin ninguna cortapisa.

*—¿Qué tipo de compromiso autonómico debería cumplirse para que ustedes mantengan el acuerdo? Porque no sé si ha quedado del todo claro para la opinión pública qué compromisos tienen suscritos con el Gobierno para que su incumplimiento pudiera considerarse...*

—No teníamos ninguno. Teníamos, simplemente, el compromiso de ir aplicando el marco del Estatuto y en el marco de la Constitución...

*—¿Qué precisiones concretas...?*

—En el marco de la Constitución, ir aplicando el Estatuto, con una lectura que, además, sea una lectura no restrictiva del Estatuto. Hay muchas cosas, incluso la política económica, al margen de lo que es estrictamente competencial, que se pueden aplicar de una forma... digamos... generosa para las autonomías, no únicamente para la nuestra, sino para las demás autonomías, de una forma no restrictiva. Por ejemplo, nosotros dimos la batalla para que una parte de los fondos de cohesión fuesen gestionados por las comunidades autónomas. Esto es bueno para todas las comunidades autónomas. Nosotros hemos pedido, y en parte se ha concedido, que hubiera una revisión de ciertos aspectos de la financiación sanitaria. De lo cual, por cierto, quien más se ha beneficiado ha sido Galicia. Se han beneficiado de esto, y se han beneficiado varias comunidades autónomas, a las cuales se ha traspasado la Sanidad en su momento. Bien... sobre esto... son cosas... algunas de tipo competencial, otras de tipo económico. La mayoría afectan a España, otras son específicas de Cataluña, porque así se dispuso en el propio Estatuto de Autonomía que votaron las Cortes españolas.

—*La acusación que dice que el señor Pujol ha hecho un magnífico negocio como consecuencia del apoyo al Gobierno, usted lo rechaza constantemente, ¿no?*

—Bueno, esto es una pena. Es una pena y, a veces, es una vergüenza, ¿no? Entre los papeles que yo traía, de recortes de los periódicos, me parece, hay uno... Hay uno de la Agencia EFE en el que dice que «la inversión per cápita de Cataluña es inferior a la mayoría de las comunidades autónomas. Barcelona, 27 de marzo. EFE. El Estado prevé invertir este año 9.600 millones de pesetas en Cataluña, cifra inferior a la media de las comunidades españolas, que es de 11.172 millones». No... Es que es lo que me duele...

—*¿Le duele ese tipo de acusación constante? ¿Le duele mucho, señor Pujol?*

—Bueno, nos duele, nos indigna y nos entristece.

—*¿Quién está fabricando esa tesis de que ustedes son los... negociantes?*

—No lo sé, oiga, no lo sé. No hemos hecho ese tipo de investigación. Oiga, de todas formas, nosotros procuramos... hacer un poco caso omiso de eso. Nosotros tenemos un programa, bastante semejante al que teníamos en el curso 1975-1977, nosotros hemos cambiado menos. Y el tema económico, el modelo social, el Estado de Bienestar, las libertades democráticas y, también, por supuesto, la autonomía, la estructura española, y la política de compensación territorial, todo esto... todo esto lo tenemos desde entonces, y lo venimos aplicando con una cierta... yo diría... con una cierta capacidad de impermeabilizarnos ante ciertas críticas y ciertos ataques. Porque, en realidad, hemos sido objeto de muchos ataques... siempre. Y hemos aprendido que nosotros teníamos que ir a lo nuestro, y lo nuestro... lo nuestro es lo del país. Cuando digo «lo del país» quiero decir lo de Cataluña y lo de España. Y ahí estamos haciendo un servicio, creo yo, a la comunidad española, desde el año 1977. En la época de [Adolfo] Suárez y del ministro [Enrique] Fuentes Quintana, y en el año 1995, equivocadamente o no, estamos intentando que el país lleve a cabo una política económica conveniente para... no solamente para salir de la crisis, sino para aprovechar bien, con visión de perspectiva futura, la recuperación que se está produciendo.

*—¿Ha visto el programa económico del Partido Popular, al menos la parte que publica el periódico* El Mundo*? ¿Qué le parece?*

—Bueno, yo recibí tiempo atrás un programa del Partido Popular, y me decepcionó mucho, y así siempre lo he dicho y lo he repetido. Y hoy he visto esto... la verdad es que un poco superficialmente, porque no he tenido todavía tiempo de verlo con más detalle... Pero he visto que hay unas declaraciones de Aznar en un periódico de Madrid que, la verdad, me resultan más interesantes que el programa que recibí en su día, ¿no? Porque el programa que recibí era de una tremenda vaguedad. En cambio, he visto que hoy Aznar, bueno... asume algunos riesgos, riesgos importantes; es decir, lo que piensa hacer con el IRPF, lo que piensa hacer con la contratación temporal, lo que piensa hacer con las pensiones. Dice lo que piensa hacer. Esto es lo importante. Bueno, no tengo ningún inconveniente, al contrario. Si España, para ir bien, necesita que tenga dos grandes partidos capaces de ser Gobierno y alternativa... Siempre que respeten luego, por supuesto, a Cataluña y sus partidos. Por lo tanto que el Partido Popular se decida a asumir el riesgo de explicar cosas, que por una parte le pueden hacer ganar votos pero por otra se los puede hacer perder, bueno, pues es un signo de madurez y esto es positivo.

*—¿Qué le da miedo del PP? Dijo usted el otro día que le daba miedo el PP.*

—En Cataluña... A mí me da menos miedo que a otros. Pero dije que, en Cataluña, el PP, desde ciertos puntos de vista, a mucha gente le da miedo su actitud frente a la lengua, le da miedo su actitud respecto a la convivencia en Cataluña, le da miedo su... su talante. Los problemas políticos se cambian con facilidad, hay gente que los cambia cada tres meses, pero un talante es un poco más complicado. Y... bueno, es un hecho. El PP se sorprende de que su mensaje sea en estos momentos bien acogido y, a veces, incluso muy bien acogido prácticamente en toda España y se sorprende de que en Cataluña no sea así. En realidad, indirectamente, este hecho viene a decir que, por lo menos, algo falla, o en la transmisión de su mensaje o, más grave, en su mensaje. O sea, no lo digo yo; lo dicen los del PP cuando se sorprenden de la diferencia de recibimiento y de la recepción que hay en Cataluña.

—*¿Qué pasa con el archivo de Salamanca, señor Pujol?*

—¿Qué pasará? ¿No? No, mire usted, el archivo de Salamanca... le voy a decir esto con la máxima... digamos... delicadeza. Lo que pasó es lo siguiente: en el año 1931 se restableció la Generalitat; y la Generalitat, el Gobierno autónomo de Cataluña, empezó a funcionar desde 1931 hasta 1939. Durante este período, produjo una serie de papeles, de documentos, de cartas, de notas, de resúmenes de reuniones de Gobierno, en fin, mil cosas. Éste es el archivo que tenía la Generalitat y que era suyo, por supuesto, nadie se lo discutía. Bueno, entonces terminó la guerra, y... bueno, entonces se suprimió la Generalitat, de acuerdo con un acto digamos... de acuerdo con la idea de Justicia de un determinado bando de la guerra civil. En aquel momento había unos planteamientos muy enconados y, entre otras cosas, digámoslo de paso, fusilaron al presidente de la Generalitat [2]. Y, bueno, entre otras cosas, se llevaron el archivo. Entonces, llega un momento... ya hace muchos años, porque en realidad lo estamos reclamando desde hace muchos años; llega un momento en el que nosotros decimos: «Esto es nuestro». Esto no es culpa de nadie que esté en Salamanca, no es culpa de nadie que viva hoy, sobre todo. No es culpa de nadie, de nadie, de nadie. No hay ninguna queja, ninguna recriminación contra nadie. Simplemente, lo más educadamente posible, debemos decirles: «Esto es nuestro y tráiganlo». Porque, además, todo lo que hace referencia a la Generalitat republicana es muy entrañable para el pueblo de Cataluña, ¿entiende usted? Es muy entrañable. Y, bueno, lo pedimos. Lo pedimos lo más adecuadamente, civilizadamente, y de la forma más conciliadora posible. Pero, oiga, esto nos corresponde, como nos correspondían otras cosas que nos devolvieron, empezando por el propio Palacio de la Generalitat, que también nos lo quitaron en su momento. Y nadie se atrevió a discutir que tenía que devolverse. Como tantas otras cosas que nos han sido devueltas. Y a España misma se le devolvió... Yo siempre pongo el ejemplo del *Guernica* de Picasso, que estaba en Nueva York: teóricamente, podían haber intentado no devolverlo, porque estaba estipulado que tenían que devolverlo a la República Española. No. Se dijo: «No, no... Esto es de ustedes». Pues bien, el archivo es nuestro, y forma parte de nuestra historia entrañable. Dicho esto con toda... Me sabe mal no poder hablar más extensamente del tema, porque yo quisiera dárselo a entender, sobre todo, a la gente de Salamanca... el problema de Salamanca no es éste.

*—Sí, desde luego, sería para comentarlo con más matices, pero no tenemos tiempo. Estamos ya en el último minuto, señor Pujol, un par de cosas... Un importantísimo intelectual se preguntó una cosa que me gustaría preguntársela a usted: ¿sus biznietos hablarán castellano? ¿Sabrán hablar castellano?*

—Entendámonos... A lo mejor hay alguno que habla en castellano, yo no sé.

*—Pero ¿sabrán hablar castellano?*

—¡Sí, hombre...! ¡Hombre...! ¡Ah, esto es lo que me pregunta usted...! ¡Seguro! Pero no es tan seguro (aunque yo confío que sí) que también sepan hablar catalán. No es tan seguro. Porque si algo está en situación precaria es la lengua catalana, no la lengua castellana, incluso en Cataluña. Ahora bien, yo confío, sinceramente, en que mis biznietos sabrán hablar bien las dos lenguas que tienen que saber hablar bien. Tampoco está tan lejos lo de mis biznietos, porque tengo nietos... Confío que sepan hablar las dos lenguas... aparte de otras. Aparte de que sepan hablar francés, inglés... Además, fundamentalmente, sabrán hablar bien catalán y castellano. Evidentemente, nosotros estamos dándole importancia a la lengua propia de Cataluña, tal y como se indica en el Estatuto de Autonomía aprobado por las Cortes españolas. La lengua catalana es la que ha configurado Cataluña, le ha dado personalidad, es su manera de hablar y su lengua histórica. Pero si la pregunta que usted quería hacer es si sabrán hablar... hablarán bien. Y, además, no solamente sabrán hablar y hablarán bien, sino que hablarán sin ningún complejo y sin ningún resabio ambas lenguas: el catalán y el castellano. Yo le digo que yo creo que sí. ¿Puede haber un riesgo de que el catalán perdiera terreno? Tal y como están las cosas, yo creo que no será así. Por lo tanto, hablarán las dos lenguas bien; y, además, repito, con satisfacción.

*—¿Se siente usted un incomprendido en España, señor Pujol?*

—Pues mire usted, supongo que a veces sí y a veces no. Vamos a ver, es una pregunta que yo no me hago. Oiga, si yo tengo que ir preguntándome si soy un incomprendido o no soy un incomprendido... malo. Yo pienso que para España hay que ver unas determinadas cosas. Por ejemplo, si ahora [Pedro] Solbes dice (y Aznar también lo dice): «Oiga, hay que introducir austeridad en la vida española». Por supuesto, con eso no ganas el aplauso de nadie. Lo dice Solbes, lo dice Aznar y lo dice Felipe González. Y yo estoy de acuerdo con los tres. Pero yo le digo: yo no sé si voy a ser un incomprendido; yo le digo a usted que sí, señor, que hay que proteger la austeridad en la vida política y en la vida económica española, tal como lo dicen esos señores. Oiga, no vamos a perder el tiempo pensando en incomprensión o no incomprensión: no. Vamos a dedicarnos a sacar el país adelante. Y cuando digo que vamos a sacar adelante el país, digo que vamos a sacar adelante a España.

*—Una travesura, para acabar: ¿a quién va a votar usted para la alcaldía de Barcelona? ¿A [Pasqual] Maragall o a [Miquel] Roca, señor Pujol?*

—¿Y a usted qué le parece? Bueno, tenemos grandes esperanzas, y grandes... Bueno, una gran ilusión en esta elección; y, además, estamos muy convencidos de que Roca es el hombre capaz e idóneo para ser alcalde de Barcelona. Oiga, yo no he venido aquí para hacer propaganda de Roca, que, por otra parte, pienso que es un hombre bien conocido, apreciado y estimado. Pero, en fin... usted me ha obligado a ello [3].

## NOTAS

[1] José Antonio Lasa Aróstegui y José Ignacio Zabala Artano, miembros de ETA, fueron secuestrados, asesinados y enterrados en cal viva en 1983. Sus cuerpos se encontraron en 1995 y un informe forense determinó la identidad de los cadáveres. Los hechos fueron reivindicados en su momento por los GAL.

[2] Lluís Companys i Jover (1882-1940). Tras la victoria del general Franco en la guerra civil española, el presidente de la Generalitat de Catalunya se refugió en Francia, donde fue apresado por la Gestapo alemana, que lo entregó a las autoridades militares españolas. Se celebró un juicio sumarísimo el día 14 de octubre de 1940 y fue fusilado al día siguiente.

[3] El nacionalista Miquel Roca, seguramente el político catalán más valorado y estimado en el conjunto de España durante los años noventa, fue el representante del Grupo Catalán en el Congreso de los Diputados. Después concurrió a las elecciones municipales en Barcelona (28 de mayo de 1995) frente al líder socialista Pasqual Maragall. La alcaldía de la capital catalana ha sido tradicionalmente socialista y Maragall, que había organizado los Juegos Olímpicos de 1992, volvió a ganar.

5

# *Carlos Solchaga*
# *El final de una historia*

Carlos Solchaga (Tafalla, Navarra, 1944) fue uno de los políticos más relevantes de la primera etapa del Gobierno socialista (1982-1996). Ocupó la cartera de Industria y Energía en el primer Gobierno de Felipe González y fue el encargado de llevar a cabo una profunda reestructuración del tejido industrial (reconversión) en medio de una gran agitación social. En 1985 se le encomendó el Ministerio de Economía y Hacienda. En este departamento permaneció hasta 1993, desarrollando una labor controvertida y discutida por los sectores sindicales y la izquierda de su partido. En 1993 fue designado como jefe parlamentario del PSOE en el Congreso de los Diputados, cargo del que dimitió un año después, tras algunos escándalos financieros que remitían a su etapa ministerial.

Iñaki Gabilondo le hizo la siguiente entrevista en el programa *Gente de primera*, en TVE, el día 14 de abril de 1994, precisamente cuando se había destapado el caso del gobernador del Banco de España, Mariano Rubio, al cual se atribuían numerosas irregularidades que posteriormente fueron sustanciadas en procesos judiciales.

—*¿Va a dimitir?*

—No, no tengo ninguna intención de dimitir. No es que me parezca importante o no importante mantenerme en mi puesto, nunca he tenido apego a los puestos. Pero, en estos momentos, las razones por las que algunos aducen que yo debería dimitir tienen que ver con el comportamiento del antiguo gobernador del Banco de España, el señor Mariano Rubio, que tenemos primero que esclarecer. Por tanto, ahora no tengo intención de dimitir, pero naturalmente, del mismo modo que le digo esto, también le puedo decir que tampoco tengo intención de apegarme en mi puesto a cualquier coste.

*—En el caso de que se confirmaran las sospechas que pesan sobre Mariano Rubio, ¿dimitiría?*

—Depende de cuáles sean esas sospechas y de cuáles sean las confirmaciones. Yo entiendo que hay matices en la responsabilidad política de alguien que ha ocupado un cargo como el mío, un cargo muy importante, como el de ministro de Economía y Hacienda. Si un director general, si el gobernador del Banco de España o alguien en el ejercicio de un cargo que yo debo supervisar, comete irregularidades propias de la función del cargo que desempeña, a mí me parece evidente que la responsabilidad política es inexcusable. Pero si estamos hablando, como hasta ahora se está hablando, exclusivamente, de algo que ni yo ni nadie podía conocer... Si todo esto llega a ser verdad, es decir, que el señor Rubio pudiera tener una parte de su patrimonio oculto a la Hacienda pública, no porque fuera gobernador, sino como cualquier otro ciudadano, si es verdad que quizá ha ocultado algunos datos... esto produce escándalo y dolor. Y dolor. A quienes hemos tenido la confianza en él, si esto que se dice fuera verdad, ciertamente, nos produciría dolor y decepción; y a los ciudadanos, preocupación. Pero... claro, el término de la responsabilidad política, en este caso, es diferente. Quiero decir que son cosas que yo no podía conocer de ninguna de las maneras, aunque hubiera sido el mejor ministro del mundo: si alguien no hace bien su declaración de la renta y oculta cuidadosamente... (si esto llegara a producirse, insisto, porque estamos hablando en hipótesis), en fin, si esto se produjera, tendríamos que ver qué es lo que se demuestra en las investigaciones que se pongan en marcha, entre otras, la del fiscal. Entonces tendría que considerarlo en función de lo que se pruebe.

*—¿Se ha puesto usted de acuerdo con el señor Serra [Narcís Serra, vicepresidente del Gobierno (1991-1995)] para hacer este tipo de matización en la diferencia? Porque el señor Serra primero dijo que usted estaba pensando en dimitir y luego ha matizado, y ha matizado justamente con esa misma explicación que ha dado usted, separando dos tipos posibles de circunstancias. ¿Está de acuerdo con él?*

—Ya... No, no. Mire usted: es verdad que él me ha dado esta idea y es algo que mucha gente también me había dicho. Porque es natural: son dos cosas muy distintas. Lo que pasa es que sólo han publicado una parte de lo que dijo el señor Serra, que ayer estuvo en un coloquio... Yo creo que el vicepresidente del Gobierno, a quien quiero agradecer la defensa que hizo de mi persona en aquella reunión, simplemente fue interpretado inadecuadamente. Hoy ha querido poner de manifiesto cuál entiende él que es el límite de la responsabilidad política. Yo no quiero insistir sobre esto, porque quizá alguno de los que nos está viendo esté pensando: «Hombre... Éste está tratando de hacer una "doctrina de la responsabilidad" para librarse». No, mire usted: a mí no me da miedo afrontar la responsabilidad y, en particular, ya he dicho muy claramente que aunque me pueda producir una decepción, yo confié seriamente en la honestidad del señor Rubio.

*—¿Me puede dar una razón para dimitir?*

—Bueno... claro que sí.

*—¿Usted se siente fracasado?*

—No. Honestamente, no. Me siento, como tantos otros, una persona que a lo largo de un largo período de vida política, donde he estado en la oposición, he ganado junto con mi partido unas elecciones fundamentales en 1982...

*—Disculpe, me refiero a que si se siente fracasado por haber recomendado a Mariano Rubio, por haber defendido a Mariano Rubio y por haberle pedido a Felipe González que defendiera a Mariano Rubio. Ante estas circunstancias, ¿actualmente usted no se siente personalmente fracasado?*

—Defraudado. Ésa sería la palabra más adecuada. Si se probara alguna de las acusaciones que se han hecho al señor Rubio y a las que éste no ha respondido (y esto me duele y me decepciona), si se probara alguna de esas hipótesis, digo, me sentiría defraudado, sí. Porque normalmente, en la vida, piensas que aquella gente que trabaja contigo y que alcanza altas responsabilidades, que aquellos a los que tú has dado la confianza porque creías que la merecían no te van a defraudar en las expectativas que has depositado en ellos. Cuando ocurre, y otra vez, repito, si llega a ocurrir, sentirse defraudado es lo natural, es lo humano.

*—Defraudado. ¿Y usted ha defraudado...? Puede decirse que usted ha podido haber defraudado al señor González, por ejemplo, al haberle recomendado a una persona para un cargo tan enormemente delicado... Lo digo a la hora de considerar razones ante una posible...*

—Podría ser una consideración y, ciertamente, cuando González y yo hablamos, cuando el presidente y yo hablamos en 1988 de la posibilidad de que el señor Rubio, que había sido nombrado como gobernador del Banco de España en 1984, hiciera un segundo mandato, yo dije que me parecía razonable que lo hiciera, y al señor González le pareció también razonable. En aquel momento no pesaba ninguna duda, no había ninguna cuestión puesta en tela de juicio sobre el comportamiento del señor Rubio. Al contrario, si uno mira los periódicos de la época... yo creo que hasta la oposición recibió con júbilo el hecho de que el señor Rubio, que no era militante del Partido Socialista, continuara manteniendo la confianza del Gobierno para seguir adelante con una labor que entonces era generalmente elogiada.

*—Por eso. Pero no se está hablando de su culpabilidad, sino de responsabilidad política: de pagar un precio político por eso. ¿Cree usted que no hay que pagar un precio político y que no le correspondería a usted pagarlo?*

—No lo discutiré. Es posible que haya que pagarlo. Lo único que pasa es que quisiera saber por qué. Dicho de otra manera: no se debería pagar un precio político sobre unas hipótesis, no sobre unas acusaciones, sino cuando se hayan esclarecido algunos hechos. Y entonces, yo juzgaré. Y lo que puedo decirle a usted y a todos los que nos ven es que en la mayor parte de los puestos en los que he estado, primero como ministro de Industria y luego como ministro de Hacienda, en los puestos de designación, siempre he estado más tiempo del que quería. Con toda franqueza: siempre quise dejar el Ministerio de Industria antes de lo que lo dejé y quise dejar el Ministerio de Hacienda antes de lo que lo dejé. Por consiguiente, mi problema no ha sido mantenerme en el sillón a cualquier coste. Pero el presidente del Gobierno no me ha nombrado para el puesto que tengo en la actualidad: a mí no me ha nombrado nadie para ser jefe del Grupo Parlamentario Socialista, a mí me han elegido mis compañeros, y por lo tanto, la naturaleza de esos cargos es distinta, ¿no? Éste es un puesto de otra naturaleza, pero tampoco me importaría nada dejarlo en su momento, si llego a la conclusión de que tiene sentido dejarlo. En primer lugar, por la consideración de responsabilidades políticas o cualesquiera otras; y en segundo lugar, y con eso hago un favor a mi partido y hago también un favor a mi grupo parlamentario, si en un momento determinado uno tiene la impresión de que por su comportamiento, por su actuación o por el lugar que ocupa está haciendo más daño que beneficio a aquellas ideas que defiende y a aquella organización en la que milita, lo razonable es que se vaya. A mí no me costaría reconocer eso en un momento dado.

*—En este momento, señor Solchaga, ¿cree usted que para su partido es mejor que se quede o que dimita?*

—Yo creo que, mayoritariamente, en mi partido, coinciden conmigo en que es mejor que me quede.

*—En relación con las acusaciones documentales reflejadas por el diario* El Mundo *en sucesivas entregas, ¿son pruebas que pueden considerarse falsas? Usted es un experto, usted es un especialista en esos asuntos, podría saberlo...*

—No, eso no se puede decir. Del mismo modo que no se puede decir...

*—¿No le parece que son bastante concluyentes?*

—A mí me da la impresión de que... desde luego, no son un montaje, desde luego. Ahora, si coinciden exactamente con las cuentas de don Mariano Rubio, etcétera... eso tendrá que dilucidarse. Es posible que sea así, desde luego, porque tienen la apariencia de que se corresponden con la realidad. Por eso, hace tres días, yo pedí públicamente a don Mariano Rubio que saliera y explicara a la opinión pública si aquellas cuentas eran suyas o no. Precisamente, para que pudiera corresponder a la confianza que el Gobierno socialista había depositado en él. Le pedí que lo explicara; por lo menos, que lo explicara: si esas cuentas eran suyas, que dijera qué iba a hacer, y si no eran suyas, que dijera qué otras cosas tenía pensado hacer. En fin, por lo menos, que lo explicara.

*—Interprete este silencio: los señores [José] Bono y [Manuel] Chaves dijeron ayer que era un silencio que prácticamente eliminaba la presunción de inocencia.*

—Bueno, eso es una opinión personal. A mí... a mí no me gusta...

*—¿Cuál es su opinión personal sobre este silencio?*

—Mi opinión personal es que este silencio le perjudica. Perjudica al señor Rubio en sus intereses, en su imagen y en su representación ante la sociedad. Decir que lo hace culpable necesariamente... no me atrevo a decirlo.

*—Pero hizo pública una explicación. A usted no le parece que... ¿qué le parece esa explicación?*

—Lo dije ayer: me parece insuficiente, insatisfactoria. Algunos podrán decir: «Hombre... pero usted dijo que él se quedaba con toda la responsabilidad política, de usted y del señor González». Bueno, eso... Mire usted, me parece que es irrelevante. Quizá el mundillo político está muy interesado en la responsabilidad de uno o de otro, pero los ciudadanos, en este momento, lo que sienten es rabia: «¿Pero será posible que el gobernador del Banco de España tenga una cuenta en dinero B? ¿Será posible que el gobernador del Banco de España no esté pagando los impuestos? Por Dios, que nos lo explique, que nos diga si de verdad es así y lo reconozca, con su tanto de culpa, con lo que sea; que nos diga si no es tan grave como parece o diga si es mentira y va a actuar en sentido contrario». Y por eso, como en este punto la nota del señor Rubio no decía nada... nada que mereciera la pena atender para... de alguna manera, no sé... para despejar estas incertidumbres y para disipar esta inquietud que produce la sensación de escándalo... En fin, su nota me pareció muy insuficiente.

*—Mañana por la tarde el señor Rubio tiene que comparecer ante la Comisión de Economía y Hacienda del Congreso de los Diputados...*

—Lo hemos solicitado nosotros.

*—Sí. Ha dicho usted que Mariano Rubio podría llegar a desmoronarse. ¿Ha hablado usted con él?*

—Yo he hablado con él. Le pregunté qué había de cierto en aquellas primeras opiniones publicadas, en aquellas informaciones publicadas en los periódicos. Y me dijo: «Mira, yo estoy reconstruyendo eso», etcétera. No corresponde aquí hablar de una conversación privada en la que...

*—¿Cómo está?*

—Simplemente... Yo le encontré apesadumbrado, apesadumbrado. Y es razonable, ¿no? Si a una persona le achacan esto, sea o no sea verdad, tanto por una razón como por otra, es razonable que esté apesadumbrado. Entonces... Yo no digo que se vaya a desmoronar... Espero que no: es un hombre que está acostumbrado a la vida pública, a afrontar comisiones en el Parlamento, lo hacía habitualmente como gobernador del Banco de España. Pero sí es verdad que mañana no va a ser un buen trago para él. ¡Pero qué se le va a hacer! Si él hubiera esclarecido la situación y hubiera actuado en consecuencia, todos habríamos pensado que sus explicaciones eran suficientes y que no hacía falta su comparecencia en la Comisión.

*—No sé... Deme una versión imaginada que pudiera convencernos de que el caso es distinto a lo que parece evidente en las pruebas presen-*

*tadas por el diario* El Mundo. *Lo que allí se publica es clamoroso e indiscutible. Deme una tesis para que eso pueda no ser lo que parece.*

—No, yo no... no podría... Hombre... Está la tesis del montaje, es decir, que alguien se ha inventado todo esto... Pero si a mí alguien me pregunta: «¿A usted le parece eso un montaje?», tengo que decir que no. Ahora bien, una cosa es eso y otra cosa es que todo sea... tal y como parece. Y el único que puede delimitar esas diferencias es el señor Rubio... y el señor [Manuel] De la Concha, que era quien llevaba esa cuenta. O, en todo caso, un juez. Pero eso no me corresponde a mí, ni me debe corresponder, compréndalo... No me corresponde a mí establecer, a priori, la veracidad de una información. En primer lugar, yo debo creer que un periódico publica información veraz. Y, en segundo lugar, creo que el señor Rubio debería haber actuado contra esa información si no era cierta, y el hecho de que no haya actuado, por lo menos, no va contra la presunción de veracidad de la información. ¿Puede ser cierta toda la información? Pues a lo mejor no. Puede haber más informaciones en relación con esa u otras cuentas que también sean relevantes para juzgar el conjunto del caso.

*—¿Le parece, señor Solchaga, que veamos al señor Rubio cuando en Radio Nacional de España y en Televisión Española se le preguntaba por este particular? Era el día que el diario* El Mundo *publicaba la primera información, con las posteriores entregas de documentación. Yo creo que puede tener especial significado:*

> «[Julio César Iglesias] —No hay más remedio que empezar el desayuno con un plato fuerte. Señor Rubio, usted tenía 130 millones en dinero negro en una cuenta de Ibercorp. Tiene usted la palabra.
>
> »—No. Eso es completamente falso, yo no tengo ninguna... no he tenido ninguna cuenta de dinero... de dinero negro. Aparece... Yo me he enterado ayer por la... pues a las... me parece que eran las doce o la una de la mañana, que alguien me llamó para decirme que aparecía esa... esa noticia en *El Mundo*. Es una noticia absolutamente falsa. Desgraciadamente estoy acostumbrado ya a este tipo de cosas. Si recordaran ustedes... También salió que yo había recibido... mejor dicho, me parece que era mi mujer... que si yo había recibido un crédito, que yo había recibido también unos pagos, en unos documentos que luego se demostraron que eran documentos completa-

mente amañados. Y, desgraciadamente, pues no... Digo que no me coge de sorpresa porque estoy acostumbrado a que se digan este tipo de infundios sobre mí.
»[Diego Carcedo] —¿Y los documentos que se publican en el periódico? ¿Las fotocopias que aparecen? ¿Usted no las reconoce como suyas?
»—No, no... Lo que aparece es un documento, unas cuentas que evidentemente yo no reconozco como mías, puesto que no tengo esa... esa cuenta. Y aparece luego también un tarjetón que no he podido comprobar, evidentemente, que se dice que preparen dos cheques por una cantidad de dinero. Como digo, me he enterado ayer, a la una de la mañana... Aparte que son datos del año... vamos, acontecimientos de los años 1986-1987, que, por supuesto, no recuerdo en absoluto. Bueno y no he podido comprobar si eso es cierto... o no es cierto, con lo cual nada tiene que ver, evidentemente con la imputación que se me hace. Una cosa es que yo haya pedido unos cheques y otra cosa es que yo tenga una cuenta B o una cuenta de dinero negro, ¿no?»

*—Bueno, el señor Rubio pensaba que era una documentación falsa. Usted nos ha dicho que lo que le parece evidente es que no es una documentación falsa. Imagine por un momento que ésta es la explicación que mañana por la tarde ofrece el señor Mariano Rubio en el Congreso de los Diputados, o algo parecido a esto. ¿Qué pasa?*

—Si la explicación fuera de ese tenor, yo creo, y ya lo hemos anunciado, lo he anunciado yo, que tendríamos que solicitar una comisión de investigación. Otros grupos parlamentarios ya habían solicitado esta comparecencia del señor Rubio, no estábamos de acuerdo con ella, lo único que hemos hecho ha sido adelantarla a mañana mismo, porque... claro, retrasarla mucho, con todas las discusiones, dimes y diretes, «la tiene y no la tiene»... Nosotros estamos muy interesados, como partido del Gobierno, como Partido Socialista, en ir hasta el fondo de este asunto y no queremos que la cosa se prolongue. Y, sobre todo, no queremos dar la impresión de que no deseamos que el señor Rubio aclare la situación. Por consiguiente, si mañana el señor Rubio volviera a dar una explicación de esta naturaleza, que me parece que a la vista de los datos hasta ahora publicados es insuficiente, el Grupo Socialista pediría una comisión de investigación. Porque su explicación debería ir acompañada de una querella, por lo menos, o cualquier otro tipo de cosas. Y quizás con la demostración de los datos, de lo que él tenía en 1986 y 1987, para demostrar que esto es falso, ¿no? Pero si no lo hace y simplemente se limita a decir lo que dijo en aquel momento, a la altura de las circunstancias en las que estamos, el grupo pediría con toda seguridad una comisión de investigación.

—*Es que no se está hablando solamente de una cuenta más o menos camuflada a Hacienda. En esa cuenta, primero, había un millón y medio y luego 130 millones, a través de unas maniobras que también se han podido conocer. Es metafísicamente imposible que el señor Rubio no lo recuerde.*

—A mí también se me antoja muy extraño. Si ésa es su cuenta y no se ha querellado diciendo que no lo es, que diga que no se acuerda es una cosa rarísima, ¿no? Por tanto, esto es lo que nos hace a todos pensar que no está aclarando la situación.

—*¿El delito fiscal habría prescrito?*

—Sí, de acuerdo con nuestras leyes, el delito fiscal prescribe al cabo de cinco años. Pero eso no significa nada respecto a lo que estamos hablando: quiero decir que aquí estamos haciendo sobre todo un juicio moral sobre el comportamiento de una persona. Si se demuestra que todo esto es así, yo creo que hay un grave problema moral y un problema que afecta a la sociedad en su conjunto, y que nos afecta a todos. Al margen de que se pueda decir que este hombre fue gobernador del Banco de España durante el período del Gobierno socialista... Teniendo en cuenta que esos asuntos corresponden a lo que podríamos llamar su «esfera privada», ¿qué era lo que quería hacer con su dinero o cómo lo obtenía? Si las cosas fueron como se dice que fueron, me parecería absolutamente intolerable. Por tanto, yo no sé... Porque tampoco sé si toda la información o toda la investigación judicial... cuando se inicie, después de los informes del fiscal, no sé si todo se acaba en 1987 o puede proseguir en años sucesivos y entrar ya dentro de un período en el que los presuntos delitos no hayan prescrito.

—*Ha hablado usted con Felipe González de este tema, supongo.*

—Sí.

—*¿Qué piensa el presidente?*

—Yo creo que el presidente tiene una opinión muy semejante a la mía. Primero, la de decepción personal y frustración, porque el señor Rubio no haya sabido estar a la altura de las circunstancias y decir lo que hay. En segundo lugar, él siente también el dolor que representa haber dado la confianza a una persona y, si este comportamiento se comprobara, notar que la ha traicionado, en el sentido de que nadie podría pensar nunca que un gobernador del Banco de España que no cumple con sus deberes fiscales podría tener jamás la confianza de un Gobierno.

*—En algunos ambientes se comenta que el presidente estaría considerando la posibilidad de dimitir.*

—Bueno... yo creo que eso pertenece al género de las... No sé... Algunos, a lo mejor, lo están deseando; pero a mí me parece que el señor presidente del Gobierno no está considerando esa posibilidad, ni mucho menos.

*—¿Es usted amigo de Mariano Rubio?*

—Pues le diré... La verdad, yo... durante años he tenido una relación con él que, además de la profesional, también tenía una parte afectiva. No es el tipo de persona con la que yo me viera todos los días, ni con gran frecuencia, pero... sí puedo decir que eran unas relaciones que no eran meramente profesionales, sino que tenía una relación de amistad. En estos momentos, aunque a mí nunca me gusta dar la impresión de que uno se descuelga de una situación, debo decirle que mi decepción con su comportamiento hace que mis sentimientos sean mucho más confusos, ésta es la verdad.

*—Si Mariano Rubio le pidiera ayuda, ¿se la daría ahora?*

—¿Ayuda de qué tipo?

*—Si le pidiera ayuda, ¿se la daría?*

—No lo sé. Mire usted, todos los seres humanos merecen... por lo menos, la consideración de oírlos, ¿no? Pero yo no imagino qué tipo de ayuda le puedo dar al señor Rubio en estos momentos.

*—¿Le ha pedido que le ayude de alguna manera en este momento?*

—No. Eso categóricamente debo negarlo. En ningún momento el señor Rubio ha establecido contacto conmigo para pedirme ninguna ayuda. Nada. Eso no. Eso no es posible.

*—Estamos asistiendo, últimamente y en relación a estos hechos, a la clausura de la llamada «cultura del pelotazo». Es el cierre de un capítulo que se considera desdichado. Y está asociado a este tiempo la llamada* beautiful people. *De alguna forma, justa o injustamente, usted está asociado a este período. ¿No tiene usted la sensación de que ha fracasado desde esa perspectiva?*

—Perdone que le diga... Yo... respecto a la *beautiful people*, la única relación que he tenido es la que mis adversarios políticos han querido imponerme. Yo no tengo relación con la mayor parte de estas personas. Es verdad que yo entré en 1967 en el Banco de España, en el Servicio de Estudios. Entonces, uno de los subdirectores era, precisamente, don Mariano Rubio; y otras personas han estado en el Banco de España, como don Miguel Boyer... Con ellos he tenido relaciones que son... pues eso, mucho más que profesionales, sino de amistad. Todas las demás personas que se dice que pertenecen a la *beautiful people* son personas con las que yo no he tenido relación... prácticamente. Excepto, naturalmente, si alguna vez como ministro... o en cosas por el estilo. No quiere decir esto que no haya coincidido con ellos en un acto social o no, pero... no, no han pertenecido nunca al género de personas con las que yo me reúno normalmente. Yo me reúno con mis amigos de siempre, con mis amigos de toda la vida o con la gente que ha estado trabajando conmigo.

*—El martes comienza el debate sobre el Estado de la Nación. El tema de la corrupción está en el orden del día como número uno. Y es evidente que el presidente del Gobierno tiene algo que decir. ¿Usted cree que este asunto se va a saldar políticamente con palabras o va a ser necesario para la catarsis general que alguien, no sé si usted, pero alguien, pase por la dimisión?*

—Yo creo que... desde luego, no se va a saldar con palabras. Se va a saldar con esclarecimientos, con investigaciones, con hechos probados y con consecuencias políticas. Pueden ser dimisiones u otra serie de modificaciones legales que traten de evitar que en el futuro se produzcan determinados comportamientos... A mí me parece muy razonable que la nación y el Parlamento consideren estos asuntos. Ahora bien, lo que también es verdad es que el debate del Estado de la Nación debe tratar otras cosas, aunque estos hechos sean importantes. No trato de restarles importancia, para que no parezca que a mí me interesa... o algo por el estilo. En estos momentos, la situación económica, después de prácticamente dos años de deterioro permanente, está empezando a cambiar de signo. Estamos viendo cómo mejora la situación del empleo, cómo mejoran las relaciones en el mercado de trabajo... Estamos viendo cómo la economía está empezando a crecer, bien que modestamente, pero está empezando a crecer... Yo creo que se están produciendo una serie de cambios importantes a través de la legislación, con la reforma del mercado laboral, la reforma de la contratación por parte del Estado, la reforma de las facultades disciplinarias y sancionadoras del Consejo del Poder Judicial, el intento de avanzar en determinadas modificaciones de instituciones... Bueno, quiero decir que hay otras cosas que también son importantes y de las cuales depende mucho la convivencia en nuestro país y el bienestar de los españoles; y estos temas también deberían tratarse en el debate sobre el Estado de la Nación. Con esto no quiero decir que evitemos o eludamos el tema de la corrupción en el debate del Estado de la Nación, pero para hacer honor al nombre que le damos, el debate sobre la situación de la nación, el estado en el que está, todos estos otros aspectos deberían ser considerados. Y me daría pena que algunos grupos trataran simplemente de concentrar toda su atención en la corrupción: sin duda perjudican más al Gobierno que a los grupos de la oposición, pero, en ese caso, no estarían a la altura de las circunstancias en un debate parlamentario de ese tipo.

*—Efectivamente, va a ser difícil que se pueda observar nada hasta que no se pase por esto... ¿Usted sabe cómo está la calle en relación con este tema? Mariano Rubio, Luis Roldán... ¿Usted ha percibido cómo está la atmósfera en la calle?*

—Yo creo que sí, pero tampoco me atrevo a ser profeta de la calle. En un momento en que la situación económica es complicada, cuando las perspectivas de empleo todavía no son claras y cuando la gente siente la preocupación porque el hijo no se coloca después de haber acabado los estudios, o porque, a veces, el padre puede todavía correr el riesgo de perder el puesto de trabajo, cuando todo esto sucede, las situaciones como las que se han señalado producen una gran indignación. Por lo tanto, en la calle, la gente no está contenta. Y, naturalmente, la obligación de los gobernantes... y cuando hablo de los gobernantes no me refiero tan sólo a los que están en el Gobierno, sino a los que de alguna manera sostenemos este Gobierno, nuestra obligación, digo, es resolver esos problemas y, al mismo tiempo, resolver los problemas de la economía y del bienestar de nuestra nación. Creo que hay posibilidades de hacerlo. Estoy convencido de que se puede hacer. Estoy convencido de que nunca es demasiado tarde, porque también la coyuntura económica está cambiando. Pero, en todo caso, lo primero que hay que hacer es reconocer que hay razones para esta indignación, razones para que en estos momentos muchos ciudadanos españoles se sientan frustrados por el estado de la nación, por la situación actual. No es una cuestión de exculparse ni de buscar responsabilidades. Nosotros asumiremos las que tengamos. Se trata de resolver problemas y de asegurar comportamientos que, quizá, en el pasado, no hemos sido capaces de asegurar suficientemente.

## 6

# *Alfonso Guerra*
# *Un pensamiento para el siglo que vivimos*

A principios de los años noventa, tras más de diez años en el poder —desde 1982—, el Partido Socialista Obrero Español estaba inmerso en un profundo debate interno. En 1994, las distintas facciones (guerristas, felipistas, renovadores) comenzaban a hacerse presentes y favorecían un estado de descomposición que se resolvería dos años después, en 1996, cuando el Partido Popular ganó las elecciones generales. Con motivo de la celebración del XXXIII Congreso del PSOE, en marzo de 1994, Iñaki Gabilondo entrevistó a Alfonso Guerra (24 de marzo de 1993) en *Gente de primera*, de Televisión Española. Con todo, cabe detenerse especialmente en la conversación de Iñaki Gabilondo y Alfonso Guerra a propósito del nuevo mundo que se estaba configurando y que cambiaría la faz del planeta en la década inmediata.

Alfonso Guerra (Sevilla, 1940) fue uno de los políticos más relevantes de la transición política en España (1975-1982). Participó en los trabajos constitucionales y, cuando el PSOE logró la victoria en 1982, Felipe González lo nombró vicepresidente del Gobierno, cargo que ocupó hasta su dimisión en 1991. Fue vicesecretario general del partido hasta 1997. Es autor de distintos estudios políticos (*La democracia herida*, 1997) y de un volumen de memorias (*Cuando el tiempo nos alcanza*, 2004).

*—Antes de nada, señor Guerra, sáqueme de dudas: ¿es usted guerrista?*

—Le saco de dudas, enseguida: no. Yo he dicho, parodiando a Woody Allen, que si yo fuera el presidente de mi club, yo no me daría el ingreso. Yo no reconozco ser guerrista ni distribuyo patente de guerrista.

—*¿Y felipista? ¿Es usted felipista?*

—Yo soy socialista. claramente. Yo creo que el seguidismo a las personas sirve para los que tienen fe religiosa; en ese caso, lo entiendo. Pero, en política, las ideas que uno tiene se asientan en una doctrina histórica que ha tenido una evolución, y esa doctrina, en mi caso, es el socialismo. Esto no quiere decir que no se pueda apoyar a una persona que destaca, como es el caso de Felipe González, con unas cualidades excepcionales...

—*¿Todos los miembros de la directiva actual del PSOE son socialistas?*

—Bueno, esa pregunta se la tiene usted que hacer a cada uno de ellos.

—*¿A usted qué le parece? ¿Que sí?*

—No tiene ningún interés lo que me parezca a mí. A lo mejor tiene más interés lo que le parezca a usted, desde fuera de la organización. Pero, hombre... pertenecen al Partido Socialista... ¡Habrá que entender que lo son! ¿No?

—*¿Han quedado definitivamente cerradas las heridas de las que se hablaba al comienzo del congreso, don Alfonso?*

—Yo creo que el resultado del congreso es un resultado satisfactorio. Es un resultado que, a mi juicio, tiene una concreción en las ponencias, en los trabajos que se han elaborado, en los debates, en los documentos. En el congreso se ha dado una evolución hacia una mayor sensibilidad social, hacia un mayor progresismo en las propuestas. Y, por otra parte, se ha logrado formar entre todos una dirección para los próximos tres o cuatro años del Partido. Respecto a esa dirección, yo tengo la satisfacción personal de decir que responde a lo que yo, previamente, había dicho que creía que era necesario. Es una dirección equilibrada: hay personas que representan posiciones un poco más acá, un poco más allá... pero, todos, dentro del ámbito del socialismo.

—*El otro día estaba pensando cuando decía Machado que «no amo los afeites de la actual cosmética». Esto no será «cosmética política», ¿no?*

—Bueno... En la política siempre hay una parte que es imagen. Siempre hay una parte que es lo que se percibe, y lo que se percibe no siempre es, exactamente, lo que es. En ese sentido, podría usted hablar de «cosmética» refiriéndose a todo acto público, político o no político... En televisión, por ejemplo, hay una parte que es «cosmética»; a nosotros nos han puesto aquí unos polvos, que yo procuro que sean pocos, porque luego hay que quitárselos... Siempre hay una parte de «cosmética», pero ¿es usted menos sincero porque tiene esa «cosmética» en el rostro? No: depende de lo que usted diga.

*—¿El congreso regional de Andalucía o de Madrid serán, en principio, un pequeño test para ver la solidez de este proceso de equilibrio y de integración?*

—¿Y por qué el de Andalucía y el de Madrid? Habrá diecisiete congresos regionales.

*—Sí. Habrá más, pero parece que son esos dos...*

—¡Ojalá, ojalá...! ¡Ojalá que encuentren un equilibrio! ¡Ojalá lo haya en Andalucía, que, además, celebra elecciones autonómicas en el mes de junio! Ojalá que el conjunto de los compañeros del partido encuentre equilibrio en las propuestas, en las designaciones de personas, en la elección democrática. Ésa es mi apuesta, y yo trabajaré siempre en ese sentido,.

*—¿Le parece a usted que el señor Chaves debe presentarse a la Secretaría General o no tiene opinión al respecto?*

—Hombre, yo sí tengo opinión, lo que pasa es que mi opinión no tiene por qué contar. Yo no quiero coaccionar a los compañeros, que son los que tienen que elegir. Todo el mundo es libre de ser candidato o no serlo. Los compañeros elegirán libremente, y yo no quisiera presionar diciendo sí o no. Bien es verdad que hubo un tiempo que sucedía eso en Andalucía, que una misma persona ocupaba la Presidencia de la Junta de Andalucía y la Secretaría General, y se estuvo pensando que era bueno cambiar esa opción. Entre ellos, Manuel Chaves pensaba que era bueno cambiarlo. Ahora tiene otro criterio. Es legítimo cambiar de criterio. Pero a mí no me gustaría presionar a los compañeros: ellos saben muy bien, deben saber bien, lo que tienen que hacer, y elegir a la persona más idónea, que debe concitar el máximo consenso posible.

*—En el congreso se han debatido asuntos de muchísima importancia, pero daba la sensación de que al señor González, concretamente, y a los pesos pesados sólo les estaba ocupando un encarnizado combate por la confección de la dirección. Luego nos dicen que eso no es lo importante, pero durante el congreso... ¿No ha sido un pequeño fallo de márketing no haber...*

—Yo no sé qué congreso ha visto usted, pero yo he estado presente todo el tiempo en el debate.

*—Hombre, don Alfonso, no me niegue que durante el congreso se ha evidenciado encarnizamiento en la pelea por componer la dirección y no encarnizamiento en el debate de los temas de fondo...*

—Bueno, si usted quiere decir que hay a quien le ha interesado mucho menos la discusión de los debates de fondo, puede ser. Pero yo le digo que yo he estado en todos los debates.

*—¿El señor González también?*

—Pues se lo tiene que preguntar usted a él. Usted tiene la manía de querer que yo haga la crítica...

*—No, no... No es eso... Es que cuando se estaba...*

—No: en los debates, yo he estado presente, siempre.

*—El señor González ha estado tanto tiempo en esto que es normal que también los periodistas miremos en esta dirección. Eso es lo que le quería decir.*

*—Los periodistas pueden mirar a donde quieran. Otra cosa es si ven.*

*—No vemos... ¿Usted cree?*

—Cada uno es profesional y cada uno sabe lo que tiene que hacer. Yo creo que el debate ha sido bueno. Y, además, yo tengo la satisfacción de que ha habido unas intervenciones magníficas, de personas que yo aprecio mucho y con las que he trabajado durante mucho tiempo, y que han suscitado un entusiasmo grande, y a mí me ha interesado mucho. Lo que sí aconsejaría es que se leyeran los textos; y, si quieren, una operación todavía más interesante: tómense los textos anteriores al congreso, la ponencia marco, y el resultado del congreso, y compárense. Verá usted cómo el resultado es muy interesante.

*—Dice usted que algunos, los llamados renovadores, estaban un poquito enfadados por no haber conseguido acreditar una superioridad matemática, pero el otro día me decía un paisano suyo: «Mire usted, aquí, en la Junta Electoral de Andalucía, se sabe quién pega los carteles en mi pueblo...».*

—Siempre los mismos.

*—Y en Galicia, los renovadores aprendieron que no era posible liquidar el «aparato». ¿Cree usted que esa deducción de un paisano suyo está bien apuntada?*

—Es una manera gráfica de decir las cosas, pero es verdad. Es verdad que un partido necesita de un número importante de personas capacitadas, que piensen, es cierto... Pero necesita un número muy importante de personas, generalmente anónimas, que no vienen a este programa, a las que no se las nombra en los periódicos, que no se conocen, pero que forman parte de la Casa del Pueblo de ese pueblo. Esas personas son quienes hablan con la gente de su entorno, son quienes distribuyen papeletas a la hora de las votaciones, son quienes pulsan en parte qué es lo que está ocurriendo en su entorno... Y eso, por canales democráticos... complejos, es lo que debe llegar a la dirección del partido y al propio Gobierno, si ese partido gobierna. Ese grupo de personas anónimas es lo verdaderamente importante de un partido político. Y yo me debo a eso. Ésa es la razón por la que yo no he cumplimentado mi deseo, mi apetencia legítima de dedicarme también a otras cosas.

*—Curiosa paradoja: usted siempre ha proclamado un cierto* amateurismo *en la política y, sin embargo, se ha convertido en el paradigma de la ultraprofesionalidad; se ha convertido en el jefe de ese gran «aparato».*

—Bueno... Lo de «ultra»... si lo ahorramos...

*—Bueno, vale, vale. Sí.*

—Bueno. Yo no me siento profesional de la política, y yo creo que eso me da una cierta ventaja. Yo me siento «aficionado», me gusta hacer las cosas que hago. No las hago pensando en la cuadrícula, en cómo voy a quedar en la cuadrícula. Creo que eso me da una cierta ventaja. Se dice que en los partidos siempre hay un líder que lleva todo el peso político porque la gente cree en él. En el caso de España, en el Partido Socialista, es Felipe González. Pero siempre hay gente, y es muy legítimo que la haya, que piensa ser ese líder en el futuro. Y, entonces, lo miden todo, todo lo que hacen... «A ver si subo dos escalones o bajo cuatro escalones...». Yo no he tenido, ni tengo, ni tendré esa apetencia; no deseo ser el líder y eso me da una ventaja tremenda, me da una libertad extraordinaria, porque no tengo que estar mirando en qué escalón me dejan, sino que hago las cosas porque me gusta. Y es verdad que cuando uno hace las cosas con amor, con gusto, se convierte uno en el mejor profesional y tiene los mejores resultados.

*—¿Alguno de los llamados «renovadores» no son un poco* amateurs *al no observar la importancia práctica del «aparato»?*

—Bueno, yo no sé siquiera si conviene hablar de «aparato» cuando se habla de la dirección de un partido. No sé si siquiera eso es legítimo o democrático. El término «aparato» conlleva una expresión peyorativa que en el caso, por lo menos del Partido Socialista Obrero Español, no la tiene. El partido lo que necesita es más de eso que llaman «aparato», que no tiene ninguna connotación negativa, que es organización profesional: saber hacer las cosas lo más profesionalmente posible, saber recoger la voz de la gente, saber llevar la gestión lo mejor posible... Eso necesita preparación, cursos, formación... Yo no desprecio nada de eso. No desprecio eso que algunos llaman «aparato», como si fuera una cosa negativa.

*—Pero ahora que ha llegado usted a la maestría, anuncia el otro día en la Cadena SER que ya no va a dirigir más campañas electorales. Parece ser que, además, el señor González ha dicho que bueno, que ya lo harán... otros. ¿Su partido no va a perder ese bagaje?*

—No. Debo, además, llamar la atención sobre sorpresas que no son tales. Porque en España se han celebrado dos elecciones europeas: ninguna de las dos las he dirigido yo. Ninguna de las dos. Ahora vamos a la tercera, y tampoco la voy a dirigir. O sea, que la sorpresa es un poco rara. Pero, de todas maneras, yo creo que yo ya no debería dirigir más elecciones porque he dirigido muchas. Las europeas, no, pero he dirigido muchas legislativas y alguna municipal, no todas. Y, además, lo he hecho con cierto resultado favorable. Por ahí, en el mundo, se han copiado alguna de las campañas que yo he diseñado, y con éxito también. Yo creo que ya es hora de que lo hagan otros y, además, me parece bien. Hay una anécdota extraordinaria... En un convento, de estos que ahora tienen mucho éxito con los cantos gregorianos, el abad llamó al solista y le dijo que lo trasladaba a otro convento; y el solista dijo: «¡Pero, padre abad, pero si yo hago los solos! ¿Quién va a hacer el solo?». Y el padre le dijo: «Otro».

*—Bueno.*

—Así es la vida.

*—Así que el congreso del partido ya ha quedado atrás; veremos hasta qué punto ha quedado atrás. Después del 12 de junio, si se celebran las elecciones europeas y andaluzas ese día, ¿puede pasar algo si los resultados no son muy buenos? ¿Determinados acuerdos de equilibrio un poco en precario podrían resentirse según qué resultado se diera el 12 de junio?*

—No. Para un partido sólido, los resultados electorales no deben significar un cambio interno. Es bueno aprender incluso si los resultados no son los que uno desearía, aprender de esos resultados, incluso saber qué puede ocurrir, preparar qué puede ocurrir, y aprender. Sacar experiencia de todo ello es bueno. Pero que se rompan equilibrios internos porque el resultado sea muy bueno o muy malo... Yo, la verdad, no creo que así deba funcionar un partido sólido. Además, los resultados no tienen por qué ser malos.

—*¿Y respecto a los equilibrios políticos en el conjunto de España? Si el Partido Socialista no revalida la mayoría absoluta en Andalucía, el Partido Popular dice que semejante resultado tendría cierto carácter de primarias, que anunciaría ciertos cambios. ¿Lo ve posible?*

—Bueno... Parece que algunos están empeñados en que los resultados sean malos... A lo mejor, de tanto ir a la Virgen de Fátima a pedírselo, a lo mejor tienen algún éxito. Pero en Andalucía... Lo que está haciendo el Partido Popular en Andalucía tiene pocas posibilidades de triunfo. Ni siquiera creo que la gente valore al que han presentado como máximo líder en Andalucía... Los andaluces saben mucho, son muy sabios. Tienen una historia muy larga, con dominaciones de todo tipo, plegándose, pero no plegándose a los dominadores, sino a que sean los dominadores los que tomen la cultura andaluza. La gente sabe mucho y distingue perfectamente quién es el guardián del cortijo, quién es el señorito y quién es el trabajador: lo saben muy bien.

—*Vuelve usted a lo del cortijo, al señorito, a los descamisados, a los* yuppies... *¿Eso no es una simplificación que, en cierto sentido, tiene un cierto carácter de caricatura?*

—Mire usted: todo es una simplificación. Que usted pretenda que en media hora yo le explique todo lo que pienso de política es una terrible simplificación. Evidentemente, es así. Ahora bien, en Andalucía, usted sabe que hay señoritos. ¿O usted ya cree que no hay señoritos en Andalucía? Porque yo los veo. Y la gente los ve, lo sabe. Y hay cortijos y hay capataces: todo eso funciona.

—*Y ahora otra cosa que me parece a mí la clave de todo: en el congreso se decía que se estaban analizando las grandes cuestiones de fondo que afectan a la sociedad. Vivimos en un momento de enorme confusión, de gran transformación y no sé hasta qué punto sirve el instrumental teórico con el que se han manejado los partidos y con el que nos hemos manejado todos al respecto. Después del congreso, ¿qué va a pasarnos de bueno a los españoles? ¿O qué puede esperarse de bueno como consecuencia de ello? ¿Un rearme del Partido Socialista? ¿Por qué ha de considerarse positivo para la sociedad española?*

—Hombre... Yo creo que no hay una vinculación directa entre el final de un congreso que ha salido bien y el hecho de que la sociedad española vaya a cambiar porque el congreso haya salido bien. El congreso da seguridad, y si el congreso hubiese salido mal, sin duda habría incertidumbre, habría inseguridad y ello acarrearía una situación más problemática para España. Como ha salido bien, ello proporciona cierta confianza y una cierta seguridad. Pero es verdad que pasamos por una etapa de incertidumbres en el mundo y en la historia. Es un fin de siglo complicadísimo. El siglo XX ha sido un siglo muy raro, ha sido un siglo muy raro para Europa y para el mundo occidental, incluidos Canadá y Estados Unidos... Ha sido un siglo en el que se han dado los avances científicos, industriales y técnicos más importantes de la Historia, a una velocidad extraordinaria respecto al conjunto de la Historia. Pero también ha sido el siglo del nazismo en Alemania y del estalinismo en la Unión Soviética. Y no se ha dado en los países subdesarrollados: se ha dado en Europa, donde se han dado también las grandes persecuciones. Es el siglo en el que ha explotado una bomba atómica, que mata a centenares de miles de personas en un momento... Un siglo muy complicado. Y, para colmo, es el siglo en el que se han perdido ciertos caracteres de la identidad nacional, porque la economía se ha internacionalizado y en un despacho en Nueva York se decide el futuro de un país. ¡Así... de un país! ¿Entonces, qué ha hecho la gente? La reacción de la gente es refugiarse en lo local y ha aparecido el nacionalismo de nuevo, la xenofobia, la lucha contra el hermano que es un poco diferente, que tiene otra raza... Es un final de siglo muy complicado, en el cual irrumpen fenómenos nuevos que no han existido nunca en la Historia. Se adivinan movimientos migratorios en el mundo de millones y millones de personas, se espera que en los próximos quince años lleguen a Europa 25 millones de africanos y 10 millones de personas procedentes de los países del Este: 35 millones de personas vendrán a Europa en diez o quince años. Eso va a configurar una realidad nueva: multirracial, multicultural, multiétnica... Y hay que saberlo. Más fenómenos: las nuevas tecnologías; la tecnología sustituye la mano de obra y crea un sistema de trabajo totalmente diferente, un trabajo no productivo. El trabajo que nosotros conocemos históricamente va a desaparecer como tal. Un ejemplo muy sencillo que se entiende perfectamente: la fábrica que produce robots, la más importante del mundo, que está en Japón, produce 12.000 robots muy sofisticados al año; pero sólo noventa personas producen esos 12.000, sólo noventa personas producen 12.000 robots muy sofisticados; por el contrario, en Alemania, el aeropuerto de Francfort tiene 50.000 trabajadores que no producen nada; son personas que acompañan a alguien por un pasillo, que cortan un papel: no crean riqueza directamente. Y hay más fenómenos, se dan muchos más fenómenos.

*—Como, por ejemplo, empresas que observan el mundo como todo su escenario y se desplazan aquí y allá. Aunque les vayan bien las cosas aquí, se van a otros lugares. ¿Qué respuesta puede dar un pensamiento progresista a todos estos fenómenos?*

—Usted está hablando de cómo ciertas empresas movilizan sus capitales o sus industrias en función del abaratamiento de costes.

*—Son señales también de nuevas circunstancias.*

—El caso más espectacular es Alemania. Cuando Alemania desplaza una empresa, no la desplaza a la zona industrialmente pobre de la antigua Alemania Oriental, se la lleva a Checoslovaquia, donde no le exigen nada. Ahora el neoliberalismo nos quiere llevar a la conciencia de que es posible abaratar mucho los costes laborales. ¡Fíjese en Corea, fíjese en los países del Pacífico... que producen por nada, que no cuesta nada, y no exigen nada! Aquí tiene usted que bajar también los listones y yo creo que es un error. Es decir: si la estrategia del capital es internacional, la estrategia del trabajo tiene que ser internacional. Y hay organismos internacionales que no están haciendo ningún tipo de presión para obligar a esos países a que tengan también un grado de prestación cada vez más cercano al que tiene Europa. Además, el capital es de los países desarrollados, porque si fuera capital propio de aquellos países, aún podríamos aceptarlo... Pero si los alemanes se llevan sus empresas a un país muy lejano es porque la producción les resulta muy barata. La Organización Internacional del Trabajo (OIT) está aquí, en Europa, y podría exigir ciertas prestaciones sociales y de seguridad.

*—Habla de internacionalización, del combate contra esa internacionalización, de los intereses del capital... Carlos Marx, de nuevo...*

—Sí, ese combate, propugnado por los socialistas desde un principio, no se ha realizado. El propio capital es el que ha promovido la internacionalización.

*—En este congreso del PSOE, que acaba de terminar, un hombre con buen instinto, Nicolás Redondo, ha dicho que ha terminado venciendo la teoría de Pedro Solbes y de los liberales, en contra de esta corriente de pensamiento que usted señala ahora...*

—No. Mire usted: usted ha dicho que Nicolás Redondo ha tenido buen instinto... Pero, mire usted, le voy a decir una cosa: yo no voy a decir nada crítico contra Nicolás Redondo por una razón, porque está en una situación muy complicada [1], y yo estoy seguro...

Voy a hacerle a usted una pregunta moral: si usted va por la calle y ve a quinientas personas con palos que quieren linchar a un hombre, y usted no sabe qué ha hecho el hombre ni por qué lo persiguen, ¿usted de parte de quién se pone? ¿De los linchadores o del que van a linchar? Yo creo que la respuesta moral, sin saber cuál es el crimen, es ponerse de parte del que van a linchar. No lo pueden linchar, hombre: lo tiene usted que juzgar, saber qué ha pasado...

*—¿No es un pequeño drama o una injusticia? Que un hombre como Nicolás Redondo...*

—Por eso yo no puedo hacer esa crítica, porque hay un proceso de linchamiento moral contra un hombre que ha entregado su vida a la lucha de los trabajadores. Podrá llevar razón quien critique lo que ha ocurrido con esas cooperativas de viviendas, sin duda: es una situación de desesperación para los jóvenes que han ahorrado y ahora no tienen el piso. Pero yo no puedo participar de este linchamiento. Solamente le diré que, respecto a esa frase, el problema es que Nicolás Redondo no ha leído los documentos. Estoy seguro de que no ha leído los documentos.

*—Entonces, señor Guerra, ¿el pensamiento del PSOE no está saliendo por la derecha para afrontar estos nuevos problemas que usted ha dibujado?*

—Desde luego, no es mi posición. Ni es la posición que se deriva de los documentos que han sido aprobados en este congreso.

*—Entonces, en este congreso, ¿se ha apuntado un poco más a babor para tratar de afrontar esta realidad?*

—Sin duda, sin duda. Mire, se han aportado algunos criterios muy interesantes en los documentos de este congreso. Ha habido dos representantes de instituciones internacionales en este congreso, y han asistido a los debates, y han quedado muy impresionados. Por primera vez se liga el concepto de productividad al de bienestar social; no competitividad sólo, sino productividad. Porque, a mi juicio, el problema no es sólo un problema de que el mercado laboral sea muy rígido, como dice el neoliberalismo: más rígido que lo es en Japón... imposible, y no tienen casi paro; tienen un 3 por ciento de paro, y el mercado es muy rígido. No es tampoco sólo un problema de que las nuevas tecnologías terminen con la mano de obra, tampoco, porque la tecnología más desarrollada está en Estados Unidos y en Japón, y tienen menos paro. Y en Europa, los países que tienen menos desarrollo tecnológico tienen más paro. O sea, que no se pueden hacer cosas de receta: la cosa es más compleja. No se trata sólo de que el coste laboral sea tanto o cuanto, que la rigidez sea mayor o menor. Naturalmente, hay que combatir todas esas dificultades, pero ése no es el eje central. El eje central es la productividad, y la productividad ¿cómo se alcanza? Con formación, con una nueva formación. Una formación muchísimo más imaginativa, que pueda reciclar las tareas de un hombre en toda su vida laboral, que pueda cambiar de ocupación dentro de la empresa, que haya cierta movilidad de formación, de capacidad, de cualificación; eso es más importante que los problemas tradicionales, como que el empleo resulta muy caro. El empleo español no es más caro respecto de otro; y el mercado laboral español no es el mercado más rígido.

*—¿No hay alguna contradicción entre el pensamiento que usted está esbozando en este instante y la línea de acción del Gobierno del Partido Socialista Obrero Español?*

—No. Mire usted: hay posiciones que uno explica de la manera que puede y cada uno lo explica de una manera; y, a veces, hay más coincidencias en las acciones que en los discursos. A veces, cuando veo a personas que son técnicos, expertos, a los que se llama tecnócratas, cuando les veo dar un discurso, a veces, no tengo nada que oponer a lo que dicen. Pero me falta algo, me falta otro componente: es el componente humano de las cosas, y eso no se puede abandonar. En España se está planteando un debate que a mí me parece totalmente fuera de lugar: el debate sobre las empresas públicas que no son rentables. Y, a veces, el tecnócrata dice: «Si yo miro al final del año la cuenta de resultados y hay pérdidas, esto hay que cerrarlo». Pero hay dieciocho mil familias que viven de esto. ¿Qué hace usted? ¿Las tira al pozo? ¿Las lleva al mar? ¡Tendrá usted que tener eso en cuenta! Es decir: el técnico tiene que dar esos datos, pero el político tendrá que introducir otros datos: datos humanos. No se puede acabar por decreto una... Una sociedad no se cambia por decreto.

*—Esta reflexión en un momento de cambio, con un oleaje tan contradictorio y tan profundo... ¿Cómo afronta el socialismo estos cambios? ¿Estos cambios se pueden afrontar desde la gobernación o es necesario estar en la oposición para disponer de la calma suficiente para afrontar ideológicamente esas transformaciones? En trece años de gobierno, ¿el PSOE no se ha deshilachado demasiado ideológicamente para afrontarlos?*

—Llevamos once y medio, le has regalado un año y medio...

*—Bueno, sí.*

—En diciembre, en diciembre...

—*Sí, perdone.*

—Algunos manejan un principio según el cual, para que un partido pueda reencontrar sus señas de identidad, tiene que hacerlo desde la oposición. Yo creo que ese principio no es automático. Lo puede hacer desde la oposición o desde el Gobierno. Mi impresión es que, desde 1973, desde la crisis del petróleo, la socialdemocracia europea tuvo miedo de administrar la crisis y pensó que era mejor que la administrara la derecha. En España no fue así. En España, el socialismo quiso administrar la crisis porque así tendría menos coste social. Y, con todo lo que se quiera decir, en 1982, España tenía un gasto social equivalente al 72 por ciento del conjunto de la Comunidad Europea. En el año pasado, en el año 1993, tenía el 92 por ciento; es decir, el Gobierno socialista aumentó en un 20 por ciento los gastos sociales respecto a los ochenta. Yo creo que es necesario estar dispuesto a administrar también los momentos de crisis para que el coste sea el menor posible. Mi tesis es que la etapa de [Ronald] Reagan, en Estados Unidos, ha tenido una influencia muy importante en el mundo, así como el apéndice de la señora [Margaret] Thatcher en Gran Bretaña, y ha tenido una gran influencia sobre la socialdemocracia europea. Yo le diría, incluso, que ha tenido más influencia sobre los socialdemócratas que sobre los conservadores. Y eso es muy importante. Eso hay que analizarlo, porque es muy importante. Arthur Miller participó en una reunión con [Mijail] Gorbachov y le dijo una frase extraordinaria; le dijo: «Mire, usted está viviendo de un pensamiento que tiene más de un siglo y, en Estados Unidos, el presidente Reagan está viviendo del pensamiento de otro señor que tiene más de un siglo». Se refería a Carlos Marx y a Adam Smith. Ya es hora de que tengamos un pensamiento del siglo en el que estamos viviendo.

—*Julio Anguita asegura que la situación puede terminar complicándose mucho y anunció un posible estallido social. Bueno, no sé si el señor Anguita lo ve de una manera especialmente pesimista. ¿Cree usted que la actual realidad económica, con el paro, las complicaciones crecientes que estamos viendo, anuncian complicaciones, alborotos, en fin, inestabilidades sociales serias?*

—Yo no creo que haya una situación explosiva desde el punto de vista social. Creo que una situación de ese tipo puede ser más factible si hay agoreros que lo van anunciando todos los días. Creo que decir eso no tiene un componente de responsabilidad muy grande. Pero, en fin, todo el mundo es libre de decir lo que piensa. Dicho esto, debo añadir, inmediatamente, que la situación es dramática para las personas que están en el paro actualmente en España. Y digo que es dramática porque todos sabemos que las cifras no responden, exactamente, a la cifra real: lo sabemos; pero, aun con eso, la cifra real es una cifra muy abultada. El drama se presenta cuando hay una familia que de pronto se encuentra en la calle, que no tiene trabajo, que a veces no tiene vivienda, que pierde cualquier referencia de seguridad para sus hijos: ése es un drama, y es un drama de la misma magnitud para una familia que para un millón de familias. Si, además, lo multiplicamos por un número muy grande, el drama es muy fuerte. Tenemos que empezar a entender que ésa es una prioridad, pero no sólo la prioridad en los papeles, y en los documentos, y en los discursos, sino que todos los esfuerzos tienen que dirigirse a solucionar ese problema. Y todo el mundo debe hacer una parte del esfuerzo para resolver el problema de los que no tienen empleo. También los empleados: yo soy un total partidario de que las personas que trabajan deben facilitar que otros puedan trabajar a costa de un poco de su trabajo propio. Si se pregunta a la gente de la calle: «¿Usted está dispuesto a dar un día de su salario del mes para que los trabajadores que no tienen empleo puedan tenerlo», todo el mundo dice que sí. Pero no se pone en marcha nada de este tipo. Y, probablemente, la solución sólo va a venir a través de una respuesta que critican desde las filas del socialismo y desde las filas de la derecha. Pero es inexorable. El trabajo es un bien que hoy está reduciéndose muchísimo; pues bien, si es un bien escaso, habrá que repartirlo, y repartirlo con algún esfuerzo. No basta decir: «Pues reducimos las horas de trabajo a todo el mundo y punto». Eso tendrá que conllevar un esfuerzo de los que trabajan, para que haya más gente trabajando. Es decir: hay que repartir el trabajo reduciendo... de alguna manera, haciendo un esfuerzo, de alguna manera... de los que tengan trabajo. Y más adelante, si la productividad aumenta por la incorporación de personas al mercado laboral, probablemente se podrán ir eliminando los esfuerzos que supongan los repartos de trabajo. Pero el trabajo hay que repartirlo si no queremos tener una sociedad dividida en tres tercios: el tercio de los que están muy bien situados, el tercio de los que sobreviven, y el tercio de los que no tienen más que desesperación en la vida. Y la salud intelectual, moral, política de una sociedad no se mide por los televisores que hay en un país, por el número de teléfonos o por esas estadísticas que manejan los tecnócratas, sino comprobando si se deja tirado en la cuneta o se echa una mano al que tiene menos, al que está en la cuneta. A veces no se le dará todo lo que se pueda, pero hay que echar una mano. No se puede decir que cada uno se las entienda como pueda, no, porque hay gente que sale desde posiciones de ventaja y gente que parte desde posiciones atrasadas: a mí me parece que el mensaje socialista consiste en solucionar esas diferencias.

—*Por lo tanto, cualquier tipo de consideración sobre la crisis del Estado de bienestar debe hacerse con ojo, ¿no? En cualquier caso, no se pueden poner en peligro las conquistas fundamentales de la sociedad europea en estos años.*

—Estoy de acuerdo con lo que usted dice, pero le quiero hacer una matización: yo no acepto que el Estado de bienestar esté en crisis. Si un sistema, el capitalista, de acuerdo con los trabajadores y los empresarios, ha logrado un pacto social histórico, que es el Estado de bienestar, y se ha llegado a un punto en que no se puede mantener el Estado de bienestar, el que está en crisis es el sistema, no es el Estado de bienestar, que es el fruto de un pacto histórico entre capital y trabajo. El que está en crisis es el sistema capitalista. Y, respecto a mantener o no el Estado de bienestar le quiero decir a usted una frase y con ella intento resumir mi posición, aunque sea muy esquemática: es posible que el mantenimiento de algunas prestaciones del Estado de bienestar pongan en peligro el sistema, el sistema capitalista; es posible; pero, desde luego, estoy convencido de que si eso es verdad, aún más verdad es que la explosión social de inestabilidad total que supondría la eliminación del Estado de bienestar es un mal infinitamente peor. Hay que analizar con mucho rigor qué está ocurriendo. Es verdad que hay polémicas respecto a las pensiones de cara al año 2026: pero los economistas preven para un año, para el año siguiente, y se equivocan; prever para el año 2026 me parece una cosa tremenda. ¡Si no aciertan las perspectivas para dentro de seis meses! Es verdad que todo eso se plantea y que con rigor hay que ver qué puede hacer una sociedad a corto y a medio plazo. Y a medio plazo, sobre todo, teniendo en cuenta algo muy importante: que las generaciones futuras tienen que tener un hábitat donde vivir. Hablar del medio ambiente ya no es retórica. En Somalia, en esos países, la gente muere de hambre, porque se mueren de hambre: cuarenta millones de personas al año mueren de hambre, diez millones de niños mueren de hambre, de malnutrición, ¡al año! ¿Por qué diez millones de niños mueren de hambre? Por una sencilla razón: porque la tierra no produce. ¿Por qué no produce? Porque no hay agua. ¿Y por qué no hay agua? Porque talaron los bosques. Hay que estar muy atento a lo que va a ocurrir en el futuro.

*—Sí me gustaría que nos comentara el asunto de México*[2]*. Es de una extraordinaria gravedad, dicen todos los especialistas. Y alguna de las más grandes esperanzas están ahora mismo en peligro. ¿Cómo lo ve, don Alfonso?*

—Yo entiendo que es una conmoción grande. El caso de Chiapas se ha destapado ahora, pero eso se ha ido incubando durante mucho tiempo. Que suceda un acontecimiento como éste, que se asesine a un candidato que tenía muchas posibilidades de ser presidente es una conmoción tan grande que uno tiende a pensar que es obra de una locura. Porque si uno piensa que hay algún tipo de sombras en ese asesinato, la cosa sería de una envergadura absolutamente extraordinaria: no habría seguridad en el mundo para nada.

## NOTAS

[1] Nicolás era el líder de la central sindical Unión General de Trabajadores (UGT), muy cercana al PSOE, pero con el que mantuvo serias discrepancias durante las últimas legislaturas socialistas. En esa época, la UGT y su principal dirigente estaban envueltos en el escándalo de la cooperativa PSV, organizada para construir viviendas que nunca se llegaron a levantar.

[2] El candidato presidencial del Partido Revolucionario Independiente (PRI), Luis Donaldo Colosio, fue asesinado en Tijuana en marzo de 1994. La sublevación indigenista de Chiapas alcanzó su mayor virulencia a principios de ese mismo año.

7

# *Baltasar Garzón*
# *«Nunca me he tenido por justiciero»*

El juez Baltasar Garzón (Torres, Jaén, 1955) comenzó a adquirir notoriedad a principios de los años noventa, cuando instruyó en la Audiencia Nacional importantes sumarios relacionados con ETA. Concurrió a las elecciones generales de 1993 en las listas del Partido Socialista (PSOE). Tras su breve paso por la política, regresó a la judicatura y se distinguió por su tenaz lucha contra el entramado económico de la banda terrorista ETA.

Iñaki Gabilondo entrevistó a Baltasar Garzón el día 24 de marzo de 1994, en el programa *Gente de primera* de TVE. El juez ocupaba por entonces responsabilidades políticas con el Gobierno de Felipe González, que le había encomendado la dirección del Plan General contra la Droga.

—*Usted vivió ocho años en Linares. ¿Es así?*

—Sí. Desde los nueve hasta los diecisiete años.

—*¿Qué le está pareciendo lo que ocurre allí, señor Garzón?* [1].

—Pues la verdad es que lo estoy viviendo intensamente y con preocupación, porque cuando las cosas suceden en tierra propia, se sienten más y Linares, para mí, representa mi tierra, al margen de que yo soy también de Jaén. Es muy complicado, muy complicado y difícil de prever lo que va a suceder, porque condenar a todo un pueblo al hambre prácticamente... es difícil que ese pueblo pueda aceptarlo.

—*Y en ese contexto, ¿la decisión del gobernador civil de lanzar a las Fuerzas de Seguridad le parece correcta?*

—Yo supongo que cuando el gobernador civil ha tomado esa decisión, tendrá sus razones. Lo que ocurre es que el uso de la fuerza siempre tiene que ser muy moderado, especialmente cuando se trata de reprimir o de sosegar una manifestación de esa índole. Yo siempre he abogado por que el uso de la fuerza no se utilice en estos casos o, cuando menos, se haga en la forma imprescindible. Quizá se podía haber hecho de otra forma, pero tampoco tengo datos de lo que ha acontecido allí.

*—¿Confía en que se serene la situación allí? No parece fácil en un contexto social tan enrevesado...*

—Es difícil que se serene la situación. La solución que ofrece la empresa japonesa creo que no es aceptable para un pueblo como Linares, que vive de esta empresa. No solamente se trata de dos mil, o tres mil o cuatro mil personas, sino de muchas más: toda una comarca. Si Santana se cierra o no es viable, las dificultades de Linares serán muy graves.

*—Señor Garzón, ¿queda mucho del magistrado juez del Juzgado número 5 de la Audiencia Nacional, del justiciero, del hombre sincero y sin miedo a la verdad y a las palabras que España ha conocido en estos años?*

—A mí nunca...

*—¿O la política lo ha «domesticado»?*

—Yo creo que es difícil, como regla general, «domesticar» a las personas y a mí en particular. Quiero decir que nunca me he tenido por justiciero y sí por un profesional del Derecho. He procurado hacerlo lo mejor posible, en cada uno de los casos que he tenido ocasión de instruir o de conocer. Yo creo que las personas son lo que son, estén en el sitio en el que se encuentren, al margen de que sea en la política o en la Justicia.

*—Por tanto, puedo esperar que me diga con sinceridad lo que piensa de las cosas sin empaquetarlo en esa especie de diplomacia política tan en boga.*

—Seguro que sí.

*—Hábleme de los fondos reservados. Usted fue el gran látigo en el famoso caso de los GAL. Cuando asiste a este circo de los últimos días, sinceramente, ¿qué piensa, señor Garzón?*

—Pues la verdad es que me trae a la memoria otros momentos, del año 1988... Yo creo que debería encontrarse una fórmula para controlar este tipo de fondos públicos, partiendo de la idea de que deben existir. No estamos en una democracia inocente, pero es necesario el control. Y ese control no debe nunca echar en el olvido los actos ilícitos que se hayan podido cometer.

*—José María Aznar me decía que los fondos reservados se pueden utilizar para todas las cosas menos para una: repartírselo entre los miembros de las Fuerzas de Seguridad... ¿No hubiera debido decir alguna más?*

—Yo creo que ahí se equivoca el señor Aznar. No solamente no se pueden utilizar para eso, que ya es grave. Hay otra circunstancia principal para la que tampoco pueden utilizarse: para la comisión de hechos de delitos graves, como cualquiera de los que se incluyen en el Código Penal o tienen relación con la integridad física de las personas. Si esos fondos se utilizan para lo uno o lo otro, es absolutamente rechazable, perseguible y debe ser investigado por la Justicia.

*—Sinceramente, cuando usted demandaba claridad en los fondos reservados en el caso GAL, ¿le hubiera gustado contar con todo el apoyo que ahora mismo está acompañando la demanda de claridad de los fondos reservados?*

—Yo instruí ese sumario en un momento determinado, entendí que había que preguntar sobre los fondos reservados porque había determinados indicios de que esos fondos podían tener una relación con la investigación que se estaba llevando a cabo. Y, la verdad es que... sí, eché de menos cierto apoyo por parte de determinadas fuerzas políticas. Pero tampoco me importó mucho. Lo que tenía que hacer, lo hice, y no me voy a arrepentir ahora.

*—Ha insinuado que hay fórmulas de control para esos fondos. Dígame: ¿cómo se controlan los fondos reservados para que puedan ser reservados pero no incontrolados?*

—Hay que partir de la base de que los fondos reservados son fondos públicos y deben estar, a mi modo de ver, sometidos a un control. Actualmente, ese control lo ejerce la Ley de Secretos Oficiales, porque están amparados por ese secreto y se justifican en sí mismos. Yo entiendo que debe haber o puede haber un control interno; ese control interno debe ejercerse con una regulación compartimentada de los fines a los que se pueden dedicar esos fondos por parte del responsable, que en este caso es el ministro. De esta manera, tendríamos conocimiento interno del destino de esos fondos, se mantendría el carácter secreto que es menester y se establecerían los registros secretos que fueran necesarios. Además, sería necesario otro tipo de control, externo, que podría ser una comisión o una subcomisión nombrada por el Parlamento y que estuviera integrada por un juez, un interventor de Hacienda o un inspector de Hacienda y que, en su caso, rindiera cuentas o diera explicaciones a la Mesa y al presidente del Congreso... Todo ello sin perjuicio de que el juez o el fiscal debería proceder si hubiera indicios de algún tipo de delito.

*—El ministro de Justicia [Antonio Asunción] apuntaba que él era partidario de lo que usted, más o menos, está señalando: una comisión restringida. ¿Podrían ir por ahí las cosas...?*

—Sí. Yo creo que no hay ningún riesgo. Lo que sí se debe exigir es responsabilidad a los que integren esa comisión, porque no podemos olvidar que el destino natural de esos fondos es sufragar las colaboraciones e infiltraciones dentro de organizaciones criminales que se dedican a la delincuencia organizada, al terrorismo, etcétera. El riesgo para la vida o el riesgo para la integridad física de las personas que perciben esos fondos es muy grande. El conocimiento público de sus identidades podría ser peligroso para ellos. Debe exigirse responsabilidad también, pero, a mi modo de ver, esos fondos deben controlarse de forma interna y externa, con la fórmula que le he dicho o con otra similar.

*—Otro asunto: aunque el tercer grado es una fórmula distinta al indulto, puesto que éste consiste en una decisión política, ¿se va a sentir bien cuando Amedo y Domínguez estén en la calle?* [2].

—Yo procuro no opinar sobre los temas de los que he sido instructor. Pero en este caso, por la trascendencia que tiene... Yo en alguna ocasión he dicho que no soy partidario de favoritismos. Es decir, la Ley debe aplicarse y debe aplicarla quien tiene que hacerlo, ni adelantándola ni atrasándola, ni más allá de lo que sea estrictamente necesario, pero que no haya favoritismos.

*—Y ahora va a sentir usted algo especial, puesto que el juicio de la UCIFA le encuentra a usted ahora en este cargo... ¿No va a sentir algo en particular? ¿Ninguna incomodidad especial?* [3].

—No, no. Insisto en que procuro no comentar los asuntos relacionados con mi trabajo como juez. En mi profesión, cuando concluye un sumario, para mí ya ha terminado y así debe ser. Lo contrario sería personalizar instrucciones que uno ha sacado adelante, y eso no es bueno, porque puede conducir a cierta parcialidad en otros casos.

*—Don Baltasar, desde que entró usted en la Administración, primero en Asuntos Sociales y ahora en Interior, ¿es verdad que lo pasó tan mal como se dice? Se dice que estaba usted muy incómodo, que no ocultaba su decepción, que Felipe González sabía que no era esto lo que usted es-*

*peraba y que tal vez por esto se producen algunos movimientos en el Ministerio del Interior. ¿Es cierto que estaba usted incómodo en Asuntos Sociales, antes de entrar en Interior?*

—Ni más cómodo ni más incómodo que pudiera estar en el Ministerio del Interior.

*—¿Pero sí un poco decepcionado?*

—No, no, no, realmente, no; porque cuando el presidente del Gobierno y yo hablamos para la aceptación del cargo de delegado del Gobierno del Plan Nacional sobre Drogas, a finales de julio, hablamos de todo un poco, de mi trabajo en la Delegación y de cómo teníamos que abordar una serie de proyectos que yo le expuse en ese momento y el tiempo en el que tendrían que llevarse adelante.

*—Es decir que era...*

—Ese tiempo se cumplió y realmente estamos...

*—Así que había una estrategia: pasando por este escalón, llegaremos a Interior...*

—Hoy creo que se ha aprobado en el Consejo de Ministros la reestructuración del Ministerio del Interior y... creo no, estoy seguro de que hoy se ha hecho público el organismo o el diseño que yo hice al respecto. Es un organismo complejo: como tal organismo complejo, no se puede hacer de la noche a la mañana. Las cosas exigen, primero, una justificación; segundo, que esta justificación sea contundente y lógica y sea aceptada por quien la debe recibir; y tercero, que se produzca esa decisión. Eso es lo que se produce en este tiempo, de agosto a diciembre. Ello no quiere decir que en ningún momento yo abandonara las obligaciones del cargo, de la prevención y de la asistencia, que para mí son fundamentales y, si cabe, más importantes que el ámbito de la represión.

*—Voy a pedirle que me explique justamente cómo queda esa reestructuración y el plan que usted presentó y que ahora ha aprobado el Consejo de Ministros, pero antes quiero preguntarle algo respecto a ese traslado de Asuntos Sociales a Interior: ¿no se trataba de una acción que le colocaba «ortopédicamente» en el Ministerio del Interior, incomodando a [Antonio] Asunción?*

—No, no.

*—¿No se ha encontrado Asunción con eso hecho?*

—No, al contrario. El que decide es Antonio Asunción y eso lo tengo que decir alto y claro. Cualquier otra interpretación que se haga no se ajusta a la realidad.

*—A pesar que habían tenido ustedes discrepancias cuando él estaba en Asuntos Penitenciarios y usted...*

—Yo nunca he tenido discrepancias personales con Antonio Asunción, hemos podido tener discrepancias profesionales, pero las mismas que podemos tener ahora o dentro de un año; es decir, son puntos de vista de dos personas que trabajan en distintos ámbitos de la Administración y que en un momento dado pueden rozar en su actividad profesional. Es normal o puede ser normal. Eso no impide que la relación sea buena o incluso inexistente. Pero es el ministro de Interior actual el que decide la incorporación, el que me ofrece y me pide que me sume al proyecto de Interior; y, entonces, yo acepto porque creo que cuadraba perfectamente.

*—En su entrada en el Ministerio del Interior y en ese nuevo dibujo que se establece, no encaja Rafael Vera. ¿Se va porque ya ha terminado o porque está cansado? ¿O porque en ese esquema ya quedaba fuera de sitio?*

—La idea del ministro, que hoy se plasma en el acuerdo del Consejo de Ministros y mañana en el *Boletín Oficial del Estado*, es la desaparición de la Secretaría de Estado para la Seguridad. Esto ocurre porque el propio ministro decide asumir las funciones de la Secretaría del Estado para la Seguridad en determinados aspectos y, en otros, considera que ha de seguirse una política integral en materia de drogas y que quien debe ejecutar esa política es la Delegación y el delegado del Gobierno del Plan Nacional sobre Drogas. Todo ello bajo la dirección del ministro, que es el responsable, eso debe quedar claro.

*—¿Le parece a usted que el ministro de Interior puede llevar personalmente el tema del terrorismo? ¿No le parece que puede resultar menos eficaz que el sistema anterior?*

—Menos eficaz... Yo creo que no. El ministro del Interior, Antonio Asunción, tiene una capacidad de trabajo realmente encomiable y si él decide llevar la batuta en la lucha contra el terrorismo, a mí me parece bien. Pero también ha dicho que no sólo es él, que es un equipo, que existe en el Ministerio del Interior y que, en cualquier caso, si somos requeridos para cualquier materia que él nos indique, acudiremos.

*—Disipe entonces esta duda: con la marcha de Rafael Vera, ¿queda clausurada una política antiterrorista que incluía un determinado juego de diálogo... no diré de negociación, de diálogo? ¿El nuevo esquema de Asunción corta esos puentes de diálogo? ¿Eso es así?*

—La política en materia de terrorismo yo creo que continúa siendo la misma, porque es el mismo Gobierno. El que es distinto es el ministro del Interior, pero es el mismo Gobierno y el mismo presidente del Gobierno y, como consecuencia, la política antiterrorista sigue la misma línea. Qué duda cabe que en algunos aspectos cambia... Cambia porque el sello personal que le imprime el ministro Asunción es distinto al que le podía haber dado el anterior o el secretario para el Estado de la Seguridad. Yo, por lo que sé, sí le puedo decir que los contactos con la organización terrorista ETA están cortados y si alguna vez existieron, actualmente no existen. Por lo que yo sé.

*—¿Le parece a usted bien?*

—A mí me parece que no se puede negociar con una organización terrorista. Lo único que tiene que hacer ETA y lo único que se puede hacer es someterse a las normas y, a partir de ahí, el Estado, en aplicación de la normativa legal correspondiente, podrá ser lo magnánimo que pueda ser, pero yo no creo que un Gobierno pueda volver a repetir una negociación como la de Argel... que quizá en aquel momento era necesaria.

*—En relación con la reinserción, ¿alguna novedad?*

—Ninguna novedad, al margen de lo que pueda aportar el ministro de Justicia competente en esta materia. Yo creo que la política de reinserción tiene que ser o debe ser general, debe prever todas las situaciones y no excluir en principio ninguno de los delitos o a las personas que puedan verse afectados por ella. Creo que hay que analizar cada caso concreto y para eso están las normas del Código Penal que lo establecen así.

*—Y termino con el tema terrorista: ¿el terrorismo tiene una solución policial?*

—Yo creo que no tiene una solución sólo policial, en tanto en cuanto la sociedad española y la sociedad vasca, en particular, no asuman la decisión de terminar con el terrorismo; si esto no ocurre, será difícil acabar con él. Dicho esto, lo que sí se ha constatado es que la sociedad vasca ha tomado una decisión y la ha tomado desde hace un tiempo y en forma absolutamente clara. Yo creo que tiene que ser el rechazo del pueblo vasco, por supuesto, apoyado con otra serie de medidas, lo que haga comprender que el terrorismo etarra en concreto no es aceptable, no es querido, y que la sociedad vasca no quiere verse marcada por los tiempos que establezca ETA. Eso se está consiguiendo. Qué duda cabe que la organización criminal quedará ahí, y quedarán restos que seguirán produciendo hechos luctuosos. Y ahí es donde tiene que operar la solución policial, todo aliado con una solución policial, todo aliado con una solución política, quizá benigna, dependiendo de cada caso. Pero ha de cumplirse el requisito al que antes aludía, es decir, debe someterse primero a las normas del Estado.

[...]

—*Volvamos al nuevo plan de reordenación del Ministerio del Interior. Explíquenos en qué consiste.*

—Bueno, la nueva reorganización o reestructuración del Ministerio del Interior, por lo que afecta al Plan Nacional sobre Drogas, no supone merma ni alteración ninguna de las competencias y funciones que tenía anteriormente adjudicadas. Es decir: sigue con su estructura de prevención y rehabilitación, sigue con sus competencias, que son las del año 1985 y del año 1991. Lo que ahora se hace, en el área de la represión y, sobre todo, en el área de la coordinación de los Cuerpos y Fuerzas de Seguridad del Estado, es que el ministro delega en el delegado del Gobierno del Plan Nacional sobre Drogas algunos ámbitos competenciales, que incluyen los delitos de narcotráfico y blanqueo de capitales procedentes del tráfico de drogas de organizaciones criminales, los que correspondan al ámbito territorial de la Audiencia Nacional y los delitos conexos o que sean medios para cometer éstos.

—*O sea, que la Policía está bajo su autoridad, en ese caso.*

—Sí. Coordinación de investigaciones en orden a la obtención de información, en orden al análisis de la información. Lo que se establece es un organismo que trata de explotar al máximo la información, de uniformar los cauces y la circulación de la información y la inteligencia para que no se pierda nada. Y, a la vez, se trata de coordinar las distintas investigaciones que entren dentro de ese marco competencial...

—*Era lo que deseaba: tener ese instrumento, ¿no?*

—Sí. Realmente es lo que yo creo que es bueno, pero no para mí, sino para la sociedad española, para conseguir hacer frente a un fenómeno criminal cada vez más sofisticado, en los medios que utilizan y en las formas en que se desarrolla. No podemos acudir con medios artesanales frente a las organizaciones criminales que utilizan los medios más sofisticados y con una celeridad impresionante. Yo creo que coordinar todos los esfuerzos para hacer frente a ese tipo de organizaciones es fundamental. Eso es lo que trato o tratamos de conseguir y yo creo que será un buen sistema si conseguimos que se aplique.

*—El mundo de la droga es un coloso: es una auténtica multinacional, es un poder... Yo no sé qué posibilidades tiene su plan de neutralizarlo de alguna manera. Usted nos ha dicho varias veces que nos hemos de hacer a la idea de que con la droga no vamos a acabar y que tenemos que convivir con ella. Es un poco desolador, ¿no?*

—Más que desolador, es real. Es decir, por su extensión y por su implantación, es muy difícil acabar con el fenómeno de las drogas. No hay soluciones mágicas. Lo más que podemos hacer es diseñar una serie de políticas, una serie de esquemas que palíen sus efectos y, en definitiva, tratar de convivir con las drogas sin acudir a ellas. Para eso es fundamental huir de la política de represión absoluta, que es un tremendo fracaso. Conviene dirigirse más bien hacia políticas de control de la demanda, de prevención, de educación, tratar de conseguir el rechazo hacia el uso o el abuso de las drogas. Evidentemente, eso no se logra ni en un día ni en dos; se puede conseguir a lo largo de bastantes años, a medio y a largo plazo, y haciendo unas políticas que vayan en esa dirección. Lo que pretendemos... no yo, sino todas las organizaciones no gubernamentales y todos los que estamos implicados en la lucha contra la droga a través del Plan Nacional sobre Drogas, lo que pretendemos, digo, es conseguir paliar los efectos de las drogas. Y en esta dirección debe estar presente la propia sociedad.

*—¿Y el blanqueo de dinero? Sinceramente: ¿contamos con todo lo que hace falta? ¿Se cuenta con la cooperación de los bancos? ¿Está todo verdaderamente bien engrasado o no está todo bien engrasado?*

—En España hay una voluntad clara de luchar contra el blanqueo de capitales no sólo procedentes del tráfico de drogas sino también del terrorismo y de otras fórmulas, formas de criminalidad organizada...

*—¿Pero se cuenta con toda la colaboración de los bancos?*

—Se cuenta con la colaboración de los bancos en el sentido de que desde el año 1988 hay un proceso de concienciación de las entidades bancarias para colaborar. Qué duda cabe de que esa colaboración puede ser mayor, pero también hay que tener en cuenta que no sólo los bancos son las vías o constituyen las vías o los medios a través de los cuales se produce el blanqueo de capitales. Hay otras entidades financieras, hay otros medios que prescinden del sistema bancario. También hay que tener en cuenta que hay que contar con una legislación adecuada. España, finalmente, se ha dotado de esa legislación, que es suficiente pero mejorable. Y, además, hay que tener en cuenta que las dificultades de luchar contra el blanqueo son cada vez mayores, por la sofisticación de medios a los que antes hacía referencia, por la liberalización de fronteras, por la liberalización de mercados y por la facilidad de realizar transacciones exteriores e internacionales. Fíjese: una transacción puede durar medio minuto en hacerse, el dinero va desde Washington hasta Hong Kong y desaparece de la circulación. Luchar contra eso es muy difícil. La única forma que hay de conseguirlo es coordinar todos los esfuerzos, pero hay que construir el edificio bien desde abajo, primero nacional y después internacionalmente.

*—Hay dos posiciones completamente antagónicas frente al tema: yo sé que usted no comparte ninguna de las dos fórmulas. Quisiera pedirle una opinión al respecto. Una sugiere la penalización del consumo, alguna fuerza política lo ha propuesto.*

—Bajo ningún concepto.

*—La segunda corriente de opinión propone la liberalización del consumo, absoluta permisibilidad, en fin.*

—Aquí, si me permite, quisiera extenderme un poco más. Yo soy de la opinión de que determinados problemas, como el de la droga, son especialmente sensibles y si la sociedad rechaza determinadas soluciones, es difícil imponer esas soluciones. Lo que yo creo es que hay que andar un camino para llegar a una meta y si la meta es la permisibilidad, será la sociedad la que lo pida en su momento. Pero, actualmente, yo creo que es un debate vacío de contenido. Yo creo que adoptar una solución intermedia, no penalización del consumo, prevención, asistencia, represión selectiva... Y, dentro de la asistencia, cuando ésta fracase, se podrá estudiar serenamente y debatir serenamente si hay que tomar alguna otra solución alternativa, incluido, en su caso, el suministro de determinadas sustancias.

*—En algunas operaciones judiciales ha contado con los llamados «arrepentidos». Yo no sé si es una buena idea o una mala idea. ¿Es un método en el que se deba continuar? ¿Usted cree que la figura del «arrepentido» es eficaz? Y, desde otro punto de vista, ¿puede resultar de algún interés para los imputados o condenados?*

—Hay que distinguir... Yo entiendo que depende del delito que se trate de investigar. Estamos hablando de criminalidad organizada... sí es necesaria incluso la figura del «arrepentido». A mí no me gusta la palabra «arrepentido», pero es la que se usa y no hay más remedio que utilizarla. Por el esquema de las organizaciones criminales, en determinados casos es muy difícil llegar hasta la cúpula, salvo que se intente a través de las propias personas que forman parte de esa organización. Se trata de una persona que, formando parte de esa organización, quiere colaborar con la Justicia. Pero hay que establecer unos límites, hay que regular esa figura y, luego, proteger adecuadamente a estas personas.

*—Un par de cosas más: va a tener lugar próximamente el congreso del PSOE. Yo no sé si lo vive usted como algo propio, de su familia, como algo ajeno, como algo vecinal, con interés... ¿cómo lo vive?*

—Como cualquier ciudadano español: lo vivo con expectación. Sobre todo porque espero que con la celebración del congreso del Partido Socialista queden más o menos establecidas o perfiladas unas líneas de actuación que conduzcan al Partido Socialista por un sendero en el que no haya tantas distorsiones como las que ha habido hasta ahora. Por otra parte, no lo vivo como algo ajeno, en tanto en cuanto formo parte, como independiente, de las listas del Partido Socialista al Parlamento. Me considero integrado en el grupo parlamentario, como independiente y ejerciendo esa independencia.

*—¿Qué tal con [Carlos] Solchaga? ¿Bien?*

—Sí, pero... quisiera terminar la respuesta anterior: no estaré en el congreso como espectador. Estaré fuera...

*—No irá.*

—No iré.

*—Le he preguntado por Solchaga porque como usted siempre ha dicho que está más a la izquierda del centro de gravedad del PSOE y Solchaga dice que está a la derecha del centro de gravedad del PSOE...*

—Cuando se debaten las ideas, se pueden mantener relaciones personales fenomenalmente. Sigo pensando lo mismo: que estoy más a la izquierda y que espero que se produzca ese giro hacia una política más de izquierdas, en vez de seguir por los senderos que va ahora mismo.

*—¿Lo que dice [Alfonso] Guerra?*

—No sé si lo dice Guerra o no lo dice Guerra, pero, desde luego, es lo que digo yo. Lo que dice Alfonso Guerra... habrá que preguntarle a él. Pero no, no coincide exactamente con lo que yo digo.

*—Y bueno... Nada más... Para terminar, una pregunta, la más difícil de toda esta noche: ¿su Barça va a ganar la Liga, señor Garzón?*

—Yo espero que sí. Lo cierto es que el juego del Barça en los últimos tiempos es muy bueno y con una pujanza y con una fuerza impresionante... Anoche se demostró contra el Spartak [4].

*—El señor Garzón se va ahora mismo a Valencia, porque su niña es fallera infantil y su padre no se lo puede perder. Gracias señor Garzón. Muy buenas noches.*

—Gracias.

## NOTAS

[1] A finales de 1993, la empresa japonesa Santana Motor (Suzuki), radicada en la localidad jiennense de Linares, presentó suspensión de pagos. Los trabajadores comenzaron un período de lucha para conservar sus puestos de trabajo. Tras cinco meses de movilizaciones, en marzo de 1994, toda la comarca se declaró en huelga general, se produjeron disturbios y cargas policiales que algunos medios de comunicación consideraron excesivas. El caso se resolvió acudiendo a instancias europeas y tras la concesión de grandes créditos públicos para mantener la empresa.

[2] Los policías José Amedo y Michel Domínguez habían sido condenados en 1991 a 108 años de cárcel por haberse visto envueltos presuntamente en distintos delitos relacionados con los GAL (Grupos Antiterroristas de Liberación). Se preveía que en julio de 1994 obtuvieran el tercer grado penitenciario.

[3] La UCIFA era la Unidad Central de Investigación Fiscal y Antidroga de la Guardia Civil. El juez Baltasar Garzón instruyó el sumario por el que se procesaba a distintos miembros de esta unidad supuestamente relacionados con el tráfico de drogas.

[4] El Fútbol Club Barcelona efectivamente ganó la Liga 1993-1994.

8

# *Mariano Rubio*
# *El mundo de Mario Conde*

El programa *Gente de primera* de TVE dio la bienvenida a Mariano Rubio el día 24 de marzo de 1994.

Mariano Rubio Jiménez (1931-1999), economista, entró a formar parte del Banco de España en los años sesenta y llegó a ocupar la Dirección General de Estudios Económicos. En los años setenta se trasladó a las oficinas del Ministerio de Economía como subdirector de Política Financiera. Regresó al Banco de España para ocupar el puesto de subgobernador (1977-1984) y, finalmente, fue nombrado gobernador de la institución, cargo que ocupó desde 1984 hasta 1992. Bajo el mandato del Gobierno socialista, impulsó una reforma del sistema bancario español. Durante el último año de su gestión al frente del Banco de España se descubrieron los escándalos financieros de Ibercorp, pero el presidente del Gobierno lo mantuvo en el cargo hasta 1992. Dos años después, en 1994, nuevas irregularidades empañaron su trayectoria y fue procesado por fraude fiscal y prevaricación.

*—Bienvenido, don Mariano Rubio: es un privilegio y es una oportunidad. Antes que nada, quería preguntarle algo, por pura curiosidad periodística: hacía mucho tiempo que queríamos escuchar sus palabras, pero era imposible. Ahora nos ha dicho que sí. ¿Por qué ahora sí y antes no?*

—Pues, mire usted, por varias razones: yo creo que cuando alguien cesa en un cargo público, un cargo público muy relevante, como el de gobernador del Banco de España, es mucho mejor que se quede una temporada sin hablar. Yo he estado, desde el año 1977, primero, como subgobernador y luego como gobernador, al frente del Banco de España. He tenido tiempo, durante ese largo período, de decir lo que pensaba sobre muchos problemas. Ése es un primer aspecto: no querer dar la sensación de querer seguir hablando sobre los mismos temas y que incluso pudiera parecer que quería dar lecciones sobre temas que han sido de mi competencia en el pasado. En segundo lugar, también porque cualquier intervención mía en estos últimos tiempos, sobre todo, hubiera tenido que versar sobre... vamos... hubiera salido el tema de Banesto [1]. Yo no he querido hablar por razones obvias y me parece de responsabilidad profesional no decir nada sobre el tema Banesto, porque tampoco podía decir lo que pensaba. Y lo que pensaba era negativo frente a la institución; evidentemente, hubiera creado algún problema o, por lo menos, se me hubiera podido criticar por crear problemas. Y luego, quizá, hay una tercera causa: todo durante este tiempo se ha desarrollado en un clima en el país... que, en fin, no necesito a usted contarle que los medios de información siguen muy de cerca todo lo que pasa... y probablemente hubiera sido inútil cualquier cosa que yo hubiera dicho a efectos, por lo menos, de contradecir a muchos medios embarcados en una... en una determinada dirección... Estaban embarcados en defender ciertos proyectos empresariales, que luego hemos visto cómo han terminado. Por tanto, no hubiera servido para mucho.

*—Bueno... es que yo sí le voy a preguntar por Banesto: le tengo que preguntar por Banesto. El día 28 de diciembre, su sucesor en el Banco de España, Luis Ángel Rojo, toma la decisión de intervenir y usted se lleva una sorpresa...*

—Sí, por supuesto. Frente a la fecha, sí... frente a la fecha, sí. No me sorprende que pudiera ocurrir ese hecho, no porque tuviera ningún tipo de información, sino porque, leyendo lo que estaba pasando en los periódicos, se veía que la situación era rara y a mí me cogió completamente por sorpresa.

*—Pero, en el pasado, usted había tenido un olfateo en esa dirección varias veces... es evidente.*

—Bueno, lo que yo creo es que desde el principio de la nueva administración de Banesto, la que surge a finales de 1987, yo tenía grandes dudas, primero, por cuáles fueron las causas de ese cambio de administración, ese cambio... que dio paso a la presidencia de don Mario Conde. Yo tenía muchas dudas, porque, claramente, en ese momento, el banco estaba funcionando, estaba mejorando favorablemente y... ¿por qué se cambia? Y en segundo lugar, en el primer momento y en los primeros contactos con el nuevo presidente de la institución, intuí que sus proyectos no se correspondían con las necesidades de Banesto y esto, para mí, estuvo muy claro desde el principio.

*—Usted, en algún momento, dejó claro que no le gustaba nada...*

—Sí, sí, sí. Es que no se puede hacer... Cuando un banco tiene un grupo empresarial, lo que no se puede hacer es intentar separar la dirección del grupo empresarial de la dirección del banco. El grupo empresarial tiene que seguir basándose en la financiación del banco. Por tanto, el que corre el riesgo es el banco. Entonces, en último término, los que están corriendo el riesgo son los accionistas del banco y, por tanto, el responsable del banco es responsable frente a esos accionistas de lo que pasa con el grupo industrial. Claramente, había unos deseos de seguir una política... Bueno, desde el punto de vista de las posibles operaciones, podía ser muy rentable para algunas personas, pero no me parecía que desde el punto de vista de los accionistas de Banesto ni de la estabilidad de Banesto pudiera ser la correcta y, desgraciadamente, el tiempo me dio la razón.

*—¿Es el señor Conde responsable en solitario o su consejo de administración hubiera debido actuar con... no sé, como un contrapeso a determinado tipo de...?*

—Mire usted, yo en este momento no quiero hacer juicios... instancias hay en el país para hacer juicios. Lo que sí diré es que tenemos una nueva Ley de Sociedades Anónimas y es muy clara, muy tajante: establece unas responsabilidades y unas obligaciones para los consejos de administración que no existían en la antigua Ley de Sociedades Anónimas y el consejo es el responsable de lo que pasa en la institución. Evidentemente, luego, al consejo lo pueden engañar, pueden no informarle, puede haber... un funcionamiento fraudulento de las instituciones, pero el consejo, de acuerdo con la Ley de Sociedades Anónimas, es el órgano supremo, por debajo, por supuesto, de la Junta General de la institución, y es el responsable del funcionamiento de la institución.

*—Bien. Era conocido y oficial que usted no estaba en una excelente relación con el señor Conde. Simbolizaban cosas diferentes y se notaba esa sensación constantemente. Algunos han dicho que cuando se produjo la intervención del Banco de España: «Mariano Rubio debía de estar frotándose las manos». ¿Es su venganza retrospectiva?*

—Bueno ésa es una de las pequeñas canalladitas que se dicen todos los días entre algunas gentes que desgraciadamente participan en los medios de información. Con un mínimo sentido de la responsabilidad, nadie puede alegrarse de la crisis de Banesto. La crisis de Banesto va a costar cientos de miles de millones al Estado y a la banca española. Ha dejado en muy mal lugar, desgraciadamente, al sistema financiero español y al sistema bancario, y muy injustamente. Prácticamente todos los grandes bancos españoles tienen un sistema de solvencia y eficacia absolutamente comparables a los de los bancos extranjeros. Pero, desgraciadamente, la imagen que hemos dado hacia fuera ha sido mala. Yo espero que esta imagen se recupere, porque habría que ser un personaje muy especial para alegrarse de esa desgracia. Yo no me he alegrado en absoluto y, cuando me he enterado, he comprendido que era algo probablemente inevitable. Pero es una calamidad, no es un acto para alegrarse, desde luego.

—*¿No pudo haberse descubierto antes? ¿No hubo antecedentes o inspecciones que dieran suficientes pistas de irregularidad, incluso en su época, como para no haber esperado tanto tiempo?*

—Mire usted, cuando se actúa en un banco... siempre es muy complicado. La misión del Banco de España es poner todos los medios posibles para, primero, que los bancos sigan una determinada política solvente, es decir, que no pongan en peligro su situación. Pero cuando, por cualquier motivo, surgen problemas en un banco, la obligación del Banco de España, evidentemente, es intentar por todos los medios posibles el saneamiento o la recuperación del banco. Todavía siendo yo gobernador del Banco de España, hubo un resultado de una inspección... no era la primera, pero era una inspección que apuntaba ciertos detalles y señalaba que la situación era peligrosa desde el punto de vista del futuro, de lo que ya pronosticaba o presagiaba. ¿Por qué? Porque demostraba que, a pesar de todos los plazos que habíamos dado al Banesto para que saneara la situación, ésta no mejoraba. Seguía con una escasez... de recursos propios, una falta de capital y reservas, y no podía cumplir, por tanto, la legislación bancaria. Pero todavía, en ese momento, era un banco solvente. Después evidentemente, las cosas se han ido agravando. ¿Por qué la inspección no lo descubrió antes? Pues, mire usted, porque en una gran institución se ponen los medios necesarios para ocultar ciertas cosas a la inspección, para que evidentemente la inspección tarde tiempo... Y hay veces que se tiene la intuición de que hay cosas que funcionan mal, pero el Banco de España no puede funcionar sobre intuiciones: tiene que actuar sobre datos y evitar, como he dicho al principio, hasta el último momento, ver si es posible salvar la institución.

—*Se decía, incluso, que es muy peligroso hacer una señal que indique que un banco no va bien, pero usted, cierto día, en una rueda de prensa en Barcelona, hizo un comentario sobre que Banesto no iba bien. Por cierto, poco después, en el Congreso, arremetieron muy duramente contra usted, diciendo justamente esto: que usted había hecho algún tipo de comentario que era peligroso, porque ponía en...*

—Sí... yo creo que se está usted refiriendo a unas declaraciones que yo hice en Barcelona, en las que dije que un banco como Banesto no podía seguir... que estaba en un proceso de saneamiento, que no podía seguir con un Consejo de Administración que se estaba tirando los trastos a la cabeza todo el día y que cada consejero estaba dando información a la prensa. A eso me refería. Eso no podía funcionar. En aquella época, la situación de Banesto era muy distinta. Esto era el principio del período de Mario Conde. No olvidemos que, en aquella época, el Banesto era un banco enormemente fuerte. El año 1986, creo que era el sexto banco por rentabilidad del mundo: ¡el sexto por rentabilidad del mundo! Y en aquel momento, la cotización del Banesto era de cinco mil pesetas por acción...

—*¿Qué debe hacer el Banco de España cuando sabe que un banco está en apuros? ¿Hacer públicos los apuros para que todos los accionistas e inversores estén al corriente de los datos o tratar de camuflar los apuros para darle la oportunidad de salir adelante? ¿Cuál es la filosofía a seguir?*

—La misión fundamental del Banco de España es defender la estabilidad del sistema de pagos, una de cuyas partes fundamentales son los depositantes, los depósitos. Ésa es su misión fundamental. El Banco de España no tiene como misión vigilar los intereses de los accionistas, para eso existe la Comisión Nacional de Valores. Es evidente que si se ponen de manifiesto ciertos problemas financieros, esos problemas, que podrían ser superables, pueden generar una falta de confianza en el banco que haga imposible, precisamente, su recuperación.

—*Ya. Bien. El hecho es que Mario Conde parece que cae. Yo no sé si con él cae una determinada cultura bancaria que había sido saludada como la cultura de vanguardia, la cultura de la modernidad. Yo no sé si eso a usted le parece bien, si le parece que rectifica una cierta corriente de pensamiento peligrosa, no sé...*

—Por supuesto. Hay que decir que nada tiene que ver lo que ha sido esa corriente con lo que ha sido la banca española. La banca española ha hecho un esfuerzo enorme de modernización y de eficacia, y la prueba es que alguna de nuestras instituciones están a la cabeza del ránking mundial de bancos. Por tanto, eso no era un ejemplo general. Pero, en fin, es verdad que se ha convertido en modelo esa manera de hacer banca... en realidad, no era una manera de hacer banca, como luego se ha visto, sino una manera de hacer operaciones aparentemente brillantes, pero que, al final, han acabado con el banco.

*—En el año 1992, en febrero, todo iba muy bien para usted, y empezó a ir muy mal porque estalló el caso Ibercorp. No se trata de recoger toda la historia en sus detalles, para los cuales no tendríamos tiempo, pero sí para preguntarle una cosa: cuando aludíamos a los evidentes enfrentamientos entre usted y la actitud estratégica o política del señor Mario Conde, estaba yo preguntándome si ahora usted me iba a decir a qué se refería cuando decía entonces: «He sido víctima de una conspiración, aunque, de momento, no puedo decir mucho, pero creo que podré decirlo». ¿Es hoy el día?*

—Creo que está un poco claro ya, no creo que haga falta que lo explique mucho...

*—Dígame.*

—Está claro que hay unos hechos muy concretos, unos hechos muy concretos. Parece que en enero o febrero de 1992 aparece o empieza a manejarse un dosier sobre Mariano Rubio. Un dosier que a mí me han adelantado que va a revelarse a través de personas interpuestas, por supuesto, como se hacen esas cosas. Eso lo sé en agosto del año 1991. Ese dosier no contiene un documento que no sea falso: todos son absolutamente falsos. A continuación, lo que ocurre es que empiezan unos ataques virulentos contra el Banco de España y contra mí. Esos ataques están dirigidos fundamentalmente por aquellos medios de información que se dedicaban a alabar a ciertas personas y que, además, luego he sabido la influencia financiera que esas personas tenían en esas instituciones.

*—¿Está hablando de* El Mundo *y de Mario Conde?*

—Bueno yo no quiero... Hablaba de Mario Conde. De *El Mundo*, no quiero hablar. Me parece que está muy claro, pero yo no quiero... Parece que es evidente la situación, pero, si quiere usted, puedo decir que *El Mundo* es evidentemente el protagonista de esta situación. Es un momento en el que en las páginas de *El Mundo* se dice que Javier de la Rosa es el gran empresario español, que si hubiese habido muchos Javieres de la Rosa, España se parecería más a Alemania... no sé si era Alemania o algún otro país desarrollado [2]. Bueno, evidentemente, Banesto estaba llamado a ser el gran banco español de finales del siglo XX. Bueno, a mí me parece que hay unas coincidencias muy claras. Hay algún hecho también posterior y que demuestra cómo funcionaban las cosas y es precisamente ese hecho al que me refería yo, cuando he hecho ese comentario. En los últimos momentos de Ibercorp, don Mario Conde había manifestado interés por ver si podía ayudar a resolver el problema de Ibercorp. Estábamos en una situación ya verdaderamente muy apurada y temíamos que a la semana siguiente había que cerrar las puertas del banco, porque el banco se iba a quedar sin dinero. Se estaban retirando los depósitos. Hubo unas reuniones, un sábado y un domingo: asistió don Mario Conde y luego asistió también don Emilio Botín. Evidentemente, eran unas reuniones reservadas, porque las reuniones se hacen en mi casa... que, por cierto, se armó un gran escándalo... También, desgraciadamente, ha habido que hacer reuniones en casa de don Ángel Rojo y con una parte de los mismos protagonistas, como se hacían en mi casa, simplemente, para no llamar la atención abriendo el Banco de España en sábado y domingo. Pues, como digo, esa reunión que intentamos mantener reservada por razones obvias aparece en las páginas del *Abc*, contada con pelos y señales, tergiversada... la intención de la reunión.

*—¿Fue filtrada por uno de los asistentes?*

—Bueno, me llamó don Mario Conde y me dijo que ya sabía quién había sido. Apuntaba a un conocido consejero de Banesto y me dijo que le iba a cortar la cabeza y, luego, en Banesto ha seguido siendo consejero y gran adalid de Mario Conde, hasta que ha cesado como consejero de Banesto, por mandato público. Yo no quiero entrar ahora en el tema de conspiraciones, pero, en fin, hay unos hechos...

*—No... se trata de saber si en el caso Ibercorp, que es el que mancha de una manera espectacular su imagen, hay unos hechos, que ahora vamos a comentar, o hay, además de unos hechos, una intención de zancadillearle a usted.*

—Hombre, yo creo que claramente hay una intención... Es claro... Me imagino que usted sabe cuál es la respuesta.

*—Aparte de esa intención de zancadillearle a usted, ¿no hay también unos hechos? ¿No hay unos hechos ciertos? No se trata ahora de pormenorizar observando uno a uno los hechos, pero ¿no es cierto que usted comete errores, o ingenuidades, o alguien comete errores en su nombre que le colocan a usted en una situación de duda y de sospecha?*

—Mire usted: si se analiza la situación de Ibercorp, y se analiza honesta y objetivamente, no hay nada de lo cual yo me arrepienta de lo ocurrido en Ibercorp. Ibercorp es una institución que, en un momento determinado, tiene grandes beneficios. A raíz de la [primera] guerra del Golfo y por una serie de circunstancias, de cambios en la economía española, empieza a tener una situación difícil. A partir del año 1992, y durante seis meses, empieza a ser objeto de un ataque sangriento todos los días, y con independencia de los errores de gestión que pudieran haberse cometido, empieza a entrar en una situación difícil. Pero en ningún momento se obstaculiza la inspección del Banco de España. El Banco de España hace con Ibercorp lo que tiene que hacer: inspeccionarlo. Y cuando la situación se agrava y cuando la inspección pone de manifiesto unos hechos graves, se toman las medidas que se toman, y que se hubieran tomado en cualquier otra institución. Obviamente, se intenta salvarla. No salvar a los accionistas de la institución, pero sí salvar la institución, cosa que no se consigue. Y cuando no se consigue, lo que sí hace el Banco de España (y en ese momento yo soy el gobernador del Banco de España) es asegurarse de que, gracias a las aportaciones que hacen los socios mayoritarios de Ibercorp, no se pierde una peseta para el Fondo de Garantía de Depósitos. Éste, me parece, sí es un tema muy importante: el Fondo de Garantía de Depósitos no pierde una peseta por el tema de Ibercorp. Comparemos... evidentemente, son circunstancias muy distintas... Pero, en fin, ése es un hecho concreto. En ningún momento hubo ningún obstáculo a la labor inspectora del Banco de España. No hay nada que me reproche de la conducta frente a Ibercorp.

*—No hay nada que se reproche en su conducta con Ibercorp... Hay mil aspectos pero, en fin, algunos de los que fueron más populares: ¿usted tenía conocimiento de que se estuviera invirtiendo su dinero allí? Luego, al final, nunca se supo si aquello era un hecho cierto... la famosa «M. Jiménez» de sus iniciales... entre otras muchas cosas.*

—Yo tenía con una sociedad de valores, desde siempre, la administración de mi cartera. La cantidad que se invierte (que no es en Ibercorp, porque no se invirtió nunca en un banco, sino que se trataba de una filial del sistema financiero de Ibercorp) fue una cantidad de tres millones de pesetas. Tres millones de pesetas. Por supuesto, yo nunca tuve conocimiento de que esa inversión se había realizado, como no la tuve de ninguna otra inversión o inversiones.

Evidentemente, sólo las ganas de hacer daño a mi prestigio pueden llevar a utilizar esta inversión de tres millones de pesetas que yo no conozco y de la que hay razones obvias para pensar que yo no puedo conocer... y montar toda esa... todo eso que se ha montado y toda esa campaña que se ha montado...

*—No... el tema más duro no estaba posiblemente ahí, porque, pasados los días, todo aquello pareció irse desinflando, sino en lo de la empresa luxemburguesa cuya administración corría a cargo de su cuñado y en la cual estaban también algunos familiares suyos... Ahí sí que siempre se ha planteado siempre una sospechosa relación...*

—Bueno, sí... El administrador era mi cuñado y estaba también, como segunda firma, mi hermana. Creo que ésa es la mayor y la más eficaz de las calumnias, obviamente, porque es de las calumnias que es difícil rebatir, porque se basan en la más absoluta falsedad de los hechos. Pero, ya que me ha hecho la pregunta, y ya que la pregunta es importante, me permitirá que le explique algunas cosas. Hay una sociedad de sesenta millones de pesetas, domiciliada en Luxemburgo, creada por mi cuñado, ciudadano francés residente en España, que tiene el 30 por ciento de las acciones. El resto de las acciones, como ha declarado reiteradamente mi cuñado, está en poder de amigos y familiares suyos que han decidido invertir en España. Y esa empresa invierte en España, en parte, y en parte en otros sistemas financieros. Hasta la Guerra del Golfo había tenido un gran éxito en Bolsa y se podía pensar que iba a seguir teniéndolo en el futuro. Cuando sale a relucir el hecho de que mi cuñado es administrador y tiene el 30 por ciento de la sociedad, evidentemente, se me atribuye a mí. Para atribuírseme a mí, sin ninguna prueba y sin el menor indicio, ¿qué se hace? Una campaña de acoso y derribo contra mi cuñado, diciéndole: «Mire usted: por sus características personales, es imposible que haya hecho eso». Hasta tal punto llega la situación que... Bueno, yo debo decir aquí una cosa que le va a parecer que no viene a cuento, pero sí viene a cuento: mi cuñado, como he dicho, es un ciudadano fracés, de una familia de banqueros e industriales y profesionales de prestigio. Su abuelo fue presidente del Banco de París y de los Países Bajos, una de las instituciones francesas más importantes. Fue presidente de la compañía francesa de ferrocarriles. Su padre fue director de la compañía francesa de petróleos. Realmente, pensar que en esa familia o en ese grupo de amistades no es verosímil que pueda hacerse esa inversión, decir que eso es falso y que tiene que ser mío... y para eso, intentar demostrar paralelismos entre mi cuñado y yo, y otros casos famosos que han ocurrido... Bueno, eso sólo se debe al deseo de calumniar y de intentar el derribo de una persona. Porque no hay el menor indicio ni ninguna prueba en un hecho que es absolutamente falso. Y esto es así.

*—Usted, señor Rubio, está junto con otros cuantos amigos en el Olimpo de la llamada «beautiful people», que tiene una fuerte carga simbólica en nuestro país... como hace un momento hablábamos de la carga simbólica que acompaña al empresario que prospera a gran velocidad... por los atajos. ¿Usted simboliza a la «beautiful people»? No sé si es justo o injusto...*

—Depende, no sé si...

*—¿Es usted de la «beautiful people»?*

—Mire usted, yo no sé si sabe usted cuál es el origen del término «beautiful people»... Ésa es una denominación que surge en las filas del guerrismo y surge en las filas del guerrismo para utilizarlo como arma arrojadiza contra el ministro de Hacienda y, fundamentalmente e inicialmente, contra don Miguel Boyer [3].

*—¿Los «descamisados» contra Boyer?*

—Pues... un poco... de los «descamisados» contra Boyer. Y entonces, ahí, en esa «beautiful people» se mete a todos los que parecen un grupo... que parece que... bueno... que pueden dar una imagen de personas que han tenido éxito en la vida, que han sido unos buenos profesionales, que han ganado mucho dinero, algunos de ellos... otros lo han heredado. Bueno... y ahí se mete a la gente más dispar, desde gente... algunos amigos míos de la infancia, otros de la universidad, a gentes con las que he tenido muy buena relación o una relación estrictamente profesional... Y, entonces, se ha metido todo en ese paquete... que ha ido variando, vamos metiendo y sacando a las personas y exclusivamente... como un arma arrojadiza. Ese término ha sido utilizado por muchos, pero se ha iniciado en las filas del guerrismo.

*—Se dice que cuando concluya su caso, usted será presidente de Pryca...*

—Bueno... ha habido unas conversaciones en ese terreno, pero no he tomado ninguna decisión, porque no quiero tomar ninguna decisión hasta que no esté terminado el caso. Me han dado dos años y una vez que pueda... no sé cuál va a ser mi distribución de actividades en ese momento. Y, además, por otro lado, Pryca tiene una pequeña financiera... no vaya alguien a venir y decir que también soy incompatible porque hay una pequeña financiera y que soy incompatible con el cargo. En fin, que he decidido retrasar cualquier decisión en ese terreno.

*—Bueno, así que es usted absolutamente una víctima de las circunstancias y de la maldad organizada, señor Rubio.*

—Mire usted, yo no me quiero considerar una víctima...

*—¿Inocente absoluto en todos los pecados de Ibercorp?*

—Creo que he sido totalmente inocente en cualquier pecado y no hay ninguna razón, ninguna prueba. Todo se ha interpretado en un contexto que dice que yo soy muy malo y prueba de mi maldad es que yo me reúno con Emilio Botín en mi casa e intento ocultar algo... claro, si interpretan así las cosas... porque es sábado y domingo y no queremos dar una explicación. Ahora resulta que yo decidí concederle un banco a los señores don Manuel de la Concha y a don Jaime Soto cuando iniciaron las actividades de Ibercorp y deciden comprar un banco, y en ese momento se dice que yo estoy dando información sobre lo que va a ocurrir sobre la liberalización futura. Mire usted: era público y notorio que había una normativa comunitaria que liberalizaba la creación de bancos, por tanto uno podía esperar a que se publicara en el Boletín Oficial y comprar un banco. Además, el caso de Ibercorp, insisto, no ha costado una peseta al Fondo de Garantía de Depósitos. Hemos tenido crisis en treinta y un bancos, más todo el grupo Rumasa, y ahora, desgraciadamente, tenemos el más gordo de todos ellos: el caso Banesto.

*—Por cierto, ¿cómo va a acabar Banesto? ¿Tiene usted un pronóstico? Porque el día 9 de mayo sabremos si Argentaria, el Santander o el Bilbao-Vizcaya se quedan con él.*

—No, no... Me temo que vamos a tener que esperar...

*—No me diga cuál, pero ¿tiene usted un pronóstico?*

—Sí, tengo algún pronóstico... pero me puedo equivocar totalmente.

*—¿Y alguien va a apelar a su experiencia como observador de la realidad económica? Estamos tratando de ver si este túnel económico tiene salida... no sabemos si la tiene. ¿La tiene, señor Rubio?*

—Yo creo que sí, yo creo que sí... Yo creo que en los últimos meses, sobre todo en lo que va de año... puede empezar a mejorar. Es cierto que no tenemos una prueba palpable de esta mejora, entre otras cosas, porque nuestras estadísticas, desgraciadamente, siempre se publican con retraso. Hay algunos indicios y cuando uno habla con gentes, con responsables empresariales, claramente, el clima a finales de marzo, ahora, es muy distinto del de diciembre. Yo estoy seguro de que se está iniciando una recuperación. ¿A qué velocidad? El tiempo lo dirá, pero es claro que se está iniciando la recuperación.

*—A lo largo de esta conversación ha aludido usted a algún medio de comunicación. Yo tengo interés en preguntarle su opinión sobre lo que hace poco han dicho algunas autoridades económicas de nuestro país sobre los matrimonios entre bancos o banqueros y medios de comunicación. ¿Qué le parece a usted? ¿Es peligroso? ¿No es bueno? ¿Le ve también alguna pega?*

—Mire usted, yo creo que los banqueros, cuando administran los bienes de los depositantes y de los accionistas, deben buscar la máxima rentabilidad a esos recursos que gerencian. La experiencia parece demostrar que, a excepción de algún medio, que se veía claramente que iba a ser muy rentable, el 90 por ciento o la gran mayoría de las inversiones en medios de comunicación no se hacen para obtener una rentabilidad, sino para influir o intentar influir sobre los medios o, por lo menos, hay ese clarísimo peligro, que se ha puesto de manifiesto en algunos casos y que no voy a citar aquí porque ya bastante... Mañana, alguna gente me va a criticar, para que dé más ejemplos, pero esto es así y esto es lo que me parece que no es bueno. En eso coincido plenamente con lo manifestado por el ministro de Economía Pedro Solbes. Porque no se puede invertir dinero para defender el prestigio o la gloria de los responsables de un banco.

*—Y, para terminar, señor Rubio, si usted se ha considerado cazado por determinado tipo de actuaciones non sanctas, ¿por qué no ha planteado usted una acción judicial, que es lo que en un Estado de Derecho hubiese resultado más claro, más fácil y más transparente?*

—Mire usted, primero, tengo varias acciones judiciales y algunas de ellas siguen su curso, y espero que con resultado favorable, por supuesto; pero, en este país hay un problema muy grave y muy serio, y es que, desgraciadamente, la interpretación que los altos tribunales han dado a la Constitución es que los personajes públicos y desde luego las autoridades no tienen derecho al honor. O sea, que se puede decir lo que se quiera. De mí se han dicho las cosas más tremendas, y he acudido a los tribunales. Usted presenta unos papeles que dicen me han dado un crédito que no me han dado, que es falso... Claro, esto me parece muy grave. Esto me parece muy grave, porque, además, parece olvidarse que la democracia consiste evidentemente en la libertad...

*—Pero ¿desconfía de la Justicia entonces, señor Rubio?*

—No es que desconfíe de la Justicia: es que creo que desgraciadamente, por ahora, se está haciendo una interpretación de la libertad que consiste, en este caso, en la libertad de insultar y libertad de calumniar. Esta interpretación no debería hacerse y, normalmente, en los sistemas democráticos, uno puede decir lo que quiera o no, pero si se apoya en hechos que no es capaz de demostrar, el personaje atacado, sea autoridad o sea un personaje conocido, debe poder ir a los tribunales y obtener justicia rápida.

*—Algo equivalente podrían decirle a usted: no tiene posibilidad de demostrar un determinado tipo de sospecha que deja flotando sobre* El Mundo *y sobre el señor Conde. ¿No debería guardar silencio o ir a los tribunales? Es un poco la contradicción de todo.*

—Bueno, por eso yo creo... No, no creo que haya contradicciones... Si usted hace memoria de lo que he dicho, creo, si no me he equivocado, que yo he hablado fundamentalmente de hechos. Le he dicho que yo no juzgaba ni hacía proceso de intenciones. Lo que he dicho son hechos que se han producido. Los demás... que juzguen. Y esos hechos sí son demostrables. Ésa es la enorme diferencia: hablar sobre hechos o hablar sobre procesos de intenciones y sobre calumnias.

*—Don Mariano Rubio, muchas gracias y muy buenas noches.*

—Buenas noches.

## NOTAS

[1] El Banco Español de Crédito (Banesto), dirigido por el financiero Mario Conde, fue intervenido por el Banco de España en diciembre de 1993. Se destituyó al Consejo de Administración y Conde fue apartado de la entidad. El presidente del banco fue acusado de falsedad documental y de apropiación indebida y condenado a diez años de prisión en 2000, tras un largo y complejo proceso judicial.

[2] Javier de la Rosa, junto a Mario Conde y otros empresarios y financieros, como Alberto Alcocer y Alberto Cortina, representaba el nuevo modelo de hombre de éxito en los primeros años noventa. Javier de la Rosa fue procesado y encarcelado por distintas irregularidades económicas.

[3] El sector más izquierdista del PSOE estaba encabezado por Alfonso Guerra, que fue vicepresidente del Gobierno con Felipe González hasta 1991, cuando surgieron ciertas desavenencias políticas entre los dos líderes carismáticos del socialismo español en esa época. Esta corriente se denominó «guerrismo» y estaba en contra de las políticas económicas liberales de Carlos Solchaga y Miguel Boyer. El propio Alfonso Guerra recuperó el término «descamisados» —al que se hace referencia inmediatamente después— para referirse al grupo social y político enfrentado a una gestión financiera alejada, al parecer, de la línea tradicional del socialismo.

9

# *José María Aznar*
# *El límite*

A mediados de 1995, la situación del Gobierno de Felipe González era poco menos que desesperada. Los casos de corrupción política e institucional debilitaban continuamente al Ejecutivo y, paralelamente, el Partido Popular extremaba su campaña de acoso contra el presidente. Sobre la mesa de debate político estaba la incapacidad de los servicios de inteligencia (Cesid) para mantener su casa en orden, las escuchas telefónicas ilegales, que afectaron a distintos personajes de la vida pública, incluido el rey don Juan Carlos, las amenazas de publicar documentos secretos, hipotéticos chantajes o compensaciones por no publicarlos y una especie de conspiración formulada en distintos sectores periodísticos para acabar definitivamente con el Gobierno del PSOE. Eran los años de la crispación política más afilada. Además, las redes democráticas estuvieron a punto de hundirse cuando ETA intentó asesinar en Madrid al líder de la oposición, José María Aznar, y se entabló un debate sobre la necesidad o no de vincular los escándalos en las Fuerzas de Seguridad y este atentado terrorista. En este ambiente enrarecido y a pocas fechas de las elecciones generales de 1996, Iñaki Gabilondo entrevistaba a José María Aznar, líder de la oposición y líder de un Partido Popular en imparable ascenso. *Hoy por hoy*, 21 de junio de 1995.

*—Nuestro invitado, esta mañana, es José María Aznar, al que recibimos. Él también nos recibe... Podríamos decir que esto es mucho más cierto, puesto que la Cadena SER ha ido a la sede del Partido Popular, donde se encuentra José María Aznar. Están también allí, con él, nues-*

*tros compañeros Javier González Ferrari, Sonia Ballesteros y Antonio García Ferreras, director de los servicios informativos. Y, por supuesto, también está Marta Gómez Montero, la vigía permanente de la Cadena SER en todas las vicisitudes del Partido Popular y de José María Aznar. Antonio García Ferreras, muy buenos días, ¿está ya el señor Aznar con nosotros?*

*—Aquí está, Iñaki. El señor Aznar ha llegado a este estudio hace unos minutos, tranquilo, sereno, sin un solo papel... con un solo papel en sus manos para, quizás, apuntar algunas preguntas. Ya tiene algunas anotaciones hechas. Un papel con membrete del Partido Popular. Aunque, eso sí, esta mañana, cuando ha bajado del coche, pasadas las ocho y media de la mañana, y entraba en la sede, en Génova 13, llevaba bajo el brazo una buena cantidad de documentos. Su traje y su corbata, hoy, con tonos azules, es bastante habitual en su vestuario, y su apretón de manos, como siempre, firme, pero sin pasarse. Señor Aznar, buenos días.*

—Buenos días.

*—Muy buenos días, señor Aznar.*

—Buenos días, Iñaki.

*—Tendría que estar en este momento en Estados Unidos. ¿Qué estaría haciendo en este momento en Estados Unidos? Bueno, posiblemente, durmiendo, pero, ¿qué plan tenía previsto para hoy miércoles, en principio, en Estados Unidos?*

—Creo que para hoy, miércoles, había una conferencia de prensa en el National Press Club, en Washington, y había entrevistas con el secretario de Estado, con el secretario de Defensa, con el secretario del Tesoro, con varios senadores, con el presidente de la Cámara y una recepción en la embajada de España. Creo que ése era el plan, aproximadamente.

*—Plan suspendido por las razones que todos sabemos y a las que vamos ahora a acercarnos. ¿Escuchó usted ayer las razones de Felipe González? ¿Nos las podría comentar, señor Aznar?*

—Escuché al presidente del Gobierno. Lo de las razones... ya es una ironía por su parte, ¿no?

*—¿Qué le parecieron las explicaciones que dio a los periodistas el señor González?*

—Bueno, mire: pongamos las cosas en su punto. En España, en este momento, existe, todos los ciudadanos lo pueden comprobar claramente, una situación de grave descomposición política, la cual ha tenido un punto muy álgido en el escándalo de las escuchas del Cesid. Pongamos las cosas en su punto y, antes de hablar de cualquier otra circunstancia, yo quiero establecer que la responsabilidad máxima en esa situación corresponde al presidente del Gobierno, Felipe González. Él es el responsable de la situación.

*—¿Cree usted en la conspiración a la que se refirió ayer el señor González?*

—Yo no creo en ella. Yo lo que creo es que, en todo caso, de haber algo, hay un pulso al Gobierno. Es decir, hay un chantaje... hay un chantaje al Gobierno. Puede haber, incluso, un chantaje al presidente del Gobierno. Entonces, lo que tiene que explicar el presidente del Gobierno es por qué: por qué puede ser chantajeado, si es que intenta ser chantajeado por alguien, o por qué puede existir un pulso al Gobierno. Los pulsos al Estado, tal y como están planteados, yo no creo en ellos. Más bien creo que existe un pulso del propio señor González, del propio presidente del Gobierno, a la sociedad española. Quiero recordar que el señor González empezó su tarea de gobierno con aquella famosa frase: «El que me eche un pulso, lo pierde». Y eso acabó casi perdiendo al Tribunal Constitucional de España. Vamos a ver ahora qué es lo que perdemos en esta nueva batalla. Pero no nos desentendamos, no distraigamos las cosas: la responsabilidad surge por unos hechos objetivos, de unas escuchas generalizadas durante diez años, que incluyen al propio Rey de España. Y con eso, decir que existe una conjura general o que se entera por los periódicos es entrar de lleno en el terreno de la pura y simple desvergüenza política.

*—Es un matiz muy interesante: la posibilidad de que existía un pulso al Gobierno, al señor González, es distinta de la posibilidad de un pulso al Estado, en el que usted no cree. ¿Usted cree al señor Mario Conde capaz de ser una mano negra con posibilidades de estar actuando contra el Estado?*

—Mi obligación es establecer, naturalmente, análisis políticos, no adentrarme en otras circunstancias, en otros criterios que a mí no me corresponden.

*—¿Le preocupa, le inquieta en todo caso...?*

—Me preocupa.

*—¿Cree que existe la posibilidad de que alguien estuviera jugando con la estabilidad democrática de este país?*

—Me preocupa mucho la situación. Me preocupa que la situación se degrade, me preocupa que la situación se descomponga. Quien quiera que se asome hoy, como simple ciudadano, a la lectura de la prensa, a la lectura de los periódicos, verá, evidentemente, que estamos en un grado de descomposición y degradación políticas... y es difícil no sentirse preocupado por ello.

*—Sí. Nos decía el otro día el señor [Francisco Álvarez-] Cascos que el Gobierno podría haberse beneficiado de estas escuchas ilegales del Cesid, ¿lo cree así, señor Aznar?*

—Bueno, mire usted: yo creo que el Cesid es un órgano que depende del Gobierno, y por tanto, cuando durante diez años, al menos, se están practicando escuchas ilegales, de una manera generalizada a la población española, se supone que es para algo: se supone que es para algo, no para pasar el rato.

*—¿Cree usted por tanto, que...?*

—Yo creo que es insultar al sentido común de los españoles que el responsable máximo del Gobierno de España pueda decir con toda claridad que se ha enterado de lo que hace el Cesid por la prensa o que se entera de lo que ocurre con los fondos reservados por la prensa, o que se entera por la prensa de las actividades de los GAL, o que se entera por la prensa de lo que hace el director general de la Guardia Civil... Esto es un insulto al sentido común o es, sencillamente, no querer establecer un principio básico de responsabilidad en una democracia y los españoles tenemos derecho a que la democracia funcione correctamente.

*—En esta misma línea de claridad, perdone que insista, para precisar algo más.*

—Sí, sí, sí...

*—¿Cree usted entonces que estas escuchas que estaba realizando el Cesid, escuchas ilegales y, desde luego, absolutamente delictivas, estaban siendo conocidas y eran secretos compartidos por el presidente del Gobierno?*

—Creo que la responsabilidad de ello recae en el Gobierno, y recae expresamente en el presidente del Gobierno.

*—Sí, entendido lo de la responsabilidad, pero le preguntaba ahora si cree que...*

—He entendido perfectamente lo que me ha preguntado, por eso le contesto: y yo creo que usted me ha entendido perfectamente.

*—Sí, le he entendido perfectamente, sí. ¿Piensa usted que se puede estar ganando tiempo, como decían ustedes, para borrar pruebas?*

—Bueno, no lo sé, ya lo veremos. Lo que está claro es que a mí me da la sensación... pues, mire usted... Lo diré más o menos, pues siempre conviene poner una nota de humor a estas cosas, ¿no? Decía ya Quintiliano... ¡ja, ja...! (¡fíjese adónde me remonto!) que no hay nada más nefasto que reconocer los hechos... ¡ja, ja...! Pues, mire usted: hay algunos que han aprendido poco desde Quintiliano para acá. Pero sería bueno, sería bueno, por el interés de España, sería bueno por el interés de nuestra democracia, que se reconocieran los hechos, que se asumieran responsabilidades y que el país, que tiene unas enormes posibilidades de prosperidad, de progreso, de salir adelante, tuviese una democracia sólida, una democracia saludable y pudiese ganarse con su esfuerzo el futuro. Eso es lo que yo deseo.

*—El señor presidente dijo: «Hay una investigación interna en marcha en este momento». No precisó el tipo de investigación interna. Dentro de unos pocos días podrá darse a conocer, tal vez la semana que viene, cuando el presidente del Gobierno vaya al Congreso de los Diputados. Hoy, algún periódico, por ejemplo, el diario* Ya, *dice: «Puede haber sensacionales revelaciones», o algo parecido. ¿Cree usted que puede haber sensacionales revelaciones a través de esta información interna del Gobierno?*

—Yo no voy a entrar en eso, insisto, porque aquí hay un hecho principal y todo lo demás son derivaciones de ese hecho. El hecho principal es que durante diez años se ha estado investigando ilegalmente a ciudadanos españoles, incluido, insisto, Su Majestad el Rey: ése es el hecho. Y eso se ha hecho bajo el Gobierno que preside el señor González, durante diez años. Ése es el hecho fundamental y todo lo demás son derivadas. Intentar presentar ahora una especie de asalto al Estado, de chantaje al Estado, de conjura contra el Estado... Insisto, a lo mejor lo hay contra el Gobierno, y entonces habrá que explicar por qué se puede chantajear al Gobierno, si es que se está chantajeando al Gobierno. Pero lo primero que hay que hacer, naturalmente, es dar cuenta de las responsabilidades de lo que ha ocurrido en éste y en otros asuntos.

*—Estamos absolutamente de acuerdo en que el hecho principal es ése, por supuesto, y no se trata de que se maneje un segundo hecho para ocultar el primero: ése es el hecho principal, fuera de toda duda. Ahora bien, un segundo hecho, menos principal: dice Alberto Oliart esta mañana, en* El Periódico *de Extremadura: «La publicación de las escuchas es un atentado a la seguridad del Estado». Alberto Oliart, recordemos, fue ministro [de Defensa] de la UCD; fue el que nombró a [Emilio Alonso] Manglano, director del Cesid. ¿Cree usted, señor Aznar, que la publicación de las escuchas es un atentado a la seguridad del Estado?*

—Mire, yo creo que el Gobierno, en alguno de sus actos, en alguna de sus manifestaciones, ha entrado, por decirlo de esa manera, en el terreno de lo prohibido, y yo desearía que no acampasen en el terreno de lo prohibido. ¿Qué quiero decir con eso? Quiero decir que yo no voy a aceptar que se aliente ninguna especie de campaña general de intimidación contra ciudadanos o contra medios, o, simplemente, se pretenda establecer en España un ambiente general de caza de brujas. No vamos a aceptar eso de ninguna manera, porque eso sí significaría que desde el Gobierno se está jugando irresponsablemente con la estabilidad del país y con nuestra democracia. Y, en consecuencia, ésa va a ser una actitud que nosotros defendamos con toda claridad. Y le voy a decir con franqueza: no creo que desvelar una conversación privada de un ciudadano privado atente contra la seguridad del Estado. No creo. Por cierto, con algunos yo he hablado recientemente. En cambio, yo he visto otras informaciones que sí afectan a la seguridad del Estado. Cuando, por ejemplo, yo puedo leer, el mismo día de las Fuerzas Armadas, y lo pongo como ejemplo, que el 60 por ciento de la munición de las Fuerzas Armadas españolas está en estado de deterioro o no funciona: eso sí que afecta a la seguridad del Estado. ¿Cómo no va a afectar? Entonces, hablemos de las cosas en serio y pongámoslas en su punto. Si de lo que se trata es de establecer un ambiente general de intimidación, que se sepa que el Partido Popular va a estar por medio. Si de lo que se trata es, evidentemente, de asumir unas responsabilidades políticas, el Partido Popular va a hacer todo lo posible, naturalmente, por exigirlas, y vamos a optar, por todos los medios políticos al alcance de nuestra mano y en nuestras posibilidades, por que el país supere esta situación, que es lo realmente importante.

[Antonio García Ferreras]

*—Moción de censura, señor Aznar, ¿por qué aún no? ¿Qué más puede pasar para que ustedes se decidan a plantearla en el Congreso?*

—Bueno, ¿qué más puede pasar? ¿Qué tipo de política es la que obliga a un país a pasar por todo, como se nos está obligando? ¿Qué más necesitan que pase en nuestro país? ¿Adónde quieren llevar la situación? Bueno, pues ésa es una buena pregunta. Ciento cuarenta y un diputados están listos para presentar esa moción de censura, pero, evidentemente, tiene que ser una moción de censura, como he explicado muchas veces, para salir de la situación, no para quedarse en ella. Yo creo que los españoles, que recientemente han votado, que recientemente han manifestado una esperanza de cambio, que recientemente han dejado claramente el mensaje de que desean superar esta situación. Evidentemente, ahora hay unas fuerzas políticas, en particular una, que es Convergència, que deben decir si están dispuestas a mantener esta situación o si están dispuestas a cambiarla. Pero yo digo: ciento cuarenta y un diputados están dispuestos a presentar esa moción de censura. ¿Para qué? Para hacer elecciones inmediatamente y que los españoles se puedan pronunciar y puedan decidir lo que quieren que sea el Gobierno de España, para su futuro.

*—¿Usted descarta plantear esa moción de censura si no encuentra el apoyo de otros grupos políticos, como Convergència?*

—Yo no descarto presentar esa moción de censura. Simplemente me reservo presentarla en el momento que consideremos más oportuno y más conveniente.

*—Tal y como está el país en estos momentos, ¿no sería necesario un encuentro González-Aznar o está usted ya escaldado de los encuentros con el presidente del Gobierno?*

—Bueno... yo he escuchado que eso depende del clima, y no sé lo que quiere decir eso. Si por clima se intrepretan los intereses personales del señor González, es posible que ese clima no exista nunca. Si por clima se interpretan los intereses generales del país, pues es posible, evidentemente, que podría existir ese encuentro, yo creo que es necesario de un modo acuciante. Pero, en fin, es una cuestión... es la responsabilidad del presidente del Gobierno, si la encuentra.

*—¿De momento no ha habido ningún llamamiento por parte de Moncloa?*

—No, no, ninguno.

[Javier González Ferrari]

*—¿No le ha llamado el presidente del Gobierno, señor Aznar? Porque si estamos hablando de una conspiración, que es de lo que se habla desde el Gobierno, una conspiración que afecta al Estado, nos afecta a todos, le afecta también al primer partido de la oposición, y el líder de la oposición debería estar informado de primera mano por el presidente del Gobierno de esa conspiración, ¿no?*

—No, no. Es que yo no me siento ni presionado ni chantajeado absolutamente por nadie. Y, por lo tanto, insisto en que no hay un chantaje al Estado. En todo caso, insisto, habrá una presión al Gobierno, si es que la hay. Y, entonces, el Gobierno tendrá que decir por qué, qué motivos hay para hacer ese chantaje o esa presión, si es que se está haciendo. Pero antes de eso, insisto, debe dar cuenta de sus responsabilidades. Yo, desde luego, creo que todas esas cuestiones, todo ese planteamiento de la cuestión, todas esas apelaciones, que yo he escuchado, a Casas Viejas o a las viejas conjuras de don Juan March... me suenan absolutamente a ridículo [1].

*—Hablaba usted de superar la situación. ¿Cómo se supera esta situación, señor Aznar?*

—Bueno, yo creo que hay una forma bien clara de superar la situación y es que los españoles decidan: que el cuerpo electoral diga qué es lo que quiere para el futuro inmediato de España. Eso es superar la situación.

*—¿Ha hablado usted con el señor [Jordi] Pujol ante la posibilidad de una moción de censura, como decía Antonio García Ferreras, que apoyaría Convergència i Unió?*

—Yo no he hablado con el señor Pujol en los últimos días, porque el señor Pujol ha hecho manifestaciones expresas de respaldo al Gobierno. Pero, evidentemente, es un buen momento para preguntarle al señor Pujol qué más necesita que ocurra en el país.

[Sonia Ballesteros]

*—Señor Aznar, ¿ha recibido usted alguna información o tiene algún dato sobre qué ha pasado en el Palacio de la Zarzuela cuando se ha conocido que el Rey también ha sido escuchado, más allá de ese primer comunicado que se envió? ¿Ha habido alguna llamada desde Zarzuela a Moncloa? ¿Ha hablado usted, como jefe de la oposición, con la Casa del Rey?*

—Pues yo no sé qué ha pasado, pero si lo supiese, tampoco se lo diría... ¡Ja, ja...! Perdone: por una pura razón de reserva. Pero me imagino... pongámonos en el sentido común de cualquier ciudadano que nos está escuchando en este momento, pongamos, por ejemplo, usted. ¿Qué sentiría usted si hubiese sido escuchada? Con sus conversaciones grabadas... Pues sentiría un profundo disgusto. Es razonable pensar que eso pueda pasar en cualquier casa, incluso en las casas más importantes.

[Iñaki Gabilondo]

*—¿Qué sentiría usted, señor Aznar?*

—Pues lo mismo.

*—¿No ha tenido la sensación de haber sido espiado nunca, en ningún momento?*

—Bueno, yo prefiero no entrar en eso, porque yo tengo la obligación de guardar silencios sobre algunas cuestiones, al menos durante el tiempo que considere oportuno.

*—O sea, que sí, porque si no, me hubiera dicho que no.*

—No... Yo lo que le quiero decir es que sobre algunas cuestiones que, éstas sí, afectan a la seguridad del país, creo que ya llevo mucho tiempo dando pruebas, mucho más que otros, hablando de lo que significa un sentido del Estado desde la discreción y la reserva.

[Sonia Ballesteros]

*—Señor Aznar, ¿usted tiene intención de intervenir en el pleno de esta tarde en el que va a comparecer el señor Narcís Serra?*

—En el pleno de esta tarde intervendrá el secretario general del Partido Popular, el señor Álvarez Cascos.

*—Usted interviene muy poco en la Cámara, ¿por qué?*

—Bueno, yo intervengo cuando tengo que intervenir. Usted me permitirá que yo decida cuándo tengo que intervenir.

[Antonio García Ferreras]

*—El número uno de los banqueros de nuestro país, el señor [Emilio] Botín, ayer, en la Cadena SER, aseguraba sin cortarse un pelo que usted va a ser un gran presidente; es decir, que el dinero de este país ya está de su lado.*

—Bueno, quiero agradecer esas declaraciones del señor Botín, por supuesto, pero lo más importante para mí es que un banco español ha hecho una gran operación financiera y que un banco español pueda ser accionista mayoritario del sexto banco de los Estados Unidos. Eso significa que cuando las cosas se hacen bien, cuando las cosas se hacen con competencia, cuando las cosas se hacen con profesionalidad, cuando uno se dedica a lo que se tiene que dedicar, en este caso, a ser un banquero muy importante para nuestro país, se tienen éxitos como el que ha tenido el señor Botín, del cual yo, desde luego, como español y como dirigente político, pues estoy enormemente satisfecho.

*—¿Está ocurriendo en el Partido Popular como ocurrió con el Partido Socialista frente a la UCD, que le están llegando ahora dosieres, informes, documentos, papeles sobre la mala gestión de los socialistas?*

—Bueno, eso es bastante normal. Lo que pasa es que, al final, como todo en la vida, todo hay que saber administrarlo. Yo siempre digo que la fortaleza de una nación, como la fortaleza de un partido, y también la fortaleza de las personas, se ven tanto en las victorias como en las derrotas, en saber administrar unas y otras. Éste es un momento de victorias, de éxito, de perspectivas de futuro para el Partido Popular, y hay muchas personas que se acercan a nuestro partido, ésa es la verdad.

*—La ilusión llevó a los socialistas al poder; las vísceras llevarán al Partido Popular al Gobierno. ¿Qué le parece este planteamiento?*

—Me parece un error, porque la ilusión llevó a los socialistas al poder y, fíjese usted, ¿quién iba a decir que esa ilusión iba a terminar abrazada al cabo de los años a la jurisdicción militar? Tiene una gracia enorme: ¿quién iba a decir que los portaestandartes de la progresía iban a acabar apelando a la jurisdicción militar? Es de risa... Pero la ilusión llevará a España al futuro y yo creo que ese futuro pasa por la estabilidad democrática, por la fortaleza de nuestro país, por un Gobierno de mayoría del Partido Popular.

[Iñaki Gabilondo]

*—Por cierto, perdone un momento, ha aludido usted a la jurisdicción militar: me gustaría saber qué impresión le ha producido a usted, justamente, que este caso se haya manejado por la jurisdicción militar.*

—Mire: yo soy muy respetuoso con las jurisdicciones, lo he sido siempre, pero que algunas personas que están en el Gobierno, en este momento, apelen a la jurisdicción militar para intentar salvar su situación en este asunto no deja de ser verdaderamente pintoresco y gracioso, especialmente teniendo en cuenta la trayectoria de estos últimos años.

*—¿Pero le ha resultado algo sospechosa la utilización de esta vía?*

—Yo, en ese punto, en temas procesales o en temas procedimentales no soy experto y no voy a entrar. Simplemente, a mí me gustaría que las cosas siguiesen sus cauces ordinarios.

[Antonio García Ferreras]

*—Hablaba usted del futuro, el futuro inmediato es el día 1 de julio, cuando España asume la Presidencia de la Unión Europea. Ésta es una de las grandes razones, por no decir la gran razón, que Felipe González esgrime siempre y que esgrime también el Partido Socialista para que no haya un adelanto electoral, para que no haya elecciones generales este otoño. ¿Cree usted que esta Presidencia de la Unión Europea va a ser positiva? Ustedes, desde el Partido Popular, a pesar de la que está cayendo dentro de nuestro país, van a arrimar el hombro para que la Presidencia sea positiva?*

—Bueno, mal empezamos cuando la Presidencia de la Unión Europea, en lugar de convertirse en una oportunidad, se convierte en una coartada: elecciones tuvieron los franceses, elecciones tuvieron los alemanes... Y es que, evidentemente, mire usted, la mejor política europea es una buena política interna en España. Y si no se está en condiciones de presidir el Gobierno de España, difícilmente se va a estar en condiciones de presidir la Unión Europea. Yo afirmo que no se está en condiciones ni de lo uno ni de lo otro, pero yo, desde luego, lo que no voy a hacer es contribuir a que España se pare, se pare más de lo que está o se deteriore más de lo que está, sencillamente, por la Presidencia Europea. La Presidencia Europea es una oportunidad importante que este Gobierno no está en condiciones de aprovechar. España va a presidir la Unión Europea porque nos toca, por el sistema de rotación, es un período absolutamente ordinario en el ámbito europeo. Pretender que esto es un período excepcional, en el cual no se puede hacer nada, ni siquiera debatir políticamente, porque España presida la Unión Europea, es sencillamente caer en términos europeos y políticos en el ridículo; es decir, eso se explica a cualquier europeo y se ríe, sencillamente, por lo infantil y por lo necio del argumento.

*—Hace algunos meses, don Manuel Fraga insinuó que había llegado el momento de un gran pacto nacional, de un gran pacto entre los partidos políticos nacionales para poner freno a esta situación... Una especie de «borrón y cuenta nueva», entre comillas. ¿Si llega el Partido Popular al Gobierno de la Nación, en unos meses, se puede hacer borrón y cuenta nueva o esto tiene ya una dinámica propia y no se puede parar?*

—Yo soy consciente, muy consciente, de las responsabilidades que tengo frente al país y sé, con toda claridad, que se va a abrir una nueva etapa en España, que un nuevo ciclo político va a abrirse en España... Se ha abierto ya. Y, de hecho, yo creo que el pistoletazo de salida, por decirlo de esa manera, en ese nuevo ciclo político, han sido las pasadas elecciones del 28 de mayo, donde se ha producido un cambio de poder político en España, un cambio de poder político muy, muy importante [2]. Yo, desde luego, haré todo lo que esté en mi mano para que España deje de estar enredada en una situación de degradación y de descomposición que solamente nos conduce a tener más problemas de futuro.

[Javier González Ferrari]

*—¿No levantará usted alfombras, como ha dicho Alberto Ruiz-Gallardón en la Comunidad de Madrid?*

—No tengo interés en dedicarme a levantar alfombras; tengo interés en dedicarme a que el país salga adelante.

[Antonio García Ferreras]

*—Javier González Ferrari ha citado a Alberto Ruiz-Gallardón, que ha sido muy duramente criticado y atacado porque parece que la transición en la Comunidad de Madrid no había sido lo suficientemente con-*

*tundente y dura, tal y como habría querido alguna parte de la derecha española. ¿Qué le parecen esos ataques a Ruiz-Gallardón?*

—Pues mire usted: me parece que entran dentro del oficio. Todo el mundo puede criticar, desde un lado o desde otro, y naturalmente, cuando se llega a un Gobierno, a uno le critican.

*—Pero ¿usted comparte esos ataques?*

—No. No yo no comparto ningún ataque. Lo que yo comparto es, naturalmente... y no hace falta que comparta: yo apoyo la política de Alberto Ruiz-Gallardón, como es lógico. Por eso fue nuestro candidato.

[Iñaki Gabilondo]

*—Sí, disculpe... Aunque, por supuesto, todos son muy dueños de criticar; todos deben encajar las críticas: si a las críticas a Gallardón unimos las críticas a [Rodolfo] Martín Villa, nos estamos preguntando si criticar el* fair play *que ambos demostraban en sus declaraciones constituye una pista inquietante... ¿Le van a exigir a usted sectarismo desde algunos sectores?*

—¿Por qué? La idea de *fair play* por parte de algunas personas puede ser distinta de la idea de *fair play* en otras.

*—Pero usted ha leído, como nosotros...*

—Pero eso no significa que hagan sectarismo. A mí me parece que a uno le pueden gustar más unas críticas y a otro, otras, dentro de las reglas del juego. Yo, como es lógico, defiendo por vocación, por obligación y por amistad a mis compañeros Alberto Ruiz-Gallardón y a Rodolfo Martín Villa, pero cuando se tienen responsabilidades políticas se reciben críticas más o menos justificadas. Ayer, por ejemplo, me contaron una suya, respecto a mí, que me pareció muy injustificada.

*—Podemos comentarla, si le parece. Posiblemente tiene que ver con el tema del atentado, ¿no?* [3].

—Pues, por ejemplo, sí.

*—En relación a ese tema del atentado, sí he de decir que me sorprendió bastante que usted lo relacionara con la complicación política que vive este país.*

—No solamente lo relaciono, sino que además me ratifico en esa declaración.

*—¿Qué quiere decir eso entonces...?*

—Pues quiere decir que las situaciones de debilidad no son las que favorecen precisamente la lucha contra el terrorismo. Antes le he hablado de mi extraordinaria prudencia a la hora de abordar estas cuestiones y, naturalmente, la voy a seguir manteniendo, porque me sería muy fácil, en este momento, explicar todo lo que han padecido y cuál es la situación actual de los servicios de la lucha antiterrorista. Y no lo voy a hacer. Pero, evidentemente, que dos meses después de que se me haya intentado asesinar en pleno corazón de Madrid, en la plaza de Callao, en una calle peatonal, al lado, por cierto, de la Cadena SER, se ponga un coche bomba y se diga: «Ahí queda eso»... Pues, oiga, no es para estar precisamente satisfecho. Y si los servicios de seguridad estuviesen funcionando suficientemente bien en este momento, si no tuviésemos una cúpula de Interior en la cárcel, como está, si se dieran otras circunstancias, si no se hubiesen dado todas las cosas que se están dando en nuestro país, probablemente, tendríamos más oportunidades de corregir esas cosas...

—*Probablemente.*

—Probablemente.

—*Pero sabemos que la lógica de los terroristas circula por otros territorios: pudiera darse el caso, señor Aznar, de que estuviera usted al frente del Gobierno, que se estuviera viviendo una situación extraordinariamente buena, boyante a todos los efectos, y que, sin embargo, estuviéramos padeciendo el terrorismo de todos modos...*

—Podría ser, evidentemente, señor Gabilondo. Pero usted no me dejará de reconocer que si en nuestro país, en todo lo que significan los servicios de seguridad y el Ministerio del Interior, no se estuviese viviendo lo que se está viviendo, tendría alguna probabilidad más de ser más eficaz. Eso simplemente es...

—*En cualquier caso, lo que más nos ha interesado, estamos seguros que a todos, absolutamente a todos, y por supuesto a usted más que a nadie, es que los temas del terrorismo no se aprovecharan para hacer algún tipo de juego. En ese sentido lo entendimos, y veo que lo entendimos mal y, por tanto, no tenemos el mínimo inconveniente en dar un paso atrás, pero...*

—Yo creo que a todos nos interesa que a los terroristas se les detenga, como es natural, y que sean juzgados. Por tanto, todo lo que pueda entorpecer esa tarea, en la medida de lo posible, debe ser rápidamente superado.

—*Aprovechamos entonces la ocasión para preguntarle, señor Aznar, ¿no va a hacer ni usted ni nadie el más mínimo ejercicio de aprovechamiento de las emociones del terrorismo para hacer juegos políticos?*

—¡Hombre...! Se lo pregunta usted a una persona que hace dos meses estuvo a punto de no contarlo, y aquí me tiene usted. Me dirá usted qué es lo que yo he dicho, qué he hecho durante estos dos últimos meses... Me da la sensación de que los que me tienen que dar a mí alguna explicación son los que no me la han dado: porque a mí nadie me ha dado una explicación de lo que me ha pasado, ninguna. Y no se la estoy pidiendo a través de un micrófono de la Cadena SER. Simplemente, estoy contestando a una pregunta, y le rogaría que, teniendo en cuenta esas circunstancias, no me la volviera a hacer. Le insisto: podría hablar de muchas cosas de las que no voy a hablar.

*—Tomamos nota, por supuesto, señor Aznar. Pero... en ese asunto, aunque sea enormemente doloroso y enormemente delicado, y aunque usted esté demostrando tener gran interés en ser muy delicado, sí tenemos que insistir un poco: ¿quiere decir que nadie le ha llamado?*

—Yo no tengo ninguna noticia, de nadie.

*—¿No le llamó el presidente? ¿No le llamó después tampoco?*

—Absolutamente nadie.

*—¿Qué sentimiento le inspira a usted ese hecho?*

—No me inspira ningún sentimiento. Yo tengo mis obligaciones que cumplir y las cumplo con mucho gusto, porque son obligaciones ante mi país, y ante los españoles, que es lo que realmente me importa.

*—Bueno, cerramos este paréntesis... Sospecho que podría haber mucho más ahí... pero deduzco que prefiere usted que lo dejemos estar, ¿no?*

—Puede usted deducir que haré todo lo que esté en mi mano para que los servicios de la lucha antiterrorista sean lo más eficaces posible y los españoles puedan sentirse seguros. Eso es lo único que haré.

*—Deduzco que está profundísimamente herido, ¿no?, más de lo que yo creía...*

—No, no, no... Estoy absolutamente tranquilo, absolutamente tranquilo, absolutamente seguro de lo que tengo que hacer. Simplemente quiero decir que, cuando se hacen algunas manifestaciones de utilización de algunos temas, se mida bien a quién se hacen y lo que podrían decir esas personas, porque, insisto, por pura responsabilidad política, por puro conocimiento de las circunstancias del cargo que desempeño, podría hablar de muchas cosas de las que no voy a hablar.

*—Acusamos recibo y, desde luego, le pedimos disculpas, porque justamente pensamos que el terrorismo es un combate colectivo... y pensamos que podría estarse produciendo un juego lateral que... ya veo que, desde luego, no era en absoluto así, y tal vez por la falta de delicadeza por mi parte, le ruego que acepte mis disculpas. Entramos en otro tema: decía el*

*otro día Alberto Ruiz-Gallardón que ahora el Partido Popular maneja poder, maneja mucho poder; antes tenía poder, pero ahora tiene muchísimo, en ayuntamientos, en comunidades autónomas... Ahora, nos decía, es cuando tenemos que demostrar que tenemos una manera de actuar y de gestionar verdaderamente eficaz. Es decir, que tienen que pasar de predicar a dar trigo inmediatamente, ¿no es así, señor Aznar?*

—Claro, claro... El cambio del mapa político ha sido muy importante. El Partido Popular gobierna en cuarenta capitales de provincia y el Partido Socialista, cinco... El cambio del poder político es un triunfo de dimensiones muy importantes y ahora el Partido Popular tiene que demostrar que es capaz, que tiene capacidad de gobierno, que lo que somos es lo que los españoles han visto: un partido unido, un partido con un proyecto nacional, un partido que significa el centro político de España, que es también un partido de gobierno y que tiene capacidad para gobernar. Yo he establecido dos líneas muy claras, que son la austeridad y la eficacia, y he dicho a nuestros alcaldes y a nuestros presidentes de comunidades autónomas que gobiernen con esos dos criterios y, si no, exigiremos cuentas, como es lógico.

*—Pero las próximas elecciones generales se celebrarán, probablemente, con los presupuestos ya cerrados y ustedes tendrán menos capacidad de maniobra de la que les gustaría, seguramente...*

—Es muy posible, pero ahí, evidentemente, si la capacidad de maniobra se reduce, lo que tiene que agudizarse y aguzarse es la imaginación, la inteligencia y el talento de los gobernantes. Yo estoy tranquilo, en el sentido de que donde gobierna el Partido Popular, en los últimos años, el respaldo de los ciudadanos ha sido creciente y la experiencia de gobierno ha sido muy positiva. Estoy convencido de que va a ser así con carácter general.

*—Bueno... le vuelvo a dejar con mis compañeros, pero antes, una cosa: me acaban de llamar de Baleares para pedirme que le pregunte sobre el famoso caso de la empresa concesionaria del túnel del Sóller. El Partido Popular, según la acusación, aceptó dinero, etcétera. Le llaman ya el caso Filesa de Baleares, ¿conoce usted el caso, señor Aznar?*

—Bueno lo conozco por encima. He preguntado si había algo en relación con esos asuntos; se me ha contestado que no. Una cosa es lo que diga la acusación y otra cosa, la verdad de los hechos. Naturalmente, confío en el presidente de Baleares, Gabriel Cañellas.

*—¿Hay en marcha alguna investigación interna por parte del Partido Popular?*

—No lo hemos considerado necesario. A quienes han preguntado por ese asunto se les han dado unas respuestas y unos datos muy contundentes.

*—Bien. Continúa la conversación con José María Aznar. Más preguntas con Antonio García Ferreras, Javier González Ferrari, y Sonia Ballesteros. Adelante, Sonia Ballesteros.*

*—Sí... Señor Aznar, voy a seguir con el tema de Baleares, porque es un asunto que está en los tribunales. ¿Su partido también espera a que haya una decisión judicial para después poner sobre la mesa las responsabilidades políticas?*

—No, hombre, no... Usted comprenderá... Usted me puede llevar a los tribunales al salir de aquí, esta mañana. No todos los casos son iguales: si usted me lleva a los tribunales esta mañana, no por eso yo voy a presentar mi renuncia como presidente del Partido Popular. Cualquiera puede llevar a otro a los tribunales; otra cosa distinta es que la acusación sea fundada o infundada. Naturalmente, hay un principio de respuesta muy clara: enterarse, preguntar, estar razonablemente convencido de que las cosas se han hecho correctamente... Cuando es así, cuando se hace así, evidentemente, una cosa son las acusaciones y otra cosa distinta es la realidad de las cosas. Yo espero que sea así en ese caso, por supuesto, y me sorprendería mucho que no lo fuera.

*—Señor Aznar, volviendo al tema del Gobierno del país: si le parece, vamos a hablar un poquito de su relación con el partido de Convergència i Unió. En primer lugar, me gustaría saber si usted da larga vida o más bien una vida muy breve al apoyo que otorga Convergència i Unió al Gobierno socialista.*

—Bueno... usted sabe que Convergència i Unió no es un partido, sino dos: es Convergència y es Unió.

*—Es una coalición, sí.*

—Entonces... Nosotros tenemos que tener relaciones normales, digamos, más fluidas, con Unió Democrática de Catalunya, y las tenemos menos fluidas con Convergència. En este momento hay una coalición de Gobierno que es la coalición Partido Socialista-Convergència, que es la responsable de la situación actual del país. Es así de sencillo.

*—Y usted cree que eso va a durar o ve síntomas...*

—Yo no creo que eso vaya a durar mucho tiempo, porque no creo que España pueda estar condenada a dos estrategias: una que dice «Yo quiero seguir, porque sí», y otra que dice «Yo voy a mantener la situación porque me conviene». Alguien tiene que decir: «Vamos a ver si ponemos al país en el punto justo, en el carril justo». Alguien que se preocupe de los intereses de los ciudadanos y de los intereses de los españoles, y ese alguien es el Partido Popular. Y, hasta ahora, pues mire usted, los españoles nos van dando la razón.

[Iñaki Gabilondo]

*—Señor Aznar, esta mañana* La Vanguardia *dice que Unió Democrática está a punto de romper la baraja...*

—Bueno... me da la sensación de que ese viaje, por decirlo de esa manera, del PSOE y de Convergència, es un viaje cargado de posibilidades de ruptura. Pero yo no quiero entrar ahí, porque, en este momento, la responsabilidad clara, mientras no se determine otra cosa, radica tanto en el PSOE como en Convergéncia.

[Antonio García Ferreras]

*—Dice usted que Convergència i Unió, efectivamente, son dos partidos, y dice que ustedes se llevan mejor con Unió y con Durán i Lleida, y efectivamente, así es. Pero la verdad es que quien corta el bacalao ahí es Jordi Pujol y Convergència.*

—No... Quien corta el bacalao son los electores y los electores van a poner en su sitio a cada uno. Evidentemente, el día 28 de mayo hablaron los electores. A unos le dan la razón y a otros se la quitan, pero, en este momento, pues... mire usted, es que es muy distinto apoyar a un Gobierno que quiere hacer una política determinada, apoyar a un Gobierno que quiere reformar la economía, apoyar a un Gobierno que quiere impulsar determinadas políticas de reforma... Eso entra dentro de lo lógico, y otra cosa es apoyar a un Gobierno responsable de que durante diez años se haya espiado a los españoles o apoyar al Gobierno del GAL. Es que es muy distinto. Y ésa es la responsabilidad en la cual el señor Pujol y Convergència, en este momento, por decirlo de esa manera, se ven atrapados: ése es su problema. Otra cosa distinta es que mi problema y el de todos nosotros sea que esas decisiones atrapen al país en una situación de bloqueo absolutamente indeseable.

*—Pero se ha acusado muchísimo al Gobierno socialista y al Gobierno de González de ceder ante las presiones de los nacionalistas catalanes, de ceder ante todo, ahora... Sin embargo, con la Ley de Costas, tenemos un ejemplo de que el PSOE no cede ante todas las peticiones de Convergència i Unió.*

—Pues ése es el primer ejemplo que usted tiene.

—*¿Y el aborto sería el segundo?*

—Pues no lo sé.

[Javier González Ferrari]

—*Hace unos meses, señor Aznar, usted habló de cinco años de austeridad cuando llegara al Gobierno. Se daba un año de propina: la legislatura son cuatro años. Cinco años de austeridad... Después de lo que ha pasado en estos últimos meses y lo que pueda seguir pasando... yo estoy asustado: se lo digo como ciudadano. Cuando me hablan de conspiraciones, de cosas que no se terminan de explicar, siento un cierto desasosiego... ¿Esos cinco años de austeridad se han ampliado ya?*

—Eso era decir con toda claridad que ése era el objetivo... No era el objetivo de una legislatura sino un objetivo que trascendía una legislatura, y era una demostración palpable de que yo no estoy dispuesto a hacer ningún ejercicio de demagogia. No voy a hacer ningún ejercicio demagógico ni ningún ejercicio populista: España requiere rigor, buena administración, controlar y reducir el gasto, hacer una buena reforma fiscal, privatizar el sector público en gran medida, tener empresas rentables… Y España requiere reducir el déficit público y luchar contra la inflación. Eso es lo que nos hará un país poderoso en Europa, respetado en Europa: habrá posibilidades de empleo y de prosperidad para los españoles. Esa política es la que necesita España. Desde luego, yo no voy a practicar las políticas demagógicas, populistas, las que no se ocupan realmente de las cuestiones... En ese sentido, los españoles acaban de dar una lección impecable el día 28 de mayo, que es la que abre claramente el camino de la alternancia política, y los españoles supieron elegir bien, lo tengo que decir. Fíjese que me refiero al conjunto del resultado del 28 de mayo, no sólo al resultado del Partido Popular, que para nosotros ha sido extremadamente satisfactorio sino al resultado en su conjunto, que fue enormemente positivo. Bueno, pues, mire usted, no estropeamos eso. En este momento puede haber una situación de apuro para el Gobierno, pero no hay una situación de apuro para el Estado. No hay una situación de apuro para la democracia, sino el deseo de que funcione la alternativa democrática, y de que nuestro país pueda superar la situación. Aquí ya no estamos ante una cuestión de opciones políticas; aquí estamos ante una cuestión de decoro, de decoro demográfico. Aquí se trata de separar a los demócratas que quieren vivir en una democracia decorosa, decente, y personas que prefieren vivir en el fango.

*—Hace algunos meses, Iñaki Gabilondo se preguntaba si llegaría el «séptimo de caballería» de la recuperación económica en auxilio del Gobierno socialista, en el momento justo. ¿Cree usted que la recuperación económica, con los escándalos que han ido saliendo, está en riesgo? ¿Cree que la inversión se puede retraer?*

—Es evidente que en este momento las posibilidades de nuestro país no se están aprovechando. Y cuando los inversores extranjeros, cuando los principales agentes económicos españoles claman y piden unas elecciones generales, y que el país salga de esta situación, es sencillamente por algo. España está despilfarrando una gran oportunidad de crecimiento económico.

*—Señor Aznar, la huelga de médicos ya tiene en su haber veinticinco mil operaciones suspendidas, algo absolutamente lamentable. ¿Qué le diría usted al Insalud y qué le diría también a los médicos? Usted sabe que ha habido acusaciones de que el Partido Popular estaba detrás de la huelga de los médicos.*

—¿También?

*—También, eso decían.*

—Y de los enfermos también, ¿no?

*—Eso creo que todavía no ha ocurrido.*

—Bueno, pero ya puestos a suponer... Yo les he dicho hace mucho tiempo, sobre todo a los médicos y al Insalud, que negocien y lleguen a un acuerdo. Yo deseo que lleguen a un acuerdo, como es lógico. Deseo que esa situación se supere, porque es una situación lamentable. Pero creo que la situación, en este momento, es muy preocupante: creo que los médicos tienen una parte de razón importante y creo, naturalmente, que todo el mundo, en una negociación, tiene que ceder un poco. Yo deseo que tanto los médicos como el Insalud puedan llegar a un principio de acuerdo razonable, pero que no sean esas veinticinco mil personas que están esperando las que paguen indebidamente la situación.

[Iñaki Gabilondo]

*—Estamos a punto de concluir, señor Aznar: le quisiera preguntar qué tipo de escenario, como ahora se dice, consideran ustedes para el próximo tiempo en nuestro país. Necesitamos ver algún tipo de luz en el horizonte. ¿Qué tipo de escenario están ustedes considerando, señor Aznar?*

—El escenario te lo cambian todos los días.

*—Sí, por eso.*

—Aquí te cambian el escenario del teatro, cambian todos los días la partitura...

—*¿Qué escenario consideran más probable?*

—La verdad es que no le puedo decir... no lo sé. En fin, me preocupa que en este momento los españoles sepan que el Partido Popular sabe muy bien lo que tiene que hacer, que estamos dispuestos y preparados para superar esta situación muy rápidamente. Sea el escenario que sea.

—*Marta Gómez Montero es redactora de la Cadena SER y suele cubrir la información del Partido Popular. Ha acompañado al señor Aznar en muchísimos viajes, conoce perfectamente bien tanto los puntos de vista del Partido Popular como los del propio señor Aznar, y nos gustaría que nos dijera cómo ha visto a nuestro invitado esta mañana, a nuestro invitado y anfitrión al mismo tiempo. Marta, buenos días.*

—*Buenos días. José María Aznar ha alcanzado un grado tal de seguridad en sí mismo que incluso se permite el lujo de decir que no es un experto en tal o cual asunto. Esta mañana decía, concretamente, que no era un experto en temas procedimentales. En lo que sí va camino de ser maestro es en el dominio de las situaciones y, sobre todo, en no decir una sola palabra o insinuación más allá de lo que quiere decir, o a donde quiere llegar. Su semblante sonriente al comienzo de esta entrevista se tornó serio, muy serio, cuando las escuchas del Cesid se pusieron sobre la mesa, aunque ni siquiera cuando evocaba el macartismo elevó su tono de voz. Sus brazos, cruzados encima de la mesa, con una mano encima de la otra, durante los primeros minutos de esta entrevista, se dejaron llevar con mucha más naturalidad durante la segunda media hora, donde incluso ha jugado con un bolígrafo, con el que apenas ha tomado un par de notas. Por cierto, luce un rostro bastante bronceado, propio de la estación en la que entramos esta noche.*

—¡Bueno...! ¡Le ha salido una competidora a Luis del Val!

## Notas

[1] El episodio de Casas Viejas (Cádiz, 1933), con el asesinato de un grupo de campesinos anarquistas, contribuyó decisivamente al descrédito del Gobierno de Manuel Azaña. Don Juan March era un empresario español que, al parecer, estuvo detrás del levantamiento rebelde de 1936 y del que se decía que cubría las espaldas del general Francisco Franco. Ambos episodios forman parte de la teoría que propone sucesivas e hipotéticas conspiraciones contra los distintos gobiernos de izquierda en España.

[2] Las elecciones municipales y autonómicas del 28 de mayo de 1995 ofrecieron resultados muy alentadores para el Partido Popular. En los municipios, por ejem-

plo, el partido de José María Aznar obtuvo un 35,27 por ciento de los votos, frente al 30,84 del PSOE. Se dio una diferencia de un millón de votos favorable al Partido Popular.

[3] El líder del Partido Popular fue objeto de un atentado terrorista (ETA) el día 19 de abril de 1995, en Madrid, del que salió ileso.

10

# *José María Aznar*
# *«¿Está usted preparado para ganar?»*

A cuatro meses de las elecciones generales de marzo de 1996, Iñaki Gabilondo entrevistaba de nuevo al presidente del Partido Popular, José María Aznar, en el programa *Hoy por hoy* de la Cadena SER (9 de noviembre de 1995).

El Partido Socialista, con Felipe González al frente, había gobernado durante casi catorce años y, aunque la recuperación económica era una evidencia, el desgaste era muy notable. El Partido Popular, por su parte, había afianzado su posición como alternativa política y, en general, se asumía que se iba a producir un cambio en el Gobierno. Había, sin embargo, cierta inquietud en algunos sectores: la corta trayectoria democrática española suscitaba algunos temores ante la previsible alternancia. Estas dudas son el cuerpo central de la siguiente entrevista, especialmente las relativas a la política económica, pero cabe también detenerse en los proyectos políticos sobre el agua, las privatizaciones y, desde luego, sobre la lucha antiterrorista.

*—¿Va a ser usted presidente?*

—¡Ja, ja...! Sí, hombre, sí...

*—Sí... ¿En marzo?*

—Cuando toque.

*—¿Va a ser en marzo?*

—Eso dicen, ¿no?

*—Pero ¿se lo cree? Hasta hace unos días no se lo creía. ¿Ahora se lo cree?*

—No es cuestión de que yo me lo crea, es cuestión de que se lo crea la gente. Hay mucha gente que no se lo cree, porque hay muchos ciudadanos que no están acostumbrados a que el señor González cumpla su palabra. Y, por lo tanto, tienen la duda de que la vaya a cumplir. Ayer el señor González dio un paso más al comprometerse en que las elecciones sean en marzo y, por lo tanto, hay que pensar que cumplirá su palabra, aunque sólo sea por una vez.

*—No... Teníamos cierto interés en saber si temía que pudieran estar haciéndose algunos movimientos en contrario o si usted pensaba que no.*

—Que se han producido, seguro.

*—¿Se han producido?*

—Se han producido, seguro. Ahora bien, eso no quiere decir que esos movimientos vayan a triunfar o vayan a hacer retrasar las elecciones. Ayer hubo un compromiso muy claro del presidente del Gobierno para convocar las elecciones en marzo. Lo que pasa es que las elecciones se convocan realmente cuando se firma el decreto de disolución de las Cortes y se publica en el *Boletín Oficial del Estado.* Lo demás son expresiones de deseo.

*—Pero ¿usted está preparado ya, digamos, para el nuevo tiempo que se avecina para dentro de cuatro o cinco meses en su vida y en España?*

—Todos los que estamos en esta tarea y en este oficio tenemos que estar permanentemente preparados.

*—¿Le convenció ayer Felipe González, señor Aznar?* [1].

—¿A mí? Yo creo que no convenció a nadie. Ni a mí ni a nadie. Era muy difícil convencer ayer. Muy difícil de explicar por qué el señor presidente de España puede reunirse con el abogado de dos presuntos delincuentes. ¿De qué iba a hablar? Si hay secretos de Estado por medio, no se entiende; si se pretende hacer chantaje a cuenta de ellos, no se entiende. ¿Por qué no se lleva a esos señores ante la Justicia o por qué no se va al Parlamento y se pide el respaldo de los grupos parlamentarios? Pero enzarzarse en unas negociaciones particulares con el abogado de los presuntos delincuentes es algo absolutamente insólito.

*—¿Eso significa, señor Aznar, que se ha aceptado o medio aceptado un chantaje?*

—En absoluto... Yo he escuchado algunos disparates, he leído algunos disparates esta mañana que realmente producen algo de sonrojo o de vergüenza ajena. Porque decir que el señor Aznar debía haberse puesto en el lugar del presidente del Gobierno... ¡Claro que me pongo en el lugar del presidente del Gobierno! ¡Me pongo! Y cuando me pongo en el lugar el presidente del Gobierno digo que la Presidencia del Gobierno de España no puede rebajarse a negociar con el abogado de presuntos delincuentes. Justamente, lo digo porque me pongo en el lugar del presidente del Gobierno. Exactamente, porque me pongo.

*—Dígame señor Aznar, usted es presidente del Gobierno y se da esta circunstancia: ¿qué cree que hubiera debido hacer?*

—No, si en esa circunstancia...

*—¿Qué hubiera hecho usted?*

—No, no... perdón, «si en esa circunstancia» no, señor Gabilondo. La circunstancia es que desaparecieron unos documentos del Cesid del año 1991, que, teóricamente, el Gobierno no se entera y que durante cuatro años, aparentemente, están circulando secretos de Estado por España con la inseguridad del país a la intemperie: a la intemperie. Que aparecen unos señores que tienen unos documentos, que quieren chantajear al Gobierno, que el Gobierno no dice nada, que el Gobierno dice que hay una conspiración y que se sienta a negociar: el presidente del Gobierno, acompañado por el ministro de Justicia, con el representante legal de unos presuntos delincuentes que, además, se dice de ellos que son chantajistas y que, además, se dice que están organizando una conspiración contra el Estado. Eso es una cosa verdaderamente abochornante que no tiene ninguna explicación. Nada más. Probablemente estén defendiendo otras seguridades, otros intereses. Pero la Presidencia del Gobierno no puede caer en esto, en ningún caso. En fin, yo creo que los españoles están deseando que todas estas cosas dejen de pasar y que podamos dedicar nuestros esfuerzos realmente a sacar el país adelante, que es lo importante.

*—¿Cree usted, señor Aznar, como algunos dicen, que el señor González está moviéndose exclusivamente por un interés defensivo personal, incluso por un interés tan defensivo como protegerse del riesgo de ser encarcelado?*

—No, mire usted: yo no deseo que nadie tenga una causa ante la Justicia, en absoluto; y como no se lo deseo a nadie, tampoco se lo deseo al presidente del Gobierno de España, en absoluto. Lo que sí tengo que decir es que la prolongación de la actual situación política tiene mucho que ver con circunstancias personales y no tienen nada que ver con las necesidades del país. Estoy absolutamente seguro.

*—¿La comisión GAL va a resultar eficaz? Son muchos miembros, no están unidos, no sé si van a disponer de tiempo...*

—Bueno... el Senado tiene unas facultades constitucionales, tiene unas atribuciones constitucionales y esas atribuciones constitucionales las tiene que cumplir. Hay que confiar en el funcionamiento de las instituciones. Se creó una comisión GAL: se decide por mayoría, tiene un trabajo que hacer y es deseable que lo cumpla.

*—¿Deben esclarecerse todos los temas del GAL, hasta sus últimas consecuencias, caiga quien caiga, señor Aznar?*

—No: deben procurar esclarecerse en el ámbito de las responsabilidades políticas, que es para lo que está el Senado, para las otras cosas están los tribunales de Justicia. No hay por qué mezclar las cosas. El Parlamento, en este caso, el Senado, debe indagar sobre las responsabilidades políticas, en ningún caso sobre otro tipo de responsabilidades, y por eso debe solamente tratar y citar a responsables políticos, no a ninguna otra persona que no tenga una responsabilidad política.

*—En todo caso, el discurso del Partido Popular que quiere que se aclare definitivamente el tema GAL resulta un poco impreciso en cuanto a la Guardia Civil o a los hechos acontecidos en el cuartel de Intxaurrondo, ¿no le parece, señor Aznar?*

—Es que en el Parlamento se habla de responsabilidades políticas. Que yo sepa, ningún sargento de la Guardia Civil tiene responsabilidades políticas. Podrá tener responsabilidades disciplinarias, podrá tener responsabilidades judiciales, pero responsabilidades políticas no tiene ninguna.

*—Sin embargo, ustedes no han presionado al Gobierno, por ejemplo, cuando se precipitó el ascenso del general Enrique Rodríguez Galindo. En ese sentido, da la impresión de que están ustedes un poco escorados.*

—Es... es una decisión del Gobierno. ¿Por qué tengo yo que prejuzgar lo que afecta al general Galindo? Si... si el general o el coronel Galindo ha cometido irregularidades al frente del cuartel de Intxaurrondo, el Gobierno tiene los elementos disciplinarios suficientes para actuar. Y si hay alguna razón que suponga que tiene que actuar la Justicia, la Justicia tiene herramientas suficientes para actuar. No es ésa una función parlamentaria. Y yo... desde luego, lo que está claro, y lo he dicho muchas veces y le vuelvo a repetir, en ningún caso, en ningún caso, el Partido Popular participará en ningún tipo de operación o interés de nadie que vaya en detrimento de la Guardia Civil. En ningún caso, porque la Guardia Civil es el instrumento principal de la seguridad de España y con eso no se juega. Ahora, eso sí: si ha habido irregularidades, disciplinariamente o en su caso judicialmente, deberán aclararse.

—*¿Qué le parece, señor Aznar, lo que últimamente ha ocurrido: esa mirada hacia la «guerra sucia» antes de 1982?*

—Lo he calificado de villanía. Vuelvo a repetir que es una villanía. Es la táctica de siempre. El estilo del Gobierno consiste en no asumir responsabilidades y decir que la culpa es de los demás. Mire usted, decir que el representante legal de unos presuntos delincuentes se inventa una conspiración y los conspiradores son los demás... Por cierto, ayer, en el Congreso, se demostró que no hay ni conjura, ni conspiración, ni el pulso que decía el señor González... media trama, como mucho. En este caso, mire usted, no se quieren asumir responsabilidades y se dice: «Mire usted, también en la época de UCD pasaba no sé qué y no sé cuántos». Mire usted, eso no es así, no es así, ni es lícito hacer esas cosas...

—*Señor Aznar...*

—Me parece una villanía.

—*El Partido Popular se reclama heredero de la UCD, hermano de la UCD o tras los pasos de la UCD, ¿cómo se colocan...?*

—Hay un debate muy gracioso... porque yo, cuando miro a mis compañeros de grupo parlamentario, cuando miro a mis compañeros de partido, el 99 por ciento de la gente que veo es de la UCD... ¡ja, ja, ja...! Si no somos nosotros los herederos, ¿quién será? Nosotros somos los herederos. Naturalmente que sí.

—*Pero ¿de qué familia de UCD? ¿De los liberales? ¿De los democristianos...?*

—La UCD respondía a un estilo político determinado, que es un fondo político que motivó la transición política. Naturalmente, era un estilo muy distinto del actual. Un estilo de gobierno limpio, de un Gobierno que respetaba las reglas de juego, que se ajustaba a lo que significa el imperio de la Ley del Estado de Derecho. Desde luego, a mí me llena de satisfacción poder declararme heredero de quienes hicieron una limpia transición política y contribuyeron a consolidar un régimen de libertades en España.

—*Pero, al margen de un estilo que ha sido reconocido con posterioridad, la UCD era un arco muy amplio desde el punto de vista ideológico. ¿Dónde se colocaría usted? ¿Donde Garrigues? ¿Donde Fernández Ordóñez? ¿Donde Martín Villa? ¿Dónde?* [2].

—Yo estoy en el centro, señor Gabilondo.

*—¿En el centro del centro?*

—Claro.

*—¿Y el PP?*

—También.

*—¿En el centro del centro, con usted?*

—Hombre... Mire, yo creo que a nosotros se nos discuten muchas cosas. Hay tres cosas que son difíciles de discutir. Una es el grado de unión de nuestro partido, que es una fuerza política que está verdaderamente unida; otra es que el partido se ha convertido en un gran partido de centro; y otra es que hay un proyecto nacional, que hay un proyecto para España. Nosotros tenemos esas tres cosas y yo las proclamo con legítimo orgullo.

*—¿Se ve usted mucho con Adolfo Suárez?*

—De vez en cuando.

*—¿Qué le dice el señor Suárez?*

—Hablamos.

*—¿Qué le parece que el señor Suárez fuera a darle un recado al señor González sobre Santaella? ¿Le parece adecuado? ¿Inadecuado? ¿Correcto?*

—No me compete juzgar las actuaciones del señor Suárez. Me compete controlar las acciones de gobierno del señor González, porque tengo esa función constitucional asumida.

*—Código Penal: excarcelación de presos. Dos mil van a ser excarcelados... trece mil, decía el Partido Popular. Un colaborador del programa nos decía que él ha consultado con juristas y que ni uno ni otro saben exactamente cuántos son, porque hay cuarenta mil casos que habría que estudiar uno por uno. ¿Cómo ha llegado a la conclusión de que son trece mil, señor Aznar?*

—Me ha dado la conclusión el director de Áreas Penitenciarias, no el Partido Popular.

*—Es una pena que no se haya podido aprobar por unanimidad el nuevo Código Penal, ¿no?*

—A mí me gustaría haberlo votado, pero no ha sido posible por puro sentido de la responsabilidad. Desgraciadamente, hay un precedente grave en la vida política española: las famosas reformas del ministro Fernando Ledesma [PSOE, 1982-1988]. Las «reformas Ledesma» provocaron la mayor situación de inseguridad que ha vivido España en muchos años, con una excarcelación masiva de presos y, además, luego tuvo que ser reformada. Nosotros no desearíamos que el Código Penal provocase esa situación, desde luego. Por puro sentido de la responsabilidad me gustaría haberlo votado, pero no ha sido posible. Eso por una parte. Y, por otra parte, nosotros no entendemos el tratamicnto de algunas penas: no entendemos que se rebajen las penas a los violadores o a los asesinos, no entendemos que los terroristas no puedan cumplir íntegramente sus condenas en prisión. No lo entendemos y, por lo tanto, nos es muy difícil votar afirmativamente.

—*Si llega el Partido Popular al poder, ¿promoverán alguna iniciativa para modificar el Código Penal?*

—Bueno, mire usted, nosotros tenemos unos compromisos electorales con los ciudadanos y los cumpliremos. Yo en lo que no creo es en todas estas operaciones... Todas estas operaciones son muy bonitas, «el Código de la Democracia», dicen, ¿no? Pues mire usted: no. Es el código del señor [Juan Alberto] Belloch, que es el ministro de Justicia: ése es el código. Y los códigos son buenos o son malos. Producen buenos o malos resultados y nosotros tenemos serias dudas de que este código vaya a producir buenos resultados.

—*Vamos a concretar. Llega el Partido Popular al poder, reforma las condiciones sociales en las que se está desarrollando la sociedad española... ¿o no?*

—¿Qué quiere decir «reforma las condiciones sociales»?

—*Vamos a ver, para empezar por otro lado: ¿hay suficientes funcionarios? ¿Hay demasiados? ¿Se modifica el número de funcionarios? ¿Reduce el número de funcionarios?*

—Hay que reducir la Administración, reducir la burocracia, y hay que ordenarla mejor. He dicho que uno de los aspectos de la reforma del Estado consiste, naturalmente, en que se ponga en marcha esa vieja idea nuestra, que es la Administración única, la Administración común, en virtud de la cual un ciudadano, que al final es el que paga con sus impuestos los gastos de la Administración, sepa qué Administración es responsable de una función, qué Administración es responsable de una tarea determinada y, naturalmente, la pueda controlar. Por lo tanto, nosotros pondremos en marcha ese concepto de Administración única. Reduciremos el Gobierno, reduciremos la Administración del Estado, reduciremos el número de ministerios, reduciremos el número de altos cargos y pondremos en marcha la Administración única, culminaremos el proceso de transferencias a las comunidades autónomas y pondremos en marcha un pacto local que defina correctamente las competencias de las entidades locales. Es lo que nosotros deseamos.

*—Lo que decía el presidente de la patronal, [José María] Cuevas: sobran muchísimos funcionarios y, en fin, hay que afrontarlo de una vez. ¿Tiene razón Cuevas?*

—Yo creo que no se va a aumentar el número de funcionarios. Los funcionarios tienen unos derechos adquiridos que hay que respetar y, desde luego, los respetaré por encima de cualquier circunstancia.

*—¿No se va a reducir tampoco el número de funcionarios?*

—Se va a reducir la Administración. El número de funcionarios no tiene por qué reducirse, porque, insisto, los funcionarios tienen unos derechos adquiridos. Otra cosa distinta es que no se aumente.

*—Por tanto, ¿no tiene razón el señor Cuevas en este capítulo?*

—Tiene razón en que no se deben aumentar.

*—Bueno, pero no dice sólo que no se deben aumentar; dice que hay demasiados y que eso se tiene que reducir.*

—Para reducir tendríamos que transferir sus derechos, y como sus derechos no los podemos transgredir, naturalmente, lo que hay que hacer es no aumentarlo.

*—¿Se sostiene el actual sistema de pensiones? ¿Se puede sostener el actual sistema de pensiones o no se puede sostener?*

—Se puede sostener. Se puede sostener, lo cual no quiere decir que no sea necesario introducir más fórmulas flexibles en el actual sistema de pensiones, más fórmulas de capitalización, una nueva regulación de fondos de pensiones. Pero, naturalmente, respecto a lo que se llama un esquema básico de reparto, se tiene, se puede y se va a mantener. Eso es lo que se ha firmado en el Pacto de Toledo y que nosotros vamos a mantener.

*—¿Sabe, señor Aznar...? En el fondo, la gran cuestión que gira en torno a las posibilidades del Partido Popular como partido ganador de las elecciones y usted como presidente del Gobierno, la gran cuestión gira en torno a esto: en estos tiempos no se pueden dar malas noticias, porque sería poco publicitario y poco electoral, pero luego no va a haber más remedio que dar malas noticias. Utilizo palabras del ex primer ministro francés Édouard Balladur, que ayer decía esto: «Están los hechos y están las palabras. Y en algún momento tendremos que decirle a la gente que es necesario afrontar el futuro de una manera diferente, que no van a poder sostenerse los actuales gastos sociales y que va a haber que afrontar las*

*cosas». Él dice que eso lo sabe todo el mundo pero los políticos no se atreven a decirlo, pero luego se ven obligados a hacerlo.*

—La verdad es que él tampoco lo decía cuando era primer ministro de Francia, ¿no? Pero, entre otras cosas, hay que decir que coincido bastante con Balladur. Le digo: mire usted, a mí me preguntaban hace poco, en otra entrevista: «¿Va a crear usted puestos de trabajo?». Y dije: «Ninguno». No es mi misión. Yo no estoy dispuesto a hacer en la política española actual un ejercicio de populismo ni ningún ejercicio demagógico. Absolutamente ninguno. Usted me ha preguntado antes: «¿Las pensiones se pueden mantener?». Yo le digo que sí. Hay que introducir reformas, naturalmente que sí. No pueden crecer los gastos de Sanidad tan disparatadamente como están creciendo: hay que introducir reformas en ese capítulo. En este momento, las cotizaciones sociales no pueden seguir como están y, naturalmente, habrá que incluir reformas en ello. Naturalmente, habrá que incluir muchas reformas, pero lo que nadie puede hacer es decir que se va a romper el consenso social básico, es decir, los instrumentos básicos que determinan nuestro estado social y nuestro modelo de convivencia social. Esos instrumentos van mantenerse, naturalmente que sí.

*—Mantienen estos instrumentos: no crecen, pero se mantienen. No van a hacer que suban, pero no dicen que vayan a bajar. ¿Van a bajar los impuestos?*

—Van a bajar, sí. Es bueno que bajen. Nuestro país necesita, fundamentalmente, una cosa que es esencial: más inversión. Y, para eso, necesita capitalizarse. Nuestro país necesita elementos de capitalización y por eso es bueno reformar la legislación sobre fondos de pensiones y darle un tratamiento fiscal distinto, porque determinará nuevas posiciones de capitalización para nuestro país y más posibilidades de inversión y, por tanto, más posibilidades de generación de empleo. Ése es el elemento básico de dinamización del país hacia el futuro y, por tanto, lo tenemos que hacer. Bajarán los impuestos.

*—Pero buscando de nuevo ese paralelismo... Hay un editorial, en* El Mundo, *concretamente, que recordaba lo que estaba pasando en Francia... Señala que Alain Juppé decía más o menos lo que está diciendo José María Aznar, que las pensiones no se van a tocar, que el déficit se va a bajar, que van a bajar los impuestos... Y a los cien días tuvo que cesar a su ministro de Finanzas, André Madelaine, y cambiar su política. Para la próxima semana se anuncia en la Asamblea Nacional un debate que*

*se espera con una expectación enorme, porque esa teoría no se puede sostener... ¿No le puede pasar a usted lo mismo?*

—Hay varias diferencias... Hay tres diferencias básicas: la primera es que no somos Francia; la segunda es que yo no soy el señor Juppé; y, la tercera es que yo estaré de acuerdo con el ministro de Economía y eso me da bastante tranquilidad.

*—Por cierto, ¿quién será?*

—Eso ya no se lo digo... ¡ja, ja, ja...!

*—¡Ja, ja, ja...! No... es que dicen que aunque esto no sea Francia, el dos y dos son cuatro funciona aquí y en Francia, y es probable que esas cuentas no le salgan.*

—Sí. Eso es lo que yo llevo intentando hacerle ver a este Gobierno desde hace mucho tiempo, pero no lo he conseguido. A ver si lo consigo ya.

*—Sí. Bueno... sí, al Gobierno a lo mejor no le convence, pero en fin, estamos...*

—Con tanto déficit y tanta...

*—Quizá convenza a los oyentes de la Cadena SER. ¿Se puede hacer eso que usted dice? ¿Se puede...?*

—Se puede... no: *se debe* hacer.

*—No subir, pero no bajar las prestaciones o las pensiones y, sin embargo, sí bajar los impuestos. Usted nos está constantemente diciendo que se compromete a que las prestaciones sociales no van a subir, pero ¿a usted le salen las cuentas sin que bajen?*

—Pero, oiga, pero es que es ahora cuando no salen las cuentas. Vamos a ver si nos entendemos: ahora, usted lo que tiene es que aumentan los impuestos, aumenta el déficit y aumenta la deuda y, lo que tiene que hacer es una política muy estricta de control presupuestario, muy estricta en control del déficit que permita, a su vez, aliviar los impuestos. La economía española no puede moverse porque no tenemos capacidad para aumentar los impuestos. Fíjese lo que le digo: aunque mi posición fuese la de aumentar los impuestos, que no lo es, no podría hacerlo, por la situación de la economía española. Nosotros tenemos que hacer una política muy estricta de reducción del déficit, de reducción del endeudamiento y también de reducción de los impuestos. Le voy a decir más: en esa política, con toda claridad, España se juega estar en la primera o en la segunda división europea. Así de sencillo. No, no, perdone... La pregunta que hay que hacer a los españoles es la siguiente: «¿Usted quiere estar en la primera o en la segunda división europea?». Mi decisión es muy clara. No aceptaré que España esté en la segunda división de ninguna manera. Y, por tanto, no estoy dispuesto a aceptar ningún tipo de ejercicio populista ni demagógico. No estoy dispuesto, y, por tanto, no estoy dispuesto a que no se le diga a los ciudadanos españoles la verdad. Tendremos una etapa de saneamiento económico y de rigor económico muy importante, decisiva y determinante para que España pueda cumplir sus objetivos. Y para conseguir eso, hay que controlar el déficit, hay que reducir la deuda y hay que rebajar los impuestos.

*—En relación con los impuestos, ¿cuáles serían las rebajas que propone el Partido Popular?*

—Nosotros querríamos que hubiera tres tramos de tarifas en el impuesto sobre la renta; que el límite máximo se acercase en lo posible al 40 por ciento, y el límite mínimo fuese en torno al 18 por ciento.

*—¿De cuánto tiempo más o menos estamos hablando?*

—Bueno, ése es un proceso... pero en las primeras legislaturas sin duda se abordará y de manera muy intensa y rápida.

*—Ya. A los ciudadanos y ciudadanas que están en el paro, cuando llegue el nuevo tiempo, con estas medidas que usted tiene intención de poner en marcha, ¿qué tipo de respuesta se les da? No compromete una cifra de creación de empleo, pero ¿qué respuesta les da? ¿Qué les va a pasar a los trabajadores en paro? ¿Se va a modificar sustancialmente ese problema del trabajo?*

—Yo no comprometo ninguna cifra porque me parece indecente e inmoral comprometer una cifra de creación de empleo.

*—Pero algo tendrá que decir a los parados...*

—Naturalmente, naturalmente. Y les digo que poniendo en orden la economía, saneando la economía, se pueden crear puestos de trabajo. Y los crearán quienes los tienen que crear, que son los empresarios. Esto es una empresa, esta casa donde estamos, pues bien, aquí, ¿a quién se contrata? ¿Se crean los puestos de trabajo? ¿Es el Gobierno el que crea los puestos de trabajo aquí? ¿Esta empresa contrata a alguien que no necesite? No. Esta empresa necesitará unas condiciones para contratar sus trabajadores, a los que necesite. Pues eso pasa con todas las empresas.

*—Por supuesto.*

—Y la tarea del Gobierno, como la tarea de esta empresa, es crear las condiciones para que se pueda contratar a los que necesiten.

*—Cuéntenos algún detalle sobre estas condiciones que van a facilitar...*

—Pues mire usted: si conseguimos convencer a los mercados de inversión, a los mercados financieros, como les vamos a convencer, de que España entra por un camino claramente de estabilidad, de contención de su deuda y de contención de su déficit y podemos reducir, por ejemplo, los tipos de interés, que se pueden reducir, eso es mucho más importante para la creación de empleo que cualquier modalidad de contrato de trabajo. Mucho más importante. Y, luego, si muchas personas en España se dan cuenta de que en España tenemos sectores enormemente hiperprotegidos en contra de sectores a los cuales no les dejamos trabajar, avanzaremos también mucho. Y, por tanto, yo creo que España, aunque con dificultades, puede entrar en una etapa de crecimiento económico, de flexibilidad y de reformas que determinen la posibilidad de que los empresarios creen empleo.

*—Han considerado la reforma laboral como buena, pero tímida. ¿Qué hará el Partido Popular cuando llegue al poder con la reforma laboral para hacerla avanzar y que no sea tímida?*

—Hay que repensar la reforma laboral, porque la reforma laboral está pensada sobre la precariedad del empleo; y la precariedad del empleo no es positiva. Mire usted, en este momento, en nuestro país, más del 40 por ciento de la gente que trabaja tiene un contrato precario o tiene un contrato temporal. Eso es muy malo. Eso afecta al consumo, como se está viendo ahora, pero eso afecta también a la inestabilidad de las familias y afecta a la inestabilidad de las empresas, afecta también a la formación... Mire usted, si usted tiene un contrato de tres meses, ¿para qué va a gastarse la empresa ningún dinero en su formación?

*—¿Hay que abaratar el despido, señor Aznar?*

—No, no es ésa la cuestión. La cuestión es llegar a fórmulas de contrato estable que sean suficientemente atractivas, tanto para el trabajador como para el empresario. Y eso existe.

*—¿Tiene que haber salario mínimo?*

—Lo hay y nosotros no lo vamos a revisar.

*—Bueno, hay muchas más preguntas pero antes de abrir el arco de preguntas tanto al señor Antonio García Ferreras, director de informativos de la Cadena SER, como a Isaías Lafuente, yo quería, por mi parte, hacer algunas preguntas en relación a temas muy precisos...*

—¿Los temas de los que ya hemos hablado no eran precisos?

*—No, sí, sí...*

—Lo mismo estaba yo despistado...

—*No... es que, señor Aznar, le noto últimamente... Últimamente está diciendo... No sé, debe de estar más cerca la posibilidad de acceder al Gobierno, porque ahora nos dice, y con toda la razón, que no se puede estar esperando siempre al Gobierno, que el Gobierno no tiene la panacea universal, que el Gobierno no es la solución universal... Pero, hasta hace poco, daba la impresión de que el Gobierno era el culpable de todo, señor Aznar.*

—Que no, no, no, no... No se equivoque usted. Yo le digo que, por ejemplo, la responsabilidad del Gobierno no es crear empleos. Mire usted: ¿sabe usted cuántos empleos ha creado este Gobierno desde el año 1982?

—*¿Cuántos?*

—Posiblemente, 550.000 empleos. ¿Sabe usted dónde? Pues 500.000 en las administraciones públicas y sólo 50.000, en términos netos, en el sector privado. Es exactamente lo contrario de lo que hay que hacer. Exactamente lo contrario.

—*¿Hay que proceder a liberalizar muchas cosas, señor Aznar?*

—Sí, claro. Hay que terminar con todo el proceso de regulación y liberalización de la economía española, porque de lo que se trata al fin y al cabo es de hacer un país más competitivo, como es lógico.

—*Hay que liberalizar...*

—¿Por qué tenemos que pagar la energía más cara que otros países? ¿Por qué hay sectores que todavía están en situación de cuasimonopolio? La tarea de regulación y de liberalización de la economía española va en favor de las posibilidades de progreso de la sociedad, va en favor de los ciudadanos y va en favor del abaratamiento del coste de los servicios, que eso hace mucha falta.

—*¿Van a privatizar la primera cadena de Televisión Española?*

—Vamos a privatizar, desde luego, una parte de Televisión Española, no tengo la menor duda. Yo soy partidario de que el Estado tenga unos medios de titularidad pública, pero yo creo que, en este momento, el Estado no necesita dentro de este proceso los medios de que dispone y, desde luego, no estoy dispuesto, de ninguna manera, a que los contribuyentes españoles paguen la ruina y el despilfarro de esa casa que es Televisión Española. Es que, verdaderamente, resulta difícil de explicar, pero... es decir, que Televisión Española, en este momento, tenga del orden de trescientos o trescientos cincuenta mil millones de pesetas de agujero y que eso lo tengamos que pagar los contribuyentes españoles... es un escándalo de una magnitud asombrosa.

—*¿Tiene previsto...?*

—Es inaceptable.

—*¿Tiene usted previsto privatizar la primera y la segunda cadena?*

—Pues... mire usted, privatizaremos. Primero hay que distinguir lo que es la primera y lo que es la segunda, que no está nada claro en este momento.

—*Bien, pero no tienen en principio muy claro si sería la primera...*

—No. Lo que no está muy claro es cuál es la primera y cuál es la segunda, jurídicamente. Por lo tanto, hay que establecer el estatus jurídico de la primera y la segunda.

—*La sequía... parece que, por fin, mañana va a llover... aleluya, buenísima noticia. Si está el PP en el poder, ¿qué hace?*

—Si llueve, alegrarnos, hombre... ¡ja, ja, ja...!

—*No, ya... Le pregunto qué haría para acabar con esta especie de maldición...*

—No lo sé. Yo... ¿sabe usted...? Es que me hace gracia la pregunta, tal y como está formulada. Porque indica que... En Castilla se dice que los campesinos tienen la cara arrugada de tanto mirar al cielo, a ver si llegan las nubes, pero históricamente, en España ha habido algunas polémicas interesantes con eso... Déjeme usted que le cuente esta pequeña historia. Algunas personas me critican un poco (bueno... un poco; algunas, mucho) porque saben de mi afición por un político español, por Manuel Azaña. Usted sabe que Azaña tenía una pugna enorme con Ortega y Gasset y sentía por él un enorme desdén. Azaña era un hombre muy desdeñoso, y afectaba desdén por casi todo el mundo, incluida la Generación del 98. Azaña decía que la Generación del 98 (ahora que, un siglo después, estamos a punto de entrar en otro 98) había estado permanentemente reflexionando sobre el problema de España, sobre qué es España, los problemas de España, etcétera, y que, además, la única aportación real que había hecho la Generación del 98 era una sentencia lapidaria: que en España llueve poco. Será el resumen final del pensamiento de Azaña respecto a la Generación del 98. Y ahora, a punto de entrar en 1998, usted me dice: «¿Y qué hacemos?». ¡Ja, ja, ja...! ¡Que llueve poco...! Con lo cual, en ese terreno... no hemos progresado mucho. Y, aunque cambie el Gobierno, no creo que llueva más.

—*Le quiero explicar bien la pregunta. Ya... claro, aunque cambie el Gobierno, no va a llover más, pero ayer, en este programa, estuvimos ha-*

*blando durante cuatro horas a propósito de la sequía: hablaron todas las fuerzas políticas y observaron que el tema era de una gran complejidad y necesitaba decisiones de gestión, de muchos tipos. Por tanto, quería preguntarle si con el PP en el poder, hay alguna cosa que notificar al respecto, además de esperar que llueva.*

—Bueno... nosotros, naturalmente, hemos trabajado sobre ese punto. A mí me parece absolutamente esencial abordar ese problema, que es un problema angustioso en este momento, desde varios puntos de vista. Primero, a mí me parece absolutamente lógico y razonable que en determinados lugares de España se tenga que proceder a la construcción de desaladoras, de plantas desaladoras para garantizar no solamente el abastecimiento, sino para garantizar lo que significa un uso normal y racional de un recurso como el agua. Alcaldesas y alcaldes del Partido Popular, de zonas costeras, ya se han puesto a eso, ya han llegado a los correspondientes acuerdos y a mí eso me produce una satisfacción grande. Piense usted, por ejemplo, en las zonas turísticas que producen y que mantienen el 10 por ciento de mano de obra española empleada. No se puede echar a los turistas de España: ésa es una de nuestras principales riquezas y no podemos renunciar a ella sencillamente porque no sale agua potable del grifo. Por tanto, eso hay que resolverlo, y una de las formas de resolverlo es a través de las plantas desaladoras. Naturalmente, hay que revisar todo el proceso de lo que significa la implantación de regadíos en nuestro país y los procedimientos de riego en nuestro país. Hay que revisar y, lo tengo que decir, el coste del precio del agua, hay que revisarlo. Hay que revisar las conducciones y, por último, si hace falta hacer trasvases, pues hay que hacer trasvases.

*—En relación con este tema, sólo una cosa más: en el Estado de las Autonomías se están observando determinados tipos de tensiones que van más allá de la pelea partidista y la raíz está en esa preocupación por el agua. Se están pudiendo observar, incluso, discrepancias dentro de una misma familia política por esta razón. Se habló ayer de la conveniencia, tal vez, de algo parecido a un gran pacto de Estado. ¿Usted estaría de acuerdo en un gran pacto de Estado para estudiar el tema de las soluciones contra la sequía, desde una perspectiva no comunitaria?*

—Yo creo que el pacto de Estado puede ser un gran instrumento, pero lo que hace falta es que sea útil. Se lo digo porque en España somos muy amigos de hacer pactos y, a veces, los pactos son poco útiles. Yo soy favorable a hacer un gran pacto, pero, más que sea un gran pacto, lo importante es que sea útil, que resuelva problemas.

*—Antonio García Ferreras, director de los Informativos de la SER, pregunta a José María Aznar.*

*—Manuel Fraga aseguraba esta semana en Cataluña, en Barcelona, que en Europa también había habido otros fenómenos como los GAL y se quejaba, sobre todo, de que en España, en nuestro país, este fenómeno se había hecho mal, se había hecho chapuceramente; incluso decía, textualmente, que «se había dejado al país en pelotas». Es decir, Fraga criticaba no el objetivo, sino cómo se había llevado a cabo ese objetivo. ¿Usted comparte la afirmación de Manuel Fraga?*

—Que ha habido otros fenómenos en Europa, desde luego. Que se ha hecho muy chapuceramente, desde luego. Que nos ha dejado en pelotas, desde luego; y que, además, unido a otros episodios, no sólo nos ha dejado en pelotas, sino que nos ha dejado en pelota picada, que es una especie superior de estar en pelotas.

*—Pero daba la sensación de que Manuel Fraga justificaba ese tipo de objetivos, pero no la forma.*

—Eso ya lo está poniendo usted, porque las palabras de Manuel Fraga son exactamente las que usted ha dicho, y en ellas no ha justificado absolutamente nada.

*—¿Usted cree que González es el responsable de los GAL por acción o por omisión? Es decir, ¿fue un impulsor o miró para otro lado?*

—Pues mire usted, pregúnteselo a él, que es el único que puede tener la respuesta. Lo que desde luego saben los españoles es que, mire usted, hay una responsabilidad política por acción o por omisión que alcanza al señor González. Eso es lo que yo creo y, naturalmente, de eso sí: de esa afirmación, yo puedo responder. Que altas autoridades del Ministerio del Interior en la lucha antiterrorista se vean implicadas de la manera en que están siendo implicadas en este momento, entre otras cosas por el presunto uso irregular de fondos reservados de carácter público, realmente, no es una buena noticia para España, es una triste noticia para España. Pero, al mismo tiempo, es una triste realidad que hay que asumir. Yo creo que se ha asumido mal, yo creo que ha faltado coraje, que ha faltado decisión, que ha faltado gallardía, que ha faltado el empaque y el empuje suficiente para coger ese toro por los cuernos y afrontarlo; y ahora lo está pagando la sociedad española, y eso es muy negativo.

[Iñaki Gabilondo]

*—Hablando de coger toros por los cuernos... Dijo ayer José Antonio Ardanza una frase que quisiera que la comentara, señor Aznar. De-*

*cía, en relación con el tema de la pacificación en Euskadi y los problemas tan grandes que hay, que los partidos tienen que asumir riesgos políticos, además de físicos, para desatascar la situación. Una especie de invitación a operaciones de gran envergadura. ¿Cree usted que hay que asumir riesgos políticos para desatascar el problema de Euskadi?*

—Mire, yo no sé qué riesgo mayor hay que asumir que un riesgo físico... De eso yo tengo alguna experiencia. No sé lo que quiere decir el señor Ardanza. Si el señor Ardanza lo que quiere decir es que todo eso nos debe llevar a negociaciones con Herri Batasuna o con el entorno de ETA, la respuesta es que no. Mi respuesta es que no. Digo más aún: todas las veces que se ha intentado hablar con ETA o con Herri Batasuna, lo único que se ha conseguido son ventajas para ETA o Herri Batasuna y, por lo tanto, yo tengo que decir que, mientras se siga matando, mientras se siga asesinando o se siga secuestrando, no hay nada que hablar ni con ETA ni con Herri Batasuna, ni con nadie que ampare a ETA o Herri Batasuna. Lo digo con toda claridad: me parece un error mayúsculo.

*—Cuando se habla de fenómenos como el de Irlanda o el de Oriente Medio, ¿piensa usted que podría tal vez buscarse algún tipo de desenlace final? Por algún camino, no exactamente paralelo... a lo mejor, a través de mecanismos ingeniosos, que por el momento no se han...*

—La situación en Irlanda y Euskadi no tienen absolutamente nada que ver.

*—El camino, por tanto, es la acción policial y la unión de las fuerzas democráticas sin fisuras. ¿Nada más?*

—La única opción es que los terroristas dejen de matar. Nada más. Ése es el camino. En el País Vasco hay una línea, tiene que haber sólo una línea: ya lo he explicado muchas veces. En un lado de la línea están los que matan; al otro lado de la línea estamos los demócratas, a los que nos matan o a los que nos quieren matar.

*—Ya, entendido.*

—A partir de ese momento, los que tienen que cambiar son los que están en el otro lado de la línea. Nosotros, no.

*—Es evidente que ellos son los que tienen que cambiar, pero dado que no cambian, ¿qué hacemos?*

—Entonces como no cambian, lo que yo digo... ¡Hombre, es que la pregunta es absurda! Es decir, como yo voy a seguir matando, déjese usted matar. No, mire usted, ésa no es la cuestión. Ellos tienen que cambiar y, si no, los demócratas tenemos que utilizar las reglas del Estado de Derecho, las reglas de la Ley, el imperio de la Ley, el cumplimiento de las condenas a los terroristas, no hacer de la política de reinserción una baratija que signifique que cualquier terrorista sepa que le da igual que al final le cojan, porque, por un lado, no cumplen íntegramente las penas y, por otro lado, va a ser reinsertado; y, por otro lado, va a estar pendiente de una negociación política. Ésa no es la iniciativa que un Gobierno tiene que tener en la lucha antiterrorista.

*—Isaías Lafuente pregunta a José María Aznar.*

*—[Isaac] Rabin y [Yasir] Arafat estaban con las armas en las manos cuando empezaron a hablar. Rabin, en la época de la colonia británica, también fue terrorista contra esas colonias. ¿Me puede explicar el mecanismo lógico por el que Rabin después se ha convertido en un luchador por la paz y por qué no se puede entablar diálogo?*

—Con toda franqueza, me parece un insulto a cualquier ciudadano español comparar lo que está pasando en el País Vasco con el proceso de paz en Oriente Medio. Me parece un insulto y no lo acepto. Me parece un absoluto insulto.

*—Otra cosa: ayer, Abel Matutes dijo en Radio Nacional que a efectos de responsabilidad política hay que hacer borrón y cuenta nueva en el asunto GAL.*

—No he escuchado esa declaración, pero a efectos de responsabilidad política, cuando se asumen responsabilidades políticas se hace siempre borrón y cuenta nueva.

[Iñaki Gabilondo]

*—¿Cómo están las cosas en el Partido Popular Europeo?*

—Están estupendamente: acabamos de hacer un congreso.

*—Ya veo... ya. Ha sido un éxito pero [Wilfried] Martens, el líder del Partido Popular Europeo, pidió al PNV y a Unió Democrática que estuvieran más cerca del Partido Popular y no parece que estén demasiado bien las relaciones de la Unió Democrática de Catalunya y el Partido Nacionalista Vasco con el Partido Popular.*

—No... lo que pasa es que en un congreso europeo... Mire usted, en un congreso europeo pasan muchas cosas. Mire usted, decía la broma de Pío Baroja que el carlismo se curaba leyendo y los nacionalismos, viajando. Es una broma vieja, ¿no? Y, entonces, en el congreso popular europeo se ven caras... más caras, están los europeos... es una cosa distinta, ¿no? Y, entonces, ahí, cada uno tiene el peso que tiene. El Partido Popular español tenía setenta y dos delegados y el Partido Nacionalista Vasco tenía cuatro. ¿Qué le vamos a hacer? Es que ésa es la proporción y, naturalmente, esa proporción cuenta mucho en la política, como es lógico y como es natural. Si, además de eso, se tiene razón, pues tanto más. Estaba previsto celebrar este congreso desde hace año y medio; estaba previsto celebrarlo sin saber que iba a haber elecciones catalanas; estaba organizado desde hace mucho tiempo. Naturalmente, los socios y los partidos miembros del Partido Popular Europeo, ¿qué quieren que ocurra en España? Quieren que ocurra en España una cosa tan sencilla como que gane el Partido Popular español y si en el Partido Popular Europeo hay otros partidos españoles, pequeños, minoritarios, muy respetables, como el Partido Nacionalista Vasco o Unió Democrática de Catalunya, les dicen: «Oigan, eso es lo que queremos: contribuyan ustedes a eso». Me parece muy lógico. Lo que ya no tiene tanta lógica es que se forme parte de esas organizaciones para apoyar a los contrarios a esas organizaciones.

—*¿Cómo ve usted el inmediato futuro de estas relaciones con el Partido Nacionalista Vasco y con CiU?*

—Normal. Con total normalidad. Mire usted, el Partido Nacionalista Vasco, con el Partido Popular, en este momento gobierna el ayuntamiento de Bilbao, por ejemplo. Y con Convergència i Unió pues... Con Unió [Democrática de Catalunya] hay una relación excelente y con Convergència [Democrática de Catalunya] hablaremos cuando tengamos que hablar. Convergència es un socio, en algunos casos, hasta un cómplice privilegiado del Partido Socialista y de este Gobierno. Por tanto, ésa es la tarea que ha desempeñado. Mire usted, es el partido que dice «Ni un minuto más» o «Así no podemos seguir», pero sigue apoyando a este Gobierno. Pues si ellos se han complicado en esta situación y en esta política, ésa es su responsabilidad. Pero ya hablaremos.

—*José María Aznar... por cierto: el otro día, Felipe González dijo: «¿Por qué no ha venido Aznar a Jerusalén?». No sé muy bien si usted tenía que ir o no, pero, en fin, esto fue lo que dijo el señor González. Además, decía que le hubiera podido acoger muy felizmente en el avión... ¿Pensó en algún momento ir o no?* [3].

—Pues, mire, ya que usted saca ese tema, con mucho gusto le voy a decir... Mire, yo he formado parte, desde el año 1987, de dos delegaciones oficiales españolas. Una, siendo presidente de Castilla y León, a Roma. Presidía esa delegación oficial Leopoldo Calvo Sotelo y en la cual estaba también, por cierto, el lehendakari Ardanza, al que usted citaba antes y que no aceptó ir a ninguna recepción a la embajada de España, por cierto, dicho sea como anécdota. Y la segunda fue una invitación expresa del ministro Fernández Ordóñez para asistir a la toma de posesión de Violeta Chamorro [Guatemala]. Hice ese viaje con Fernández Ordóñez, con Adolfo Suárez y con Marcelino Oreja. Y allí estuvimos y ésa fue la delegación oficial española. Y, naturalmente, fui invitado por Francisco Fernández Ordóñez para ir en el avión oficial. Bueno, yo no he recibido nunca ninguna invitación para formar parte de una delegación española: jamás, nunca, nunca. Y cuando le digo nunca... bueno, luego esto lo utilizan en contra mía algunos humoristas de esta casa: pero cuando le digo nunca, le quiero decir nunca, ¡ja, ja, ja...! Por lo tanto, ¿qué quiere usted que le diga? ¿Voy a llamar yo para decirle: «Oye, préstame el avión»? Me parece absolutamente ridículo. En consecuencia, ésa es la verdad. Y le voy a decir más: ese domingo, el domingo pasado, se hizo todo lo posible para que el presidente de la Comisión Europea, Jacques Santer, no pudiese asistir al acto que teníamos previsto en el pabellón de deportes del Real Madrid. Se hizo todo lo posible para que no pudiese asistir, a cuenta del horario de salida de ese avión. Pero yo no he recibido la más mínima invitación para formar parte de ninguna delegación oficial... cosa que el señor González en su momento sí recibió. Si usted tiene algún interés al respecto, pregúntele usted al antiguo ministro de Exteriores de la UCD, el señor [José Pedro] Pérez-Llorca, que invitó personalmente al señor González a ir a los funerales de Anwar al Sadat [4], y él se negó: el señor González se negó a ir en la delegación oficial española.

*—¿Cómo se va preparando un hombre para llegar a ser presidente del Gobierno? Todos los candidatos siempre tienen esa posibilidad, pero usted parece estar muy cerca de tal posibilidad, a juzgar por todas las encuestas. ¿Cómo vive ese tipo de preparación? No sé... ¿le angustia tener lagunas? ¿Se está preparando? ¿Está mejorando sus idiomas? ¿Anda flojo en ese tema? ¿Está tratando de aprender...? No sé... ¿Cómo vive ese tipo de vísperas?*

—Trabajando. ¿Sabe usted lo que me pasó ayer antes del debate, a las tres o a las tres y media de la tarde?

*—Pues no.*

—Que me quedé dormido. Me quedé dormido. Me tuvieron que despertar para ir al debate. Pero todo esto lo llevo con tranquilidad, muy consciente de la responsabilidad que puedo asumir y, desde luego, absolutamente convencido de las posibilidades de nuestro país. Nosotros tenemos problemas, pero yo tengo una visión muy optimista del futuro de España, lo digo con toda la tranquilidad del mundo. Vamos a tener que pasar dificultades, vamos a tener que hacer unas políticas rigurosas, pero, desde luego, no tengo ninguna duda de que el país va a salir adelante. Las grandes bases del país están bien trazadas, nunca hemos tenido unos jóvenes tan preparados como los que tenemos ahora. Nunca hemos tenido unos universitarios tan brillantes, nunca hemos tenido tan buenos profesionales, nunca hemos tenido unas empresas con esa capacidad de competir. Lo que está fallando en el país, en este momento, en gran medida, es una sensación de desasosiego, de desconfianza, pero las posibilidades de España son enormes y yo creo en ellas. Y, desde luego, estoy convencido de que la inmensa mayoría de los españoles va a apostar por ese futuro optimista.

—*Oiga, perdóneme... eso de quedarse dormido, ¿le pasa mucho?*

—A veces.

—*¡Ja, ja, ja...! Pero ¿qué le pasa? ¿Que duerme mal? ¿Duerme poco?*

—No. Duermo estupendamente bien.

—*A pierna suelta.*

—Duermo estupendamente bien. Lo que le quiero decir es que yo creo que una persona con las responsabilidades que yo tengo y que puedo tener en el futuro, tiene que tener un espíritu lo suficiente firme y sólido para poder afrontarlas sin ningún tipo de problemas.

—*¿Le está perjudicando a usted que desde hace un año es casi un presidente in péctore? ¿No está tal vez rodeado de excesivos halagos últimamente? ¿No tiene la impresión de que eso puede ser malo, que a lo mejor no se le está tratando como a un candidato, sino como a un presidente?*

—A mí no me gustan los halagos, pero no lo voy a decir, porque siempre hay gente que toma nota... ¡ja, ja, ja...! Pero mire, lo que hace falta es responder a tu propia convicción. Yo, por ejemplo, fíjese usted, creo en las instituciones. Yo creo que las instituciones son mucho más importantes que las personas. Yo creo que mi partido es mucho más importante que yo. Y todo lo quiero hacer de esa manera. Yo creo que el Gobierno de España es mucho más importante que la persona que lo encarna y por eso he dicho que, si los españoles me dan la oportunidad, no voy a estar más de ocho años en la Presidencia. Y a mí me preocupa que se sea leal a las instituciones y que las instituciones nunca puedan ser cuestionadas, eso me preocupa mucho. Creo en eso. Debemos tener esa actitud, llámelo usted como quiera, responsable, sencilla, humilde, como usted quiera, pero, desde luego, es la que yo tengo y ésa es mi mayor preocupación de futuro y creo que es un servicio que puedo prestar a mi país y que estoy dispuesto a prestárselo.

*—¿Está preparado para ganar?*

—Sí, claro.

*—¿Está preparado para no ganar?*

—Eso ya lo he demostrado, hombre...

*—Sí, pero ahora... ¿estaría usted en condiciones de no ganar? Sería un desastre tremebundo.*

—¿Para quién?

*—Sería un desastre tremebundo para José María Aznar.*

—En absoluto, no lo creo. En absoluto.

[Antonio García Ferreras]

*—Señor Aznar... ¿y si pierde? ¿Dejará paso a otros, como dijo su mujer, Ana Botella, en este programa? Lo expresó como un deseo, no como una obligación hacia el marido...*

—No puedo yo... ¿Usted cree que puedo contradecir a mi mujer? ¡Ja, ja, ja...!

[Iñaki Gabilondo]

*—No, no, no... Líos conyugales, ni uno...*

[Antonio García Ferreras]

*—Si pierde, ¿dejará paso a otros?*

—Le acabo de decir que mi partido es mucho más importante que yo, mucho más importante que yo. Y lo que deseo es que lo siga siendo, porque, nuestro país, que es un país muy individualista, a veces genialmente individualista, lo que necesita justamente es vertebrar, fortalecerse. Hay que fortalecer la nación española dentro de su pluralidad. Hay que fortalecer la democracia, hay que fortalecer la economía, hay que fortalecer la sociedad, hay que fortalecer las instituciones, hay que fortalecer nuestro país, hay que vertebrarlo mejor y eso es confiar más en las instituciones y hacer un poquito menos de individualismo.

*—Más preguntas: Antonio García Ferreras.*

*—Circulan estos días por Madrid comentarios e informaciones de lo más preocupantes y se asegura...*

—¿Más todavía?

*—Más todavía. Se asegura que el maletín de Perote y Conde tiene un material muy delicado que se reserva para cuando el PP y José María Aznar gobiernen este país. ¿A usted le ha llegado algún tipo de comentario al respecto?*

—A mí, ninguno.

*—Se lo pregunto porque imagino que habrá algún presunto delincuente que se esté haciendo ilusiones sobre alguna ley de punto final o una amnistía, ¿lo descartamos?*

—No tengo en absoluto intención de llevar a cabo una ley de punto final ni una amnistía que, por otra parte, no cabe dentro de la Constitución. Por lo tanto, todas esas cuestiones están fuera de lugar.

[Iñaki Gabilondo]

*—Cuestiones domésticas: tenían la intención de quedarse en su casa. Después de lo ocurrido, dice su mujer que probablemente, si ganan las elecciones, si tienen esa responsabilidad, pues nada... que aceptarían lo de irse a La Moncloa.*

—Yo sigo diciendo lo que pienso: que los servicios de seguridad están para resolver problemas, no para crearlos. Por lo tanto, haré todo lo posible, como he hecho siempre, para mantener un espacio digamos... de privacidad familiar, al margen de lo que significa la vida política oficial y, desde luego, eso incluye también que haré todo lo posible por tener mi casa y mi vivienda particular, al margen de lo que significan las necesidades oficiales.

## Notas

[1] En la sesión plenaria del Congreso del 8 de noviembre de 1995, el asunto central del debate fueron las conversaciones que el Gobierno había mantenido, al parecer, con el abogado del financiero Mario Conde y Juan Alberto Perote, agente del Cesid. El abogado se llamaba Jesús Santaella.

[2] Joaquín Garrigues Walker (1933-1980), liberal, fue ministro de Obras Públicas y Urbanismo y ministro adjunto al presidente en el Gobierno de Adolfo Suárez. Francisco Fernández Ordóñez (1930-1990), socialdemócrata, fue ministro de Hacienda y Justicia con Adolfo Suárez, y de Asuntos Exteriores con Felipe González. Rodolfo Martín Villa (1934) procedía de la administración franquista y fue ministro de Gobernación y de Administraciones Públicas con Adolfo Suárez.

[3] Se celebraban los funerales de Isaac Rabin, asesinado el 4 de noviembre de ese mismo año de 1995 por un sionista radical. En 1993, Rabin y Yasir Arafat habían llegado a un acuerdo sobre el conflicto de Israel y Palestina. Ambos fueron galardonados con el premio Príncipe de Asturias de Cooperación Internacional en 1994.

[4] Mohamed Anwar al Sadat (1918-1981) fue presidente de la República de Egipto desde 1969 y uno de los principales artífices de los acuerdos de Camp David para Oriente Medio. Fue asesinado por integristas islámicos.

11

# *José María Aznar*
# *Antes de llegar a La Moncloa*

En enero de 1996 se celebró el XII Congreso Nacional del Partido Popular, que confirmaba el liderazgo de José María Aznar al frente del partido conservador y lo proclamaba de hecho como candidato a la Presidencia del Gobierno en las elecciones generales que se iban a celebrar el 3 de marzo de 1996. En este contexto, Iñaki Gabilondo entrevistó al líder popular en el programa *Hoy por hoy*, el 22 de enero de 1996.

*—Después de este triunfal duodécimo congreso, José María Aznar, presidente del Partido Popular, se apresta a iniciar este último asalto camino de La Moncloa. ¿Está usted preparado?*

—Estoy muy bien, estoy muy preparado, sí.

*—¿Qué tal el duodécimo congreso? Las cosas han salido extraordinariamente bien, pero algunos encuentran el reproche precisamente ahí: unanimidades, aclamaciones, poco debate, un poco de culto a la personalidad... ¿Tienen razón los que hacen esos comentarios?*

—Es el congreso del optimismo, y de un partido unido, un partido fuerte, que se siente muy seguro de sí mismo y que ha hecho dos cosas básicamente: presentar a los españoles los elementos básicos de lo que va a ser su programa de gobierno y, en segundo lugar, presentar los elementos básicos, de lo que van a ser sus equipos de gobierno. Esos dos aspectos me parecen muy sensatos y muy razonables. Creo que nos hemos ocupado de los problemas de España, sencillamente, porque los nuestros los tenemos arreglados.

*—Vamos a seguir hablando poco a poco de los planes del Partido Popular para tratar de conocerlos con algún detalle, pero, antes de nada, si usted pretende girar al centro, ¿donde está la derecha del país, señor Aznar?*

—Lo que significa la derecha política, la derecha sociológica, es una parte integrante de ese gran partido de centro que es el Partido Popular. Eso es muy relevante, muy interesante para la estabilidad de España, porque las naciones se tienen que gobernar desde el centro político y ese centro político está muy articulado en este momento en torno a un gran proyecto: el Partido Popular.

*—Ése es justamente el único enigma. Hemos leído esta mañana en el editorial del diario* El Mundo *que hay un sector marcadamente conservador que puede volverse contra Aznar si usted persiste en un ideario centrista. ¿Qué tipo de problema o inquietud puede presentar ese colectivo conservador que no sabemos dónde está, que no se presenta a las elecciones y...*

—Pues no lo sé, pero se lo preguntaremos al editorialista del periódico.

*—¿A usted no le inquieta?*

—No, no...

*—¿Que no se presente la derecha a las elecciones y que la lleven puesta...?*

—No no... Mire usted, yo creo que ocurre incluso al contrario: creo que los electores del Partido Popular iban por delante del partido, y tras este congreso que hemos celebrado, yo creo que los electores y el partido van acompasados, al mismo tiempo, pero los electores iban por delante, no tengo la más mínima preocupación en ese terreno.

*—Esta mañana Iñaki Anasagasti ha preguntado quién pagó el congreso del Partido Popular, pensaba que no se podría haber pagado con las cuotas y sugirió que ahí estaba la mano de la «gran derecha»...*

—Las declaraciones impertinentes, los lunes por la mañana, son todavía más impertinentes.

*—¿Quién pagó el congreso, señor Aznar?*

—El congreso lo paga el Partido Popular. ¿Quién lo va a pagar? Pero, desde luego, lo que me parece... No quiero utilizar una palabra ofensiva ni despreciativa, ni que se dé por aludido, pero me parece una acción política propia de mentecatos hacer ese tipo de comentarios a estas alturas.

*—Diálogo, talante, UCD... Destacan mucho las palabras que pronunció usted señalando esa voluntad de diálogo, de no promover revanchas, de buscar vías de acuerdos, de consenso. Explíquenos esta filosofía base que parece estar en el pensamiento central del Partido Popular.*

—Hay un estilo y hay un contenido: el estilo es el estilo de la moderación, el estilo del diálogo, la transparencia, la apertura, la mano tendida permanentemente. Tenemos las manos limpias, no tenemos hipotecas, y creemos que hay que alentar ese diálogo entre los españoles. Hay que vencer cierta etapa de sectarismo, cierta etapa de separaciones, y fortalecer la capacidad de integración de los españoles por una parte, para su convivencia, para su futuro. Y luego está la parte del contenido. Yo he propuesto dos grandes acuerdos: un acuerdo social, con empresarios y sindicatos, que favorezca la creación de empleo, y un acuerdo territorial con las comunidades autónomas y corporaciones locales, para que los ciudadanos, por decirlo de alguna forma, no se vuelvan locos ante la Administración, para que la Administración sea más barata, y para que los servicios puedan organizarse de una manera más razonable. Esos dos grandes acuerdos son también el contenido de un estilo político basado en el diálogo, en la moderación, en la mano tendida, en la concordia, en la reconciliación entre todos, superando unos años de sectarismos o de enfrentamientos que no son positivos.

*—Vamos a hablar de esos dos acuerdos: el día 4 de marzo, si el Partido Popular gana las elecciones, ya están citados los representantes sindicales y empresariales, pero en los últimos días, los informes de los expertos de Fondo Monetario Internacional y de la OCDE [Organización para la Cooperación y el Desarrollo Económico] advierten de la necesidad de hacer determinadas cosas. La reforma del mercado laboral, por ejemplo: ¿ustedes la han elogiado? ¿Les ha parecido escasa? ¿En qué sentido el Partido Popular pretende avanzar en esas reformas?*

—Lo que nos ha parecido es que en nuestro país, en este momento, hay dos posibilidades: una es la que ofrece el Partido Popular, que consiste en hacer un esfuerzo por crear empleo; y para crear empleo es bueno que entre los agentes económicos y sociales y el Gobierno se llegue a esos acuerdos. Y otra posibilidad es la que ofrece el Partido Socialista, que es repartir el paro. En España es absurdo hablar de repartir el empleo, de repartir el paro. Sencillamente, porque, como no tenemos empleo, lo único que podemos repartir es paro. Y salvo que se quieran crear más parados en nuestro país, nuestro país tiene que hacer esfuerzos para crear empleo. Y necesitamos, además, un determinado tipo de empleo: el empleo estable. Esto puede conseguirse con un gran compromiso que, por un lado, facilite un marco jurídico y político para el inversor, atractivo para la empresa, para el empresario, y otro que facilite el mantenimiento de ese proyecto que significa la cohesión social del país, las prestaciones sociales de bienestar. Todo eso tiene que nacer de un gran compromiso nacional y yo espero que el sentido común de todos, el sentido común que yo ayer reclamaba de los empresarios y de las centrales sindicales, nos lleve a conseguir ese tipo de acuerdo, porque serán los españoles los que se beneficien en términos de empleo, precisamente.

*—Le pido algún detalle más: ¿hay que abaratar el despido?*

—No.

*—¿No hay que abaratar el despido?*

—No, no. Es que ésa no es la cuestión. En España, Iñaki, tenemos muchas modalidades de contratos laborales, y los empresarios y los trabajadores pactan condiciones de despido: pactan condiciones de despido en los términos de la ley, pero ésa no es la cuestión. Yo creo que la cuestión es dar con ese acuerdo y con ese marco jurídico y económico estable que ha fallado en los últimos años, y que es necesario recuperar en este momento. Eso será mucho más útil para el empleo que las medidas concretas. En relación con el mercado laboral, usted puede poner en el mercado laboral, en este momento, una modalidad de contratación laboral o más, dos, tres modalidades de contratación, es igual: ¡si tenemos diecinueve y tenemos más paro que nadie! No es ésa la cuestión. Es mucho más importante un sistema fiscal moderno; es mucho más importante que puedan descender los tipos de interés, mucho más importante, como se está viendo ya. Es más importante que vuelva a fluir la inversión, que se vuelva a generar confianza en los inversores españoles: eso es mucho más importante para el empleo que las otras cosas. Y esto se conseguirá apostando por el triunfo del Partido Popular el día 3 de marzo.

*—Le recuerdo que la pregunta era por qué tanto la OCDE como el Fondo Monetario Internacional recomiendan que se abarate el despido.*

—Sí, pero la OCDE y el Fondo Monetario Internacional hacen siempre ese tipo de recetas, que son recetas muy rígidas, muy radicales, que hay que seguir y que hay que atender con sumo cuidado. Pero, en este momento, a mí no me parece que esas recomendaciones respondan a la necesidad del país.

*—En principio, por tanto, abaratar el despido, no.*

—En absoluto.

*—Bien: impuestos. Han explicado su proyecto varias veces, sin embargo, me gustaría que perfilara definitivamente los planes y las intenciones del Partido Popular, en caso de que ganen las elecciones. Su idea es reducir los impuestos: ¿cuánto y cuándo?*

—Vamos a ver: España necesita una reforma fiscal que claramente favorezca el ahorro, la inversión y la solidaridad entre los españoles, porque tenemos un sistema fiscal injusto e insolidario, y, además, ineficaz. La reforma fiscal se hará al mismo tiempo que hacemos la política de contención del gasto y reducción del déficit, ni antes ni después: al mismo tiempo. Esta reforma se hará acompasada con las decisiones del control del gasto. Queremos que al final de los cuatro años de legislatura esté hecha esa reforma y, por tanto, que al final de la legislatura la reforma esté realizada. Y, por lo tanto, lo haremos desde el primer momento, la impulsaremos desde el primer momento, en cuanto empecemos a tomar las medidas de control y reducción del gasto.

*—¿Me podría dar un detalle más de ese acompasamiento? Por ejemplo: ¿se reduce un poco el déficit y descienden un poco los impuestos...?*

—Naturalmente, y eso se hará en...

*—En cada año.*

—En cada año.

*—Por ejemplo: si el primer año se reduce un poco el déficit, se reducen un poco los impuestos.*

—Exactamente.

*—El otro día hablamos con Cristóbal Montoro, y nos daba una cierta pista: más o menos, hacia el año 1996...*

—La obligación de Montoro es dar pistas, para eso es experto económico.

*—Y la suya, ¿no?*

—Ah, sí...

*—¿Qué planes tiene, por ejemplo, para el año 1996, en cuanto a la reducción del déficit?*

—No, vamos a ver: antes de llegar al año 1996, tenemos que hacernos cargo de la situación, ver exactamente la situación que tenemos y afrontar las medidas de los años siguientes, en términos presupuestarios, de una manera muy clara. Lo que está muy claro es que, desde el primer momento, sea por vía de un nuevo presupuesto, sea por vía de las medidas económicas urgentes, el Gobierno va a actuar y va a actuar con decisión.

*—Por tanto, un proceso acompasado de reducción de impuestos. ¿Me podría recordar cuáles serían las intenciones de reducción respecto a los actuales impuestos?*

—Yo creo que hay posibilidades de reducción en el impuesto sobre la renta. Tal vez lo más importante, lo más relevante, es que hay que reformar la tarifa del impuesto sobre la renta. Nosotros creemos en tres grandes tipos de impuestos sobre la renta. En este momento hay diecinueve o dieciocho tipos, me parece. Creemos que se pueden reducir a tres tipos: un tipo máximo, que al final del proceso tendrá que estar en torno al 40 por ciento, y un tipo mínimo, que tendrá que estar en torno al 18 por ciento. Las grandes beneficiadas de esa reforma serán, efectivamente, las capas medias de la sociedad española. Y, al mismo tiempo, dos elementos acompañarán esa reforma fiscal: un estatuto del contribuyente, es decir, el contribuyente sabrá cuáles son sus derechos frente a la Administración, y, por otra parte, las medidas contra el fraude fiscal. Yo puedo decir con toda claridad, y lo dije ayer, en el congreso del partido, que es absolutamente inaceptable que en nuestro país existan los niveles de fraude que existen. Un país moderno es un país que tiene un sistema fiscal moderno. Y éste no es un país moderno, sino que tiene viejos vicios que hay que superar entre todos; es un país al que, desgraciadamente, todavía le falta ese impulso de modernización; es un país que genera una bolsa de fraude fiscal gigantesca que hace que nuestro sistema fiscal sea profundamente injusto.

*—Tiene previsto recortar los gastos, lo ha comentado muchas veces. Es necesario aumentar los ingresos, aunque no va a ser fácil; ¿tiene calculado cuánto pueden aumentar los ingresos?*

—Depende de la evolución de la economía. Si la economía española, como nosotros creemos, motivada por la acción del Gobierno o por los acuerdos económicos, económicos y sociales, empieza a crecer al 4 por ciento, los ingresos van a aumentar mucho, cómo es lógico. Hay quien piensa que la reforma fiscal va a suponer una reducción de los ingresos para el Estado: se equivocan. La reforma fiscal aumenta los ingresos del Estado en cuanto significa que puede motivar más ahorro y más inversión en nuestro país, y, por lo tanto, más crecimiento económico.

*—Por lo tanto, tendríamos todas estas novedades ya en el primer presupuesto del Partido Popular...*

—En el primero, en el primero.

*—¿Hay que recortar la Seguridad Social?*

—No, hay que gestionarla mejor.

*—Y para gestionarla mejor también se recomendaban algunas cosas sobre las que yo le quiero pedir una opinión: los expertos de algunas organizaciones, como el Fondo Monetario Internacional, recomendaban una profunda reforma de la Sanidad; decían que habría que imponer una nueva contribución o algunas tarifas para algunos servicios. ¿Tiene el Partido Popular prevista alguna cosa así?*

—Nosotros hemos apostado por el sistema público y nacional de salud, y, por lo tanto, por la asitencia gratuita y universal para todos los españoles.

*—Descarta por tanto...*

—Los españoles tienen derecho a ella. Yo descarto un impuesto. Es decir, sería bastante absurdo decir que los españoles tenemos que hacer una reforma fiscal para pagar menos impuestos y, al mismo tiempo, establecer un impuesto nuevo. Por lo tanto, lo descarto. Lo que no descarto en absoluto es introducir los mecanismos de reforma de la gestión que nos lleven a algo tan elemental como que una cama en un hospital público no cueste tres o cuatro veces más que una cama de un hospital privado: eso no tiene ningún sentido y, por lo tanto, eso es lo que significa mejorar la gestión.

*—¿Y cómo hacemos esa reforma? ¿Podría darme algún detalle más?*

—Todo eso entra, evidentemente, dentro de la reforma de la administración de la Sanidad española, donde hay que introducir mecanismos de control, técnicas de control que terminen también con los fraudes. A veces se producen situaciones inaceptables desde el punto de vista de los derechos del contribuyente.

*—Pero sin tarifas para algunos servicios.*

—No, sin tarifas.

*—Sin tarifas para algunos servicios. En el tema de las pensiones, se confirma la intención de mantener todos los compromisos del Pacto de Toledo: ¿algún detalle en relación con eso? En los acuerdos de Toledo [octubre de 1995] se exigen reformas urgentes para poder mantener el sistema; entre esas reformas urgentes se habla, por ejemplo, de la edad de jubilación: ¿qué planes concretos tiene el Partido Popular sobre la edad de jubilación?*

—Bueno, la edad de jubilación... No tenemos en principio ningún plan: nada más que se llegue a la edad y se pueda uno jubilar, ¿no? ¡Ja, ja, ja!

*—Pero en Toledo se dice que es urgente que se detallen cuáles serían, por ejemplo, las novedades en...*

—No, no... Es que no hay que detallar nada en especial: nosotros no prevemos cambios en las edades de jubilación. Nos pareció un error, y lo dijimos hace tiempo, que se adelantase la edad de jubilación para magistrados o para funcionarios. Eso sí fue corregido. Creemos que hay que introducir fórmulas flexibles de jubilación; una persona debe tener libertad para la jubilación, es decir, una persona puede prestar servicios parciales a la Administración o a una empresa y recibir una parte del salario y una parte de su pensión. Todas esas formas flexibles son perfectamente razonables y pueden ponerse en marcha con toda claridad. Pero, en lo demás, no prevemos modificar la edad de jubilación.

*—Es que han suscrito en Toledo el acuerdo de introducir reformas; una de ellas, por ejemplo, la modificación de la edad de jubilación.*

—Bueno, la flexibilidad, en el terreno que yo le estoy diciendo.

*—Ya. En relación con el PER [Plan de Empleo Rural], por ejemplo, dígame: ¿qué intenciones tiene el Partido Popular?*

—Ya lo he dicho: el PER seguirá existiendo, en tanto sea necesario, pero con dos condicionamientos, claro: uno, vamos a intentar ponerlo al servicio de actividades productivas y, en segundo lugar, van a ser clave en la lucha contra el fraude.

*—¿Me podría poner algún ejemplo de emplear el PER en actividades productivas?*

—En los ayuntamientos, en el campo andaluz, en trabajos municipales, en servicios de solidaridad... Existen muchísimas posibilidades de que se realicen las actividades productivas al margen de lo que significa el hecho puro y duro, por decirlo de esa manera, de subsidio, de pagar el subsidio a la persona que no tiene empleo.

*—¿Tiene ya planes desarrollados en ese sentido, concretos, o es sencillamente una intención...?*

—Ese tema lo explicaremos claramente en la campaña electoral andaluza; lo explicará en Andalucía nuestro candidato Javier Arenas.

*—¿Cumpliremos las prescripciones de Maastricht en el plazo previsto? ¿Va a estar España en condiciones de pasar a la gran «primera división» europea?*

—Tenemos que pasar a la «primera división» europea porque somos un país de «primera división» europea y es donde nos corresponde estar, lo diga Maastricht o no lo diga... España tiene capacidad para estar ahí, pero para eso hay que cambiar de Gobierno y de políticas. En este momento no cumplimos ninguna de las condiciones, y como no las cumplimos, naturalmente, habrá que preguntarse por qué, y por qué no se han hecho las políticas adecuadas. Por lo tanto, conviene cambiar de políticas y conviene cambiar de dirigentes políticos. Yo he puesto el ejemplo del alumno que va a cinco exámenes y suspende los cinco: eso es lo que nos ha pasado. Conviene cambiar de alumno.

*—¿Con el PP en el poder aprobaremos las cinco?*

—Con el PP en el poder estaremos en la «primera división» europea.

*—¿Ha oído lo que ha dicho Miguel Boyer? Dice que estamos tiranizados por los plazos de Maastricht y que eso es un disparate.*

—Miguel Boyer suele decir cosas bastante sensatas.

*—¿Está usted de acuerdo con eso?*

—Yo con lo que estoy de acuerdo es con la necesidad de luchar contra el déficit, la lucha contra el endeudamiento irresponsable, la lucha por el control de la inflación y por el control del crecimiento de los precios. Es una lucha que hay que mantener evidentemente con Maastricht o sin Maastricht.

*—El segundo de los grandes compromisos que usted ha asumido está relacionado con el modelo autonómico: hay que cerrar este modelo autonómico en dos legislaturas. Pero decía que se va a ir distribuyendo el poder todo lo posible, en lo municipal y lo provincial. Explíquenos un poco eso, por favor.*

—Vamos a articular las administraciones en España. Nosotros hemos establecido tres ideas básicas al respecto: la primera es cumplir el proceso de transferencias de competencias a las comunidades autónomas, e instar a las comunidades autónomas para que, a su vez, hagan transferencia de competencias de servicios a las corporaciones locales. Se trata de buscar el ámbito de la administración que puede prestar mejor un determinado servicio. La segunda idea es la corresponsabilidad fiscal: la corresponsabilidad fiscal tiene dos sentidos, uno consiste en el gran compromiso de todos, de todas las administraciones con los objetivos económicos del país, en términos de deuda, en términos de déficit, en términos de crecimiento; y luego, por otra parte, dado que algunos servicios corresponden a las comunidades autónomas, llegará un momento en que las comunidades autónomas tengan que pedir a los ciudadanos los recursos correspondientes para hacer frente a esos servicios. Y la tercera idea es la puesta en marcha de la Administración común, la Administración única, es decir, una Administración preferente para ejercer las competencias en un territorio determinado. Desde el punto de vista autonómico, yo creo que es un trabajo que va a llevar, al menos, más de una legislatura, porque es un trabajo de extraordinaria envergadura y que supone un desarrollo cualitativo muy importante de las previsiones constitucionales del desarrollo del Estado de las Autonomías. Me parece una opción de la mayor envergadura política.

*—Han propuesto la mili de seis meses con treinta mil pesetas per cápita: ¿cuándo se implantará?*

—En esta legislatura próxima.

*—¿Se puede hacer eso?*

—Sí, claro. ¿Cómo no se va a poder hacer?

*—¿No es un brindis al sol? ¿Lo han calculado bien?*

—Mire usted: es bueno que un brindis se haga al sol. El sol luce bien y el cielo está despejado, y el graderío está lleno...

*—¿Tienen bien hechas las cuentas?*

—¿Cómo no vamos a tener bien hechas las cuentas?

*—¿Cuántos soldados habrá?*

—Mire usted: en España nosotros vamos a hacer una reforma que nos permita tener un Ejército del Aire totalmente profesionalizado, una Armada totalmente profesionalizada, y una fuerza de intervención rápida, y un Ejército de Tierra también totalmente profesionalizado. Y, además de eso, habrá un servicio militar de seis meses: yo deseo un Ejército, unas Fuerzas Armadas más reducidas, más profesionalizadas, y deseo que los jóvenes españoles que tienen que desarrollar el servicio militar y tienen que cumplirlo estén el tiempo justo, ni más ni menos; el tiempo que sea necesario para las necesidades del país y que no les suponga una perturbación para el desarrollo de sus expectativas vitales. Yo le tengo que decir con toda claridad que eso no solamente es posible sino que es deseable. Entonces, lo que no es un brindis al sol, lo que es una estupidez, por decirlo con toda claridad, es tener unas Fuerzas Armadas en un nivel de subsistencia. Están en un nivel de subsistencia y, sin embargo, cumplen de una manera ejemplar sus tareas en Bosnia Herzegovina, por ejemplo. Cumplen con un alto grado de profesionalización y de motivación, pero nosotros sabemos que en el conjunto del país, en España, las Fuerzas Armadas están en niveles de subsistencia. Naturalmente, yo quiero que los españoles sepan que si tenemos que afrontar un riesgo, vamos a estar seguros, que vamos a tener unos profesionales que nos defiendan, pero no deseo sólo que sean esos profesionales los que nos defiendan: deseo que todos los españoles sepan que podemos estar comprometidos en situaciones difíciles y que naturalmente necesitamos tomar las decisiones para hacer frente a esas situaciones desde el punto de vista de la mayor racionalidad y sensatez y dentro de las posibilidades de España. Y eso se puede hacer y se va a hacer con toda naturalidad y con toda normalidad.

*—Así que mili de seis meses con treinta mil pesetas por soldado en una legislatura... ¿Qué tipo de circunstancia ha de darse para que se incluya en los presupuestos?*

—La que se da normalmente tras un proceso de ordenación de las necesidades de las Fuerzas Armadas. Yo espero que sea cuanto antes.

[Antonio García Ferreras]

*—No sé si le han informado, señor Aznar, del fichaje estrella del Partido Socialista para esta campaña. Hoy la revista* Tiempo *publica que Antonio Banderas, la estrella cinematográfica, va a pedir el voto para el PSOE: ¿qué le parece?*

—Pues no me parece ni bien ni mal ni regular. Cada uno pide el voto para quien quiere.

*—¿No le sorprende?*

—¿A mí? ¿Por qué me va a sorprender?

*—Con todo el revuelo montado en torno al debate cara a cara González-Aznar, parece que ese debate entre usted y el presidente del Gobierno está complicado. ¿Es imprescindible la presencia de Anguita para que se celebre ese cara a cara entre los dos?*

—¡Hombre, si la presencia de Anguita es imprescindible, no hay cara a cara! ¡Habría un trío! ¡Pero eso ya no sería un cara a cara! Yo he dicho que estoy dispuesto a los debates, que me da igual: la verdad es que me da igual la fórmula de tres que de dos. Me parece razonable la fórmula a tres, de las tres grandes fuerzas nacionales, de los políticos nacionales; y me parece bien la de dos también. No tengo ningún inconveniente en ninguna de las dos fórmulas. Fíjese que probablemente yo soy el dirigente político que menos inconvenientes pone para eso. Hay que recordar, ya que se habla tanto de debates, que el señor González no hizo ningún debate en el año 1977, no lo hizo en 1979, no lo hizo en 1982, no lo hizo en 1986, no lo hizo en 1989, y lo hizo en 1992 porque no tuvo más remedio.

[Iñaki Gabilondo]

*—El otro día Rodrigo Rato nos dio a entender que estaba muy avanzada la posición de un debate a tres, que estaba ya muy gestionado un debate a tres.*

—La verdad: tengo que decir que no estoy en la letra pequeña de esos temas. A mí me han preguntado en mi partido, de vez en cuando me preguntan, y les digo: «Haced lo que queráis, lo que creáis que es mejor».

*—¿A cinco tampoco le importa?*

—A mí no me importa.

[Javier González Ferrari]

*—¿Ha hablado con [Jordi] Pujol y con [Xabier] Arzalluz? En las revistas que salen esta semana, dice Pujol en una que se producirá un proceso de involución si usted gobierna y Arzalluz dice que teme a la extrema derecha del PP.*

—Bueno, mire usted: ese tipo de declaraciones... Antes las hemos comentado un poco. Yo creo que son declaraciones fuera de tono. Los ciudadanos catalanes han demostrado en las últimas elecciones catalanas cuál era el temor que tenían: el temor que tenían era que quien gobernaba en ese momento en Cataluña tuviese la mayoría absoluta en Cataluña, porque se podía producir cierta sensación de asfixia, cierta sensación de dominarlo todo. En Cataluña, las elecciones han abierto la Cataluña plural y esto a mí me parece una cuestión absolutamente razonable. Por tanto, yo no quiero entrar en más controversias: me remito a las propuestas y los hechos. Yo creo que en España se juzgan con demasiada ligereza las intenciones de las personas y no quiero caer en eso. Acabo de contestar a la pregunta del señor Gabilondo y he explicado cuál es el esfuerzo autonómico del Partido Popular para los próximos años. A partir de ese momento, en lugar de dedicarse a juzgar intenciones o hacer declaraciones de ese tipo, el señor Pujol debe decir qué es lo que está dispuesto a poner encima de la mesa para favorecer a España en los próximos años. Desde el punto de vista autonómico, ¿qué es lo que aporta el señor Pujol? Que lo diga. Yo acabo de decir lo que quiero, acabo de decir que quiero la Administración única, acabo de decir que quiero la corresponsabilidad fiscal: que diga el señor Pujol qué propone para el conjunto de los españoles, no sólo para su conveniencia. A lo mejor, así, los ciudadanos empiezan a enterarse un poco de las cosas. Y en relación con las invectivas que pueden lanzar sobre el Partido Popular desde otras fuerzas políticas minoritarias y respetables, como es el caso del Partido Nacionalista Vasco, bueno... Ya se sabe que todos los fines de semana toca un exabrupto. ¡Ja, ja, ja! Lanzado desde allí, no lo vamos a tomar en consideración, porque forma parte de la dinámica normal de las cosas.

*—¿Le ha contado usted a los banqueros a los empresarios y a los financieros algo que haya ocultado a los ciudadanos, a los electores?*

—En absoluto.

*—Lo digo porque para el PSOE usted tiene un programa económico oculto.*

—Yo dije ayer que no quiero ningún voto que nazca del engaño, de la demagogia o de las promesas que no se pueden cumplir. No llevo nada detrás, no llevo nada en la mochila que no se conozca ni nada que no se pueda enseñar. No llevo en mis manos nada que no pueda enseñar ni he pronunciado ninguna palabra que creo que no pueda cumplir. Por lo tanto, le digo lo mismo a un banquero que a un sindicalista: lo que hay que hacer por España. Creo en eso.

[Iñaki Gabilondo]

*—Hace un momento discutíamos sobre el número de ministerios que tendría el Gobierno del Partido Popular...*

—Catorce.

*—Catorce, había alguna duda respecto a alguno pero... ¿y Cultura?*

—Cultura y Educación.

*—Cultura y Educación. Y un Ministerio de Medio Ambiente.*

—Un Ministerio de Medio Ambiente y un Ministerio de Asuntos Sociales.

*—Justicia e Interior, separados.*

—Separados, afortunadamente.

*—No le voy a pedir que nos diga quiénes van a ser los ministros, porque, al parecer, no lo saben ni ellos...*

—Hace bien en no preguntarlo, porque no se lo voy a decir...

*—Pero, cuando los periódicos citan a Rodrigo Rato, a Mariano Rajoy, etcétera... ¿aciertan o no aciertan? ¿Están acertando mucho los «quinielistas»?*

—Hombre... es que usted ha citado nombres de la mayor preparación y competencia política... y de la máxima confianza, pero sobre el Gobierno, yo no voy a decir ni una sola palabra.

*—Parece que sólo Francisco Álvarez-Cascos puede tenerlo más o menos seguro...*

—Ni siquiera ese nombre.

*—Ni siquiera... ¿Puede haber grandes sorpresas?*

—Puede haber.

*—¿Y por qué no se lo dice a ellos? Que no me lo diga a mí, me parece normal, pero que no se lo diga a ellos... ¿eso es normal?*

—Sí, porque alguno de ellos se lo diría a usted.

*—¿Y qué tendría eso de malo?*

—Su curiosidad sería saciada, pero mi discreción se vería vulnerada...

*—Pero, a ver, cuando un partido tiene grandes posibilidades de llegar al Gobierno, ¿cuál es el problema en que se conozcan los nombres o qué inconveniente hay en que se conozcan los nombres del equipo que teóricamente podrían formar parte del Gobierno?*

—Yo creo que cada cosa tiene su tiempo. A mí me gusta hacer cada cosa a su tiempo, hacer las cosas con seriedad, y quiero que en este momento el partido esté dedicado a ganar las elecciones, a explicar el programa, y que sepa que no hay ningún compromiso especial con nadie.

*—Televisión: ¿la privatizan? ¿Las autonómicas? ¿Alguna cadena de Televisión Española?*

—Usted sabe que eso, en este momento, no se puede hacer, porque falta la ley marco que lo permita. Nosotros vamos a hacer la ley marco que permita, en su caso, tomar las decisiones de privatización de cadenas autonómicas de televisión. Y, luego, serán los gobiernos autonómicos o las comunidades autónomas los que decidan.

*—En este campo, ¿cuál es su modelo ideal, señor Aznar?*

—Mi modelo ideal es el de una cadena de televisión pública, que tenga esencialmente un carácter cultural, un carácter de servicio al Estado, para entendernos, de servicio a los intereses generales...

*—¿Con publicidad o financiada con los Presupuestos Generales del Estado?*

—Bueno, yo creo que, de momento, hay que mantener un sistema de publicidad porque, evidentemente, los Presupuestos Generales del Estado no están como para seguir financiando cosas... Pero hay que ir ordenando ese proceso, como es lógico, y posteriormente establecer la mayor competencia entre las distintas televisiones. A mí eso me parece lógico. Es el esquema de la libertad y es el esquema que funciona en los países que tienen, digamos, una información más equilibrada, más sensata y que sirve también a las necesidades del país. Lo que no me parece posible es seguir en la actual situación; mire usted, con toda claridad se lo digo: España no puede estar discutiendo sobre la sanidad o sobre la educación, incluso sobre las pensiones, o sobre la Administración, y estar gastando doscientos mil millones de pesetas todos los años en la televisión pública. Es que no puede ser. ¡Es que no puede ser! Y como no puede ser, pues hay que corregirlo.

*—Según su modelo, señor Aznar, ¿qué privatizaríamos: la primera o la segunda cadena?*

—Bueno, es que ahora hay primera y segunda formalmente, pero no legalmente. Entonces, habría que establecer primero lo que es la primera y lo que es la segunda. Pero hay que ordenarlo. Hay que ordenarlo.

*—Hablemos ahora de ETA. Cumplimiento íntegro de las penas. Decía el otro día un editorial de un periódico que con la reforma del Código Penal eso no es absolutamente imprescindible, que, por decirlo de alguna manera, eso ya está establecido. ¿Se lo leo?*

—Eso es una opinión. Porque decir al mismo tiempo que una medida puede ser inconstitucional y que ya está en el Código Penal... a mí no me cuadran las dos cosas al mismo tiempo.

*—Para que nos lo aclare... Decía el editorial: «Con el nuevo Código Penal, la condena va a durar el tiempo que se señale en la sentencia, sin posibilidad de reducción». Dice: «Quedan vigentes aquellos beneficios penitenciarios que, sin incidir en la duración de la condena, posibiliten la reinserción social del condenado. Y, además, todo estará sometido al control judicial». Se preguntaba, por tanto, ¿cuál es la novedad del PP?*

—Nosotros estamos muy convencidos de la constitucionalidad del cumplimiento íntegro de condenas: muy convencidos. Y, naturalmente, en manos del juez está determinar que ese cumplimiento íntegro de condenas pueda y deba hacerse efectivo. Quiero decir: que lo primero que la Constitución señala no es la posibilidad o el derecho a la reinserción de un delincuente, sino el cumplimiento de la pena. Y como lo señala, puede y debe establecerse la posibilidad del cumplimiento íntegro de las condenas. Y, en el caso de los terroristas y de los narcotraficantes, esto me parece especialmente esencial. Por tanto, nosotros propondremos una reforma del Código Penal que garantice lo que, en mi opinión, hoy no garantiza, a pesar de ese ilustre editorial que usted acaba de leer.

*—Las comisiones de investigación y de responsabilidad política, en el caso GAL, por ejemplo, han sido algunos de los grandes temas de esta*

*última legislatura. Si el Partido Popular llega al poder y comienza una nueva etapa, ¿eso quedará atrás o relanzará la idea de comisiones de investigación en el caso GAL?*

—Mire... yo creo que la comisión de investigación del caso GAL no pudo llegar a unas conclusiones porque, desgraciadamente, el Partido Socialista la bloqueó.

—*Ustedes querían que se pudiera... ¿Y si pueden hacerlo...?*

—Yo deseo que España pase cuanto antes esa etapa política.

—*¿Qué quiere decirme? ¿Que no?*

—Quiero decirle que deseo que España pase cuanto antes esa etapa política. Tengo mucho más interés en impulsar todas las medidas que acabo de citar, para que el país se modernice, que en enzarzarnos en la investigación política sobre el asunto GAL. Si alguien lo propone en el Congreso de los Diputados, nosotros lo estudiaremos, en todo caso.

—*Una pregunta, Isaías Lafuente.*

—*Más sobre el Gobierno: ¿va a haber una, más de una o ninguna vicepresidencia?*

—Puede haber una, puede no haber ninguna y puede haber varias. En todo caso, no va a haber vicepresidencias aisladamente. Si hay vicepresidencias, será porque lleven aparejadas el cargo de ministro y, si no las hay, será porque yo he tomado esa decisión.

—*Uno de cada tres militantes populares es mujer. ¿Cuántas mujeres va a haber en su futuro Gobierno?*

—Ya le estaría dando una pista, pero va a haber mujeres. Están decididas.

—*¿Cuántas? ¿Más de dos?*

—Bueno...

[Iñaki Gabilondo]

—*¿Por encima de la cuota del 25 por ciento?*

—Yo no creo en eso. ¿Cuántas mujeres hay en este momento en el Comité Ejecutivo del Partido Popular, desde ayer, desde la conclusión de nuestro congreso? Creo que suponen el treinta y cinco o el cuarenta por ciento.

[Isaías Lafuente]

—*¿Va a comparecer todas las semanas en el Congreso de los Diputados?*

—Todas las semanas que haga falta.

—*¿Va a establecer reuniones periódicas con el líder de la oposición?*

—Todas las veces que sean necesarias.

[Iñaki Gabilondo]

*—Perdone... ¿qué quiere decir eso? Porque ¿quién decide que son o no necesarias?*

—Mire usted, todas las veces que sean necesarias. Tampoco hay que establecer una regularidad. Sería bastante absurdo. No creo que haya ningún líder de la oposición en el mundo que esté dispuesto a despachar regularmente con el jefe del Gobierno... sino a verse cuando sea necesario.

[Isaías Lafuente]

*—Usted se declara heredero de Unión de Centro Democrático. ¿Le ha ofrecido a Adolfo Suárez la posibilidad de incorporarse al proyecto popular?*

—No, nunca. Tengo una gran relación con Adolfo Suárez, persona a la que aprecio y a la que respeto profundamente y con la cual me veo de forma regular y de forma periódica. Y nos entendemos muy bien, lo tengo que decir.

[Iñaki Gabilondo]

*—El tema más delicado del Partido Popular, en estos momento, puede ser el de convencer a algunos sectores de centro de que efectivamente está en el centro, ¿no?*

—...

*—Vamos a ver, se lo pregunto de otra manera: cuando usted entra en política, en 1979, existe la UCD y Alianza Popular, y usted no se apunta a la UCD, sino a Alianza Popular...*

—Yo había votado a la UCD. No me he equivocado: si me hubiese apuntado a la UCD, no estaría aquí ahora.

*—Quiero decir: el hecho de que no comparezca la derecha en las elecciones, plantea esas dudas a las que se hace referencia constantemente...*

—Yo creo, con toda claridad, Iñaki, que... no en el caso de esta pregunta, pero creo que tiene cierto tufillo de consigna, por decirlo de esa manera.

*—Perdón... ¿no me estará usted acusando de que...?*

—¡No...! He empezado diciendo: «No porque lo diga usted». He empezado diciendo eso: «No porque lo diga usted». Lo que quiero decir es que para la democracia española es muy bueno que el Partido Popular, en este momento, sea una garantía de estabilidad democrática; es muy bueno que nos definamos como un partido de centro y, sobre todo, es muy bueno que lo seamos. Es muy bueno que hayamos hecho el proceso de relevo generacional, es muy bueno que hayamos modernizado nuestras propuestas y es muy bueno que sean creíbles. Mi idea, mi convicción, es que la alternancia política en España es una necesidad nacional. Yo creo que hay tres fechas claves en la vida política española en los últimos años: la primera, 1977, cuando se hace la transición, legitimada en las urnas, dirigida fundamentalmente por un gran partido de centro, la UCD. La segunda, 1982, cuando el Partido Socialista, después de cincuenta años, llega al Gobierno. Y la tercera es 1996, cuando se va a producir la alternancia, el relevo democrático. Yo creo que eso es una gran prueba de madurez democrática de nuestro país. Y creo que es necesaria esa alternancia, que es hoy una necesidad nacional. Como fue una expresión de normalidad, en 1982, la llegada del Partido Socialista al Gobierno, hoy, en el año 1996, lo normal, lo deseable, lo que conviene a España es la llegada del Partido Popular al Gobierno. Y, además, yo creo que eso debe hacerse, en razón de lo ocurrido en los últimos años, con el arropamiento de una mayoría política mayoría social que permita afrontar los verdaderos problemas que tiene nuestro país. Y eso hay que hacerlo con normalidad, con naturalidad, y ésa es la mejor garantía que hoy representa el Partido Popular para la sociedad española. Eso es lo más importante y eso es lo que vamos a hacer con la mayor tranquilidad. Yo, sobre todo, entiendo que pueda haber personas que digan: «Mire usted, a mí me gusta más esta propuesta que esta otra del Partido Popular, e incluso hay más propuestas que no me gustan que propuestas que me gusten»; o pueden decir: «Me gustan las propuestas pero no me gusta quien las dice, o no me gusta cómo las dice»; o «Me gusta quien las dice pero no me gustan las propuestas». Bueno, pues todo eso es secundario frente a la necesidad nacional del cambio, frente a la necesidad nacional de una alternancia. Por lo tanto, esas dudas las despejarán los hechos. Mire: había muchas dudas hace seis años... ¿Qué va a hacer José María Aznar con el Partido Popular? Pues mire usted lo que hemos hecho. ¿Dónde va a llevar al partido? Pues aquí, al centro. ¿Va a renovarlo? Lo hemos renovado. ¿Va a ser capaz de transmitir unas propuestas creíbles? Ahí están y lo que significa la confianza en el Partido Popular, ahí están los gobiernos locales, los gobiernos autonómicos, ahí está la gran responsabilidad que tiene nuestro partido ante la sociedad en este momento, ahí está la confianza de los jóvenes, la confianza de los españoles expresada mayoritariamente en los últimos procesos electorales. Eso es la realidad de las cosas. ¿Para qué buscarle tres pies al gato? El gato tiene cuatro pies. No busquemos tres pies al gato.

*—No, perdone, no se trata de buscarle tres pies al gato... Justamente, como me ha dado la impresión de que se sentía como herido por esto, le vuelvo a recordar lo que decía esta mañana el editorial de* El Mundo, *que tampoco está en una línea de combate contra ustedes: el colectivo que más inquieta, el único que plantea una sombra de duda, es ese que señalaba precisamente el diario* El Mundo, *el colectivo marcadamente conservador que puede volverse contra Aznar si persiste en su vocación centrista... Tenía que preguntárselo...*

—Pero es que eso no tiene ninguna significación, porque si eso tuviese alguna significación... como usted comprenderá, no se habría hecho el congreso que concluyó ayer. Es que no podría haberse hecho: habría sido imposible. Por tanto, la realidad de los hechos es la que determina las cosas. Quiero decir que me sentí... no voy a decir abrumado, pero... bueno, lo dije ayer... y con la cordialidad con la que uno habla con su familia... es decir: «No sé si os habéis pasado un pelín... votándome un 99,5 por ciento...».

*—Alguien decía: «Como en Corea del Norte...».*

—Pero, bueno... Ésas cosas no surgen por casualidad.

*—Ya sabe usted, señor Aznar, que cuando está tan cerca la victoria, estas cosas son bálsamo para determinado tipo de discusiones...*

—Ya... ya... Iñaki, yo tengo que decirle que yo ya he conocido de todo... Yo sé lo que es esperar, sé lo que es ser jefe de la oposición y esperar, sé lo que es gobernar, sé lo que es gobernar en minoría, sé lo que es gobernar en coalición, sé lo que es ganar y sé lo que es perder. Son ya dieciocho años de actividad política.

*—Nos decía el otro día Felipe González: «José María Aznar no tiene ninguna experiencia», y nosotros le recordábamos su experiencia al frente de la Junta de Castilla y León, y nos decía que usted no hizo nada.*

—Yo, la verdad es que... mandar a mi secretaria a cobrar fondos reservados o tolerar que se desfalquen los fondos reservados del Ministerio del Interior... en eso no tengo ninguna experiencia, y tampoco la quiero tener, absolutamente ninguna. Tengo experiencias más modestas, sin duda más modestas que las experiencias que tenía el señor González cuando llegó al Gobierno, que no tenía ninguna. El señor González no conocía la Administración, yo la conozco, al menos he trabajado en ella. Sé lo que es la Administración. El señor González no había pasado por ningún Gobierno, yo sí. Yo he pasado por un Gobierno (me gustaría haber pasado más tiempo, pero he pasado por un Gobierno). Y, naturalmente, he viajado todo lo que he podido por el mundo, estrechando relaciones internacionales, cosa que el señor González, si hacía, lo hacía equivocadamente. Por eso era neutralista, antes de llegar al Gobierno; por eso defendía el equilibrio entre el bloque... ¡comunista! y el bloque de las libertades. Por eso no quería que España estuviera en la Alianza Atlántica. Todo eso demuestra la experiencia grandísima con la que él llegó al Gobierno. Yo, ese tipo de experiencias y ese tipo de problemas, no los tengo; no los tenemos. No nos hemos dedicado a hacer o decir tonterías en la oposición, por decirlo de esa manera, sino a trabajar seriamente por una alternativa de Gobierno. Y, dicho sea con todos los respetos, yo creo que en este momento que a España le hacen falta esas experiencias, que son unas experiencias sensatas, razonables y que, desde luego, superen algunas experiencias negativas de estos últimos años.

*—Dice esta mañana un editorial: «Todo hace pensar que los cien primeros días de Gobierno del Partido Popular, si gana el Partido Popular, van a ser muy... de gran aceleración». ¿Nos podría decir usted si eso va a ser así? ¿Tiene intención de ir a ritmo de gran maratón o... meter fuertemente el turbo?*

—Es que yo el maratón lo corro como con turbo. Ése es el secreto.

*—¿Ah, sí? ¿Maratón con turbo? No es fácil aguantar...*

—Fíjese... en dos meses, nosotros concentramos (el Partido Popular concentró) explicar a los ciudadanos la tarea de gobierno municipal y regional de los seis últimos meses, hacer el congreso del partido, hacer las listas electorales y hacer las elecciones. Todo eso, concentrado en dos meses. Tiene uno que tener... digamos, un partido muy unido, una «empresa» muy saneada, *muy* segura de sí misma para afrontar ese proceso: muy segura de sí misma. Y, naturalmente, yo no voy a llegar para dejar las cosas como están. Vengo a cambiar las cosas. Queremos cambiar las cosas. Y el cambio se va a notar desde el primer momento. No voy a aceptar ningún tipo de abotargamiento, ningún tipo de relajamiento. Por tanto, el turbo, desde el primer día, funcionando bien, que se note que el cambio llega a España, que se note en las actitudes, que se note en los estilos, que se note en la honradez, que se note en la fortaleza, que se note en la seguridad, que se note en la economía, que se note en la Administración, y se va a notar en esos ámbitos desde el primer día.

*—Deme una noticia... clara, señor Aznar. Ya sabemos qué va a hacer el día 4: verse con los sindicatos...*

—Llamarles.

—*¿Y el día 5? Dígame qué va a hacer el día 5.*

—Verme con ellos.

—*¿Y el 6? Dígame una cosa que vaya a hacer aparte de llamar y verse con los sindicatos...*

—Es usted muy indiscreto...

—*Antonio García Ferreras...*

—*La teoría de Felipe González sobre la Triple A ([Luis María] Anson tira la piedra, [Julio] Anguita la recoge y Aznar lo remata; y no se olvida, además, de Pedro J. [Ramírez]) ¿tiene base y fundamento?*

—Ésa es una propuesta muy interesante para el futuro de España. Yo creo que va a servir para reformar el sistema fiscal, para modernizar nuestro sistema productivo y para mejorar el empleo. Es una propuesta muy importante. Muy interesante.

—*¿Sabe que algunos de los que defienden la teoría de la conspiración dicen que Pedro J. es el que marca la estrategia? Ponen como ejemplo el libro de Ester Esteban,* El tercer hombre: *ahí dice, según ellos, cómo marca la estrategia a Aznar y a Anguita. ¿Usted ha leído el libro?*

—Pues no, no lo he leído.

—*¿Y se lo han contado?*

—Pues tampoco.

—*No comparte, entonces, lo que cuentan de él.*

—Si no lo he leído y no me lo han contado, tampoco lo comparto.

—*Javier González Ferrari...*

—*Vamos a ver: ¿va a ir Gabriel Cañellas en las listas? Lo digo porque como el señor José Barrionuevo sí va a ir en las del PSOE...*

—Hombre... primero, marquemos unas diferencias, porque el señor Cañellas adoptó y asumió unas responsabilidades políticas de una manera absolutamente... ejemplar. [El presidente de las islas Baleares dimitió el 13 de junio 1995 a causa del escándalo del túnel de Sóller y otras irregularidades]. Desde luego, yo alabo y aprecio su actitud, pero no va a estar en las listas electorales del Partido Popular. Las listas electorales del Partido Popular en Baleares están cerradas y no figura la presencia de Gabriel Cañellas. Yo no deseo introducirme en los terrenos conflictivos de otros partidos, pero en el caso concreto que usted cita... yo creo que, desde el punto de vista de lo que significa la higiene democrática de nuestro país (interprétense estas palabras no en términos personales, sino políticos), evidentemente, algunas presencias en listas electorales dicen poco de lo que significan las reglas del juego democráticas en la interpretación de algunas personas.

*—Ha pronunciado en varias ocasiones en esta entrevista, y fuera de esta entrevista, la palabra 'cambio'. El cambio, en 1982, tras la pregunta del periodista José Oneto a Felipe González, significaba «que España funcione». El cambio, en 1996, ¿qué significa?*

—No queramos resumirlo todo en una palabra. Yo deseo una España fuerte y eficaz, y para eso hace falta un Gobierno honrado, un Gobierno austero y un Gobierno competente.

*—Una de las incógnitas no desveladas es cuantificar esa «mayoría suficiente» de la que ustedes hablan. En una entrevista cercana a las elecciones de 1993, dijo usted que 163 escaños bastarían para impulsar el cambio. ¿Le sigue sirviendo esa cifra?*

—Hombre... no es mala cifra. Pero no quiero decir que una mayoría suficiente sea 166. Ayer pedí no sólo una mayoría suficiente, sino una mayoría social y el voto masivo. Yo creo que España necesita un Gobierno estable. Los españoles necesitamos avanzar claramente en la seguridad, en la estabilidad y en la modernización del país. Y cuanto más importante sea esa mayoría, tanto mejor. Lo que hace falta, luego, es que esa mayoría sea una mayoría integradora, como el liderazgo que necesita España, claramente integrador. Tenemos que vencer muchos prejuicios, tenemos que vencer muchos sectarismos. Mire usted, es evidente que entre el secretario general de Comisiones Obreras y yo existen diferencias, ¿cómo no van a existir? Es evidente. Pero yo creo que es un dato de alcance histórico que yo haya asistido al congreso de Comisiones Obreras y que ayer Antonio Gutiérrez estuviera en el congreso del Partido Popular. Es un dato de significación histórica. Y es un dato muy importante para la tranquilidad del país, para la tranquilidad de todos, la voluntad que se ha manifestado, por ambas partes, de dialogar y de llegar a compromisos y de llegar a acuerdos. Yo creo que eso es extraordinariamente positivo. Y ayer usted lo pudo comprobar. Creo que hoy se ha hecho alguna significación en los medios de comunicación. Ayer, dije, los aplausos que escuchó el secretario general de Comisiones Obreras no eran mera cortesía: eran el sincero deseo de una voluntad de diálogo, de llegar a acuerdos, de gentes que sienten y saben la responsabilidad que tienen, y saben que el país necesita que esa responsabilidad se ejerza con toda corrección. Y, por nuestra parte, desde luego, no va a quedar. Por tanto, esas cuestiones son las verdaderamente importantes y las verdaderamente trascendentes, y ahí es donde se demuestran, con hechos, las cosas: que la mano está tendida, que se puede estrechar la mano, que podemos hacer juntos grandes cosas, manteniendo cada uno las diferencias como quiera, pero que no hay nada, ningún prejuicio, ninguna actitud previa, ningún sectarismo, ninguna estúpida manía cuando los objetivos comunes son el empleo o la modernización del país.

[Iñaki Gabilondo]

*—Esta llamada a... digamos... el «talante UCD» que está continuamente invocando, sin embargo, a lo mejor le puede producir algún pequeño dolor de cabeza en sectores que le apoyan y desean que gane usted. Mire lo que ha pasado con Alberto Ruiz-Gallardón: ¿lo que Alberto Ruiz-Gallardón está haciendo es «talante UCD»?*

—Es un buen talante, sin duda. Es un talante conciliador. Es un talante dialogante. Yo respaldo la tarea de Ruiz-Gallardón al frente de la Comunidad de Madrid. Me parece una tarea muy inteligente y muy positiva para el Partido Popular y, sobre todo, para la Comunidad de Madrid.

*—Luego usted está preparado para aguantar lo que está aguantando Alberto Ruiz-Gallardón...*

—Pero si es que yo llevo aguantado lo que no está en los escritos... Sí, alguno me decía: «Te la han jugado de todas maneras». En fin, he aguantado lo que no está en los escritos... y, además, hay que tomarlo con cierto sentido del humor: cuando uno está en el Gobierno, cuando uno está en la tarea política, sabe que tiene que aguantar, y sabe que tiene que aguantar muchas cosas, unas veces justas y otras, injustas. Yo bromeo un poco con mis compañeros que tienen responsabilidades de gobierno en las comunidades autónomas, diciéndoles: «Bueno, lo vuestro... al fin y al cabo, es un chollo, dejaros de historias». Uno de los tres peores puestos de la vida política española, en estos momentos, lo ocupo yo. No voy a decir cuáles son los otros dos, pero uno de esos tres lo ocupo yo. Tienes todas las desventajas y no tienes ninguna de las ventajas.

*—¿Está usted también preparado para ser atacado por aquellos que ahora mismo le apoyan?*

—Seguro.

*—¿Pronostica que eso pueda ocurrir si maneja el llamado «talante UCD»?*

—No... pronostico que eso puede entrar dentro de lo normal, pero tampoco lo voy a instigar ni lo voy a provocar. Tampoco les voy a decir: «Venga, venga, que lo estoy deseando». Yo lo que deseo es que las cosas vayan con normalidad. Muchas veces me preguntan: «¿Y cuál cree que va a ser la actitud de los medios de comunicación?». Mire usted, la que quieran, pero que sea normal.

*—Hace unos cuantos años, el Partido Socialista se acercaba al poder y tenía una especial necesidad de hacerse con los sectores más intelectuales, como esperando que el pensamiento le acompañara. No lo fue logrando y dicen que luego se nombró ministro de Cultura a [Jorge] Semprún con el encargo de que les acercara el pensamiento y la intelectualidad. ¿Cómo están el pensamiento y la intelectualidad ahora respecto de usted y su partido?*

—Yo no me quiero hacer con ningún sector, y menos con ése, con la cultura. ¿Por qué? Porque para mí la cultura es libertad, es creatividad, es creación, y, en ese caso, lo que hace falta es incentivarlo y, a partir ahí... la libertad debe marcar las rutas. Yo no deseo el control de ningún tipo de sector social, sino que deseo que ese sector social pueda y se sienta también con capacidad para desarrollar su creatividad también en España. Y es por eso por lo que yo no deseo que la cultura sea la guinda del Gobierno, no deseo ver la cultura en términos de guinda. Deseo que la cultura informe de toda la actividad política del Gobierno, toda. Nosotros somos una gran potencia cultural, y soy consciente de ello. Y ayer lo decía: «De todas las batallas que va a dar España, y que va a ganar España, la batalla en la que partimos en mejor posición es la batalla de la cultura. ¿Por qué? Porque tenemos en este momento dos condiciones básicas: una cultura admirada y emulada en todo el mundo, una cultura universal que hace que España sea una potencia universal, y una capacidad creadora verdaderamente extraordinaria. Conjugar ambas cosas, influyendo e informando de la acción política del Gobierno, me parece absolutamente esencial. Pero la cultura como guinda es algo que a mí no me gusta, ni me interesa.

*—Javier González Ferrari...*

*—Mañana se cumple un año del asesinato de Gregorio Ordóñez; un funcionario de prisiones [José Antonio Ortega Lara], militante del PP, está secuestrado por ETA... ¿Esperan algo más antes del 3 de marzo?*

—Todos los españoles, desgraciadamente, podemos esperar algo más de ETA. Lo que debe esperar ETA es mucho más de la reacción de los españoles en el futuro. Porque el mensaje es muy claro: vamos a ir a por ellos y les vamos a derrotar, con la Ley en la mano, no con el GAL en la mano, sino con la Ley en la mano. Les vamos a derrotar.

[Iñaki Gabilondo]

*—Javier ha mencionado a Gregorio Ordóñez: mañana se cumple el primer aniversario. Coincidimos aquel día en San Sebastián precisamente aquel día, señor Aznar. Dígame qué es Gregorio Ordóñez para usted, un año después.*

—Cuando le fui a recordar en el congreso del Partido Popular, el sábado, solamente pude decir «Gregorio». Y con eso, para mí, estaba dicho todo. No olvidaré nunca a Gregorio Ordóñez.

*—Antonio García Ferreras...*

*—Creo recordar que hace unos minutos nos ha dicho usted que ni siquiera Álvarez-Cascos tiene seguro su puesto como ministro. ¿Me equivoco?*

—Quiero decir que yo no voy a decir que Álvarez-Cascos tiene seguro su puesto como ministro.

*—Pero usted lo anunció públicamente...*

—No le dé usted la vuelta: digo que no voy a decir que lo tiene seguro. No le diga usted a Álvarez-Cascos, a través de los micrófonos, que lo tiene seguro...

*—Vamos, que lo tiene en la cabeza, pero no nos lo dice...*

—No me haga usted decir lo que no quiero decir.

[...]

[Iñaki Gabilondo]

*—El día 25 de febrero cumple años, ¿no?*

—El día 25 cumplo 43 años.

*—Cumple años poco antes de las elecciones y, al día siguiente de las elecciones, cumple años Felipe González. ¿Le va a felicitar?*

—Sí, hombre, por Dios... Siempre hay que felicitar... Cuando uno cumple años, hay que ser correcto, y felicitar a todas las personas.

*—¡Hay que ver qué mal se entienden... y los dos son Piscis!*

—No... ¿por qué? No... Nos vamos a entender muy bien, con la voluntad de concordia de todos los españoles. Eso es lo más importante en este momento.

*—Si es usted presidente del Gobierno, ¿llamará a menudo al anterior presidente del Gobierno, para cambiar impresiones...?*

—Yo creo que los ex presidentes del Gobierno tienen o pueden tener unas tareas muy importantes que cumplir al servicio de nuestro país, tanto desde el punto de vista interno como externo. Pueden existir varias fórmulas que no se pueden poner en marcha sin hablar con ellos o sin hablar con las fuerzas políticas. Pero, por ejemplo, podrían ser senadores natos, si finalmente se hace la reforma del Senado. O podrían ser consejeros de Estado o podrían prestar servicios a España en el exterior... Me parece que son fórmulas muy interesantes. Tenemos ex presidentes del Gobierno de gran capacidad en ese terreno.

*—Y una última cosa: ¿dónde va a vivir usted si gana las elecciones?*

—Donde pueda y me dejen.

*—¿No lo tiene decidido todavía? ¿No está claro? Al principio, usted no quería irse de su casa...*

—Bueno, ya sabe usted... de la mía me echaron; espero mantenerme en la que estoy ahora. Pero me gustaría vivir en mi casa y trabajar en La Moncloa. Luego... haré lo que me digan, pero no me gustaría en absoluto perder mi casa. No me gustaría ser un presidente sin casa ni hacer mi casa del Palacio de La Moncloa. Yo he dicho que quiero estar allí, si los españoles me dan su confianza, no más de ocho años. Ése me parece el período razonable, de una persona razonable que no aspira a más que a ser un gobernante democrático en un país democrático.

*—Y la última... sus hijos. Sus hijos están también en vísperas, quién sabe, de vivir un cambio importantísimo en su propia vida. ¿Les ha dicho algo especial?*

—Que estén tranquilos. Que se sientan seguros de lo que su padre está haciendo. Y que, desde luego, sigan siendo los mismos. Que cuando las cosas vienen mal o vienen bien, lo importante es ser fiel a uno mismo, fiel a su conciencia y hacer lo que uno tiene que hacer.

*—Y, ahora, la última de todas... de todas. Con todos los vientos a favor, la pregunta que le hago siempre, se la hago también ahora: ¿está usted preparado para perder?*

—Yo estoy preparado para todo. Pero, en este caso, me he preparado muchísimo más para ganar, porque creo que es lo que vamos a hacer.

12

# *José María Aznar*
# *Nuevo presidente*

Después de catorce años de Gobierno socialista (1982-1996), el partido del presidente Felipe González estaba sometido a fuertes tensiones internas. Durante ese tiempo, se había llevado a cabo una profunda transformación del país, pero las crisis gubernamentales, los escándalos y la presión social parecían indicar que el ciclo socialista había tocado a su fin.

José María Aznar, el nuevo líder conservador ganó las elecciones celebradas el 3 de marzo con un porcentaje del 37,19 frente al 31,83 del PSOE. Comenzaba un nuevo período en la historia democrática española.

Iñaki Gabilondo entrevistó al nuevo presidente del Gobierno de España en el Palacio de La Moncloa el día 18 de septiembre de 1996 *(Hoy por hoy*, Cadena SER).

*—Y en La Moncloa somos recibidos por José María Aznar, presidente del Gobierno. Señor Aznar, muy buenos días.*

—Buenos días.

*—¿Cómo está usted?*

—Pues muy bien, ¿y usted?

*—Encantado de saludarle.*

—Igualmente.

*—Desde hace siete meses...*

—¡Siete meses ya!

*—Siete meses, desde el 22 de febrero* [1].

—Pues le veo muy bien, de todas maneras, ¿eh?

*—Bueno, yo le veo muy bien a usted.*

—Muchas gracias.

*—Bueno, estamos viviendo los días clave, cuando la política se hace realidad, con los presupuestos. ¿Se llegará a buen puerto? ¿Sin problemas?*

—Sí, yo espero que sí. Los presupuestos son muy importantes para nuestro país, en todo caso. Pero estos presupuestos lo son muy especialmente. Porque son los presupuestos en los cuales nos jugamos definitivamente la oportunidad de estar en el grupo de cabeza de Europa y, en ese sentido, yo creo que es una responsabilidad que compete a todos. Por tanto, yo estoy convencido de que tendremos los presupuestos. Tendremos los presupuestos que necesita el país.

*—Bueno, pues a eso iremos dentro de un momento. Porque parece que la actualidad está muy relacionada con las cifras, los recortes, etcétera. Tenía un par de cosas que preguntarle antes.*

—¿Solo un par?

*—Sí.*

—No puede contener las ganas, ¿no? Ja, ja, ja...

*—Sí, en relación con el tema de la desclasificación de los papeles del Cesid: usted lo ha explicado todo, pero me quedaban un par de dudillas. ¿Cuándo y por qué cambió de opinión?* [2].

—No, no he cambiado de opinión.

*—¿Tenía esta opinión antes?*

—Sí.

*—¿Se lo había dicho a [Francisco Álvarez] Cascos y a [Federico] Trillo?*

—Las opiniones personales son unas y las decisiones del Gobierno son otras.

*—Pero Cascos y Trillo debían de estar equivocados. Ellos creían que iban ustedes a tomar una decisión distinta.*

—Pero usted me ha preguntado sobre mi decisión, no sobre la de los demás, no sobre la opinión de los demás.

*—¿Usted ha tomado ya esa decisión?*

—Yo he sido consecuente con la decisión que tenía que tomar y que tenía que adoptar, pensando en el bien del país y pensando en el futuro del país, y eso es lo que hecho. Soy responsable de tomar esa decisión, y soy responsable de haberla tomado, una decisión política, pensando en lo que es mejor, en lo que era mejor. O, si usted quiere, pensando en lo que era menos malo, para los intereses de nuestro país y para el futuro de nuestro país. Y era muy consciente, también, de que tomar esa decisión me iba a producir algunos costes.

*—Y algunas sorpresas, como digo, en el seno de su propio equipo.*

—No, no... sorpresas, ninguna.

*—No me diga que Cascos no se ha sorprendido... porque llevaba muchísimo tiempo hablando en unos términos que hacían pensar que se esperaba otra cosa.*

—Si usted quiere que yo se lo diga, se lo digo. Pero no le estaría diciendo la verdad, y usted esperará que yo le diga la verdad.

*—Bien: confírmeme, por lo menos, que no ha habido presiones de fuera para llegar a esa conclusión.*

—Absolutamente ninguna. Y, además, se lo digo con toda claridad, que no busquen otro responsable que yo, porque yo soy el responsable. El Gobierno tenía que tomar una decisión política y la ha tomado: yo la he tomado. Y la he tomado, estrictamente, pensando en el futuro de nuestro país y en la tranquilidad de nuestro país, exactamente.

*—Sólo quería que me dijera lo que ya me ha dicho: que antes, durante la campaña electoral, ya pensaba usted eso.*

—Lo he pensado. Ya se lo dije a usted: que creía que había que pasar página sobre esas cosas, que creía que había que iniciar una nueva etapa en la vida española y que creía que los problemas judiciales se tienen que resolver ante la Justicia. El Gobierno no está para hacer justicia: está para tomar decisiones justas. Las decisiones justas que toma el Gobierno son las decisiones que se acomodan a la Ley. La función del Gobierno no es impartir justicia, es gobernar, tomar decisiones políticas en el ámbito del Gobierno. Y si hay problemas con la Justicia, es en el ámbito judicial, estrictamente, donde se tienen que dirimir esas responsabilidades.

*—A la vista de la importancia que tenían las cuestiones que se estaban comentando, teníamos la impresión de que ahí iban ustedes a pisar todos los aceleradores. Usted dijo: «No vamos a mirar hacia atrás»... pero, permítame que le pregunte: en el caso de Carmelo Soria, van a mirar mucho más atrás y mucho más lejos... para decir que irían hasta donde fuera necesario...*[3].

—Bueno, eso es otra cuestión completamente distinta... Es una cuestión que sucede en otro país, con un funcionario de un organismo internacional. En este momento, el Gobierno lo está estudiando. Está en contacto con la familia... como creo que la familia está en contacto con las autoridades chilenas. Por tanto, estamos muy atentos a ese caso, que me gustaría que se resolviese.

*—Bien, ¿quiere usted que se esclarezca el caso GAL? ¿Le parece importante despejar ese balón y que se esclarezca bien el caso GAL?*

—Me parece que la Justicia tiene la obligación, como es lógico, y yo espero que lo haga, de determinar todos los elementos necesarios para esclarecer ese caso desde el punto de vista legal, desde el punto de vista judicial. El Gobierno tiene que tomar decisiones políticas; después, acierta o se equivoca. Y no hay más elementos de valoración que elementos de valoración política, porque ésa es la responsabilidad del Gobierno. La Justicia tiene que actuar no conforme a criterios políticos, sino conforme a la aplicación rigurosa de la Ley, en función de los testimonios, de los datos, de las pruebas que tenga. Yo no dudo de que la Justicia en España actúa correctamente y que, por lo tanto, hará todo lo que esté en su mano por esclarecer el asunto GAL desde el punto de vista de las responsabilidades judiciales que pudiese haber.

*—Bien. Hablemos de las cuestiones que ahora mismo están sobre la mesa: los presupuestos. Quisiera saber si toda esta cacofonía de noticias que venían después matizadas y después desmentidas corresponden a un plan o no, es decir, ¿son globos sonda o palos de ciego? ¿Han dirigido ustedes este concierto desconcertante o no, o han sido atropellados?*

—Pues ni una cosa ni la otra. Porque lo que yo creo es que lo que no se puede es invitar permanentemente al debate, y cuando se debate, quejarse de que hay debate. Cuando hay debate, hay opiniones diferentes. Incluso puede haber opiniones diferentes en el seno de un Gobierno. Para eso se hacen los debates: si para algo sirven los debates es para llegar a una conclusión, ¿no? Entonces, no, no... Mire: nosotros tenemos que hacer unos presupuestos difíciles; nos gustaría tener la disponibilidad, la posibilidad de que tuviésemos un margen más amplio. No tenemos ese margen más amplio. Es muy importante lo que nuestro país se juega en términos de bienestar, en términos de crecimiento, etcétera, etcétera. En el compromiso electoral y en el compromiso de investidura expliqué algo muy claro: que España debe estar en cabeza de los países que formen parte de la moneda única, que eso es muy importante para nuestra estabilidad, muy importante para el bienestar, muy importante para el empleo. Es sencillamente eso lo que nos jugamos. Y, en consecuencia, estoy dispuesto a tomar todas las medidas. Lo he dicho hace mucho tiempo y es exactamente lo que estoy cumpliendo. Ahora me dice usted: hay debate para establecer nuevos sistemas de financiación en la Sanidad... Pues unos piensan una cosa, otros piensan otra. Está dentro de lo normal, ¿no?

*—No... si lo que quería saber es si formaba parte de un plan de globos sonda, un plan exploratorio, o sencillamente un juego de voces en circulación, cada una por su cuenta.*

—No, no, no... Nosotros tenemos y estamos siguiendo un proyecto de modernización de España, y estamos siguiendo este plan, la verdad, con bastante rigor y con bastante escrupulosidad. A ese respecto, me da la sensación de que dar un repaso a los compromisos de investidura nos lleva a una conclusión bastante satisfactoria de lo que se ha hecho en estos tres meses o en estos cuatro meses. Dentro de ese proyecto, nosotros nos ajustamos, efectivamente, a cumplir esas condiciones. En algún punto, como usted dice, por ejemplo, en la Sanidad, yo me comprometí a que una ponencia en el Congreso de los Diputados establecería y reflexionaría sobre la reforma del Sistema Público de Salud, sobre la nueva financiación de la Sanidad, y es lo que hemos propuesto y lo que estamos haciendo. Es lógico que sobre eso haya debate.

*—Aunque estamos en los días en los que quedan muchas cosas por ultimar, podemos confirmar algunos datos que ayer se señalaron: ¿el recorte va a andar alrededor de los 800.000 millones [de pesetas]?*

—Sí, sí.

*—Los recortes estarían alrededor de estas cifras... En recorte en infraestructuras, unos 150.000 millones; el recorte en subvenciones a empresas públicas, 200.000 millones, congelación salarial...*

—Sí, sí. Lo que dijo ayer el director de la Oficina Presupuestaria; naturalmente, lo conoce muy bien. Es por donde van las cosas. La presión fiscal individual se mantiene. No van a tocarse ni los impuestos de la renta, ni de sociedades, ni el Impuesto sobre el Valor Añadido; el poder adquisitivo de las pensiones se mantiene, lógico; los derechos sociales básicos se mantienen. Habrá nuevas fórmulas de financiación de las infraestructuras y, bueno... hay unas previsiones económicas razonables para el año que viene, que están demostrando un grado de confianza muy importante en la economía española. Tendremos que hacer un esfuerzo verdaderamente importante, un segundo esfuerzo... mejor dicho, un tercer esfuerzo importante en el plazo de cuatro meses, lo tiene que hacer este Gobierno. Nosotros hicimos un primer ajuste presupuestario en torno a 200.000 millones de pesetas, que fue un gran esfuerzo. Segundo, hemos tenido que tapar los agujeros anteriores, por importe de 720.000 millones de pesetas. En tercer lugar, hemos tenido que llevar a cabo unas medidas de control del gasto severísimas...

que le ponen a cualquier Gobierno, de aquí en adelante, digamos... una armadura, un corsé muy importante, para que el gasto público no se pueda desviar en nuestro país. Eso es muy importante. Y, en cuarto lugar, vamos a hacer un esfuerzo, ahora, de 800.000 millones de pesetas. Es decir... se podrá estar a favor o en contra de las decisiones del Gobierno, pero lo que nadie podrá decir, yo creo, desde el punto de vista de la lógica razonable, es que el Gobierno no coge el toro por los cuernos, por decirlo de esa manera.

*—Esta mañana, el diario* Expansión, *en su editorial, dice que el recorte de infraestructuras es pan para hoy y hambre para mañana, y que eso sí que es más de lo mismo.*

—Bueno, hay que buscar nuevas fórmulas de financiación de infraestructuras, pero eso forma parte del consenso básico del país. Si tenemos un consenso básico en el que hay que hacer un esfuerzo de mantenimiento de derechos sociales, por ejemplo, de mantenimiento de la capacidad adquisitiva de las pensiones... eso cuesta dinero, eso cuesta bastante dinero, y el dinero no lo tenemos. Y hay dos posibilidades: o hay nuevas fórmulas de financiación de algunos otros servicios, como pueden ser las infraestructuras, o hay aumento de impuestos. Porque realmente estamos en el límite de lo posible en el recorte de gastos... digamos... de gastos que no tienen un componente estructural grande. Yo creo que es muy importante hacer las reformas estructurales que la economía necesita, y hemos empezado con ello. Piense usted que, en estos cuatro meses, nosotros hemos afrontado reformas que nunca se habían hecho. Reforma de la legislación del suelo, de las telecomunicaciones, la liberalización y la reforma del sistema energético, una liberalización importante en el sistema de ahorro del país, a través de los fondos de inversiones, la legislación de los fondos de inversión... Hemos afrontado la reforma del sistema de pensiones, a través del Pacto de Toledo. Vamos a afrontar la reforma de la Sanidad... Es decir, el esfuerzo en reformas estructurales es muy importante, muy importante. Y yo estoy de acuerdo en que hay que seguir en ese proceso, porque es el proceso que necesita la economía española desde el punto de vista de su modernización. Y se está traduciendo en datos de empleo. Hoy, yo mismo veía cuál era exactamente la prima de riesgo de España en relación con los demás países, la prima de riesgo que pagamos, que se mide, como usted sabe, en la famosa diferencia con el bono alemán a diez años. Pues estamos en el nivel de enero de 1994. Es decir, hace un año teníamos el doble de prima de riesgo del que tenemos en este momento.

—*Hemos pasado de «bajaremos los impuestos» a «no subiremos los impuestos» y a «ya me gustaría a mí que no subieran los impuestos».*

—Usted sabe muy bien... porque usted tiene buena memoria... yo la tengo, especialmente cuando estoy con personas inteligentes, como usted, y me acuerdo de lo que digo... Bien, entonces usted recordará que cuando nos reunimos hace siete meses, yo le dije que nosotros acompasaríamos la reforma fiscal a la reducción del déficit. Nosotros hemos hecho dos cosas importantes, mejor dicho, si usted me permite, tres: primera, hemos hecho una nueva fiscalidad sobre el ahorro en nuestro país; de tal manera que los pequeños ahorradores españoles, que son millones, de esa manera, se casen con la mujer o con el hombre que quieran, pero no se casen con ninguna entidad bancaria y puedan mover sus ahorros razonablemente en favor de la rentabilidad. Eso afecta a muchos millones de familias españolas. Otra medida que hemos tomado es que quien tenga un pequeño negocio, quien tenga una pequeña empresa, quien tenga un pequeño comercio lo pueda traspasar a sus herederos sin que la fiscalidad le aplaste. Son dos medidas de reforma fiscal importantes. Y hemos tomado otra medida: efectivamente, la elevación (ya ve usted que yo no la rehúyo) del impuesto sobre el tabaco y sobre el alcohol, sobre determinados alcoholes. Esta medida, afortunadamente, ha sido extraordinariamente bien absorbida por la economía española el pasado mes de agosto. ¿Por qué se toma esa medida? Esa medida solamente se toma por una cosa: porque nosotros nos encontramos con un agujero de 720.000 millones de pesetas y lo tenemos que financiar. ¿Y cómo lo financiamos? Eligiendo el modo de financiación menos costoso. Cuando yo digo: «Ya me gustaría no haberme encontrado ese agujero...». ¡Es que es verdad! ¡Es que ya me gustaría no haberme encontrado con un agujero de 720.000 millones de pesetas! Y cuando usted me dice que si me gustaría poder ir más rápido bajando los impuestos, le digo que sí. Porque me hubiese gustado. Y en lugar de encontrarme con un déficit del 4,4 como yo deseaba, como yo esperaba, me he encontrado con un déficit del cinco y pico. Y tengo que hacer un esfuerzo mayor, y por eso tengo que hacer un ajuste mayor en los presupuestos, y tengo un margen de maniobra menor. En consecuencia, yo creo que las cosas están como nosotros las habíamos planteado, haremos esas reformas: hemos tomado ya medidas de reforma fiscal, las seguiremos tomando, pausadamente, de tal manera que no produzcan unos efectos digamos... de choque, que pudiesen, en cierto modo, no ser aceptados correctamente por la economía.

*—Como yo tengo mucha peor memoria que usted, he estado escuchando lo que me dijo hace siete meses...*

—¿Sí?

*—... y efectivamente es lo que ha dicho usted, pero con otra cosa... Añadió que al final de la legislatura se habría reducido la presión fiscal en el IRPF, para marcar tres tipos, máximo cuarenta y mínimo dieciocho. Quisiera saber si con estas novedades y sorpresas que se ha encontrado usted, mantiene eso o lo ha revisado.*

—Sí.

*—¿Lo retoca o lo convierte ahora en otro tipo de objetivo?*

—No, en este momento estamos trabajando en una reforma del impuesto sobre la renta de reducción a diez tramos de la tarifa del impuesto sobre la renta. Estamos hablando de cuatro meses, yo hablo de una legislatura que dura cuatro años.

*—No... si lo que quiero saber es si mantiene ese compromiso.*

—No, no... Si a mí esa posición me parece razonable y, desde luego, yo haré todo lo posible por cumplirla. Y si no la puedo cumplir, y en vez de tres, tengo que quedarme en cinco, pues usted me lo recordará, ¿no? Pero yo creo que es una posición de política razonable que me gustaría mucho poder cumplir.

*—¿Sigue manteniendo aquello que nos dijo con tanto entusiasmo, muchas veces, de que los países que más habían bajado los impuestos, más habían recaudado, más habían incentivado el ahorro, la inversión, etcétera, y que era un sistema formidable para resolver muchos problemas? Porque le noto últimamente un poquito más cauto...*

—No, no... Eso puede alentar el crecimiento económico, como es lógico, ¿no? Pero, evidentemente, todo tiene que hacerse en sus plazos y, en este momento, el objetivo básico, como le digo, el eje determinante de los presupuestos es la reducción del déficit. Yo lo dije ayer, claramente, en Valencia, al término de la cumbre hispano-italiana, con el primer ministro [Romano] Prodi: España va a estar entre los primeros países que asuman la moneda única. Ésa es una responsabilidad grande del Gobierno. Ya sé que nos hemos encontrado con que no cumplíamos con ninguno de los requisitos exigidos, pero vamos a hacer el esfuerzo que la sociedad española merece para cumplir esos requisitos, y vamos a estar ahí.

*—Lo de los seguros lo confirma: un 4 por ciento...*

—Se va a cambiar la legislación sobre seguros, sí. Va a haber una parte de disminución en el tratamiento de los seguros en el impuesto sobre la renta y va a haber un nuevo tratamiento homologable con Europa, digamos... en la imposición indirecta. Sí: la legislación sobre seguros sí se va a modificar.

*—¿Y va a estar en esa situación...?*

—En torno a eso, en torno a eso...

*—¿Un 4 por ciento...?*

—En torno a eso, sí.

*—En relación con los medicamentos, se han dicho muchas cosas y ahora quisiera que me dijera usted en qué punto está la cuestión exactamente.*

—Lo más importante es que sigan curando al que lo necesite, ¡ja, ja, ja...!

*—Ya, ya... pero díganos qué va a ocurrir con eso y si ahora, en los presupuestos, hay alguna novedad.*

—Mi preocupación es doble: por un lado, que la Sanidad pública mejore. Es obvio que se pueden hacer cosas importantes por la Sanidad pública, ¿no? Por ejemplo, desde que nosotros hemos empezado el plan de choque contra las listas de espera, el plazo medio de espera de una operación quirúrgica ha descendido en dos meses de 217 días a 108 días: ¡en dos meses! Se ha incrementado la productividad de los quirófanos en un 20 por ciento, que es muy importante. Por tanto, eso demuestra que se pueden hacer muchas cosas. Segundo: me preocupa que la ponencia de Sanidad, que está en el Congreso de los Diputados, se ponga en marcha: que se ponga en marcha y que, de alguna manera, seamos capaces entre todos de llegar a una especie de Pacto de Toledo, pero en la Sanidad. Y ahora le diré por qué creo que hace mucha falta. Y, en tercer lugar, estamos dispuestos a dedicar el máximo de recursos posibles a la Sanidad. El presupuesto de Sanidad para el año que viene va a crecer en torno a un 6 por ciento. ¡Fíjese el esfuerzo que se hace, cuando el presupuesto total va a crecer menos del dos y medio por ciento! Se hace un esfuerzo muy grande. Lo que no podemos es atender todas las necesidades que hay en este momento por parte de las comunidades autónomas en el ámbito de la Sanidad. Eso no lo podemos atender, y espero que todo el mundo sea razonable con esa posición, pero la Sanidad va a tener un crecimiento muy importante. Y me gustaría dedicar parte del ahorro que podamos hacer, parte del esfuerzo del ajuste presupuestario, a mejorar la Sanidad. Ahora bien, hay datos que tenemos que resolver. Por ejemplo, España es el país de la OCDE [4] que más paga, que más dinero gasta en gasto farmacéutico, más de 800.000 millones de pesetas. Fíjese usted que le digo que es el país que más paga... no de la Unión Europea, ¡de toda la OCDE! España es el país en el que más ha crecido el gasto farmacéutico en términos porcentuales, hasta un 130 por ciento, en los últimos ocho años. Somos el país que menos aportamos por usuario para las medicinas, exactamente, un 8 por ciento del total de esos más de 800.000 millones de pesetas. Y somos el país de Europa en el que más baratas son las medicinas.

—*¿Y qué vamos a hacer para acabar con eso?*

—Pues mire... eso es lo que tiene que resolver la ponencia de Sanidad. Y entonces habrá que hacerlo. Yo lo tengo que decir: el país no se puede permitir esos gastos.

—*¿Van a ampliar la relación de fármacos excluidos?*

—En todos los países europeos hay tres categorías de fármacos, menos en España, que hay dos. No pasa nada porque la ponencia decida que haya tres categorías de fármacos. Naturalmente, siempre hay que tener presente el tratamiento especial de los enfermos crónicos que tienen que tener unas ventajas muy importantes en ese terreno. Y luego, naturalmente, hay que discriminar las cosas: yo sé muy bien que hay personas que tienen ingresos modestos, y que, para ellos, una decisión así o pedir una contribución supone un esfuerzo importante... Eso hay que tenerlo en cuenta. En cambio, sé que hay personas que se benefician de la gratuidad, o del poco pago, o del poco esfuerzo del usuario que se pide en España para las medicinas y que podrían pagarlas perfectamente.

—*Presidente... que no me dice si van a ampliar la lista de fármacos excluidos...*

—No, no... Le digo que hay tres categorías en Europa y que en España solamente hay dos, y que creo que podemos ir a tres categorías. Una categoría de fármacos que sean, digamos, que sean de fácil dispensa o generalizables... ¿no?

—*Estuvo feo, ¿verdad?, en el pasado, cuando el Gobierno socialista intentó hacer algo en ese sentido y ustedes empezaron a meterse con ese plan, a llamarlo «el medicamentazo» y todo eso... No sería bonito que se lo dijeran a ustedes...*

—Yo creo que no es una cuestión de que sea bonito o feo, sino de resolver las cosas en un momento determinado, y ésa es la responsabilidad que nosotros tenemos en este momento. Insisto: ése es nuestro compromiso, ése es mi compromiso, el que hice en el discurso de investidura, apoyado mayoritariamente por la Cámara, y espero que podamos llevarlo a la práctica. ¿Que eso tiene una traducción presupuestaria en 1997? Pues me alegraría mucho que lo tuviese. Pero, desde luego, creo que esos trabajos deben empezar, y deben empezar cuanto antes.

*—¿Podría entonces precisar, para nuestros oyentes, un tema tan sensible como éste? Para que pudieran quedarse con un dato claro. Lo de las recetas y los veinte duros, por ejemplo, ¿lo han descartado?* [5].

—Eso es una decisión que tendrá que tomar el Congreso de los Diputados. Lo que hay que plantear es la aportación del usuario al pago de servicios.

*—Pero no lo han llevado al Congreso de los Diputados, porque se han asustado de la gente...*

—No, no... Estoy cumpliendo mi programa de investidura, que es exactamente ése, exactamente ése.

*—Bien. Y en relación, entonces, con los otros medicamentos, ¿me puede precisar si van a ampliar o no la categoría de exentos, si van a hacer las recetas genéricas?*

—Puede establecerse una nueva tercera categoría de medicamentos que no existe en este momento en España; y además de eso, pueden establecerse otras medidas. El Gobierno tiene avanzadas conversaciones muy importantes con la industria farmacéutica; se tienen que producir ahorros muy importantes. Es decir, el esfuerzo lo tiene que hacer el Gobierno.

*—¿Les van a morder los beneficios a las farmacias o a las industrias farmacéuticas?*

—Lo vamos a hacer en términos razonables, respecto a los beneficios de las empresas farmacéuticas.

*—¿Me puede dar algún detalle?*

—Bueno, se está en eso. Es decir, usted sabe que cuando se sobrepasan determinados niveles de beneficios, las empresas farmacéuticas tienen que hacer unos retornos. Pues de lo que se trata es de que ese tope de beneficios sea bastante más restringido.

*—Pero no está cuantificado todavía...*

—Sí. En vez del 7 por ciento, el 2,5 por ciento. Todo beneficio que supere el 2,5 por ciento tiene que producir unos retornos al Tesoro, es decir, a los ingresos del Tesoro y, en consecuencia, al sistema sanitario. Es una prueba del esfuerzo también por parte de las empresas farmacéuticas. Las farmacias tienen que hacer un esfuerzo también, tienen también que hacer un esfuerzo los médicos... Todo esto se está controlando. Tenemos que mejorar los niveles de control también del gasto farmacéutico. En este momento, sabe usted que se da una situación curiosa, en la cual se puede controlar al médico que expide una receta, se puede controlar a la empresa que expide una receta, pero no se puede controlar al beneficiario, porque eso todavía no está informatizado. Así que tenemos que hacer ese esfuerzo de control, que es muy importante. Hay que establecer diferencias entre aquellos que realmente no pueden pagar y los que realmente pueden. Es decir, hay que llegar a un acuerdo razonable, para que el país financie un gasto tan importante como el de la Sanidad en términos correctos.

*—Señor Aznar, con los catalanes el problema parece no sólamente de cifras, sino de concepto... Eso nos decía ayer [Josep Antoni] Durán i Lleida, de Convergència i Unió. ¿Están discutiendo cifras? ¿Están discutiendo conceptos? ¿En qué punto está exactamente este asunto? Ayer, después de la reunión, no han avanzado definitivamente, ¿no?*

—Se sigue hablando de esas cosas... Es lógico que los diálogos presupuestarios se discutan; es lo normal. Es decir, lo normal es que se produzcan esos diálogos presupuestarios. Y que pueda haber diferencias en los diálogos presupuestarios.

*—¿Hay diferencia de cifras o diferencias de conceptos?*

—No, no... Yo creo que hay diferencias de cifras, no creo que haya diferencias de conceptos.

*—¿Cuál es la diferencia de cifras...?*

—Bueno, eso no lo sé exactamente.

*—No... es que...*

—Le digo que no lo sé exactamente. Lo que yo quiero decir es que todos nos tenemos que mover, y estoy seguro de que Convergència i Unió se va a mover también en el terreno y en el término de lo posible. Todos estamos interesados en mejorar la Sanidad española. Todos estamos interesados en que se resuelvan los problemas financieros de la Sanidad. Y todos sabemos también lo que debemos hacer, compartir los esfuerzos que haya que compartir, para encontrar, primero, un sistema correcto de financiación de la Sanidad. Y, en segundo lugar, que el país cumpla sus objetivos. Yo creo que en eso estamos interesados todos, ¿no? Y que, por tanto, llegaremos a una conclusión positiva.

*—José María Aznar: CiU y PNV dicen que ustedes habían pactado esto. De manera que al margen de la discusión actual, se sienten engañados, porque decían que ustedes se habían comprometido. Díganos: ¿se habían comprometido ustedes con CiU en este capítulo?*

—No, no, no... Nosotros sabemos muy bien cuáles son nuestros compromisos. Esos compromisos son concretos. Naturalmente, nosotros sabemos que debemos afrontar los problemas de la financiación sanitaria, y los vamos a afrontar en el término de lo posible. Nosotros estamos cumpliendo escrupulosamente todos los acuerdos que hemos firmado, todo lo que hemos acordado, tanto con Convergència i Unió como con el Partido Nacionalista Vasco. Entra dentro de lo lógico que a veces puedan producirse interpretaciones distintas o que se puedan plantear nuevas cosas encima de la mesa, pero yo no quiero darle a eso más trascendencia de la que tiene. Sé que existe una preocupación. Y sé que nuestra responsabilidad es solventar esa preocupación.

*—En el tema del impuesto de sociedades, ¿no había comprometido este tema con el Partido Nacionalista Vasco?*

—Yo le puedo decir que con el Partido Nacionalista Vasco, como con todos los demás, con Convergència i Unió o con Coalición Canaria, se están cumpliendo los acuerdos escrupulosamente. Otra cosa distinta es que al Gobierno vasco no le haya gustado la decisión que ha tomado el Gobierno de España. Pero el Gobierno, nosotros... no podemos tomar decisiones pensando en si gustan o no gustan, sino pensando en lo que es necesario para el país.

*—Bueno, la cuestión de fondo es que ellos dicen que no es que les guste o no les guste... sino que ustedes se habían comprometido, y ahora dicen que no.*

—No, no, no. No, no, en absoluto. Yo le puedo decir a usted que existe un compromiso, un cumplimiento muy estricto y muy escrupuloso de esos acuerdos, como no puede ser de otra manera.

*—El asunto de la financiación autonómica: queda mucho camino, y ya estamos aludiendo a la reunión del Consejo de Política Fiscal y Financiera. Se están alzando algunos frentes de rechazo, con alguna claridad: el presidente del Parlamento andaluz hablaba de la reunión de hoy, en la que parece que va a concretarse este rechazo, también desde Asturias. Incluso ayer se comentaba la posibilidad de que el Partido Socialista presentara recurso de inconstitucionalidad contra esta reforma de la financiación autonómica.*

—Bueno, me resulta un poco curioso que anuncien un recurso de inconstitucionalidad antes de llegar a un acuerdo sobre la financiación autonómica. Si en algún momento hay acuerdo sobre la financiación autonómica, que creo que lo va a haber, y después se recurre... yo creo que será una equivocación. Pero lo que me parece sorprendente es anunciarlo antes. Eso sí que me parece un poco sorprendente. Pero sí le quiero decir que nosotros vamos a hacer el máximo esfuerzo por conseguir el acuerdo; como hacemos el máximo esfuerzo por conseguir el acuerdo presupuestario, también lo haremos respecto al acuerdo autonómico. Lo que me parece muy importante, muy importante para las comunidades autónomas, es que van a tener más recursos. Es muy importante para los ciudadanos, que van a poder juzgar a los gobiernos autonómicos, no ya sólo por lo que gastan, sino también por su capacidad de recaudación. Es muy importante para modernizar el sistema financiero español. Es muy importante para estabilizar el Estado de las Autonomías. Los rechazos que estoy viendo son unos rechazos que no nacen de un análisis del sistema, sino, más bien, de consideraciones políticas antes de analizar el sistema. Y, por tanto, yo creo que al final debe imperar el buen sentido, la buena razón de saber dialogar y acordar las cosas.

*—Pues el rechazo debería sonarle... porque cuando antes se hablaba del 15 por ciento, dentro de su propia familia política había muy claros rechazos.*

—Sí.

*—Incluso es más sorprendente que algunos no aceptaran antes el 15 por ciento y vayan a aceptar el 30.*

—No, porque el sistema es distinto. No es cuestión de un porcentaje, es cuestión de la capacidad de corresponsabilidad. Nosotros establecemos un régimen de corresponsabilidad. Usted podía tener, con el sistema anterior, el 15, el 25, el 40 o el 60 por ciento, pero no había corresponsabilidad. Este sistema establece la corresponsabilidad. Entonces, yo comprendo que desde el punto de vista de la comodidad, puede haber algún dirigente autonómico que diga que es más cómodo tener capacidad de gasto y no preocuparse de cómo recaudar los ingresos. Pero desde el punto de vista de la lógica del sistema, lo que no tiene sentido es gastar más de un tercio de la riqueza nacional, más de un tercio del gasto nacional, y no querer compartir la responsabilidad en el ingreso.

*—¿Habrá topes?*

—Bueno, eso está en el acuerdo de financiación... No tiene que haber topes, pero esperemos a ver el acuerdo del Consejo de Política Fiscal y Financiero. Lo que importa es que el sistema de corresponsabilidad empiece a funcionar. Y, en segundo lugar, que se establezcan los mecanismos razonables de solidaridad en el sistema. Y las dos cosas están plenamente garantizadas con el sistema propuesto.

*—Hay alguna cosa más que le quería preguntar ahora al señor Aznar. Una: le puedo decir que me ha impresionado y me ha dado un poco de miedo su actitud con Aleix Vidal-Quadras* [6]*, señor Aznar.*

—¿Por qué?

*—Me sorprendió que no lo recibiera... pero mucho, además. Había estado pregonando constantemente el diálogo como la bandera del nuevo tiempo y tiene una discrepancia con uno de sus hombres más leales, y no le recibe.*

—A mí, eso... ¡Hombre, tiene mucha gracia eso! ¿No? A mí lo que me sorprende es que debo de ser el único, no voy a decir el único español... pero debo de ser de los pocos españoles que ha apoyado durante seis años a Vidal-Quadras, y ahora a Vidal-Quadras le apoyan muchos españoles que siempre se habían opuesto a él. Pero eso son las cosas pintorescas de la política, ¿no? Los partidos políticos tienen sus cauces, ¿no? Y es bueno siempre operar dentro de esos cauces. A mí no me gusta hablar de esas cosas públicamente, porque, como usted comprenderá, me sería muy fácil decir muchas cosas y contar muchas polémicas, simplemente con una frase o con dos frases, o con dos palabras, pero no se trata de eso. Me gusta que se hagan las cosas con sensatez, con sentido común, con serenidad y sin salirse de los cauces habituales. Eso es lo lógico.

*—No, me refería sólo a la forma, al margen de la discrepancia. Estábamos observando cada gesto del nuevo presidente, la personalidad del nuevo presidente. Y nos ha sorprendido que en esta discrepancia no haya hablado con su colega, en este caso discrepante, para resolver el problema dentro de la casa, precisamente.*

—Bueno, es que... lógicamente, los problemas se resuelven dentro de la casa, naturalmente; se habla. Cuando los problemas se tienden a resolver fuera de casa... Siempre hay que procurar resolver las cosas en casa. Se resuelven dentro, no se resuelven fuera.

*—¿Le preocupa a usted que muchos sectores del Partido Popular y muchos votantes y militantes del Partido Popular en toda España se ha-*

*yan quedado algo desconcertados o entiendan mejor a Vidal-Quadras que su nueva visión de...?*

—No tengo esa percepción, sino más bien la contraria. Yo sé que esas cosas, a veces, para algunas personas que no han digerido bien los resultados electorales o que tienen una obsesión de poder desmedida... Cuesta aceptarlo, ¿no? Pero mire: es un hecho cierto la normalidad política del país, es un hecho cierto la ausencia de tensiones en la vida del país, aunque se incita a ello con bastante interés, o casi se puede pensar que algunos tienen en la cabeza ese viejo *ritornello* de que cualquier tiempo pasado fue mejor. Es un hecho cierto la buena marcha de la economía española, es un hecho cierto que existen negociaciones para alcanzar unos acuerdos sociales, que se están manteniendo, y que yo espero y deseo que se culminen con éxito. Todas esas cosas son un hecho cierto, ¿no? Y dentro de esas cosas hay que moverse, mire usted. Y ésta es la responsabilidad del Gobierno.

*—El último día que tuve la oportunidad de charlar con usted, me dijo que, para usted, el programa electoral era un contrato que suscribía con los españoles. Evidentemente, al no tener mayoría absoluta, al tener que revisar algunas cosas, como consecuencia de los acuerdos, eso no se puede tomar al pie de la letra. Pero ya no se trataría de que el Gobierno pudiera disponer de una absoluta maniobrabilidad, sino que revisa esos conceptos. Le puedo preguntar por alguno de esos conceptos y cómo quedan revisados después de los acuerdos. Usted habló constantemente, muchas veces, sobre el tema de los presos etarras y la necesidad de que cumplieran íntegramente sus penas. Como consecuencia del acuerdo con el PNV, ¿cómo queda eso ahora? ¿Cuál es la filosofía del partido tras los pactos...?*

—Usted lo que me pregunta es que si puede haber una reforma del Código Penal en ese sentido.

*—Sí, ¿mantiene usted lo del cuplimiento íntegro...?*

—Si es posible... si es posible una reforma...

*—Pero ¿ha revisado su compromiso electoral? ¿En qué sentido?*

—No, no... Si no es cuestión de revisarlo o no. Es cuestión de si es posible o no es posible. Mire: un Gobierno hace lo que es posible. No le plantee usted imposibles al Gobierno. Mire usted: yo he explicado con mucha claridad que cuando no se tiene la mayoría, se tiene que llegar a compromisos, y que esos compromisos se plasman en un documento, que es el documento del discurso de investidura. Se hace una síntesis, en la cual ni el Partido Popular aspira a aplicar el cien por cien de su programa, ni Convergència i Unió ni el Partido Nacionalista Vasco, etcétera, etcétera.

*—No, si le entiendo... Por eso le pregunto ese aspecto concreto. ¿Cómo queda?*

—No, no. Ese aspecto concreto queda en que el Código Penal no se va a reformar, porque no es posible reformarlo.

*—En relación con la mili, ¿en qué punto está ahora el compromiso del Partido Popular en sus electores?*

—En el que estaba.

*—¿Recuerda cuál era el punto en que estaba?*

—Sí, sí, perfectamente: en el que estaba. Nosotros nos hemos comprometido a reducir el nivel de prestación en cuanto a meses, cuantitativo, del servicio militar. Y, en segundo lugar, estamos apostando por una política de profesionalización de las Fuerzas Armadas, que, por cierto, empezará este año[7].

*—Bien: seis meses de servicio militar, treinta mil pesetas de sueldo, en esta legislatura.*

—No, no... Mire usted, lo que dice el programa electoral es que serán seis meses de cumplimiento del servicio militar: seis meses. Y he añadido: profesionalización progresiva de las Fuerzas Armadas, porque esos seis meses están pensados en un proceso de profesionalización progresiva de las Fuerzas Armadas, no aisladamente.

*—Bien. José María Aznar, presidente del Gobierno. Preguntas de Antonio García Ferreras, director de Informativos de la Cadena SER.*

*—Señor presidente: sabe usted que, anoche, tres diputados del Grupo Parlamentario Popular, pertenecientes a la Comisión de Defensa, le daban plantón al ministro Eduardo Serra, que organizaba una cena en su departamento. Estos diputados expresaban así su malestar porque el ministro no comparecía ante el Grupo Parlamentario.*

—¿Ha hablado usted con ellos?

*—Ese comentario sale hoy en todos los periódicos. Alguno de estos tres diputados no se quiso pronunciar y alguno dijo que tenía cosas más importantes que hacer.*

—Pues tiene usted mejor información que yo. Por lo tanto, le felicito, porque yo no he podido hablar con ellos. Y, por lo tanto, no sé si eso es correcto o es incorrecto.

[Vuelve a tomar la palabra Iñaki Gabilondo]

*—Me permite un momento... En relación con el tema de Eduardo Serra, sí que había ahí alguna cosa que yo creo que sería bueno que se aclarara. Eduardo Serra es un forastero, es un paracaidista dentro del Go-*

*bierno, no estaba en los planes de Felipe González, ¿le fue impuesto desde fuera? ¿Es eso correcto?*

—No, no es correcto... Usted probablemente también está en eso de que cualquier tiempo pasado fue mejor: ha confundido a Felipe González con José María Aznar, lo cual es un error sin duda disculpable.

*—Sí, sí, seguramente.*

—Le quiero decir que no, en absoluto. Mire, a todos los ministros del Gobierno los nombra el presidente del Gobierno. Y todos gozan de la misma confianza del presidente del Gobierno. Todos la tienen en este momento. Y no he encontrado, todavía, ningún elemento para prescindir de esa confianza en relación a ningún ministro. Al contrario, estoy muy satisfecho del trabajo del Gobierno.

*—¿No es un forastero dentro del Consejo de Ministros?*

—¡Qué va! ¡Es un ministro, no es un forastero!

*—Es una pequeña grieta dentro del Gabinete, por la que se está tratando de meter una cuña de... de hostilidad.*

—No hay grietas en el Gabinete. Yo estoy convencido de que gustaría que las hubiese, pero es que no las hay.

*—Parece que se está atacando en esa dirección, como si fuera el punto más débil.*

—No, no, en absoluto. Yo no sé... Se estará atacando en ese punto porque se piensa que es un punto que puede ser interesante para el ataque. Pero, desde luego, si se piensa que eso va a crear grietas en el Gabinete, se está completamente equivocado.

[Antonio García Ferreras pregunta de nuevo]

*—Lo que es curioso es que el portavoz del Grupo Parlamentario Popular, Luis de Grandes, justificara que el ministro Eduardo Serra no compareciera ante su propio Grupo Parlamentario aduciendo que sería como someterlo a un tercer grado. ¿No es excesivo?*

—El ministro de Defensa, a petición propia, va a comparecer en el Congreso de los Diputados hoy mismo, para dar explicaciones sobre dos asuntos: los papeles del Cesid y algún asunto que le afectaba a él cuando estaba en actividades privadas, y que, desde luego, estoy absolutamente convencido que va a aclarar ante el Congreso de los Diputados. Me parece que esa actitud, la del ministro de Defensa, es digna de elogio, ¿no? El Grupo Parlamentario es un Grupo Parlamentario, no es un tribunal para juzgar a nadie. Y la confianza, a los ministros, se la da el presidente del Gobierno y se la quita el presidente del Gobierno.

*—¿Y cree usted que se excedió o se precipitó, por ejemplo, el diputado Luis Ramallo, o Rogelio Baón, en las críticas o en los comentarios que hicieron?*

—A mí lo que me importa es que, al final, las cosas se mantengan y funcionen bien desde el punto de vista de la confianza política. Yo no estoy aquí para ilustrar los comentarios de nadie, porque eso nos lleva a unas situaciones políticas que no tienen mucho que ver con la realidad, ni es lo que les interesa a los ciudadanos. Yo espero que todo el mundo cumpla con sus obligaciones razonablemente bien. Yo, por lo menos, lo intento hacer.

*—Presidente, usted aseguró hace unos días que no iban a volver los tiempos de los escándalos. Dijo que se sentía muy tranquilo. Pero lo cierto es que en el Congreso de los Diputados... yo no sé si le ha llegado a usted este comentario, se asegura que después de Eduardo Serra, algún otro ministro del Gabinete del Partido Popular va a ser el próximo objetivo de algún medio de comunicación.*

—Bueno, pues mire usted, ya se verá. A mí lo que me preocupa de eso es que haya fundamento o que no haya fundamento en ello. El Gobierno actual tiene que afrontar, naturalmente, distintos problemas que vienen del pasado, pero los españoles saben que hoy cuentan con un Gobierno honrado y con un Gobierno que se dedica a la tarea de gobernar. Mire usted: para entendernos, este Gobierno no tiene que responsabilizarse ni que actuar ni que comparecer ante los tribunales por el asunto GAL. No tenemos que comparecer por ello. Ni tenemos que comparecer por nada relativo con los fondos reservados. Ni tenemos que comparecer por asuntos relativos a cuentas en Suiza. Ni por el asunto de Filesa ni por ninguno de esos asuntos, no, no, no, no. Aquí hay un Gobierno que cumple con la Ley, un Gobierno honrado que trabaja seriamente por el futuro del país. Entonces, mi obligación en relación con los asuntos de corrupción no es estar mirando hacia atrás, no; es preocuparme de que no exista ningún elemento parecido en el futuro. Y, como he dicho antes, lo que haya que ajustar ante la Justicia será problema de los tribunales de Justicia. El Gobierno es consciente de que eso crea todavía elementos de malestar en la opinión pública, pero la opinión pública sabe que esos elementos de malestar vienen de la etapa anterior, no vienen de la actuación de este Gobierno. Mire usted: hemos hablado de dos cosas muy importantes en esta conversación: de unas críticas fuertes al Gobierno, desde algunos sectores, y me parece que injustificadas, por la decisión de no desclasificar los papeles del Cesid, que es algo que corresponde a la responsabilidad del Gobierno anterior. Y hemos hablado de una decisión que nosotros hemos tenido que tomar en relación con el impuesto de alcohol y de tabacos, que corresponde a un agujero dejado por el Gobierno anterior. Pero yo ni siquiera me quiero amparar en eso. Yo lo que quiero es que a este Gobierno se le juzgue por lo que hace, en función de dos criterios muy claros: la normalidad política, el diálogo, y la capacidad para llegar a acuerdos en la vida del país desde una actitud política muy centrada. Y en segundo lugar, que el país cumpla sus objetivos políticos: ése es nuestro proyecto. Mire usted: ustedes han sido capaces de reformar la Administración y de acometer a la Administración; han afrontado el problema terrorista; han llegado a acuerdos internacionales; han afrontado reformas estructurales en la economía; va descendiendo el nivel de paro; afrontan ustedes decisiones, aunque sean decisiones difíciles; pueden hacer el presupuesto que la economía española necesita; España va a cumplir los requisitos que exige Europa. Eso es lo que significa una tarea de Gobierno, eso es, en mi opinión, una decisión clara de afrontar el futuro, con un Gobierno estable, que gobierna, que toma decisiones y que tiene en este momento un Grupo Parlamentario, junto con otros aliados, que le respalda sólidamente.

*—Isaías Lafuente pregunta al presidente del Gobierno.*

*—Otra situación de malestar: ¿por qué a un jubilado que cobra más de 200.000 pesetas se le mantiene el poder adquisitivo y un funcionario que cobra menos de 200.000 va a ver congelado su sueldo? ¿O por qué ese funcionario va a ver congelado su sueldo, mientras los altos cargos cobran el sueldo del alto cargo y, además, el de un puesto en un consejo de administración?*

—Bueno, puede usted seguir con las preguntas... Antes hablamos de la Sanidad: ¿por qué una persona que cobra 200.000 pesetas de pensión, y que puede tener otras rentas, tiene derecho a tener las medicinas gratis y una persona que cobra 60.000 pesetas, y tiene un trabajo temporal, tiene que pagar sus medicinas o tiene que pagar un 40 por ciento de sus medicinas. ¿Por qué? ¿Por qué?

*—¿No le parece a usted que no se está repartiendo bien el esfuerzo?*

—No, se puede repartir el esfuerzo en el sentido que yo explicaba antes. Hace falta tener criterios para establecer diferencias entre los niveles de renta. Entonces, a mí lo que me parece es que lo que usted dice tiene bastante lógica y es una de las cuestiones y elementos que nosotros hemos puesto encima de la mesa de debate en este momento. Ésa es una de las decisiones difíciles que hay que tomar. Mire, no es fácil tomar la decisión de decirle a los funcionarios: «Su sueldo queda congelado». Pero es imprescindible, es imprescindible por el bien del país, y yo me tengo que guiar por el bien del país. A mí me gustaría... créame usted, me gustaría mucho decirles a los funcionarios que el sueldo sube el 3 por ciento o el 2 por ciento, o el IPC: me gustaría mucho, pero no se puede hacer en este momento. En cambio, hay un consenso general en el país, en este momento, sobre la necesidad de respetar el IPC en relación con el poder adquisitivo de las pensiones y lo vamos a mantener. Ahora bien, le quiero decir que sobre alguno de esos puntos hay que reflexionar. En este momento hay activos con niveles salariales reducidos y no activos que tienen unos niveles de pensión muy alto, y ese tipo de cuestiones se las tendrá que plantear la sociedad española. En fin, conforme vayamos avanzando en el Pacto de Toledo, conforme vayamos avanzando en la reforma de la Sanidad, iremos avanzando en todas esas cosas.

*—¿Pero a usted no le parece, de verdad, que choca pedirle ese esfuerzo tan grande a los funcionarios y que los altos cargos vuelvan a lo mismo?*

—Yo creo que eso tiene un punto de demagogia en el cual yo no voy a caer.

*—¿Se va a integrar España plenamente en la OTAN?*

—Sí, ése es mi deseo. Y ésa es la propuesta del Gobierno. En las conversaciones parlamentarias que yo he tenido, desde luego, en las conversaciones con dirigentes parlamentarios, ése es el consenso mayoritario... Sólo uno, el señor [Julio] Anguita, ha dicho que no está de acuerdo con esa cuestión. Todos los demás me han manifestado su acuerdo. Yo espero que pueda haber en el mes de octubre, como máximo en noviembre, un debate parlamentario sobre esa cuestión, y que España normalice su situación. Y es que... mire usted, hay una nueva OTAN, hay unas nuevas estructuras en la OTAN, hay unas nuevas obligaciones en el mundo, muy distintas de los anteriores conflictos, durante la guerra fría, y es donde hay que poner la participación española, que nos vendrá bien.

*—Esa nueva OTAN ya estaba antes de las elecciones y, sin embargo, el Partido Popular, en las elecciones, en la campaña electoral, se comprometió a no modificar el estatus de España en la OTAN, precisamente*

*para respetar la voluntad del referéndum de 1986. ¿Por qué ha cambiado el Partido Popular de opinión?*

—No, no... Lo que ha cambiado es la OTAN.

—*Pero la OTAN no ha cambiado después de las elecciones...*

—Perdón, perdón: lo que ha cambiado es la OTAN, que ha avanzado mucho en tres campos muy importantes: uno, en su decisión sobre la ampliación; la OTAN se va a ampliar. En segundo lugar, las nuevas misiones que la OTAN va a tener. Y en tercer lugar, la nueva estructura de la OTAN. Sería bastante absurdo, eso afecta a todos los países, con referéndum o sin referéndum, y sería bastante absurdo que todos los países acomodaran su posición a las nuevas formulaciones de la OTAN y España no lo hiciera. Sería bastante absurdo y bastante ridículo. Y me parece además muy bien que la OTAN haya hecho eso; me parece muy bien que la OTAN se reforme, porque me parece el elemento básico para el establecimiento de la arquitectura de seguridad para el siglo XXI en Europa.

[Retoma la palabra Iñaki Gabilondo]

—*Privatizaciones: ¿qué planes concretos hay? Se había dicho que se iba a producir muy rápidamente una ofensiva en este sentido. Estamos a la espera de algún dato más: ¿qué planes concretos e inmediatos hay?*

—Se ha hecho exactamente lo que se había dicho. Primero, establecer un plan de privatizaciones. Segundo, aclarar cuáles son las empresas del sector público que pueden ser susceptibles de privatización o que no son susceptibles de privatización. Y en tercer lugar, establecer una comisión de control de las privatizaciones. Y en cuarto lugar, establecer un procedimiento parlamentario que controle también las privatizaciones. Por tanto, seguimos, exactamente, en el ritmo que nos habíamos trazado. Hay privatizaciones que se van a acometer en el año 1997, y se van a acometer con toda normalidad, naturalmente. Quiero recordar dos cosas: la primera, que es necesario reformar el sector público para tener empresas más eficaces y más competitivas. ¿Qué quiere decir más eficaces y más competitivas? Quiere decir más capacidad de crear empleo. Por lo tanto, ése es el sentido de las privatizaciones; la privatización no tiene un sentido de recaudación, a efectos de déficit, porque eso ya está prohibido por la Unión Europea. Por lo tanto, es muy importante saber que se trata de reformar el sector público, ganar competitividad, eficacia y empleo en las empresas. Y, en segundo lugar, quiero comentar otra cosa: nosotros vamos a someternos a unos criterios de transparencia en las privatizaciones, como no se ha sometido ningún Gobierno en España, nunca. Quiero decir que este Gobierno todavía no ha hecho ninguna privatización, todavía; el Gobierno anterior hizo muchas privatizaciones. Va a haber una diferencia sustancial: de lo que hagamos nosotros se van a enterar todos los españoles.

*—¿Me puede decir cuándo van a hacer eso...?*

—No, no, mire usted, eso es un asunto que es... digamos... claramente, unas se harán, unas se empezarán a hacer a lo largo de este otoño y otras a lo largo de 1997.

*—¿Este otoño comienza?*

—Este otoño comenzarán algunas, sí, sí.

*—Bueno, y otra cosa: Rodrigo Rato [ministro de Economía] está hoy en Alemania, me parece. Va a ir a ver a su colega a Bonn. Y, en Alemania, Helmut Kohl está afrontando el problema económico mirándolo, desde luego, a la cara y a los ojos; y parece que en Francia, Alain Juppé está buscando una manera un poco más prudente, más precavida, de afrontar los grandes problemas y los importantes desafíos económicos del momento. Kohl se ha tirado al agua, como un héroe, dicen. Y ayer nos decía la CEOE* [8] *que el Gobierno no está queriendo mirar de verdad, a fondo, el gran problema que tiene esta sociedad y que va a tener que mirarlo más pronto o más tarde.*

—¿Que es...?

*—No... en relación con las reformas sociales, el Estado de bienestar, promover un nuevo sistema de afrontar todo lo público, etcétera. Dicen que no se está queriendo mirar...*

—Siempre entra dentro de lo razonable que haya gente que diga: «¡Vaya usted más rápido!». A mí eso no me preocupa. Pero ya antes hemos hablado de... Fíjese usted en todas las preguntas que me han hecho... ¿Por qué me han hecho esas preguntas? Estamos ahora hablando de la reforma del sector público: bueno, hemos empezado con ello, con la reforma del sector público. Pero hemos hablado antes de la reforma de la Sanidad, hemos empezado con ello. Y hemos hablado de la reforma del sistema de pensiones, hemos empezado con ello. Y hemos hablado de la reforma del sistema de financiación autonómica, hemos empezado con ello. Y hemos hablado de las reformas estructurales, hemos empezado con ello. Y hemos hablado de la reforma de la Administración, y hemos empezado con ello. Es decir, mire, es que hemos empezado con muchas cosas en cuatro meses. Como decía antes, al Gobierno se le puede decir: «Oiga, usted acierta o se equivoca». Pero hay dos cosas que no se le pueden decir: una, que no tiene capacidad para afrontar los problemas, porque lo ha demostrado y la tiene. Y en segundo lugar, que haya algo que no responda al esquema lógico del proyecto de renovación y de modernización de España que nosotros teníamos, y seguimos teniendo, como es lógico. Porque, insisto, quien se tome la molestia de comprobarlo... (Evidentemente es una molestia: yo comprendo que es más difícil que hablar sin enterarse de las cosas). En fin, quien se tome la molestia de repasar todos compromisos del discurso de investidura estará viendo que estamos siguiendo estrictamente y escrupulosamente ese proyecto que yo anuncié en el Congreso de los Diputados.

—*Estamos ya casi terminando. Me intrigó mucho, el otro día... un artículo que publicaba el diario* El Mundo, *con sus reflexiones, sobre el largo camino hasta llegar a donde está usted ahora. Hubo una frase que me llamó mucho la atención. «Lo más difícil, en el 89, fue convencer a los altos estamentos de la viabilidad de mi camino». Me dejó muy intrigado. ¿Quiénes son los «altos estamentos» que no creían en usted? ¿Me puede decir quiénes son los «altos estamentos»?*

—¿Quiere usted que le diga qué son los «altos estamentos»? Usted por ejemplo.

—*¡No! No me diga eso...*

—¡Ja, ja, ja...! Usted es un «alto estamento»; puede que se niegue a serlo, pero lo es.

—*[Emilio] Botín, del Banco de Santander, [Jesús de] Polanco, del Grupo Prisa... ¿Eran ésos los «altos estamentos»? ¿Quiénes son los «altos estamentos»?*

—Repita usted lo que estaba escrito.

—*«Lo más difícil, vistas las cosas, en el 89, fue convencer a los altos estamentos...».*

—¿En el 89?

—*En el 89, por eso...*

—En el 89.

—*Pero ¿quiénes eran los «altos estamentos»?*

—Pues todos los que son... los que forman parte, digamos, de los grandes, de los poderes más importantes que hay en el país. Es natural. En el año 1989, mi partido estaba en una situación extraordinariamente difícil. Yo era un hombre absolutamente feliz, siendo presidente de Castilla y León, y, de pronto, me dicen: «Tienes que dejar eso para venirte aquí». Claro... yo comprendo que los altos estamentos, y el público en general dijera: «Bueno, y éste que llega ahora, ¿dónde nos va a llevar?».

*—¿Ahora los «altos estamentos» confían en José María Aznar?*

—Los «altos estamentos» reflejan la realidad del país, perfectamente. Sobre todo, confiaron los españoles, que es lo más importante. Yo se lo agradezco mucho.

*—¿Sigue usted jugando al paddle con Pedro J. Ramírez?*

—Sí, sigo jugando al paddle con quien puedo. Sigo jugando, pero cuando puedo... y con quien puedo, también. Pero si usted juega, juego también con usted.

*—No, yo no sé jugar al paddle.*

—También tengo algunos compañeros: el campeón del mundo suele jugar bastante conmigo. Juego cuando puedo y tengo compañeros diferentes y diversos.

*—No, le quería preguntar por eso. Le quería preguntar si le ha sorprendido a usted o le ha llamado la atención esa dureza con la que, de pronto, su compañero de paddle se ha empleado contra algunas decisiones de usted.*

—¿A mí? No, no, no... Ni las de él ni las de otras personas, en ningún medio, no, no. Yo creo que las cosas tienen cauces bastante congruentes, ¿no? No es mi misión hablar de la responsabilidad de los medios de comunicación. Yo respeto profundamente las críticas y, por supuesto, la libertad de expresión, y que los medios establezcan las estrategias que les parezcan oportunas. Unas me parecerán más razonables, otras menos razonables, y luego me puede preocupar que en algún caso se dañe al país o se dañe la imagen del país. Lo demás, la verdad, hay que tomárselo con importancia relativa que hay que tomarse los elogios y las críticas, sin mayor trascendencia.

*—En todas las cosas que ha ido usted haciendo, sólo veíamos y decíamos: «He aquí un hombre que no quiere rectificar». ¿Tiene miedo a rectificar? ¿Le parece que rectificar no se entiende bien en España? O bien observábamos su actuación y decíamos: «He aquí un hombre que está rectificando». ¿Cree que rectificar es lo que mejor entiende España? Por ejemplo, el tema de las rectificaciones nos llevaría al caso de los secretos, y el tema de las no rectificaciones nos llevaría al tema de Porcelanosa*[9]*. Hay dos modelos que la gente no entiende muy bien: en un caso, usted se lanza a rectificar para no ir contra las mareas populares y, en otras, aunque haya mareas populares, usted dice: «No me muevo». ¿Quién de los dos usted es? ¿Quién es más usted?*

—Ya ve usted. Mire, en este oficio mío, hay que tener mucha capacidad de aguante: de aguante. Muchas veces uno ve cosas o escucha cosas que no tienen nada que ver con la realidad y de las cuales uno se hace inmediatamente tributario, y tiene que dar explicaciones sobre todo eso. Bueno, pues mire, si usted me dice que es posible que nosotros hayamos actuado con alguna prisa, por ejemplo, en el tema de la Seguridad Social, le diré que sí. Yo pensé que era el momento para hacerlo, porque hay una necesidad legal de aclarar ese tema. No tengo otro interés en ese asunto que el que supone que España tenga una legislación homologable con los demás países y, por lo tanto, es posible que ese proyecto tenga defectos, sí. Es posible que, en esta actitud de afrontar muchas cosas, tuviésemos que haber dado una vuelta más a la tortilla de los secretos oficiales, digamos. Pues es posible que sí. Ahora bien, pasar de ahí a algunas de las cosas que se han dicho... me parece un ejercicio profundamente exagerado. Pero, afortunadamente, las cosas van por su camino normal: ese proyecto, ese anteproyecto, está en el Consejo del Poder Judicial, que tiene que hacer sus observaciones, va a ir al Consejo de Estado, y después, el Gobierno tiene que volver a reflexionar sobre ello. Modificaremos lo que nos parezca oportuno y aquellas cosas que sinceramente creamos que pueden mejorarse del proyecto, y lo remitiremos al Congreso de los Diputados. Y en relación con el otro tema que usted planteaba, pues mire: es una cuestión de opción. Yo le voy a decir algo que entenderán, creo, la mayoría de sus oyentes. Seguro que lo entienden todos. Yo no tengo una casa donde veranear, ¿qué quiere usted que le diga? Me puedo quedar aquí, donde estoy; pero no tengo una casa donde veranear. Entonces, tengo dos posibilidades: una, encerrarme en un sitio, en una propiedad del Estado, coger a mi familia y encerrarme allí, o encerrarles; es una posibilidad. U otra: ir al mismo sitio al que he ido durante los últimos seis años, con toda normalidad. Entonces, para ir al mismo sitio, tendré que buscar alguna casa, salvo que alguien pretenda que me ponga en la playa con una tienda de campaña o con unos cañizos, ahí, a la intemperie... Salvo eso, con esa misma normalidad. Entonces, ¿que eso no es posible? Bueno... pues si ahora se critica eso, y no es posible hacerlo, y tengo que encerrarme, pues mañana me criticarán que me encierro.

*—Presidente, no fastidie: usted ya sabe que la crítica no era porque se había ido usted de vacaciones allí, sino porque le habían regalado el*

*alquiler, como si le regalan un coche, o le regalan a sus hijos un curso en Inglaterra.*

—Sí, he leído eso. Sí, sí, he leído también que tenía también dos pistas de paddle en el jardín de esa casa, que me las habían mandado desde México, nada menos. Cuando fueron ustedes o compañeros suyos a hacerme las fotografías allí, yo les dije: «Buscad las dos pistas de paddle en el jardín». Porque es que eso está escrito, y no está escrito en cualquier medio: está escrito en medios... digamos solventes.

*—Bien, bien... En todo caso, para terminar, estamos abocados a un desafío muy importante: Maastricht nos espera, los resultados nos esperan, es el gran objetivo de este tiempo.*

—Es una gran oportunidad.

*—La gran oportunidad. ¿Vamos a llegar? ¿Vamos a sacar las notas?*

—Sin duda, sí.

*—¿Cuál va a ser el dato que espera para fin de este año respecto al déficit, deuda, inflación...?*

—El previsto. Para fin de este año o del año que viene, del presupuesto del año que viene... el déficit estará por debajo del 3; y yo creo que la inflación también. Yo creo que vamos a cerrar la inflación de este año en torno al 3,5 por ciento, con lo cual tenemos que hacer un esfuerzo para bajar casi un punto la inflación. Eso es muy importante, porque si no, perderemos competitividad y... Naturalmente, yo creo que estaremos en condiciones, estoy convencido, de que estaremos en condiciones, a 31 de diciembre de 1997, de pasar el examen.

*—La fotografía de Luis del Val.*

*—Cuando veníamos a Moncloa, nos intranquilizaba pensar que el ajuste presupuestario hubiera llegado hasta las pastas del desayuno, pero nuestras peores sospechas no se han confirmado. O bien el Gobierno anterior dejo superávit de pastas o bien el recorte se aplaza hasta el 97, pero había pastas con el café, bien es cierto que en cantidades que no se pueden calificar de pródigas. Cambios en la estancia: dos cuadros que no existían antes, un abstracto de amarillos y grises, sin firma, y un colage del 79 de Jordi Ballester, y una bandera española. Otro cambio: el anterior presidente entraba por la puerta doble, que da a los jardines, nuestro actual presidente lo hace por la puerta sencilla que da al interior del inmueble. Viste una chaqueta azul marino, camisa blanca con listas de color rosa palo, abrochada en los puños con dos pequeñas esferas de plata, corbata a*

*juego con dibujos geométricos, en tonos azules y rojos, pantalón oscuro y mocasines negros, con un esmerado lustrado sobresaliente, cum laudem. Los bronceados de Oropesa, si los hubo, se han diluido, y el rostro muestra ese ligero rubor de la buena salud. Lo que resulta difícil de dilucidar es si las frecuentes expresiones risueñas, que llegan hasta la abierta sonrisa, son una consecuencia del regocijo interior o forman parte de una necesidad diplomática que apoya la ilusión, si son meramente formales o emanan del aplomo que infunde la* auctoritas. *Y lo más esperanzador es que al fondo de la mirada todavía se columbran luces de afecto.*

[Iñaki Gabilondo]

*—En efecto, es uno de los enigmas de los últimos tiempos: «¿De qué se ríe tanto Aznar?», dice la gente. Se ríe mucho más que antes.*

—Oiga... Voy a hacer el esfuerzo por no reírme. Antes tenía problemas porque no me reía y ahora tengo problemas porque me río. En fin, yo me suelo reír cuando algo me hace gracia. Cuando algo me hace gracia, me río, como todos los mortales, ¿no? Pero tengo que decirle que yo estoy de buen humor y soy una persona bien humorada, por decirlo de esa manera. Ayer por la noche tuvimos una entrevista muy interesante con el antiguo secretario de Estado norteamericano, Henry Kissinger, que vino a verme, y me decía: «Le veo a usted enormemente tranquilo». Me lo decía con un poco de sorpresa. «¿Cómo esperaba usted verme? Tengo muchos motivos para estar tranquilo, y para estar relajado, y con un excelente humor, vamos».

*—¿En la casa, bien?*

—Bien, normal.

*—¿Se ha terminado acomodando bien a esta casa que no le gustaba en un principio?*

—Sí, uno... Cuando pones tu casa «en la casa», estás más a gusto y... entonces, tenemos nuestra casa «en la casa».

*—Pues esto es todo, muchas gracias... Quisiéramos pedirle una simpleza... Es que mañana se cumple el quincuagésimo aniversario de las quinielas y vamos a hacer unas quinielas con todas las autoridades europeas: una con cada país. Y le toca a usted hacer el pronóstico de Las Palmas-Albacete. ¿Qué le parece?*

—¡Oigan, no me fastidien...!

*—Señor Aznar, muchas gracias. Buenos días.*

## NOTAS

[1] Iñaki Gabilondo se refiere a la última entrevista que mantuvo con el líder del Partido Popular, transcrita inmediatamente antes.

[2] El Cesid era el Centro de Seguridad e Inteligencia de la Defensa, es decir, los servicios estatales de información y espionaje, dependientes del Ministerio de Defensa. Durante la última etapa socialista, la institución estuvo envuelta en distintos escándalos y parecía fuera de control. El candidato conservador prometió desclasificar distintos documentos, pero finalmente no lo hizo. Durante el segundo Gobierno popular, el Cesid se transformó en el actual CNI (Centro Nacional de Inteligencia).

[3] Carmelo Soria era un ciudadano español asesinado en Chile (julio de 1986) por el régimen totalitario de Augusto Pinochet. Era funcionario de Naciones Unidas y tenía doble nacionalidad, chilena y española.

[4] Organización para la Cooperación y el Desarrollo Económico. Organización supranacional de control económico, integrado por una treintena de países desarrollados.

[5] Iñaki Gabilondo se refería a una de las medidas propuestas por el Partido Popular para la reforma de la financiación del gasto farmacéutico. En términos generales, se proponía que el usuario pagase «veinte duros» (cien pesetas, 0,60 euros) por receta, con muchas excepciones. La oposición llamó a esta medida «el recetazo», pero finalmente no se llegó a implantar.

[6] Alejo Vidal-Quadras era dirigente del Partido Popular en Cataluña y tuvo alguna relevancia en los años previos a la llegada al poder de José María Aznar. Se distinguió por una defensa a ultranza del nacionalismo español frente al catalanista de Convergència i Unió. Cuando José María Aznar llegó al poder, precisaba de los apoyos de CiU y otros partidos nacionalistas, y Alejo Vidal-Quadras fue muy crítico con esta postura de su partido. Fue progresivamente relegado a posiciones menos relevantes.

[7] El Partido Popular había prometido reducir el tiempo que los jóvenes españoles dedicaban a las Fuerzas Armadas: la llamada mili. Finalmente, el servicio militar obligatorio se suprimió por completo en octubre de 1998.

[8] Se trata de la organización empresarial o patronal, habitualmente conservadora, pero siempre influyente y muy crítica: Confederación Española de Organizaciones Empresariales.

[9] El propietario de la fábrica de azulejos Porcelanosa cedió una casa en Oropesa (Castellón) para el veraneo del presidente del Gobierno y su familia. Hubo duras críticas, pero el presidente no rectificó.

# *SEGUNDA PARTE*

# *EL GOBIERNO DEL PARTIDO POPULAR*

13

# *Felipe González*
# *La difícil oposición*

El día 26 de septiembre de 1997, Iñaki Gabilondo entrevistaba en *Hoy por hoy* a Felipe González. El líder socialista había perdido las elecciones generales (1996) frente al candidato del Partido Popular, José María Aznar, y encabezaba la oposición al nuevo Gobierno. Muy poco tiempo después, el ex presidente renunciaría a la Secretaría general del Partido Socialista Obrero Español y la agrupación entraría en un proceso de revisión de cara a futuras confrontaciones electorales. Uno de los principales problemas del PSOE —y del propio Felipe González— era tratar de realizar una oposición firme cuando los tribunales estaban revisando las posibles corruptelas del período anterior, que afectaban a la formación socialista muy directamente.

*—Saludamos a Felipe González, ex presidente del Gobierno, líder de la oposición, secretario general del Partido Socialista Obrero Español: buenos días.*

—Buenos días. Belisario Betancur, antiguo el presidente de Colombia me decía que la mejor condición era ser «ex excelencia».

*—«Ex excelencia»... Sí, eso decía. Por cierto, en este momento, ¿se le puede seguir llamando a usted «presidente»?*

—Eso dice el Decreto de Protocolo y me lo recuerda con mucha frecuencia Leopoldo Calvo Sotelo.

*—Muchos llaman presidente a [Adolfo] Suárez, por ejemplo.*

—Sí, claro, claro... es que el Decreto de Protocolo considera que el tratamiento se mantiene.

*—¿Lo dejamos en «ex excelencia», entonces?*

—«Ex excelencia» está muy bien.

—*¿Qué tal el tiempo de «descompresión», señor González?*

—Bueno... la verdad es que ha sido muy útil desde todos los puntos de vista.

—*¿Para qué sobre todo?*

—Para dos cosas: primero, para reflexionar sobre lo que pasa y lo que hay, lo que hemos vivido; y segundo, para escapar de una tentación muy propia de quien está trece años y medio gobernando: la tentación de quedarse un poco fijado en la experiencia que ha vivido y no pensar en el presente y en el futuro. En ese sentido, la visita a Chile, Uruguay y Nueva York me ha puesto las pilas para pensar en el horizonte del año 2000: ¿qué es lo que tenemos que hacer? ¿Qué nuevos desafíos nacionales e internacionales hay...?

—*Acercarse a la realidad parece también una necesidad en tiempos de «descompresión», ¿no? Después de salir de las macroeconomías, llegar a las microeconomías, ¿no?*

—Las macroeconomías son tan reales como las microeconomías, lo que pasa es que...

—*Sí, pero usted probablemente no conocía tanto las macroeconomías...*

—Sí, cómo no, cómo no... Las macroeconomías tienen que estar, además, al servicio de las microeconomías y, sobre todo, al servicio de la gente.

—*Y para conocer mejor la realidad, ¿no ha visitado poco España y mucho América?*

—Pues es posible. Estoy atendiendo compromisos, pero me parece que conozco bastante bien la realidad. Podemos contrastarlo.

—*¿Ha adelgazado o me lo parece?*

—Sí, he perdido un par de kilos en este viaje, sí.

—*¿Ha ido al cine? La última vez que nos vimos me dijo (y me estremeció) que llevaba trece años sin ir al cine.*

—Ahora son trece años y medio, ¡ja, ja, ja!

—*¿Qué pasa? ¿Que no le gusta?*

—Sí, sí me gusta, sí. Lo que pasa es que no quiero crear incomodidad y sigue siendo un poco incómodo ir al cine... por todo el aparato de seguridad que uno mueve.

—*¿Ha leído mucho durante este tiempo?*

—Bastante. Algunas, cosas interesantísimas. Últimamente leí dos cosas y me llamaron mucho la atención. En el verano me divertí mucho con unas crónicas del Caribe que ha escrito Miguel Barroso y otros, pero he leído dos cosas que me han llamado mucho la atención: una novela de Aguilar Camín, que es un magnífico relato sobre el enfrentamiento dc un medio de comunicación y el poder en México, *La guerra de Galio;* y he leído también (tenía cierta resistencia, por aquello de la amistad y del compañerismo) la última novela de Joaquín Leguina, sobre Cuba, que me ha parecido muy interesante [1].

*—Me han dicho que se ha metido en salsas... de cocina.*

—Además. Sí, sí... pero eso es una vieja afición interrumpida por los períodos de responsabilidad de gobierno.

*—¿Se le da bien?*

—Hombre... no quiero presumir, pero los huevos estrellados que hace Lucio... compito con él.

*—Y hablando de cuestiones más espesas: hace un tiempo, usted no sabía si era un problema o una solución para su partido, ¿ya lo sabe?*

—No, no... La verdad es que la reflexión que hice era una reflexión... digamos... que permanece. Pero no la voy a estar haciendo todos los días. Decidieron hace diez meses y decidieron casi por unanimidad... Sólo [Antonio García] Santesmases y yo... nos quedamos en minoría y después les dimos la razón.

*—¿Decidieron que usted era el mejor candidato para presidente del Gobierno? ¿Podría darse el caso de que fuera el mejor candidato para presidente y, sin embargo, no fuera el mejor candidato para el líder de la oposición?*

—Podría darse el caso, sí.

*—¿Se está dando el caso?*

—Yo creo que no, pero... en fin, podría darse el caso y en fin, como decía Machado, el perfil se tiene que ver desde fuera, no desde dentro. Lo que sí le aseguro es que lo que no puedo hacer es cambiar... cambiar de actitud o de talante.

*—«Una oposición desactivada», se dice. Por muchas cosas: primero, por la responsabilidad que se deriva de tantos años como presidente y, por otro lado, por la losa procesal que sigue sobre su cabeza.*

—Pues yo no tengo ningún sentimiento de estar desactivado. Al contrario, me siento, como es natural, completamente libre. A veces me llaman la atención algunas frases que se hacen desde el poder y que nos retrotraen a unas circunstancias de hace veinticinco años.

*—¿Por ejemplo?*

—Sobre si se tiene o no derecho a hablar.

*—Lo que dijo [Francisco] Álvarez-Cascos.*

—Sí.

*—¿Se siente con autoridad moral? Porque él dijo que usted no la tenía.*

—Sí. Por eso digo que nos retrotrae a hace veinticinco años. Y sí, me siento con toda la autoridad moral que uno puede sentir al haber hecho las cosas en conciencia y por haber ayudado a transformar su país interna e internacionalmente.

*—La autoridad moral... pero también la losa procesal: es probable que entre el 15 de octubre y el 15 de noviembre se produzca una situación que le convierta a usted en el centro de todo, cuando se vea si se le llama o no se le llama a declarar y, en ese momento, se le desactivará como líder de la oposición...*

—Yo soy el centro involuntario desde hace algún tiempo, desde hace varios años. Incluso en ese tema también. No ha variado la situación y yo soy bastante respetuoso con las decisiones que tengan que tomar los tribunales.

*—Cuando la Sala Segunda [del Tribunal Supremo] resuelva sobre su comparecencia o no y en calidad de qué, ¿no le parece que en ese instante va a tener pocas posibilidades de estar actuando como líder de la oposición?*

—En absoluto, en absoluto. Tendré exactamente las mismas posibilidades; es decir, tendré el mismo derecho a usar de la palabra y de mi criterio y de mi opinión. Tendré el mismo derecho.

*—Si se le citara a declarar como imputado, ¿podría usted seguir siendo líder de la oposición?*

—Cómo no... Ésa es una decisión libre del Supremo y, desde luego, es una decisión libre de mi partido decidir si debo ser líder de la oposición o no. Eso no es decisión de otros.

*—Pero en una situación así, ¿no podría quedar muy afectada su...?*

—Si estuviera en la situación de [Boris] Yeltsin [2] tendríamos un problema, pero...

*—¿Su caso no es una «enfermedad política»? En caso de que estuviera citado como imputado...*

—No, no lo creo, no lo creo, no.

*—¿No lo cree?*

—Yo creo que hay que saber diferenciar las responsabilidades. Yo he estado en un proceso electoral no hace mucho tiempo; por lo menos, a mí no se me ha olvidado todavía. Los ciudadanos se han pronunciado. Políticamente, los ciudadanos han emitido un juicio de valor y ese juicio de valor no impide ni interfiere en el funcionamiento de la Justicia, naturalmente, pero lo que quiero decir es que las reglas son claras: políticamente, hay nueve millones y pico de ciudadanos que me piden que haga la tarea que deba hacer. Y la que me corresponde hacer es la de oposición.

*—Insisto: aunque se estuviera dando esa circunstancia, ¿no existiría, desde su punto de vista, ningún inconveniente?*

—No, no, no. Mire, además le voy a decir cuál es la razón de fondo, porque si dependiera de eso, cargaríamos a los tribunales con una responsabilidad que no es la suya: tendrían la responsabilidad de decidir si una persona es o no apta para hacer política, quitándole esa responsabilidad a los ciudadanos.

*—Yo no estoy diciendo que esa circunstancia se diera una vez que la decisión... Me refiero a si usted consideraría, en ese caso y en ese momento, que habría inconvenientes...*

—No. Lo tendría que decidir el partido. Mire: esto es un deslizamiento en el que yo creo que... No estamos cayendo en la cuenta de hasta qué punto perjudicamos el funcionamiento de los poderes del Estado y su independencia. Yo creo que no se deben producir interferencias entre los poderes del Estado. El Tribunal Supremo no está para juzgar políticamente a nadie, y no lo hará nunca, estoy seguro; ni está para validar ni para invalidar políticamente a alguien. Eso no tiene nada que ver con el Tribunal Supremo, que está para juzgar comportamientos desde el punto de vista jurídico. De ahí se pueden sacar las consecuencias que sean, pero las tienen que sacar los ciudadanos. En fin, imagínese que a nosotros se nos ocurra decir que hubiera gente que pudiera ejercer o no la política en función de su responsabilidad en el pasado. Podríamos haber pedido que se hubieran planteado responsabilidades de otro tipo, pero desde el punto de vista político, la gente ha tenido siempre el derecho a expresarse y a participar en la vida pública.

*—No quiero ponerme muy pesado y no estaba en modo alguno concediéndole a nadie el derecho a determinar sobre su condición de líder de la oposición... No sé... le preguntaba si, personalmente, en una situación así, daría un paso atrás...*

—Cuando se dé la situación, se lo diré.

*—Otra cosa: se dice que la dificultad que puede tener la oposición no sólo es la derivada de esa losa procesal a la que nos estábamos refiriendo, sino también la derivada del hecho de que el Partido Socialista puede carecer de discurso alternativo, que esté agotado ideológicamente y cazado en contradicciones por trece años de posibilismo.*

—Mire, la experiencia de trece años de gobierno es una experiencia que marca, sin duda, y marca desde el punto de vista de la responsabilidad. Pero ello no tiene por qué producir ningún tipo de agotamiento; más bien, lo que observamos en la realidad política es que el Gobierno (y yo siempre lo diré, además, sin descalificaciones, porque me parece absurdo el tener una política agresiva de descalificación) no sabe muy bien lo que quiere hacer. Desde luego, tiene poco que ver lo que dicen o lo que decían con lo que hacen, en distintos aspectos de la política. Por tanto, aquí, lo que observamos es una cierta falta de coherencia por parte del Gobierno, en cuanto a los postulados, no digo programas, porque era difícil definir sus programas anteriores a la etapa de gobierno o de responsabilidad de gobernar. Por mi parte, yo no me siento anclado en el pasado. Por ejemplo, conozco muy bien los desafíos que tenemos por delante y creo que se pueden afrontar de manera distinta a como se afrontan. En algunas cuestiones y para no hacer demagogia, por ejemplo, respecto a la lucha contra el déficit: es una necesidad para nuestro país. Algunos dicen que es una imposición de Maastricht: no es verdad. El país necesita luchar contra el déficit. Ahora bien, no es lo mismo luchar de una o de otra manera contra el déficit: es decir, si hay que hacer un esfuerzo, el esfuerzo tendrá que recaer equitativamente: en quien más tiene, en vez de recaer sobre quien menos tiene. Y ésta me parece la discusión importante. Pero ahora hay una desorientación total, porque se le está diciendo a los ciudadanos que los sacrificios vienen exigidos por Maastricht y esto no es verdad. Maastricht o la Unión Europea es una oportunidad para nuestro país.

*—Si me permite... dentro de un momento entraremos en ese capítulo. Quería insistir un poquito más sobre el aspecto al que hace un instante me refería: ¿es la renovación del Partido Socialista, su actualización, su modernización, un factor básico previo a la musculatura de una buena oposición? Hasta que eso no ocurra, ¿estamos condenados a una oposición blanda?*

—No, no, no... ¿Previo? En absoluto. Y, además, a la oposición es mejor no darle calificativos. Yo creo que tiene que ser lo más razonable posible. Los errores que se han cometido, por ejemplo, en Gran Bretaña, han llevado a los laboristas a la oposición durante catorce o quince años, cosa que ha pasado también en Alemania con la socialdemocracia. Espero que no cometamos esos errores. Por lo tanto, no es que haya que prepararse como si uno tuviera que ir a un balneario para ver si a través de las aguas recupera fuerzas, en absoluto. Yo creo que hay que estar definiendo la oposición ahora, cuando se presenta la ocasión de una manera clara, lo mismo que lo hemos estado haciendo los meses anteriores, cuando el Gobierno dice que va a implantar el «recetazo» [3] y luego se echa atrás y dice que no, que la Comisión de Sanidad tiene que hacerlo, o en cualquiera de los problemas... cuando rebaja el impuesto de las plusvalías y pone una tasa para montarse en un avión y todas estas cosas. Bueno, en esto hay que irse pronunciando, en los presupuestos también, para saber cómo se distribuyen ingresos y gastos, en las propuestas de financiación autonómica, en los temas clave para la vida política y económica de nuestro país hay que irse pronunciando.

*—¿Le puedo poner algunos ejemplos de lo que digo, sobre la dificultad a la que me estoy refiriendo, señor González?*

—Mire: es mucho mejor no hacer un debate abstracto; es decir, en cada tema concreto, tenemos o no tenemos posiciones. Esto es lo que importa.

*—Usted, el otro día, precisamente, le dijo eso al Grupo Parlamentario: tendremos que plantear alternativas. Yo le digo: ¿hasta qué punto el desgaste de la gobernación impide por el momento una fuerte oposición? Ejemplo: [Jordi] Pujol es una garantía de la estabilidad del Estado. ¿Pujol representa la estabilidad del Estado?*

—Sí, sí, pero no exactamente en los términos en que algunos simplificadamente lo plantean. Mire: Pujol tiene un número de parlamentarios que completan una mayoría. Desde ese punto de vista, fuera Pujol o fuera otro, es un complemento de una mayoría que da estabilidad política. Pero detrás de eso, quiero recordar que hay algo que es mucho más importante para nuestro país: es una articulación política en términos históricos, y ésta es una buena oportunidad de que la derecha española se entienda con el centro derecha catalán y se entienda a fondo, en problemas políticos de fondo. Esto no quiere decir que yo esté de acuerdo con cualquier tipo de compromiso: en lo que no esté de acuerdo, los criticaré...

*—Pero yo le planteo el ejemplo... yo le planteo el ejemplo de la dificultad de hacer oposición después de haber gobernado: usted decía el otro día: «Me gustaría conocer los acuerdos secretos entre el Gobierno y CiU». No hace mucho estaba usted gobernando con el apoyo de CiU y se le acusaba de que tenía pactos secretos con él. ¿Había pactos secretos con CiU como para que usted ahora recele de que los hay?*

—No. Hay una diferencia y es una diferencia fundamental: a mí ningún grupo nacionalista me reclamó nunca el cumplimiento de un acuerdo que no fuera conocido. Se puede repasar el caso, porque, en realidad, no está tan lejos esa literatura periodística: son los últimos tres años. Repase si hay, si ha habido algún nacionalista catalán o vasco que me haya reclamado un acuerdo no escrito o no suscrito o no visto en el Parlamento. En ningún caso me lo han reclamado. Y en los últimos veinte días, repase la prensa: no es la primera vez que ocurre y observará que el PNV dice que hay acuerdos que no se cumplen, aunque no estuvieran escritos. Lo dice también Convergència y lo dice también Coalición Canaria. No lo digo yo. Yo lo único que hago, o nosotros, lo único que hacemos es preguntar: ¿existen o no esos acuerdos? El presidente de Gobierno acaba de negarlo. Muy bien, usted lo niega, no existen esos acuerdos. Espero que nadie reclame nada que no esté escrito.

*—De marzo a agosto, 280.000 parados menos. Las cosas van bien. Si usted estuviera en el Gobierno y hubieran bajado 280.000 parados en seis meses, no aceptaría una discusión. ¿Eso no hace muy difícil un reproche desde la oposición, señor González?*

—Yo no sólo no hago un reproche, sino que estoy muy contento de que las cosas vayan así. Me gustaría explicarlo, para que la gente tuviera exactamente una idea de lo que ocurre. En los dos últimos años hubo 705.000 parados menos: en los últimos dos años. Además, me gustaría explicar que está muy bien que el Gobierno se base en los datos del Instituto Nacional de Empleo, porque cada vez que nosotros los utilizábamos, nos criticaban ferozmente. «No, éstos no son los datos reales». Bueno, eran los más reales que teníamos, los más reales. Lo digo en beneficio del Gobierno, para que el Gobierno sepa que respaldo la cifra que da el INEM sobre la evolución del paro. Esto es lo contrario de lo que ellos hacían con nosotros. Para que los ciudadanos vayan ganando confianza en las cifras estadísticas de nuestro país y, además, explico: en estos meses se está produciendo un aumento del empleo como anunciábamos a principios de año. Y que no le llame la atención a ningún ciudadano que en los meses de octubre, noviembre y diciembre aumente de nuevo el número de parados, porque en ese trimestre aumentará el número de parados; y no le vamos a echar la culpa al Gobierno: todos los años el ciclo es así. Lo que importa saber es qué ha ocurrido a lo largo del año. Y una buena noticia más que está en el informe de coyuntura económica que ya ha hecho este Gobierno... (Bueno, está hecho por el que se ocupa de la intendencia, aunque no de los problemas políticos, el señor [Rodrigo] Rato). Bueno, pues ya ha hecho un informe de coyuntura política. Y en ese informe dice algo muy interesante para la sociedad española: que con un crecimiento del 1,9 se está creando empleo. ¿Sabe usted lo que eso significa? Significa que antes teníamos que crecer más del 12,5 por ciento para empezar a crear un puesto de trabajo y ahora con el 1,9 se están creando puestos de trabajo. Y el informe de coyuntura, en esa letra pequeña que no lee nadie, dice: «Gracias a la reforma laboral». Y si es gracias a la reforma laboral, yo me siento muy complacido. Porque la he hecho yo.

*—Acuerdo sobre las pensiones: «Apoyaré cualquier acuerdo sobre las pensiones si no lleva una bomba de relojería». ¿Este acuerdo sobre las pensiones lleva una bomba de relojería?*

—Yo he dicho «si lo lleva».

*—¿Teme que lleve una bomba de relojería?*

—No... Vamos a ver: voy a intentar ser preciso en las cosas que digo. El acuerdo de pensiones, en su literatura (todavía tengo que esperar el paso de la literatura a las matemáticas), en la literatura que conozco, es un acuerdo sobre pensiones que suscribo plenamente y, además, lo suscribo con el orgullo de que confirma nuestra política de pensiones: la que nosotros hemos propuesto, incluso la que nos costó una huelga general en 1985.

*—Por cierto, ¿qué le pasa a usted con los sindicatos que no le pasa al PP?*

—Bueno... Estamos muy bien con los sindicatos, estamos muy bien.

*—Tuvieron muchos más problemas con los sindicatos que los que parece tener el PP y, sin embargo, parece que se entendía mejor con la patronal, con la CEOE...*

—Pero acaban de empezar; espere un poco, acaban de empezar. El acuerdo de pensiones confirma la defensa que hemos hecho nosotros de un sistema público de pensiones durante estos años. En el acuerdo de pensiones faltan todavía algunos puntos. A mí me gustaría que el acuerdo sobre las pensiones hubiera contemplado el horizonte en el que es posible que haya problemas con el sistema de pensiones, el horizonte del año 2015. Me gustaría que no sólo fuera un acuerdo de pensiones para el año 2001. El Pacto de Toledo preveía ese horizonte temporal. Por lo tanto, estoy realmente muy satisfecho, y satisfecho, en parte... bueno, esto es un reconocimiento de una tarea que se ha hecho a lo largo de los últimos años y ese reconocimiento me parece muy bien. Ahora bien, a partir de ahí, ¿hay alguna dificultad para la aceptación por parte de la CEOE? Yo creo que la CEOE, aunque sea por razones políticas, aceptará, aunque sea por razones políticas, independientemente de las convicciones. Pero el pacto será apoyado por nosotros. Algunos dicen: «Legitima socialmente al Gobierno». Me parece muy bien que lo legitime socialmente. Los ciudadanos podrán comprender perfectamente que yo esté contento de que se consolide un sistema de pensiones que he defendido contra el Partido Popular y contra los intereses de la derecha.

*—Si usted hubiera tenido que dirigir el equipo que se ocupara de los presupuestos ahora mismo, habida cuenta de los exámenes europeos que nos esperan, ¿hubiera hecho los recortes que ha hecho el Partido Popular? ¿Por dónde hubiera buscado usted la forma de reducir el déficit?*

—Vamos a ver: esto es una pequeña trampa, porque lo primero que quiero conocer es cómo lo ha hecho el Gobierno y, después, contestaremos nosotros cómo hay que hacerlo. Alternativamente, y no al revés. Es decir, todavía no sabemos qué ha hecho el Gobierno con los presupuestos. Sí le voy a anticipar algunas cosas: por ejemplo, teniendo en cuenta que estamos en una política de ajuste presupuestario, ¿no hubiera sido más razonable que lo que se destina a pagar los servicios transferidos a las comunidades autónomas en su conjunto también hubiera pasado por el rasero de una congelación, como proponen con los salarios de los funcionarios? O, dicho en otros términos: ¿no hubiera sido más razonable que el sistema de financiación de las comunidades autónomas para el año próximo estuviera sometido también a las exigencias del déficit? Todavía no sabemos, a estas alturas, en cuánto aumenta este sistema de financiación, pero, aumente lo que aumente, hubiera sido más razonable frenar por ahí el crecimiento del gasto. Bueno... esto no se ha hecho y se frena incumpliendo un compromiso de las retribuciones de los funcionarios. Lo otro hubiera sido más razonable. ¿No hubiera sido más razonable mantener la fiscalidad que había sobre las rentas del capital en lugar de haberlas rebajado? Lo que han hecho ha sido rebajar la fiscalidad sobre los que más tienen desde el punto de vista de la renta. ¿No hubiera sido más razonable mantener la fiscalidad anterior que tener que recurrir a estas amenazas o a estas realidades, aumentar los impuestos para todo, aumentar las tasas y todo?

*—Señor González: por cada cosa que diga, le van a poder recordar cosas que hizo usted. Porque usted congeló los salarios de los funcionarios en 1994.*

—Evidente, evidente, evidente. En un momento de crisis económica muy severa, congelamos los salarios de los funcionarios y, a partir de ese momento, llegamos a un acuerdo con los funcionarios que tenía virtualidad en 1995, en 1996 y en 1997. Igual que llegamos a un acuerdo con los médicos el año pasado, que tiene virtualidad para 1996 y para 1997. Era un acuerdo muy preciso, con unas condiciones muy precisas de respeto a la evolución del déficit.

*—Discúlpeme, señor González: si llegado el día del examen en Maastricht, España cumple las prescripciones en todo, ¿no podrán decir, con sus palabras: «Gato blanco, gato negro: lo que importa es que cace ratones»?*

—No, no, no... Vamos a ver: yo creo que el objetivo de cumplir las condiciones de Maastricht marca una ambición para nuestro país, en lugar de lo que dicen, que es un gran sacrificio... No, no, no: es una ambición; se trata de estar con los países de mayor grado de estabilidad macroeconómica de Europa, lo cual bajará o mantendrá la tendencia a la baja de los tipos de interés y facilitará la inversión. Pero el camino por el que se llega a cumplir esas condiciones no es neutral: se puede llegar a ese punto a costa de pedir más esfuerzo a unos o a otros.

*—Ahí es donde entra lo del gato blanco o el gato negro: lo que importa es que cace ratones.*

—No, no, no. ¿Por qué razón? No, no, no, no, no. Ahí es donde entra el debate de las ideas y yo le he puesto algunos ejemplos que son clarísimos. Mire usted: yo hice una regularización de balance para las empresas, por tanto, no tengo ninguna razón ideológica para negar que haya una regularización de balance. Lo único que digo es que la decisión que tomamos nosotros en 1983 se hizo en un momento de profunda crisis económica, que venía además acompañada de una inflación del 26 por ciento, en 1977, que no se me olvida, cuando se firmaron los Pactos de La Moncloa [4]. Y durante los años siguientes, la inflación era del 16 y del 15 por ciento, continuadamente, hasta 1983, cuando se hizo la regularización de balance. Por tanto, el desajuste en los activos de las empresas era brutal. Ahora la inflación es del 3,7 por ciento, o del 3,8. No está mal: una decisión que capitaliza las empresas, pero abre un agujero de trescientos cincuenta a cuatrocientos mil millones de pesetas para el presupuesto de los próximos años.

*—En este capítulo, quisiera formularle dos preguntas. Una: ¿tienen entonces un discurso alternativo y suficientemente fresco?*

—¿Usted qué cree? Se lo estoy diciendo, pero lo tiene que juzgar usted...

*—No, no... Yo no juzgo; pregunto, señor González.*

—Pero, claro, a mí no me gustan los calificativos. «¿Usted tiene un discurso alternativo?». Les digo: «No hagan ustedes esto, hagan lo otro». Eso es lo que le estoy diciendo.

*—La cosa es: con este mecanismo que el Gobierno lleva adelante y que no le gusta al Partido Socialista, ¿cree, sin embargo, que van a alcanzar los objetivos? ¿Qué pronostica usted?*

—Pueden alcanzar los objetivos de Maastricht. Se pueden alcanzar.

*—¿Dónde va a estar el problema? ¿En la inflación? ¿En el déficit? ¿Dónde va a estar el problema?*

—Nuestro problema fundamental es el déficit. Porque yo creo que la inflación va por una senda correcta. La inflación, en los últimos dos o tres años, ha ido evolucionando por una senda muy correcta. Y creo que si no se cometen errores, la inflación irá bien; irá bien, irá hacia el objetivo de convergencia fácilmente. Nosotros tenemos un problema fundamental de déficit, que no es sólo para pasar el examen en la primavera de 1998, sino que también es el déficit para el año 1998 y para el año 1999. No olvide usted que el acuerdo o el compromiso es un compromiso de estabilidad no para un año, sino para el futuro. Por tanto, el objetivo de déficit es el más complicado de cumplir. Y yo entiendo que el Gobierno esté preocupado por el objetivo del déficit. Lo entiendo perfectamente, porque es la misma preocupación que teníamos nosotros y lo más difícil es hacer un debate interno en el Gobierno sobre cómo se distribuye el esfuerzo para conseguir el objetivo de reducir el déficit. Y esto es lo que yo creo que debemos discutir con ellos: qué ingresos y qué gastos llevan a un déficit que cumpla los criterios de Maastricht.

*—Antes de las elecciones, en campaña, decían que temían que con la llegada del Partido Popular al poder, si ganaba, se pudiera poner en peligro el Estado de bienestar. Por las actuaciones que por el momento se apuntan y, por cómo usted lo ve, por su experiencia, ¿cree que el Partido Popular va a poner en peligro el Estado de bienestar o no?*

—Yo creo que, por el momento, van a intentar no dar la imagen de que haya riesgos para el Estado de bienestar, por el momento.

El Pacto de las Pensiones consolida una parte, y espero que se cumpla, por eso le decía lo de las bombas de relojería: espero que dentro de dos o tres meses no digan que no se puede cumplir y espero que las cifras que traduzcan ese pacto sean cifras correctas: lo espero, repito. Espero que no se dé la contradicción de decir: «Hombre, esto es lo que queríamos nosotros, pero ahora resulta que por tal o tal razón (que le sople otro), ya no hay la posibilidad de cumplirlo». Por eso hablaba de que no se pongan bombas de relojería y que se dejen tranquilos a los sectores de la población que están afectados. La gente debe saber que de cada cien pesetas de riqueza que producimos, 9,1 o un poco más de nueve pesetas, se destina a pensiones. Y yo creo que es un esfuerzo de solidaridad que está bien. No sólo en las contributivas, sino también en las no contributivas. Ahora bien, se tiene que saber que las reformas que se tengan que introducir para sanear el Estado de bienestar es mejor encargárselas a quien crea en el Estado de bienestar.

—*¿El Partido Popular no cree en el Estado de bienestar?*

—No lo sé. Pregúnteselo a ellos. Seguramente tendrá ocasión de preguntárselo.

—*¿Usted cree que no creen?*

—Yo creo que no, por lo que les he oído decir en los años anteriores.

—*Un asunto muy importante: estamos temiendo que nuestro viaje hacia el futuro esté interceptado por episodios que están en los tribunales. Le quiero preguntar sobre los papeles del Cesid. El otro día hablábamos con el presidente Aznar y nos decía que él sabía mucho antes que no desclasificaría los papeles del Cesid. ¿Usted sabía que Aznar no desclasificaría los papeles mucho antes?*[5].

—Mire: le diré que cuando a mí se me pidió en su momento la desclasificación, como presidente del Gobierno, yo, que no tengo tanta seguridad como la que muestra el señor Aznar, tuve dudas. Dudas razonables sobre desclasificar o no, entre otras cosas, para desmontar las tonterías que se estaban diciendo. Entre otras cosas. Pero me pareció que, desde el punto de vista de mi responsabilidad, como presidente del Ejecutivo, me pareció que no era de ninguna manera aconsejable o razonable, y por eso no desclasifiqué. Fuimos a un conflicto que se resolvió por el órgano judicial ad hoc y desde el poder judicial, y ese conflicto le dio la razón al Ejecutivo plenamente. Entonces, en base a esa resolución, el Ejecutivo actual tomó su decisión con una base jurídica, a mi juicio, difícilmente contestable.

*—El día 10 de abril se reunieron en La Moncloa usted, el señor Aznar y el señor Suárez. ¿Comentaron este tema?*

—Yo no lo recuerdo exactamente... Por lo menos, si hubo un comentario, no lo recuerdo exactamente, pero si hubo algún comentario, no fue un comentario central. Más bien, tiendo a pensar que no...

*—Se lo pregunto entonces directamente: ha sido algo sobre lo que se ha especulado, que ha corrido como un rumor espeso y ahora tiene la oportunidad de despejarlo. El tema de la desclasificación de los papeles del Cesid por parte de Aznar: ¿no se suscribió un pacto o algo parecido en aquella reunión del 10 de abril en La Moncloa?*

—No, en absoluto. De eso sí le puedo dar la absoluta seguridad: no. Eso es uno de tantos bulos o de las insidias que se colocan en circulación, porque, primero, obligan a desmentir, y cuando se desmienten, segundo, obligan a demostrar que no son verdad, que es el típico comportamiento de nuestro país: alguien acusa y el acusado tiene que demostrar que la acusación no es cierta. Es la ruptura del principio de funcionamiento de un Estado de Derecho.

*—Se trataba de buscar una explicación lógica, porque cuando el señor Aznar no había llegado al poder, permitía que los suyos hicieran una serie de afirmaciones sobre los papeles del Cesid, que no nos hacían pensar que él hubiera llegado a una conclusión diferente. ¿Alguien le pudo hacer cambiar de opinión? Eso es lo que circulaba por ahí...*

—Bueno... pero mire: la verdad es que antes de llegar al Gobierno decían cosas sobre la relación con los nacionalistas catalanes que ahora no dicen; ahora dicen las contrarias. Decían cosas en la lucha contra el terrorismo que ahora no dicen; dicen las contrarias...

*—Pero sabemos por qué: han cambiado porque tenían que cambiar dadas las circunstancias electorales. Pero ¿por qué han tenido que cambiar en esto?*

—En la lucha contra el terrorismo... también. Entre otras cosas, porque empiezan a darse cuenta de que el Gobierno tiene la responsabilidad de asumir una parte del poder del Estado... (cosa que parece que no está clara), una parte: la parte que corresponde al Ejecutivo. Hay otras partes del poder del Estado que corresponden a la Justicia y al Parlamento. Y el Ejecutivo tiene que cumplir con su papel. Yo creo que, cuando uno llega al Ejecutivo, uno empieza a darse cuenta de que eso tiene que ser así.

—*Como hombre de Estado, ¿usted considera que vamos a poder enfrentarnos con normalidad con los problemas de nuestro tiempo si no se despejan los grandísimos interrogantes del caso GAL, señor González?*

—Sin duda.

—*¿Vamos a poder hacerlo?*

—Sin duda, hasta el punto de que la interferencia que ese caso produce es bastante ficticia.

—*¿Ficticia...?*

—¿La interferencia política? Sí, sí, bastante ficticia. Yo sé que a eso se le da una importancia que será muy relativa si hay un ataque terrorista. Ya verá usted como aquí le estamos dando una dimensión a un problema que va a resolver la Justicia, sin duda alguna, lo va a resolver, que no tiene por qué interferir en la normalidad de la vida política. ¿Que ha interferido durante un período anteriormente? ¡Claro! Porque había quien quería hacerlo interferir permanentemente. Ahora hay menos voluntad de hacerlo interferir, menos voluntad, y hay una oposición con más sentido de la responsabilidad. Por tanto, no va a interferir ni en las decisiones que nos lleven a participar en la Unión Europea, ni en las decisiones de política nacional... ¿Por qué va a interferir?

—*Pero usted no ignora, señor González, que para muchos ciudadanos y, desde luego, para muchísimos en el País Vasco, este asunto es casi un test democrático.*

—Sí... Sí, sí.

—*Y si se percibe o se teme que puede haber obstrucción o voluntad de obstruir... ese test se suspende, y es grave.*

—La gente tendría que demostrarlo. Yo sé que hay afirmaciones de esa naturaleza que son absolutamente gratuitas y, claro, cualquiera con conocimiento de cómo funciona una democracia dice eso... se equivoca. Mire: yo ayer leí los editoriales de la prensa británica que trataban lo que ocurrió anteayer: la entrada de la policía en un piso y la muerte de uno de los individuos supuestamente terroristas que estaban en el piso. Y leí los editoriales; hoy he visto la prensa de nuestro país: dice que aquellos supuestos terroristas estaban desarmados. Gran Bretaña es una democracia poco discutible; poco discutible en cuanto a su solera y su tradición. Yo les ruego que vean el análisis de los editoriales.

—*Bueno... discúlpeme... No quisiera que algún oyente pudiera tener la impresión de que usted estaba en este momento quitándole importancia a un asunto que se ha cobrado veintiocho vidas, ¿no?*

—No, no. Yo no le quito ninguna importancia. Creo que un asunto que se ha cobrado novecientas vidas de personas inocentes tiene más importancia que eso.

*—No, no digo que tenga más importancia, pero también la tiene, ¿no?*

—Pero hay una cierta desproporción, ¿eh? Aquí la gente... Mire, Iñaki, cuando la gente habla de terrorismo de Estado con frivolidad, no sabe lo que está diciendo. Donde ha habido terrorismo de Estado, en los sitios en los que lo ha habido (y no los voy a enumerar, porque sigo siendo un responsable político y me tengo que relacionar con muchos países), donde lo ha habido, repito, la relación de víctimas ha sido la contraria. Recuerde esto: la contraria. En los sitios donde ha habido terrorismo de Estado, la relación de víctimas ha sido la contraria.

*—¿No ha habido terrorismo de Estado en España?*

—Evidentemente, no. En este período. Evidentemente, no. Le repito: si hubiera habido terrorismo de Estado, no habría novecientas víctimas de Fuerzas de Seguridad, de Fuerzas Armadas y de civiles, y veintiocho víctimas, más las que hubiera habido antes, de supuestos terroristas... no digo siquiera de terroristas, sino de supuestos terroristas. Se hubieran invertido los números. Dejémosnos de historias, porque incidentes como los que ha habido en España los ha habido en todos los países donde una actividad terrorista ha golpeado a la democracia, y hablo de democracias.

*—Sabe usted, señor González, que va a dar bastante que hablar una frase como la que usted acaba de pronunciar: que no ha habido terrorismo de Estado en España.*

—Sí, sí... Estoy seguro de que va a dar que hablar, entre otras cosas, porque hay muchísimo ignorante que está predicando sobre algo que no conocen. Repito: que analicen la situación en Francia, en Gran Bretaña, en Alemania, en todos los países donde ha habido actividades terroristas intensas. Que las analicen, por favor. Que nosotros somos una democracia todavía joven. Que sepan qué ha pasado exactamente en las democracias con actividades terroristas. Claro, que aquí llaman la atención esas cosas... pero, naturalmente, todo el mundo aplaude si el presidente Clinton, o antes el presidente Bush, cuando hay un atentado terrorista, dicen: «Los perseguiremos dondequiera que estén, se escondan donde se escondan». A nadie le llama la atención eso. Dicen: «Aplausos generalizados: ahí hay un presidente capaz de luchar contra el terrorismo».

*—Mi trabajo esta mañana no es discutir, sino preguntar. Porque si de discutir se tratara, me gustaría discutir con usted este tema, señor González.*

—Lo sé, lo sé... Algunas claves le faltan...

*—Seguramente muchísimas, señor González.* The Economist *decía el otro día que seguramente habría elecciones en 1998...*

—Pues menudo descubrimiento: lo hemos dicho nosotros.

*—Sí... Queríamos confirmarlo. ¿Cree usted que va a haber una legislatura quebrada despues de Maastricht, tanto si las cosas salen bien como si salen mal?*

—Depende del presidente del Gobierno. El presidente del Gobierno tiene la facultad constitucional de disolver las cámaras a partir del primer año de Gobierno en el momento que considere conveniente para los intereses del país... o para los suyos propios.

*—Le quería consultar si le parecían verosímiles estas teorías: si Maastricht sale bien, el Gobierno de José María Aznar tendrá interés en capitalizarlo y adelantar las elecciones; si las cosas salen mal, la oposición se encargará de pisar los aceleradores y, entonces, quizá Jordi Pujol dé un paso atrás [en su apoyo al Gobierno]. ¿Es esto verosímil?*

—No... Le diré: la segunda parte no es verosímil. La primera, me gustaría que tampoco lo fuera, pero la segunda no es verosímil. Es decir, yo llevo mucho tiempo apostando, con un cierto grado de incomprensión (como en las cosas que he explicado antes), porque la estabilidad política aconseja que se agoten los períodos de legislatura. Esto no ha ocurrido nunca en la historia de España. Algunos dicen: «Bueno... la historia es una cosa pasada...». No, no: la historia pesa y los países más sólidos de Europa son aquellos países que tienen la capacidad de agotar sus legislaturas. Y los menos sólidos, los que más variabilidad tienen desde el punto de vista político, más incertidumbre, con repercusiones económicas y sociales, son los países que disuelven por cualquier circunstancia e interrumpen los períodos de legislatura. Hay que tender a agotar los períodos de legislatura por razones de estabilidad, en el sentido más noble del término. Por tanto, yo no voy a pedir que se anticipen las elecciones. Tendría que ser gravísima la situación para que eso fuera así, y espero que no lo sea. No lo voy a pedir, y me gustaría que no existiera la tentación de disolver antes de tiempo. Porque creo en la estabilidad. Algunos dirán: «Hombre, entonces, ¿usted prefiere que haya elecciones cuando se acabe el período de legislatura en vez de dentro de dos años, cuando a lo mejor tiene otra vez la oportunidad de volver a ganar?». Lo prefiero, por mi país, que es lo que me interesa.

—The Economist *se refería, más bien, a lo que pudiera hacer Jordi Pujol. Usted ha coincidido con Jordi Pujol en Montevideo, y parece que hablaron largo y tendido...*

—Tendido... no. Hablamos sentados, cada uno en un sillón...

*—Hablaron mucho sobre este... Bueno, ¿hablaron de esto también?*

—No... de esto no... No y no era propio que habláramos de esto. Yo hablé con Jordi Pujol este verano, durante cuatro o cinco horas, quedamos en seguir hablando. Tuvimos la oportunidad de encontrarnos en Montevideo, en una discusión muy interesante precisamente sobre el futuro: el encuentro se titulaba «Los nuevos caminos de América Latina». En definitiva se trataba de una reflexión sobre los nuevos caminos para todos nosotros. Y me dijo: «¿Nos podemos ver?». Y le dije: «Naturalmente, nos podemos ver». Y terminamos temprano una cena y nos sentamos durante una hora o una hora y media a charlar... Jordi acababa de llegar y tenía ese desfase horario, y a la hora y media me parecía imprudente que siguiéramos. Y hablamos un poco de la situación general, como hemos hablado muchas veces.

*—Quería preguntarle también por una cuestión muy interesante. La Internacional Socialista le ha encomendado el diseño o las líneas ideológicas de la organización, en un momento muy importante. Usted ha apuntado que, desde que el mundo ha abierto de par en par todas sus puertas, si el capital circula con una gran coordinación, también el pensamiento progresista debería organizarse de otra manera. ¿Está en fase de revisión todo el pensamiento progresista?*

—Como me gusta ser preciso, le diré que el capital circula con total libertad, pero con coordinación, no. Cada uno va a lo suyo. Es un funcionamiento totalmente libre en una selva: la selva que es el mundo de los mercados de cambio...

*—¿Pero habría que rearmar también a escala mundial el pensamiento colectivo?*

—Lo que hay que hacer, desde el punto de vista progresista, es articular una plataforma de ideas que sean capaces de responder a las preguntas, no quedarse sólo en las preguntas. Aquí, la comodidad en que se refugia mucha gente, no sólo de izquierdas, también a veces de derechas, es la comodidad de hacer las preguntas. Una vez que se hacen las preguntas... Algunos incluso añaden declaraciones de principios: «La solidaridad debe ser el principio para atacar una situación de injusticia o desigualdad... etcétera». Pero nadie quiere descender al terreno comprometido, es decir, al cómo: cómo se afronta el fenómeno de la mundialización. ¿Negándolo? No. Negándolo, no: tratando de sacar el mayor beneficio y minimizanzo los costes de la mundialización. ¿Cómo se afronta el reto de la revolución tecnológica? Primero, ganándola. Eso es lo primero. Y eso puede ser común a la derecha y a la izquierda. No hay que engañarse. Pero, además, hay que saber cuáles son las consecuencias. ¿Qué produce una revolución tecnológica? Lo va a entender todo el mundo: hace cuarenta años, alguien compraba un torno para una empresa y sabía que el torno se amortizaba en treinta años. Ahora, alguien compra una máquina para una empresa y sabe que en cinco años está obsoleta. Véanlo en su medio, en los medios de comunicación: ¿cuánto duran las rotativas o los instrumentos...? Duran poquísimo. Hay que renovar a mucha velocidad. Ese proceso permanente de reestructuración es un proceso que tiene una parte dolorosa: la propia reestructuración; pero tiene una parte imprescindible. Lo que digo es que nuestro país perdió la primera revolución industrial, porque nadie creía en este país: esta revolución tecnológica no debe perderse. Y eso no es una diferencia de izquierdas o derechas... aunque sí hay diferencias cuando se trata de ver al servicio de quién se ponen esas tecnologías. Hay muchos desafíos.

*—Para avanzar en un camino de confluencias progresistas en nuestro país, algunas dificultades tenemos. ¿Cómo ve a Julio Anguita?*

—Vamos a ver: avanzar en las ideas progresistas significa convencer a una mayoría social de que hay alternativas mejores a las alternativas conservadoras. En nuestro país sigue habiendo una mayoría social progresista y vivimos la contradicción de que con una mayoría social progresista, hay un Gobierno conservador.

*—¿Quién tiene la culpa de eso, señor González?*

—Entre otros, yo. No le voy a echar la culpa a los demás, sería absurdo. La parte en la que yo haya fallado... ahí está, eso está claro. En lugar de tener doce millones de votos, hemos tenido nueve millones...

*—¿Y un poco Anguita también?*

—Sí... bueno, verá... En las conversaciones con Anguita y con algunos líderes sindicales había algunos aspectos reveladores. Me decían: «Vamos a revisar las razones de nuestro enfrentamiento en los últimos años». Yo sí estoy dispuesto a hacerlo... No tengo demasiada prisa, porque me parece que lo que vamos a vivir a partir del momento actual, cuando hay un Gobierno de la derecha, es la defensa de lo que se ha conseguido en los últimos años. Cuando veo reflejado eso que he dicho hace unos meses, en el Pacto de las Pensiones... debo estar razonablemente lo más tranquilo posible, porque el Pacto de las Pensiones es la consagración, con algún retoque, de la Ley de Pensiones de 1985 y de la Ley de Pensiones No Contributivas de 1990, que nosotros hicimos y que yo propuse. Y esa consagración es lo que se pide ahora. No se pide avanzar más, sino defender lo conseguido, lo conquistado. Claro, lo conquistado, según algunos, en el pasado, se correspondía con una política de derechas. Pero ahora se defiende aquella «política de derechas», cuando de verdad hay un Gobierno de derechas.

*—¿Es posible, por tanto, que se puedan ahora hacer más fáciles algunas aproximaciones?*

—Sí... pero, vamos a ver... Yo querría dejar clara una cosa: es muy fácil ponerse de acuerdo frente al Gobierno en veinte puntos. Facilísimo. No hay más que decir: «¿Estamos de acuerdo en que no se desgraven las plusvalías y que paguen tanto las rentas del capital como las del trabajo?». Pues sí, estamos de acuerdo. Y así, podríamos enumerar. «¿Estamos de acuerdo en que la despenalización del aborto en algunos supuestos debería producirse...?». Pues sí, estamos de acuerdo. Etcétera. Pero esto no suma una alternativa. Eso es lo que quiero decir. Los ciudadanos hace mucho tiempo que han comprendido que una alternativa consiste en preguntarse cuál es el destino de España en Europa: eso es una alternativa. Y si en esos temas, que son nucleares, medulares, no se está de acuerdo, no existirá una alternativa... de ese tipo. Puede haber una alternativa de votantes.

[Antonio García Ferreras]

*—¿Hay determinados «elementos»... «elementos», entre comillas, que tienen como objetivo meterle a usted en la cárcel, porque políticamente no han podido acabar con usted?*

—¿Usted qué cree?

*—Yo no puedo opinar, sólo preguntar.*

—Y yo tampoco, ¡ja, ja, ja...! Yo tampoco puedo juzgar eso. Le puedo decir... Bueno, si los hay... no me inquietan ni me van a condicionar sobre lo que deba hacer.

*—Se habló hace unos meses de conjura o de conspiración*[6].

—Haberla, la hay, o la ha habido, de eso no cabe la menor duda.

*—¿Cree usted que en esa conspiración estaba también el objetivo de afectar a la figura del Rey?*

—No, no me atrevería a afirmarlo. Sobre todo, no me atrevería a afirmarlo públicamente, pero hay gente que está jugando fuera de las reglas... sin duda.

[Pregunta Iñaki Gabilondo]

*—¿Mario Conde?*[7].

—Bueno, yo no quiero señalar nada ni a nadie, entre otras cosas porque si uno señala, uno tiene que precisar, es decir, cuál es la prueba o cuál no es la prueba, pero en fin...

*—Hay gente que ve la mano de Mario Conde detrás de algunas coincidencias extrañas. ¿Usted también cree que hay coincidencias extrañas?*

—Algunas veces se han producido coincidencias, sí.

[Antonio García Ferreras]

*—Por ejemplo, manejar los papeles de Perote* [8].

—Bueno... eso no es una coincidencia, es una evidencia.

[Iñaki Gabilondo]

*—Perdone señor González: ¿qué es una evidencia?*

—Lo que me ha preguntado. Yo no hago más que responder cuando me preguntan, cuando puedo.

*—Es decir, ¿Mario Conde maneja a Perote?*

—No, yo no sé si Mario Conde, exactamente.

[Antonio García Ferreras]

*—¿No se le ponen a usted los pelos de punta cuando ve en los periódicos documentos internos del Cesid? Parece que el Cesid ha sido un queso gruyer...*

—No lo ha sido. Mire, cuando se haga la historia de esta etapa, por ejemplo, a Manglano[9] se le reconocerá el inmenso mérito que ha tenido para defender la estabilidad de la democracia en nuestro país. Lo que pasa es que todavía no se va a hacer la historia. Vamos a esperar un poco de tiempo. Y cuando digo esto, por ejemplo, de Manglano, lo digo además con una cierta autoridad, porque yo no lo nombré, lo ratifiqué: lo había nombrado el Gobierno de UCD. Cosa que la gente olvida... Me siento totalmente responsable, afortunadamente, responsable del nombramiento de Manglano. Y Manglano... ha ayudado mucho a la estabilidad de la democracia en este país. Claro... ahora no se quiere ver, porque ya vivimos en democracia, pero algún día se le reconocerá, ya lo verá usted.

*—Esta misma semana, en el diario* El País, *se publicaba que Perote había hecho una oferta negociadora al Gobierno socialista en funciones, después de las últimas elecciones.*

—Lo vi esta semana, pero no me consta. En esos términos que usted me dice, no me consta. Pero es posible, no lo excluyo, porque es posible que eso se haya producido.

*—¿Eso sería chantaje?*

—No... Depende de los términos en que se formule. Mire, la obligación del Gobierno, del Ejecutivo, es que si puede recuperar de manera razonable unos papeles robados al servicio de inteligencia, hay que intentar recuperarlos. Pero no es una obligación de este Gobierno, no se engañen, es una obligación del Gobierno de Estados Unidos, del Gobierno de Francia, del Gobierno de Gran Bretaña, del Gobierno de Alemania... Esto es lo que de verdad había que entender en el funcionamiento de las instituciones en un país democrático. Si hubiéramos tenido la oportunidad de recuperarlos... ¡por favor, lo hubiéramos hecho! ¡Claro!

[Iñaki Gabilondo]

*—Isaías Lafuente pregunta a Felipe González.*

*—Si se lo pide el partido, por supuesto, ¿será el candidato presidencial en las próximas generales?*

—Sí, si lo pide el partido y Dios no lo remedia (y no creo que se vaya a meter en este negociado)... pues probablemente lo seré.

*—Usted alguna vez dijo que la derecha dura de este país tenía que estar lógicamente en el PP, no había otro partido de derecha. ¿Cree que entre los catorce ministros del Gobierno del PP está la derecha dura?*

—Pues no lo sé. Porque ésos son juicios sobre las personas que a mí me cuesta siempre mucho trabajo hacer.

*—Antes hablaba de actitudes que le retrotraían veinticinco años...*

—Sí... Por ejemplo, yo creo que es un desliz del vicepresidente del Gobierno (me parece, además, que es vicepresidente primero y se ocupa del área política) decir si uno puede o no hablar estando en la oposición. Decir esto no es propio de quien gobierna. ¿Es que no puedo hablar? ¡No le voy a pedir permiso a él! ¡Ni que estuviéramos en tiempos de [Carlos] Arias Navarro, cuando decía cómo tenían que ser las asociaciones políticas... Esto no es posible, esto ya ha pasado... A mí no se me ocurrió decirlo nunca, nunca... ¡En democracia, no digo en el Gobierno, digo en democracia, no se me ocurriría decirlo respecto de nadie, aunque hubiera sido responsable en la dictadura! ¡De nadie!

*—Ésa es una actitud de derecha dura.*

—No, no, no... Usted lo califica, yo no. Digo que es un desliz que espero que corrijan, porque esto no es propio del juego democrático.

*Le quería preguntar otra cosa: la Constitución cumple este año dieciocho años. Este pueblo ha estado maduro para integrarse en la Unión Europea. ¿Con dieciocho años de democracia no está maduro también para plantearse un debate sobre la autodeterminación...?*

—Yo creo que es un debate absolutamente ocioso. Dígame un ejemplo de una democracia donde ese debate se plantee. La Constitución es muy precisa y todos hemos aceptado la Constitución: ha sido el pacto entre todos nosotros. ¿Queremos revisar la Constitución en ese punto? A mi juicio sería un disparate revisarla en ese punto, conmigo no contarán para iniciar una aventura de esa naturaleza.

[Iñaki Gabilondo]

*—En el tema república frente a monarquía o monarquía frente a república, ¿también le parece...?*

—Cuando se planteó ese tema en el debate parlamentario, fuimos muy criticados porque dijimos, nosotros los socialistas: «Éste es el momento de debatirlo». Reconociendo además, ya en aquel momento, que el Rey estaba desempeñando un papel absolutamente clave para el desenvolvimiento y el asentamiento de la democracia, como lo ha venido haciendo desde entonces. Reconociendo eso, como mérito personal del Rey, cuando se planteó el debate parlamentario, fuimos los únicos que dijimos: «Ahora se está planteando; discutámoslo ahora». Y, entonces, debo reconocer que con un gran esfuerzo y con un gran sentido de la realidad y de la reconciliación, el Partido Comunista dijo que había que decidir claramente por la forma monárquica de gobierno. Y nosotros hicimos el debate, naturalmente, hicimos el debate cuando era oportuno, con la comprensión, repito, hacia la figura del Rey y hacia la realidad. Hacerlo ahora, que no hay ninguna justificación para hacerlo, es tanto como distanciarse de una mayoría social.

*—No sé si el presidente Aznar llamará al líder de la oposición a charlar... suele ser costumbre, a veces, a veces no suele ser costumbre, se suelen dar circunstancias de muchos tipos, problemas de piel, química etcétera, no sé... ¿Le ha llamado algún día Aznar? Supongo que todavía no.*

—Sí, sí... Lo sabe todo el mundo.

*—¿Después del 10 de abril le ha llamado?*

—Sí, el 26 de julio, me parece... O el 25 de julio... Bueno, antes de agosto. Estuvimos hablando de dos o tres temas importantes.

*—¿Han quedado para verse regularmente?*

—No, eso se suele hacer entre amiguetes. No, no... Yo estoy disponible, y se lo he dicho claramente; yo estoy disponible y sé cuáles son mis obligaciones. Si el presidente del Gobierno necesita hablarme, yo estoy absolutamente dispuesto a hablar en cualquier momento que lo necesite, como es lógico.

*—Durante los años anteriores, cuando entrevistábamos a José María Aznar, que fue candidato durante mucho tiempo a la Presidencia, se convirtió casi en un clásico de nuestros encuentros una pregunta que yo, ahora, quiero trasladarle a usted: ¿será usted presidente del Gobierno, señor González?*

—¡Hombre...! Ahora, cuando estuve en Chile, una periodista me preguntó: «Bueno... pero usted... ¿por qué quiere ser presidente del Gobierno?». Y le decía, un poco de broma: «Mire, porque mi ambición en la vida ha sido llegar a presidente de Gobierno. Y como no he cubierto mi ambición, pues mi vanidad no está satisfecha...». ¡Después de haberlo sido trece años y medio! No lo sé si lo seré; desde luego, lo seré o lo seré en función de que pueda defender mis ideas. Ahora bien, desde el punto de vista de mis ambiciones personales, espero que comprendan que las tengo cubiertas.

*—Por el momento, parece que el sostén de un importante montón de votos está ahí fijo. Sean cuales sean las tormentas y vendavales, parece que los últimos datos indican que el colchón de apoyo del Partido Socialista sigue manteniéndose muy fuerte... No sé si ha tocado techo el voto del PP, no lo sé... ¿Tiene usted algún dato en ese sentido?*

—Sí, eso parece. Pero, mire usted, es tan reciente el pronunciamiento de los ciudadanos que sería más razonable referirse a ese pronunciamiento de los ciudadanos. Se está produciendo una situación que, para nosotros, es razonablemente favorable; es decir, cada vez que hay una llegada al poder de una fuerza política, en los meses siguientes se produce una cierta acumulación de votos en torno a la fuerza política que gobierna. Este efecto parece que no se ha producido aquí y se mantiene el empate técnico... el empate técnico del 3 de marzo. Pero, bueno, esto lo analizan mucho más los especialistas. Incluso hay algunos que dicen que cuando los sondeos de opinión son desfavorables al Gobierno, el Gobierno no está legitimado... Esto lo hemos vivido durante esta etapa anterior. Teniendo en cuenta, además, cuánto se han equivocado en los sondeos de opinión... ¡Hay que ver cuánto se han equivocado y qué gusto tengo ahora en decirlo! Lo advertí, antes de las elecciones, a responsables muy cualificados: «Cuidado, que se están ustedes equivocando...». «No, no... el que se equivoca eres tú, porque la catástrofe es mayor de la que piensas...».

[...]

—*Señor González, ¿será portavoz de su grupo en el debate de presupuestos?*

—No, no... No voy a cambiar el rol.

—*Y una última cosa: ¿qué tal el cambio de vida? Supongo que fue un cambio muy importante ir de la calle Pez Volador a La Moncloa, pero ¿cómo ha sido el cambio de ir de La Moncloa a su nueva casa? ¿Qué ha significado desde el punto de vista personal y familiar?*

—Pues la verdad es que está muy bien, ¡ja, ja...! Está muy bien, Iñaki. Todo el mundo me dice que tengo que tener síndrome de abstinencia y yo no niego que eso pueda ocurrir en algún momento, pero, por el momento, no lo tengo. La verdad es que está muy bien, está muy bien, personal y familiarmente, y espero que todo el mundo entienda lo que estoy diciendo. Pero muy bien.

—*¿Está contenta Carmen? ¿Los hijos están contentos?*

—Pues sí. La verdad es que el cambio a todo el mundo le ha sentado muy, muy bien. Claro... Alguno, con mala fe, hará probablemente el chiste: «Pues que se quede bastante tiempo ahí, si está tan bien...». Pues muy bien.

—*Bueno, ya que estamos en la radio, para reutilizar un viejo título de un programa de radio, que seguro que a usted le suena: ¿conoce usted a sus vecinos?*

—Todavía no... a algunos, pero todavía no. Mis vecinos me conocen más a mí y algunos han dicho cosas preciosas... Algunos me han dicho...

—*Cuénteme alguna.*

—«¿Qué le parece a usted tener de vecino a Felipe González?». Uno de ellos decía: «Con tal de que se vaya de La Moncloa, me parece bien». ¡Ja, ja, ja, ja...!

—*Señor González, muchas gracias y muy buenos días.*

## Notas

[1] Miguel Barroso e Igor Reyes-Ortiz: *Crónicas caribes: un recorrido inédito por las Antillas.* El País-Aguilar, Madrid, 1996. Héctor Aguilar Camín: *La guerra de Galio.* Al-

faguara, México, 1991 (Madrid, 1994). Joaquín Leguina: *La tierra más hermosa.* Alfaguara, Madrid, 1996.

[2] Boris Yeltsin fue el encargado de liquidar la antigua Unión Soviética (URSS) tras el proceso de democratización dirigido por Mijail Gorvachov. Fue presidente de Rusia desde 1991 a 1999, aunque sus problemas de salud fueron un lastre durante los últimos cinco años. Entre 1996 y 1997 fue hospitalizado en varias ocasiones.

[3] Se llamó «recetazo» a una propuesta que el Gobierno de José María Aznar quiso implantar en los primeros meses de su primera legislatura. Consistía, básicamente, en imponer a los consumidores una tasa de cien pesetas (0,60 euros) por cada receta expedida, aunque había numerosas excepciones. Se trataba, al parecer, de un proyecto para la reforma de la financiación de la Sanidad. La propuesta, finalmente, fue desestimada.

[4] En 1977, la situación económica del país era tan acuciante que el presidente Adolfo Suárez se vio obligado a reunir a todos los líderes políticos y comunicarles que el país estaba al borde del colapso. Era necesario un pacto de estabilidad económica y los partidos firmaron el acuerdo en octubre de ese año.

[5] El Centro de Seguridad e Información de la Defensa (Cesid) o algunos de sus miembros estuvieron envueltos en distintos asuntos que acabaron en los tribunales. La oposición, entonces del Partido Popular, advirtió durante la campaña electoral que se desclasificarían ciertos documentos, pero, finalmente, el Gobierno de José María Aznar no cumplió esa promesa concreta.

[6] La supuesta conjura o conspiración fue aireada por el periodista Luis María Anson, y en ella estarían presuntamente implicados otros periodistas y otros personajes más o menos relevantes. El periodista citado renunció al hipotético conciliábulo porque, al parecer, la conspiración atacaba también la posición del jefe del Estado. El objetivo, en teoría, era impedir a toda costa una nueva elección de Felipe González como presidente del Gobierno.

[7] Mario Conde fue uno de los personajes públicos más relevantes de la época de prosperidad económica del período socialista. Llegó a ser presidente de la entidad financiera Banesto, pero las dificultades de saneamiento del banco le obligaron a tomar medidas arriesgadas que concluyeron con una intervención del Banco de España. Fue procesado por distintos delitos y encarcelado. (Véase entrevista a Mariano Rubio).

[8] El coronel Juan Alberto Perote era miembro de los servicios de inteligencia (Cesid). Estuvo envuelto en distintos procedimientos judiciales relacionados con los famosos «papeles del Cesid».

[9] El general Emilio Alonso Manglano fue director del Cesid entre 1981 y 1995.

14

# *Manuel Fraga Iribarne*
# *Galleguismo y nacionalismo*

Manuel Fraga Iribarne (Villalba, Lugo, 1922) es la figura representativa del conservadurismo español en la segunda mitad del siglo XX. Catedrático de Derecho político, Fraga Iribarne se vinculó a la política y a la Administración franquista en los años cincuenta, fue ministro de Información y Turismo (1962-1969) e impulsó la famosa reforma de la Ley de Prensa de 1966. Desde su «exilio» londinense —ocupó la embajada española en el Reino Unido tras algunas desavenencias con los líderes franquistas—, Fraga regresó para liderar la facción conservadora en la nueva etapa democrática que se abrió en 1975. Fundó Alianza Popular (1976), fue elegido diputado y participó en los trabajos constitucionales de 1978. Los sucesivos fracasos frente al imparable líder socialista Felipe González lo obligaron a pensar en una retirada (1986). Tras la refundación de su partido (Partido Popular, 1989), Manuel Fraga optó por un discreto retiro en su tierra natal y encabezó las listas populares a la Presidencia de la recién creada Xunta de Galicia. Venció en 1989, en 1993, en 1997 y en 2001.

La siguiente entrevista, del 22 de junio de 1998, se enmarcaba en la reciente celebración del congreso extraordinario regional del Partido Popular de Galicia. *Hoy por hoy*, Cadena SER.

*—Bueno, señor Fraga, puedo felicitarle por su éxito...*

—Pues muy agradecido. Siempre tener una carga encima tiene la parte que es carga y no cargo, pero yo tengo que decir que cada vez que veo la renovación de la confianza de un sector u otro de los gallegos (evidentemente fue de la mayoría de los gallegos en las elecciones autonómicas [1997]), me llevo las mayores satisfacciones de mi vida.

*—Sí, se preguntaban algunos para qué era preciso este congreso, puesto que no había en principio ninguna novedad en el debate ideológico...*

—No... Ahí debe de haber algún error... En todas partes, pero en España sobre todo, la gente está siempre pendiente (¿por qué negarlo?) de ver si hay un lío, si hay un accidente, si hay una confrontación y, sobre todo, a ver si salen nombres de personas... Por cierto, no ha sido un tema pequeño el de la selección que se ha tenido que hacer para hacer más operativos los órganos del partido y reducir su número. Pero modestamente he de decir que el que se lea la ponencia política del presidente no podrá decir no ha habido ese debate. Vuelvo a decir: ésa es una afirmación que yo remito a las ponencias; si quiere, yo le mando a usted el tomo de las ponencias que, por cierto, también se había comentado que se aprobaron prácticamente por unanimidad en el congreso, pero antes habían sido objeto de estudio. Yo, concretamente, tenía cuatro componentes en mi comisión, uno de cada provincia, y la ponencia se modificó a fondo. Pero el día anterior al día 20, que fue el 19, naturalmente, toda la tarde se dedicó a trabajos de comisión, se presentaron docenas de enmiendas y, menos una, fueron todas aprobadas. Quiero decir que se habla a veces con una cierta superficialidad. El congreso era necesario porque aquí nació el movimiento que primero se llamó Reforma Democrática, luego Alianza Popular y finalmente Partido Popular, y hoy es el partido que está en más ayuntamientos de toda España, en más diputaciones provinciales, en más comunidades autónomas y en el Gobierno de la nación. Y es una fuerza extraordinaria; después del grupo alemán o de los dos grupos alemanes, el Partido Popular es el más importante del Partido Popular Europeo, después de la crisis italiana. Pues es lo cierto que buena parte nació en Galicia y todavía hoy somos un poco menos de la quinta parte de todos los militantes que tiene el Partido Popular. Somos los primeros que hicimos unas elecciones, después de las últimas generales, manteniendo por tercera vez la mayoría absoluta. Eso nos obliga y precisamente yo tenía la obligación, por los aspectos morales y psicológicos y también trascendentales, de que nadie en este momento pues se echara a eso que se llama la autosatisfacción; a partir de ahora tenemos más obligaciones que nunca, más responsabilidades que nunca, más obligación de pensar que estamos en una sociedad cambiante. En este momento, la sociedad que hace treinta años empezamos algunos a diseñar, aquel modelo para España en la transición, ya no tiene hambre, tiene anorexia y, como he dicho muchas veces estos días, no en broma, sino en serio. No había un solo gobernante que plantease el tema de la droga como un tema trascendental. Hoy he leído que solamente en Madrid hay cuarenta mil personas que toman drogas diariamente y la lista sería larga. Y para eso se hizo el congreso y se hizo un buen congreso. Ahora, como es natural, hay que haber estado en él para saberlo.

*—Don Manuel, leemos esta mañana en* El Correo Gallego *lo siguiente, dice: «Sectores del Partido Popular de Galicia destacan la clara apuesta de Fraga por el galleguismo y los afines a los ministros gallegos se sienten heridos».*

—Bueno, lo segundo no lo creo, porque son grandes amigos nuestros y lo están haciendo maravillosamente. Lo que ocurre es que, precisamente, desde el primer momento se pensó un diseño que veo que ha salido bien, siempre se pensó que Galicia tenía que tener gente en los gobiernos municipales, en los gobiernos provinciales, en la Autonomía y representantes en Madrid. Y por fin lo hemos conseguido. Un gran error del Partido Socialista fue privarse de tener ministros gallegos, pero nosotros eso sí lo hemos cuidado. Y cualquier interpretación de otro tipo es absolutamente errónea. Ellos están donde queremos que estén y haciéndolo muy bien, por cierto.

*—Ya... ¿Y en relación con lo otro, lo del galleguismo...?*

—Bueno... respecto a lo del galleguismo, yo siempre he hecho una distinción clara entre lo que es autonomismo, tradicionalismo o galleguismo y lo que es nacionalismo. Yo creo que frente a los que opinan que el nacionalismo es el grado más alto de lo otro, se puede decir que se trata de cosas completamente distintas. Nosotros somos españoles, nos sentimos españoles, nos sentimos al mismo tiempo europeos, por algo aquí termina el primer itinerario cultural de Europa, declarado así por el Consejo de Europa: el Camino de Santiago. Nos sentimos iberoamericanos, por algo tenemos, como alguien ha dicho, la quinta provincia en Buenos Aires. Nos sentimos universales, pero todo eso lo somos a partir de ser gallegos, y para nosotros es una escala en la que todo se conjuga: hay gallegos en Madrid, los hay en Barcelona y los hay en Buenos Aires y los hay en Australia. El otro día tuvimos aquí al rector de la Universidad de Melbourne y estuvimos hablando: gran cantidad de gallegos hay hoy en las antípodas. Pues bien, eso, que es un enriquecimiento, aunque antaño fuera una prueba de flaqueza e incluso de miseria, nos hace ver las cosas con otra perspectiva. Pero, desde luego, de ninguna manera como algunos insensatos que quieren devolvernos a la prehistoria, que quieren poner un muro en Piedrafita y que hay que salir de España y de Europa. Esos nacionalistas, esos *bloqueiros*, para entendernos, son otra familia. Y naturalmente, tienen perfecto derecho a defender sus ideas mientras lo hagan dentro de la Constitución, del pacto constitucional, y mientras lo hagan respetando las reglas del juego. No cortando las carreteras, etcétera... Y a nosotros, a galleguistas, no nos va a ganar nadie, por una razón muy sencilla: una cosa es decir que no a todo, protestar de todo, lloriquear por todo, y otra cosa es decir y hacer cosas para Galicia, hacer autopistas, hacer autovías, poner teléfonos en la última casa de la montaña... (se han puesto ciento treinta mil en las aldeas más pequeñas), hacer que llegue el gas... Eso es lo que yo llamo galleguismo.

*—Señor Fraga, un asunto que no ha salido, que no ha surgido en el congreso y que parece algo delicado: parece como si todo el mundo tuviera un poquito de temor a herirle a usted, que no se plantea la cuestión del futuro...*

—Pero ¿por qué ha de plantearse? La cuestión del futuro está perfectamente resuelta. Precisamente, cada congreso pone al día los órganos de gobierno, que son los que trabajan en el día a día. Abrir sucesiones antes de tiempo, cuando todavía gracias a Dios estamos ahí... Todo estará preparado para ese momento y le puedo decir que hay quien habla de esto por hablar, pero yo puedo alegar que ya he resuelto un problema semejante y era de envergadura, porque en aquel momento no estábamos tan adelantados y estábamos en la oposición. El problema de la sucesión al frente del partido se solucionó brillantemente, tengo que decirlo, con la elección de Aznar, cuando yo decidí que había llegado ya el momento de dar paso a la nueva generación. Eso ya se ha demostrado que lo sabemos hacer y, por lo tanto, ahora tendría mucha gracia que, en este momento, estos señores que tanto jaleaban las primarias, con lo cual han conseguido ahora tener tres cabezas en el Partido Socialista, nos vengan a dar lecciones a nosotros de cómo se hacen esas cosas.

*—En relación con el momento... ¿tiene usted calculado el momento en el que se ocuparía más o menos de observar ese hecho?*

—¿Y tiene usted calculado cuándo se va a morir? Perdone esta alusión, que evidentemente... ¿Sabe en qué momento le va a dar a usted hemiplejía, por razón de un choque de automóvil? Ésas son cosas que no se pueden calcular. Lo que digo: ocurra lo que ocurra, el Partido Popular de Galicia está preparado para cualquier evento.

*—Como usted muy bien ha recordado, el Partido Popular de Galicia es importantísimo en el conjunto de España. ¿Qué mensaje traslada el Partido Popular de Galicia después de este congreso extraordinario al resto del Partido Popular?*

—Yo he transmitido, como es natural, el mensaje de la profunda lealtad de la Comunidad y de cada uno desde su sitio. En este momento, y aunque todo se queda pequeño en el mundo, en este momento de la globalización, tenemos la obligación de hacer galleguismo al mismo tiempo, como digo, y de hacerlo desde grandes formaciones como es nuestro Partido Popular: gallego, español y europeo. He transmitido el mensaje de que no hay nunca lugar para la autosatisfacción, como le decía hace un momento. A más votos, más responsabilidades; a más estimación por parte de la sociedad, más necesidad de estar a la altura. En este momento de confusión ante Europa y, por qué no decirlo, en España y, sobre todo, en los últimos años, el mensaje más claro hace referencia a la idea de lo que es la honestidad, la pulcritud en la Administración, porque está justificado que haya muchos controles cuando se trate de lo público y lo privado. Yo he lanzado ese mensaje con toda claridad y con toda exigencia, y se verá que efectivamente vamos a proceder de esa manera. Porque ya está bien de que los que tanto tiempo dieron el mal ejemplo, ahora vengan a decirnos a nosotros que nos dan lecciones. Ésos son los mensajes: unidad, con absoluto concepto de lealtad al pueblo de cada uno, mensaje de tener fórmulas frente a las ideologías cerradas y ya muertas, frente a las posiciones, como digo, separatistas y, además, en el sentido más profundo de la palabra, separación dentro de la sociedad o separación respecto de otros grupos de nuestra grande y querida España. Nosotros defendemos el principio de unidad flexible. Nada de acogimiento a fórmulas cerradas, a fórmulas del tipo de las que tanto han fracasado en los últimos ciento cincuenta años, sino una visión flexible y pragmática del futuro. Estos mismos días vamos en cabeza en el desarrollo del pacto por el empleo: han firmado dos centrales sindicales principales y han firmado los empresarios. Estamos trabajando en la concertación y éste es el mensaje: seguir hacia delante, pero exigiéndonos más.

*—Don Manuel ¿cómo cree usted que debe resolverse el conflicto de Asturias... que tiene pinta de durar?* [1].

—No, yo no me voy a meter en ese asunto. Solamente puedo decir que soy amigo de todos, que he hecho lo posible por lograr un acuerdo, como es natural, con la discreción con que hay que actuar en casa ajena. Sé que al final se encontrará una solución, y así se lo pido a todos porque todos son mis amigos.

*—En todo caso le debe entristecer bastante esta situación.*

—Mire usted, ¿en qué familia de vez en cuando no hay una discusión entre los padres, o entre el padre y uno de los hijos? Esas cosas pasan y lo bueno es que hay que saber superarlas. Y se superarán, si Dios quiere.

*—Esta mañana leíamos, y con bastante inquietud, que una encuesta que se ofrecía en Barcelona señalaba que la Justicia es la institución peor valorada en nuestro país.*

—Bien, desgraciadamente hace algún tiempo ya que las encuestas están señalando eso. Yo tengo que decir que tenemos que acostumbrarnos también a la idea de que, durante mucho tiempo, no es que toda la Justicia estuviera intervenida pero... Es que es cierto que un poder judicial, como tal, absolutamente autónomo, al mismo nivel que los demás poderes del Estado, que yo recuerde, no aparece en ningún sitio más que en la Constitución de 1869 y en la actual. En todo lo demás, había un predominio de otros poderes sobre la administración de Justicia, etcétera. Claro, estamos experimentando una Justicia totalmente independiente, estamos experimentando un órgano que se ha probado en varios países y que tiene sus dificultades, y cuya regulación ya fue modificada equivocadamente en España: me refiero al Consejo General del Poder Judicial. Estos consejos de la magistratura tardan tiempo en arraigar y en situarse donde les corresponde. Estamos viviendo también un momento en el cual, por desgracia, aquellas personas que en su momento tuvieron responsabilidades políticas pudieron utilizar el sistema y judicializaron la política, y ahora se están viendo gran parte de los conflictos políticos de los últimos años. Bueno, todo esto hay que tenerlo en cuenta y, por lo mismo, ser enormemente comprensivo. Yo tengo que decir que mi primer libro, que era por cierto un largo prólogo a una traducción del latín sobre el famoso libro *De Justicia y Derecho* del padre Luis de Molina, lo dediqué a la magistratura española. Yo conozco a la magistratura española: la inmensa mayoría no está en estrellatos, está simplemente intentando cumplir su deber en un momento difícil y, por lo pronto, tienen mi voto a favor.

*—En esa misma encuesta se dice otra cosa que nos ha sorprendido mucho: en la valoración de líderes políticos, el primero es Alberto Ruiz-Gallardón.*

—Bueno, a mí me parece muy bien, porque realmente es un gran político. Por lo demás, la valoración de líderes, como es natural, varía de una semana a otra. Pero yo creo que Ruiz-Gallardón es una gran personalidad y al cual le obliga su nombre y también su brillante trayectoria en plena juventud.

*—Bueno, y otra cosa: hoy estamos todos muy pendientes del campo español, porque en la cumbre de ministros de Agricultura de Luxemburgo nos jugamos un montón de cosas en relación con el aceite, en relación con el plátano, en relación con el tabaco... Hemos hablado esta mañana con la ministra Loyola de Palacio y estaba muy preocupada y esperanzada al mismo tiempo. ¿Qué espera usted que ocurra ahí? Porque nos jugamos muchas cosas, señor Fraga...*

—Mire usted, en este momento es bueno saber que no se trata de un problema específico de España. Es decir, la famosa Agenda 2000 plantea en muchos países, en cada uno de una manera, problemas de una cierta trascendencia. Es evidente que, en un momento determinado, la PAC, la Política Agraria Común, ha llegado a representar más del 60 por ciento del presupuesto de la Comunidad Europea y, en este momento, posiblemente haya que repartir eso con otras necesidades, por ejemplo, con política territorial, con grandes infraestructuras, etcétera. Y hay ahí un deseo también de hacer las cosas de manera que no se produzcan excedentes. De aquí el régimen de cuotas, de aquí el régimen de otras limitaciones. Todo esto hay que empezarlo a comprender, todo esto está planteado y lo tienen planteado todos. Dicho esto, efectivamente, esa política se hizo sobre todo en atención a los intereses de los países nórdicos y, menos, de los mediterráneos y es evidente que éstos tienen perfecto derecho a plantear sus problemas. Es un poco anómalo que cuando está demostrado que las famosas grasas saturadas, más frecuentes en la cocina de mantequilla, producen grandes cantidades de colesterol y ataques de corazón, y ahora que se ha demostrado que la dieta mediterránea es justamente la más sana y ya no hay nadie que lo pueda dudar, se ponga en dificultades la producción del aceite. Pero, dicho todo esto, más que pronunciarme sobre cada asunto, quiero decir que es ejemplar cómo está llevando el caso la ministra, que se ha batido a fondo en ese asunto, que ha logrado cambiar en el último momento el voto en el Parlamento Europeo, que es verdad que no es vinculante, pero que es un dato más. Esperemos salir de todo esto lo menos mal posible. Vuelvo a decir que es un problema general de toda la agricultura europea.

*—Señor Fraga, ¿cuándo cree que estará terminada la autopista La Coruña-Madrid o Madrid-La Coruña?*

—Pues mire usted, son dos autopistas: porque hasta Benavente va la autopista de las Rías Bajas, que va desde Vigo por Orense, y la otra va desde A Coruña por Lugo y por Piedrafita. Los plazos están fijados; es decir, debe estar terminado todo a finales de año, excepto cinco tramos de Piedrafita, que se olvidó de su existencia el señor [Josep] Borrell en su momento, pero nosotros no lo vamos a olvidar en Galicia. Efectivamente va a estar todo terminado a finales de año. Y, en este momento, conviene saber que estamos hablando de que cientos de kilómetros ya están abiertos, que es lo que algunos olvidan. Da la sensación de que están todas en obras. Mire usted, está terminada la mayor parte la autovía del Noroeste y buena parte de la de las Rías Bajas.

*—Y el ministro de Asuntos Exteriores, el señor Josep Piqué, ya ha llegado a Cuba. Es el primer ministro que llega allí después de la normalización de...*

—Y va con una gran misión, y va con muchos empresarios importantes. Es el momento de ir, porque yo estoy convencido de que Cuba tiene un enorme poder económico y, efectivamente, nosotros tenemos enormes posibilidades por comunidad y cultura y por otras muchas razones y debemos aprovecharlas.

*—Sí... para usted, que tantos esfuerzos hizo, debe de ser una satisfacción ver que todo se ha normalizado, ¿no?*

—Bueno, yo creo que yo tengo una obligación personal, moral, porque mis pobres padres, que en paz descansen, tuvieron doce hijos, se conocieron en Cuba y dedicaron los ahorros que allí pudieron reunir, en un momento en que el azúcar valía mucho, a educarnos a los doce en los años veinte y treinta, con estudios universitarios. Éramos doce y, muchos de ellos, chicas, que entonces no era frecuente... Yo siempre tendré un amor y un sentimiento especial por Cuba. Pero, fuera de eso, es que ha llegado el momento de decir con toda claridad que la guerra fría ha terminado, que empieza una nueva etapa y que nadie tiene derecho a decirle a los demás cómo tiene que gobernarse, fuera de las grandes disposiciones del sentido común y del Derecho internacional sobre actos inhumanos o sobre genocidios. Nadie tiene ese derecho: que empiecen todos por arreglar su casa y es lo cierto que los bloqueos, en todo caso, no derriban a los gobiernos sino que derriban la salud de los niños, la de los pobres viejos y eso tiene que terminar.

*—Bueno y... una última cosa: ¿hablamos de la selección? ¿Qué cree usted? ¿Vamos a tener suerte con la selección de fútbol, señor Fraga?* [2].

—Yo le voy a contestar a usted de otra manera: la verdad es que se le agradece... En este momento, en España, damos al fútbol una trascendencia excesiva, en la atención de los medios de comunicación, en la financiación de los clubes, en la balanza de pagos, importando demasiados jugadores, con lo cual, después, la cantera nuestra se resiente. Y eso es lo que pasa: que llega un momento de éstos y los mejores jugadores de varios clubes, brillantísimos, están jugando frente a nosotros en otras selecciones. Hay que empezar a hablar en serio de este asunto. El fútbol, maravilloso deporte, entre otras razones porque lo puede practicar todo el mundo, sin tener que hacer grandes equipos, en un campo cualquiera y en un prado... no es posible que se convierta en la gran preocupación española. No voy a participar en ese juego.

*—No diga eso, porque el señor Álvarez-Cascos dijo que el fútbol era de interés general y se va a enfadar con usted...* [3].

—El señor Álvarez-Cascos tiene derecho de opinar de esa manera y, efectivamente, de interés general es para mí, que hay buenos futbolistas en Galicia y me preocupan los equipos gallegos. Pero el interés general, como en todo, tiene que repartirse con otras facetas del interés general y lo que estoy diciendo es que siendo el deporte parte esencial de la sociedad actual, el fútbol ha tomado parte de esa parcela, un papel demasiado importante. Y lo voy a decir aunque... salvo que diga el Papa lo contrario.

*—¡Ja, ja, ja...! Fíjese que no hay gallegos en la selección... Pero en el Deportivo de la Coruña tampoco hay muchos...*

—Mire usted, yo creo que como ya he dicho lo que tenía que decir, no voy a decir nada más.

*—Muchas gracias señor Fraga, un saludo.*

—Encantado de estar a su disposición.

## NOTAS

[1] Iñaki Gabilondo se refiere a la gravísima crisis del Partido Popular en Asturias, en la que fueron protagonistas Sergio Marqués y el entonces vicepresidente del Gobierno Francisco Álvarez-Cascos.

[2] A propósito de las grandes expectativas de la selección española de fútbol en el cercano Mundial de Francia de 1998. España fracasó.

[3] El vicepresidente del Gobierno, Francisco Álvarez-Cascos, para conseguir que se emitiera cierto partido por la televisión, en abierto, declaró en el Congreso que algunos encuentros eran de interés general. Aquel debate, en el fondo, no era trivial, pues se trataba de favorecer o no la competencia entre los distintos canales de televisión, públicos o privados, y abiertos o de pago.

15

# *Felipe González*
# *El temible experimento de Joaquín Almunia*

La coalición de partidos Izquierda Unida había sido extremadamente dura con el Partido Socialista durante el último Gobierno de Felipe González. Julio Anguita, su líder, había llegado a imponer la X de los GAL sobre las espaldas del presidente. En aquella ofensiva política contra el Gobierno socialista, muchos sectores de izquierdas no comprendieron bien aquella especie de alianza con el Partido Popular, que agasajaba a Julio Anguita con los mejores títulos. El resultado de aquella batalla fue favorable a los conservadores, que ganaron las elecciones de 1996. En 1998, Julio Anguita se retiró de la escena política por razones de salud y ocupó su puesto Francisco Frutos. Dada la debilidad del PSOE y las tristes perspectivas de cara a las elecciones de 2000, el nuevo secretario general, Joaquín Almunia, tendió la mano a los dirigentes de IU para formar una mayoría progresista que pudiera acceder al Gobierno de España. El experimento de integración fue un desastre: el Partido Popular alcanzó la mayoría absoluta, Joaquín Almunia dimitió y Francisco Frutos también tuvo que abandonar la primera línea política.

Iñaki Gabilondo entrevistó al ex presidente Felipe González el 31 de enero de 2000 en el programa *Hoy por hoy* de la Cadena SER, antes de que se produjeran esos desastrosos resultados. Aunque Felipe González había mantenido serias discrepancias con Izquierda Unida, saludaba la relación del PSOE con IU como un método útil para desbancar a los conservadores del poder.

*—Buenos días, presidente.*

—Buenos días.

*—¿Se le puede llamar presidente? ¿Se le debe llamar presidente? ¿Crea alguna confusión llamarle presidente?*

—No lo sé, no lo sé. El hábito, en otros países, no ha creado nunca confusión, pero eso lo dice el Decreto del Protocolo. Presidente sólo hay uno, naturalmente; los demás somos ex presidentes.

*—Señor González, ¿qué le parece la posible alianza PSOE–Izquierda Unida?*

—A mí me parece muy positiva y me parece que el planteamiento que ha hecho Joaquín Almunia (en lo que conozco, que no es mucho, pero, por lo menos, conozco los elementos esenciales) es un planteamiento muy inteligente, yo creo que muy honesto. Y realmente ha ido muy lejos, así que la operación me parece extraordinaria.

*—¿Pero usted no lo hubiera hecho?*

—Probablemente no y no porque no crea que esa operación no sea positiva, sino porque cada uno tiene sus limitaciones. Probablemente yo no hubiera sido ni siquiera creíble para el interlocutor de turno en una oferta de esa naturaleza y, el turno, durante muchos años, fue de [Julio] Anguita [1].

*—¿Pero sólo por esa limitación?*

—Quizá hubiera sido más creíble con [Santiago] Carrillo en una época, quizás.

*—Pero sólo por esa limitación... ¿Es bueno para España que se produzca este acuerdo PSOE–Izquierda Unida?*

—Sí, yo creo que sí. Yo creo que puede ser extraordinariamente positivo. Yo creo que... siempre que se comprenda y se comprenda bien, porque hay muchas opiniones que no comprenden el contenido de la oferta de Almunia. Y la oferta de Almunia... Algunos piensan que Almunia ha puesto condiciones: la verdad es que no ha puesto condiciones. En el lenguaje clásico de la izquierda se hablaba de las condiciones objetivas, que no las pone nadie, ni uno ni otro. Entonces... es lo que Almunia ha dicho: bueno, si queremos ganar, y de eso se trata, de tener una mayoría, para hacer una política de transformación y de reforma, no sólo para tener un discurso, una prédica, si queremos ganar, al menos, se tienen que dar dos supuestos básicos. Primer supuesto instrumental, básico, para entendernos: que sumemos votos para que pueda haber efectivamente un candidato que tenga la posibilidad de ir a la investidura y de ser investido presidente. Ésta es la parte que a veces crea más confusión, pero ésa era la base del acuerdo; es decir: podemos sacar, obviamente, más representantes en esa izquierda amplia, plural, que llegue hasta el centro progresista, que llegue hasta el centro político. Podemos tener más representantes que la derecha; de hecho, socialmente, es así. El problema es la fractura del voto. Y hay que reconocer el mérito de [Manuel] Fraga de haber aglutinado desde la extrema derecha hasta una derecha más moderna en el grupo que ahora se llama Partido Popular. Ésas son las razones instrumentales. Y después están las condiciones para gobernar, que podríamos llamar supuestos de gobernabilidad: yo creo que son bastante claras. Es decir, nadie que pretendiera rechazar el euro estaría hoy en condiciones de gobernar España y, por tanto, no tendría la mayoría [2]. Y fíjese, independientemente de las razones que se tenga para aceptarlo o rechazarlo, simplemente, es que no es aceptable hacer un quiebro de esa naturaleza hacer un pacto de estabilidad o la política de seguridad en relación con otros países o, incluso, una política de impuestos. Yo creo que eso está salvado, han hecho un acuerdo en esa parte. Lo que más me estimula es que han hecho un acuerdo que parece que va al apoyo de la investidura salvando las condiciones de gobernabilidad básicas como éstas que acabo de decir. Es verdad que siempre que me pregunten, me dirán: «Y usted, ¿por qué no lo hizo?». Y es verdad. Yo no lo hice porque no estaba en condiciones de hacerlo.

—*¿Pero le hubiera gustado hacerlo?*

—Sí, si hubiera sido para tener una mayoría para gobernar, obviamente, para llevar adelante un proyecto de transformación y de reforma, obviamente. Ahora me parece mucho más necesario, más ahora que antes...

—*Pero siempre consideraba usted...*

—Antes, incluso, teníamos mayoría.

—*Pero siempre consideraba usted, señor González, que era por el centro por donde el Partido Socialista tenía que reforzarse. ¿No arriesga mucho el PSOE en esta operación?*

—Para nada, para nada. El centro, aunque al señor Tusell [3] le cueste creer lo que le voy a decir, el centro es un talante, muchísimo más que un programa. Naturalmente, algunos programas excluyen ese talante. Y, dentro de esa consideración, el centro es un estilo de hacer las cosas. La reacción de Aznar y sus muchachos ante un proceso de negociación entre el Partido Socialista e Izquierda Unida ha abierto un espacio extraordinario hacia el centro.

*—En este sentido, ¿el PSOE es más de centro que el PP?*

—Siempre lo ha sido: en política económica, siempre ha sido mucho más liberalizador, aunque siempre ha sido más defensor de la cohesión social que el Partido Popular. No es por nada o porque ellos no tengan un discurso liberal, sino porque la derecha española tiene una tradición muy poco liberal. Los componentes liberales del partido del Gobierno no tocan... no tienen pito que tocar en el Gobierno. Están para hacer los discursos, pero no para gobernar ni para cambiar la realidad. Pero, en ese sentido, el homenaje que rinden permanentemente a Cánovas [4] sí tiene razón de ser. Cánovas era un tipo de primerísima categoría, como político, totalmente antiliberal, con una visión de España completamente cerrada y que negaba cualquier apertura. En realidad, esa tradición la mantiene el Partido Popular. Por tanto, eso no puede definir el centro y como talante, aún menos. Dicen: «Como los comunistas entren en un Gobierno...». De nuevo hoy se habla de socialcomunismo, que es una cosa que parece propia de hace cincuenta años, ¿no? «Como los comunistas entren en un Gobierno, nos echan de Europa».

*—Pero las cosas que decía usted de Izquierda Unida...*

—Que sí, que sí... Yo me he peleado mucho con ellos.

*—Para usted no estaban ni en la izquierda: estaban en otro mundo.*

—Sí, sí... Yo me he peleado durante algún tiempo con ellos. Yo decía, además, que las posturas que durante algún tiempo mantuvo algún dirigente de Izquierda Unida no eran de izquierda más que nominalmente. No eran más que una garantía para que dominara la derecha. Pero no dejo de reconocer que Carrillo fue el inventor del eurocomunismo, con los italianos. Se trataba de una evolución extraordinariamente interesante: de la evolución hacia la independencia de «la iglesia ortodoxa moscovita» en materia política. Pero, aun así, obviamente, claro que me he peleado mucho con ellos y, probablemente, en fin, todavía tendré críticas cruzadas con ellos. Porque yo nunca he entendido que se pueda ser de izquierda manteniendo sólo la parte de la prédica sin repartir trigo; es decir, uno debe estar convencido de que lo que uno dice y puede o debe aplicarse. Si no se tiene posibilidad de aplicar las políticas, las posiciones son muy cómodas, pero de puro predicador.

*—Señor González, no sé si es cierto, pero dicen que cuando Almunia le contó a usted la intención que tenía, usted le dijo: «Espero no te equivoques». ¿Se lo dijo?*

—Al contrario, al contrario. Lo voy a circunstanciar para que se entienda, porque yo creo que hay bastante confusión también en eso... en las relaciones que puede tener Almunia conmigo. El sábado pasado (no de esta semana, el anterior), cuando estábamos en Lisboa, hablamos con António Guterres, presidente de la Internacional. En aquella reunión me enteré de que habían censurado, en la televisión española, la entrevista que le habían hecho a António Guterres y, entonces, me reí muchísimo con él. Habían cortado la parte en que hablaba de nosotros, pero parece que fue un fallo técnico... Ese sábado yo iba a Sevilla, porque teníamos un acto de presentación de candidatos, pero había una manifestación en Madrid y decidí volver a Madrid. Y hablé con Joaquín en el hotel de Sevilla y en el viaje de vuelta y me explicó el planteamiento que tenía. Me dijo: «Oye, me gustaría comentarte qué es lo que voy a proponer el lunes». Por esa coincidencia lo supe antes, repito, porque tiene cierto interés, y a mí me parece muy bien. Joaquín tiene que asumir sus propias responsabilidades y no tengo nada que reprochar en ese sentido: me parece perfecto. Y vi lo que acabo de explicar, es decir, el planteamiento es que se cumplan una serie de condiciones que nos permitan ganar. Y esas condiciones son de gobernabilidad, de fondo. No podemos, naturalmente, hacer un pacto que proponga salirse del euro, pongamos por caso, o romper con la política de seguridad internacional: esto no es posible, no hace gobernable el país. Por tanto, no es un acuerdo para ganar y tampoco podemos desaprovechar la corriente de apoyo popular y de votos que nos puede dar la mayoría. Éstas son las condiciones. Yo le dije: «Mira, Joaquín, me parece un planteamiento extraordinariamente inteligente, muy audaz, realmente difícil, porque hace falta tener mucha capacidad no sólo para ofrecer un pacto, sino para llevarlo hasta el final y con las condiciones que has puesto, Joaquín». Yo creo que lo está consiguiendo y me parece algo... A mí no se me hubiese ocurrido hacerlo, pero me parece muy positivo. Eso le dije. «Va a cambiar las relaciones de fuerza frente al 12 de marzo y te va a llevar a ganar».

*—Lo que pasa es que ahora es fundamental que el asunto salga... Porque si, por lo que sea, el asunto no llega... el PSOE ya se ha casado por su izquierda y ya sería muy difícil dar marcha atrás en campaña electoral, ¿o no?*

—Me gustaría deciros... Eso de que «se ha casado con su izquierda» tiene una cierta connotación... como si hubiera casamientos posibles por su derecha. El PP ha ocupado el espacio de la derecha, desde la extrema derecha hasta la derecha...

*—Me refiero al hecho de que el PSOE anuncie a todo el electorado progresista su intención de circular por esa vía. Como no circule por ahí, va a tener difícil dar un paso atrás, ¿no?*

—No lo creo, no lo creo. Realmente, lo que yo he visto esta mañana reflejado en los periódicos, a propósito de las conversaciones de ayer, es que hay un acuerdo para la investidura que cumple las condiciones de gobernabilidad a las que me he referido. Es decir, que se respeta el pacto de no insistir en hacer una política de aumento de la presión fiscal como factor interno, que se respetan el euro y las consecuencias de una política monetaria, que se respetan los compromisos exteriores de política de seguridad, etcétera. Estas condiciones de gobernabilidad están dadas ya. Si se ha llegado a un acuerdo, están dadas. O sea, los ciudadanos tienen que interpretar lógicamente esto, que yo creo que es bien fácil de interpretar, y ver que hay un horizonte clarísimo de poder tener una investidura con Joaquín Almunia como candidato a la Presidencia. Y, para eso, hacen falta los votos. O sea, yo creo que el efecto, si se explica, y creo que se va a explicar bien, el efecto se va a producir y no creo que haya una marcha atrás en la línea de diálogo y de entendimiento. Y creo, en contra de lo que dicen algunos que están nerviosos y que sirven a otros intereses, que el efecto es bueno para Izquierda Unida y para el Partido Socialista.

*—¿Cree que el Partido Socialista e Izquierda Unida pueden ganar las elecciones con esta formulación y, después de ganarlas, gobernar?*

—Estoy seguro. Estoy seguro, por eso he insistido en las condiciones de gobernabilidad. Estoy seguro de que pueden ganar...

*—¿Aunque quede el tema circunscrito a las seis u ocho circunscripciones de las que últimamente se habla?*

—Yo no sé... el detalle no lo conozco. De nuevo le digo: yo llegué ayer por la tarde. Venía de Andalucía y no me he enterado hasta que no he visto el reflejo de la negociación en los medios de comunicación... Creo que la negociación terminó a la una de la noche de ayer. Pero lo que sí veo es que las condiciones de gobernabilidad se han dado y hay un acuerdo en ir avanzando hacia un mejor reparto del tiempo de trabajo, etcétera. [...] El modelo económico de la globalización está demostrando que cada día es más injusta la redistribución de la renta. Por tanto, hay que buscar algún mecanismo de sostenibilidad, no sólo social sino económica para este modelo. Entonces, a mí me parece muy positivo y muy operativo que haya propuestas que vayan avanzando hacia elementos de sostenibilidad y de mayor redistribución de la riqueza.

*—En todo caso, parece que el señor [Francisco] Frutos ha salido muy fortalecido y algunos dicen que Almunia, con esta operación, ha quedado definitivamente consagrado como secretario general y que se ha quitado de encima el gran fantasma que era «papá» Felipe González.*

—Si se me califica como fantasma, estoy dispuesto a aceptarlo... Las dos evaluaciones, sobre Frutos y Almunia, son radicalmente ciertas. En la percepción, porque, en la realidad, y en el caso de Almunia, ya lo era. Joaquín Almunia, realmente, por carácter, toma las decisiones que tiene que tomar. Claro... no es mucha la gente que lo conoce, pero yo lo conozco desde hace muchos años. Por eso le digo: ¿en qué momento me enteré de que iban a hacer una oferta a Izquierda Unida? La oferta fue el lunes pasado y yo lo supe el sábado. ¿Y qué circunstancias me facilitaron conocerlo? Que había una convocatoria de manifestación y en lugar de irme en coche a Sevilla me volví en avión con Joaquín y estuvimos hablando. Así es Joaquín Almunia. Sus decisiones las toma él, bajo su responsabilidad. Si ahora, además, lo perciben los ciudadanos, mejor que mejor, fantástico.

*—En el capítulo de las percepciones también estaría esta otra simplificación: Felipe González ha quedado a la derecha del Partido Socialista.*

—Incluso de Dios Padre.

*—Y a la derecha de Almunia.*

—Sí, sí... Lo que nunca se ha comprendido (y espero que se comprenda) en el conjunto de la izquierda es que liberalizar la economía o aumentar la capacidad de competir en una economía abierta en el mundo es perfectamente compatible con mantener y aumentar los elementos de cohesión social. Esto lo ha puesto de moda ahora Tony Blair con su Tercera Vía. ¿Por qué eso nunca se ha entendido? Verá, porque yo creo que la izquierda, después de un análisis de muchos años, incluso por encargo de la Internacional Socialista (ya saben que me dieron unas *stock options* para fidelizarme a la Internacional Socialista y que trabajara para ellos...), no tenía contenido económico. La izquierda, durante mucho tiempo, ha confundido el debate sobre los instrumentos y el debate sobre los objetivos. Entonces, ha sacralizado los instrumentos y ha sido bien paradójico: lo que pasa es que no queremos volver la vista atrás. La izquierda ha hecho siempre, por ejemplo, el discurso de la nacionalización, pero quien ha nacionalizado de verdad en Europa ha sido la derecha: en Francia, la izquierda proclamaba la nacionalización y [Charles] De Gaulle nacionalizaba la banca: como un instrumento de poder; no como un instrumento de política económica sino de poder. En España nacionalizó Franco, repito: Franco creó el INI. El discurso era de la izquierda, pero el que nacionalizó no parecía rojo; y en Italia, la democracia cristiana. Y así, suma y sigue. ¿Por qué la izquierda proponía nacionalizar? Proponía nacionalizar porque creía que era un instrumento de igualdad. Y no era un instrumento de igualdad para los ciudadanos: era un instrumento de poder y la derecha lo entendía. Hacía el discurso contrario, pero nacionalizaba. Y ahora está haciendo lo mismo. No nacionalizando, pero privatizando, para quedárselo como instrumento de poder. Fantástico...

*—Dicen que la verdad política suele ser la verdad que se percibe, aunque no sea la verdad. Hoy, Luis Gamir, en un periódico, se dirige a los votantes socialistas templados...*

—Yo soy templado.

*—Por eso le pregunto a usted. Luis Gamir les dice a los votantes socialistas: ¿quién es de los vuestros? ¿Los que hacen la política económica del Gobierno del PP o los que en Izquierda Unida hacen propuestas más radicales hacia la izquierda? Es una pregunta que hace Luis Gamir a los votantes templados del Partido Socialista. ¿Quién es de los suyos, señor González?*

—Es difícil que Luis Gamir, el hombre... haga muchas preguntas, porque él ha estado bailando entre todas las propuestas imaginables y posibles, con tal de estar en la cresta de la ola. Es buena persona, pero... digamos... de una cierta fragilidad en cuanto a sus concepciones. Lo que dice usted es lo que más me interesa: la gente tiene percepciones, pero las percepciones también pueden cambiar. Se trata de saber si la propuesta que hace Joaquín Almunia habla de los contenidos o de la espuma. Si se habla de los contenidos, la propuesta que ofrece representa la oportunidad de formar un centro izquierda muy amplio, mayoritario, con capacidad de renovación y de mejorar el modelo de economía abierta desde todos los puntos de vista. Puede aparecer como una paradoja el hecho de liberalizar de verdad y no oligarquizar el poder financiero, económico y mediático, como está pasando ahora. Ahora sí que se está oligarquizando. Se está creando un nuevo grupo de poder: unas diez personas designadas por el Gobierno para privatizar las grandes empresas y controlar el poder financiero y el poder económico de sectores vitales, como los energéticos, telecomunicaciones, etcétera. Por resumir, estos gestores controlan las tres cuartas partes de los títulos que se negocian en Bolsa, las tres cuartas partes del volumen total de la negociación bursátil: sólo Telefónica y Terra son el 40 por ciento de todo el volumen de negocio de la Bolsa española. Pero es apasionante lo que ocurre, porque no sólo controlan el poder económico en sectores estratégicos, como explicaba [Alfredo Pérez] Rubalcaba: para colmo, ¡también controlan si uno se fuma un cigarrillo! [5]. Esto no es estratégico... pero si se enciende la luz, si se llama por teléfono, si lo que sea... todo está controlado por unos pocos. Pero, además, controlan el poder mediático. A mí me preocupan dos cosas: la parte llamativa es cuánto dinero y en qué poco tiempo han ganado los amiguetes, ¿no? Pero ésta no es la más importante. La más importante es si ese modelo es el modelo que nos prepara para la economía abierta o no. Y yo creo que eso nos retrasa. No digo que no vayamos a llegar, pero nos retrasa. Un modelo de control hegemónico del mercado, oligárquico, en sectores básicos, nos retrasa y nos retrasa tanto que tenemos menos ancho de banda que Portugal. ¡Y eso que estamos en una revolución de las telecomunicaciones!

*—Una cosa a propósito del control mediático... Nos suena a los tiempos en que usted era presidente del Gobierno y le acusaban de controlar también los medios de comunicación...*

—No se me ocurrió nunca censurar a un jefe de Gobierno extranjero que hiciera una declaración o que hiciera una entrevista en televisión... [6].

*—Usted mismo ha dicho que fue un fallo técnico.*

—Sí, sí... ya sé que todos los fallos técnicos son en la misma dirección.

*—Otra cosa: yo no sé si hoy va a ser el día en que Pinochet pueda regresar finalmente a Chile. Es posible que sea hoy, mañana o un día de éstos. ¿Ha gestionado bien el Gobierno español este asunto?*

—Mire, he nadado demasiado a contracorriente en este asunto... por razones bastante más serias que las que hoy estoy oyendo. Si el Gobierno español tenía razón, como Gobierno, hace seis meses, cuando decía que el Gobierno no tenía otra cosa que hacer más que transmitir, digamos, como buzón, las decisiones judiciales... hoy no la tiene, porque no las transmite. Y si la tiene hoy, no la tenía hace seis meses... Una de las dos cosas tiene que ser verdad: antes, el Gobierno decía que la Justicia era igual para todo el mundo, que respetaba la independencia de los jueces y que transmitía la voluntad y la decisión judicial; y ahora dice que no transmite la decisión judicial. Luego la interpretación de la Ley hace seis meses y ahora es radicalmente opuesta. Y eso es lo único que tengo que decir y me parece bastante serio.

*—Por eso... Nos ha sorprendido a nosotros también esta especie de abandono del señor [Baltasar] Garzón en el último capítulo del proceso contra Pinochet. ¿Nos podría ayudar a entender por qué?*

—No. Yo no les puedo ayudar a entender eso, porque no me siento, realmente... no me siento profesor de iniciativas del PP contradictorias en el plazo de seis meses. He constatado que hay muchísimas cosas que decían que iban a hacer, y han hecho exactamente lo contrario en casi todo... Y en materias incluso más serias que ésta. No me siento en condiciones de interpretar eso...

*—¿Pero hubiera sido bueno para España que se hubiese juzgado en España al señor Pinochet?*

—Respecto a eso, ustedes conocen desde el principio lo que he dicho y lo que creo. Yo creo que cuando una persona tiene responsabilidades de esa naturaleza tiene que ser juzgada por un Tribunal Penal Internacional, pero no existe todavía... dicen. Y yo fui, junto con Emma Bonino, de los primeros que propuso la formación de un Tribunal Internacional permanente. También les quiero decir que es falso que no exista: que se lo pregunten a [Slobodan] Milosevic [7]. No existe uno permanente, pero si el Consejo de Naciones Unidas decide que hay causas para juzgar a una persona en el actual Tribunal Penal Internacional, esa persona será procesada. Ustedes saben quiénes forman el Consejo de Seguridad; no tengo que decirlo: Gran Bretaña, Francia, Estados Unidos, Rusia y China. Podrían haberlo decidido, como lo decidieron en el caso de la antigua Yugoslavia y lo han decidido en el caso de Ruanda. Lo han decidido en varios casos. Yo, en eso, he sido absolutamente claro y lineal y he nadado contracorriente. Ahora que estamos en la fase última del proceso... veo algunos saltimbanquis.

*—En torno al asunto ETA: ¿usted cree que el Gobierno ha gestionado bien la tregua?* [8].

—Si yo entrase ahora en ese análisis, estaría haciendo un flaco servicio a lo que me parece fundamental: no darle ningún argumento a los violentos.

—*El otro día, durante la manifestación...*[9] *dijo algo que nos resultó levemente enigmático: «Yo, hace cuatro años, decía lo mismo...».*

—«Sentía lo mismo».

—*«Sentía lo mismo»...*

—Fíjese que hay diferencia entre «Decía lo mismo» y «Sentía lo mismo».

—*Tuvimos la sensación de que estaba pensando algo...*

—Estaba conteniéndome.

—*Eso es: tuvimos la sensación de que estaba conteniéndose.*

—Era mi obligación: contenerme.

—*¿Tal vez estaba recordando el momento en el que otros le estaban reprochando la política contra ETA?*

—En la manifestación que se celebró después del 14 de febrero [1996], el día del asesinato de Paco Tomás y Valiente, en aquel momento, vi en la calle a un grupo de personas semejantes a las que vi hace unos días. En aquella ocasión, el actual presidente del Gobierno hizo unas declaraciones. Le preguntaron: «¿Qué le parece a usted esta manifestación?». Y él dijo: «No sólo protestan contra ETA, sino contra la ineficacia de este Gobierno para acabar con el terrorismo. Es una protesta contra el Gobierno». Y... claro, es difícil que se olviden esas cosas. Sobre todo, cuando uno está asistiendo al entierro de una persona... en ese caso, además, muy amiga o muy próxima... es tanto como reprocharle a uno la muerte de esa persona y darle una ventaja incomparable a los violentos. Yo no estoy en condiciones de hacer eso y no lo haré nunca.

—*Eso es lo que usted estaba «no diciendo» el otro día, ¿no?*

—Exactamente. Y sigo sin decirlo.

—*Ya, ya.*

—Lo que le recuerdo es cuál fue la circunstancia que me recordaba esa manifestación... porque era idéntica: idéntica. Porque era un ser humano el que había muerto, puede ser teniente coronel, general, maestro de escuela, concejal o ex presidente del tribunal constitucional. Cualitativamente no hay diferencias, ¿verdad?

—*Antonio García Ferreras pregunta a Felipe González.*

—*Señor González, decía usted hace unos minutos que Joaquín Almunia tiene su propia personalidad, que la gente no le conoce, que tiene autoridad, pero... claro... usted, desde hace meses, le dice cosas como: «Pon orden, Joaquín», «Date a conocer, Joaquín». ¿Ya ha puesto orden? ¿Ya se ha dado a conocer como usted le gusta?*

—Yo creo que sí. Es que era muy importante, a mi juicio, y por eso me lo preguntan ustedes, era muy importante. Y como tenía pocas ocasiones de decírselo personalmente, algunas veces me han reprochado que se lo diga en un acto público... Pero yo creo que todavía es necesario conocer bien a Joaquín: conocer a una personalidad muy sólida, muy seria, con una gran capacidad para tomar decisiones, con una gran capacidad negociadora, con un talante muy abierto, pero no es conocido. Y, por su carácter, además, tiene un límite para ser conocido, porque no le gusta mucho exhibirse. Esto forma parte también de su personalidad. Entonces... claro, como para votar hay que conocer, parece una contradicción en sus términos. Ahora ya se le conoce ese talante. Y se le va a conocer muchísimo más durante esta campaña.

*—No sé si sabe que su rival directo en Sevilla, Javier Arenas, ayer decía: «Si todo lo que tienen contra el Partido Popular son los setenta y cinco mil millones de las* stock options *de Telefónica, ¡menuda diferencia con la etapa del PSOE!».*

—Sí, tiene razón. Hay una gran diferencia. Setenta y cinco mil pelotazos... Hubieran hecho falta ciento cuarenta años del Partido Socialista, claro, ¡ja, ja...! Y ellos lo han conseguido en unos cuantos años. No... Javier es un tipo muy listo, pero tiene una tendencia tremenda a hacer el ciniquillo; él sabe que no es sólo eso. Él sabe que han ido salpicándose de pequeños pelotazos y de grandes pelotazos y no son sólo las *stock options*, por favor. Aquí parece que se carga contra Telefónica, como símbolo, contra el presidente de Telefónica: no, no, no... A mí me gustaría que fueran lo suficientemente abiertos (ya que ellos han ofrecido transparencia) para que simplemente hicieran una comparación que me parece muy relevante: una comparación entre el sistema retributivo, cuánto ganaban esas personas cuando ellos denunciaban pelotazos y contratos blindados, y ahora, con todas estas cosas. Una comparación de las ganancias de los mismos presidentes de las mismas compañías que ellos han nombrado. Antes y después: es bien fácil. Bueno... no vaya a ser que todo el peso se cargue en el señor Villalonga, porque el señor Villalonga sabe que no es sólo él, aunque el vicepresidente del Gobierno sólo le acusa a él. Pero eso ha pasado en menor o mayor medida en todas las privatizadas. Realmente, se quieren quedar con España y con nuestro pelo, pero no se van a quedar, no es fácil.

[Iñaki Gabilondo]

*—Pero, entonces, ¿usted considera que es injusto que se proyecte el foco sobre el señor Villalonga?*

—No, no, no, muy justo. Sólo digo que en lo único que van a hacer un poco de socialización es en el pelotazo. Hay que tener sentido de la política: habrá que socializar también el pelotazo. No sólo Villalonga lo ha disfrutado: él lo sabe muy bien. Villalonga sabe de sobra que no sólo él y su equipo tienen sobresueldos: todas las empresas que han seguido esa técnica los tienen. Dicen que es una técnica anglosajona y tienen razón, pero con una diferencia, no, con unas diferencias...

*—Digo que se mete usted menos con Villalonga que con Aznar en este caso.*

—Hombre, Villalonga es un empresario privado, por eso no ha ido al Parlamento durante estos tres años. Es un empresario privado que no ha ido al Parlamento. Los responsables que sí van al Parlamento han dicho que no tienen por qué hacer ninguna valoración de lo que ocurre con Telefónica, porque es una empresa privada, pero, al mismo tiempo, le han dicho al señor Villalonga, y con claridad, que devuelva las opciones. Eso ha salido en un periódico progubernamental, un poquito amarillo, pero progubernamental. Ha salido relatado todo, tal cual fue la conversación del presidente del Gobierno «que no interfería en la marcha de una empresa privada como Telefónica», y le decía que devolviera las *stock options*, que eso no podía ser y tal y cual. Esto ocurría en los meses de noviembre y diciembre. En fin, lo mismo que en el caso Pinochet: dicen que no en el Parlamento y después dicen que sí y que se tiene que hacer esto y lo otro.

[Isaías Lafuente]

*—Usted es de los pocos líderes europeos que le han echado una mano a Helmut Kohl en las actuales circunstancias* [10]*. Lo hizo en un artículo. ¿Cree que han dejado a Kohl un poco de lado? ¿Cree que se han puesto todos a silbar, incluso los que comparten ideas políticas con él?*

—Suele ser eso lo que ocurre. Digamos que cuando hay disparos con perdigones, la gente abre un espacio muy grande, porque los perdigones también abren un espacio muy grande y todo el mundo teme que algún perdigón le llegue. Y hay una cosa que se da en las relaciones humanas, pero en las relaciones políticas se da todavía más, y que es absolutamente miserable. Cuando alguien se cae o los demás creen que se ha caído, lo que hacen es subirse encima para parecer más altos y, normalmente, esto lo hace la gente que más ha dependido, que más ha sido aduladora, que más... en fin, no quiero emplear una palabra bruta o que se interprete mal. Pero eso de subirse sobre una persona que se cae, para parecer más alto, ésta es una de las partes más repugnantes de la condición humana y de la política. Ese señor es mi amigo y, le pase lo que le pase, va a contar con un amigo.

[Iñaki Gabilondo]

*—Señor González... ¿y cómo se encuentra usted? ¿Se encuentra usted bien?*

—¿Usted qué cree? Como diría un gallego...

*—Sinceramente...*

—La verdad es que estoy bien.

*—No... quiero decir que un político como usted, ¿de verdad está feliz en la teoría política sin poder ocuparse de la acción política?*

—Es que yo no estoy en la teoría política; eso se lo dejo a otros compañeros que son mucho más teóricos que yo. No, yo estoy en la transformación de la acción política de acuerdo con los nuevos tiempos; en la necesidad de cambiar la acción política, porque está cambiando el mundo muy rápidamente y he tenido la ocasión de comprobarlo, desde Seúl a Nueva York, pasando por Dakar, Nuevo México o Santiago de Chile. Y ese cambio espectacular que se ha producido en el mundo sí me importa, me interesa. Es verdad que a veces lo expreso de manera que parece incomprensible en política. El ser humano, por primera vez, ha vencido los dos grandes desafíos que dicen que tenía como primate superior en relación con otros grupos de primates: ha vencido la lucha contra el tiempo y el espacio con la revolución tecnológica y eso significa una transformación cultural. Es pasar de la cultura analógica a la cultura digital o de la inteligencia analógica a la inteligencia digital. Y eso va a cambiarlo todo, está cambiando ya: el futuro ya está aquí. Están cambiando las relaciones industriales, el concepto de empleo, la creación de la riqueza... absolutamente todo y en todos los terrenos. Pero no nos queremos enterar, miramos para el techo... Esto no es un análisis teórico: es bien pragmático.

*—No, no... si el análisis es muy pragmático, pero un político de raza, como usted, sueña, suspira, le pide el cuerpo pasar a la acción, actuar en la acción política... Usted se queda...*

—Nada... Voy a aplicar un principio que le ha ido bien durante dos mil años a la Iglesia católica: no me importa tanto tener poder como influencia para cambiar la realidad.

[...]

—*Puestos a imaginar... Almunia gana y va un día y le ofrece a usted un puesto en el Gobierno... no sé... ministro de Exteriores, por ejemplo.*

—Dejaríamos de ser amigos...

## NOTAS

[1] Julio Anguita, secretario general del Partido Comunista de España (PCE) y coordinador general de Izquierda Unida (1989-2000), fue uno de los opositores más firmes de Felipe González y muchos socialistas entendieron que se había aliado con el Partido Popular en la época de los grandes escándalos que salpicaron al PSOE en su última legislatura (1993-1996): fue la famosa «pinza» entre IU y PP.

[2] Izquierda Unida había mostrado sus reticencias a la implantación de la moneda única, el euro, que se produciría en España y en la mayor parte de Europa en enero de 2002. En el acuerdo con Almunia, la aceptación del euro era, desde luego, condición sine qua non.

[3] Javier Tusell era un prestigioso historiador y analista político. Colaboraba frecuentemente en las tertulias políticas del programa *Hoy por hoy*. Entre otras muchas obras, fue autor de *El aznarato*, publicado en Aguilar (Madrid, 2004), donde analizaba los ocho años de gobierno de José María Aznar.

[4] Antonio Cánovas del Castillo (1828-1897) fue un político moderado, impulsor del famoso «turno de partidos», monárquico y partidario de la estabilidad social y económica a costa, incluso, de la debilidad democrática.

[5] Se refiere a la privatización de la antigua Tabacalera, hoy Altadis.

[6] Se refiere a unas declaraciones a TVE del primer ministro portugués António Guterres, citadas unos momentos antes. En los últimos minutos de la entrevista, el mandatario portugués elogiaba la figura política de Felipe González, pero esa parte del trabajo periodístico no se emitió.

[7] Slobodan Milosevic era presidente de la República de Serbia. Tras la desintegración de la antigua Yugoslavia (1991), Milosevic desató la guerra anexionista contra Bosnia, Kosovo y otros territorios, iniciando un proceso de limpieza étnica contra bosnios, albaneses, kosovares, etcétera. Tras la guerra se formó el Tribunal Penal Internacional para la antigua Yugoslavia (TPIY) y Slobodan Milosevic fue acusado de crímenes de guerra y contra la Humanidad, y genocidio contra la población de Bosnia-Herzegovina. El juicio comenzó en febrero de 2002. Emma Bonino, a la que Felipe González cita en esa misma respuesta, fue comisaria de Ayuda Humanitaria en la Comisión Europea. Se le concedió el premio Príncipe de Asturias de Cooperación Internacional en 1998.

[8] La banda terrorista ETA decidió declarar una tregua unilateral en septiembre de 1998. En noviembre de 1999 hizo saber que la tregua había concluido.

[9] Se trataba de una manifestación de repulsa contra los crímenes de ETA, convocada en Madrid. La banda terrorista había asesinado al teniente coronel Pedro Antonio Blanco el 21 de enero de 2000 en Madrid. Era el primer asesinato después de la tregua.

[10] Después de dieciséis años como canciller de Alemania, Helmut Kohl sufrió uno de sus más duros reveses cuando ya no estaba en la primera línea política. El 18 de enero de 2000 tuvo que dimitir como presidente honorario de su partido (CDU) por irregularidades en su financiación.

16

# *Felipe González*
# *España va bien... o no*

La siguiente entrevista tuvo lugar en los estudios de la Cadena SER, en el programa *Hoy por hoy*, el día 9 de marzo de 2000, en plena campaña para las elecciones generales.

El Partido Popular había ganado las elecciones de 1996 y había cerrado la legislatura de cuatro años con un balance que, en términos generales, se consideró bastante positivo, aunque no en todos los aspectos y no por todos los sectores. El Partido Socialista, por su parte, seguía inmerso en un proceso de renovación. Felipe González había renunciado a la Secretaría General y, desde luego, había manifestado su intención de no presentarse a nuevas elecciones a la Presidencia del Gobierno. Tras unas elecciones primarias en el seno del PSOE, los socialistas habían elegido a Josep Borrell, pero quien finalmente se posicionó como candidato fue Joaquín Almunia. Las encuestas y los sondeos de opinión reflejaban la debilidad del proyecto socialista y los electores lo confirmaron pocos días después, otorgándole al Partido Popular la mayoría absoluta en el Congreso de los Diputados con más de diez puntos de diferencia (44,52 por ciento del PP frente al 34,16 por ciento del PSOE).

*—Falta muy poquito para que termine la campaña, señor González. ¿Cómo ve las cosas? Usted tiene experiencia y muy buenas intuiciones...*

—La verdad es que yo estoy haciendo una campaña bastante intensa, bastante libre, muy suelta... Bastante libre desde el punto de vista personal. Me siento muy libre y, la verdad, es que veo a la gente que ha acudido a los sitios donde he estado muy animada. Pero creo que la clave, para nosotros, va a estar en transformar en votos la clara mayoría social existente, para que Almunia tenga más diputados que Aznar.

*—De esto era realmente de lo que se trataba...*

—Realmente, sí.

*—¿Se está produciendo eso?*

—Yo creo que se puede estar produciendo... hay que animar al voto a todos los ciudadanos, porque esto es perfectamente posible... Algo que parecía imposible de conseguir hace dos meses, hoy es perfectamente posible. Está al alcance de la mano, se puede producir en cuarenta y ocho horas.

*—Los sondeos hablan de cuatro puntos de diferencia del Partido Popular respecto al PSOE, o cuatro puntos y medio. ¿Es lo que usted pronostica? No le voy a pedir que nos haga la porra de* Hoy por hoy *pero...*

—No, no... Los sondeos siempre hay que compararlos con sondeos y es una trampa en la que siempre estamos. Los sondeos de una semana antes de las elecciones de 1996 daban una diferencia de entre diez y catorce puntos. Ahora todos coinciden, incluso sospechosamente, en cuatro puntos y algo. Ésos son los sondeos que hay que comparar. Hace cuatro años terminamos a un punto de diferencia. Faltó un debate, a propósito, faltó un debate o dos... porque ya no quisieron hacer debates. Era un comportamiento extrañísimo. Ahora la diferencia es de cuatro puntos y medio en los sondeos. A mi juicio, estamos en un empate técnico y depende de la movilización del electorado. Y si el electorado se moviliza, vamos a ganar con claridad.

*—¿Y se le ocurre a usted algún argumento para activar esa movilización?*

—Sí. Yo creo... por eso digo que me siento libre... como no estoy pidiendo volver a ocupar el sillón de La Moncloa... Yo creo que hay un aspecto realmente negativo y otro positivo. Hay que evitar que siga este tipo de Gobierno, este Gobierno que hoy o mañana, en el Consejo de Ministros, dará cuatro licencias de telefonía móvil. ¡Lo harán el día antes de la jornada de reflexión! ¡Cuarenta y ocho horas antes de que los ciudadanos voten! Y de nuevo, ahí, se montará ese espectáculo que veremos en muy poco tiempo. Imagínese que se pagan cien mil millones por esas licencias y que, dentro de dos meses, aparecen en la Bolsa valiendo un billón... diez veces más. Todo el mundo dirá: «¡Qué buenos gestores!». Y no. No. Yo prefiero que lo hagan por internet, que yo conozca cuáles son las ofertas de todo el mundo y que haya una verdadera subasta de esas ofertas. Bueno... para que no haya más de lo mismo, más de este inmenso pelotazo financiero para enriquecer a muy poca gente, yo creo que hay que votar a un Gobierno más solidario, más progresista, que abra más la economía. Y, además, hay una razón positiva: España tiene que prepararse para afrontar los desafíos del siglo XXI y no se va a preparar con este tipo de Gobierno, se lo aseguro.

*—Esta mañana leímos un artículo que usted publica en el periódico* El País, *haciendo énfasis en estas dos cosas*[1]. *Un elemento de carga en sus argumentaciones está permanentemente en esta línea: la concentración del poder financiero y económico realizada por José María Aznar y Rodrigo Rato. Usted dice que se están provocando muchos riesgos, porque, cuando revienten las burbujas, podríamos encontrarnos con un gran problema. ¿Está pasando inadvertido este tipo de riesgo?*

—No, no está pasando inadvertido para los analistas más serios, que no se atreven a decir en público lo que sí dicen en privado: que nunca han visto en ningún país europeo y en ningún país occidental una mayor concentración de poder financiero y económico que la que se ha producido aquí en tres años. Y que es evidente que hay una burbuja especulativa. Eso lo dicen incluso los propios empresarios que tienen participación accionarial en esa burbuja.

*—Sí... Le quiero preguntar... si puede usted explicarnos qué quiere decir cuando dice que este oligopolio que está controlándolo todo no se nota aún porque estamos en la fase alcista del ciclo económico. Hace un rato oíamos que Pedro Solbes*[2] *teme que estemos en un pequeño lío si se empieza a hablar del precio del petróleo... ¿Qué ocurriría por tanto, desde su punto de vista, si dejáramos de estar en la fase alcista o qué ocurrirá cuando dejemos de estarlo?*

—Cuando se produzca la primera crisis de liquidez, como dicen los técnicos, vamos a ver un gran problema, porque van a bajar las acciones de las «operaciones burbujas». Si el valor de las acciones se desploma y los inversionistas son esos que arriesgan su propio dinero, como Bill Gates o el que hace America On Line, o los inversionistas que los apoyan, no pasará nada; pero si son ahorradores modestos o bancos, el ahorrador modesto y el depositante de los bancos serán los que paguen el precio de una crisis de esa naturaleza. A mí lo que más me llama la atención de nuestro modelo es que los gestores de estas grandes empresas concentradas no arriesgan su dinero; son gestores por ser amigos del poder.

O sea, yo prefiero a los empresarios que montan su empresa arriesgando su dinero. Y todavía me preocupa más, y no se puede creer que mi preocupación sea por otra cosa, después de tantos años de gobierno, este vínculo funesto entre el poder financiero y el poder de las grandes empresas de esta naturaleza. Algunos dicen que para la banca es muy bueno comprar este tipo de empresas. Para la banca es un gran negocio, aunque para esas empresas, no... Eso era lo que decían del pacto con Telefónica... ¡Pero bueno! Me parece de una ceguera increíble: si no le va bien en Bolsa a Telefónica o a algunas de todas sus filiales, ¿cómo le va a ir bien a la banca comprometida con Telefónica? ¡Si eso no tiene ninguna lógica! Por eso cito el caso de Japón, que es la segunda economía del mundo, con más capital humano y más ahorro que nosotros, y la burbuja financiera estalló el año 1989 o 1990, y todavía no se están recuperando por esa mezcla de intereses de Hacienda, Ministerio de Industria, banca y empresas de altísimo nivel en Japón.

*—¿Quiere decir entonces que ahora un porcentaje de la sociedad que se muestra satisfecha por la buena marcha de la economía y que está beneficiándose de ella, si usted tiene razón, está corriendo riesgos...?*

—Claro. Y ya no sólo hablo de los trabajadores, porque han subido muy poco sus rentas salariales en la mayor parte de los casos, menos que la inflación. Es decir, los precios han ido por delante de las rentas salariales; en los empleados públicos es evidente, salvo para los altos cargos, para los que ha subido muchísimo más. Pero ya no hablo sólo de eso: hablo de los empresarios. Los empresarios, cuando la economía está creciendo al ritmo que está creciendo, pagan la diferencia en sobrecostes en los precios de energía, de comunicaciones, en telecomunicaciones, etcétera. Lo notan menos, pero están pagando más coste que cualquier empresario pequeño o mediano de cualquier otro país europeo. Pero en el momento en el que la economía deje de crecer a este ritmo, estos empresarios se encontrarán con unos costes que son costes para ellos como para cualquier usuario no competitivo. Por tanto, eso contribuirá a deprimir más la economía. Esto es lo que me preocupa. Ahora no se nota, porque creciendo al 3,5 por ciento o al 3,7 por ciento, les parece que su negocio va bien, aunque tengan que pagar más facturas de teléfono o aunque tengan que pagar más factura de energía. Pero esto se va a notar el doble cuando cambie el ciclo...

*—¿Y cuándo va a cambiar el ciclo, señor González?*

—Yo no soy economista ni soy brujo. [Alan] Greenspan es un gran brujo, es el presidente de la Reserva Federal de los Estados Unidos, yo creo que es uno de los tipos más brillantes del mundo. Es él el que está seriamente advirtiendo de que va a haber subidas fuertes de interés, porque es inexorable que haya una bajada en los valores de Wall Street, y él habla de una bajada del 30 o del 40 por ciento... Pero, vamos a ver, ¿esto quien lo mide? Cuando empiezan a bajar los valores, la gente se ha endeudado o se ha comprometido en función de lo que cree que tiene. Y si le bajan un 30 o un 40 por ciento, realmente, no se sabe dónde va a parar. Lo que digo es que esto no es un problema sólo de países subdesarrollados: Japón es la segunda economía del mundo y lleva diez años sin salir, sin saber salir del agujero, por lo que se llama «capitalismo de compadrazgo», es decir, por ese vínculo de empresas, poder político y poder financiero, que no funciona, ¡por Dios! ¡Que hace veinte años funcionaba en Japón y que ahora es un fracaso estrepitoso! Y nosotros estamos imitando, exagerándolo, ese modelo; por eso lo denuncio con toda claridad, más allá del 12 de marzo.

*—Y otro segundo asunto que usted constantemente cita es lo que usted señala como una falta de... un desenfoque absoluto de la observación de futuro cuando se mira internet. Usted dice: no se trata de un medio para hacer lo mismo sobre un nuevo soporte, sino de un cambio cultural que obligaría a una transformación que no se está produciendo. ¿Estaríamos arriesgando, por tanto, el futuro en este sentido?*

—Claro, claro, claro. Llegaríamos tarde, nos arriesgaríamos... Tarde o temprano, lógicamente, con el nivel de conocimientos de la sociedad española, se va a comprender que internet no es sólo un fantástico instrumento de comunicación, por cierto, interactivo y radicalmente nuevo, revolucionario en ese sentido, sino que es también un instrumento que va a condicionar el contenido de lo que se ofrece. Por eso digo «el contenido de la oferta»... Lo explico con un ejemplo analógico que es más fácil de entender: si esta cadena de radio es la cadena con la máxima audiencia de las cadenas de radio españolas, lo razonable sería que en esta cadena se leyera un periódico por la mañana, porque tiene muchos oyentes. A nadie se le ha ocurrido hacer un disparate de esa naturaleza, porque la audiencia caería inmediatamente: ustedes ofrecen algo completamente distinto a los periódicos, porque el medio es distinto. Bueno, pues eso exactamente estamos haciendo con internet, que es un medio mucho más diferenciado que la radio, respecto del soporte papel de la prensa. Y lo mismo están pensando los banqueros, lo mismo están pensando las asociaciones culturales, lo mismo está pensando todo el mundo. Todos están pensando en esos términos en España. Las empresas que tienen éxito en internet han comprendido el medio: internet condiciona la manera de hacer la oferta y, por tanto, la misma identidad de la empresa tiene que referirse a las comunidades que estén fidelizadas con esa oferta. No se trata de fidelizar a ejecutivos con pelotazos, sino de dirigirse a comunidades de usuarios, de clientes, de seres humanos que confían en la oferta que les hacen, de manera diferenciada, a través de internet.

*—Señor González, y aunque estas cuestiones están más allá del día 12, ¿en qué sentido se juegan en estas elecciones?*

—Están más acá.

*—¿Del día 12?*

—Esto es lo que lamento decir: el futuro del que hablamos en España ya es presente en la realidad de los países avanzados.

*—Me refiero... ¿en qué sentido estas importantísimas cuestiones se juegan el día 12? Los partidos tienen alternativas, distintas propuestas...*

—Claro, claro, claro... Hay que comprender el fenómeno y yo creo que el Partido Popular está haciendo lo contrario de lo que es preparar a la sociedad para una economía abierta... digamos, conectada con la red. Porque todo lo que sea concentrar y controlar el mercado es exactamente lo contrario de lo que se necesita: que cada vez más actores se incorporen a la economía abierta, que se incorporen con ofertas que añadan valor... Multiplicar el número de actores, no cerrarlo. Van a hacer oligopolio.

*—Si gana el PSOE, ¿abrirá ese mercado...?*

—Es absolutamente seguro que lo hará. No sólo porque la oferta de Joaquín Almunia esté completamente clara, o la de Manuel Chaves, o la de Juan Carlos Rodríguez Ibarra, imagínese, sino porque lo están entendiendo y porque al Partido Socialista no se le ocurriría hacer un oligopolio o una oligarquía de amiguetes. Yo no sé si sabría hacerlo... si se le ocurriera, pero, en todo caso, no se le ocurriría.

*—Vamos a hablar de la situación en Euskadi. Me gustaría que nos contase, por sus informaciones o por las conversaciones que haya podido tener, cómo ve usted las elecciones allí... con este aumento del voto por correo, que hablaría de un miedo y, sin embargo, de una voluntad de participar... Me gustaría que nos hiciera una reflexión: ¿cómo ve usted las elecciones del 12 de marzo en Euskadi?*

—Es imposible hacer una predicción, porque realmente están viviendo en una sociedad sin libertades por la amenaza de un grupo violento, por la amenaza del terrorismo, y yo creo que todavía no se ha dicho con claridad lo que pasa. El otro día, por ejemplo, leía que [Iñaki] Anasagasti, del Partido Nacionalista Vasco, había dicho que ETA no está madura. ETA está podrida, no es que esté inmadura o que esté en un proceso de maduración. Está absolutamente podrida: se ha convertido en una banda mafiosa que condiciona el comportamiento de cualquier ciudadano vasco, incluidos los ciudadanos que votan nacionalista. Ésta es la realidad de Euskadi: una realidad dramática. Yo espero que la gente responda, como se puede responder en las urnas: responder con la libertad que da decidir a quién se quiere como representante del País Vasco, más allá de la amenaza de las pistolas, de la amenaza del chantaje y la coacción.

*—Joaquín Almunia, en su primera propuesta, consideraba prioritario restablecer el encuentro de todas las fuerzas democráticas. ¿Le parece posible o se han roto todos los puentes?*

—Joaquín Almunia viene declarándolo ya desde hace algunos años, y lo viene haciendo con la discreción y la templaza que lo caracterizan. Lo volvió a hacer en diciembre, cuando se rompió públicamente la tregua de ETA: Dijo: «Por favor, recompongamos un clima de confianza, volvamos a encontrar el denominador común de las fuerzas democráticas para afrontar el fenómeno de la amenaza violenta...». Almunia se lo ha propuesto reiteradas veces a Aznar, reiteradas veces al PNV y, sistemáticamente, ha sido Aznar el que se ha negado a convocar a todas las fuerzas representativas para restablecer ese clima de diálogo y de confianza. Me parece que ayer decía que lo propone para después del día 13. Como casi todo.

*—Usted es candiato al Congreso por Sevilla. ¿Cómo ve las cosas en Andalucía? El pronóstico coloca al Partido Socialista en una posición muy próxima a la mayoría absoluta... Chaves dice que no se fía, pero parece que las cosas están en ese camino...*

—Hace bien, yo creo que nadie debe fiarse de lo que dicen los sondeos de opinión. A mí me han llamado la atención algunos comentarios que he oído sobre el sondeo de opinión del Centro de Investigaciones Sociológicas... dicen que habían rebajado las diferencias porque el Gobierno no quería que apareciera tanta diferencia, por precaución, por movilización... El Centro de Investigaciones Sociológicas lo pagamos todos, con los presupuestos. Una empresa privada de sondeos se juega su prestigio, pero el Centro de Investigaciones Sociológicas juega con el presupuesto de los españoles; por tanto, si fuera verdad que no están diciendo lo que verdaderamente aparece en ese sondeo, me da igual en qué dirección, uno ya no podrá fiarse de nada, ni de las estadísticas del Instituto Nacional de Estadística ni de nada. Por tanto, yo creo que Manuel Chaves hace bien en no confiarse. Creo que en Andalucía hay un sentimiento de que el Gobierno no se ha dado cuenta de la importancia estratégica de Andalucía... Ayer lo decía Pasqual Maragall con Manuel Chaves, en Almería: hablaban de la importancia estratégica para un proyecto de España. No se ha negociado el pacto autonómico más que con Pujol y, uno específico, con Arzalluz. Ahora dice Aznar que hay que negociarlo con todas las autonomías, pero se le olvidó hacerlo durante estos cuatro años. Es una cosa bastante lamentable, porque lo que se proponen hacer ahora, a partir del día 13, es lo que decían que iban a hacer hace cuatro años y ninguno de los pactos, ni de Justicia, ni de legislación sobre financiación de partidos, ni los pactos autonómicos... ninguno de ellos se ha llevado a la práctica.

*—Antonio García Ferreras pregunta a Felipe González.*

*—Se dice que la clave de estas elecciones puede estar en la última decisión de eso que llaman «bolsa de indecisos». Entre esos indecisos, quizás muchos castigaron al PSOE en 1996. ¿Por qué tendrían que levantarle el castigo al PSOE en estas elecciones? ¿Cuál sería la razón?*

—Bueno... algunas de las razones que se esgrimieron para el castigo al PSOE (que había habido algunos casos de corrupción, como todavía exhibe el señor Aznar) se han convertido en sinrazones puestas en boca de los gobernantes. Porque nunca ha habido un enriquecimiento más rápido que en esta etapa, un reparto más injusto de la riqueza que en esta etapa, y nunca ha habido un Consejo de Ministros que se parezca más a un consejo de administración, como diría Paco Ordóñez. No hay personas físicas en el Consejo de Ministros: casi todos son personas jurídicas, sociedades de responsabilidad limitada, y yo he visto en la misma prensa decir a algunos de los ministros: «Cuantos menos impuestos se paguen, mejor, siempre que se cumpla la legalidad. Claro, depende de la cantidad de asesores que se puedan tener, etcétera». Es difícil que un ministro tenga legitimidad para decir eso. Por tanto, lo que hace cuatro años podía haberles desmovilizado, ahora debería movilizar a todo el electorado progresista para parar este expolio, para parar este inmenso pelotazo... que ahora no se llama pelotazo, como lo llamaban cuando estaban en la oposición: ahora se llama *stock options*, así, con una pronunciación agradable en inglés para disimularlo, pero es el pelotazo más grande de la Historia de España.

*—Señor González, ¿y el acuerdo PSOE-Izquierda Unida no ha podido también desconcertar después de muchos años de desencuentro, tantos y tan graves desencuentros? A toda velocidad se toma una decisión que todo el mundo saluda, pero ¿no le parece que puede estar resultando difícil de aceptar en muchos sectores?*

—Sí, probablemente... Joaquín Almunia, en 1997, cuando es nombrado secretario general, hace esa oferta, de acuerdo. En 1997 había tiempo para haber madurado ese acuerdo y, cuando Paco Frutos ha sido candidato, lo ha aceptado y ha negociado el programa. ¿Podría haber tenido más recorrido? Claro, Joaquín Almunia lo propuso, como digo, en 1997. Podíamos haber tenido dos años y medio para madurar ese acuerdo, pero no ha sido posible. Al mismo tiempo, ese acuerdo que se ha producido ahora es un acuerdo bastante ilusionante. Por primera vez existe la posibilidad de agrupar desde el centro progresista hasta la izquierda plural, es decir, hacer lo que ha hecho el PP con la Confederación de Derechas Autónomas: aglutinar votos en torno al PP. Claro... esto sería una cosa bien notable, bien interesante, para una mayoría social que puede convertirse en mayoría de progreso. Lo que pasa es que estas elecciones, si me permiten, desde el punto de vista democrático, están trucadas.

[Iñaki Gabilondo]

*—¿A qué se refiere?*

—A una cosa muy seria. En Estados Unidos, hoy vemos que hay dos candidatos: [Al] Gore y [George W.] Bush. Y, hasta ahora, los que han sido designados candidatos han tenido infinidad de debates, cara a cara, para contrastar sus opiniones, entre demócratas y republicanos. ¿Usted se imagina que Bush o Gore se negaran a hacer debates desde aquí al día de las elecciones? El que se negara, estaría descalificado democráticamente. Pero no sólo en Estados Unidos, también en Gran Bretaña, en Francia, en Alemania, en Italia, en cualquier país democrático.

*—Usted no lo hizo hasta 1993...*

—En 1993, el señor Aznar, me dijo...

*—Antes, antes... Antes de 1993, ¿lo hizo?*

—No, no. Nadie lo pedía. Fíjese: en 1993, el señor Aznar dijo: «Es una exigencia democrática; por tanto, no vamos a tolerar que no haya debate». Y yo le dije: «No, no... Un debate, no: dos. Dos es mejor que uno, porque da más tiempo para discutir». Ésa fue mi respuesta. En 1996, sin que lo pidiera, se lo volví a ofrecer. Porque me parece que esto de ofrecer programas y alternativas, siempre sometidos a la crítica mediática que... ya ven ustedes, sin contrastarlo... Si el Gobierno tuviera el sentimiento de que ha hecho las cosas bien y de que han ido muy bien las cosas, ¿qué trabajo tendría defender eso frente a una oposición que le pide no un debate, sino varios debates, incluso sectoriales? Le he oído decir a usted, cuando venía en el coche, que el señor Rato viene mañana. Yo hubiera aceptado perfectamente estar con el señor Rato en un debate. Él es mucho más especialista que yo en economía y seguramente podría defender muchísimo más brillantemente que yo esta cultura del pelotazo y esta oligarquización de la economía. ¿Por qué razón no debatirlo sectorialmente? Pero lo que es inconcebible es que el señor Aznar se niegue a contrastar sus opiniones; es inconcebible democráticamente. Por eso digo que hay un cierto trucaje de la democracia.

*—Le voy a pedir que matice lo del trucaje, porque si las elecciones están trucadas... quiere decir que el resultado no vale.*

—Estoy diciendo que la calidad de la democracia depende de que se cumplan las reglas de juego aceptadas en todos los países democráticos. Este Gobierno no acepta esas reglas de juego y no contrasta sus opiniones. ¿Se imagina si yo le hubiera dicho al señor Aznar que había que reunirse con todos los que quisieran en un debate múltiple? Porque pasó aquello, y dijo: «¿Cómo? Sólo puede haber dos personas con posibilidad de acceder a la Presidencia del Gobierno: usted (el señor "González-váyase", que decía en aquel tiempo) o el señor Aznar López». Y hubo dos debates.

*—Sería deseable que se llegara a crear ese estado de opinión que hiciera irrechazable un debate...*

—Y le advierto que hay una diferencia fundamental: en 1993, ni un solo medio de comunicación dejó de editorializar y de exigir por razones democráticas el debate. Hoy no veo medios de comunicación exigiendo por razones de cultura democrática el debate.

*—Una última cosa: ¿cree usted que será juzgado en Chile el señor Pinochet?* [3].

—Creo que hay bastantes más posibilidades de juzgar al señor [Augusto] Pinochet en Chile que las que hubiera habido en la historia de nuestra transición democrática de juzgar en España a los maestros de Pinochet.

*—¿Cree usted que hay más posibilidades de juzgar ahora a Pinochet en Chile que antes de que Garzón emprendiera su...?*

—Más, más... Es decir, es un mérito haber abierto la expectativa de juzgar a las personas que tienen ese tipo de responsabilidades; es indiscutible.

*—¿Cree usted que Pinochet se presentará en la toma de posesión de Ricardo Lagos?*

—No lo sé. Es imposible meterse en la mente de un hombre que no parecía en condiciones de resistir un juicio, según el dictamen médico de Pinochet.

*—¿Le inquietó el recibimiento que le hizo el Ejército al señor Pinochet? Esa especie de pulso ¿es una mala señal o...?*

—Ni siquiera sé si lo han planteado o no como un pulso. Lo veré en los próximos días y meses... a ver si era un pulso o una manera de pedir que se retirara de la vida pública. Lo veremos. Yo confío en que la sociedad chilena, el Gobierno chileno y la Justicia chilena estén a la altura de las circunstancias. No les reprocho nada, porque yo sé que estamos en el año 2000 y en el año 1980 en España no hubiera habido un solo fiscal pidiendo responsabilidades por las cosas que pasaron en España durante cuarenta años de dictadura.

*—Y una última cosa: ¿le sorprendió a usted la rapidísima recuperación del señor Pinochet al llegar a Santiago?*

—No, no me sorprendió. Lo que me dolió es que, una vez más, en estos temas yo he mantenido una posición que ha sido a veces criticada... y puede que no tuviera razón, pero ha sido una sola posición y no un engaño. El Gobierno nos engaña desde el principio hasta el final y lo que me duele es eso: porque los engaños se pagan en política exterior aún más que en política interior.

## NOTAS

[1] El artículo se titulaba «Gobierno de progreso o Gobierno de "la marca"». En los meses previos, el ex presidente había publicado en el mismo diario «La gran con... fusión» y «España 2000: subastas preelectorales». Éstos y otros artículos pueden leerse en Felipe González: *Memorias del futuro*. Aguilar, Madrid, 2003.

[2] Pedro Solbes había sido ministro de Economía y Hacienda en la última legislatura socialista (1993-1996). En el momento de realizarse esta entrevista, Pedro Solbes era comisario de Asuntos Económicos y Monetarios de la Comisión Europea. En 2004, tras la victoria socialista de José Luis Rodríguez Zapatero, volvió a la política nacional, recuperando su antiguo Ministerio de Economía.

[3] El dictador chileno Augusto Pinochet fue detenido en Londres el 16 de octubre de 1998, a instancias del juez español Baltasar Garzón. Tras un complejo y larguísimo proceso judicial, Pinochet pudo regresar a Chile (2000), alegando problemas de salud y debilidad mental. Los procesos continuaron durante los años siguientes en Chile y, a finales de 2004, aún no se había decidido si Augusto Pinochet podría ser juzgado o no. Felipe González era partidario de que España no interviniera en ese proceso, entre otras razones, como declara en la entrevista, porque España no había tenido el valor de iniciar un proceso semejante a propósito de la dictadura franquista y difícilmente contaba con la autoridad moral para iniciar ese camino respecto a otros países. El Partido Popular pareció favorecer las tesis que proponían un juicio internacional a Pinochet, lo cual provocó una crisis con el Gobierno chileno, que lo consideró una injerencia en sus asuntos nacionales.

17

# *José Luis Rodríguez Zapatero*
# *La oposición: nuevo modelo*

Era el 20 de noviembre de 2000. Se cumplían 25 años de la muerte de Francisco Franco. Iñaki Gabilondo, en el programa *Hoy por hoy* de la Cadena SER, iba a entrevistar a José Luis Rodríguez Zapatero y, para empezar, quería saber dónde estaba y qué hacía el nuevo y flamante líder de la oposición socialista cuando murió el dictador.

El secretario general del PSOE había sido sorprendentemente elegido durante el XXXV Congreso, celebrado en julio de 2000, y durante esos meses al frente del partido ya había evidenciado un nuevo modo de hacer política, no siempre al gusto de todos los socialistas. Tenía cuatro años por delante para convencer al electorado de la necesidad de un regreso al socialismo.

*—¿Dónde estaba usted hoy hace veinticinco años?*

—Estaba en mi casa. Pasé una noche... dormí algo, la verdad. Mi padre, no; él estaba escuchando la radio, y a las siete de la mañana nos dijo que había muerto Franco. Y había una cierta sensación de alivio y esperanza en mi familia, y con mis amigos también... Y ahí estaba, con quince años...

*—Desde su nueva responsabilidad, ¿se ven las cosas como se veían antes o han cambiado en algún sentido, señor Rodríguez Zapatero?*

—Bueno... es inevitable que se vean de manera diferente, ¿no? Tiene uno la sensación de tener más responsabilidad y la necesidad, lógicamente, de dedicar mucho más tiempo a la reflexión, sobre todo, sobre el presente y el futuro de este país. Esta fecha conmemorativa me suscita, ante todo, una reflexión de ese tipo: me preocupan más los próximos veinticinco años de España y de las nuevas generaciones de españoles que, quizá, los veinticinco que hemos vivido. Por suerte, el saldo de este pasado cercano es muy positivo y creo que deberíamos estar en esa reflexión.

*—¿Y qué tal van sus primeros ciento y pico días como secretario general del PSOE? ¿Está contento?*

—Sí, estoy razonablemente satisfecho. Creo que hemos cumplido algunos de los compromisos que formulé en el congreso: hacer un cambio tranquilo en el Partido Socialista, hacer una oposición útil al Gobierno del Partido Popular, cambiar el estilo, las maneras y las formas de reivindicar el diálogo, la capacidad de entendimiento, mirar más a los intereses de los ciudadanos concretos que al momento concreto de la situación política entre los dos grandes partidos. Y queda mucho por hacer, lógicamente.

*—¿Su manera de hacer oposición es así o ésta es su manera de hacer oposición en esta fase?*

—Es mi manera de trabajar en la vida política. Yo siempre he pensado que las personas que tenemos una responsabilidad pública, al final, marcamos una referencia, cumplimos en cierta manera una función testimonial y ejemplar ante la ciudadanía y yo tengo el interés de que los que se fijen en nosotros, sobre todo los más jóvenes, incluso los adolescentes, vean que la educación, las buenas maneras, el razonar y el argumentar es lo que hace sólido a un país, no el insultar, no el despreciar, no el ignorar, y me parece que, como ejercicio pedagógico, es casi una obligación. Por tanto, el tono y el estilo va a ser el mismo durante toda la legislatura. También es cierto que me parece obligado saber decir a los ciudadanos en cada momento qué es lo que creo va mal o va aceptablemente desde la política del Gobierno. Sería poco creíble que a las primeras de cambio, tras un cambio de dirección del Partido Socialista y en un nuevo momento de la oposición, empezáramos a decir que todo está mal... porque, además, tampoco es verdad... tampoco es verdad. Aunque suene raro decirlo desde la oposición. Hay cosas... algunas cosas no están mal en este país.

*—El otro día, Miguel Ángel Aguilar decía que resultaba bastante inquietante cómo le elogian a usted desde el Gobierno. Eso es lo que hacían los socialistas con [Manuel] Fraga. Miguel Ángel Aguilar temía que ésta fuera la manera de decir que José Luis Rodríguez Zapatero y la oposición tienen un techo y que nunca les inquietará. Seguramente usted leyó el artículo de Miguel Ángel Aguilar...* [1].

—Sí, evidentemente, y, como siempre, me hizo reflexionar. Pero le quiero decir a Miguel Ángel Aguilar y a los que puedan pensar así que nada me atrae más que sorprenderles y demostrar, con el tiempo, que su opinión no era acertada. En todo caso, siempre he dicho (lo he comentado alguna vez en público) que me parece mucho más inteligente... Mire, cuando voy al fútbol, me gusta mucho más ver una gran jugada de Figo que un ataque de un defensa yendo directamente a la tibia o a la rodilla de un delantero... o como aquel ataque de Tassotti a Luis Enrique en aquel mundial famoso [2]. Me gusta mucho más ese otro estilo de actuar en política y, sobre todo, de actuar en la vida.

*—Ha dicho que se lo va a demostrar a Miguel Ángel Aguilar... con el tiempo. ¿Con cuánto tiempo?*

—Hay un horizonte de legislatura de más de tres años. En marzo hará un año de la celebración de las elecciones y creo que debemos respetar ese período. Los ciudadanos, con todo el derecho, no sienten que estemos en una convocatoria electoral inminente. Yo creo que sería muy malo para el desarrollo y el curso de la vida política de un país iniciar ahora un período de tensión semejante. Yo creo que en el Gobierno y en la oposición hay que dar respuestas a los problemas de cada día y, cuando llegue la convocatoria electoral, ya se explicitarán las alternativas de una manera firme, de una manera contundente y con todos los perfiles.

*—Lo que ahora constituye una gran preocupación es la situación en el País Vasco y la situación derivada del terrorismo. El acuerdo antiterrorista, ¿lo van a llevar ustedes al Congreso, señor Rodríguez Zapatero?*

—Bueno... es posible, es posible. Yo creo que el Gobierno sabe que el Partido Socialista quiere fortalecer las bases de un acuerdo en materia de lucha contra el terrorismo y de defensa de los principales valores de la Constitución y del Estado democrático. Y lo quiere fortalecer no por razones de pasado ni por razones de presente, sino por razones de futuro. Creo que todo el mundo es consciente de que desde hace algún tiempo tenemos un agravamiento muy serio de la situación política y social del País Vasco, una radicalización de la violencia, una intensidad de la violencia y una preocupante deriva soberanista de una parte importante del nacionalismo y un choque muy fuerte entre el Gobierno central y el Gobierno de Euskadi. Creo que podemos pasar momentos de complejidad, momentos que pueden estar cerca de una crisis política y me parece que es imprescindible que el Partido Popular y el Partido Socialista tengan una unidad muy cimentada y clara para afrontar las situaciones actuales y las que se pueden dar en el futuro. Ésa es mi preocupación y, además, creo que el Gobierno debería ser el más interesado y debería liderar este gran acuerdo. Un acuerdo que, además, fuera una referencia clarísima para los ciudadanos, una llamada a la serenidad y a la tranquilidad.

—*¿Y por qué cree que el Gobierno pone pegas a esta propuesta del Partido Socialista?*

—Sinceramente, porque creo que, desde el 12 de marzo, se equivoca más que acierta en sus decisiones. Es bastante evidente que el país está peor, en todos sus indicadores nacionales, desde las elecciones generales. La mayoría absoluta, en mi opinión, ha provocado desorientación en el Ejecutivo de Aznar. En todos los ámbitos que uno analice, políticos, sociales, económicos, las cosas se están complicando. El Gobierno no acierta, no encara los problemas y está dando muestras de un fracaso muy notable en la situación política en general y en la perspectiva de consolidación del Estado y de un horizonte de consenso y de diálogo. Desde esa preocupación, queremos hacer el pacto. El Gobierno se equivoca, se ha equivocado, y espero con tranquilidad una rectificación de Aznar porque, en ese terreno, tendrá siempre el punto de encuentro con el Partido Socialista.

—*El acuerdo que ustedes proponen... ¿no es innecesario? Está ya en la Constitución. Esta mañana un periódico lo dice: ¿para qué quieren ustedes firmar un acuerdo? Ya está en la Constitución.*

—Sí, la Constitución está, pero lo que no está es la política que hay que hacer ante un fenómeno como el del terrorismo de ETA. Eso, lamentablemente, no está previsto en la Constitución.

—*¿Y cuál es la política que hay que hacer para luchar contra ETA?*

—Yo creo que hay que hacer una política que, al menos, tenga la voluntad de unidad democrática, que recupere el clima de la transición, el clima del más amplio diálogo posible, que gane ideológicamente a los violentos, que los gane policialmente y que, sobre todo, despeje la más mínima tentación de utilización electoral o en el corto plazo del dramático fenómeno de la violencia terrorista. Y creo, además, que hay que hacer una política pactada de respuesta ciudadana. Nos hemos visto en muchas ocasiones con posturas diferentes ante un atentado terrorista. Creo que es bueno que PSOE y PP, y los grandes partidos, tengan el mismo mensaje ante el fenómeno e, incluso, que dediquen muchas más horas a trabajar por una propuesta de paz. En estos momentos, sólo tenemos una propuesta de incertidumbre e inquietud. En estos momentos, sólo tenemos una propuesta de un horizonte de profunda preocupación y yo creo que hay que hacer, de verdad, una propuesta de paz.

*—¿El Gobierno les ha llegado a proponer directamente que establezcan un acuerdo y lo anuncien para desbancar al nacionalismo en Euskadi?*

—Bueno, yo creo que ésa es una insinuación pública...

*—¿Insinuación o se lo han dicho directamente?*

—Bueno, de la insinuación a la propuesta hay un terreno quizá resbaladizo. Pero... sí, lógicamente, hay esa propuesta del Gobierno. Lo que me preocupa es que es la única propuesta.

*—¿Y ustedes qué responden a esa propuesta?*

—Nosotros creemos que hay que sentar las bases de un proceso electoral razonable en Euskadi, cosa que hemos reclamado. Y hay que ver qué opina el pueblo, en primer lugar, ver qué opinan los vascos y, a partir de ahí, intentar sumar el máximo número de ciudadanos, es decir, de representantes de ciudadanos vascos en un Gobierno o en una mayoría que apoye a un Gobierno que, desde el respeto a la Constitución y con el compromiso del Estatuto, tenga un fin claro: la defensa de la libertad de todos los vascos y la apuesta por un proceso de paz [3].

*—¿Con el PNV es posible?*

—Me da la impresión de que con la actual dirección del PNV es muy difícil.

*—¿Si no cambia la dirección del PNV no se puede?*

—Muy difícil. Yo nunca quiero cerrar una puerta final porque creo que sería tanto como ser dogmático y no me gusta ser dogmático ante las posiciones de los demás. Pero en estos momentos lo veo muy difícil. Tendría que haber un cambio radical de las posiciones que mantienen los actuales dirigentes y espero que, por una u otra vía, seguramente por la necesidad de un cambio en la dirección del PNV, ese horizonte se reconstruya. El problema no es el señor [Xabier] Arzalluz o el señor [Joseba] Egibar, aunque ellos son, lógicamente, el referente de unas posiciones ahistóricas que yo creo que navegan en contra claramente de los intereses de la mayoría de los vascos. El problema es que detrás del PNV hay decenas de miles de ciudadanos que votan a esa fuerza política en Euskadi y, desde luego, yo no quiero que parezca que el PSOE está desarrollando una política contra ellos, y me gustaría que tampoco pareciera que el Gobierno hace eso.

*—Pero a la vista está que en Euskadi existe una percepción claramente diferente a la percepción que hay en el resto del Estado y esto se comprueba en todas las encuestas. Ante este formidable lío que parece adivinarse, ¿con qué criterio hay que decidir?*

—Con el criterio de la valentía política y el coraje. Yo creo que eso es fundamental. El Gobierno de Aznar ha tenido unos años de diálogo y... más que de diálogo, de complicidad, con el Partido Nacionalista Vasco. El Partido Socialista contempló con respeto esa situación y, desde luego, me parece que lo que está pasando ahora... tampoco tiene explicación. No creo que ni la postura del Partido Nacionalista Vasco ni la postura del Gobierno de Aznar sea el horizonte que nos acerque a la paz. Creo que tiene que haber una postura mucho más integradora, una postura más valiente y más decidida. El estancamiento de ambas posiciones no favorece el acontecer que todos deseamos. Y eso, desde una perspectiva muy evidente: algo pasa cuando la radicalización de las posiciones se produce, precisamente, después de una tregua. La tregua representó, lógicamente, un momento de expectativa, de esperanza. Pero hoy en día, todo el horizonte es un horizonte de nubarrones.

*—José Luis Rodríguez Zapatero: ¿Nicolás Redondo Terreros será proclamado esta semana candidato a lehendakari?*

—Sí. Creo que es la previsión que hay para el congreso del próximo domingo.

*—¿Jaime Mayor Oreja debe dejar de ser ministro del Interior o debe seguir siéndolo hasta que se convoquen las elecciones?*

—Bueno, yo creo que eso es una responsabilidad fundamentalmente del presidente del Gobierno, del señor Aznar, y, desde luego, mi opinión es que no deberían hacerse coincidir durante más tiempo ambas posiciones, porque, entre otras cosas, le diré que el tiempo que uno dedica a ser precandidato a algo o, en este caso, a candidato a lehendakari, quita mucha capacidad para dar soluciones a los problemas de protección ciudadana; y no me refiero al terrorismo, porque yo no criticaré nunca los problemas de terrorismo. Pero España tiene problemas muy serios de seguridad ciudadana, que se han ido agravando en los últimos tiempos y, desde luego, en mi opinión, no hay una respuesta adecuada desde el Ministerio del Interior [4].

*—Economía. Parece que al Gobierno se le están escapando algunos indicadores importantes, como la inflación. La prensa extranjera, el* Wall Street Journal, *por ejemplo, nos recordaba esta mañana ese dato y señalaba el riesgo de una espiral inflacionista en nuestro país; usted lo ha denunciado tam-*

*bién. ¿Tiene alternativa el Partido Socialista para este asunto? Si estuviera usted ahora mismo al frente del Gobierno, ¿haría una política económica distinta a la que se está haciendo para controlar la inflación?*

—¡Hombre... sin duda! Lo que pasa es que el Gobierno ha perdido ya algunas oportunidades en el tiempo. A mí... hay dos cuestiones que me preocupan sobremanera en torno a la situación económica: la primera es que, en estos momentos, casi nadie se hace responsable de los problemas económicos de este país. Fue paradójico ver al secretario de Estado de Economía salir a explicar la inflación el otro día, cuando, antes, cada vez que había un dato positivo en este país, [Rodrigo] Rato o el propio Aznar se apresuraban a convocar «maitines» y ruedas de prensa permanentes. Dos problemas básicos: uno, desde luego, la inflación. La alternativa tiene que ser fundamentalmente que haya competencia donde no la hay. Éste es un Gobierno que no ha sido nada liberal, éste es un Gobierno que no ha favorecido la competencia, que no ha procurado la economía de los mejores, sino la economía de los amigos, ha procurado y ha pasado de un sistema de monopolio en los sectores básicos a un sistema de oligopolio. Y, en segundo lugar, éste es un Gobierno que está dejando pasar la mayor oportunidad que tiene un país para ser un país puntero y de progreso: la política en materia de investigación, de desarrollo y de nuevas tecnologías. Los datos sobre el esfuerzo que hace el Gobierno y, como consecuencia de ello, en buena medida, la sociedad, para prepararnos para la sociedad de la información son bastante lamentables. Estamos...

*—¿Está fracasando la política económica del Gobierno?*

—Bueno... a mí no me gustan los grandes adjetivos. Yo creo que, sobre todo, lo que no hay es política económica del Gobierno en este momento. Se ha dejado llevar por la situación del ciclo económico. Cuando el ciclo era muy positivo, navegaba fácilmente y ahora que la marea empieza a bajar se ven todas las cosas y todos los fallos estructurales que no abordó en su momento. Todo ello tiene mucho que ver con el proceso de alza de precios, con la falta de formación e inversión de capital humano, también en capital físico, y, desde luego, eso lo vamos a pagar. Además, yo tengo la sensación de que desde el 12 de marzo hasta aquí, el Gobierno está de vacaciones, no tiene capacidad de respuesta; lo dije ya en la primera pregunta: Aznar no tiene capacidad de respuesta y, ante la inflación, ha sido un poco patético ver las opiniones que se han dado. Sólo apelan a la moderación salarial y a los convenios colectivos.

Desde luego, hay que decir que en estos años ha habido una actitud bien responsable de los sindicatos; los costes laborales se han mantenido en unos límites muy razonables pero nuestra competitividad sigue sin mejorar: esto es muy preocupante. El Gobierno debería saber que tenemos un horizonte de posible conflictividad social. Volvería a equivocarse si intentara hacer por decreto el nuevo marco de relaciones laborales o la reforma laboral pendiente y no buscara el acuerdo como lo hizo en otras épocas. Por tanto, ya lo dije el otro día, el panorama en España está regular, pero si el Gobierno, en los próximos meses, sigue sin darse cuenta de que tiene que tomar decisiones... podría ser preocupante. Ningún ministro... casi ningún dirigente del PP dice eso de «España va bien», ese salmo con el que nos martilleaba día a día.

—*Usted va ahora al foro de* The Economist: *además de las críticas que está haciendo ahora al Gobierno, ¿va a plantear los planes que el Partido Socialista tiene en estudio para una alternativa económica?*

—Bueno... no sé si me dará tiempo en una intervención de diez minutos, desde luego voy a hacer una reflexión... sobre lo que pueden ser mis posiciones en política económica.

—*¿Podría marcar esas posiciones en unas pocas líneas?*

—Sí. Estamos en una sociedad tecnológica, estamos en la sociedad de la información, estamos en la sociedad donde el conocimiento y la inteligencia van a relevar, por suerte, a los grandes propietarios, a los que tienen petróleo, a los que tienen oro. El futuro es de quien discurra más, de quien cree más, de quien apueste por la información y el conocimiento. Lamentablemente, no creo que España se esté preparando al ritmo necesario para ganar esa apuesta. Ésa es, en síntesis, la preocupación fundamental que transmitiré.

—*Antonio García Ferreras, director de Informativos de la SER, pregunta a José Luis Rodríguez Zapatero.*

—*Señor Rodríguez Zapatero: ¿qué le parece que el submarino nuclear* Tireless *siga en Gibraltar? ¿Qué le parece que José María Aznar parezca que no mueva ficha en este caso y que sigamos sin información? ¿El Partido Socialista está siendo suficientemente contundente?*

—Hemos hecho diversas iniciativas parlamentarias y yo mismo he denunciado que la situación del submarino es intolerable. Yo le dije el otro día al presidente del Gobierno, públicamente, que nunca le iba a pedir a él que se fuera, pero que sí me gustaría que se fuera el submarino. Y le dije que, desde luego, todo ese coraje que parece demostrar en las relaciones internas, con todos los partidos políticos, con los gobiernos autónomos, que esa capacidad de elevar el tono, de sacar pecho, la tuviera con su amigo Tony Blair, y que tuviera la suficiente autoridad para hacer que ese submarino saliera de ahí. Esa actitud complaciente que tiene ante el resto de los dirigentes exteriores es una evidente falta de coraje y, en mi opinión, una falta evidente de nacionalismo del bueno. El nacionalismo del bueno es aquel que es capaz de defender bien a España de problemas externos, sobre todo, y el nacionalismo del malo es aquel que intenta enfrentar a los españoles, a las regiones y a los territorios entre sí.

[Iñaki Gabilondo]

*—El próximo congreso de la Federación Socialista Madrileña se convierte en un cierto test. Siempre ha sido un lío formidable de familias y ustedes, que han inaugurado un nuevo tiempo en el que lo de las familias ha quedado disuelto para que fueran hombres y mujeres libres los que tomaran sus decisiones, se someten a un test formidable. ¿Ganará el nuevo pensamiento o no habrá manera de que el nuevo pensamiento penetre en esta familia tan desunida?*

—Bueno... yo creo que va a ganar seguramente la democracia. Debemos acostumbrarnos a que en el Partido Socialista no hay políticas imposición. Lo último que haré como secretario general del partido, desde luego, es decir a los madrileños, a los murcianos o a los catalanes quién les tiene que dirigir: lo van a decidir ellos, libremente. Y creo que esa apuesta es absolutamente decisiva. Queremos que el funcionamiento sea democrático y estos días lo reitero: hay una frase, una cita de un pensador norteamericano que me encanta: «Democracia antes que verdad». Nadie está en posesión exclusiva de la verdad seguramente; la verdad la tienen que decidir aquellos que tienen que votar en las urnas.

[Antonio García Ferreras]

*—Pues hay sectores de su partido que dicen que el secretario de Organización [José Blanco] ha intentado enredar en Valencia, en Asturias, y que ahora está enredando en Madrid. Es decir, que ahora el secretario de Organización... ¿no «cocina»?*

—No, yo creo que «cocina» poco. Creo que está encima de los procesos, no puede ser de otra manera, e intenta siempre aglutinar, porque es su tarea, pero no hay en ningún caso ningún mensaje que limite la capacidad del debate sano y, además, a mí me gusta que el debate sano sea intenso. El congreso federal fue un exponente enormemente positivo, con posiciones distintas. El problema no es que haya posiciones distintas en el seno de un partido, sino que los congresos sirvan para resolverlas bien, y yo espero que el congreso de la FSM sirva para eso también. Lógicamente, hay muchos ojos puestos en él.

[Iñaki Gabilondo]

*—Señor Rodríguez Zapatero, se cumplen 25 años de democracia y también de monarquía constitucional: si tuviéramos que puntuar de cero a diez este cuarto de siglo de la monarquía, ¿qué nota le pondría?*

—Un nueve, sin duda alguna.

[...]

*—Señor Rodríguez Zapatero, muchas gracias y muy buenos días... ¿Ha percibido nuestro afecto al comprobar que no le preguntábamos por el Barça?* [5].

—Sí, evidentemente. Lo agradezco. Buenos días.

## NOTAS

[1] Miguel Ángel Aguilar es periodista y analista político. Colabora habitualmente en *Hoy por hoy* y publica una columna semanal en el diario *El País*.

[2] José Luis Rodríguez Zapatero no ha negado nunca su predilección por los colores del F. C. Barcelona. En esas fechas, Luis Figo y Luis Enrique eran jugadores de ese club. El entonces líder de la oposición se refiere a una violentísima entrada del jugador Tassotti durante un encuentro Italia-España en el Campeonato Mundial de Fútbol de Estados Unidos (1994).

[3] El Partido Nacionalista Vasco (PNV) apoyó al Partido Popular durante su primera legislatura (1996-2000), pero las relaciones se fueron deteriorando progresivamente hasta llegar a un enfrentamiento abierto ante las elecciones autonómicas del 13 de mayo de 2001. El pacto PP-PSOE no era explícito, pero constituía una intención para favorecer el constitucionalismo frente a la deriva soberanista del PNV-EA. Los resultados de los partidos nacionales no fueron los apetecidos: el PNV logró 33 escaños, el PP, 19 y el PSOE, 13. El Partido Nacionalista Vasco-Eusko Alkartasuna gobernó con el apoyo de IU-Ezker Batua durante la siguiente legislatura (2001-2005).

[4] Efectivamente, Nicolás Redondo Terreros fue el candidato del PSOE-PSE y Jaime Mayor Oreja fue el candidato del PP. Ambos fracasaron estrepitosamente y, al no conseguir sus objetivos, abandonaron el Parlamento vasco muy pronto: el primero se vio forzado a abandonar la dirección socialista en Euskadi y el segundo prefirió un segundo plano en el Parlamento Europeo.

[5] Véase nota 2. En esas fechas, el F. C. Barcelona atravesaba uno de sus peores momentos deportivos. El día 16 había perdido 3-1 contra el Zaragoza y, además, había quedado eliminado de la Liga de Campeones.

18

# *Manuel Fraga Iribarne*
# *«Me llaman dinosaurio y viejo verde...»*

El día 17 de octubre de 2001, pocos días antes de celebrarse las elecciones gallegas (21 de octubre), Iñaki Gabilondo entrevistaba a Manuel Fraga en el programa *Hoy por hoy* de la Cadena SER. Soledad Domínguez, la redactora de la Cadena SER que seguía los pasos del líder conservador en aquellos comicios, hizo una breve semblanza del candidato: «Manuel Fraga es el candidato más veterano y con más tablas. Pelea por su cuarta mayoría absoluta. Los jóvenes y las mujeres han sido sus dos grandes referentes en esta campaña. A los primeros, les ha prometido trabajo; a las segundas, además de piropos insistentes, les ha ofrecido ayudas para que no renuncien a lo que ha definido como su más glorioso destino: ser madres. Su propia familia y, muy especialmente, su abuela, le han servido de ejemplo para casi todo lo demás: la emigración, la sociedad rural o la transformación experimentada por Galicia. Prometió una campaña limpia y, personalmente, lo ha respetado. No así los suyos, que han atacado con especial fiereza al líder del Bloque Nacionalista Galego [BNG], al que han calificado entre otras cosas, de loco, integrista y talibán».

—*Don Manuel Fraga, muy buenos días.*

—Muy buenos días.

—*¿Cómo se encuentra usted?*

—Pues, gracias a Dios, bastante bien, teniendo en cuenta que una campaña electoral es una cosa parecida a cualquier otra patología.

—*Es que... ¿sabe usted, señor Fraga...? su salud se convierte en tema de campaña, por eso le tengo que preguntar...*

—No. Lo ha sido. En cuanto la rumorología se convirtió en declaraciones públicas, fue facilísimo demostrar que era una pura vileza y una mentira de la oposición. Ya la han retirado de la circulación.

*—Me va a permitir un segundo... ya sabe usted que la actualidad manda: ha habido una acción policial muy importante contra el terrorismo. Ha sido detenido uno de los sospechosos de haber asesinado a Fernando Buesa y al ertzaina* [1]*. Servicios informativos de la Cadena SER: María Ángeles Escrivá.*

*—Sí, efectivamente: hay, por el momento, siete detenidos. Uno de ellos podría quedar en libertad en las próximas horas. Los arrestos se han producido en diferentes localidades de Guipúzcoa y a los detenidos se les considera miembros de uno de los grupos del comando Donosti, ni más ni menos. Dos de ellos son «liberados» de ETA; el resto, colaboradores. A uno de los «liberados», de los miembros a sueldo de la banda, para entendernos, se le considera uno de los presuntos asesinos del parlamentario socialista Fernando Buesa y del ertzaina que le escoltaba, Jorge Díez. Dos de los autores de estos asesinatos ya fueron detenidos en su día, pero uno se escapó. Éste puede ser uno de los arrestados, el que se escapó, puede ser uno de los arrestados esta madrugada. La policía, no obstante, sigue efectuando registros y no se descarta que pudiera haber más detenciones en las próximas horas.*

*—Bueno, aunque hay todavía que sufrir, parece que soplan malos vientos para los terroristas, ¿no, don Manuel?*

—Bueno, ya era hora, ya era hora. El mal viento son ellos y hay que decir que si algo puede aplicarse de aquel principio, «No hay mal que por bien no venga», la gravedad de los acontecimientos del último mes indican que por fin va a haber una voluntad de desarrollo general en el mundo de lucha contra el terrorismo como cuestión previa. Ninguna causa, por noble que sea o pueda parecerlo, puede apoyarse en el terrorismo. Cuando pienso que hay personas que pueden estar ensayando... no sé... suicidarse... Al fin y al cabo, dar la vida de uno mismo por una causa que se crea noble puede entenderse, pero hundir con uno la vida de sesenta o setenta que van en avión, destruir unas torres donde trabajan seis mil personas y hacer todo eso con toda tranquilidad... Es evidente, que algo hay que hacer para poner fin a eso [2].

*—Volviendo a la campaña: todas las encuestas le dan la mayoría. Yo no sé si eso le preocupa, si eso constituye un riesgo para su candidatura.*

—Bueno, mucho más me preocuparía que las encuestas fuesen malas, pero evidentemente, a fuerza de coincidir y a fuerza de coincidir incluso en los detalles, pudieran producir algún grado de desmovilización y, efectivamente, los votos virtuales de las encuestas no se convierten en votos reales, que son los que se computan en los resultados. Si a la gente se le dice: «Bueno, pues ya está todo hecho, puedo permitirme un viajecito o lo que sea», puede surgir la desmotivación... Pero a esto no le doy la mayor importancia, salvo que debo decir a la gente que los únicos votos que se cuentan son los que entran en la urna.

—*Oiga, ¿qué les da?*

—Mire usted, les hemos dado, durante doce años, estabilidad política, hemos dado continuidad administrativa, hemos dado resultados de una gran eficiencia; en definitiva, hemos resuelto muchos problemas que en Galicia se tenían que resolver, en temas de educación, en temas de sanidad, en temas de servicios sociales, sobre todo en temas de infraestructuras y eso es lo que tiene que dar un gobernante: ilusión, autoconfianza y resultados.

—*Pero ¿tienen razón sus opositores cuando dicen que hay, sin embargo, algunos borrones, como el caciquismo? Dicen que la Xunta controla demasiado los medios de comunicación.*

—Mire usted: usted es un hombre experto en esta materia y sabe que ni legal ni realmente es posible controlar los medios de comunicación. Por eso, si hay muchas inauguraciones, los medios de comunicación generalmente informan sobre ello, y si hay muchos más kilómetros de autopista, tienen que decirlo. Ése es el problema. Pero tengo que decir que mi carrera personal, precisamente, ha estado dedicada a devolver la libertad y la dignidad a la carrera del periodismo: no voy a ir en contra de eso. Y en cuanto al caciquismo, es una palabra que cada uno usa para el otro, pero el caciquismo fue el resultado que dio don Joaquín Costa en su inmortal encuesta *Oligarquía y caciquismo* [3]. En España, en lugar de hacer la reforma del sufragio como se hizo en Inglaterra, por etapas, en virtud del golpe del año 1869, se concedió el sufragio universal a una población en la que el 85 por ciento de la población era analfabeta. Ello dio lugar a una situación que hoy, naturalmente, con la radio, la televisión y las escuelas es pura historia. Ahora es muy cómodo llamarle cacique a otro, pero, desde luego, que vengan a enseñarme uno de verdad.

—*Oiga, señor Fraga, dicen que se vota más a Fraga que al PP y que, por tanto, hay una cierta debilidad de cara al futuro en su partido.*

—Bueno, el que no tiene posibilidades de victoria siempre atribuye problemas a la situación del otro o se pone a hurgar sobre su salud, o habla de problemas de la situación sucesoria, pero, mire usted, el único partido importante que ha resuelto correcta, rápida, cordialmente, incluso, sus problemas de sucesión en la España de los últimos años, en la España de la transición hasta acá, es el Partido Popular. ¿Qué pasó cuando se fue el señor [Santiago] Carrillo del Partido Comunista? Usted lo sabe: hasta el partido desapareció. ¿Qué pasó cuando Felipe González perdió las elecciones? Que aparecieron el señor Almunia, el señor Borrell y ahora el señor Zapatero, con su teoría del federalismo asimétrico: uno de los hallazgos de estos tiempos... Nosotros dijimos: «Pues mire usted: Aznar, Aznar». Y ahí está.

*—Ya, pero el hecho de que salga bien una sucesión no quiere decir que necesariamente vayan a salir bien todas...*

—Bueno, pero quiere decir, efectivamente, que el movimiento se demuestra andando: si los otros han fracasado y nosotros no... algo querrá decir. Es claro que no existen fórmulas políticas únicas, pero un partido que tenga capacidad de renovación, capacidad de afrontar situaciones muy diversas y, aquí en Galicia, capacidad para hacer en doce años lo que no se había hecho en ciento veinte... pues algo se tendrá que decir en esa materia.

*—Sí. El PSOE y el Bloque [Nacionalista Galego] dicen, señor Fraga, que usted se presenta a las elecciones para dejar luego la Presidencia a un sucesor que no pasaría necesariamente por las urnas.*

—Bueno, eso es una... digamos, una gravísima afirmación, porque resulta que en el Estatuto de Galicia, cosa que no ocurre en todos los casos, se dice que para ser candidato a la investidura como presidente a la Xunta hace falta ser diputado en el Parlamento, por lo tanto, hay que pasar por las urnas. En otros estatutos no es así. Pero es que, además de eso, todo el mundo sabe que si yo firmo un contrato, lo cumplo. Si yo firmo un contrato... me puede caer encima una teja, por supuesto, como a cualquiera, con los vientos que ha habido este año pasado... pero, en definitiva: si yo digo que voy a estar cuatro años, quiero decir que voy a estar cuatro años.

*—Sí... No sé si tienen razón sus opositores... Dicen que usted no se da cuenta de que hay una guerra mundial dentro de su partido; dicen que usted no es consciente porque, ante usted, todo el mundo se anda con mucho ojo, pero a sus espaldas... ¿es usted consciente de esto?*

—Bueno... que me enseñen las batallas o los bombardeos de la guerra, porque yo le puedo asegurar que yo estoy... no en todas partes, porque sólo Dios puede estar en todas partes, pero yo hablo con todo el mundo, yo ando de aquí para allá y, como es natural, alguna experiencia tengo... eso no me lo negarán. Y le puedo decir a usted que eso es lo que ellos quisieran que hubiese, lo que ellos sí tienen en sus partidos, y por eso están temblando por el resultado de estas elecciones. Porque para nosotros sería una elección más: hemos pasado por el Gobierno, por la oposición, no hemos dejado de crecer desde aquellos tiempos, al comienzo de la transición, cuando nadie daba un real por nosotros. En cambio, yo, por ejemplo, en las tres elecciones anteriores, por parte del Partido Socialista, tuve primero enfrente al señor [Fernando González] Laxe; en la segunda edición, al señor [Antolín Sánchez] Presedo, en la tercera edición al señor [Abel] Caballero y, ahora, tengo al señor [Emilio Pérez] Touriño. Eso sí: me gustaría a mí saber quién es el próximo sucesor.

*—Ya. ¿Su preferido para la sucesión sigue siendo [Xosé] Cuiña, señor Fraga?*

—Yo no tengo preferidos ni preferidas. Yo, en este momento, estoy al servicio de una cosa que se llama bien común de Galicia, dentro del bien común de España, dentro de la solución de los problemas de Europa y en un mundo que ha vuelto a entrar en crisis, ahí estoy.

*—Sí... ¿y le hacen daño a usted o a su partido las cosas que cuentan? Dicen que las empresas familiares de Cuiña han tenido gran desarrollo coincidiendo con su gestión en la Xunta; dicen que incluso han sido subcontratadas por el Gobierno gallego...*

—Nadie se ha atrevido a presentar ninguna denuncia... Se hacen comentarios periodísticos... Él ha ido al fiscal y el fiscal ha confirmado que no tiene nada de ese tipo. Lo que ocurre es que ni siquiera se han presentado esas empresas, de sus hermanos, de su padre o de su madre... El problema empezó cuando su padre se murió, hace poco, y están haciendo ahora las partijas. No han ido nunca a ninguna contrata; lo que han dicho se refiere a una subcontrata. Mire usted, lo único que yo sé, lo único que Manuel Fraga sabe de esas empresas es que, en un par de ocasiones, personas de fuera de Galicia me han pedido una recomendación para que fueran a trabajar con ellos en un grupo de gran prestigio, en carpintería y aluminio, fundamentalmente. Y lo demás... para eso están los tribunales.

*—Soledad Domínguez, hace un momento, cuando nos hablaba de la campaña, decía que usted estaba haciéndola personalmente muy limpia y muy seria, pero señalaba que algunas gentes de su partido están diciendo cosas tremendas del Bloque. Están diciendo de [Xosé Manuel] Beiras que es un loco, un integrista, un talibán, pero esa opción política representa casi a un 25 por ciento de la población...*

—Hombre... lo de talibán, no sé... porque, claro, hasta ahí no podemos llegar... Pero es evidente que nosotros lo que hacemos la mayor parte de las veces es no contestar. A mí me han llamado «dinosaurio» porque defendía la familia y sus valores tradicionales, adaptados a nuestro tiempo, porque defendía la importancia de que la mujer tenga igualdad absoluta de derechos, para que puedan ir cumpliendo los sagrados valores de la maternidad, porque si no, dentro de poco, no habrá gallegos. Ese mismo día me llamaron «dinosaurio» por decir eso, y «viejo verde» por decir lo guapas que eran las gallegas. De modo que... hagan el favor de callarse.

*—Ya, bueno, así que todo parece hecho, cantado... El hecho es que la campaña baja...*

—No, eso yo no lo he dicho. Yo lo que he dicho es que estaba haciendo una campaña digna y decente, de la cual otros podrían aprender. Lo demás lo dirá el cuerpo electoral, que suele ser muy sensato en Galicia.

*—En caso de que el Partido Popular no tuviera la mayoría absoluta, ¿considera como algo posible ese acuerdo del que se habla: PSOE-BNG? O es imposible o difícil...*

—No hay nada imposible, evidentemente, en la historia y en política. Pero tengo la sensación de que eso es poco probable y es poco probable porque, efectivamente, el Partido Socialista está dando bandazos constantemente y es difícil que a un gallego sean capaces de explicarle qué es eso del federalismo asimétrico, por ejemplo. En cuanto al Bloque, las últimas teorías sobre la forma del Estado son todos los días diferentes y, naturalmente, muchas de ellas se inscriben en una zona que seguramente tendría algo que ver con los estudios sobre psiquiatría.

*—Sí. El «pulsómetro» de la Cadena SER advertía que su partido iba a ganar por mayoría absoluta y decía que mucha gente en Galicia hacía la siguiente observación: «Vamos a votar a Fraga por costumbre». Le pedimos que nos interprete eso de «por costumbre».*

—Pues mire usted, yo tengo la sensación de que eso es una frase... ingeniosa, pero la gente no vota por costumbre y la mejor prueba de ello es que cuando coinciden distintas elecciones los resultados son diferentes. Cuando se vota a la vez para los cargos municipales o se vota en las elecciones europeas, usted observará que los resultados son distintos. Si hay alguien que sepa de modo muy fino lo que quiere hacer con su voto, ése es el electorado gallego.

*—El voto joven está apuntado mucho al Bloque. ¿Cómo lo hemos de interpretar?*

—Se puede interpretar como que no está apuntado al Bloque. Hay una parte del voto que apunta al Bloque, pero en este momento, yo tengo la sensación de que tenemos una enorme cantidad de posibilidades en el voto juvenil. En todo caso, el voto se hace por la composición de todos los grupos de edad, de todos los grupos territoriales y el resultado, aparentemente, es favorable a la continuidad, estabilidad y seriedad del Gobierno del Partido Popular, mucho más que a las doctrinas de una hipotética Galicia nueva, sin decir cómo va a ser. Incluso hay quien usa las palabras «Galicia utópica», que, por decir algo, será la que no está en ningún sitio.

*—Oiga, en el margen de la campaña, ¿cree usted que el Gobierno y el PP están pasando un momento muy delicado con el caso Gescartera o los créditos a la familia Rato?* [4].

—Yo personalmente creo que mientras que no se resuelvan las conclusiones correspondientes en sede parlamentaria o en sede judicial, lo que tenemos es mucho fárrago sobre este asunto. Tengo que decir que, desgraciadamente, en esta época, en la que manda tanto el dinero, en todos los países ha habido escándalos... Fíjese usted lo que fue el caso de los jueces en Italia, vea las tres autoamnistías que se dieron los parlamentarios franceses y vea usted las cosas que pasaron en el Gobierno socialista anterior. Pero, en este caso, sólo se ha demostrado que ha habido una estafa. Parecen cosas increíbles... Por ejemplo, a mí me han querido implicar porque un señor me envió un saluda con su nombramiento y automáticamente se le devolvió un saluda, deseándole mucha suerte. Pues han querido mencionar mi nombre en relación con eso. Esto es un ejemplo de la caricatura de lo que es una investigación política.

*—¿Y cómo se siente usted siendo, digamos, «el último de Filipinas»? Hoy comienza la moción de censura contra [Jordi] Pujol. El presidente Pujol está ya camino de la salida después de una gestión de alto nivel. Siendo usted el último de su generación en este tiempo, ¿qué sentimiento tiene usted?*

—Pues mire usted, yo no quiero tener ninguna sensación sino una convicción: dentro de lo que es fragilidad humana, la capacidad de todos para cometer errores, en conjunto, quiero tener la convicción de que de mí se podrá decir que, en medio de errores, de fragilidades, de momentos de más o de menos suerte, en conjunto, he estado toda mi vida al servicio de España y en particular de Galicia. Y eso sí creo que lo podrán poner sobre el epitafio y en cualquier sitio que me entierren.

*—¿Pero, al margen de que, efectivamente, las voluntades de los ciudadanos sean las que mandan siempre, ¿no ha sentido la sensación de que esto va demasiado aprisa y de que hubiera sido mejor ya dejarlo rodar y que venga otra gente?*

—Bueno, ésa es una opinión muy respetable, sobre todo, de quien puede hacerlo. Yo, en estos momentos, he creído que todavía podía aportar algo y hay una cosa que se llama «sentimiento del deber», que en mí ha pesado mucho siempre. Soy el mayor de doce hermanos, soy hijo de padres de familias muy modestas, que se conocieron en la emigración en Cuba y he aprendido mucho de ellos y, una vez puesta la mano en el arado, dice el evangelio, no se puede dejar.

*—Bueno, la última pregunta: Soledad Domínguez, una pregunta al señor Fraga.*

*—Sí... Yo quería saber si descarta completamente el ser candidato en el 2005.*

—Pues sí, yo eso... en principio, no lo tengo previsto. Y que quede claro que en materia política hay una gran diferencia entre el sistema parlamentario y el sistema presidencialista. Ahora mismo, en Argentina, el presidente perdió las elecciones y sigue siendo presidente, mientras dure su mandato presidencial, por eso se establecieron los límites constitucionales lógicos. En el sistema parlamentario, el tema es mucho más complejo, depende de muchas más variables, pero, en efecto, mi propósito, decidido y anunciado, es en este momento pensar en el tercer tomo de mis memorias, pero dentro de cuatro años.

[Iñaki Gabilondo]

*—El domingo estaremos en Santiago para informar...*

—Será un placer recibirles.

*—Muchas gracias, señor Fraga. Desde allí conduciremos, como tantas veces, los programas de la noche electoral. Muchas gracias, señor Fraga.*

—A usted, muchas gracias, amigo Del Olmo.

*—¡Ja, ja, ja...! Del Olmo, no: Gabilondo, señor Fraga. El señor Fraga... ha concluido, con su paso por* Hoy por hoy... *¡ja, ja, ja...!, las in-*

*tervenciones de los candidatos a la Presidencia de la Xunta de Galicia. El próximo domingo... ¡ja, ja, ja...!, las elecciones. Genio y figura hasta la sepultura... ¡ja, ja, ja...!* [5].

## NOTAS

[1] El día 22 de febrero de 2000, la banda terrorista asesinó a Fernando Buesa, portavoz del PSOE-PSE en el Parlamento vasco, y a Jorge Díez Elorza, ertzaina y escolta del político.

[2] Manuel Fraga Iribarne se refiere a los atentados terroristas del radicalismo islámico (Al Qaeda) contra las torres gemelas (World Trade Center) de Nueva York que conmocionaron al mundo el 11 de septiembre de 2001.

[3] Joaquín Costa (1846-1911), escritor y político, fue el máximo representante del movimiento llamado «regeneracionismo». La obra a la que se refiere Manuel Fraga se titulaba *Oligarquía y caciquismo como la forma actual de gobierno en España* (1898).

[4] Gescartera era una sociedad financiera que generó graves problemas al Gobierno de José María Aznar, porque «se perdieron» grandes cantidades de dinero y los organismos de control, como la Comisión Nacional del Mercado de Valores (CNMV), no funcionaron adecuadamente y se presentaron algunos cargos por corrupción. Respecto al ministro de Economía, Rodrigo Rato, se dijo que su posición de privilegio había favorecido la concesión de créditos a algunas empresas propiedad de su familia.

[5] Esta confusión, comentadísima durante aquellos días, puso un broche final bilante e hilarante a una conversación en la que se había discutido sobre la posibilidad de que la edad y sus despistes hubieran hecho mella en la proverbial fortaleza de Manuel Fraga Iribarne. El presidente de la Xunta de Galicia confundió a Iñaki Gabilondo con Luis del Olmo, director del programa *Protagonistas* que competía todas las mañanas con *Hoy por hoy* de la Cadena SER.

## 19

# *Felipe González y José Luis Rodríguez Zapatero El relevo*

Felipe González (Sevilla, 1942) fue presidente del Gobierno de España entre 1982 y 1996. Tras catorce años de gobierno, el dirigente socialista perdió las elecciones frente al Partido Popular de José María Aznar. El Partido Socialista se vio envuelto entonces en un proceso de renovación de ideas y liderazgo. Joaquín Almunia y Josep Borrell, entre otros, se disputaron la primacía en el partido. En esta difícil situación, el PSOE volvió a perder las elecciones generales de 2000 y el Partido Popular obtuvo mayoría absoluta. El principal partido de la oposición continuaba desarbolado y, en ocasiones, lamentaba la pérdida del líder que había dirigido los destinos de la agrupación desde 1974. En julio de 2000, por sorpresa, el XXXV Congreso del PSOE elige a José Luis Rodríguez Zapatero (Valladolid, 1960) como Secretario General del partido. El nuevo dirigente inició una línea de oposición nueva, moderada y proclive a los pactos con el partido en el Gobierno. Tuvo que sortear distintas oposiciones internas, pero su estrategia dio finalmente sus frutos en las elecciones de 2004. El 14 de marzo, el PSOE ganó los comicios y José Luis Rodríguez Zapatero se convirtió en el quinto presidente del Gobierno de España.

Iñaki Gabilondo entrevistó en *Hoy por hoy* a Felipe González y a José Luis Rodríguez Zapatero el día 28 de octubre de 2002. Se cumplían veinte años de la decisiva victoria socialista de 1982. Pocos días antes se había celebrado un acto en la plaza de Vistalegre, en Madrid, donde se aclamó a Rodríguez Zapatero como líder socialista.

*—Hoy, hace veinte años, uno de los primeros mensajes, tal vez el primero de todos, era una invitación, un llamamiento a la serenidad:*

«Esta noche quisiera hacer también un llamamiento a todo el pueblo español, un llamamiento a la serenidad...».

*—Ahora, veinte años después, señor González, ¿qué recuerda de aquel momento?*

—[F. G.] Lo que más retengo en mi memoria es que me sentía abrumado; preocupado y abrumado al mismo tiempo... Estaba contento, porque, lógicamente, se había levantado una gran ola de expectativas.

*—Y mientras el señor González estaba diciendo esto, ¿dónde estaba usted, señor Rodríguez Zapatero?*

—[J. L. R. Z.] Estábamos haciéndole caso. La verdad es que Felipe se pasó toda la campaña pidiendo calma y serenidad. Y la verdad es que esa noche no salimos a la calle. Estuvimos en un hotel, celebrando la victoria, con emoción y, en fin, con muchísima alegría. Pero esa alegría contenida...

*—¿Cuántos años tenía usted entonces?*

—[J. L. R. Z.] Yo tenía 22 años. Y acababa de licenciarme en Derecho, en el mes de junio. Después me dediqué exclusivamente a trabajar en esa campaña, en fin... Creo, además, que la generación a la que yo pertenezco fue una generación que votó masivamente al Partido Socialista. Es, curiosamente, la generación que más fielmente ha seguido votando al PSOE, la generación nacida en los sesenta. Y por tanto, tenemos ese factor de identificación muy fuerte.

*—Me sorprendió mucho saber que ustedes no habían hablado a solas hasta que el señor Rodríguez Zapatero no se presentó al puesto de secretario general del PSOE, hasta el año 2000...*

—[J. L. R. Z.] Sí, sí, hasta la Semana Santa del 2000 no tuve una conversación con Felipe González...

—[F. G.] Sí, el jueves. El Jueves Santo, que es un día muy apropiado.

*—Ya se conocían, pero no habían hablado antes...*

—[J. L. R. Z.] No, no. Tener así una conversación mínimamente personal y tranquila, no, no. Nos habíamos saludado, habíamos compartido un par de mítines y nos habíamos visto en el Congreso... Pero no: Felipe González y yo nunca habíamos tenido esa conversación.

—[F. G.] Realmente... lo que se dice tener una conversación, intentar conocerse, hablar de los temas de fondo, etcétera, no se había producido hasta el 2000. En ese sentido, no nos conocíamos.

*—Ayer, en el acto de Vistalegre, quedaba muy marcada esta conexión entre el pasado, que ahora se evoca, y el futuro que se está tratando de construir desde este presente. Pero en el discurso de José Luis Rodríguez Zapatero, cuando se celebró el congreso que le llevó a la Secretaría General, él ya hizo esa alusión. Y algunos dicen que ganó por eso. Vamos a escucharle:*

> «El día que anuncié la presentación de mi candidatura dije que, antes de hacerlo, había pensado en Pablo Iglesias, en [Indalecio] Prieto, en [Julián] Besteiro, en [Francisco] Largo Caballero, en Fernando de los Ríos y en Ramón Rubial... ¡Cuánto cariño y cuánta deuda tiene este partido con Ramón Rubial! Y había pensado también en Felipe. En algún momento, alguno de nuestros enemigos, que están por ahí, como todos sabemos, han dicho que algún candidato se escondía detrás de Felipe, porque le ha defendido, porque ha defendido su tarea, simplemente. Y quiero recordar que cada vez que defendemos la tarea de Felipe González no estamos defendiendo la tarea de una persona concreta, aunque se lo merezca, y mucho, en mi opinión. Estamos defendiendo la tarea de todos nosotros, de todo el Partido Socialista durante trece años...».

*—Así que pasados ya algunos tiempos de confusión, de equívocos, de dudas, de generación en generación, ha quedado ya consagrado oficialmente el principio de que José Luis Rodríguez Zapatero representa el presente y el futuro del Partido Socialista y que vive en conexión absoluta con ese pasado, en el que hay aciertos, muchos, errores, muchos, etcétera. ¿Esto ya está claro para todos? ¿Para los militantes veteranos también? Porque hoy Felipe González decía que a él le había costado mucho entrar en el tono de este chico...*

—[F. G.] Vamos a ver, para que se interprete correctamente: yo no he tenido nunca ese problema, nunca. Nunca he tenido el problema de la conexión con lo que José Luis representa. Jamás. Por tanto, yo creo que eso...

—[J. L. R. Z.] No sólo eso, Felipe. En esa primera conversación que tuvimos, yo me quedé con dos ideas muy claras que Felipe me transmitió y que voy a decir aquí públicamente. La primera es que tengo el convencimiento de que el poder se ejerce generacionalmente en una democracia.

—[F. G.] Sí, eso pasó en 1982. Es la conexión entre un liderazgo y las aspiraciones de una generación. Cuando cala la idea de un cambio en una generación, se produce una gran oleada de entusiasmo político.

—[J. L. R. Z.] Y la segunda idea era: «Sabéis cómo es este partido y os va a costar mucho. Si intentáis la tarea, hay que organizarse, tenéis que organizaros porque es una tarea difícil en la que hay que poner mucha pasión». Y la verdad es que esa conversación para mí fue una luz respecto a mi decisión. Yo vi que Felipe mantenía una actitud favorable a que el partido se moviera, a que hubiera esa generación que tuviera una posibilidad, aunque no ganara, pero que hablara, que diera su opinión, que removiera las aguas. Fue importante. Y más allá de eso, Iñaki, yo quisiera decir que en la historia moderna y contemporánea de España hay pocas cosas con las que uno se pueda identificar, pero a un militante socialista le resulta fácil identificarse con una historia de más de 120 años, que han estado sembrados de lucha por la libertad, de mucha gente que ha sufrido y de mucha gente que ha hecho cosas muy positivas.

—[F. G.] Sí, yo creo que eso conectaba, exactamente, con el mismo sentimiento que teníamos nosotros. No ya en 1982, sino en el momento de la muerte de Franco, en el momento de ese nuevo cambio generacional, en el momento de las elecciones de 1977, cuando hicimos la Constitución: había esa percepción, esa conciencia, la necesidad de tener una identidad. El problema de la identidad, del que a veces hablamos, y hablamos a fondo, es un problema bien curioso: había en aquellos años un montón de formaciones socialistas en España. No sé si lo recordarán, había partidos socialistas de todo tipo y, sin embargo, el Partido Socialista obtuvo casi el 30 por ciento de los votos en 1977. ¡Después de cuarenta años, volvió a obtener el 30 por ciento! Nadie creía que eso iba a ocurrir: la identidad está relacionada con la memoria. Era el único partido en el que existía memoria histórica. Y la gente identificaba una alternativa de socialismo democrático con esa memoria y con esa identidad. Por eso, sin memoria es imposible el futuro.

*—Perdonen... Me van a permitir... quisiera incidir en este tema de la memoria: ayer, Javier Arenas, desde La Rioja, dijo que España tiene muy buena memoria y que recuerda muy bien que José Luis Rodríguez Zapatero forma parte de la historia de Felipe González. Felipe Gonzá-*

*lez, en el acto de ayer, dijo que el Partido Popular está jugando con la memoria, que no tiene memoria, que está desmemoriado, y que cuando se está desmemoriado no se llega a ningún sitio. ¿Me quieren ayudar ustedes a entender un poco mejor este lío de la memoria?*

—[J. L. R. Z.] Bueno, si me permitís, Felipe, Iñaki... Yo le recomendaría al señor Arenas y a los dirigentes del Partido Popular que no removieran mucho la memoria. Porque, por suerte, la mayoría de los españoles ha olvidado buena parte de la historia de este siglo XX, del siglo pasado. Creo que deberían tener un poco más de sentido común, de sentido de la historia y de respeto a lo que significa algo tan normal como que un partido como el PSOE conmemore, celebre y reconozca, veinte años después, lo que fue aquella gran victoria.

—[F. G.] No... ¡pero si ellos mismos la reconocen! ¡Si ésa es la gran paradoja del Partido Popular! Ellos han renunciado a su memoria y, por tanto, a su identidad: nunca la han tenido, José Luis. Los dirigentes del Partido Popular, los fundadores del Partido Popular eran, todos, franquistas orgullosos de ser franquistas. Y la única herencia que se mantiene de eso en la memoria es que nunca el Partido Popular va a condenar la dictadura, ni siquiera el golpe de Estado. Es imposible superar esa inmensa contradicción. Pero tienen la osadía de hablar de la memoria relacionando a José Luis conmigo, que es una cosa verdaderamente estúpida. Claro... Se aprovechan de la prudencia de José Luis. Yo diría que se aprovechan incluso de mi prudencia, aunque soy menos dado a ese tipo de prudencia. Sí, debo decirlo así, porque ¿cómo puede invocar la memoria Javier Arenas? ¿O es que no se acuerda de los fundadores de su partido? ¿Es que no se acuerda de que su propio partido jamás condenó la dictadura? ¡Jamás! Es más: su presidente en este momento, en artículos bien conocidos, cuando debatíamos la Constitución, la alababa, no sólo no la condenaba, la alababa... [1]. Eso es su memoria. ¿Pero cómo van a remitirse a esa memoria para pedir el voto, pretendiendo que representan la modernidad de España? Por tanto, la memoria juega malas pasadas, sin duda alguna, pero sin memoria del pasado es imposible construir consistentemente el futuro. Y el gran problema del PP es que como no quiere tener memoria del pasado, no puede tener un proyecto de futuro. Entonces, van con una mano por el suelo y con otra por el cielo. Una vez van para acá y otra vez van para allá. Un día, el decretazo es absolutamente imprescindible para modernizar España, y al día siguiente lo único que queda es el abandono de los braceros agrícolas.

—[J. L. R. Z.] Dicho esto, yo creo que el Partido Popular está ahora con una cierta inquietud y con una preocupación. Creo que tiene un rumbo bastante desorientado, y eso es lo que puede haber en el fondo de todo.

—[F. G.] Y bastante desorientado, ¿no?

—[J. L. R. Z.] Sí, Felipe, bastante. Sí. Yo simplemente tengo dos deseos que expresar al Partido Popular. El primero de ellos es que dentro de cuatro años estarán en condiciones (espero que en ese momento lo hagan desde la oposición) de celebrar su victoria del año 1996. Los diez años de su victoria. Y les puedo asegurar que el PSOE será respetuoso con esa conmemoración: respetuoso. Eso espero: que lleguemos a ese grado de madurez democrática. Y en segundo lugar, Iñaki, espero que moderen su actitud, porque todavía queda mucho para las elecciones. Cada vez que tienen un debate parlamentario que no les sale bien, reaccionan de una manera un poco... en fin, airada y crispada. Pero como queda bastante para las elecciones, espero que moderen el tono y la actitud, y que este país no sea otra vez un terreno propio para la crispación, un tema en el que son tan profesionales como fueron en su momento en la oposición. Pero ahora que están en el Gobierno, cuando hay perspectivas de que puede haber una competición muy cerrada por el poder, yo espero que puedan tener un poco más de prudencia y no volver a determinadas actitudes.

—[F. G.] Mira, José Luis: la característica de este Gobierno es que es la oposición de la oposición. No es un Gobierno que asuma la responsabilidad de gobierno: permanentemente está apelando a la responsabilidad de la oposición. Como los malos toreros, que gritan desde el burladero que alguien tiene que torear el toro. Parece que están elegidos para estar en el centro de la plaza y hacer la faena, pero no se hacen responsables de nada y tratan de responsabilizar a la oposición. Ésta es la característica del Gobierno; no va a dejarlo de hacer porque no sabe hacer política de otra manera. No va a dejar de hacer oposición a la oposición.

*—Perdóneme, señor González, ¿no cree que una cosa que ha influido también mucho en el ambiente de estos últimos tiempos es la manía que usted y el señor Aznar se tienen?*

—[F. G.] No. Yo le tengo algo peor que manía, lo reconozco. Si fuera manía... digamos que sería la contraprestación...

*—No... Digo... aparte de las cuestiones políticas, hay entre el señor Aznar y usted una cosa anti-química superlativa...*

—[F. G.] Yo no le tengo manía. Yo creo que no tiene la talla para la tarea que tiene por delante y no lo he creído nunca.

*—Bueno, pues no está mal... ¿Usted cree que él le tiene manía a usted, señor González?*

—[F. G.] Creo que sí. Incluso me la puedo explicar. En eso sí que soy comprensivo. Yo creo que sí.

*—¿Sería posible avanzar o dejar atrás este clima? El señor González decía ayer en Vistalegre que había que tratar de coser los jirones que se han producido en la convivencia. Porque se han producido jirones en la convivencia en estos últimos años, señor Zapatero...*

—[J. L. R. Z.] Ha sido... por lo menos, ése ha sido el intento por mi parte. Yo tengo una concepción muy clara de lo que es la democracia. Y creo que el respeto a una fuerza política o a un dirigente se basa esencialmente en el respeto a los ciudadanos que le han apoyado. Y creo que ésa es una cultura y un camino en el que debemos profundizar y que debemos ensayar permanentemente. Es verdad que la derecha tiene a veces actitudes difícilmente asumibles, hay que tener una gran paciencia. Os puedo asegurar que yo he tenido en estos años una gran paciencia, para mantener ese tono de diálogo, de acuerdos, cuando cada poco tiempo se produce un elemento de provocación. Pero creo que la ciudadanía quiere eso por encima de todo...

—[F. G.] Yo creo que la experiencia que están teniendo José Luis y su equipo es mucho más difícil que la que yo tuve. La situación entonces era mucho más complicada, sin duda alguna. No sé si recuerdan el 28 de octubre de 1982, el clima del 27 de octubre, de los meses anteriores... En febrero del año anterior, en 1981, estábamos aproximadamente a la misma distancia de las elecciones que ahora respecto a las elecciones de 2004. El clima de aquel período de interinidad era mucho peor. Pero la capacidad de diálogo, la capacidad de conversar entre todas las fuerzas políticas era infinitamente mayor. La capacidad de consenso, en el sentido de consenso como territorio compartido, permitía que nadie te obligara a renunciar a nada. Las circunstancias, la voluntad, el talante te obligaban a definir un territorio compartido por todos. Nos fortalecíamos mediante el diálogo y por el diálogo. Pero este Gobierno, simplemente, no quiere el diálogo; desde que tiene mayoría absoluta desprecia a todos los adversarios, los descalifica y no dialoga, impone arrogantemente su voluntad. La impone incluso en los acuerdos que se le ofrecen, como determinados acuerdos vitales para la estabilidad que ha propuesto José Luis; también con la inmigración menosprecia al adversario. Vamos a presenciar la primera reforma educativa sin diálogo.

—[J. L. R. Z.] Felipe, Leopoldo Calvo Sotelo [2] me contaba... en fin, quiero preguntarte si realmente es así, porque es muy significativo y explicaría determinadas actitudes y cambios que ha habido últimamente... Me contaba Leopoldo Calvo Sotelo, en un encuentro que tuve con él, que tú tuviste una relación muy fluida con él, con numerosas reuniones. Me refiero a la etapa en la que él fue presidente de Gobierno, cuando sustituyó a Adolfo Suárez. Incluso me lanzaba una idea: «¿Por qué no propones que el presidente del Gobierno y el líder de la oposición tengan reuniones...?».

—[F. G.] Yo me reunía con Leopoldo Calvo Sotelo una vez a la semana.

—[J. L. R. Z.] Claro... Leopoldo Calvo Sotelo me hablaba de proponer una reunión institucionalizada. Sin que tenga que haber un gran acontecimiento para que se produzca esa reunión. Que el presidente y el líder de la oposición charlen cada dos o tres meses, una cosa, en fin, bastante normal... Eso sería positivo. Y la verdad es que hace meses que el señor Aznar no quiere hablar con casi nadie, salvo con aquellos que dicen «sí». Y menos aún con el líder de la oposición. Yo creo que es un déficit democrático muy serio. Y creo además que esto lo está haciendo un presidente que prometió regeneración democrática, de lo cual no ha habido absolutamente nada de nada.

—[F. G.] José Luis, durante los aproximadamente dieciocho meses que duró la Presidencia de Calvo Sotelo, todos los jueves nos veíamos, prácticamente sin excepción.

—[J. L. R. Z.] ¿Todos los jueves?

—[F. G.] Todos los jueves nos veíamos. Y la verdad es que la prensa tenía conciencia de eso una vez cada dos meses o tres meses. Pero todos los jueves analizábamos cómo iban las cosas y conversábamos.

*—¿Qué rasgos fundamentales, diferentes, presenta la sociedad actual con relación a aquella sociedad que dio diez millones de votos a los socialistas?*

—[F. G.] Eso es interesante... No sé qué percepción puede tener José Luis sobre esa cuestión concreta. La mía es que obviamente la democracia está consolidada en el sentido profundo del término, y nada la amenaza gravemente. La segunda cuestión, que yo creo que es bien importante, es que una gran parte de la tarea que nos propusimos se cumplió. España está abierta al mundo, está integrada en Europa, tiene, lógicamente, vínculos con el exterior importantes, la economía es una economía distinta, moderna, no protegida, no de tipo franquista. Y la cohesión social, a pesar de la desaceleración (por llamarla de una manera elegante) producida por este Gobierno, es mucho mayor. Es una sociedad con más igualdad de oportunidades, etcétera. Por lo tanto, el cambio es fundamental. Sin embargo, últimamente hay una restricción, a veces constricción, de las libertades cívicas. Hubo una pérdida de pulso ciudadano. Esto es lo que a mí me parece fundamental.

—[J. L. R. Z.] Yo creo que el cambio ha sido importantísimo. Yo, en efecto, tenía 22 años cuando se produjo la victoria electoral del PSOE en 1982 y tengo grabadas algunas imágenes vitales de la gente. Yo creo que en la gente es donde mejor se ve el cambio. Recuerdo, por ejemplo, cómo estaban las zonas rurales de este país, los pueblos de mi tierra, de los Ancares, del Bierzo, donde no había luz, ni agua ni acceso por carretera, donde no había saneamientos... En 1982, muchos ciudadanos vivían en unas circunstancias casi de subdesarrollo. Y, en diez años, todo cambió. Ahora uno va por cualquier zona rural de España y, evidentemente, el cambio ha sido espectacular para la vida de mucha gente. Se trataba, además, de mucha gente que lo había pasado muy mal. Desde el punto de vista social yo creo que mucha gente de este país ha dado pasos muy importantes y este país es más equilibrado socialmente. En mi opinión, hoy es necesario dar nuevos pasos y ofrecer nuevas oportunidades, sobre todo a los jóvenes, que son los que tienen más comprometido su destino inmediato. Ahora bien, yo creo que el proceso político, la política en sí misma, los mecanismos democráticos han cambiado poco en estos veinte años. Quizás sea fruto de nuestra historia. Yo creo que éste es un terreno que debe mejorar claramente. Ha cambiado mucho la sociedad española y poco la política.

—[F. G.] Sin duda. Es más, la política ha retrocedido. Hay una crisis de la política más allá de España, hay una crisis mundial e internacional de la política, arrastrada por esta desacralización del Estado después de la caída del Muro de Berlín. Esta crisis ha ido degradando permanentemente el papel de la política, de la organización de ese espacio público que compartimos y que está lleno de intereses comunes, de diversidad y de pluralismo. Pero es que ha habido algunas otras regresiones: por ejemplo, ahora estamos pensando en un país que compita por bajos salarios, por precariedad, es decir, por inseguridad y por recorte del sistema de redistribución. La redistribución significa más y mejor educación, más becas, más y mejor sanidad, etcétera. Y el tipo de país que parece querer la derecha, con una visión muy antigua, ya no es posible: ahora hay que competir por el incremento de la productividad, por las nuevas tecnologías. En ese sentido no se está haciendo nada. Hay una regresión brutal. El otro día te oía en el debate presupuestario, que tanto les irritó, después de tanto provocarte para que lo hicieras... En ese debate, a mí una de las cosas que me impresionaron fue la siguiente: les estabas diciendo lo que iba a pasar, porque, dentro de un año, este presupuesto que han presentado habrá contribuido a deteriorar una economía que se está deteriorando progresivamente, aunque no hayan querido dar las cifras reales. Pero no querrán asumir la responsabilidad.

—[J. L. R. Z.] Sí, yo creo que ése es uno de los retos que tenemos en estos momentos. Yo creo que la democracia necesita un impulso. Necesita que los ciudadanos ganen espacios y derechos. Necesitan más capacidad de control de los poderes públicos. Todas las instituciones necesitan mucha más transparencia. El Parlamento, mucha más flexibilidad, mucha más cercanía a lo que la gente siente. Los partidos políticos tienen que cambiar. Me preocupa un poco por los partidos de la derecha, pero los partidos de izquierda tienen que estar mucho más entrelazados con la problemática de la ciudadanía; es necesaria mucha más cercanía. Y creo que ese reto de cambiar la política y las formas en las que se comportan los actores principales y las instituciones en su relación con la gente, creo que ése será el camino más adecuado para lograr más cohesión social, más participación de la gente. Es necesario construir un país que tenga ese afán: que todo el mundo o la mayoría de la gente se preocupe por el destino común. Yo siempre digo que la gente no se separa de la política o se distancia de ella o mira para otro lado por culpa de la política, sino que simplemente se distancia de la mala política.

*—Pues algo tendrá que hacer para que eso ocurra, porque si comparamos el interés social por la política con la de hace veinte años... la vibración por la política ha desaparecido, el individualismo ha crecido de*

*una forma extraordinaria, el sentimiento de la gente de que ya lo ha visto todo en política ha crecido también bastante... o la impresión es ésa.*

—[F. G.] Bueno... ayer, José Luis en Vistalegre...

—*Ayer no lo parecía; por eso lo decía. ¿Cuáles son las herramientas que podrían devolver de nuevo a la sociedad la preocupación por lo común, por lo colectivo, por la política?*

—[J. L. R. Z.] Felipe tiene mucha experiencia en ese sentido y podría apuntar algo. Creo que es el líder político más notable que hemos tenido desde la transición política en España y quizás pueda confirmar hasta ahora lo que mi experiencia me dice. Yo creo que la política es, ante todo, credibilidad y confianza. Credibilidad y confianza, y una actitud que demuestre que estás defendiendo algo con plena autonomía, que estás defendiendo algo pensando en la gente, que no estás hipotecado por ningún factor de poder que pueda estar más o menos cerca. Eso creo que es lo más importante. Saber que en tu proyecto estás pensando sobre todo en la gente y no tienes ningún condicionante que pueda perturbarlo.

—[F. G.] Yo lo he expresado a veces en términos parecidos, pero diferentes. Para mí, la política, el liderazgo político, la representación, es la capacidad, la sensibilidad para comprender el estado de ánimo de la gente. Te pondré un ejemplo de la antipolítica: cuando un político (y esto ha ocurrido en las últimas semanas) dice que el problema de la vivienda cara en España es que a la gente le sobra el dinero, está insultando al estado de ánimo de la gente, incluso a los que tienen dinero pero ven que ni sus hijos, sus primos, sus sobrinos o sus nietos pueden acceder a la vivienda [3]. Eso es la antipolítica, exactamente lo contrario de la política. Es separarse del estado de ánimo de la gente. Cuando [Mariano] Rajoy, siendo ministro de Interior, decía que no había un problema de seguridad ciudadana en España, eso es antipolítica, sobre todo cuando hay una clara oleada de sentimiento de inseguridad, más allá de las cifras. No estoy hablado de cifras, estoy hablando de cuál es el sentimiento de la gente, cuál es su estado de ánimo. La política no se puede quedar en comprender o estar próximo al estado de ánimo. La política tiene que cambiar el estado de ánimo, movilizar a la ciudadanía en un compromiso de superación de las dificultades: en eso consiste. Y en términos globales, en ordenar el espacio público que compartimos, que es España. Yo creo que hay un cierto «abandonismo», a pesar de que se utiliza mucho la simbología de las banderas; no se comprende la España global, con diversidad de opiniones, con diversidad de identidades y dentro de eso que empezábamos a conseguir: una tensión civilizada, donde todos nos aceptábamos a todos. Algunas veces he dicho que la gente se sentía a gusto en su propio pasaporte: ésa es la definición de ciudadanía y a eso me refería con «la tela que se rasgaba». Y la política tiene que superar este problema y cualquier otra cosa no lo va a superar. El mercado no tiene por qué tener sensibilidad social, no tiene por qué. Ése es el gran desafío de Lula, por ejemplo, en estos momentos [4].

—[J. L. R. Z.] Sí, para mí la antipolítica es decir: «¡Váyase!» [5]. Y utilizar ese imperativo como único mensaje. Es no reconocer nada al adversario. Es no querer hablar con los otros. Eso es la antipolítica. Y, fíjese, ayer, en el discurso de la plaza de Vistalegre, reconocí cosas positivas en la tarea del Gobierno del Partido Popular.

—[F. G.] Poquitas, ¿eh...?

—[J. L. R. Z.] Una... tampoco se merece muchas más. Una: que era la primera vez que la derecha gobernaba en España con una Constitución democrática y eso era enormemente positivo e importante para este país.

—[F. G.] Pero no la habían querido, José Luis, no habían querido la Constitución...

—[J. L. R. Z.] Bueno... Y dos: la entrada en el euro, aunque esto había sido un esfuerzo de todos. Yo me pregunto: ¿hemos oído alguna vez a algún dirigente popular o al señor Aznar reconocer una sola cosa positiva de los más de trece años de gobierno del Partido Socialista?

—[F. G.] Yo te voy a recordar una, José Luis, porque viene muy al pelo, aunque sin citarme, obviamente. Cuando Aznar pedía el voto en el año 1996, ¿no recuerda todo el mundo que se dirigía a los jóvenes diciendo que ésta es la generación mejor preparada de la Historia de España? Nunca tuvimos una generación de jóvenes tan preparados, tan formados, tan educados. Por eso han hecho una ley para cambiar la educación, porque en estos seis años lo estropearon completamente.

*—Señor González, si usted le tuviera que resumir a José Luis Rodríguez Zapatero, desde su experiencia de tantos años de gobierno, qué es lo que no hay que hacer o cuáles son los errores fundamentales que no se pueden cometer, qué es lo que tiene que tener en cuenta en cualquier caso, sean cuales sean las circunstancias, qué tiene que tener en cuenta un aspirante, en este caso José Luis Rodríguez Zapatero, ¿qué le diría?*

—[F. G.] No confundir lo público con lo privado. Es una tendencia natural de la derecha. Nosotros tuvimos algunos fallos de esa naturaleza o algunos problemas. En la derecha se produce como tendencia natural. No hay para ellos una ruptura en la continuidad de lo público y lo privado, les parece que es territorio conquistado. Para [Manuel] Fraga, cuando multitud de familiares trabajan en el entorno del poder, dice que esto ocurre porque son los mejor preparados, porque los hijos «de los nuestros» son los mejor preparados. Tener esto en cuenta me parece fundamental para evitar algunos errores y la verdad es que me parece que hay que mantener, sobre todo, el diálogo. Yo digo que el diálogo es la esencia de la democracia. El diálogo no siempre lleva al acuerdo, como es natural. Pero lleva a ese logos que es comprensión de la posición del otro. Esto me parece fundamental y esto es obvio que se ha perdido. Se ha perdido el diálogo, incluso, en los medios de comunicación.

*—Mire usted cómo les atacaron con lo del «rodillo socialista»...*

—[F. G.] Claro, claro, claro... Es una de las cosas que hicieron.

—[J. L. R. Z.] Es verdad que las mayorías absolutas, en un sistema como el nuestro, tienen que tener un marco de prevención. En el Congreso de los Diputados, con el voto mayoritario, prácticamente se puede hacer casi todo. Creo que hay que cambiarlo, pero no para esta mayoría, sino para todas. Incluso si mañana hubiera una mayoría del Partido Socialista, hay que cambiar el reglamento del Congreso, hay que facilitar las cosas y no esperar a que llegue el Tribunal Constitucional a decir lo que ha dicho hace poco: que se habían vulnerado derechos parlamentarios por impedir las comparecencias. Creo que hay que hacer reformas democráticas para facilitar el control. Ante cualquier mayoría absoluta.

—[F. G.] Pero... José Luis, con el «rodillo», con el famoso «rodillo» se hizo el acuerdo unánime sobre el problema de la violencia: el Acuerdo de Madrid y el Acuerdo de Ajuria Enea [6]. Con el famoso «rodillo» había una mayoría absoluta, pero todas las fuerzas democráticas, todas, sin excepción, se comprometieron en ese clima de diálogo a estar a esta parte de la trinchera frente a los que utilizaban la violencia. Esto es un elemento que define el 96 por ciento de las leyes que fueron aprobadas con consenso, incluidas las educativas, por cierto. Y algunos se distanciaron que no querían extender la educación obligatoria hasta los 16 años. Pero en la esencia de la reforma siempre había ese ambiente de diálogo, a pesar de que se utilizó la técnica del «rodillo», o más bien, la acusación de «rodillo». Y, sin duda, seguramente con mayorías absolutas a veces uno hace las cosas olvidándose de contar con los demás.

—[J. L. R. Z.] Hombre... Yo creo que ahí hay una diferencia muy clara entre esta etapa y la etapa de Felipe. Yo creo que en todas las grandes cuestiones del país había realmente una política de Estado y creo que eso se ha perdido bastante y hemos pasado a una etapa donde, más bien, muchos o algunos hacen política *con* el Estado.

*—¿Qué es España, señor Rodríguez Zapatero?*

—[J. L. R. Z.] Yo creo que España es un proyecto basado en la diversidad. La identidad de España es su diversidad. Es una historia dilatada y común de pueblos diversos, plurales, que tienen esa capacidad de convivir. España, con mayúsculas, tiene que estar siempre invitando a esa convivencia, siempre procurando, sobre todo desde el Gobierno central, que la gente se sienta a gusto, a gusto con sus culturas y respetando profundamente las particularidades. Y, desde luego, tiene que haber un proceso inmediato de reforma del funcionamiento del Estado, para hacer que la realidad que hemos construido, una realidad ya profundamente autonómica, tenga reflejo en el funcionamiento del Estado, y actualmente no lo tiene. Tiene que reformarse el Senado para que sea una auténtica cámara de representación territorial, para que las comunidades autónomas participen en las tareas del Estado. Y para que haya un diálogo fluido y permanente entre el poder central y los poderes territoriales autonómicos.

—[F. G.] O sea, un espacio público compartido, con una gran historia detrás, que dejó de ser un espacio público compartido de súbditos para convertirse en un espacio público compartido de ciudadanos.

*—Ahora las palabras parece que están cargadas... Yo me he dado cuenta, desde que José Luis Rodríguez Zapatero ha empezado a responder a mi pregunta, de que estaba paseando por un lugar en el que pudiera haber una trampa en cada milímetro, o ésa es la impresión. ¿Qué ha ocurrido? ¿Por qué parece que las palabras están cargadas y tenemos todos la sensación de estar a un milímetro de gravísimas heterodoxias si decimos nuestra opinión?*

—[F. G.] Mirad, José Luis, Iñaki: vemos a algunos políticos que definen de manera excluyente cómo uno se tiene que sentir español o cómo se es español. Y vemos a otros políticos, el caso es dramático en el País Vasco, también demócratas de siempre, que definen cómo se tiene que sentir uno vasco de manera excluyente. No piensan cómo soy yo: definen cómo es ser vasco, y si no lo cumples, no eres un buen vasco. Hablo sin referirme a los violentos, obviamente; no hablo de esa cosa repugnante y medio mafiosa de la violencia. Hablo de la gente que está en la democracia. Entonces, a mí lo que más me sorprende es que, después de haber conquistado las libertades de ciudadanía, alguien, quien sea, me tenga que decir cómo se es buen español o cómo se es mal español. Me recuerda a épocas del pasado. En cualquiera de las actitudes, le dicen a uno lo que tiene que hacer. Entonces, me gustaría recomendar una ciudadanía básica. Yo me siento español, por cierto, como me da la gana.

—[J. L. R. Z.] Pero es que, además, nos sentimos españoles hoy, fundamentalmente, porque es la patria donde estamos y somos libres. Creo que ésa es la mejor forma de identificarse. Me gustaría incluso que avanzáramos más en esa dirección y que nos sintiéramos españoles por ser libres y porque éste sea un país justo; creo que la patria evoca también una idea de justicia. Lo que hemos vivido y lo que vivimos cada cierto tiempo en los últimos años, esto de poner los elementos centrales de la convivencia en la arena del debate partidario, a mí me parece nefasto. No importa si es la idea de España, la bandera o cualquier elemento de los que nos unen y que quedaron por cierto muy bien definidos en el proceso de transición democrática y en la Constitución. A mí me preocupa, porque yo creo que hacía veinte años que no había un debate sobre la bandera. Que ahora se plantee este debate significa que algo pasa y alguna razón habrá. Me preocupa porque no es bueno.

—[F. G.] Y no habría habido ese debate si no se hubiera provocado. Pero se ha provocado intencionadamente, pero no lo habría habido.

*—¿Intencionadamente por qué, señor González?*

—[F. G.] Porque yo creo que cuando no se tienen elementos para gobernar la realidad que influye en la vida de los ciudadanos y se está fracasando en eso, se inventan problemas para después ofrecerse para resolverlos.

*—Y en el mundo actual, global, donde se está cediendo poder en favor de instancias más altas... Hoy mismo se anunciará el esquema de la Constitución europea...*

—[F. G.] Está promoviendo la ciudadanía.

—[J. L. R. Z.] Exacto.

—*¿Qué va a pasar con esto? Es decir, ¿qué posibilidad va a tener usted, José Luis Rodríguez Zapatero, de transformar una realidad con el poquito poder que le quede, una vez ya cedido a instancias superiores? El objetivo de la política es transformar la realidad, pero después de haber cedido tanto y tanto poder como parece que se ha cedido, ¿va usted a poder transformar la realidad, señor Rodríguez Zapatero?*

—[F. G.] Yo quiero decir..., perdóname, José Luis; perdóname, Iñaki, yo quiero decir que no le va a quedar poco poder.

—*¿No le va a quedar poco poder?*

—[F. G.] No, qué va, qué va. El proceso de modernización y la globalización, lo hemos hablado muchas veces, es una descentralización de competencias hacia fuera y hacia dentro. Para comprender España tenemos que ver que se han descentralizado competencias hacia abajo, hacia los poderes regionales y hacia los poderes locales. Y también se ha descentralizado, se han cedido competencias hacia arriba. Pero la coordinación de esa voluntad interna, con las competencias cedidas, sigue siendo un papel absolutamente determinante para mantener la cohesión dentro del país. Es una grandísima tarea: no se pierde poder, lo que se pierden son competencias.

—[J. L. R. Z.] Por supuesto. Yo creo que sólo es un escenario de más posibilidades para todos. Es un escenario para compartir más cosas, para sentirse no sólo ciudadano de España, sino de Europa, para tener tu identidad como leonés, como vasco, como catalán. Y para poder hacer cosas con quinientos millones de europeos, en lo económico, en lo cultural, en lo social. Creo que es una oportunidad extraordinaria para nosotros como país y para toda Europa. Por lo tanto, yo no lo vería nunca como una pérdida de poder, sino como una gran expectativa para hacer cosas juntos. Además, creo que el futuro está marcado por la cooperación entre los gobiernos. Gobernar, en el futuro inmediato, en las sociedades modernas, va a ser sobre todo cooperar. Ser el líder de la cooperación en el ámbito económico o cultural, y hacia fuera, eso es el futuro. Y, mirando al pasado, a veces cuando se dice si uno tiene más poder o menos poder... Felipe lo comentaba hace un momento: me parece que en un mitin. Un gobernante jamás se puede sentir eximido de un problema, más allá de una distribución de competencias. A mí me gusta recordar siempre que Pablo Iglesias nunca estuvo en el poder y cambió muchísimas cosas en la conciencia de la gente, movió muchas páginas de la Historia sin estar en el poder, transmitiendo ideales, ejemplo y testimonio. Y yo creo que la política tiene mucho de eso: la política no es sólo firmar decretos o elaborar un presupuesto. Cuando más cambian las cosas es cuando la gente, los ciudadanos y la sociedad quieren que cambien las cosas. Al final, aquí estamos conmemorando los veinte años de nuestra victoria y la de Felipe, pero realmente los impulsos los dan los pueblos... cuando les dejan. Se ha demostrado que cuando la libertad ha tenido el espacio suficiente en España, la gente sabe marcar el rumbo, la gente sabe ir hacia delante, la gente ha podido hacer una transformación impresionante en nuestro país, en veinticinco años. Es el mérito de todos y de cada uno de los ciudadanos de este país, o de la inmensa mayoría. Cuando no han estrangulado sus posibilidades, han sabido elegir. Supieron elegir a Felipe, al PSOE, en aquel momento, para dar el salto a la modernidad y creo que fue un acierto colectivo. Por eso me parece que cuestionar aquello, como hace ahora el PP, es incluso no respetar a los millones de españoles que durante bastantes años, por cierto, durante cuatro elecciones consecutivas, dieron la victoria al Partido Socialista.

*—Creo que en algún momento Felipe González decía... creo que Felipe González llegó a decir que él era el freno y el acelerador a la vez. ¿El señor Aznar es freno y acelerador a la vez de su partido, señor González?*

—[F. G.] Es el freno, sí. El PP tiene un problema, y un problema muy serio, en la medida en que Aznar tiene que hacer lo que parece razonable: dar paso a la sucesión. Digo «dar paso» dentro de las normas del PP: él no fue elegido así, y tampoco va a dejar que el sucesor sea elegido, porque con un nuevo candidato, él sentiría que pierde poder relativo. Por lo tanto, dentro de su carácter, no lo va a hacer...

*—Perdone un momento: ¿qué es lo que no va a hacer?*

—[F. G.] Dar paso a un candidato nuevo. Él no va a ser el candidato en las próximas elecciones de 2004. Va a retrasar la designación hasta el último minuto, porque dar paso a otros supone también aceptar que se pierde una parte del poder: poder simbólico, representativo, etcétera. Se van a encontrar con una dificultad mayor, cada día más grande. Por lo tanto, no va a ser generoso en ese aspecto. No puede serlo probablemente porque no quiere perder ni un ápice de poder, y eso le va a complicar enormemente la vida.

*—Dicen que esa situación ya le está complicando la vida, porque en las filas del Partido Popular tienen la impresión de que José Luis Rodrí-*

*guez Zapatero está pudiendo hacer el camino con comodidad sin que en frente tenga todavía un candidato. ¿Es ésta también su percepción, señor Rodríguez Zapatero?*

—[J. L. R. Z.] Yo creo que hay un factor fundamental: el Partido Socialista, en estos años, me ha dado un margen de confianza y un apoyo extraordinario y hoy tenemos un grado de cohesión y de ganas muy importante para poder cumplir nuestros objetivos en los próximos años. Más allá de eso, yo creo que lo más relevante para las confrontaciones electorales no es la sucesión de Aznar ni quién vaya a ser el dirigente del PP. Lo más relevante es que el Partido Socialista concite las expectativas que hoy tiene mucha gente en nuestro país, que aglutine a los ciudadanos en su tarea de credibilidad, en su trabajo cerca de la gente, con ideas modernizadoras, con ideas que deben tener un margen de audacia para producir cambios en nuestro país. Y, desde luego, lo importante es que esa expectativa se convierta en una gran esperanza. Creo sinceramente que el Partido Socialista, en España, cuando está en forma, es imparable. Eso es lo que yo ayer sentía en Vistalegre.

*—Antes de ganar en 1982, ¿cuántas veces perdió Felipe González?*

—[F. G.] Dos: en 1977 y 1979. Perdí dos, como corresponde. Es decir, la democracia... la esencia de la democracia es saber ganar y saber perder... Me estaba acordando... Antes, cuando hablabas de Arenas... Arenas dice que José Luis está unido al pasado, por mí. No puedo olvidar que en la noche electoral de 1993, Arenas y [Alberto] Ruiz-Gallardón salieron a decir a la opinión pública que las elecciones se habían falseado. Me duele mucho más por Ruiz-Gallardón, porque de Arenas me lo esperaba. ¡Imagínense! Introdujeron un factor de incertidumbre y de desconfianza en el juego democrático de la ciudadanía, por una razón muy sencilla: porque no sabían perder. Por cierto, tampoco supieron ganar en 1996: no querían atender a la prensa, porque les parecían insuficientes los votos que les habían dado los ciudadanos. Es una cosa dramática. La democracia es eso: hay que saber ganar y perder. Yo perdí dos veces.

*—¿Está preparado para perder dos veces, señor Rodríguez Zapatero?*

—[J. L. R. Z.] Bueno... Yo estoy trabajando para ganar. Creo, además, que las circunstancias no son comparables. Felipe estaba al frente del partido desde el año 1977, salíamos de la dictadura, el Partido Socialista lo componían apenas cinco mil personas, en España nos habían laminado, nos habían laminado en la guerra civil y en la represión de los cuarenta años... Y, en fin, fue casi un milagro conseguir esos diez millones de votos, que yo atribuyo a la memoria histórica y a lo que representaba la figura de Felipe González. Por tanto, no hay comparación. Yo estoy preparado para ganar en el 2004. Y, lógicamente, estoy preparado para aceptar que no sea así, porque ésa es la esencia del debate democrático. La verdad es que tengo bastantes esperanzas, porque, el otro día, oyendo a [Cristóbal] Montoro, en el debate de Presupuestos, vino a decir algo que me recordó mucho lo que oí en 1982 a Fraga: esas cosas disparatadas que a veces dice la derecha cuando se acerca o puede acercarse una victoria del Partido Socialista. Le oí decir al señor Montoro que si gobernaba nuevamente el PSOE en España nos expulsarían de la Unión Europea. Y me recordaba a aquel Fraga, cuando Felipe iba a sacar diez millones de votos, diciendo que si ganaba el PSOE, iba a ser como la invasión de los musulmanes. ¡Esto se dijo en España!

—[F. G.] Pero, vamos a ver... Es exactamente lo que le estaban diciendo a Lula hasta anteayer. Lula se ha pasado toda la precampaña y toda la última fase de la campaña diciendo lo que tú decías hace un momento que yo hacía en 1982: tratando de que la gente se serenara, exactamente lo mismo. Y sigue habiendo esa sobrecarga increíble. Como Lula es de izquierdas, todo el mundo lo llama izquierdista; si fuera de derechas, lo llamarían de centro. Es así. Y como es un hombre popular, realmente popular, y no se le ocurre hacer un Partido Popular, se le llama «populista». Y a los populistas de verdad, los llaman «populares». Es increíble. Son las traiciones del lenguaje, que lo dominan todo, todo...

*—De todas maneras, como usted tiene mucha afición a las bromas, señor González, queríamos saber si era una broma o no cuando dijo el otro día en una entrevista periodística que el candidato de Aznar era [Ángel] Acebes o Ana Botella* [7].

—[F. G.] Puede ser. ¿Yo he nombrado a Acebes? Ana Botella podría aspirar... Tiene derecho, como cualquiera, pero no. Yo creo que el candidato de Aznar in péctore es Acebes. Eso creo yo. Ahora bien, otra cosa es que tenga margen para que sea Acebes.

*—Lo que pasa es que Acebes podría ser candidato en el caso de que hubiera una expectativa de voto con un margen muy grande, ¿no?*

—[F. G.] Ah, no sé, no sé.

—[J. L. R. Z.] Al final, yo creo que es un tema menor saber quién pueda ser el candidato, en tanto en cuanto cualquiera de ellos va a ser designado por Aznar. Es decir, no va a ser fruto de un proceso democrático. Y desde aquí pronostico que el Partido Popular tendrá que acabar haciendo también su «congreso de la renovación», en cuanto a su funcionamiento interno, y tendrá que acabar adquiriendo compromisos de democracia.

—[F. G.] José Luis, pierde toda esperanza...

—[J. L. R. Z.] Será inevitable, será inevitable...

—[F. G.] [Eduardo] Zaplana lo dijo con toda claridad. (No me lo esperaba, porque es demasiado joven). Zaplana dijo: «No, lo mejor es que Aznar designe al candidato, porque él es el que de verdad acertará». Estas cosas de votarlo democráticamente pueden inducir a errores dramáticos...

*—Les quería dar a conocer brevemente los datos que hemos dado en «El pulsómetro» esta mañana. En este momento, la distancia en voto decidido es de punto y medio a favor del Partido Popular respecto al Partido Socialista. Aquí no se había incluido la referencia del debate presupuestario celebrado hace unos días. Punto y medio: me parece un dato interesante. Se ha hecho otra encuesta sobre el vigésimo aniversario de la primera victoria electoral del PSOE. Se preguntaba: «¿Qué valoración general hace usted de los trece años y medio que el PSOE estuvo en el poder?». Es una pregunta que no se había hecho hasta el momento, que yo sepa, o no recuerdo que se haya hecho. El 42 por ciento califica la etapa del PSOE como buena o muy buena; el 36 por ciento, como regular; y el 17 por ciento, como mala. Y otra pregunta: «¿Cree usted que Zapatero puede ganar las próximas elecciones generales?». El 49 por ciento piensa que puede ganar; el 33 por ciento piensa que no. «¿Cree usted que se ha consolidado como líder del PSOE?». El 65 por ciento de los ciudadanos cree que se ha consolidado como líder del PSOE y el 21 por ciento cree que no.*

—[F. G.] Estos datos... es fantástico. Ya que apuntan más a José Luis Rodríguez Zapatero que a mí. Miran más hacia el futuro que hacia el pasado. A mí me parece fantástico. También es interesante la valoración del pasado, a pesar de que todavía se recuerde todo lo que pudo haber de negativo, sobre todo, por los «pesebristas» mediáticos del Gobierno, que permanentemente tratan de descalificar y están muy directamente al servicio de quien les manda y les paga. Pero al margen de esa degradación, yo creo que los resultados son fantásticos. Se pregunta: «¿Quién prefiere usted que sea presidente del Gobierno?». Y sale José Luis Rodríguez Zapatero por encima de cualquier candidato imaginable. «¿Cree usted que va a ganar?». Y dicen: «No; creemos que va a ganar el PP». «Pero usted: ¿a quién votaría?». «¿Yo? A José Luis Rodríguez Zapatero». Bueno, pues si es así, perfecto. Es decir, la mayoría dice que lo va a votar, pero cree que van a ganar los otros. Mantiene su intención de votar, creyendo que van a ganar los otros. José Luis: les vas a dar una barrida fantástica.

*—El último minuto para usted, José Luis Rodríguez Zapatero.*

—[J. L. R. Z.] Creo que esto es muy alentador, porque la gente en este país hace lo que quiere hacer y lo que le apetece hacer, no lo que le marcan ni lo que intentan hacerle creer con una cortina de humo, por muchas televisiones que controle el Partido Popular y el Gobierno. Yo quería simplemente decir que parece que, como casi siempre, los ciudadanos tienen una ponderación razonable de lo que fue la etapa de los catorce años de Gobierno socialista. Creo, además, que por nuestra identidad, como socialistas, lo debemos ver con una perspectiva de normalidad, que es lo que tendría que haber pasado en este país desde hace tanto tiempo: hay que verlo con humildad y con normalidad. Nosotros íntimamente estamos muy satisfechos de esa etapa: creo que todos los niños que nacieron en el año 1996 tenían muchas más posibilidades que los niños que nacieron en 1982, y creo que ese balance resume bastante adecuadamente cómo fueron las cosas. Pero, aunque nosotros estemos muy satisfechos, insisto, creo que la ciudadanía tiene derecho a verlo con más normalidad.

*—Hace hoy veinte años, Felipe González ganaba espectacularmente las elecciones generales: 202 escaños, más de diez millones de votos. Ayer, José Luis Rodríguez Zapatero era proclamado oficialmente candidato del Partido Socialista a las elecciones generales.*

## Notas

[1] Se trata, naturalmente, de una ironía: en su juventud, José María Aznar redactó varios artículos en los que criticaba abiertamente la Constitución española que los ciudadanos ratificaron en diciembre de 1978. Felipe González se refiere a este hecho frente a la defensa a ultranza que José María Aznar hizo de la Constitución durante su etapa gubernamental.

[2] Leopoldo Calvo Sotelo fue presidente del Gobierno de España tras la dimisión de Adolfo Suárez y el fallido golpe de Estado del 23 de febrero de 1981. Ocupó la Presidencia del Gobierno hasta la victoria electoral del PSOE en octubre de 1982. Pertenecía a la Unión de Centro Democrático (UCD).

[3] Francisco Álvarez-Cascos, ministro de Fomento en el último Gobierno de José María Aznar, dijo en el Congreso de los Diputados que los elevados precios de la vivienda se debían a la fortaleza de la demanda y que, si eran caros, era porque los ciudadanos podían pagarlos.

[4] Luiz Inázio *Lula* da Silva (1945) ganó las elecciones en Brasil en octubre de 2002 con más de cincuenta millones de votos. Su principal interés era la erradicación del hambre en su país. Recibió el premio Príncipe de Asturias 2003 por su «trayectoria política y personal en defensa de los trabajadores y de la lucha contra la pobreza, la desigualdad y la corrupción que tanto han hecho sufrir a los desheredados de su país y del mundo entero».

[5] José Luis Rodríguez Zapatero se refiere a José María Aznar: cuando el líder popular dirigía la oposición al último Gobierno de Felipe González, hizo un discurso durísimo contra el presidente y acabó pronunciando unas palabras que adquirieron cierta notoriedad: «¡Váyase, señor González!». (Debate sobre el Estado de la Nación, 20 de abril de 1994).

[6] Son dos acuerdos sobre la política contra el terrorismo. El Acuerdo de Madrid se firmó el 5 de noviembre de 1987 y el Pacto de Ajuria Enea se formalizó el 12 de enero de 1988. En ambos participaron todos los partidos políticos, salvo Herri Batasuna.

[7] Ángel Acebes fue ministro del Interior en el último Gobierno de José María Aznar. Ana Botella era la esposa del presidente y ocupó la Concejalía de Asuntos Sociales con el alcalde Alberto Ruiz-Gallardón (25 de mayo de 2003). Los tres candidatos a la sucesión de José María Aznar eran Rodrigo Rato (ministro de Economía), Jaime Mayor Oreja (líder del Partido Popular en el País Vasco) y Mariano Rajoy (vicepresidente del Gobierno). Ángel Acebes, en realidad, nunca estuvo bien situado en lo que se denominó «la carrera por la sucesión». Finalmente, pocos meses antes de las elecciones de 2004, José María Aznar designó como sucesor a Mariano Rajoy.

## 20

# *Felipe González*
# *La guerra de Irak. Un factor inesperado: la gente*

A principios de 2003, la situación internacional pasaba por unos momentos delicadísimos. Estados Unidos estaba decidido a atacar Irak. Para iniciar los bombardeos, el presidente George W. Bush esgrimió tres motivos principales: la conexión de Sadam Husein con el terrorismo de Al Qaeda, el almacenamiento de armas de destrucción masiva y la tiranía del sátrapa iraquí. Aunque el presidente norteamericano ya había decidido la invasión y contaba con algunos aliados (Reino Unido, España, Italia, Polonia y otros), esperaba conseguir una resolución del Consejo de Seguridad de Naciones Unidas que validara o legitimara la acción bélica. Esa resolución nunca se produjo, pero los ataques comenzaron el 19 de marzo.

Poco antes de que dieran comienzo los ataques contra Irak, Iñaki Gabilondo entrevistó al ex presidente del Gobierno Felipe González en el programa *Hoy por hoy* de la Cadena SER, el 19 de febrero de 2003. Pocos días antes, el día 15 de febrero, se había celebrado la primera manifestación global de la historia contra la intervención armada en Irak.

*—¿Habrá guerra, señor González? ¿Cree usted que habrá acción militar contra Irak o se evitará?*

—Pues, desgraciadamente, yo tengo la impresión de que habrá conflicto, habrá una guerra abierta. Y no será por los últimos acontecimientos, que son, en cierta medida, alentadores, como ha sido alentadora la respuesta de la opinión pública... Si se hubiera producido en Estados Unidos... simplemente cambiarían los planes del presidente Bush, y no lo digo porque considere que es un hombre de paja: realmente, el presidente Bush se ha ocupado (ésa es parte de su mérito), como cualquier otro presidente, en primer lugar y sobre todo, de mantener la unidad nacional desde el primer momento. Ha habido quien, citando a Abraham Lincoln y recordando la guerra del Vietnam, ha dicho que la primera obligación del presidente de Estados Unidos era mantener la cohesión de la opinión pública. Por tanto, si esa opinión pública en Estados Unidos hubiera cambiado suficientemente... yo creo que va a cambiar con el tiempo. Si la opinión pública norteamericana hubiera sido distinta, en este momento no habría una decisión de Estados Unidos, con o sin Naciones Unidas, para atacar Irak. Se ha abierto un espacio, porque la opinión pública, fuera de Estados Unidos, ha sido muy contundente, a mi juicio, pero no sólo por las manifestaciones, sino por los estudios de opinión, y eso influye, naturalmente, en el liderazgo político democrático. Pero no se ha abierto ningún otro espacio: es verdad que lo demás dependería de Sadam Husein, que es un superviviente como estratega.

—*Hablemos ahora de España: esta madrugada, a la una, ha finalizado la reunión parlamentaria en la que se ha aprobado, con el voto del Partido Popular y de CiU, el acuerdo suscrito por el Consejo Europeo. El Partido Socialista se ha abstenido* [1]. *Quisiéramos saber cómo valora usted la posición española en este momento, la posición del Gobierno y la abstención de la oposición.*

—Bueno, vamos a ver: en mi recuerdo, al menos, y he participado durante diez años en el Consejo Europeo, jamás se le ha ocurrido a nadie presentar una resolución del Consejo Europeo para la aprobación posterior en el Parlamento español.

—*¿Eso le parece un error? ¿Eso no debía hacerse?*

—No, no me parece un error: está fuera completamente de razón y de sentido. De los Consejos Europeos *se informa*, y el Parlamento se pronuncia con mayor o menor entusiasmo al respecto. Cada grupo parlamentario evalúa, con mayor o menor estusiasmo, las resoluciones del Consejo. Pero, en esta ocasión, no se trataba de una sesión informativa del Consejo: era una sesión parlamentaria preparada para definir la posición española. La posición de la oposición frente a las resoluciones del Consejo eran distintas y siempre había elementos críticos, pero nunca se han rechazado porque nunca se han votado. Esto es absolutamente inusual. Es verdad que podría formar parte de una jugada hábil, pero yo creo que no estamos en el momento de jugadas hábiles: estamos en el momento de decisiones de una extrema gravedad. Desde luego, no ha sorprendido a nadie. Yo les puedo asegurar que, antes de la sesión parlamentaria, el Partido Socialista preveía que le iban a poner encima de la mesa el acuerdo del Consejo Europeo. Y, por cierto, la resolución que presenta el Partido Socialista lo primero que hace es valorar positivamente el Consejo Europeo. Es lo primero que hace: valora positivamente el documento del Consejo Europeo, porque abre un espacio de reafirmación de la resolución 1.441 del Consejo de Seguridad, porque reafirma el papel del Consejo de Seguridad, la oportunidad de salvar la crisis, de que no haya guerra, de exigir a Sadam Husein el desarme, etcétera, etcétera... Abre ese espacio para que sea el propio Consejo de Seguridad, de acuerdo con la información de los inspectores, los que con total legitimidad decidan cuánto tiempo necesitan, que nadie les imponga nada. La legitimidad del Consejo de Seguridad no se basa sólo en que haya una resolución; se basa en que haya una resolución sin la presión que se está produciendo: «Si la resolución no es lo que yo digo, de todas maneras estamos legitimados para actuar», que es lo que está diciendo Estados Unidos o lo que está diciendo el presidente Aznar. Incluso antes de la resolución, ya lo decía Estados Unidos en septiembre. Por tanto, ¿por qué se confunde tanto a la opinión? Eso es lo más grave que está ocurriendo. El Partido Socialista dice en su resolución: estamos de acuerdo con el espacio que ha abierto el Consejo Europeo, pero lo que queremos es definir la posición del Gobierno español, que, por cierto, no está comprendida en el documento de la Unión... Ésa es la virtualidad de este «acuerdo de mínimos» del Consejo Europeo. La posición de cada Gobierno no está comprendida en el acuerdo: prueba de ello es que [Jacques] Chirac se salió del Consejo Europeo y dijo: «Con la resolución 1.441 tenemos bastante. No hace falta una nueva resolución. Lo que falta es dar tiempo a los inspectores y oportunidad». Y hoy me ha sorprendido, perdón, y con esto acabo, que incluso [Zbigniew] Bzrezinski, que es de los republicanos más duros que he conocido, no está de acuerdo con una intervención inmediata. Y no sólo él: he hablado con muchos de los líderes históricos republicanos.

*—¿Y qué va a ocurrir entonces en los próximos días? Parece, señor González, que los Estados Unidos y el Reino Unido están preparando una resolución que conminaría a Sadam Husein en un plazo breve, en dos o*

*tres semanas, y Francia y Alemania han anunciado que no les parece un momento oportuno para una segunda resolución. ¿Está a punto de volar el precario acuerdo suscrito hace unos cuantos días?*

—Vamos a ver... el acuerdo de la UE, diríamos, es un paraguas multiusos. El acuerdo está bien, lo que hace es reponer el acuerdo que se rompió. Aquí hay siempre una tremenda confusión: ¿quién rompe la unidad europea? En primer lugar, los que deciden apoyar incondicionalmente al presidente Bush en su estrategia unilateral, desde septiembre, antes de consultar con el resto de los europeos. Eso es lo primero. O sea, a lo que obliga el Tratado de la Unión (y ésta es la gran paradoja, por eso hay confusión) es a hacer un esfuerzo, obligatorio, para crear una posición común y expresarla como política exterior y de seguridad común. Pero, claro, para crear una posición común, primero hay que hacer consultas y después pronunciarse. Si no se crea esa posición común, se quiebra el proceso de construcción europea. Pero el Tratado no obliga, incluso la salva expresamente, a la posición de los gobiernos, y esto afecta mucho a los miembros permanentes en el Consejo de Seguridad de la ONU. Es decir, que los gobiernos se reservan tener la posición que crean conveniente ante el Consejo de Seguridad. Por tanto, hay libertad para que, responsablemente, Chirac diga que en el Consejo de Seguridad no hace falta una nueva resolución o para que Blair diga que va a buscar una nueva resolución. La Administración republicana ya ha advertido que sólo buscarán una nueva resolución si tienen mayoría y si las condiciones satisfacen su petición de intervención rápida frente a Irak y, por tanto, digamos... no es que busquen una resolución de consenso, sino una resolución que sume a los demás, al menos, a la mayoría, a su posición. Y lo más grave de todo, hablo desde la situación política nacional, es que no sabemos dónde va a estar el Gobierno español. Sabemos dónde va a estar Chirac, sabemos dónde va a estar Schroeder en este momento, sabemos dónde está Blair, pero no sabemos dónde está el Gobierno.

*—Y, dado que no lo sabemos, ¿podemos sospecharlo? Pasado mañana, Aznar va a ir a ver a Bush a su rancho de Texas. Si se produce esta nueva resolución, ¿qué sospecha usted que pesará más en esta doble militancia de José María Aznar? ¿Bush o el acuerdo con los Quince? ¿El acuerdo suscrito con los Quince o la nueva directriz de Bush? ¿Qué sospecha usted que pesará más?*

—Estoy seguro de que seguiremos oyendo que el acuerdo de los Quince confirma la posición que adopte, sea la que sea, en el fin de semana ranchero. Estoy seguro. Es decir, el acuerdo de los Quince, realmente, lo que hace es obligar a Sadam al desarme. A partir de ahí se podría articular perfectamente... Por eso, lo lamentable es haber perdido la oportunidad. Digo que es lamentable desde el punto de vista de la opinión pública que veo crecer en España y en el mundo: una oleada incontenible que no expresa exactamente lo que quiere, sino lo que no quiere. Eso es lo que normalmente expresan los grandes movimientos populares. No quieren esta intervención, no quieren esta guerra, no quieren la situación en que se vive, digamos... desde el punto de vista de la crisis económica y la gestión de la globalización. Esas dos grandes oleadas, contra la globalización y contra la guerra, confluyen ahora. Eso es lo que no quieren. Pero lo que interesa es la articulación política de esa voluntad popular, de ese espíritu nuevo de grandes corrientes de opinión, que no sólo incluyen a los jóvenes, que es policlasista. La articulación política, para ofrecer alternativas, todavía está gestándose. Ahora, de momento, lo que hay es esa gran oleada. Me parece que en este momento existe todavía una cierta orfandad para saber cómo se articula políticamente esa aspiración.

*—Señor González, usted ha sido mencionado últimamente mucho, sobre todo en lo referido a dos situaciones que se consideran antecedentes o juegos de comparación. Primero, respecto a enero de 1991, cuando se produce una acción militar contra Irak, después de doce resoluciones, creo, del Consejo de Seguridad de Naciones Unidas.*

—Sí, sí.

*—Se le ha mencionado muchas veces, ¿por qué entonces sí se apoyó la intervención y ahora no, señor González?*

—Era como muy evidente, pero no sólo para nosotros, los responsables políticos, también lo era para la opinión pública, que estaba mayoritariamente en favor de la posición del Gobierno. Lo fue también para la comunidad internacional sin excepciones. Es decir: ¿qué es lo que había ocurrido? Lo que había ocurrido era que Sadam Husein, después de la terrible guerra contra Irán (apoyado por Estados Unidos), se toma por su cuenta Kuwait, intentando controlar las fuentes fundamentales de energía del mundo, y por tanto, intentando dominar la región. Sadam Husein no constituía entonces una amenaza potencial, sino que había desencadenado una guerra anterior, no sólo una guerra contra su pueblo, sino contra Irán. Y después invade un país para controlar el petróleo. Cuando oigo a Sadam Husein decir que lo que quiere Estados Unidos es controlar el petróleo... ahí, la verdad, el único que no está legitimado para decir eso es Sadam Husein, porque ocupó Kuwait para controlar el petróleo y amenazar a todos los países del Golfo como un poder hegemónico. Eso está absolutamente claro. Tan claro estaba, que se montó la coalición internacional más importante de la historia, con el consenso del mundo árabe, de Europa, de Rusia, de todo el mundo. Bueno, nadie lo dudaba, y no sólo se le advirtió en agosto. Yo comparecí por primera vez en el Parlamento en septiembre, y hubo resoluciones y debates, se le advirtió durante doce meses, en doce resoluciones consecutivas, antes de actuar. Y se le advirtió que se retirara de ese país. Desde entonces hasta ahora, ¿qué ha pasado? Lo menos que se puede decir es que la amenza que entonces constituía un régimen repugnante como el de Sadam Husein, hoy, es muchísimo menos amenazador. Es decir, nadie podría hoy imaginar que Sadam Husein volviera a atacar a nadie: es que no tiene fuerza. Otra cosa es que el régimen sea repugnante. Pero desde el punto de vista de la amenaza creíble respecto de la región o respecto de Estados Unidos, o respecto de España, como dicen, esto... sencillamente, esto no se sostiene en relación con lo que ocurrió hace doce años... Hoy Sadam es más débil que antes, constituye menos amenaza que antes. El problema es por qué hay en ciernes una guerra, en este momento, contra un tipo que es el máximo responsable de la tragedia de su pueblo. ¿Por qué? Yo creo que hay una decisión de Estados Unidos que está perfectamente explicada: la decisión de atacar Irak como una medida preventiva es una decisión que está tomada desde hace bastante tiempo, desde el verano. Lo he escrito alguna vez: el respaldo del Gobierno español a esa nueva estrategia ha sido total, incluso antes del 11 de Septiembre, con el escudo espacial que rompía los tratados sobre armas nucleares y armas de destrucción masiva. Y la guerra preventiva ha triunfado en Estados Unidos. Se venía discutiendo antes del 11 de Septiembre, cosa que la gente no entiende. Es verdad que hay una corriente de halcones y una corriente de gente más suave dentro de la Administración republicana, y esa corriente de halcones domina a partir del 11 de Septiembre, imponiendo una política de hegemonía sobre la base de decisiones unilaterales y guerras preventivas. El que quiera que se sume y el que no, no. Si alguien se suma, y esto es lo más insultante, recibirá los beneficios del botín... Eso lo hemos oído aquí, hablando con hombres de negocios, anteayer... Me parece de una tosquedad que poco tiene que ver con el respeto a las normas internacionales y con el respeto a una cierta dignidad de país. Pero, en todo caso, eso está decidido de antes, aunque lo acelera el proceso del 11 de Septiembre; se creó una emoción que generó un clima de cohesión de Estados Unidos frente a los enemigos potenciales, y estamos en una estrategia en la que el unilateralismo es el factor dominante.

*—¿Quiere decir esto, señor González, que si está decidida una estrategia unilateral, en nombre de la hegemonía que se va a manejar sin disimulos y sin complejos, el asunto de Irak sería el primer capítulo y habría un segundo y un tercer capítulos en otros lugares del mundo?*

—Yo creo... el gran problema es que la estrategia es un gran error para Estados Unidos. Recuerdo a Bruno Kreiski... pobre, que hace treinta años hizo el primer informe sobre los derechos del pueblo palestino... como era canciller de Austria y es judío, Golda Meyer y los israelitas le decían: «¿Cómo puedes tú, que eres de los nuestros, hacernos una faena así?». Y Bruno Kreiski les decía: «Yo no encuentro otra manera mejor de ayudar a Israel». ¡Pues claro! Alguien le tendría que decir a Bush: «No encuentro otra manera mejor de ayudar a Estados Unidos que diciéndoles que no se metan ustedes en esta dinámica, en esta estrategia de unilateralismo que, además, confunde los objetivos». Ellos han desencadenado esta estrategia, en principio, para luchar contra el terrorismo internacional, pero ni siquiera la operación de Afganistán ha dado resultados estimables en la lucha contra la amenaza del terrorismo internacional, que es una amenaza real, y que suscitó un apoyo muy amplio hacia Estados Unidos. El problema es cómo decírselo... Bueno, Bzrezinski lo explica: es que no hace falta, no hay ninguna prisa. Hay una valoración de Bzrezinski que no es exacta, pero que justifica su preocupación: es decir, el despliegue americano en Europa está presente desde la Segunda Guerra Mundial. Pero una cosa es un despliegue defensivo, para estar, y otra cosa es un despliegue con una preparación psicológica y militar para atacar. Un despliegue para atacar no se puede mantener indefinidamente. Por tanto, digamos que Bzrezinski trata de justificar con esta teoría su preocupación por que Estados Unidos no rompa con Europa, que son los únicos aliados seguros y permanentes que los Estados Unidos pueden tener, y yo creo que tiene razón. Esto se lo he oído decir a republicanos con fama de duros de toda la vida, aunque no los citaré para no turbarlos. El propio [Colin] Powell ha resistido lo que ha podido. No... no tenemos conciencia de lo que está pasando dentro de la propia Administración. Ahora Bush ha hecho una cosa inteligente: asegurarse una mayoría del Congreso que le autoriza a declarar la guerra; y mantiene un permanente bombardeo explicativo, se acepte o no, respecto de la opinión pública, achicando los pasos de los que se oponen. Por tanto, tiene a la opinión pública mayoritariamente con él. Y actúa en consecuencia, porque tiene a la opinión pública con él. Actúa en consecuencia, estemos o no de acuerdo. Exactamente lo contrario de lo que ocurre con los líderes europeos que están apoyando esta decisión. Y sin embargo, aquí parece que no tener en cuenta a la opinión pública es un gesto de gallardía o de valentía. Bush dice claramente que si no tiene a la opinión pública con él, no va.

*—Y ahí es donde regreso al otro tema en el cual ha sido usted también recordado: el referéndum de la OTAN.*

—Y no sólo en eso me han citado, tambien en lo de Kosovo... en varias cosas.

*—Sí, pero vayamos al referéndum de la OTAN: cuando un gobernante toma una decisión que, en principio, no parece estar muy acompañada por la opinión pública. Un gobernante puede decir: «Sin embargo, he de hacerlo, porque ésa es mi responsabilidad». Y luego, incluso, aunque esa decisión parecía contraria a la opinión pública, ésta acaba agradeciéndosela tiempo después con un gran resultado electoral. Este argumento es el que en estos momentos se maneja en el Partido Popular...*

—Sí, lo que pasa es que siempre... Yo creo que hacen los argumentos, lo hacen con tanta... con tanta fragilidad, con tan poca sensibilidad respecto al estado de ánimo de la gente... que es sorprendente. En ésta como en otras crisis. Se puede decir: si se evalúan todas las consecuencias y ven una opinión pública así... podían tener la tentación de consultarla, ¿no? A nosotros nos ocurrió lo mismo, y al final lo que hicimos fue decirle a la gente: «Mire usted, yo creo tener razón». A mí me pasaba lo mismo en el referéndum de la OTAN y les dije a los ciudadanos: «Miren, me la juego».

*—Sí, pero usted ha dicho que había cometido un error haciendo aquel referéndum.*

—Cierto, sin duda. Yo no les recomiendo eso. Todo el mundo me atribuye que fue un acierto estratégico y tal... Yo siempre lo he considerado un error. Pero si quieren agotar el razonamiento, que lo agoten en serio. Es decir, cuando hay una situación de opinión pública contradictoria con la voluntad del Gobierno... en aquel caso, el Gobierno contrastó con la opinión pública y les preguntó: «¿Quieren ustedes o no que permanezcamos en la OTAN?». De todos modos, yo creo que no están en condiciones ni en disposición de hacer una cosa así en un momento como éste. Y yo no se lo recomiendo. No, no estoy diciendo que se lo recomiende. Pero se están utilizando argumentos muy espesos, muy confusos. Por cierto, los populares, que estaban siempre a favor de la Alianza y votaron a favor de entrar en la Alianza en el Congreso, en aquel momento, en el referéndum, se pusieron en contra. Porque creían que el Gobierno podía perder el referéndum y se podía liquidar al Gobierno: les daba igual cuál era la política de Estado, cuál era la situación de España en la seguridad internacional: se pusieron en contra. Y después me han reprochado o han dicho que me preguntaran por Kosovo. No me tienen que preguntar: gobernaba el Partido Popular y les dimos todo el apoyo para una intervención contra un genocidio en marcha, que yo, además, ya había anunciado en el Consejo Europeo, en el Consejo de Asuntos Generales: «El genocidio está en marcha. Más temprano que tarde habría que intervenir. Se está retrasando la intervención. Hay decenas de miles de refugiados, de muertos, etcétera». Por tanto, no había duda, porque era clarísima la situación. Igual de oscura que es ahora. Y, curiosamente, es que la opinión pública tenía la misma intuición. Así como ahora tiene una bien contraria, y no es sólo la intuición de la opinión pública española: es la mundial.

*—Señor González, ¿está herida de muerte la Unión Europea, aunque haya logrado este acuerdo que todos consideramos precario? ¿Han quedado heridas que pueden anunciar, en fin, consecuencias muy serias para el futuro?*

—Me temo que sí. Me temo que sí. Ahora bien, no hay nada que no sea reparable, ¿no? Pero me temo que sí. Es decir, he visto críticamente la actitud del Gobierno español desde septiembre, y lo he escrito; por tanto, no tengo que reciclar lo que he dicho. He hablado de que la amistad no es igual que la sumisión, que es todo lo contrario. La amistad se demuestra cuando uno es capaz de explicar la discrepancia al socio o al amigo, cosa que no se ha hecho con la Administración Bush. Se ha renunciado a tener ese margen de autonomía que fortalece la política. Pero creo que estamos... estamos acabando con todo el consenso en política exterior, un consenso básico en política exterior española, tanto en relación con la construcción europea, como en las relaciones con el Mediterráneo o con América Latina, o, incluso, en la relación con Estados Unidos, desde el punto de vista de la autonomía que necesitamos. Y eso me preocupa enormemente. Antes habíamos acabado con el consenso en materia de seguridad, antes. Es decir, pasadas las elecciones de 1996, el Partido Popular creyó que ganaría votos para las siguientes cambiando nuestro modelo de defensa sin ninguna consulta, imponiendo un modelo de defensa que, por cierto, ahora todavía nos tiene sin un sistema de defensa eficiente. Tony Blair pesa para Estados Unidos lo que pesa, entre otras cosas, porque tiene un sistema de defensa que es capaz de ayudar o apoyar. En nuestro caso, no existe.

*—Señor González, si la realidad del mundo actual es como usted dice, con una potencia hegemónica indiscutible, que ha tomado una decisión discutible de hacer valer su hegemonía...*

—No, no, no..., no discutible, equivocada.

*—Equivocada... bien, en ese caso, un país como España, ¿hace bien o mal apuntándose a ese tren que va a conducir la potencia hegemónica absoluta o hace mal apuntándose a ello?*

—Mi criterio es radicalmente negativo respecto de la posición del Gobierno español de sumarse a las decisiones de Estados Unidos. Lo hacen por sus razones. Yo he visto que en Estados Unidos hay mucha preocupación por la deriva en la que está entrando la Administración republicana actual, mucha preocupación, no sólo en [Bill] Clinton o en los demócratas. Hay mucha preocupación en gente que tiene critero. [James] Baker fue el artífice de la crisis del Golfo y de la posterior Conferencia de Paz de Oriente Medio. Yo he visto a Baker y sabe que éste es un camino equivocado. Por tanto, ¿cómo podría yo imaginar que España estuviera en una posición correcta sumándose incondicionalmente a una deriva... a una estrategia errática y errónea por parte de la Administración Bush? Lo que duele no es sólo el hecho de que la incondicionalidad no debe existir en política exterior. ¿Incondicionalidad respecto de las víctimas de los atentados y de su dolor? Desde luego. Pero incondicionalidad respecto de cualquier propuesta para luchar contra las amenazas, en absoluto. Lo único que tenemos como país, un país de tipo medio, lo único que nos queda... es la opinión. Porque ni siquiera tenemos un sistema defensivo, ni siquiera contamos con un servicio de información notable: todo esto se ha ido liquidando en el tiempo. Lo único que nos queda es una opinión responsable y libre, como vecinos del Mediterráneo, como conocedores de la región, como socios de Europa, como aliados histórico-culturales de América Latina. Pero renunciamos a esa opinión y decimos: «Lo que usted diga es lo que se hace». Esto es lo que venimos haciendo. Al menos, si la posición fuera radicalmente acertada, sólo te quedaría el resquemor de que la incondicionalidad es siempre mala para la política exterior; pero siendo una posición desacertada respecto de la lucha contra las amenazas que pesan sobre la seguridad internacional, es un error. Es un error respecto de la amenaza del terrorismo y no se justifica respecto de la amenaza de proliferación de armas de destrucción masiva. Porque hoy, Irak, a pesar de lo sanguinario que es Sadam Husein y su régimen, no constituye la amenaza que constituía hace tres años, cuatro, cinco, diez, doce, quince, cuando era aliado de Estados Unidos en la lucha contra Irán. Y la preocupación no es sólo de Europa y no es sólo de los pueblos europeos: los iraníes, que sí tienen una factura seria que pasarle a Sadam Husein, están en contra de esta guerra. ¿Se da usted cuenta de lo que supone esto?

*—El conflicto de civilizaciones que alguien ha anunciado y que ha sido también muy discutido*[2]*. ¿Podría llegar a producirse como consecuencia de una acción de esta naturaleza? ¿Podría avanzar o aumentar la posibilidad de ese conflicto?*

—Una acción de esta naturaleza podría aumentar la posibilidad de ese conflicto, pero la acción no es lo único. También la interpretación que se va a hacer de esta estrategia favorece el conflicto. Es decir: ahora, la OTAN ya no es el Pacto del Atlántico Norte, es el Pacto de Bering a Bering y rodea todo el planeta. Es el pacto del hemisferio Norte, con una excepción que confirma la regla: Turquía. Por tanto, es una situación muy delicada, incluso, para la guerra actual. Ese pacto se puede interpretar haciendo uso de la OTAN en este conflicto o en conflictos sucesivos; la OTAN podría entenderse como un pacto, digamos, de civilización judeocristiana, por emplear el término huntingtoniano, frente a otras pautas civilizatorias musulmanas o respecto de lo que puede ser en el futuro el crecimiento potencial de China. Yo no he creído nunca en el conflicto de las civilizaciones. Ahora bien, se pueden crear enemigos. Se pueden inventar, y crear y fortalecer la llama. La Historia de la Humanidad está llena de ejemplos de guerras de esa naturaleza.

*—La crisis que estamos viviendo, señor González, ¿cree que debería volver a abrir seriamente el debate sobre la defensa europea? Tal vez en nuestro país no se llegó a producir... ¿Debería revisarse el tema de la defensa europea?*

—Sin duda, pero, en este momento, ese debate no se va a abrir de ninguna manera. En Europa, el daño ha sido muy profundo. La única salida para este daño es la que menos me gusta, pero es la única que hay. Se seguirá una dinámica de una Europa de círculos concéntricos en la que el primer círculo creerá en la Unidad Europea y los demás serán más descreídos, más distanciados, se sentirán más vinculados a otras políticas que no sean las de la construcción de la Unión Europea. Esto me parece inevitable y, por tanto, habrá un núcleo duro en la Unión Europea y otra gente estará pululando en torno al núcleo duro, pero no formará parte de una estrategia de unidad europea en el fondo. Yo creo que algunos han renunciado. Es más, creo que algunos no creen en esa unidad europea y, en este caso, creo que en la nueva relación de fuerzas mundial, España está... digamos... menospreciando la unidad europea y apreciando la hegemonía de Estados Unidos para no ponerle ningún tipo de condición. Esto, realmente, me parece grave para la definición de futuro. Quien más necesita una Europa unida, aunque no le guste, es Estados Unidos. Y quien más necesita una Europa unida, en este momento, es la Administración republicana, para que tenga alguien que le pueda decir en qué no está de acuerdo, desde la lealtad del pacto y de la alianza.

*—Una última cosa: ¿cree usted que los ahora llamados representantes de la «vieja Europa», Francia o Alemania, mantendrán su actual posición o caerán, también, digamos, como consecuencia de la fuerte presión de la potencia hegemónica, en una órbita de pensamiento distinta de la que hasta el momento están expresando?*

—No, no caerán en una órbita de pensamiento distinto. Eso no significa que, en la coyuntura actual, no pueda haber variación de posiciones, las que sean. Si se mantiene el estado de opinión que yo he visto y la presión de la opinión pública en la calle, no cambiarán ni siquiera en esta coyuntura. Los líderes europeos, desde las manifestaciones antiglobalización de los jóvenes, tomaron buena cuenta: se acabó eso de hacer la política a mucha distancia de lo que la gente pensaba, incluyendo lo que pensaban los jóvenes. No creo que vayan a cometer ese error. La verdad es que una de las cosas sorprendentes del Consejo de Europa es cómo todos los líderes... todos no, casi todos, tomaron nota de las manifestaciones como una expresión de algo que está en los sondeos de opinión: no es sólo la manifestación, es la expresión de la voluntad del pueblo europeo. Yo creo que esto no hay que olvidarlo. Repito, en algo me merece absoluto respeto el señor Bush como presidente de Estados Unidos: su primera preocupación es preservar la unidad y la cohesión de su propio pueblo. Eso también lo quiero para mi país.

—*Señor González, muchas gracias.*

## Notas

[1] El 17 de febrero de 2003, el Consejo Europeo se reunió para intentar formular una declaración conjunta frente al inminente conflicto en Irak. El acuerdo final era muy débil, porque debía asumir las posiciones de Reino Unido, España, Italia y otros países, favorables a la intervención, y las de Francia y Alemania, contrarias al ataque bélico. El presidente del Gobierno llevó ese documento al Congreso de los Diputados y exigió una votación. La oposición socialista se vio en el trance de votar a favor, legitimando de ese modo al Gobierno en su apoyo a Estados Unidos, o votar en contra, frente a todos los estados europeos. Finalmente, se abstuvo.

[2] Samuel P. Huntington: *El choque de civilizaciones.* Paidós, Barcelona, 1997.

21

# *Felipe González*
# *«Una estrategia equivocada que vamos a pagar muy caro»*

El día 19 de mayo de 2003, Iñaki Gabilondo entrevistaba al ex presidente del Gobierno en el programa *Hoy por hoy* de la Cadena SER. Se trataba de analizar los recientes acontecimientos y la convulsa situación mundial.

Estados Unidos, junto a una coalición militar integrada por varios países (Reino Unido, España, Italia, Polonia, Australia y otros), comenzó los ataques contra Irak el 19 de marzo de 2003. La organización terrorista multinacional Al Qaeda vio reforzadas sus posiciones y numerosos grupos violentos se unieron a sus filas. Se había desatado la caja de los truenos y el planeta se hallaba inmerso en una guerra total cuyas consecuencias eran inimaginables: los ataques terroristas se sucedían en distintos países del mundo, desde Filipinas a Marruecos, pasando por Tailandia, Pakistán, Arabia Saudí o Turquía. El día 16 de mayo, una sucesión de atentados del islamismo radical ensangrentaba Casablanca (Marruecos). Uno de los objetivos fue un establecimiento llamado Casa de España. Hubo medio centenar de muertos, tres de ellos, españoles. Pero, por lo que a España tocaba, aún no había ocurrido lo peor... Las palabras del ex presidente del Gobierno a propósito de la actitud del Ejecutivo de José María Aznar avanzaban males mayores: «Creo que la estrategia es equivocada. Es una estrategia equivocada que podemos pagar muy caro. No sólo los españoles, sino la comunidad internacional en su conjunto».

En la entrevista, Iñaki Gabilondo y Felipe González tratan de analizar serenamente los acontecimientos, pero el clima de tensión puede adivinarse en las preguntas y las respuestas.

—*Tiempos de mucha zozobra, de mucha angustia en todo el mundo. Quisiéramos conocer la reflexión del ex presidente Felipe González en torno a la actual situación derivada de este ataque brutal del terrorismo internacional. Usted, ya antes de la guerra de Irak, expresó en distintos artículos y aquí, en este programa también, su punto de vista, muy crítico con la postura de los Estados Unidos y con la postura de acompañamiento del Gobierno español, y me gustaría saber si la actual situación del mundo le parece a usted que confirma sus puntos de vista o los contradice.*

—Vamos a ver... Debo decir que a partir del 11 de Septiembre vengo insistiendo en que la amenaza del terrorismo internacional es una amenaza seria. Probablemente la más seria con la que se enfrenta la seguridad mundial. Y para luchar contra el terrorismo internacional hay que definir una estrategia que sea eficaz e intentar reducirlo. Por tanto, si tenemos una amenaza que es una amenaza ubicua, que puede venir de cualquier sitio y golpear en cualquier sitio, habría que diseñar una estrategia capaz de combatir con eficacia la amenaza y de reducirla. Después del conflicto o de la guerra en Afganistán, advertí que es imposible combatir esa amenaza con la técnica tradicional de las guerras convencionales, y me temo que eso ha sido poco eficaz. Inmediatamente antes de la guerra de Irak, cuando veía que la guerra se venía encima y que era inevitable, que todas las excusas no servían, también dije que estrategia de Estados Unidos en ese modo de afrontar la amenaza del terrorismo internacional. Y decía que me gustaría que tuviera razón porque, al final, el Gobierno es el que toma las decisiones, independientemente de cuál sea la voluntad de los ciudadanos, y aquí la voluntad era muy contraria... Pero el Gobierno tomó esa decisión. Me gustaría que hubiera acertado, pero, lamentablemente, el terrorismo internacional, como amenaza, no va a disminuir con conflictos como el de Irak. Más bien, al contrario. Yo creo que eso va a alimentar más el terrorismo internacional. Y, por tanto, creo que la estrategia es equivocada. Es una estrategia equivocada que podemos pagar muy caro. No sólo los españoles, sino la comunidad internacional en su conjunto.

—*¿Cree, por tanto, que una acción como la de Irak no solamente no sirve para derrotar al terrorismo internacional, sino que, como acaba de decir, puede incluso realimentar ese terrorismo internacional?*

—Sí, lo han dicho conocedores del mundo árabe y del mundo islámico. Lo han dicho, y no son gentes de las que se pueda dudar, digamos... desde el punto de vista de su relación con Estados Unidos. No sé si recuerdan que el presidente egipcio [Hosni] Mubarak decía: «Con intervenciones de esta naturaleza, probablemente estaremos creando cien Bin Laden». Y la dinámica de la guerra, además, se retroalimenta. Es decir, yo creo que éste no va a ser el último conflicto de lo que Bush anuncia una y otra vez como una «guerra larga». Por tanto, a mí lo que más me preocupa de esta situación es, por un lado, la estrategia de fondo, que creo que no va a mejorar la seguridad intenacional, y, por otra parte, una reacción que sigo sin entender del Gobierno español... En este caso, incluso quiere tapar la realidad, quiere tapar la evidencia. Y la evidencia es que va a haber un incremento de esas acciones de terrorismo suicida, que es un terrorismo destructor muy específico. El Gobierno tendría que decir: «Efectivamente, estamos amenazados, pero no sólo nosotros. Hay una preferencia contra nosotros, contra los ingleses, contra los americanos y contra el mundo judío, por la situación de Israel: ésos son los objetivos preferentes. Y nosotros estamos dispuestos a tomar todas las medidas para defendernos». Primer paso: no decir que esto no tiene nada que ver con la guerra de Irak. ¡No es posible que de verdad consideren que la gente no tiene esa mínima capacidad de razonamiento! Es verdad que había terrorismo antes de la guerra de Irak, pero se hizo la guerra para disminuir la amenaza terrorista. Advertimos que no la disminuiría, sino que la aumentaría. Yo creo que va a aumentar, desgraciadamente. Creo, repito, que la cooperación internacional es importantísima, y prueba de que es importantísima es que Francia es el primer país que se ha situado junto al Gobierno de Marruecos y a las fuerzas que investigan el atentado en Marruecos: se ha situado inmediatamente para intentar ayudar a descubrir a los culpables y para luchar en primera línea contra la red del terrorismo internacional, habiendo mantenido una posición radicalmente contraria al uso de la guerra para conseguir objetivos de esta naturaleza. Por tanto, esto es algo que nos concierne a todos y todos tenemos que cooperar. Ahora bien, no se deben consentir determinados errores estratégicos. Aquí se da una situación paradójica: el 95 por ciento de la gente, algunos por conocimiento, otros por intuición, consideraba que éste no era el camino, pero el Gobierno siguió por ese camino y va a seguir... Y ahora quiere tapar la realidad. No me parece serio. Me parece realmente preocupante la irresponsabilidad que supone no advertir, como advierten los norteamericanos o los británicos a sus ciudadanos: «Atención: aquí hay una amenaza. Tengan cuidado. Vamos a reforzar nuestras medidas de seguridad».

*—Señor González, apuntaba usted hace un momento algo ya ha dicho otras veces: que la guerra será larga... No se refería a Irak, se refería a la guerra contra el terrorismo, ¿quiere decir que vamos a continuar en esta línea...? ¿Sospecha usted que podría la política norteamericana insistir en acciones como la de Irak para luchar contra el terrorismo?*

—Me parece casi inexorable. Digamos que hay una lógica que va a retroalimentar ese espíritu belicista de la Administración norteamericana. Las elecciones de noviembre del año próximo [2004] en Estados Unidos serán la prioridad número uno del señor Bush: vamos a ver si Estados Unidos, digamos, hace una parada en esa estrategia de guerra (entonces se la tendría que jugar a una recuperación económica, como ocurrió en 1991-1992) o mantiene el clima de patriotismo belicista. Junto a ese factor, si vemos que los intereses de Estados Unidos y de los ciudadanos de Estados Unidos, sea en Riad [Arabia Saudí], sea en cualquier otro punto del mundo, son objetivos de los terroristas, lo lógico, dentro de la propia estrategia de Estados Unidos, es que haya nuevas intervenciones. Yo creo que Bush, en eso, ha sido absolutamente claro cuando no ha querido cerrar el conflicto iraquí, porque, entre otras cosas, tendría que aplicar la Convención de Ginebra. Pero ha dicho, una vez más: «Esta guerra será larga».

*—¿Y la postura de España? Me gustaría saber también cómo la analiza usted. ¿Cuál es su conjetura respecto al Partido Popular? Usted ha aludido varias veces a la postura del Gobierno de Aznar, a cómo se han tomado las decisiones, muy de Aznar, seguidas, después, por su partido. ¿Podríamos decir que es una postura que está garantizando que el Partido Popular continuará por ese camino aunque no estuviera Aznar?*

—Sería ideal pensar lo contrario, ¿no? Sería ideal que se pudiera revisar esa consideración. Pero cuando digo «revisar», inmediatamente interpretan que se pretende que no se impliquen en la guerra contra el terrorismo... Es esta especie de banalización del debate que me aterra, especialmente cuando los temas son tan graves y tan complejos. Pedir que no se implicaran en la lucha contra el terrorismo sería un disparate. Al contrario, yo creo que España tiene que seguir cooperando como Francia, como Alemania, como Gran Bretaña, como Italia, como todos los países que de verdad quieren acabar con el terrorismo. Tienen que seguir cooperando, coordinando sus servicios de inteligencia, coordinando sus esfuerzos en términos de eficacia policial. Por tanto, no es eso lo que se pide: lo que se pide es que revisen la estrategia con sus socios norteamericanos y británicos; que revisen este tipo de actuación, la ocupación de Irak... Va a ser un horror, un horror. Pero es que va a serlo porque va a aumentar la humillación en el mundo árabe y en el mundo islámico. Un atentado en Arabia Saudí y otro del mismo tipo en Casablanca... Eso significa que hay un arco que yo creo que no queda ahí, como han dicho en Estados Unidos. Puede llegar a Malasia. Hay un arco de riesgo dentro de ese territorio, puede salir fuera de esos territorios, puede ser en cualquier lugar de Europa. Por tanto, el resumen sería: la revisión no es la revisión de la necesaria coordinación en la lucha contra el terrorismo, sino la revisión de una estrategia, a mi juicio, absolutamente equivocada para luchar contra el terrorismo. Una vez más recordaré lo que decía hace ya un año o un año y pico: en materia de terrorismo internacional y, en general, en materia de lucha contra el terrorismo, pero sobre todo el internacional, el que estamos ahora mismo analizando, el 85 por ciento del trabajo consiste en información de los servicios de inteligencia, y el 15 por ciento, en acciones para detener a los culpables que se detectan mediante la información de inteligencia. Una guerra que arrasa un país, con una superioridad bélica, la que sea, nunca va a conducir a reducir la presión terrorista. Yo creo que es un error decir que la pobreza es el semillero del terrorismo; habría que corregirlo. Es la humillación y la pérdida de eperanza. La humillación y la pérdida de esperanza crean odio, fanatismo. Cuando uno dice algo de esto, analizando un fenómeno, con acierto o con error, la respuesta inmediata, como acaba de ocurrir aquí, es que se está justificando el terrorismo. No, no. Se *explica* por dónde pueden venir los tiros. Y si no se tiene explicación de un fenómeno, difícilmente se puede combatir con eficacia. Por tanto, justificación: cero; explicación, toda la que sea posible para poderlo combatir con eficacia.

*—¿Cree usted que la postura española es... digamos... revisable, sin Aznar? Ya sabemos cuál es la postura de Aznar, pero ¿la del Partido Popular podría modificarse? ¿O no? ¿Cuál es su opinión...?*

—Me gustaría... Me gustaría creer que sí. La verdad es que me gustaría creer que sí. Pero tengo la impresión de que se han embarcado todos en la misma orientación. Y, claro, rectificar por parte del PP ahora... probablemente sería buscar un equilibrio muy difícil, incluso en la relación con la Administración Bush. Por tanto, no tengo mucha esperanza de que nadie en el PP sea capaz de rectificar. En todo caso, Aznar es el que encabeza, sin duda alguna, toda esa estrategia y no creo que deje margen a nadie para la rectificación.

*—Y analizando el tema de la unidad en la lucha contra el terrorismo, desde una perspectiva global: hay claras diferencias de estrategias y sabemos, como hemos aprendido en España, que la unidad de todos contra el terrorismo es fundamental. ¿Cree usted que vamos hacia una unidad de todos en la lucha contra el terrorismo internacional o en el inmediato futuro y el medio plazo habrá varias líneas estratégicas, la del presidente de los Estados Unidos y otra diferente, la que usted está explicando aquí, la que otros países europeos manifiestan? ¿Se podrá converger hacia la unidad?*

—No... Habrá una situación... muy dramática. Pero incluso con una línea estratégica tan errónea como la que encabeza la Administración del presidente Bush, y a la que nos hemos sumado británicos y españoles, no se dejará de crear un espíritu de cooperación y de coordinación entre los servicios de inteligencia. Lo grave es que, por ejemplo, una fractura como la que se está produciendo entre Estados Unidos y Francia, en relación con la estrategia de la guerra, inevitablemente quiebra lazos de confianza, que son fundamentales, fundamentales para cooperar entre los servicios de inteligencia. Van a seguir cooperando, pero la confianza quebrada entre los estados hace menos eficaz esos elementos de cooperación. Ya digo: los franceses han sido los primeros en llegar a Marruecos, después ha ido nuestra gente de inteligencia, pero los primeros en llegar han sido los franceses, para ayudar en el descubrimiento de quién está detrás de esa amenaza terrorista y de ese ataque terrorista tan brutal, que ha costado la vida a muchos marroquíes y... a veces se nos olvida, a tres españoles. Pero los franceses están totalmente en desacuerdo con la estrategia utilizada en Irak. ¿Qué quiere decir esto? Habrá una fractura en cuanto a una estrategia puramente belicista, basada en un dominio militar o en una especie de *pax* americana... Ellos dicen que están en condiciones de garantizar la paz en el mundo, pero no se ve por ninguna parte, ni en Irak ni es previsible que se vea entre Israel y Palestina. No parece que vaya por ahí... No parece que la solución resida en una pacificación... ni en una reducción de la presencia americana en Arabia Saudí, a pesar de que buena parte de las tropas americanas se han ido de lo que podríamos considerar lugares santos. No parece que ni siquiera Marruecos o cualquier otro punto del planeta se... se libre. Por tanto, ¿por qué no concentrar el esfuerzo para que haya un consenso en la necesidad de coordinar a todos... a todos los que estén dispuestos, contra el terrorismo internacional? Pero es necesario coordinarlos en una estrategia que de verdad conduzca a la reducción de la amenaza. Repito, una estrategia de destrucción bélica, una estrategia de ocupación como la de Irak, por muy abyecto que sea el régimen iraquí y amenace a los vecinos o a otros, esa estrategia no conducirá a disminuir la amenaza del terrorismo y hará que se pierdan esfuerzos.

*—¿Quién podría conducir esto? Tenemos una institución, Naciones Unidas, que parecería, en principio, indicada para algo así. ¿Quién puede pilotar esa nueva fórmula?*

—Diferencio dos cosas, por eso no he querido entrar en eso. El Consejo de Seguridad de Naciones Unidas, como su propio nombre indica, debería ser el garante de la seguridad y de la paz. Por tanto, la guerra de Irak, sin la legitimidad del Consejo de Seguridad de Naciones Unidas, no sólo ha sido ilegítima, ilegal, injusta y yo creo que incluso inapropiada para el objetivo que se perseguía, sino que la ocupación será también ilegal. Naciones Unidas, en Irak, con una participación más amplia que la pura participación de esta alianza coyuntural, probablemente, lo que hace, sobre todo, es garantizar el paraguas de la legalidad internacional. Pero no estoy mezclando las cosas. En la lucha contra el terrorismo internacional, en el modelo que yo creo que es eficaz de lucha, lo importante es la coordinación de los servicios de inteligencia de países que crean en su confianza recíproca. Ahora apelamos a la recuperación del papel del Consejo de Seguridad, porque una ocupación, una guerra ilegal y una ocupación ilegal van a sembrar aún más violencia, aún más humillación. Pero estoy diferenciando eso, que me parece un error dramático, de la necesidad de coordinar servicios de inteligencia y acciones policiales. Vamos a ver: entre Afganistán e Irak, las detenciones los servicios de inteligencia no suman tantas como las que la policía ha efectuado sobre miembros de Al Qaeda en distintos países. Por tanto, es muchísimo más importante atender a ese flanco que cometer el error de hacer más guerra. Pero vamos a hacer más guerra, desgraciadamente.

*—Ha mencionado dos palabras muy... muy peligrosas: la humillación y la desesperación. Si esto crece y no se evita que siga creciendo, ¿cuál es el riesgo, señor González? ¿El famoso choque de civilizaciones que, según algunos han anunciado, podría no ser descartable?*

—Bueno... se puede estar creando. El Papa [Juan Pablo II], cuando hablaba del temor a la guerra, lo decía en esos términos: el temor a una guerra que pueda ser interpretada como una guerra entre civilizaciones. Desaparecido el peligro de guerra entre el Este y el Oeste, desaparecido el conflicto, digamos, ideológico-político, podría estarse creando un riesgo de confrontación entre creencias o civilizaciones diferentes. Realmente quizás exista... forma parte del ser humano y del poder: cuando no se tiene un enemigo claro, hay que clarificarlo y se busca. Se busca definir el enemigo. A mí me parece un error dramático, pero por ahí podría ir la aventura en la que nos estamos metiendo. Algunas veces he dicho, incluso, cuando se piensa en la OTAN para ayudar en la ocupación o en la administración de Irak, he dicho que se cometería un error gravísimo. Porque la OTAN es un pacto civilizatorio, con la excepción de Turquía, que no podría intervenir; la OTAN es un pacto casi judeocristiano. Pero desapareció el enemigo de referencia, que era la Unión Soviética. Ahora, un pacto de defensa se va a definir en términos de frente a quién se defiende. Entonces, si cometemos algún error en este sentido, de confrontación de civilizaciones, vamos a entrar en una dinámica absolutamente indeseable.

—*¿Cuál sería, entonces, el asidero para la esperanza? Vemos, por un lado, la voluntad de todos los países para contribuir a la lucha contra el terrorismo: el ejemplo de Francia, acudiendo rápidamente a Casablanca lo demuestra. Por otro lado, tenemos líneas divergentes en la estrategia de fondo en la lucha contra el terrorismo.*

—Exacto.

—*¿Cuál sería la manera de avanzar?*

—Lo que más me preocupa es cuánto se pierde en eficacia de coordinación, de inteligencia y de policía cuando hay fracturas en cuanto a la estrategia de conquistas bélicas, en el sentido tradicional del término. Por ejemplo, la fractura entre lo que el secretario de Defensa americano [Donald] Rumsfeld llama «la vieja Europa» y Estados Unidos, ¿a quién puede beneficiar esta fractura, desde el punto de vista de la coordinación de los servicios de inteligencia? Yo creo que a nadie. Los servicios de inteligencia son el elemento fundamental, junto a la acción policial, para combatir al terrorismo internacional, y se está debilitando, quebrantando incluso, la confianza entre los estados que deberían estar unidos en la lucha contra el terrorismo; se está quebrantando la confianza mutua por una decisión, a mi juicio, muy equivocada: convertir la guerra contra el terrorismo en una guerra convencional y de dominio del mundo. Si esto fuera así, estaríamos equivocándonos.

*—Un cambio de Gobierno en España podría modificar la postura oficial del Gobierno de España. Un cambio de Gobierno en los Estados Unidos, ¿podría modificar la actitud norteamericana ante este fenómeno?*

—Bueno, como estamos muy cerca del domingo, yo no hablaré sobre un cambio de Gobierno en España, porque no he venido a eso aquí hoy.

*—No, además, tampoco el domingo se plantea un cambio de Gobierno* [1].

—Sí, pero... bueno, estamos demasiado cerca de la campaña electoral...

*—No. No me estaba refiriendo a las elecciones del domingo, señor González.*

—Bueno, pues entonces no hablaré de eso. Yo creo que la estrategia de Bush no es reversible, salvo que hubiera un cambio en la opinión pública norteamericana. Si en Estados Unidos, el 60 por ciento de la opinión pública se pusiera en contra de esta estrategia belicista, o el 55 por ciento, el Gobierno de Bush cambiaría su estrategia.

*—O sea, no se trata tanto de un cambio de Gobierno, como de un cambio de estado de opinión de los Estados Unidos...*

—En Estados Unidos, la opinión pública, la opinión de los ciudadanos, cuenta de manera absolutamente decisiva para la acción de Gobierno. Esto me parece constatable a lo largo de la historia. Si hay un cambio de la opinión pública, habrá una rectificación por parte de la Administración. El propio Bush lo reitera en un libro aparecido justamente antes de la guerra de Irak.

*—Y, finalmente, ¿cuál es el papel que puede desempeñar Europa? No parece que esté en su momento más sólido... ¿Cuál es el papel que debe desempeñar Europa en este momento?*

—Europa tiene que intentar recomponer sus fracturas, cosa que le va a costar muchísimo tiempo y muchísimo esfuerzo. Incluso el debate que se está produciendo en Europa, en la Convención de estos días, sigue siendo un debate que no atiende al primer objetivo para recomponer esas fracturas: ¿queremos o no queremos tener un poder europeo relevante en la globalización, hacia fuera y hacia dentro? ¿Y en qué consiste ese poder relevante? A partir de ahí, se discute el reparto de poderes institucionales, etcétera. Y, segundo, Estados Unidos llegará a la conclusión, y pronto, espero, de que las alianzas permanentes, es decir, las alianzas que tienen fondo o trasfondo histórico son, para esta batalla contra el terrorismo internacional, infinitamente más importantes que estas alianzas coyunturales y de ocasión que tan mal resultado le han dado a Estados Unidos. Sadam Husein era un aliado de Estados Unidos, ahora lo es el presidente de Pakistán. Bin Laden también fue su aliado... ¡No es posible que se olviden de estas cosas! Los aliados permanentes serán necesarios en esta lucha, muy necesarios. Y, para Europa, es muy necesario que el vínculo atlántico se recupere y se fortalezca, pero eso no ocurrirá sin una Europa política unida, a la cual parece que hemos renunciado.

—*Señor González, muchas gracias.*

—A ustedes.

## NOTAS

[1] El 25 de mayo de 2003 se celebraron elecciones municipales y autonómicas (excepto en Andalucía, Cataluña, Galicia y País Vasco).

22

# *Mariano Rajoy*
# *«Pero ¿qué ha sido un error?»*

La guerra de Irak había comenzado en marzo de 2003. José María Aznar, su Gobierno y su partido se habían comprometido especialmente en ese conflicto, aliándose con las tesis del presidente norteamericano George W. Bush y con las del primer ministro británico Tony Blair. Otras potencias, como Italia, Polonia o Australia, también se habían involucrado en la contienda. A principios de abril, la guerra había concluido, pero siguió un período de gran inestabilidad en el país, con numerosos sabotajes, emboscadas y atentados terroristas. Irak era, simplemente, la expresión del caos.

En estas circunstancias y con la ciudadanía española en contra de la presencia de tropas españolas en Irak, el Gobierno de José María Aznar sufrió varios reveses: el más importante fue el asesinato de siete agentes del Centro de Inteligencia Nacional (CNI, antiguo Cesid). Las cadenas de televisión e internet difundieron las horribles imágenes del ensañamiento de algunos grupos de la resistencia iraquí con los cuerpos de los agentes españoles. La emboscada se produjo el día 29 de noviembre de 2003.

Iñaki Gabilondo entrevistó al vicepresidente del Gobierno, Mariano Rajoy, el 1 de diciembre de 2003. El futuro candidato del Partido Popular a la Presidencia del Gobierno en las elecciones de marzo de 2004 tenía ante sí un difícil reto: tratar de convencer a la ciudadanía de la necesidad de mantener efectivos en Irak e intentar explicar por qué habían muerto los siete agentes españoles. Otro tema de candente actualidad eran las pésimas relaciones del Gobierno central con los gobiernos de Euskadi y Cataluña.

*—Hoy es un día de luto. Estamos conversando aquí... cuando los cadáveres de los agentes españoles todavía se encuentran en el hospital Gómez Ulla. No sabemos si se está procediendo ahora a la autopsia... seguramente. ¿Cuál es su reflexión en este momento, señor Rajoy?*

—Bueno, yo creo que mi reflexión es la que haría cualquier persona normal. Fundamentalmente, lo que hay es un sentimiento de dolor, un sentimiento de gran tristeza y un sentimiento de solidaridad hacia los... hacia todos los familiares; sobre todo, hacia los familiares, los compañeros y amigos de todas las personas que han sido asesinadas en Irak. Yo creo que es lo que prima hoy, en este momento.

*—La sociedad española está sumida en el dolor. Hace unos días decía que no entendía muy bien qué estábamos haciendo allí. ¿Qué estamos haciendo en Irak, señor Rajoy?*

—Bueno, nosotros estamos en... en Irak con una coalición internacional, intentando en este momento que Irak vuelva a la normalidad y que se convierta en... en un país normal, como lo podemos ser nosotros. Un país con una Constitución, con unas elecciones libres, con democracia y con libertad. Eso es, fundamentalmente, lo que estamos haciendo allí.

*—¿No le parece que han sido demasiadas las razones que se han ido dando, y sucesivas, y escalonadas? Primero buscábamos armas de destrucción masiva; luego, estábamos en una labor humanitaria... ahora estamos luchando contra el terrorismo. ¿No estamos improvisando una razón tras otra, señor Rajoy?*

—No. Fundamentalmente... la razón fundamental que manifestamos en su día fue fundamentalmente la lucha contra el terrorismo. Ése fue el planteamiento inicial que se hizo por parte de todos. Durante muchos años, las resoluciones del Consejo de Seguridad de las Naciones Unidas exigieron a Sadam Husein que asumiera determinados compromisos; precisamente, en defensa de la paz, la libertad y la seguridad. Sadam Husein, como es sabido, no cumplió esos compromisos y, a partir de ahí, se adoptó la decisión que todos conocemos. Bien, una vez que cayó el régimen de Sadam Husein, de lo que se trata es de que, a la mayor brevedad posible, haya una Constitución, haya unas elecciones libres y haya una normalidad en el país. Pero, lógicamente, todo eso no es fácil. Y todo eso exige ir trabajando en varias direcciones. En primer lugar, en la reconstrucción de Irak, en la elaboración de esa Constitución, en la creación de unas Fuerzas Armadas, en la creación de una Policía... De hecho, la última resolución del Consejo de Seguridad de las Naciones Unidas ya pidió al Gobierno provisional iraquí que antes del 15 de diciembre presentara un proyecto o un calendario fijando la fecha de las elecciones y la elaboración de la Constitución. Eso es lo que a buen seguro se va a hacer. En eso están empeñadas Naciones Unidas en este momento. Pero hay que decir que eso no es nada fácil.

*—Pero respecto al papel de España... se nos dijo que nuestros hombres habían ido allí en una acción humanitaria. Y ahora se nos dice que están ganando una batalla contra el terrorismo. ¿No son distintas las especialidades profesionales para una cosa y para otra?*

—Nuestros hombres fueron... En primer lugar, España como es sabido, aprobó la intervención en Irak, precisamente, en coherencia con lo que había sido siempre nuestra política en materia de lucha contra el terrorismo. A partir de ahí, nosotros dimos apoyo político, como dieron otros países. En un primer momento, lo que prestamos fue ayuda humanitaria. Fueron aquellos soldados, aquella fragata que estuvo en la zona de Um Qsar, y que estuvo... reconstruyendo algunas escuelas, hospitales, etcétera. Y luego hubo una segunda fase, que es en la que nos encontramos, donde hay países que están colaborando en el mantenimiento, la seguridad y la estabilidad. Es decir, en eso es en lo que estamos trabajando nosotros, en este momento. También estamos trabajando, como es sabido, con los responsables de distintos ministerios para ayudar a hacer la Constitución, para el tema judicial y también para obras de saneamiento, de abastecimiento, de carreteras... Y hay... pues... un grupo importante de militares, la brigada Plus Ultra, que está trabajando para garantizar la seguridad y la estabilidad. Porque... claro... es decir, es imposible hacer un país normal si no está garantizada... La primera obligación básica que tiene cualquier Estado moderno es garantizar las libertades, los derechos, lo que es la seguridad y la estabilidad... y ahí estamos ayudando nosotros, para lo que es una determinada zona de Irak.

*—Perdóneme, señor Rajoy, pero yo no recuerdo el día que se comunicó que habíamos sustituido nuestro objetivo humanitario por este otro que dice usted. ¿Cuándo fue eso?*

—Eso fue a lo largo de los últimos meses. Yo lo recuerdo perfectamente porque formé parte, como usted sabe, del comité de crisis que llevaba los temas de Irak. Cuando se produjo la intervención de los Estados Unidos, nosotros no intervinimos militarmente, como es sabido, pero sí prestamos ayuda humanitaria en la zona sur de Irak. Después de que se produjo la intervención, y cuando ya Sadam Husein había caído, pues entonces es... ya se estableció que distintos países íbamos a colaborar ahí. Y, luego, ya lo ratificó la ONU, hace no muchas fechas. Nosotros mandamos a responsables, como es sabido. Mandamos a responsables en Defensa, mandamos a algunos responsables para ayudar en cuestiones a la policía, en saneamientos... Y, luego, para garantizar la seguridad y la estabilidad... Estamos asumiendo diversas funciones en Irak.

—*¿Qué tiene que ocurrir para que los ciudadanos españoles y las fuerzas políticas, igual que están unidas en torno al dolor, ahora mismo, y en torno a los muertos que han llegado de allí, lo estén también en torno al papel que jugamos y que habremos de jugar? Mañana, en la sesión parlamentaria, el presidente del Gobierno va a intervenir. Ha dicho hace unos días que se han cometido errores: ¿qué cree que debería hacer el Gobierno y la oposición para que tengamos no un cien por cien de unidad en el dolor y un 83 por ciento que no entiende lo que pasa, sino un cien por cien unido en todo?*

—Pues mire usted, es muy difícil saberlo... Yo creo que, efectivamente, todo el mundo está unido en el dolor, ¿no? Bueno, a partir de ahí... Bueno, yo creo que España no puede eludir la responsabilidad que está asumiendo en Irak... Ni España ni nadie. Yo comprendo que ahora se pueda producir un debate sobre si hay que retirar las tropas o no. No se pueden retirar las tropas. Es decir, si todos los países que están allí intentando que Irak se convierta a la... que se convierta con la mayor rapidez posible en un país normal, si ahora decidieran retirar sus tropas, sería tanto como dejar a veintiséis millones de seres humanos a su suerte, ¿no? Es decir, aquello se podría convertir en un sitio absolutamente invivible. Y, sin duda alguna, estaríamos dando el paso previo a una dictadura igual o peor que la de Sadam Husein. Por tanto, yo creo que tenemos que seguir haciendo los mayores esfuerzos de los que seamos capaces para que Irak vuelva a la normalidad; y debe hacerse un esfuerzo suplementario por parte de toda la comunidad mundial. Hay una última resolución, como todos sabemos, de Naciones Unidas, donde ya se ha llegado a un consenso y en la que ya se pide a las fuerzas de los países que estén allí que intenten recuperar la normalidad a la mayor brevedad posible, en la que se invita a otros países a ayudar... Y, en fin, yo creo que en este momento la comunidad internacional tiene una enorme responsabilidad. Creo que, en este momento, jugar a que a uno le salgan bien o mal las cosas a nivel mundial es algo que tiene muy poco sentido y, por tanto, yo creo que en este momento lo que hay que hacer es esforzarse, siendo como es, muy difícil, para que Irak recupere la normalidad con mayor rapidez. Creo que es el objetivo básico en este momento. Y que eso es lo que puede evitar cosas como las que desgraciadamente están ocurriendo.

*—Ése es, desde luego, el objetivo. Pero leyendo la prensa internacional, estos días todo el mundo coincide en que no se trata de irse o no irse de Irak. Se trata de rectificar una estrategia que ha sido un error.*

—Sí, pero ¿en qué hay que rectificar la estrategia? Yo creo que hay que hacer el mayor esfuerzo para recuperar la normalidad en Irak. ¿Qué es lo que ha sido un error? ¿El haber tomado la decisión, en su día...? Eso... En el supuesto de que hubiera sido un error, no tiene sentido ahora regodearse en el error ni echarle la culpa a nadie. Yo creo que, en este momento, hay que trabajar en que las cosas salgan bien. Ahora bien, estas cosas no son fáciles. Es decir, Naciones Unidas se ha ido de allí, luego aprobó una nueva resolución; tenemos el problema de Israel y Palestina, que es dificilísimo y hay un acuerdo en la comunidad internacional, y no es posible, de momento, aplicar la «Hoja de Ruta» [1]. Es decir, estamos ante temas complicados, ante situaciones difíciles que exigen mucha determinación, mucha convicción y, desde luego, el mayor acuerdo posible.

*—Y, finalmente, señor Rajoy, ¿no le produce al Gobierno y al Partido Popular desolación que la política española esté muy unida a la política norteamericana, mucho más unida a la política norteamericana que al pueblo español?*

—Mire usted, las cosas no se pueden plantear así, Iñaki, yo creo que la política... Yo he intentado expresarlo recientemente en una conferencia que he dado planteando mi política internacional. Es decir, yo creo que nosotros... Nuestra política internacional es una política europea. Porque ya en Europa nuestra política se confunde con nuestra política interior. De hecho, prácticamente, el 40 por ciento de las decisiones sobre temas económicos importantes se toman en Europa. Por eso tenemos ahora el debate tan importante de la Conferencia Intergubernamental. Ya estamos avanzando en el tema de la libertad, la seguridad y la Justicia. Ya estamos trabajando en una política exterior y de defensa. Pero creo que es absolutamente compatible tener una relación con Europa con tener una buena relación con Estados Unidos, con quien (no lo olvidemos) compartimos valores comunes desde hace muchos años: compartimos democracia, compartimos libertad, compartimos la lucha contra las dictaduras. Y, por tanto, yo creo que es plenamente compatible esa relación.

*—Hablemos ahora de otras cosas. En Cataluña parece que esta semana puede ser importante. Yo no sé... ¿fue un error su viaje a Cataluña a hablar con los empresarios y a decirles que tuvieran cuidado con Esquerra Republicana?*

—Bueno, yo tengo que decir que yo no fui a decirles que tuvieran cuidado con Esquerra Republicana. Es decir, esto es una de las cosas sorprendentes que pasan de vez en cuando... Yo fui a tener un contacto con los empresarios de Cataluña, en fin... para ver cómo pensaban ellos que... qué pensaban ellos de ese asunto. Y para decirles también qué pensaba yo. Pero yo no fui a presionar a nadie ni a decir nada de Esquerra Republicana. Pero sí fui para manifestar la posición del Partido Popular, que era conocida, porque era la que habíamos manifestado a lo largo de toda la campaña [2]. Nosotros dijimos que los dos grandes partidos tradicionales en Cataluña, en cuanto a número de votos, estaban haciendo una campaña en referencia exclusiva a Esquerra Republicana, por la cual se convirtieron en el eje de todos los debates. Lo que había detrás era la presunción de que Esquerra Republicana podría ser decisiva; y creo que lo que está sucediendo ahora es lamentable. Es lamentable ver cómo CiU y el PSC, abdicando de lo que han hecho, de lo que piensan, de lo que sienten... y de lo que creen sus electores... Están detrás de Esquerra Republicana, que es el que marca ahí el ritmo. Los cita un día, los cita otro, les echa la bronca, les pone obligaciones. Yo creo que es un papel tremendo. Yo creo que allí debían establecer un acuerdo sobre lo que se ha hecho estos años, un acuerdo de estabilidad en el cual no es necesario Esquerra Republicana: es mi opinión. Y ya lo dije una vez, creo que tengo derecho a darla. Yo creo que Esquerra Republicana, que es un partido independentista, como ha dicho en innumerables ocasiones el señor [Josep Lluís] Carod Rovira, que tiene un programa que es inasumible, por lo menos desde mi punto de vista, sería bueno que no estuviera en el Gobierno. Yo, como no tengo que hacerle (con perdón) la pelota a Esquerra Republicana, puedo decir tranquilamente lo que pienso.

*—Así que usted sería partidario de un Gobierno CiU-PSC...*

—Bueno, yo creo que somos partidos que hemos estado en la Constitución, en el Estatuto de Autonomía. CiU lleva años colaborando a la gobernabilidad de España, tanto con el PSOE como con el PP. Ahora se les dice que no pueden pactar con Madrid o que no pueden pactar con el PP. Bueno, ¿y por qué no? El Partido Socialista no está en los planteamientos de Esquerra Republicana; es decir, yo no creo que el modelo de Estado del Partido Socialista sea el que dice [Pasqual] Maragall y el que se deduce de sus conversaciones con Esquerra Republicana. El concierto económico... eso no lo puede aceptar el Partido Socialista y lo saben. Todas estas cosas que se están diciendo ahora a mí me sorprenden mucho... Entonces, yo creo que hay que hacer pedagogía en cosas que me parecen bastante razonables; es decir, CiU no puede estar en la Constitución, en el Estatuto, colaborando a la gobernabilidad, ayudando a que las cosas hayan ido bien en Cataluña y al mismo tiempo hacer el discurso de que hay una gran insatisfacción. Mire usted, algo tendrá que ver usted en la insatisfacción. Y respecto al Partido Socialista, el modelo de Estado que conozco yo del Partido Socialista de toda la vida, y que creo que es el que responde a los deseos y a lo que piensan los socialistas, no tiene nada que ver con lo que se está haciendo aquí. Y, por lo tanto, creo que hay que tener convicciones y hay que defenderlas. Tienen que hacer pedagogía, pero lo que hacen es estar con la lengua fuera detrás de Esquerra Republicana, y me parece tremendo. Me parece muy poco edificante.

*—Señor Rajoy, por lo que se refiere a Euskadi, ¿esta reforma del Código Penal no es una constatación del fracaso político? La reforma se ha hecho mediante una enmienda del PP en el Senado, un poco de mala manera... al escondite... por la puerta de atrás... ¿No es un indicador de que la política ha fracasado? Cuando hay que judicializar así este tema...* [3].

—Vamos a ver... Claro, no es que haya que judicializar... Es que una cosa es el cumplimiento de las leyes y otra cosa distinta es la política. Es decir, yo quiero decir... En el año 1978, y es bueno recordarlo ahora que celebramos el 25 aniversario de la Constitución, los españoles hicimos un esfuerzo enorme por ir hacia delante y pactamos muchas cosas. Pactamos la monarquía parlamentaria, pactamos un determinado modelo autonómico, unas reglas del juego; y una de las cosas que pactamos fue el modelo territorial. Hicimos un cambio brutal, porque pasamos de un modelo fuertemente centralizado a un Estado con un nivel de descentralización que, en el País Vasco, es máximo. Luego pactamos el Estatuto de Autonomía de Gernika, que eran las reglas del juego para el futuro. Durante dieciséis, dieciocho o veinte años, tanto el PSOE como el PP, estando yo en el Gobierno, en el año 96, hemos pactado con el PNV. Y luego, el PNV, en el año 1998 firmó el Pacto de Estella con ETA, como es sabido, y dijo que las reglas del juego que habíamos pactado ya no valían, y sus aliados en las reglas del juego, que eran los partidos no nacionalistas, tampoco valían ya. Bueno, mire usted, a partir de ahí, yo creo que hay dos cosas: una, la obligación de construir una alternativa política, que no es sólo un derecho, es una obligación. Hay mucha gente que es partidaria de la Constitución, que es partidaria del Estatuto, que cree que es bueno estar en España. Por tanto, en eso creo que es en lo que hay que trabajar. Y, luego, lo demás. Yo creo que la Ley hay que cumplirla. En un Estado democrático, civilizado y serio, la Ley hay que cumplirla. Y yo creo que, al final, con no hacer nada o dejando que las cosas se vayan produciendo sin control, corremos el riesgo de que se instale en la normalidad que alguien pueda convocar un referéndum, que alguien puede presentar y someter a votación si la soberanía radica o no en el conjunto del pueblo español o si alguien puede incumplir las sentencias de los tribunales.

*—Pero si eso es incumplir la Ley, ¿por qué no se hace cumplir la Ley, en vez de inventarse una nueva ley? Si usted quiere decir que con esas acciones ya se estaría incumpliendo la Ley, ¿por qué sería necesaria otra ley...?*

—No, en este momento no se está incumpliendo la Ley, porque no se ha convocado el referéndum. Ha habido tres reformas...

*—No, no... le digo: ¿si se convoca el referéndum, ya estaría en ese momento incumpliéndose la Ley?*

—Si se convoca un referéndum estaría incumpliéndose la Ley.

*—Entonces, ¿para qué hacen falta reformas en el Código Penal para hacer que eso sea delito?*

—No... porque no está regulado en el Código Penal cuál es la sanción por convocar un referéndum ilegal. Es que son tres temas. Una de las cosas que se incluyen en esa reforma es establecer como delito el dar dinero a organizaciones terroristas. Porque, claro, el conjunto de la sociedad española y todos los países europeos estamos implicados en una lucha contra las organizaciones terroristas. Batasuna ha sido declarada ilegal por los tribunales de Justicia españoles. Es ilegal, según la ley europea, que la incluye en la lista de las organizaciones terroristas, y el Parlamento vasco sigue dándole dinero. Y es que no podemos aceptar esa situación. A veces se dice: «No, es que usted toma medidas que son muy duras». Pero, mire usted, es que no se puede adoptar otro tipo de medidas ante situaciones como las que provocan las decisiones de algunos. Si el PNV hubiera respetado lo acordado en su día, si hubiera respetado las reglas del juego en su día con el mayor nivel de autogobierno en la historia del País Vasco, incomparable con lo que ha sucedido nunca, no estaríamos en esta situación. Pero, claro, la alternativa que tiene el Estado es abdicar de sus responsabilidades. Yo, desde luego, yo tengo que decir que yo no lo haría.

*—Señor Rajoy, ¿hubo unanimidad en el Consejo de Ministros cuando se propuso este tema? Porque algún periódico dijo que no había habido unanimidad en el Consejo de Ministros en el momento de proponer esta reforma del Código Penal.*

—Yo no tengo... pero creo que ha habido unanimidad, hasta donde yo sé. Nadie me ha dicho lo contrario. Efectivamente, he leído la noticia por la que usted me pregunta, pero yo no tengo confirmación de que sea así. Vamos, nadie me ha dicho que sea así.

*—Bien. ¿Adónde cree que vamos en el caso del Plan Ibarretxe? ¿Adónde cree que vamos?*

—Pues, mire usted, a mí me gustaría que el Plan Ibarretxe no saliese adelante, porque el Plan Ibarretxe es una destrucción de una Constitución y de un modelo que nos hemos dado entre todos en el año 1978. Ése es el problema. A mí me gustaría también no tener que parar eso con medidas jurídicas, pero también hay que decir una cosa: un Estado de Derecho no puede consentir el incumplimiento flagrante de la Ley en un tema de estas características. Yo creo que esto es bueno que lo asumamos y lo tengamos en cuenta, porque la alternativa a asumirlo es que se puede violar la Ley en España y se pueden tomar decisiones por encima del pueblo español. ¡Eso no es posible! ¿Adónde vamos? Pues ya lo veremos en el futuro. Yo creo que hay instrumentos legales suficientes para hacer que se cumpla la Ley. Yo espero que se produzca una reflexión y que le entren el sentido común y la sensatez a las personas que están planteando esto. No es posible: nadie, en ningún país civilizado, hace una cosa de estas características, y, en cualquier caso, espero que se trabaje en una alternativa en favor de lo que dice nuestro texto constitucional, nuestro Estatuto y conforme a lo que es el signo de los tiempos.

*—¿Sería usted partidario de aplicar el artículo 155 de la Constitución?* [4].

—Mire usted, yo no soy partidario de llegar a situaciones límite. Es decir, yo creo que hay que hacer el mayor esfuerzo de que se sea capaz para evitar situaciones límite. Ahora bien, también es evidente que cuando alguien pretende poner en situaciones límite al Estado, tiene que saber que no va a conseguir sus objetivos. Es decir, es que no es posible que los consiga. Yo creo que eso es bueno que se sepa, y que se sepa que ésa es la regla del juego. A partir de ahí, todos debemos hacer el mayor esfuerzo de que seamos capaces para no llegar a esa suerte de...

*—Una curiosidad: estaba mirando el artículo 155 de la Constitución... ¿cómo se puede aplicar? ¿Cómo se aplica? Es decir, si mañana se suspende la Autonomía del País Vasco, ¿qué pasa? ¿Cómo es eso de la Autonomía suspendida...?*

—No... El artículo 155 es un artículo que dice que en situaciones, en fin, para el interés general, se podrán adoptar las medidas... no las fija con absoluta claridad, pero, evidentemente, apunta medidas excepcionales. Yo, sinceramente, creo que no es el momento... No conviene adelantar acontecimientos. Ojalá no tengamos que usar medidas excepcionales, como puede ser cualquiera de las que se puedan utilizar conforme al artículo 155, pero también es verdad que estamos en el siglo XXI y que en la Europa democrática y civilizada no se puede aceptar que un señor decida romper la unidad nacional de un país y la idea básica de la Constitución de ese país, aprobada por la inmensa mayoría, que es la contenida en el artículo 2, porque así se le ha ocurrido. Y eso no puede ser.

*—Y, finalmente, señor Rajoy, en Euskadi, de una manera, y en Cataluña, puede que de otra, se están produciendo movimientos que consideran oportuno, de una manera u otra, reestudiar la Constitución, reestudiar todo aquello que hace 25 años se decidió. ¿Cree usted que sería oportuno? ¿Cree usted que tiene razón [Manuel] Fraga, por ejemplo, cuando dice que habría que reestudiar la Constitución?*

—Mire, yo, en esto, creo tener las ideas bastante claras. Yo creo que las normas de juego, las reglas de convivencia, cuanto menos se toquen, mejor. Sobre todo, cuando han sido acordadas por la gran mayoría... No fue fácil, como es sabido, acordar la Constitución de 1978. Pero yo creo que la Constitución, los estatutos, las leyes electorales, sobre lo cual también se debate mucho... cuanto menos se toquen, mejor. Y yo creo que se pueden tocar cuando haya un consenso y haya una necesidad clara. Mire usted, siempre pongo este ejemplo: yo he participado, cuando estaba en la oposición, y después, en el Gobierno, en dos grandes acuerdos con el PSOE en materia autonómica. Uno de ellos fue el Pacto Autonómico, en 1992, que creo que fue algo muy importante. Estuvimos más de un año trabajando, una tarde a la semana, en el Ministerio de Administraciones Públicas y llegamos a un acuerdo. Fueron unas decisiones de una importancia capital en cuanto al aumento de competencias de estas autonomías. Prácticamente dejamos cerrado el modelo autonómico y no pasó nada. Lo que no es bueno es estar planteando continuamente reformas de estatutos o reformas constitucionales... Yo creo que esto requiere serenidad, requiere reflexión... ¡La Constitución no es intocable, sería ridículo pensarlo! Pero, en este momento, yo no veo ningún tema que requiera una reforma y que sea tan urgente llevarla a término. Pero no es inmodificable, eso sería absurdo.

—*Si, por ejemplo, el Parlamento de Cataluña llegara con una propuesta de revisión del Estatuto y con un 70 u 80 por ciento de representación...*

—Vamos a ver, Iñaki, en el Parlamento de Cataluña hay cuatro posiciones, según yo lo veo. Un proyecto de reforma del Estatuto de Autonomía de Esquerra, que quiere un Estado libre asociado como paso previo a la independencia. Luego tenemos el de CiU, que desapodera al Estado de las competencias que están en la Constitución, y lo hace por el procedimiento legal y crea el derecho de autodeterminación, con lo cual, exige modificar el artículo 2 de la Constitución. Está también el proyecto de Estatuto del Partido Socialista, que no recoge el derecho de autodeterminación, pero que desapodera al Estado de una parte de sus competencias básicas. Y luego está Izquierda Unida que hace lo que quiere... Es decir, ahí no hay un proyecto de Estatuto de cuatro. Es decir, el Partido Socialista no puede votar el proyecto de reforma de Estatuto de Esquerra Republicana porque entonces no sería el Partido Socialista, sería otra cosa... Y, por tanto, no es verdad que haya ese consenso del 80 o el 90 por ciento; no es verdad porque piensan y dicen cosas muy distintas.

—*¿Va a ser usted el próximo presidente de Gobierno en España?*

—Yo lo que digo es que voy a intentarlo. No sé si lo voy a ser. Desde luego, lo voy a intentar. Y le voy a pedir a los españoles que me voten y que confíen en mí.

—*¿Le gustaría serlo?*

—Sí, sí... Claro que me gustaría. Claro que me gustaría... Y cuanto más veo cómo van las cosas... en fin... más me gustaría. Creo que es un enorme honor y una enorme responsabilidad, soy muy consciente de ello. Y creo que estoy preparado para ser presidente del Gobierno.

—*¿Sería un presidente como Aznar?*

—Yo creo que Aznar ha sido un extraordinario presidente de Gobierno, y yo haría algunas cosas como Aznar, y otras las haría a mi manera, porque todos somos distintos en esta vida, como es evidente.

—*¿Nos puede dar alguna pista, alguna cosa que haría de manera distinta...?*

—No... Es decir, lógicamente, en temas fundamentales... ya lo he dicho y, además, lo he reiterado, creo que no se debe cambiar en política económica, en la lucha contra el terrorismo, que yo he llevado siendo ministro de Interior. En el tema de la estructura del Estado, creo que las cosas hay que hablarlas, dialogarlas y no se pueden tirar papeles de unos sobre otros. Creo que es un tema lo suficientemente importante. Y, a partir de ahí, pues mire, cada uno es como es.

—*En una situación como ésta, si usted fuera presidente del Gobierno, ¿dialogaría con Ibarretxe?*

—Es muy difícil, porque nos ha puesto a todos en una situación muy complicada. Es decir, cuando una persona rompe un consenso y te pone sobre la mesa, para negociar, el texto que ha propuesto él, ya te está poniendo en una situación de desventaja. Mire usted, hay que retirar antes las cosas y entonces se puede hablar. Porque yo podría poner un estatuto distinto del pactado en su día, pero por el otro lado. Es decir, yo creo que en todos estos temas es fundamental la lealtad y el diálogo, y no adelantar acontecimientos y poner al otro en situaciones muy complicadas. Y, hasta ahora, en España, una de las cosas más importantes que se han hecho ha sido que todo el tema de la constitución territorial del Estado se formalizó hablando: todos los estatutos, y mire que eran temas complicados y difíciles. Yo he vivido mucho esos temas. Lo malo es cuando empiezan a salir las reformas de estatutos como propuestas electorales, en fin... no se sabe a qué efectos... Yo creo que ése no es el sistema. Y yo, desde luego, trabajaré en el futuro para que esas cosas se hablen, se dialoguen y se pacten entre todos. Un país donde las reglas del juego no se pactan es un problemón grave.

*—Señor Rajoy, muchas gracias, buenos días.*

## Notas

[1] La llamada «Hoja de Ruta» fue uno de los innumerables planes de actuación progresiva para solucionar el eterno problema entre Israel y Palestina. Estuvo de moda durante algunos meses en 2003, pero finalmente cayó en el olvido.

[2] Las elecciones autonómicas de Catalunya (16 de noviembre de 2003) ofrecieron los siguientes resultados, por escaños: CiU, 46; PSC-PSOE, 42; ERC, 23; PP, 15; ICV-IU, 9. El mapa resultante podría haber sugerido una alianza de CiU con el Partido Socialista, pero este camino se hizo inviable y los socialistas prefirieron formar el famoso Gobierno «tripartito» con Esquerra Republicana e Iniciativa per Catalunya-Verdes.

[3] El lehendakari Juan José Ibarretxe y su Gobierno habían planteado la propuesta para la reforma del Estatuto de Gernika: el llamado Plan Ibarretxe. El lehendakari había anunciado que la propuesta se llevaría a las Cortes y que si el plan se rechazaba, como era previsible —dado que planteaba la creación de un Estado en régimen de libre asociación con España—, convocaría un referéndum que ratificara su proposición. El Gobierno del Partido Popular respondió con una reforma del Código Penal en la que se aplicaban penas de cárcel para los responsables políticos que convocaran un referéndum ilegal.

[4] Constitución española. Artículo 155: «1. Si una Comunidad Autónoma no cumpliere las obligaciones que la Constitución u otras leyes le impongan, o actuare de forma que atente gravemente al interés general de España, el Gobierno, previo requerimiento al presidente de la Comunidad Autónoma y, en el caso de no ser atendido, con la aprobación por mayoría absoluta del Senado, podrá adoptar las medidas necesarias para obligar a aquélla al cumplimiento forzoso de dichas obligaciones o para la protección del mencionado interés general. 2. Para la ejecución de las medidas previstas en el apartado anterior, el Gobierno podrá dar instrucciones a todas las autoridades de las Comunidades Autónomas».

23

# *Josep Lluís Carod Rovira*
# *Arte político de la ingenuidad*

Josep Lluís Carod Rovira (Cambrils, Tarragona, 1952) saltó al primer plano de la actualidad nacional cuando encabezó el éxito de su partido (Esquerra Republicana de Catalunya) en las elecciones autonómicas celebradas el 16 de noviembre de 2003. ERC consiguió 23 diputados y se convertía en la fuerza política imprescindible para gobernar la Generalitat. Finalmente, un acuerdo entre el PSC (Partido Socialista de Catalunya), IC (Iniciativa por Catalunya, vinculada a Izquierda Unida) y ERC configuró un Gobierno, llamado «tripartito», dirigido por el socialista Pasqual Maragall. Este Gobierno tuvo que afrontar, desde su constitución, numerosos problemas derivados de la confrontación con el Gobierno central de José María Aznar (Partido Popular) y de las discrepancias con algunos sectores del PSOE. En este contexto, la prensa publicó en febrero de 2004 que Josep Lluís Carod Rovira, entonces *conseller en cap* del Gobierno catalán, había mantenido un encuentro en Perpiñán (Francia) con la cúpula de la organización terrorista ETA. Según las informaciones publicadas, el líder de ERC habría llegado a un hipotético acuerdo con la banda criminal para que ésta no cometiera atentados en territorio catalán. Pasqual Maragall, presidente de la Generalitat de Catalunya, destituyó a Josep Lluís Carod Rovira como *conseller en cap* o, según la versión oficial, el líder republicano renunció voluntariamente al cargo.

El 17 de febrero de 2004, Iñaki Gabilondo entrevistó a Josep Lluís Carod Rovira en el programa *Hoy por hoy* de la Cadena SER.

—*Josep Lluís Carod Rovira, secretario general de Esquerra Republicana de Cataluña*, bon dia.

—*Bon dia*. Buenos días.

—*¿Cómo está usted?*

—Pues bien. ¿Y usted?

—*Pues yo, muy bien, muchas gracias. Ha pasado usted una semana de reflexión personal, después de la crisis generada por el encuentro con ETA. Me gustaría saber, señor Carod, ¿a qué conclusión ha llegado usted en esta reflexión sobre lo sucedido?*

—Bueno... con sinceridad, más que una semana de reflexión personal, yo diría que se ha tratado de un tiempo de desconexión de la política y, sobre todo, de ciertos medios de comunicación; ha sido un tiempo de conexión con la vida, de conexión con la amistad, de conexión con la familia, de conexión con la belleza, de conexión con la naturaleza, de conexión con la buena gente. Yo he llegado a una conclusión muy elemental: que es en los momentos difíciles cuando uno puede comprobar la miseria de la grandeza humana, pero a la vez, también, la grandeza de la condición humana. Y también he llegado a la conclusión de que esto existe en todas partes. Algunos amigos o algunos compañeros o conocidos me han dicho: «Todo esto ha sido muy duro para ti, ha sido terrible lo que has tenido que oír: los insultos, las infamias, las injurias, las descalificaciones que has tenido que soportar, por un hecho que, en fin, puede ser discutible, como todos los hechos políticos. Pero la política es esto». Eso me dicen. Pues bien, yo no me resigno a aceptar que la política sea esto. Para mí la política es otra cosa. Cada uno debe asumir los errores que haya cometido y, evidentemente, el hecho de ser conseller en cap en el momento de la reunión de marras podía tener consecuencias en el caso que se conociera que había existido esa reunión, las consecuencias que ha tenido, evidentemente. Aunque éstas han estado debidamente instrumentalizadas por toda la presión mediática del Partido Popular y tenido las consecuencias que han tenido.

—*¿Pero es usted consciente de que cometió un error o no?*

—Usted quiere que le diga la verdad, ¿no?

—*Sí, claro.*

—Si no se hubiera sabido nunca que yo había tenido esta reunión, ¿hubiera cometido un error? Yo creo que no. El error está, quizás, en infravalorar la capacidad de maldad mediática, por decirlo de alguna forma, la capacidad de militarización del pensamiento que ha conseguido el Partido Popular a lo largo de estos años. Por lo tanto, al infravalorar esta posibilidad, la reunión se ha convertido en un error político. Pero yo nunca pensé que fuera más importante ocupar o tener un cargo concreto que hablar de política con una organización que practica la lucha armada y que ha causado centenares y centenares de muertos.

*—Perdóneme, señor Carod: usted es secretario general de Esquerra Republicana desde noviembre de 1996 y ETA le invita a esta conversación ahora, cuando es* conseller en cap: *¿no cree que usted es citado porque precisamente es* conseller en cap *y que esta circunstancia confiere a ese encuentro un carácter especial, tanto si se sabe como si no se sabe?*

—Pues no le digo que no... Pero es que cuando yo entro como secretario general de Esquerra Republicana de Catalunya, mi partido es en aquel momento un partido de gran tradición política en Catalunya pero con un peso específico muy modesto en el seno de la sociedad catalana. Cuando yo tengo esta... Yo en ningún momento he planteado la necesidad de una reunión en 1996, cuando entro como secretario general. Es mucho más tarde, cuando tenemos en Catalunya aquella oleada terrible de atentados y asesinatos. Cada tres o cuatro semanas teníamos una nueva víctima. Entonces nos plantamos y decimos: «Esto no puede ser, esto es intolerable. Vale la pena defender cualquier idea, pero vale la pena defenderla en las urnas, que es donde las personas civilizadas podemos defender nuestros intereses». Y a partir del momento en que Esquerra obtiene el 16,5 por ciento de los votos, cuando tiene una tercera parte del Gobierno de Cataluña, cuando tenemos 123 alcaldes, frente a los diez de PP, y 1.300 concejales frente a los 300 del PP, cuando se dan estas condiciones, yo me veo con una mínima capacidad moral para hablar con quien sea y decir que por la vía pacífica, por la vía democrática, una fuerza política independentista como Esquerra Republicana va ganando terreno y que no existe otra vía que no sea ésta. Quizás lo consideré con ingenuidad, yo no digo que no. Ingenuo es una palabra procedente del griego que significa «bien nacido», ¿no? Y perdone en este caso mi doble ingenuidad, incluso filológica.

*—Señor Carod, usted no quiere volver al asunto de la entrevista, pero quisiéramos saber si no teme usted que el asunto de la entrevista vuelva a usted. ¿Puede salir algo más de esa entrevista? ¿Le consta a usted que los servicios secretos del Estado dispongan de información, de más información sobre esta entrevista?*

—No. Como usted comprenderá, no tengo ningún contacto con los servicios de información del Estado.

—*¿Teme usted que pueda salir algo nuevo?*

—Pues no... No lo sé. En todo caso, en esta entrevista me limité a exponer los puntos de vista políticos de Esquerra Republicana de Catalunya y punto. Y por otra parte, en fin, el mismo comunicado de ETA decía que no hubo ningún tipo de acuerdo ni ninguna negociación, y ya está... En fin, no sé qué más decir... Es más: cuando alguien hablaba de contrapartidas, no sé qué contrapartidas podríamos ofrecer nosotros. Mire: el tema de ETA es un tema donde se demuestran un par de cosas. Primera, aparte de que ETA ha durado mucho más de lo que duró el franquismo, se ha demostrado que por la vía violenta los objetivos que ETA persigue no se han conseguido; por tanto, es un fracaso. Pero también se demuestra que por la vía exclusivamente policial, ni en la dictadura del franquismo ni en democracia se ha podido poner fin a ETA. Con lo cual, es que no queda otra vía que la vía que se ha adoptado con el tema irlandés. Tony Blair no solamente pacta y habla a través de su Gobierno con el Sinn Fein y con el IRA, sino que además tiene la valentía de ir al Parlamento británico y hablar de la guerra de Irak, cosa que no ha hecho en ningún caso el señor Aznar, y en Francia, los gobiernos franceses pactan una tregua y el fin de la violencia en Córcega. Y modestísimamente, modestísimamente, hace ya una década que nosotros, y modestia aparte, yo mismo, desde Esquerra Republicana de Catalunya, protagonizamos las primeras entrevistas con la organización Terra Lliure a principios de los noventa para que dejara de cometer atentados en Catalunya y para que encarrilara sus legítimas aspiraciones, como todas las de cualquier persona en este mundo, a través de la única vía posible, a través de la vía democrática. Esto es todo.

—*Señor Carod, pero es usted consciente de que esta reunión con ETA ha puesto en peligro muchas cosas y ha destrozado otras cuantas...*

—Yo soy consciente de la enorme hipocresía que existe en la sociedad española. Porque, claro, con ETA ha hablado todo el mundo y hay cola para hablar con ETA. ¡Si lo decía ayer mismo el presidente del Parlamento vasco, el señor [Juan María] Atutxa! Con ETA ha hablado el Partido Popular: el Partido Popular del señor Aznar ha hablado con ETA. El Partido Socialista ha hablado con ETA. La UCD habló con ETA. Se ha hablado con ETA en Francia, en Argelia, en México, en la República Dominicana, en Cabo Verde, en Guinea-Bissau... Se ha hablado con ETA en todas partes y más debería hablarse para conseguir de una vez que se pusiera fin a la violencia, y que nadie, nadie, nadie, tuviera que convertirse en víctima de ETA, ni por sus ideas ni por tener una profesión que le obligue a ir uniformado; y, a la vez, que nadie fuera públicamente penalizado por defender el derecho de un territorio a ser independiente, si lo quiere la mayoría, y punto. Y todo, por la vía democrática. Lo he dicho mil veces y lo voy a repetir: ni la unidad de España ni el derecho a la independencia de Catalunya o el País Vasco valen una sola vida humana, y de este punto nadie me va a mover. Lo demás es pura manipulación, porque, ¡claro que el PP ha autorizado esto! ¡Para ir en contra mío! ¡Para ir contra mí! ¡Para ir en contra de una fuerza pacífica soberanista como Esquerra Republicana! ¡Para ir en contra de lo que más le ha cabreado, que es la existencia de un Gobierno de izquierdas en Catalunya, por primera vez en el siglo...! Y también para ir en contra del Partido Socialista a nivel de Estado. Lo han utilizado todo, absolutamente todo, en esta especie de mezcla de maldad y perversión, en la cual son unos auténticos artistas.

*—Y para tratar de restablecer las cosas, ¿no podría usted atender esa petición de [Pasqual] Maragall de que se dirija usted a las autoridades del Estado para informar de esa reunión?*

—Mire: yo soy un ciudadano catalán, elegido por el pueblo de Catalunya y yo, moralmente, sólo debo hablar de lo que debo hablar ante el pueblo de Catalunya, y esto ya lo hice en una comparecencia en el Parlament de Cataluña. Si el presidente de la Generalitat quiere más información, él sabe que personalmente la tiene y la tendrá, pero yo no me voy a mover de aquí. A quien yo tengo que dar explicaciones es a quien se las he dado. Nunca el Partido Popular ha comparecido ante el Parlamento español para dar explicaciones de sus reuniones con ETA en Suiza, tampoco lo hizo el Partido Socialista en el Parlamento español ni lo hizo en su momento la UCD. Yo sí lo he hecho en el Parlament catalán. Por lo tanto, ¡basta ya de tanta hipocresía! Lo único que yo he hecho es quizás equivocarme al no valorar suficientemente, siendo el segundo miembro del Gobierno catalán, una cita con ETA. Es un error político, lo es, pero nadie me va a mover de mis principios: el diálogo, aunque sólo sea para intentar salvar una sola vida humana, vale mucho más que el cargo de *conseller en cap*.

*—Y una vez hecha la reflexión, señor Carod, ¿cómo evalúa el asunto de la lealtad o la deslealtad respecto al presidente de la Generalitat? Acudió a ese encuentro sin informar al presidente de la Generalitat, siendo usted* conseller en cap...

—Éste es un tema... en fin... Yo le atiendo a usted con mucho gusto y con mucha amabilidad porque siempre me han tratado con suma corrección en este programa, pero todo esto es un tema que, en verdad, en Catalunya, no preocupa a nadie. Aquí, el único objetivo que nos preocupa, ya no digo a la gente de izquierdas, sino a los demócratas en Catalunya, es que el PP pase de una vez a la oposición en el conjunto del Estado. En el tema de la lealtad o la deslealtad... es que todo es muy relativo... Porque, claro, yo no hago las gestiones que hago en tanto que *conseller en cap*, yo lo hago como secretario general de Esquerra Republicana de Catalunya, y son gestiones iniciadas hace años: estoy hablando de hace años. Y cuando se produce un encuentro de estas características, se produce de una forma determinada... Tú no puedes coger a la gente y decirle: «Mire, no. Tengo la agenda llena y este día... es que no me va bien. A ver si concertamos otra cita». Todo es muy complicado en esta vida. Yo tengo una lealtad institucional hacia el Gobierno de la Generalitat, hacia su presidente y hacia mi país, que es Catalunya, pero la tengo también hacia mi partido.

*—Sí... Le preguntaba por la lealtad o deslealtad, y usted me dice que el asunto no interesa en Catalunya. Se lo preguntaba porque daba la impresión de que a Maragall sí le parecía importar. Por eso se lo preguntaba.*

—Sí. Parece que al presidente Maragall le importa... Pero no sé si le importa tanto a su partido: hoy mismo leía las declaraciones del primer secretario de su partido, el Partido de los Socialistas de Catalunya, y también candidato al Congreso de los Diputados, y decía que lo que realmente importaba en estos momentos era fijar claramente en la conciencia de los demócratas quién es el adversario. Y el adversario es el PP. Éste es estrictamente el tema central. El tema de la lealtad o la deslealtad... deje usted que yo lo resuelva directamente con el presidente de la Generalitat, Pasqual Maragall.

*—Señor Carod, ¿quiere volver a ser* conseller en cap?

—Yo lo que quiero ser es presidente de Catalunya. Y en estas elecciones no lo he podido ser. En fin, veremos si lo puedo intentar en otro momento. Pero, naturalmente, la aspiración máxima de todo político, en su propio país, es ocupar los cargos de máxima representación institucional posible. Ahora, de cara a las próximas elecciones generales [14 de marzo de 2004], mi objetivo prioritario es conseguir para Esquerra Republicana lo que ya conseguimos en las municipales y en el Parlament catalán: los mejores resultados de nuestra historia. Y lo vamos a conseguir. Es decir, nuestro objetivo es que el único diputado que teníamos hasta este momento en Madrid, Joan Puigcercós, se vea acompañado en el Parlamento español o en el Congreso de los Diputados por una representación mayor[1].

—*Ha dicho que no desea una campaña electoral que tenga la apariencia de plebiscito, sobre si usted hizo bien o mal reuniéndose con ETA. ¿Cuál va a ser el principal mensaje de su campaña?*

—La defensa de la democracia, así de sencillo y así de claro: la defensa de la libertad frente al autoritarismo, frente a lo que se debía llamar el fundamentalismo democrático. Aunque... lo de «democrático»... quizás es tener una confianza excesiva en la especie humana o, al menos, en cierta especie humana. Es decir: la idea es defender sin condiciones y sin limitaciones un marco de libertades y democracia que ponga el diálogo y la negociación como único método. No hablo en este caso ni de ETA ni de la violencia, hablo de cómo es posible que alguien como Aznar se haya convertido en el paladín de la ética y de la democracia en el Estado español, cuando resulta que ha sido el último en llegar, el último de la fila, si es que ha llegado... que yo muchas veces lo dudo. Por lo tanto, eso que le he dicho va a ser lo fundamental para nosotros: diálogo para hablar de las leyes que deben reformarse, diálogo para delimitar un espacio de convivencia mejor del que tenemos ahora.

—*Señor Carod, está diciendo que el gran objetivo es derrotar al Partido Popular, pero muchas personas estiman que su reunión significa exactamente lo contrario: da más oxígeno al Partido Popular para estas próximas elecciones.*

—Esto es también un tópico. Fíjese usted: si se atiende a las diferentes encuestas que van saliendo, el Partido Popular no obtiene mayoría absoluta. Fíjese usted en las encuestas que salen en relación a Catalunya: los únicos que subimos somos nosotros y subimos a costa del Partido Popular y a costa de los aliados del Partido Popular, que es Convergència i Unió. La última encuesta decía que Esquerra se podía situar en seis o siete escaños en Cataluña, frente a los nueve de Convergència i Unió. Es decir, el bloque de apoyo al Gobierno del PP, que era PP más Convergència i Unió, pierde en Cataluña seis o siete diputados y los gana Esquerra Republicana de Catalunya. Por lo tanto, clarísimamente, cada voto conseguido en Catalunya a favor de Esquerra Republicana aleja más y más al Partido Popular de la mayoría absoluta.

—*Si el día 15 de marzo usted confirma los resultados que está manejando, ¿se plantearía volver a ser* conseller en cap?

—Me hace usted esta pregunta en estos momentos... Yo ya sé que usted es de ideas avanzadas, pero quizás un poquito demasiado en este momento... Cuando llegue el día 15 ya hablaremos de esto. Lo primero es lo primero, y lo primero es conseguir un resultado excelente para el día 14. Como antes del día 15 viene el día 14, esperemos al 14 y el 15 lo veremos.

*—¿Sabe lo que ocurre? Es que...*

—Diga, diga...

*—Tenemos en ocasiones la sensación de que usted es para su partido el motor para el 14 y el freno a partir del 15.*

—Bueno, la vida humana está hecha de sensaciones, pero tambien de emociones, y las emociones son indispensables a la hora de votar, o sea que las sensaciones cambian; existen lo que llaman espacios ciclotímicos: en unos momentos puedes subir, en otros puedes bajar, pero esto lo decidirá la sociedad catalana. La sociedad catalana decidirá cuál es el papel que otorga a Esquerra Republicana de Catalunya.

*—¿Está en peligro el «tripartito», señor Carod?*

—Por parte de Esquerra, no. Si estuviera en peligro... En Cataluña existe un Gobierno tripartito porque Esquerra quiso. Si Esquerra no hubiera querido, hoy el Partido Socialista sería un partido de la oposición, y Pasqual Maragall sería un político en una etapa difícil de su larga carrera política. Y el Partido Socialista lo tendría mucho más negro a nivel de Estado. En cambio, porque Esquerra quiso, Cataluña tiene un Gobierno de izquierdas; porque Esquerra quiso, Maragall es presidente de la Generalitat; porque Esquerra quiso, el PSOE ha podido respirar a nivel de Estado; y porque Esquerra quiso, el PP se ha llevado el disgusto de su vida al ver que el cambio político posible en Cataluña, también podía serlo en el conjunto del Estado.

*—¿Van a hacer grupo parlamentario con Eusko Alkartasuna?*

—Ya veremos si esto es posible o no. Nuestros amigos y socios y hermanos de toda la vida son los del partido Eusko Alkartasuna, un partido soberanista, pacífico y democrático. Tenemos relaciones con ellos desde 1990, perdón, desde 1986. Esperamos sumar diputados para ver si es posible un grupo parlamentario, o solos o quizás con la presencia de Eusko Alkartasuna, ya lo veremos.

*—Hemos leído esta mañana en* Abc *que Esquerra está sondeando algunos sectores de CiU en busca de futuros pactos. ¿Es cierto?*

—Pues no sé... No sé si debía preguntar al diario *Abc* o a quien deba preguntarse. En fin, a mí no me consta; a mí no me consta. Pero lo que sí quiero que quede claro es que le consta al diario *Abc* y supongo que un día de éstos saldrá más información sobre este tema; en fin, no sé. Así, en confianza, el *Abc* nunca ha sido una referencia, sobre todo intelectual, para mi modesta persona.

*—Y algún... algún rumor comenta la posibilidad de que CiU estuviera haciendo aproximaciones al PSC...*

—Sí, pero lo hacen con tanta torpeza que..

*—Pero ¿eso es cierto?*

—Yo creo que sí, yo creo que sí. Pero lo hacen con tanta torpeza que no lo hacen a través del PSC, sino a través del PSOE directamente; con lo cual, lo único que consiguen, y perdone usted la vulgaridad de la expresión, es cabrear al personal. Porque, claro, si para llegar a algún tipo de acuerdo con el PSC, haces el puente y te vas por otro sitio... pues esto molesta, ¿no? Fíjese en la tragedia que tiene Convergència i Unió en Cataluña: Convergència i Unió es una fuerza política que todo el mundo la ha visto asociada a la acción de gobierno toda la vida y ya no está en el Gobierno. El cargo institucional más importante que tiene Convergència i Unió ahora es la alcaldía de mi ciudad, Tarragona, y luego la de Sant Cugat, y se acabó lo que se daba. Si encima ahora resulta que en Madrid puede tener una presencia modesta... por aquí pueden pasar cosas.

*—¿Cómo valora usted el papel y la actitud de Maragall en esta crisis?*

—Bueno... Maragall es un personaje de una gran capacidad de transgresión, yo lo llamaría transgresión a veces imprevisible. Yo creo que ha tenido, como hemos tenido todos, aspectos positivos y aspectos negativos. Yo prefiero quedarme siempre con los aspectos positivos y, simplemente, a éstos me remito. Hay que tener en cuenta además una sola cosa: el objetivo del PP era que Esquerra Republicana saliera del Gobierno, con lo cual se acababa el Gobierno de izquierdas en Cataluña. Pues yo sólo tengo clara una cosa: si éste era el objetivo del PP, yo pienso exactamente lo contrario, pues mi único interés es que en Catalunya continúe un Gobierno de izquierdas. Así que yo prefiero quedarme con los aspectos positivos de Maragall.

*—¿Cómo valora usted el papel y la actitud de José Luis Rodríguez Zapatero en esta crisis?*

—Hombre... Una cosa es Maragall y otra cosa es Zapatero. Yo creo que Zapatero tiene un problema: decidir qué es lo que quiere ser cuando sea mayor, no tanto él personalmente, sino respecto al PSOE. El PSOE deberá presentar en algún momento un modelo de Estado propio; es decir, o bien tiene el mismo modelo que el PP, que es el modelo Ibarra, el modelo Bono, el modelo Vázquez[2], o bien apuesta en serio por un Estado federal, respetuoso con la diversidad. A partir de aquí podemos sentarnos y podemos hablar. En todo caso entre Santillana del Mar, aunque no tenga mar, y Quintanilla de Onésimo, porque es de Onésimo Redondo, yo me quedo con Santillana del Mar [3]; es decir, prefiero hablar con gente de tradición democrática, como la del PSOE, en la línea de Zapatero, que hacerlo con otras personas que ya sé que van a rechazar cualquier propuesta de avance en todos los terrenos que le podamos plantear. Por esta razón yo he dicho claramente que si nos presentan la alternativa en el momento de la verdad, o Zapatero o Rajoy, no tengo la menor duda de hacia quién irían nuestros votos en el caso de una investidura. Y no solamente los nuestros; aquí debe tenerse en cuenta un pequeño dato: las distintas izquierdas nacionales del Estado van a subir de una forma importante, es decir, es posible que Esquerra Republicana y otras formaciones políticas de Galicia, del País Vasco, de Aragón y de las Baleares sumemos más escaños que Izquierda Unida, Convergència i Unió o el mismo Partido Nacionalista Vasco, y éste no es un factor menor. Ojo al dato.

—La Vanguardia *ha publicado una encuesta: dice que el 70 por ciento de los catalanes está en desacuerdo con su actuación, señor Carod, y el 62 por ciento cree que ha afectado al prestigio de Cataluña y sus instituciones. ¿Qué opina al respecto?*

—Que aparece otro dato que dice que el 76 por ciento de los encuestados dice que lo sucedido no va a hacerles variar el sentido de su voto.

*—Ha hablado usted de sí mismo como un ingenuo, lo cual es una cosa muy... muy valorada en general, en la sociedad, no sé si tanto desde el punto de vista político. ¿Usted sale de esta crisis con la sensación de que le ha faltado un poco más... de peso político?*

—De lo que me he dado cuenta, en fin... Yo... en fin... Yo acepto todas mis limitaciones, porque, como decía Maragall... el poeta Joan Maragall, «Soy hombre y mi medida es una medida humana». Por lo tanto yo no tengo ningún inconveniente en aceptar mis propias limitaciones. Lo que sucede es que sí he podido comprobar la enorme fragilidad de la estructura mediática democrática en el Estado español y esto sí que me produce un pánico horrible. Es decir, la enorme... es decir, la utilización de ciertos medios de comunicación como armas de manipulación masiva, auspiciadas directamente desde La Moncloa; y esto es terrible, porque, a partir de aquí, te pueden convertir en un asesino, como te pueden convertir en un héroe, en un mártir o en una víctima.

—*Para concluir, como antes le he formulado la pregunta y no me ha dado una respuesta muy rotunda, aunque se ha podido deducir, se la repetiré para que quede grabada rotundamente: en torno al asunto de la entrevista, ¿no teme que pueda salir algo más, algo nuevo? ¿Puede haber algo nuevo? Dígame que no rotundamente.*

—No, es que no se puede... A ver: que me he reunido con ETA es cierto, y es cierto que con ETA yo expuse mis puntos de vista, los de mi partido político, y punto y ya está. Y punto. No sé qué más puede salir, sinceramente. Incluso creo que en algún periódico aparecía una fotografía del lugar donde supuestamente tuvo lugar la reunión. En fin, sinceramente, ya no sé qué puede salir, pero... en fin...

—*Señor Carod, muchas gracias.*

—A usted. Buenos días.

—*Muy buenos días.*

## NOTAS

[1] Esquerra Republicana de Catalunya obtuvo ocho diputados en las elecciones generales celebradas el 14 de marzo de 2004. Efectivamente, fueron los mejores resultados de su historia en el ámbito nacional.

[2] Juan Carlos Rodríguez Ibarra era presidente de la Comunidad Autónoma de Extremadura; José Bono era en esos momentos presidente de Castilla-La Mancha; y Francisco Vázquez era alcalde de A Coruña, uno de los emblemas del PSOE en Galicia. Estas tres personalidades socialistas ocupaban posiciones moderadas en el planteamiento del Estado autonómico y muy críticas con los nacionalismos.

[3] Josep Lluís Carod Rovira se refiere a Santillana del Mar (Cantabria) porque allí se celebró una reunión de los dirigentes autonómicos del PSOE (Consejo Territorial, 20 de agosto de 2003) y allí se trazaron las ideas básicas del partido en cuanto al modelo de Estado. En Quintanilla de Onésimo (Valladolid), el presidente José María Aznar solía celebrar una cena con los militantes del Partido Popular a finales de verano. Aunque esta reunión no tenía un carácter político oficial, allí solían prescribirse las líneas de actuación para el curso político inmediato.

24

# *Juan José Ibarretxe*
# *El lehendakari tiene un plan*

Juan José Ibarretxe Markuartu (Llodio, Álava, 1957) ocupó distintos cargos públicos antes de convertirse en lehendakari o presidente del Gobierno vasco en 1998. Fue diputado del Partido Nacionalista Vasco en Álava entre 1983 y 1987, después fue alcalde de su ciudad natal (1988-1991) y presidente de la Junta General de Álava. De regreso al Parlamento en 1994, fue consejero de Hacienda y vicepresidente del Gobierno vasco. Tras las elecciones de 1998, obtuvo la confianza del Parlamento para ser investido lehendakari con el apoyo del PNV, Eusko Alkartasuna y Euskal Herritarrok. Tras la tregua declarada por la banda terrorista ETA, el lehendakari convocó elecciones anticipadas en mayo de 2001 y formó gobierno con el apoyo de sus aliados tradicionales (EA) y con Ezker Batua (Izquierda Unida).

A lo largo de las dos legislaturas conservadoras (1996-2000 y 2000-2004) las relaciones entre el Gobierno vasco y el Gobierno central se fueron deteriorando hasta el límite. Durante meses y años enteros, Juan José Ibarretxe y José María Aznar no mantuvieron ningún contacto. En un gesto sumamente osado, el lehendakari promovió una propuesta de reforma del Estatuto de Gernika que aseguraba la condición de Estado libre asociado para Euskadi. El proyecto, conocido como «Plan Ibarretxe», se debatió en la Cámara vasca y fue aprobado con los votos de los partidos que apoyaban al Gobierno (PNV, EA, IU) y algunos votos de Euskal Herritarrok (la antigua Herri Batasuna, brazo político de ETA). El proyecto llegó al Congreso de los Diputados en enero de 2005 y fue rotundamente rechazado y devuelto con los votos negativos de PSOE, PP, Izquierda Unida y otros partidos. El lehendakari manifestó que si su proyecto se rechazaba, convocaría a los vascos a un referéndum para aprobar por mayoría popular el nuevo Estatuto.

La siguiente entrevista (25 de febrero de 2004, *Hoy por hoy*, Cadena SER) se celebró antes de que el proyecto del nuevo Estatuto fuera visto en el Congreso.

—Egun on, *lehendakari, buenos días.*

—*Egun on*, buenos días.

—*Últimamente usted y su plan han perdido protagonismo por lo de Cataluña*[1], *¿eso le parece bueno, malo o indiferente?*

—Hombre, no está mal eso... de vez en cuando, porque a base de recibir martillazos pues uno ya... Bueno, dicen que la condición humana se acomoda incluso a lo malo, pero la verdad es que preferimos vivir un poquito más tranquilos y realizar debates con un poquito más de tranquilidad. Se agradece.

—*¿Cómo está la situación ahora mismo, señor Ibarretxe?*

—Pues es una situación complicada, pero producto de lo que ya en alguna ocasión he dicho: es decir, el Partido Popular sólo tiene un instrumento político, que es un martillo; y cuando uno sólo tiene una herramienta que es un martillo, todos los problemas le parecen clavos y quiere resolver todo a martillazos. Esto es exactamente lo que pasa en la política española hoy: la utilización de lo vasco, la utilización de Euskadi y, hoy, la utilización de Cataluña, por parte del PP, para sacar unos votos en España. Lo de siempre.

—*¿Cómo cree usted que debía haberse resuelto el problema o la crisis política que se ha vivido últimamente en Cataluña?*

—Pues... primero, yo hubiera deseado que hubiera un poquito más de respeto a las propias decisiones de las instituciones en Cataluña. Y que hubiera habido un poco menos de hipocresía en política... porque [Josep Lluís] Carod Rovira, él mismo lo ha reconocido, en parte, ha cometido una ingenuidad, ha cometido un error... probablemente el mismo error que cometió Felipe González, el mismo error que cometió [Ricardo] Martí Fluxá, el mismo error que cometió [Pedro] Arriola o [Javier] Zarzalejos cuando representaron a Aznar [en las conversaciones con ETA], el mismo error que habríamos podido cometer otros muchos que hemos confiado en que el diálogo es un instrumento fundamental para acabar con la violencia. Hay que hablar, aunque sea con el diablo y diferenciando esto del ámbito de la negociación. La negociación política corresponde a los partidos políticos. A partir de ahí, ¿qué es lo que veo? Pues mucha hipocresía en la política y, en este caso, muy poco respeto a lo que debía haber sido un asunto arreglado, fundamentalmente, de manera racional dentro de la propia Generalitat y de Cataluña.

*—Bueno, Carod es consciente de que ha sido «quemado» por ETA. El otro día, [Carlos] Garaikoetxea, el ex lehendakari, decía: «Los de ETA han "quemado" a Carod como nos quemaron a nosotros y al PNV». ¿Cree usted que Carod ha sido «quemado» por el mito del diálogo con ETA, señor lehendakari?*

—No, yo lo que creo es que se comprueba una vez más lo que comentaba el pasado domingo: que ETA asesina políticamente a todo aquel que habla con ellos. Pero, por mucho que esto sea así, hay que volverlo a intentar una y otra vez. Realmente, hay que hacer esfuerzos, cada día... seguramente en nuestro país, en Euskadi, en Cataluña, creo que también en España, por tratar de resolver los problemas y hay que levantarse todos los días con unas ciertas gotas, unas ciertas dosis de ingenuidad, digo dosis, no sobredosis, de ingenuidad. Y, evidentemente, los problemas políticos se arreglan hablando. Es decir, con ETA se acabará algún día, sin duda, a través de la acción policial y de la acción judicial pero, el final dialogado de la violencia sigue siendo uno de los elementos fundamentales que todos los partidos políticos, todos, todos hemos venido confirmando año tras año, hasta que el Partido Popular engatusó al Partido Socialista en ese pacto que llaman antiterrorista y que, en el fondo, no es sino un pacto antinacionalista [2].

*—En todo caso, ese diálogo... no parece que sea ahora el momento más propicio. Sin embargo, lehendakari, en las últimas semanas se están multiplicando las ofertas de diálogo político con fuerzas políticas. Rodríguez Zapatero, en Bilbao, propuso la unidad de partidos en la lucha antiterrorista; Josu Jon Imaz [presidente del PNV] ofreció diálogo a Rajoy y al mismo Zapatero... ¿Podríamos estar por un lado ante la crisis del diálogo con ETA y del mito del diálogo con ETA y ante una nueva oportunidad de dialogar políticamente en torno a la situación vasca?*

—A mí me gustaría, lo que pasa es que llego a la conclusión de que hemos perdido muchos años. El otro día decía Rajoy que estaba dispuesto a hablar conmigo... si es el nuevo presidente español. Bueno, no está mal reconocer que Aznar ha vivido los últimos cuatro años en un perfecto error, porque él y el Partido Popular se han negado a hablar conmigo. Yo, en el fondo, les guste más o menos a ellos y me gusten más o menos a mí, soy un presidente, un lehendakari, democráticamente elegido por la sociedad vasca y creo que lo último es que neguemos el diálogo entre las instituciones y entre los políticos. Sin diálogo no hay solución. Yo no sé si tardaríamos mucho en alcanzar soluciones, hablando con Zapatero, con Rajoy o con el que fuera; lo que sí sé es que si no hablamos, no alcanzaremos soluciones nunca.

—*Lehendakari, el otro día, cuando surgió el lío formidable del comunicado de ETA y en fin, todo el mundo se lanzó a comentarlo, como si hubiera hablado el Papa, se habló también de usted y quisiéramos saber si eso es cierto o no, que usted había retenido el comunicado para jugar un papel protagonista en el momento de la difusión...*[3].

—Bueno, eso, como siempre, me imagino que son ganas de enredar por parte del Partido Popular y los medios de comunicación que funcionan alrededor del Partido Popular. Mire, nosotros estamos acostumbrados a la mentira y a la manipulación de manera permanente, durante largos años en los últimos tiempos, y ya sabe lo que decía la Biblia: «La mentira es una golosina para la mente». Ése es uno de los principales resortes o argumentos políticos del Partido Popular para hacer valer sus posiciones en política y, a mí, eso me parece ciertamente rastrero.

—*O sea, que no.*

—¡Absolutamente, por Dios! Pero si los comunicados, me imagino, se remiten a los correspondientes medios de comunicación, a los canales de comunicación, etcétera, etcétera, etcétera... y en la medida en que yo fui conocedor de que estaba circulando un envío en algunos medios de comunicación, lo que hice fue ponerlo en conocimiento y comentarlo con aquellas personas o con aquellas instituciones que me pareció oportuno, y punto.

—*A la manifestación de mañana en Barcelona van a ir todos menos el Partido Popular, ¿cómo lo interpreta?*[4].

—Pues... bueno, es una forma de hacer política que no es nueva. Tenga usted en cuenta que el Partido Popular no ha venido nunca a ninguna de las manifestaciones que las instituciones vascas o yo, como lehendakari, hemos convocado en Euskadi en contra de ETA, ¡en contra de ETA! Y no valen excusas en torno a los lemas. Mire usted, yo convoqué en cierta ocasión una manifestación con el lema que estaban solicitando el Partido Socialista y el Partido Popular, «ETA NO, ETA EZ», y tampoco vino el Partido Popular. El Partido Popular no tiene excusas. En definitiva, mire usted, mañana se celebrará en Cataluña una manifestación... Yo lo quiero agradecer en la medida que nos trasladan solidaridad desde las instituciones y la sociedad catalana a las instituciones y a la sociedad vasca, pero, además, quiero decir que vamos a estar allí todos y que vamos a estar allí todos, curiosamente, exceptuando a los que no han venido nunca a las manifestaciones en contra de ETA cuando han sido convocadas por instituciones en que no están ellos: el Partido Popular y Batasuna.

*—Hablemos ahora de las elecciones del 14 de marzo [2004]. La presión de la ilegalizada Batasuna sobre los partidos que van a las elecciones generales parece que ha comenzado. Según nos dicen, hay carteles en las calles con los nombres y apellidos de los que consideran que ocupan sus concejalías, un anuncio de comienzo de campaña electoral con mitin incluido, papeletas de voto... ¿Cómo propone usted que responda el resto de los partidos a esta situación?*

—Yo... de verdad le digo, mire usted, Batasuna no es referente hoy en la sociedad vasca. Es evidente que el más interesado en darle aire permanente a los planteamientos políticos de Batasuna ha sido el Partido Popular, entre otras cosas porque al Partido Popular no le preocupa Batasuna, ni los votos nulos que hay en Euskadi. Lo que le preocupa al Partido Popular y, en parte, al Partido Socialista es que quien tenga presencia fuerte en Madrid seamos los que vamos a defender a Madrid la voz de Euskadi, y ésos somos precisamente las fuerzas políticas que estamos en el Gobierno vasco: el Partido Nacionalista Vasco, Eusko Alkartasuna e Izquierda Unida. Eso es lo que preocupa al Gobierno español y al Gobierno del Partido Popular. Batasuna, hoy, no es un referente en términos políticos en la sociedad vasca. La sociedad vasca sabe que para hacer política tiene que confiar en otras formaciones políticas y que si quiere confiar en la defensa de las ideas nacionalistas con contundencia, con energía, pero siempre con la democracia, tiene que depositar su voto en otras formaciones políticas y no en Batasuna, que no está autorizada en estos momentos, desgraciadamente: no está autorizada ni tiene independencia para hacer política propia.

*—¿El día 14 de marzo se juega de alguna manera el futuro del Plan Ibarretxe?*

—No, el día 14 se celebran unas elecciones generales. En Euskadi no se juega realmente quién es el que gobierna en Madrid. Lo que se juega en Euskadi es qué voz va a tener presencia y quién va a representar los intereses de vascos y vascas en Madrid y, por tanto, ahí no se está jugando, para nada, ninguna otra cuestión...

*—Pero ¿el resultado que obtenga el PNV constituiría alguna pista sobre si hay acuerdo o desacuerdo social con la estrategia que está usted más o menos marcando en líneas generales?*

—No, yo creo que no. Cada cosa a su tiempo. Las elecciones del día 14 de marzo terminan el propio día 14 y el día 15 comienza una nueva etapa política y seguiremos con el debate de la propuesta para la convivencia de Euskadi y España. Yo he formalizado la propuesta en nombre del Gobierno... por cierto, el Tribunal Constitucional aún no se ha posicionado sobre esa propuesta...[5]. Yo estoy absolutamente convencido de que el Tribunal Constitucional no se ha pronunciado porque su presidente sabe que si forzara hoy la votación en el Tribunal Constitucional, una mayoría del tribunal se posicionaría en contra de la aceptación de la impugnación realizada por el Gobierno español y, desde luego, el presidente del Tribunal Constitucional no está dispuesto a desairar al Gobierno del Partido Popular formulando la votación, que es lo que debería hacer para que de una vez por todas supiéramos exactamente qué es lo que pasa. El presidente del Tribunal Constitucional no quiere desairar los intereses electorales del Partido Popular y por eso no somete a votación una cuestión que probablemente... yo llego a la conclusión de que, en estos momentos, la perderían: en estos momentos, el tribunal Constitucional, por mayoría, no aceptaría la impugnación que se ha formulado para que no sea posible hacer el debate. Pero el debate continuará a partir de estos mismos momentos, a partir de que ayer la propia Mesa calificara las enmiendas con toda naturalidad y al margen de lo que son los debates electorales y las propias elecciones de Madrid.

*—Impugnada o no, su propuesta sigue adelante y por el momento, lehendakari, no tiene la menor pinta de obtener el resultado que usted desearía. Parece que conseguirá la aceptación de una de las dos miradas de la sociedad vasca, pero no de la otra.*

—Sí, bueno... Yo estoy absolutamente convencido de que a veces fallamos o erramos en política porque hacemos análisis estáticos y... fíjese cómo cambian las cosas en una sola semana. Yo estoy absolutamente convencido de que las cosas no van a ser igual hoy que dentro de seis meses. ¿Por qué? Porque todos estamos dispuestos a cambiar, todos estamos dispuestos a negociar, todos estamos dispuestos a hablar. Yo he dicho que la propuesta que he realizado es una propuesta legítima, es una propuesta democrática, es una propuesta realizada por instituciones democráticas de este país y, además, es una propuesta abierta al debate, desde el primer artículo hasta el último, hasta el último de ellos. Por lo tanto, en el Gobierno vasco estamos dispuestos a dialogar sin ningún tipo de condiciones ni prejuicios. A partir de ahí, ¿qué es lo que veo? Yo veo que el conjunto de los agentes políticos, todos los agentes políticos, hoy están dispuestos a mover sus posiciones; a la vista está que están trasladando mensajes más sensibles, excepción hecha del señor del martillo, del señor del Partido Popular que ha dicho que ni hablar, que esto... también a martillazos...

*—Pero, situémonos, señor Ibarretxe, ante esta hipótesis: si la propuesta Ibarretxe sólo obtiene el voto nacionalista y no tiene el voto no nacionalista, ¿qué hacemos?*

—Ya tiene voto no nacionalista...

*—Izquierda Unida, sí.*

—Izquierda Unida ya es un voto no nacionalista, por lo tanto, ya es una propuesta que nace con un esfuerzo. Nace de un Gobierno que tiene dos fuerzas nacionalistas y una fuerza que no es nacionalista, Izquierda Unida, que merece todo nuestro respeto por su valentía, por su valentía política. A partir de ahí, es evidente que necesita, que necesita... ir incorporando un mayor consenso... en el Parlamento [vasco].

*—¿Y si no lo logra?*

—Yo no me voy a colocar en que la propuesta no lo va a lograr. Yo estoy absolutamente convencido de que la propuesta va a lograr una mayoría y que después abriremos un proceso de negociación que acabará donde tienen que acabar las cosas: en una consulta democrática a la sociedad vasca. Por lo tanto, si quienes creen que éste es un tema que no va a ser apoyado por la sociedad, que no tiene el apoyo suficiente, bueno... pues entonces verán refrendadas sus tesis y si, por el contrario, tal y como pienso yo, ésta es una propuesta que va mucho más allá de las propuestas políticas, incluso de los que estamos en el Gobierno, incluso para buscar un cauce central muy amplio en la sociedad vasca, pues... bueno... lo veremos en este proceso con toda naturalidad. Pero no me voy a poner, señor Gabilondo, en la tesis de que la propuesta no va a ser debatida porque el Tribunal Constitucional impide debatirla ni me voy a poner en la hipótesis posterior, que sea una propuesta rechazada por las fuerzas políticas en este país, porque no lo creo.

*—Le quería preguntar hasta dónde estaría dispuesto a jugar. En algún sitio he leído que usted abandonaría en caso de que su propuesta no saliera adelante o que sus esperanzas no se confirmaran...*

—No... Lo que pasa es que hubo una formulación que se me hizo en una pregunta, curiosamente, en Suecia, en la Universidad de Upsala, en la que se me preguntó... no recuerdo si era un profesor del Instituto de Paz y Conflictos de la Universidad de Upsala... Me preguntó qué ocurriría en el caso de que se llegara a una consulta democrática en la que la sociedad vasca rechazara esa propuesta. No se trataba de la propuesta que hemos realizado desde el Gobierno, sino de la propuesta que pudiera salir del Parlamento vasco. ¿Qué haría si la sociedad vasca la rechazara? Yo dije que, en ese caso, abandonar sería algo absolutamente natural. Y es que, desde luego, lo que no voy a hacer es abandonar mi responsabilidad ante los insultos, las descalificaciones y las mentiras de las que he sido y soy objeto, en los últimos tiempos, por parte fundamentalmente del Gobierno español y del Partido Popular. Pero si la sociedad vasca me dice: «Oiga usted, lehendakari, no estamos de acuerdo con usted y no queremos sus ideas...», pues entonces aceptaré el veredicto democrático de la sociedad. Pero, en su caso, me refería a que será un resultado democrático y será la sociedad vasca la que en última instancia me tendrá que decir si está de acuerdo o no, no ya con el planteamiento que yo haya hecho, sino con el planteamiento que va a ser en su caso aprobado por el Parlamento vasco.

*—Lo siguiente se lo preguntamos al señor Imaz y se lo preguntamos también a usted, para saber si quedan fijadas las posiciones de una manera clara: lehendakari, ¿el llamado Plan Ibarretxe es un plan para irse de España o para quedarse en España?*

—No, no... no es un plan para romper, es un plan para convivir con el Estado español. Y voy a ir más allá: mire usted, la sociedad vasca nunca formará parte de un proyecto que no nos respete, que no nos deje estar como queremos estar dentro de ese proyecto y, por lo tanto, el Estado español será un proyecto en el que participemos los vascos si podemos hacerlo defendiendo nuestra identidad y decidiendo participar en este proyecto porque lo queremos nosotros, así de claro. ¡Si es muy sencillo, señor Gabilondo!

*—Ya... ya... ¿sabe...? El asunto de las cuentas... ¿la matemática política vale para establecer las vías de convergencia y de convivencia que usted propone? Quiero decir: con un resultado de 51 a 49 en el Parla-*

*mento vasco o un resultado de 51 a 49 en la consulta, por el procedimiento que sea, ¿le parece a usted que ése es un instrumento suficiente para la convivencia que dice desear?*

—Bueno... a mí me parece que una primera cuestión es que lo que se está poniendo sobre la mesa es la negación del debate. Y lo primero que hay que contestar es esta pregunta: oiga, ¿se pueden defender ideas democráticamente aunque sea la independencia de Euskadi o la de Cataluña? ¿Sí o no? Porque hoy lo que está diciendo el Gobierno español, ayudado por el Partido Socialista, es que no. Primera cuestión. Segunda cuestión: propuestas democráticas alternativas de modificación y de cambio, ¿éstas tienen legitimidad si al menos consiguen la legitimación que han conseguido las normas que hasta ahora hemos tenido? Es decir, ¿tienen legitimidad si mejoran los resultados de aceptación constitucional, que fue del 30 por ciento de la sociedad vasca, o del 54 por ciento que apoyó el Estatuto? Si mejoramos estos planteamientos en términos de apoyo, ¿podemos formalizar un proceso de transformación en la relación entre Euskadi y España? ¿Sí o no? Y, en tercer lugar, a su pregunta, respuesta clara: mire, no. Euskadi no se puede construir con el 51 contra el 49, pero tampoco con el 49 contra el 51.

—*¿Y cabría la posibilidad de que usted abandonara la propuesta que ha hecho si todas las fuerzas políticas decidieran reunirse para elaborar juntas un borrador de salida a esta especie de bloqueo del 51 contra el 49 y del 49 contra el 51?*

—Hombre, yo estoy absolutamente dispuesto a decir que la propuesta que hemos realizado es una propuesta abierta en todos sus contenidos, en todos sus artículos, absolutamente en todas sus partes. Es decir, no se puede afrontar de manera más abierta un debate que formalizándolo en estos términos. Ahora, lo que jamás le voy a pedir al Partido Socialista o al Partido Popular es que abandonen sus ideas y sus proyectos políticos para sentarme a hablar con ellos. ¿Pero usted cree que es normal que alguien me diga: «Oiga usted, lehendakari, para hablar con usted, tiene que retirar sus ideas, tiene que retirar sus proyectos, tiene que retirar sus iniciativas»? ¿Pero qué tipo de demócrata es el que le dice a otro que tire sus ideas para hablar con él? Yo estoy dispuesto, quiero hablar de los proyectos que para este país tiene el Partido Socialista y el Partido Popular, porque no los conozco. Pero no le voy a pedir, jamás... jamás le pediré al Partido Popular ni a Zapatero, ni a Aznar, ni a Rajoy, ni a quien fuere, jamás les voy a pedir que abandonen sus ideas. Al revés, le voy a decir que las ideas que defiende Zapatero o Rajoy son igual de legítimas que las que defiendo yo. Y, en segundo lugar, que quiero debatir sus ideas y, además, quiero que también ellos debatan las ideas que yo tengo y he puesto sobre la mesa. Y no voy a aceptar la incomunicación, no la voy a aceptar. Una de las grandes virtudes que ya ha tenido la propuesta es que está haciendo que los diferentes agentes políticos muevan sus posiciones.

*—Finalmente, ¿cree usted que en el nuevo tiempo, el que comience a partir del día 14 de marzo, los nuevos protagonistas pueden desempeñar un papel positivo? Dicen que el factor humano siempre juega un papel determinante en la política. Con Rajoy o con Zapatero hay nuevos personajes en escena, ¿hay alguna posibilidad...?*

—Hombre... yo soy optimista por naturaleza y, por lo tanto, yo no pretendo... no suelo pretender ver las cosas en términos de que nunca va a amanecer, porque el que piensa que no va a amanecer vive siempre a oscuras y yo estoy absolutamente convencido de que la sociedad vasca o la sociedad catalana o la sociedad española no quieren vivir en un túnel a oscuras. Yo estoy absolutamente convencido de que la sociedad vasca no quiere, no queremos, vivir en un túnel, entre otras cosas, porque nos gusta vivir a la luz del sol. Yo soy optimista y creo que los nuevos tiempos tienen que cambiar también las posiciones de todos. Nos tienen que hacer cambiar a todos, tenemos que aceptar que se abren nuevas etapas, con la predisposición de todos para hablar. Y yo creo que hay una cosa que todos tenemos que tratar de dejar atrás y es esta etapa de incomunicación, esta forma de hacer política autoritaria fundamentalista con la que nos ha obsequiado Aznar y el Partido Popular en los últimos tiempos.

*—Bueno, pues muy bien, señor lehendakari. Finalmente... usted y el señor Rajoy... por lo menos, de ciclismo podrán hablar mucho, porque los dos son grandes aficionados.*

—Bueno...

*—No sé si Zapatero anda en bici, pero Rajoy es muy aficionado y usted es muy buen ciclista.*

—¡Ja, ja, ja...! Lo que pasa es que en la vida y en el ciclismo hay que ser completo. Hay que subir, bajar, llanear y esprintar, y yo no me fío sólo de las personas que somos muy majos, ji-ji ja-ja, cuando las conversaciones son intrascendentes, y luego no somos capaces de admitir las ideas de los demás cuando de política o de sociedad estamos hablando. Me temo que el señor Rajoy y yo, y el señor Zapatero y yo, tendremos que hablar de muchas más cosas, además de las intrascendentes, que, no obstante, también son importantes en la vida. Repito: es muy importante ser completo.

—*¿Lo suyo qué es el sprint o la montaña?*

—Bueno... yo soy un poquito de todo, ¿no? Soy un poquito de todo. La verdad es que lo que realmente me gusta, me imagino que como a todos, pues es disfrutar de una vida normal con los amigos, con la familia y, luego, en la política... en la política ya es otra cosa. Mis amigos piensan de una manera o piensan de otra, y después, en la política, cada uno tiene sus propias posiciones. Y la clave, ¿cuál es? Pues que seamos tolerantes, que admitamos las ideas de los demás... no digo como propias, pero casi con el mismo respeto al menos que exigimos para las nuestras.

## Notas

[1] Tras las elecciones catalanas celebradas el 16 de noviembre de 2003, Pasqual Maragall accedió a la Presidencia de la Generalitat con el apoyo de ICV (Iniciativa per Catalunya-Verds) y ERC (Esquerra Republicana de Catalunya). El líder de esta formación era Josep Lluís Carod Rovira, del que se supo que había mantenido contactos con dirigentes de ETA y se publicó que había pedido a los terroristas que no atentaran en territorio catalán. Aquello provocó una crisis en el Gobierno catalán que se saldó con la salida de Carod Rovira del Ejecutivo.

[2] El título oficial de ese pacto es «Acuerdo por las libertades y contra el terrorismo» y se firmó el 8 de diciembre de 2000. Fue una propuesta del reciente líder del Partido Socialista, José Luis Rodríguez Zapatero.

[3] Se trataba del comunicado del 18 de febrero de 2004, en el que ETA anunciaba una tregua indefinida en Cataluña, tal y como sus dirigentes habían acordado, al parecer, con el líder de ERC, Josep Lluís Carod Rovira.

[4] El 26 de febrero de 2004 se celebró una manifestación en Barcelona contra la declaración de tregua de ETA para el territorio catalán. Estuvieron presentes líderes de todos los partidos excepto del Partido Popular.

[5] El Tribunal Constitucional no entró a valorar el contenido del Plan Ibarretxe. Sólo revisó si el procedimiento de la propuesta había seguido los cauces legales y constitucionales y, finalmente, le dio la razón al Gobierno vasco. El alto Tribunal no tuvo ocasión de declarar anticonstitucional el contenido del texto, ya que fue rechazado y devuelto a Vitoria por el Congreso de los Diputados y ahí terminó su camino institucional.

## 25

# *Mariano Rajoy*
# *El candidato en un campo de minas*

El día 14 de marzo de 2004 se iban a celebrar elecciones generales en España. El Gobierno de José María Aznar, después de dos legislaturas, tocaba a su fin y el líder conservador había prometido y cumplido que no se presentaría a una tercera reelección. El Partido Popular atravesaba una crisis severa que se había agravado durante los dos últimos años: el desastre del petrolero *Prestige* había dejado al descubierto ciertas deficiencias organizativas y los ciudadanos habían percibido algún desdén que Mariano Rajoy trató de solventar por encima del ministro que debería haberse encargado del caso (Francisco Álvarez-Cascos) y por encima del presidente regional (Manuel Fraga). El accidente aéreo del Yak-42 en Trebisonda (Turquía), donde murieron 62 militares españoles que regresaban de una misión de paz en Afganistán, aireó la impasibilidad del Gobierno y del ministro de Defensa (Federico Trillo). Pero el desgaste más importante del Gobierno vino de la mano de la implicación personal de José María Aznar en la guerra de Irak: el presidente estadounidense George W. Bush estaba decidido a atacar a Sadam Husein y había ignorado las recomendaciones del Consejo de Seguridad de la ONU. La teoría de que el sátrapa iraquí guardaba armas de destrucción masiva se iba a revelar una excusa inconsistente. Tony Blair y José María Aznar decidieron avalar esa aventura que, a juicio de buena parte de los analistas, acabaría en desastre y caos.

Mariano Rajoy era el candidato popular y tenía que luchar contra la corriente de indignación social que habían generado, principalmente, estos tres asuntos. A pocos días de los comicios, el 10 de marzo de 2004, Iñaki Gabilondo entrevistaba al líder conservador en *Hoy por hoy* de la Cadena SER.

*—Mariano Rajoy, secretario general del Partido Popular y candidato a la Presidencia del Gobierno por el Partido Popular. Señor Rajoy, buenos días.*

—Buenos días.

*—¿Cómo va la campaña? ¿Cansado?*

—Bueno, bien, se lleva bien.

*—¿Y la voz?*

—La voz estuvo un poco peor el fin de semana pero, vamos, yo creo que estos dos días ha estado mejor.

*—Eso nos dijo Marta Gómez Montero, que acompaña cada día a Mariano Rajoy. A ella le pedimos ahora que nos diga cómo está viendo al candidato popular en esta campaña.*

—Mariano Rajoy es un hombre que disfruta cuando el fútbol es sinónimo de buen juego y cree que la política, como la vida, tendría que serlo del sentido común. Le gustaría que bastara con presentarse como un candidato que quiere garantizar la tranquilidad de España, pero sabe que una campaña, como un buen guión, necesita dramatización. Aunque reconoce que el mitin no es su hábitat natural, así como cuadrar los directos de la tele, descalificar sin insultar, porque no sabe, y cree que lo otro es más eficaz y repetir un sincero: «Muchas gracias». Se ha aplicado con la misma fuerza de voluntad con que fue el registrador de la propiedad más joven de España. En época de exámenes, tampoco trasnocha y vuelve prácticamente todos los días a dormir a Madrid, para tomar sus particulares vitaminas, miel y limón para la garganta, horas de sueño, un contundente desayuno a base de zumos y tostada con aceite. La principal vitamina se llama Mariano Rajoy Fernández, tiene cuatro años, y pasar un ratito con él por la mañana le carga las pilas para toda la jornada.

*—Bueno, señor Rajoy, le hemos visto últimamente muy duro en los mítines. Desde Málaga hasta aquí, ¿ha habido cambio de estrategia? ¿Era lobo disfrazado de cordero o es cordero disfrazado de lobo por razones electorales?*

—No, hombre... Yo creo que es puro sentido común, ¿no? Yo creo que hice una primera etapa de balance, hasta el 17 de enero, que era el balance de los ocho años, que en cierta manera avalan, en nuestra opinión, lo que es nuestra petición de voto al conjunto de los españoles. Luego tuvimos una amplia etapa de presentación del programa, que duró prácticamente un mes. Yo presenté el programa, y luego dijeron que yo era un señor aburrido, pero, claro, yo fui el candidato que presenté el programa, y aquí siempre se dice: «No, mire usted, es que aquí los políticos se tiran los trastos a la cabeza, pero nadie dice lo que va a hacer». Bueno, yo sí. Y la tercera parte es ésta, la de los mítines, donde, lógicamente, se habla más de política; ya no son presentaciones sectoriales del programa, sino planteamientos generales y esto siempre va acompañado de un cierto nivel de crítica política. Pero, en fin, yo creo que he hecho o estoy haciendo una campaña razonable. Yo no he agredido a nadie, ¿no?

*—Alguna desmesura que nos ha sorprendido ayer: eso de que el Partido Socialista, por patriotismo, debía dejar que siguiera el Partido Popular... nos ha llamado la atención.*

—Bueno, eso no es tanto una desmesura como una cosa que hay que interpretarla en... en el contexto de un mitin, que es un acto festivo. Pero, en cualquier caso, si lo analizáramos a fondo, oiga, no tendría yo necesariamente por qué estar equivocado al hacer esa afirmación. Yo creo que es mejor para España, en este momento, que gobierne el Partido Popular que no que gobiernen otros. ¿Y por qué no voy a creer que los socialistas no pueden pensar lo mismo que yo?

*—Ahora mismo, ¿manda usted en el Partido Popular, señor Rajoy? ¿Es usted el que manda en el Partido Popular?*

—Bueno, soy el secretario general del Partido Popular. Lo que pasa es que yo ahora no me estoy planteando nada en términos de mandar o no mandar. En este momento, quien manda más es el señor [Gabriel] Elorriaga, que es el director de la campaña.

*—Pero ¿manda usted en el señor Elorriaga en la campaña?*

—Eeeh...

*—¿Es usted el jefe de campaña? Quiero decir, ¿es usted el que manda?*

—No, no. El jefe de campaña es el señor Elorriaga, porque yo, al final, claro, estoy preocupándome exclusivamente de una cosa, que es intentar transmitir a los españoles por qué yo creo que es bueno que gobierne el Partido Popular. Entonces, no estoy en otras cosas.

*—Le decía eso porque... en la línea de lo que se está diciendo, resultaban contradictorios algunos comentarios, algunas cosas que usted, en cierto sentido, hubiera debido neutralizar. Como los comentarios del presidente Aznar sobre Hitler*[1]*... ¿No le parece que son desmesuras que usted, de alguna manera, hubiera debido señalar o...?*

—Yo... efectivamente, eso he leído en un periódico, que un señor, parece que era el alcalde de Toledo, algo dijo de eso... Hay que juzgar las cosas en sus justos términos.

—*Estaba en el argumentario del día del Partido Popular.*

—Mire usted, yo no sé si estaba o no en el argumentario del Partido Popular.

—*Yo sí. Lo he visto.*

—Bueno, pues seguro que tiene usted razón, pero a estas alturas de la vida política democrática en España, en el año 2004, no hay ningún español que no sepa que el Partido Popular es lisa y llanamente un partido como los que gobiernan, por cierto, en casi todos los países de Europa, en Grecia también últimamente. Oiga, si empezamos a ver las cosas que han dicho unos u otros, si uno está más afortunado en un mitin o en otro... iremos a la anécdota. Si le cuento yo lo que ha dicho de mí el ex presidente González, o lo que ha dicho de mí don Alfonso Guerra o lo que han dicho de mí algunos, pero no…

—*No, señor Rajoy, no... se trata de saber si están pidiendo el voto del miedo o si con estas cosas están haciendo una invitación al voto en nombre del miedo.*

—No, yo estoy pidiendo el voto porque creo que tengo las ideas más claras y un planteamiento más conocido y entendible en los grandes temas fundamentales de España. En primer lugar, en la política económica: yo tengo una política económica con la que creo que se pueden crear en España dos millones de puestos de trabajo en los próximos años; yo tengo una posición clara sobre los impuestos, la he dado a conocer a la opinión pública. He dicho lo que va a ser mi presupuesto de I+D+I, he hablado de las reformas, he hablado de un plan de infraestructuras, que está ahí. Voy a hacer el plan del 2008-2013. Por tanto, en ese tema, yo creo que tengo un planteamiento conocido y creo que la posición del PP es mejor para la economía española y para el bienestar de los españoles que el de otras fuerzas políticas. Creo que en el tema de España tengo las ideas más claras que el Partido Socialista y creo que en el tema antiterrorista también tengo las ideas claras, y he sido ministro del Interior. Ésos son los tres temas capitales. Entonces, yo pido el voto porque creo que España tiene en este momento una gran oportunidad para llegar a un nivel de renta como tienen los países europeos. Hemos creado más de cuatro millones de empleos en los últimos años. Yo creo que ésa es la línea que hay que seguir. No sé si eso es pedir el voto del miedo. Pido el voto de la convicción, estoy convencido de mi programa y estoy convencido de lo que estoy haciendo.

*—Y, por el contrario, en el caso de ganar el Partido Socialista, ¿cree usted, señor Rajoy, que estaría en peligro España?*

—No. Yo lo que creo es que entraríamos en una etapa de inestabilidad. Estoy convencido. Creo que no sería una buena etapa para España. Yo creo que, internamente, el Partido Socialista tiene planteamientos muy distintos sobre temas importantes. Es decir, lo que piensa [Pasqual] Maragall no es lo que piensa [José] Bono ni lo que puede pensar el señor Marcelino Iglesias en Aragón. Y creo que, además, tiene unos socios de Gobierno muy complicados. Es decir, presentarse al Senado con Esquerra Republicana es muy complicado. Entonces... creo que, en ese asunto, nosotros garantizamos mucho mejor la estabilidad institucional. Tengo la firme convicción.

*—¿Va a tener mayoría absoluta el Partido Popular?*

—Eso no lo sé, Iñaki.

*—Y si no tienen mayoría absoluta... es que tenemos una duda: usted, en Telecinco, con María Teresa Campos, dijo que invitaría a CiU a formar parte del Gobierno aunque tuviera usted mayoría absoluta y, sin embargo, el otro día, en Valencia, dijo que no quería pactar con nadie porque no quería que le chantajearan. Debería aclarárnoslo.*

—Vamos a ver... Yo creo en mi proyecto político. Creo en el programa del Partido Popular, creo en lo que hemos hecho y he trabajado muy a fondo el programa: es lo que más he trabajado en la campaña. Por eso, lo que yo le pido a los españoles es que me den la posibilidad de aplicar mi programa, que creo que es lo mejor para España. A partir de ahí, pues ya veremos. Pero yo lo que quiero es gobernar: un Gobierno del Partido Popular.

*—Pero respecto a esto, tener que pactar con otros, ¿cómo lo hemos de interpretar? ¿Por qué primero parecía un brindis y después parecía un chantaje?*

—Vamos a ver... no. Yo... le voy a decir: yo, aunque tenga mayoría... yo creo que hay que establecer puntos de acuerdo. Es decir, yo, con el Partido Socialista, quiero pactar el modelo de Estado. Esto me parece capital: dejar claro el tema de la lucha antiterrorista, la política exterior, la reforma de la Justicia y un tema que es muy importante, que es el Pacto de Toledo. Yo quiero llegar a esos cinco acuerdos con el principal partido de la oposición y, luego, hay partidos que ideológicamente son más afines, con los que se puede llegar a acuerdos en otras cosas. Pero yo lo que quiero hacer es un Gobierno del Partido Popular y quiero que me den la posibilidad de aplicar el programa por el cual estoy yo trabajando.

—*Pero, en caso de que tenga mayoría absoluta, ¿invitará a CiU a participar?*

—No, no, no...

—*No lo hará.*

—Formaré un Gobierno del Partido Popular.

—*Ya... Lo digo porque se lo oímos en Telecinco y nos llamó la atención. Por cierto, ¿por qué no ha habido debate? ¿Es que usted desconfiaba de usted o es que en el PP desconfiaban de usted?*

—Pues usted sabe muy bien que por ninguna de esas dos razones.

—*¿Por cuál, entonces?*

—La razón por la que no ha habido debate es porque yo no quiero prestarme a un debate que no es el real. Es decir, el debate real en España no es entre el señor Rajoy y el señor Zapatero. El señor Zapatero no es mi adversario político. El debate real es entre el señor Rajoy y una coalición. Esto es parecido a lo que ocurrió en Madrid en las últimas elecciones: no era el debate entre la señora Esperanza Aguirre y el señor [Rafael] Simancas; era entre Esperanza Aguirre y Simancas, más el señor de Izquierda Unida. Y eso ha pasado en otros muchos sitios y yo, desde luego, claro, no voy a transmitir a la opinión pública la imagen de que se celebra un debate que no responde a la realidad, porque eso es contribuir a la estrategia del voto útil del otro partido.

—*Perdón, ¿por qué da usted por hecho que el Partido Socialista tiene que formar una coalición? Todavía no se han celebrado las elecciones. A lo mejor obtiene mayoría absoluta el PSOE.*

—Mire, no es descartable, pero yo doy por hecho algo así [la supuesta coalición], por la misma razón por la que lo dan por hecho una mayoría importante de españoles. Es decir, yo no sé cuál va a ser el resultado, pero lo que sí sé es que lo que se puede construir alrededor del PSOE es una coalición y, de hecho, el PSOE ya se presenta en coalición a las elecciones. ¿Qué va a votar el Partido Socialista en el Senado, si va con Esquerra Republicana? Y esta legislatura es una legislatura en la que se van a debatir algunos asuntos, desde el punto de vista territorial, muy importantes. Es decir, el Plan Ibarretxe [2] no es ninguna broma. Las reformas de estatutos no son ninguna broma. Fíjese usted que el principal dirigente del partido en la oposición ha dicho que él votará cualquier reforma de estatuto que venga aprobada por el Parlamento catalán. Yo creo que eso es un disparate. Yo quiero verla, porque las Cortes generales tienen derecho y tienen la obligación de opinar de estos asuntos. Entonces, hay temas muy importantes que se pueden plantear en la próxima legislatura. Mire usted, yo me presento con claridad, la gente sabe lo que pienso, yo tengo un programa. Y lo otro... que me parece, como es natural, absolutamente respetable, creo que no es el programa del Partido Socialista, que, por otra parte, tampoco lo conocemos...

*—Situados ya en ese asunto que ha planteado: la próxima legislatura. Por tanto, ante una reforma de estatuto que viniera de un Parlamento autonómico con el voto de la mayoría de ese Parlamento, ¿cuál sería la actitud que usted mantendría?*

—Verlo. Primero lo leería. Es decir, no hay ninguna reforma de estatuto en la historia, ninguna, que no haya sido producto del acuerdo entre el Parlamento regional, el Parlamento de la comunidad autónoma y el Parlamento nacional: ninguna. Y yo quiero que eso siga así, entre otras cosas, porque lo dice la Ley, la Constitución, el sentido común y la lógica. Porque si cada comunidad autónoma pudiera hacer la reforma de estatuto que estimara oportuno y conveniente... mire usted, esto sería otro país distinto. Y por eso me produce estupefacción oír que hay quien dice que aceptará cualquier reforma que venga de una comunidad autónoma. Yo no. Yo primero la leo. Primero la leo.

*—Alguien podría decirle que éste es un país constituido en autonomías y que si una autonomía entrega en las Cortes o en el Parlamento una reforma aprobada por un 85 por ciento, llega con un aval democrático de primer orden.*

—¿Y si las Cortes lo votan en contra no es un aval democrático de primer orden? Claro, ¿adónde vamos con eso, Iñaki? Vamos a que el modelo constitucional español lo hemos hecho por acuerdo y por consenso. Yo mismo he pactado con el PSOE, en 1992, cuando estábamos en la oposición, y luego en 1996, otro pacto autonómico. Eso siempre se hizo por acuerdo, y lo último que acordamos fue el nuevo modelo de financiación en el año 2001, que votamos el cien por cien de las comunidades autónomas, es decir, por unanimidad. Y ahora, ¿qué pasa? Si ésta es la verdad, y lo sabe todo el mundo: que han llegado a unos acuerdos en Cataluña, y que hay un partido [ERC] que le impone al PSOE unas condiciones, y el PSOE se las traga, con perdón. Es que esto lo sabe cualquier ciudadano español. Por tanto, no estoy exagerando ni mintiendo. Ahora bien, yo tengo la firme convicción de que cuando pase esto, nos reuniremos con el PSOE y les diremos: «Oiga, mire usted, ya está bien, ¿no? Es decir, ustedes no piensan eso». Porque el PSOE no piensa eso. Los votantes del Partido Socialista no se creen nada de todos esos acuerdos y de esos planteamientos. Pero es que yo lo conozco; yo tengo muchos amigos del PSOE y no se lo creen. Bueno, yo espero que cuando termine este lío electoral, podamos ponernos de acuerdo sobre el tema más importante que tiene planteado España.

—*Sí, ¿qué quiere decir? ¿Reconducirá el diálogo político en Euskadi?*

—Vamos a ver. Quiere decir lo siguiente: viene el Plan Ibarretxe; el Plan Ibarretxe tiene un problema de contenidos, en mi opinión, pero voy a hablar del origen. Fíjese usted: en el año 1980 pactamos el Estatuto de Gernika. No sé si es bueno o malo, pero es el que pactamos todos, salvo ETA. Y, entonces, al cabo de equis tiempo, el PNV dice: «Oiga, no me vale el Estatuto de Gernika, y entonces, le pongo encima de la mesa el mío, que es el Plan Ibarretxe. Entonces, si usted no dialoga, usted es un intolerante, es un señor raro y tal...». Pero, claro, nos olvidamos de una cosa: que los demás, que hemos votado el Estatuto de Gernika, hemos sido leales y no le hemos planteado una reforma de estatuto distinta, porque claro, los demás también podíamos haber planteado otra reforma de estatuto y decirle: «Oiga, vamos a dialogar sobre esto, en dirección contraria al Plan Ibarretxe». Entonces, yo quiero dialogar, pero, claro, quiero dialogar en serio; quiero dialogar sin que nadie tome ventaja, como ocurre en el tema del Plan Ibarretxe, y por eso yo creo que el Plan Ibarretxe debe retirarse. Aparte de eso, claro, el gran problema del Plan Ibarretxe... A veces se dice: «Dialogue, dialogue...». Pero no hay presidente de Gobierno en España que pueda aceptar un plan como el Plan Ibarretxe, que dice que España puede dejar de ser España. Es que no hay ningún país en el mundo. A veces decimos cosas o digo cosas que son obviedades, pero no hay ningún país en el mundo que tenga el derecho de autodeterminación en su Constitución, lo cual es lógico, porque, claro, nadie tiene una norma para dejar de ser, ¿no? Bueno, pues yo... yo quiero dialogar, pero no me gustaría hacerlo sobre esas bases.

—*¿Cree que se dan unas circunstancias diferentes con la presencia en el PNV de Josu Jon Imaz en vez de Xabier Arzalluz?*

—Bueno, formalmente, parece mejor, aunque al final hay que valorar los contenidos. Es decir, en este momento, yo no tengo ninguna noticia de que se piense cambiar de criterio sobre ese asunto. Es que ese asunto es muy fuerte, es que nos pone a los demás una cosa delante y «o lo aprueba o ya veremos». Mire usted, así no se puede andar por el mundo.

*—Bien, hablando de otra cosa, hablando de economía: nos decía que ya tenía los planes muy claros. En el tema fiscal, había una cosa que yo quería preguntarle hace tiempo. Usted nos ha dicho cuántos más no van a pagar el IRPF. Quisiera que nos dijera cuántos más sí van a pagar el IRPF.*

—Bueno, yo quiero que paguen el IRPF, por lo pronto, dos millones de personas, que creo que son los puestos de trabajo que se pueden crear a lo largo de la próxima legislatura. Y el gran éxito de que las cosas funcionen en España es que haya gente trabajando, porque eso es más recaudación de IRPF, más cotizaciones de Seguridad Social. Quiero que lo paguen esos dos millones más.

*—Sabe que no le preguntaba eso. Los inspectores de Hacienda nos han dicho que las inspecciones se están haciendo sobre los que declaran, no sobre los otros. Le preguntaba a cuántos «ocultos» vamos a poder incorporar a los que pagan...*

—Iñaki, es muy difícil que yo diga cuántos ocul... cuántas personas hay, que se sepa, que no pagan el IRPF, porque si lo supiera, los estaría denunciando en este momento. Yo sé que la recaudación por IRPF ha aumentado por investigación del fraude; es decir, como consecuencia de la inspección del fraude, ha aumentado un 60 por ciento en los últimos cuatro años. Tampoco soy yo un experto en la materia y no sé si es una buena cifra o no, pero yo no tengo por qué pensar que los funcionarios de la inspección de Hacienda no desarrollan su trabajo de la mejor manera posible. Ahora bien, esto puede ocurrir en la inspección laboral, puede ocurrir en... en muchas inspecciones. Pero, desde luego, uno de los objetivos capitales es que la gente pague los impuestos que le corresponden, porque, además, ahora los estamos bajando. Es decir que...

*—No... se lo decía porque esta observación... viniendo de los inspectores de Hacienda, reconozca, señor Rajoy, que es de las que descolocan a los ciudadanos.*

—Sí, sí. Pero mire, Iñaki, no está demostrado que tengan razón siempre los que dicen según qué cosas. Porque cuando los inspectores de Hacienda... mire, yo no sabía que habían dicho eso, pero, en fin, cuando los inspectores o los médicos u otros dicen una cosa, por definición, ellos tienen la razón y no la tiene la Administración pública. Eso no está demostrado, ¿no? Yo, desde luego, ya digo, no soy un experto ni me conozco las interioridades de la Agencia Tributaria, pero lo que sí sé es el dato del aumento de la recaudación del 60 por ciento.

*—Bueno, respecto a nuestro porvenir, los expertos dicen que los datos económicos españoles son buenos. Ayer preguntábamos al señor Zapatero que por qué no aceptaba esta circunstancia, como ahora le preguntamos a usted por qué no aceptan que, sin embargo, de cara al inmediato futuro tenemos algunos elementos inquietantes en la productividad y en la dependencia excesiva del ladrillo [el sector de la construcción], como todos los especialistas nacionales e internacionales observan. ¿No es eso así?*

—Vamos a ver... España debe de tener ya más del 60 por ciento de su producto interior bruto en el sector servicios, ¿no? Es decir, yo creo que el reto más importante que tiene España en los próximos años es la generación de trabajo. Ahora, en España, hay una población activa de diecinueve millones, y una población activa ocupada de diecisiete millones. No tenemos un problema de productividad, es decir, no está escrito en ningún sitio que un trabajador español sea menos productivo que un trabajador del Reino Unido. Tenemos un problema de poca gente que trabaja. Es decir, en 1996 trabajaban doce millones y medio de personas; ahora, diecisiete. Ése es nuestro verdadero problema. Por tanto, el objetivo capital tiene que seguir siendo la creación de empleo. ¿Qué duda cabe que hay que mejorar la productividad? ¿Qué duda cabe que tenemos que apostar por el I+D+I? Nosotros vamos a subir un 10 por ciento en ese campo, vamos a seguir con los incentivos fiscales a las empresas, que dedican poco dinero a la investigación y eso es un tema muy importante, vamos a seguir la puesta en marcha de infraestructuras. Todo eso, sin duda alguna, ayuda a la productividad. Pero lo más importante, créame, es que haya más personas trabajando, porque aquí somos cuarenta y dos millones de personas y aquí hay en la Seguridad Social diecisiete millones.

*—No, sólo quería dejar ahí el dato, que era objetivo: que la productividad está en el 0,5 y estaba en el uno y pico.*

—No, no, no. Pero, vamos a ver, vamos a ver, Iñaki, la productividad es el resultado de... es un resultado puramente matemático, el resultado de dividir el producto interior bruto entre las personas que trabajan. Claro, si trabajan muchas más personas, la productividad va a ser menor. Eso no es lo importante, lo importante es cuántas personas están trabajando. Eso es lo importante.

Eso de la productividad es una cosa que se han inventado algunos técnicos y que no es verdad. En España la productividad por persona es igual que en el Reino Unido, y el problema es el número de personas trabajando. Por eso el objetivo es crear más empleo y más trabajo.

*—Respecto a trabajar, ¿a qué llamamos trabajar? Demasiadas personas están diciendo que se computa como trabajar una cosa que tal vez no merecería ese nombre: trabajos de un día, de dos, de..., en fin, trabajos de un día sí y otro no, ese trabajo tan sumamente precario...*

—Vamos a ver, ése es un tema... ése es un tema muy importante... es decir... En España, en esa situación de trabajo... bueno, no tan radical, ¿no? De un día, ¿no?, pero...

*—Es así. Que sí, que sí...*

—Bueno, sí, hay algunos, pero voy a dar la cifra. Es decir... estamos en este momento en un 30 por ciento de trabajo de esas características, pero no... no de un día. Hemos bajado del 35 al 30 por ciento. Quiero decir que de los contratos que se han creado en los últimos años, tres cuartas partes son contratos indefinidos. Entonces, hay que seguir creando empleo y uno de los temas capitales es hacer más atractiva la contratación estable y éste es uno de los asuntos que a mí me gustaría tratar con las administraciones sindicales y empresariales, en fin, cuando... después de que se celebren las elecciones generales.

*—Señor Rajoy, en Irak no había armas de destrucción masiva. ¿No creen que nos deben una explicación?*

—Bueno, es verdad que no había armas de destrucción masiva, según lo que estamos viendo ahora. Pues es probable que todo el mundo tenga que explicar por qué no había armas de destrucción masiva. Yo lo que puedo decir sobre este asunto... porque, además, yo he tenido intervenciones en relación con este tema, le puedo decir que Naciones Unidas, durante doce años, aprobó sucesivas resoluciones en su Consejo de Seguridad, por unanimidad, diciendo que Irak tenía que destruir o eliminar sus armas de destrucción masiva o decir qué es lo que había hecho con ellas. ¿Por qué decía eso el Consejo de Seguridad de Naciones Unidas? Porque las hubo, porque, de hecho, el señor Sadam Husein organizó una guerra contra sus vecinos los iraníes donde hubo un millón de muertos, invadió Kuwait y gaseó a compatriotas suyos, tanto kurdos como chiítas. Pero fue el Consejo de Seguridad de Naciones Unidas el que lo dijo: si usted se lee la última resolución anterior a la intervención en Irak, allí decía, con meridiana claridad, que era la última oportunidad que se le daba al señor Sadam Husein para que eliminara sus armas de destrucción masiva. Y los inspectores fueron allí mandados por la ONU, porque iban a buscar las armas de destrucción masiva. Es decir, en base a esas resoluciones de la ONU, muchos países en el mundo tomaron sus decisiones. Sólo Estados Unidos y el Reino Unido tenían informes propios; España no tenía informes propios, tenía resoluciones de la ONU aprobadas por unanimidad por parte de todos, ¿no?

*—Me cuesta creer que, en el tema de las armas de destrucción masiva, no crean ustedes que debieran dar una explicación y me haya dado usted esta respuesta. Sinceramente, ¿no cree que la sociedad española necesita una...?*

—Perdóneme, Iñaki, es que yo le he dado una explicación, yo le he dado una explicación. Yo le he dicho que toda la comunidad internacional estaba diciendo que había armas de destrucción masiva, que España no tiene servicios que estén dedicados a ver si hay armas de destrucción masiva o no. Sólo Estados Unidos y el Reino Unido tienen esos servicios. Ningún país, incluido Francia, incluido Alemania, incluido Siria, puso en duda eso, porque el debate en Naciones Unidas no era si había o no armas de destrucción masiva, ese debate no lo había; el debate era qué había que hacer ante el hecho de que Sadam Husein no explicara qué había que hacer con sus armas de destrucción masiva. Ésa es la explicación que le estoy dando y también le estoy diciendo que las hubo. Y usted sabe que mataron a kurdos y chiítas, a muchos miles, con armas de destrucción masiva, y que los dos yernos de Sadam Husein, que se fueron de su país, estaban al frente de todos los sistemas de preparación de armas biológicas y químicas, según declararon ellos, que luego fueron asesinados por Sadam Husein. Por tanto, ésa era la opinión y el criterio de todos los países del Consejo de Seguridad de Naciones Unidas. Y ésa es la explicación que le doy, no tengo otra. Otra cosa es que a usted le pueda gustar o no, claro.

*—No, no, vale ya, por supuesto. El asunto de Irak también nos llevaría a otros extremos, pero, en fin, se trataba, ahora mismo, de comentar este aspecto. Usted ha hablado en campaña de comisiones de investigación. ¿Por qué hemos de creerle, señor Rajoy, cuando habla de comisiones de investigación para la próxima legislatura, después de lo que han hecho ustedes en ésta, con las cosas que hubieran necesitado comisiones de investigación?*

—Mire, yo no... yo he dicho que en todos estos temas de regeneración democrática de los que se habla en el Parlamento... Yo quiero decirle una cosa: la mayor regeneración democrática que se ha producido en España en los últimos años es que, en el año 1996, la corrupción era el tercer problema en España: el tercero. Y hoy no está entre los cuarenta primeros. Eso sí que es regeneración democrática. A partir de ahí, yo he dicho que en el tema de las comisiones de investigación, del reglamento del Parlamento, estoy dispuesto a hablar con la oposición cuando quiera, pero estoy dispuesto a que las reglas del juego sean iguales en todos los lugares de España. Estoy dispuesto. Entonces, las comisiones de investigación tienen que estar igual de reguladas en todos los Parlamentos. Y, luego, el tema de las comisiones de investigación requiere también un equilibrio, requiere una sensatez, requiere un cierto sentido común... ¡Es que hay parlamentos donde se han pedido cuarenta y tres comisiones de investigación! Yo estoy dispuesto a pactar una regulación, pero igual en toda España.

*—Y en el asunto de responsabilidades políticas, ¿no le parece que sería conveniente que se marcara a modo de doctrina general, digamos, en qué tipo de circunstancia o en qué tempo procesal sería necesario solicitar una dimisión o un cese? Se lo preguntamos porque, a lo largo de los últimos años, nos hemos vuelto locos: cuando estaban ustedes en la oposición, las responsabilidades políticas se demandaban en un determinado momento. Ahora no se demandan en ninguno. ¿No sería bueno que se marcara una doctrina y se dijera que un cargo público debe quedar apartado cuando se produce el procesamiento o cuando se produce la condena o cuando se produce...? En fin, ¿no sería bueno que hubiera un criterio? Porque ustedes tenían una determinada mirada sobre las responsabilidades políticas y ahora están demostrando tener otra.*

—Bueno, no. Vamos a ver, Iñaki... a mí eso no me parece justo. Y hay un dato, hay un dato... ése de la corrupción... Es que si en 1996 la corrupción era el tercer problema de España, era por algo. Ahora no está entre los cuarenta primeros. Entonces, no es que tengamos un concepto distinto de responsabilidad política: es que las cosas se han producido de forma distinta a lo largo de estos años. Y esto también es bueno recordarlo. Ahora, marcar una doctrina sobre... entiendo que es una responsabilidad política, es decir, cuándo debe dimitir una persona de un cargo público...

*—La inmigración. Nos preocupa muchísimo, estamos muy sorprendidos de que la campaña electoral no se esté ocupando de este asunto. Se*

*trata de un tema que la Confederación de Cajas de Ahorro ha situado de la siguiente manera: tenemos un seis y pico por ciento de inmigrantes en España y dentro de unos diez años va a haber un 20 por ciento. Teníamos la impresión de que eso iba a modificar todos los planteamientos de los partidos políticos, todas las prioridades, todas las estructuras. Pero parece como un tema lateral más...*

—Pues yo ya llevo años diciéndolo: creo que es el tema más importante que se le plantea a todos los países de la Unión Europea en los próximos años, el más importante. Y va a suponer un cambio muy sustancial. Fíjese que en España hay casi un millón de extranjeros cotizando a la Seguridad Social; es decir, gente integrada normalmente y tal... Bueno, cuando España presidía la Unión Europea, yo, en este asunto, intenté que la inmigración se convirtiera en una política europea por excelencia, y esa propuesta fue al Consejo Europeo de Sevilla. Es absurdo que haya quince países dando visados: debería haber un solo visado para la Unión Europea. Creo que la ayuda al desarrollo y la ayuda a los países de donde viene gente debería ser un tema capital en la política internacional de la Unión Europea. Yo creo que debe ser una política europea. Yo lo intenté en mi época. Pudimos aprobar un plan de lucha contra la inmigración ilegal, y a efectos puramente nacionales, aunque lo más importante... yo le diría... Yo estoy a favor de la inmigración, pues nosotros somos personas que hemos emigrado y que nos hemos ganado la vida en la emigración, en mi tierra y en muchos otros lugares de España. Creo que debe hacerse todo lo posible para que sea por la vía legal; debemos ser muy contundentes contra la inmigración ilegal. Y hay un tema que es capital: el tema de la integración. Yo creo que las personas que vienen aquí tienen los mismos derechos que los españoles, tienen sanidad gratuita, tienen educación gratuita, pero deben, también, tener los mismos deberes y obligaciones y adaptarse a la legislación española, que, por otra parte, es la que responde a nuestra voluntad y a nuestra historia y a lo que hemos querido ser. Pero es el tema más importante del futuro de España y de Europa por goleada, estoy de acuerdo con usted.

*—Sí... Decíamos que la inmigración está rompiendo ya todos los costurones de un montón de realidades de nuestro país, desde el punto de vista de la sanidad y de otros. Nos ha sorprendido que no haya sido el tema central... Nos ha sorprendido que no haya habido nadie que haya dicho: «Vamos a ver: paren los motores, que empezamos a reordenar las cosas...».*

—Sí. Bueno, yo... yo he intentado hablar de inmigración, lo que pasa... El problema de estas cosas es que vivimos en un mundo, eso lo sabe usted muy bien, muy mediático, y al final, lo que uno no logra colocar en un medio, no existe. Pero es que yo conozco muy bien ese tema.

*—No me diga que tiene usted problemas para colocar sus asuntos en los medios...*

—No, no es que tenga problemas, hombre... Lo que pasa es que... yo soy «antititulares». Es decir, yo estoy a favor de las crónicas que hacen los periodistas, pero no de los titulares que se ponen, que, al final, ocupan media página, y al final, es lo que acaba leyendo todo el mundo. Al final, el titular es que uno dice una tontería en un mitin, que fulano dice que no sé quién es tonto, y, al final, Rajoy dice que fulano es tonto... Pues bueno. En fin, esto es la vida.

*—Señor Rajoy, ¿qué le parece a usted que, en plena campaña electoral, la dirección informativa del ente público Radio Televisión Española esté a cargo de un periodista condenado por manipulación?* [3].

—Mire usted, Iñaki... Yo no sé si está condenado por manipulación o no está condenado por manipulación, pero yo no tengo ningún dato para no hacer una afirmación distinta de que el señor Urdaci es un extraordinario periodista y que tiene el apoyo de muchísima gente de la opinión pública española. Y si nos ponemos a hablar todos, es que... El otro día fui a una televisión pública y allí me hicieron la siguiente pregunta: «¿Le va a hacer usted un monumento a Urdaci?». Y a esa persona yo le podía haber dicho: «¿Y si viene aquí el político tal o el político cual, le gustaría que alguien le preguntase si le va a hacer usted un monumento a usted?». ¡Eso no es justo!

*—Lo que ocurre, señor Rajoy, es que no estamos diciendo que haya un problema: estamos hablando de un hecho objetivo. No estamos haciendo siquiera un juicio de valor sobre el periodista: estamos hablando de una circunstancia concreta que tiene a un periodista en condición de condenado por manipulación... es un hecho objetivo.*

—Yo… yo le voy a decir una cosa: creo que es mucho más objetiva Televisión Española que muchas de las televisiones autonómicas. Tengo la firme, total y absoluta convicción. Y haga usted el ejercicio de verlas o que lo haga alguien.

*—Cuando hagamos ese ejercicio, aunque tenga usted razón, la pregunta estaría situada en un tema objetivo, referida a la circunstancia concreta en la que se encuentra el periodista, cuya capacidad no estamos valorando. Senci-*

*llamente hablamos de su circunstancia concreta. Bien: el Plan Hidrológico. Está usted hoy en Zaragoza. Por el momento, son sólo informes, digamos, documentos de trabajo de la comisión, pero parece que hay varios informes que no resultan demasiado positivos para la financiación, para el dinero que ustedes esperan de la Unión Europea para el Plan Hidrológico...* [4].

—Hoy, el comisario [de Política Regional, Michel] Barnier ha dicho que... que no hay nada. Yo sé que hay algunos que no hacen otra cosa distinta que lo imposible para que nos... a ver si consiguen que no haya financiación para España, para el Plan Hidrológico. En fin, ésa es la demostración del patriotismo de algunos. Yo le digo una cosa: creo que el Plan Hidrológico es una de las reformas estructurales más importantes que se han hecho en España en los últimos años... Creo que gobiernos anteriores tuvieron muchos borradores... Yo he visto los borradores del señor [Josep] Borrell, donde se pedía el trasvase del Ebro y una cantidad de agua mucho mayor que la que se pide ahora. Creo que el Gobierno ha tenido la determinación y el coraje para hacerlo. Va acompañado de las obras del Pacto del Agua, que va a suponer que los aragoneses puedan usar el agua que nunca pudieron usar... Y además, lo que va al trasvase es una pequeña parte de lo que se va al mar... Es decir, yo... Es que es una cosa que no lograré entender jamás: es decir, estamos hablando del agua que se va al mar Mediterráneo, que se coge, prácticamente, en la desembocadura, que la van a utilizar unos señores del Levante español, y de Murcia... Es que yo he visto cómo es el riego por goteo, y cómo sale allí el agua... No. Sinceramente, no puedo entender esta polémica. No. Y ayer he manifestado mi posición aquí, en Zaragoza. Van a hacer las obras del Pacto del Agua en Aragón; pero yo voy a seguir con el Plan Hidrológico Nacional. Y me parece tremendo lo que se ha organizado alrededor de todo esto.

*—Señor Rajoy, ¿supo que ayer un familiar de los fallecidos en el Yak-42 quiso verle...? ¿Lo supo usted o no lo supo?*

—Me lo contaron por la noche. No tenía ni la más remota idea. Me lo contaron por la noche, efectivamente.

*—¿Comparte usted la teoría del señor [Federico] Trillo y del señor Aznar de que el caso de Yakolev 42 no es un asunto de los familiares insatisfechos, sino un asunto que está siendo agitado por la oposición para hacerles daño electoral?*

—Mire usted, yo... Iñaki, este tema es tan... tan... Es tan dramático, coño, es tan duro y complicado que lo que hay que hacer es... lo que se está intentando hacer. Es hablar con las familias y resolver este tema de las familias con la mayor discreción y con la mayor tranquilidad posible. Yo es cuanto puedo decirle de esto.

*—¿Ve consolidado a Rodríguez Zapatero? El día 14 habrá lo que haya, pero, en todo caso, parece que el Partido Socialista, aunque pierda las elecciones, habrá resuelto ya el lío del líder y tendrá más o menos un líder consolidado para la próxima legislatura.*

—Bueno, yo tampoco soy experto en el Partido Socialista, pero si Zapatero perdiera las elecciones, tampoco pasaría nada. Es decir, Felipe González perdió dos elecciones y Aznar perdió dos elecciones, y... y no pasa nada, ¿no? Es decir, si pierdes y te tienes que ir... eso es un problema.

*—Bueno, si pierde usted, sí pasa algo... ¿no?*

—Bueno, realmente, yo estoy en una situación que es la que es. Todas las situaciones son distintas. Pero, bueno, yo creo que Zapatero tiene... yo creo que tiene derecho a que se le dé su oportunidad, ¿no?

*—Y en caso de que usted no ganara por mayoría absoluta, ¿teme que se cuestionara su figura?*

—No. Es decir, yo ahora voy a ser... soy el candidato del PP a Presidencia del Gobierno y, lógicamente, pues... Aquí, en lo que estamos todos es en que lo sea. No, no veo yo que nadie vaya a cuestionar nada.

*—¿Cree que no? Bueno, ahora tenemos unas pequeñas preguntillas... para acabar. Son de estas preguntas de respuestas rápidas, si es posible. Le preguntamos lo mismo ayer al señor Zapatero: además del castellano, ¿hay algún idioma en que pueda usted hablar sin traductor?*

—En francés.

*—El mitin de esta tarde, en Barcelona, ¿se ha adelantado a las siete y media para que pueda ver usted el partido del Madrid?*

—Bueno, no exactamente para eso, sino para que pueda verlo la gente que quiera ir al mitin.

*—Porque a usted no le importa, ¿no?*

—Bueno, a mí me preocupa más la gente que va al mitin.

*—Ya. ¿Ha hecho la mili?*

—Sí, señor. Catorce meses de soldado raso.

*—¿Sabe cuál es el salario mínimo interprofesional en España?*

—El salario mínimo... sí. Debe de estar por debajo de las cien mil antiguas pesetas.

*—Sí, grosso modo. ¿Más afinado no...?*

—Perdona...

—*¿Perdonaría una infidelidad, señor Rajoy?*

—Pues mire, sí, sí.

—*¿Fumar es bueno para la salud?*

—Pues no.

—*¿Ronca de noche?*

—Yo creo que no.

—*¿Qué le dice su mujer?*

—Pues me dice que no. Salvo que duerma boca arriba, pero siempre duermo de lado.

—*Una idea básica para su hijo. Nos decía Marta Gómez Montero que su hijo es... en fin, ¿qué le gustaría decirle a su hijo, o qué le gustaría trasladarle como idea central de su pensamiento?*

—¿Una idea básica...? Procura ser independiente en tu vida para actuar siempre con arreglo a lo que te diga tu conciencia.

—*¿Alguna otra pregunta, Marta?*

—*Pues sí. Si necesitara el apoyo de CiU para ser investido presidente del Gobierno y le pidieran a cambio una reforma estatutaria que fuera más allá de la Constitución, ¿qué haría, señor Rajoy?*

—Decir que no.

[Iñaki Gabilondo]

—*Finalmente, si es usted presidente, ¿aceptará entrevistas en la Cadena SER?*

—Sí, señor. Yo nunca le he negado entrevistas a la Cadena SER, como muy bien usted sabe.

## Notas

[1] Las alusiones a los dictadores o tiranos son frecuentes en las campañas electorales españolas. Se denominan «estrategias del miedo», pero no pasan de ser desmesuras de campaña. En el caso que se cita aquí, unos y otros recordaron que Adolf Hitler llegó democráticamente al poder en Alemania y lo recordaron para señalar al contrario como dictador o tirano.

[2] Se llamaba Plan Ibarretxe a la propuesta de reforma del Estatuto Autonómico del País Vasco que presentó el Gobierno del lehendakari Juan José Ibarretxe, con el voto negativo del PP y el PSOE en Euskadi, y con el apoyo del Partido Nacionalista Vasco, Eusko Alkartasuna, Izquierda Unida y tres diputados de la disuelta Euskal Herritarrok. Los partidos nacionales lo consideraban un intento de secesión o un entramado legislativo de carácter independentista. El Congreso de los Diputados lo devolvió a la cámara vasca en febrero de 2005.

[3] Alfredo Urdaci, el polémico director de Informativos de Televisión Española, fue acusado de manipular la información sobre la huelga general del 10 de abril de 2003. Fue obligado a transmitir una rectificación pública.

[4] El Plan Hidrológico Nacional que propuso el Gobierno de José María Aznar fue ampliamente contestado en Aragón. También fue rechazado por una parte de la dirección del Partido Socialista, que lo retiró cuando accedió al poder tras vencer en las elecciones. Una de las partes del Plan Hidrológico consistía en un espectacular trasvase desde el Ebro a la cuenca mediterránea.

# *TERCERA PARTE*

# *REGRESO AL SOCIALISMO: NUEVOS RETOS Y POLÍTICA TERRITORIAL*

26

# *José Luis Rodríguez Zapatero*
# *El presidente inesperado*

España había sufrido, probablemente, la sacudida más violenta de su último medio siglo de historia. Un grupo de fanáticos islamistas había hecho saltar por los aires cuatro trenes de cercanías en Madrid y había dejado 192 muertos y cientos de heridos. El pueblo de Madrid dejó patente su fortaleza y su repulsa, pero casi inmediatamente exigió responsabilidades. Era el día 11 de marzo de 2004 y tres jornadas después se celebraban elecciones generales. Durante esos tres días se produjeron momentos de gran tensión y confusión: información y desinformación, dolor por las víctimas y uso partidista del atentado, reivindicación de la democracia y mensajes del miedo...

Los españoles, finalmente, con el corazón encogido, fueron a votar el día 14. El Partido Socialista, con su nuevo candidato, José Luis Rodríguez Zapatero, obtuvo 164 escaños (42,59 por ciento) y el Partido Popular, con Mariano Rajoy, alcanzó 148 diputados (37,71 por ciento); CiU, 10 diputados; ERC, 8 diputados; EAJ-PNV, 7 diputados; IU, 5 diputados; Coalición Canaria, 3 diputados; BNG, 2 diputados; y ChA, EA, Nafarroa Bai, un diputado cada uno. Así pues, el PSOE tenía mayoría, pero debía contar con otros partidos para mantener una legislatura estable. Finalmente, los escogidos fueron ERC e IU-ICV. El nuevo presidente del Gobierno sería José Luis Rodríguez Zapatero.

*Hoy por hoy*, día 15 de marzo de 2004, al día siguiente de las elecciones.

*—Buenos días... señor presidente.*

—Vamos a esperar a que se produzcan los trámites oportunos, el debate de investidura... pero todo apunta a que esa probabilidad es la que vamos a vivir, sí.

*—¿Ha dormido bien?*

—He dormido pocas horas, porque ayer me acosté tarde, después de recibir muchas felicitaciones, de disfrutar, de estar con compañeros, con amigos, atender muchas llamadas, buena parte de ellas, institucionales, pero en cuanto caí en la cama, en fin, me dormí completamente, sí... Después de dar un beso a mis hijas... No pude hablar con ellas, solamente por teléfono... cuando estaban viendo la televisión y ya veíamos que habíamos ganado. Estaban absolutamente excitadas y felices.

*—¿Todo es diferente ya? ¿Todo es nuevo ya? Usted ha venido otras veces a este estudio de radio, pero hoy todo es nuevo, hay mucha más gente, más... es el anuncio del nuevo tiempo. ¿No le produce un cierto vértigo lo que se le echa encima?*

—Estamos de estreno hoy, ¿no? Estamos de estreno. Vamos a estrenar una nueva mayoría política en este país y yo creo que vamos a estrenar un nuevo tiempo en la política en este país, ésa es mi voluntad, un tiempo con otro talante, con otras formas, con otro espíritu de respeto a los valores del pluralismo, de la diversidad, del derecho a la información, de la libertad de crítica. Creo que estamos de estreno. Mi firme propósito es que este estreno sea un estreno que la gente agradezca, que produzca un cierto distendimiento en la vida pública española y en la convivencia. Tengo sentido de la responsabilidad, pero tengo una enorme ilusión. Ayer, una de las veces que salí a una plataforma improvisada en la calle Ferraz [sede del PSOE], había muchísimos jóvenes felicitándose por el triunfo y aplaudiéndome y hubo un grito que tengo que llevar desde el primer momento permanentemente en mi conciencia y en mi toma de decisiones, y era: «No nos falles». Me lo gritaban miles de jóvenes. Creo que es la lección que... la lección más importante que ayer aprendí.

*—¿No le produce vértigo ese compromiso ante los jóvenes que le piden que no les falle?*

—Todo lo contrario. Me produce una enorme confianza en poder hacer las cosas bien. Voy a poner todo mi empeño en hacer las cosas bien; sobre todo, voy a poner todo mi empeño en hacer las cosas como creo que la ciudadanía quiere y que está implícito en el mandato que ayer me dieron en las urnas, que es ser un buen demócrata: ser un buen demócrata es creer de verdad en la práctica democrática, no sólo aceptar las reglas de la democracia, que eso todo el mundo lo acepta, sino esa convención de lo que es la vida democrática, no manipular, no mentir, respetar al adversario, llamar a la participación, respetar a la sociedad civil, contar con la sociedad civil, escuchar a la ciudadanía, entenderse en la vida pública y, si es posible, con los partidos, con los gobiernos autonómicos... Me parece que este país necesita una etapa de todo eso y yo se la voy a dar poniendo toda mi voluntad.

*—José Luis Rodríguez Zapatero, se celebró ayer la jornada electoral y estamos conversando con usted a propósito de su éxito electoral cuando todavía no se han identificado treinta cadáveres de un atentado terrorista, cuando apenas acabamos de salir del luto nacional que se decretó como consecuencia de los atentados terroristas. En algún otro país, cuando algo así ha ocurrido, se intentó inmediatamente dejar de manifiesto de una manera muy clara dónde se estaba. La autoría de los atentados podría llevar a algunas desmesuras en la sociedad. Interpretando la voluntad del señor Zapatero y la voluntad del señor Ryay Tatari, secretario general de la Comisión Islámica, nos hemos permitido proponer un pequeño encuentro para un simple saludo en la radio. Sé que es algo que usted, señor Rodríguez Zapatero, quería hacer y sé que es algo que quería hacer Ryay Tatari. Señor Ryay Tatari, muy buenos días.*

—[R. T.] Buenos días.

*—Quisiera pedirle al señor Rodríguez Zapatero un saludo para la comunidad islámica de nuestro país y quería pedirle, señor Tatari, un saludo para el señor Rodríguez Zapatero. Señor Rodríguez Zapatero...*

—Mi saludo y mi apoyo a la comunidad islámica. También quiero hacer un llamamiento para que toda la sociedad española tenga presente que cualquier acción de terror es una acción de grupos radicales y que es absolutamente imprescindible distinguir lo que es una comunidad religiosa, una comunidad cívica, una comunidad cultural de algunos de sus elementos más extremistas radicales o fundamentalistas. Tengo plena confianza en la sociedad española en ese sentido y creo que remarcar o subrayar estos valores viene bien, pero el conjunto de la ciudadanía va a responder muy bien, estoy seguro.

*—Señor Ryay Tatari...*

—[R. T.] Buenos días, José Luis.

—[J. L. R. Z.] Buenos días.

—[R. T.] Primero, nuestra profunda felicitación al partido y a tu persona. Espero que esta confianza depositada por el pueblo en tu partido y en tu persona no nos falle, de verdad... especialmente, te escuché ayer, cuando dijiste que no vas a cambiar. Y espero que a través de tus aciertos, ahora, a través del diálogo, porque estás muy cerca de las personas y los ciudadanos, tal y como te escuché unas cuantas veces, que esto demuestre el cambio al cual tú te referiste en tu campaña.

*—Gracias señor Tatari. Bueno, un primer gesto para dejar algunas cosas claras. ¿Qué tiene usted, señor Rodríguez Zapatero, que siempre gana? Porque usted no ha perdido nunca unas elecciones en su vida...*

—Hombre, en estas competiciones importantes, como la de ayer, que era la más importante de mi vida, lógicamente... tengo una confianza fuerte en hacer las cosas trabajando con mucha limpieza y con mucha transparencia. Esto es lo que he hecho en estos cuatro años, cometiendo aciertos y errores, y tengo una enorme confianza en la democracia.

*—Pero cuando llegó a la Secretaría General del Partido Socialista tampoco era usted favorito y ganó contra pronóstico.*

—Trabajé igual que he trabajado en esta campaña y tengo una confianza muy... muy profunda en que la ciudadanía o tu partido perciben cuando presentas un proyecto que tiene bastante de auténtico, de verdad. Yo he hecho esta campaña y he estado en contacto con mucha gente, con mucha gente, y creo haber percibido, intuido, que más allá del disgusto o el cabreo con el Gobierno del Partido Popular, más allá de que la gente se sienta más progresista y por eso el Partido Socialista siempre tenga unas buenas posibilidades electorales en este país, había una frase que la gente me decía permanentemente: «No cambies las maneras... el estilo que tienes; sé cómo eres». Por eso ayer cerré mi discurso diciendo: «El poder no me va a cambiar». Yo creo que hay un fondo muy... muy importante... La gente quiere ver a un político y los representantes de la ciudadanía como gente humilde, normal, que no se le suba a la cabeza, como se dice por ahí. Creo que eso ha contribuido mucho a la victoria que tuve en el congreso del partido y a la de ayer. Creo que hay una auténtica explosión de deseo de ver que puede haber un comportamiento de esa naturaleza y, desde luego, va a ser para mí un reto personal, un objetivo y un compromiso. Creo que ha tenido mucho que ver.

*—¿Ha perdido el PP o ha ganado el PSOE?*

—Ha ganado el PSOE. Es así en democracia siempre. Ha ganado el PSOE y, además, creo... en fin, con toda la humildad, que el resultado que ayer ha tenido el Partido Socialista ha sido un resultado muy llamativo. En cuatro años hemos ganado tres millones de votos, hemos aumentado nueve puntos y con una participación del 77 por ciento, ha sido. Fíjese que hemos sacado el 42,5 por ciento, que es un resultado comparable al de 1986, cuando tuvimos un 46 por ciento, pero a partir de 1989, 1993 y 1996 habíamos entrado en la zona del treinta y tantos por ciento, o sea, que es un resultado que supone, en fin, un aliciente enorme. Soy consciente, y además quiero decirlo el primer día, que pedí el voto a una ciudadanía progresista de valores democráticos profundos, más allá de la simpatía con el Partido Socialista, más allá de una cercanía con el Partido Socialista. Sé que ha habido muchos ciudadanos que me han dado ese voto: lo voy a tener en cuenta, voy a administrarlo adecuadamente. Sé también que ha habido alguna fuerza política, como Izquierda Unida, que ha tenido un cierto retroceso y estoy convencido de que ha habido mucha gente de izquierdas que ha votado al PSOE para hacer posible el cambio. Lo voy a tener en cuenta, lo voy a tener en cuenta en mi manera de gobernar. Creo que se van a sentir respetados y también quiero decir, desde aquí, que ayer tuve una llamada del señor [Gaspar] Llamazares, en fin... un competidor político poco frecuente, por el tono, por la amabilidad y por la elegancia.

*—Desde luego, todo fue ayer extraordinariamente elegante: sus primeras palabras, las de su rival derrotado, Mariano Rajoy, todas... Pero usted habla de una especie de proceso de embalsamiento de votos que se ha ido produciendo durante este tiempo para llegar al resultado de ayer, pero se estima que entre el jueves y el domingo pasaron cosas que han jugado un papel también muy significativo. Es la interpretación que hacen todos los periódicos de aquí, de nuestro país. Quisiera saber si usted lo interpreta así...*

—Mire, en mi opinión, vivimos en una sociedad en la que la inmediatez hace a veces equivocar los análisis. Ningún resultado electoral es fruto ni siquiera de un golpe tan duro y de un dolor tan hondo y tan profundo como el que tuvimos el pasado jueves y que tanto desgarro produjo en la sociedad española. La ciudadanía tiene muchísimo más sentido político, más sentido común que dejarse llevar en un momento dado por una orientación ante un hecho. Un resultado electoral es fruto de cuatro años, de cuatro años para quien gobierna y de cuatro años para quien presenta un proyecto alternativo. Y tengo la impresión de que todas las encuestas no ponían de manifiesto... (No quiero acordarme de las encuestas del CIS [Centro de Investigaciones Sociológicas], que, como acertadamente dijimos, era el último gran engaño del Gobierno). Creo que las encuestas no reflejaban adecuadamente las posibilidades electorales del Partido Socialista de cara al 14 de marzo, de cara al día de ayer. Nuestra impresión, y tú lo sabes, Iñaki, mi impresión era que podíamos ganar. Yo he estado casi todo el tiempo, desde que arrancó la precampaña, convencido de que podía ganar: lo he estado. Y, sin embargo, vivíamos en una especie de nube que impedía a la ciudadanía creérselo. Era muy curioso ver que la gente quería un cambio, quería que ganara el PSOE y, sin embargo, creía que no podía ser. Algo tiene que ver eso con la situación que ha producido el Gobierno del Partido Popular de intentar tener todo un mensaje y un dominio de la opinión durante mucho tiempo.

*—Ciertamente, en la última entrevista, antes de la campaña, yo le pregunté: «¿Es ilusión o es que usted es un iluso?». Porque en efecto, afirmaba: «No tengo duda de que voy a ganar». Pero eso no parecían indicarlo los sondeos, aunque sí decían que se producía una aproximación que casi llevaba al empate técnico. ¿Ni siquiera confiere el carácter de elemento revulsivo final a algo relacionado con los episodios acaecidos desde el jueves hasta aquí?*

—Quizá... puede ser que la participación haya sido un factor que... fruto de las manifestaciones... Mucha ciudadanía ha considerado que era un deber cívico ir a votar después del brutal atentado terrorista. Sin embargo, insisto, mis datos, mi intuición, a partir de la última semana de la campaña electoral, me llevaban al convencimiento de que iba a haber una gran participación, ya se veía, y de que teníamos las mejores posibilidades para ganar. Yo lo percibí en dos actos (era una sensación personal): el primero fue en la Universidad Carlos III, en la universidad, donde estaba el rector Gregorio Peces-Barba con gente joven, era una ambiente impresionante, de cercanía; y el segundo fue un acto que hice en el Consejo Superior de Investigaciones Científicas con trescientos o cuatrocientos investigadores, muchos de ellos de primer nivel, mucha gente de la universidad, muy importante, y vi que había un ambiente y unas ganas de cambio muy notables. Ese día llegué a... me acuerdo perfectamente que llegué a casa y le dije a mi mujer: «Sonsoles, vete preparándote porque vamos a ganar las elecciones».

*—Señor Zapatero, ¿está usted preparado para ser presidente del Gobierno de España?*

—Estoy convencido de que puedo hacer una Presidencia de Gobierno responsable, que puedo hacer una Presidencia de Gobierno comprometido con los objetivos decisivos de este país y estoy dispuesto cada día a escuchar, a aprender, a tomar consejo de mucha gente y, por supuesto, a hacerlo... con toda responsabilidad.

*—Dígame qué ha aprendido su partido de su experiencia anterior de gobierno. Estamos muchos recordando cierto día de 1982 cuando se produjo una importante victoria del Partido Socialista, estamos comparando incluso datos... aquella mítica cifra de los diez millones ha sido pulverizada por el resultado obtenido por usted. A partir de ese momento comenzó un tiempo lleno de luces y lleno de sombras. Supongo que su partido ha aprendido bien esa lección.*

—Sin duda.

*—¿Le servirá para organizar su acción de gobierno en el próximo tiempo?*

—Sin duda. Tengo un... un convencimiento y, además, las ideas en la cabeza de cómo poner en marcha un proceso desde el Gobierno en el que ese todavía amargo recuerdo que ayer se superó, después de unos cuantos años, vaya convirtiéndose en una importante recuperación de confianza en la democracia, en la vida pública y en el papel de los partidos políticos de la izquierda en este país. Tengo ideas al respecto. Era lo que veía en los ojos de la gente cuando ayer los miraba desde el balcón; la gente me aplaudía y me pedía: «Por favor, no nos decepciones», «No nos falles».

*—Vemos que está muy marcado por esta frase...*

—Sí, porque ver a tanta gente joven es muy... muy emocionante.

*—Pero dentro del partido... Digamos que la estructura del partido, que debe de ser, sospecho, una cosa extraordinariamente complicada y potente, al llegar una circunstancia de esta naturaleza debe de sufrir otra vez, sospecho, un gran número de convulsiones: construir un Gobierno, organizar toda la nueva Administración, etcétera. ¿Está seguro de que va a poder controlar... digamos, va a poder controlar la máquina?*

—Sí, estoy seguro. Lo tengo en la cabeza, además. Llevo ya semanas pensando en las principales responsabilidades del Gobierno, en los principales miembros de un Gobierno, en la estructura de la Administración... Lo tengo pensado porque tenía la intuición de que iba a estar en esta tesitura. Y el Partido Socialista está preparado para gobernar, porque tiene un capital humano muy, muy grande, ha tenido una gran experiencia de gobierno y, en estos momentos, además, gobierna muchos sitios y muchas comunidades autónomas. De nuevo, esta mañana, quiero desde aquí felicitar a Manolo Chaves porque ha tenido ayer un resultado ciertamente impresionante en Andalucía. Y sí, estamos preparados para gobernar. Yo estoy preparado para gobernar, estoy ilusionado para gobernar, estoy con... muchísimas ganas de que la gente recupere confianza en la política, recupere credibilidad en lo auténtico, vea un Gobierno que le diga la verdad cada día, vea un Gobierno que le escuche antes de decidir, vea un Gobierno que respete las críticas. Eso me hace una ilusión enorme: ver a un país viviendo en un talante profundamente democrático.

*—Bueno, y respecto a compromisos muy recientes, tenemos ahora que planteárselos. Vamos a ver... [José] Bono, Miguel Sebastián, esos nombres que usted mencionó, ¿los sigue mencionando? ¿Serán miembros del...?*

—Son dos magníficos compañeros y dos personalidades. Vamos a esperar, primero, a que tengamos la investidura y luego ya hablaremos del Gobierno, pero son dos personas que siempre he pensado que pueden estar en un Gobierno que yo presida.

*—¿No nos va a decir más nombres?*

—No; de momento, no, porque es...

*—Lo del compromiso de Gobierno paritario, con igualdad de número de mujeres que de hombres, ¿nos lo confirma?*

—Por supuesto, lo vamos a cumplir.

*—Bien, dijo también que hoy lunes, el día después de las elecciones, si obtenía la victoria, iba a convocar ya una primera reunión de las fuerzas políticas, para no tardar ni un minuto en intentar unificar criterios sobre la lucha antiterrorista: ¿lo ha hecho? ¿Lo va a hacer?*

—Convocar, instar... Mi opinión es que tiene que hacerlo el Gobierno en funciones, porque todavía es quien tiene la legitimidad, y voy a ir, lógicamente, a hablar con el Gobierno en funciones para decirle que sería bueno tener una reunión en esa dirección, vamos a ver si está de acuerdo y la podemos celebrar, cuanto antes mejor.

*—Sabemos que ayer Mariano Rajoy le llamó por teléfono para aceptar su derrota, para felicitarle por su victoria. ¿Le ha llamado José María Aznar?*

—Sí, también me llamó, poco después, y también me felicitó por la victoria, sí.

*—¿Han quedado citados ya para un primer contacto entre el presidente en funciones, José María Aznar, y el futuro presidente, señor Rodríguez Zapatero?*

—Me comentó que teníamos que hablar, lógicamente, pero no... no hemos todavía quedado para un día concreto.

*—Si no hay novedades antes del 30 de junio, ¿regresarán los soldados de Irak, señor Rodríguez Zapatero?*

—Por supuesto.

*—¿Qué novedades deberían producirse para que no regresaran?*

—Después... Tal y como están las cosas, no hay una previsión de que pueda haber novedades. Una vez que obtenga la investidura del Congreso de los Diputados, daré los pasos siguientes: uno, comunicarlo a los socios; dos, reunir a las fuerzas políticas. Quiero que sea una decisión no sólo de un Gobierno, quiero empezar también cambiando las cosas, reunir a las fuerzas políticas, porque creo que tiene que ser una decisión con un amplio consenso. Pero las tropas españolas que están en Irak volverán a casa.

*—Observando el resultado de ayer, el Partido Socialista está en condiciones de gobernar en solitario a la vista de las dificultades que podría tener el Partido Popular para oponerle una mayoría diferente... ¿Va a hacerlo así? ¿Intentará pactos? Ayer, en la noche electoral, observamos ya algunos movimientos... Coalición Canaria, por ejemplo, nos dijo que estaba dispuesto a apoyarles, ya lo había dicho en campaña y lo dijo ayer el señor [Paulino] Rivero. ¿Qué intenciones tiene usted a esos efectos?*

—Mi intención es formar un Gobierno en solitario y tener diálogos y acuerdos parlamentarios con... bueno, la verdad es que con casi todos los grupos políticos, porque tenemos esa capacidad y creo que ése es el mandato también implícito de la ciudadanía. Sabiendo que nosotros vamos a mantener un estilo de gobierno muy distinto, y que el diálogo con el conjunto de los grupos parlamentarios va a ser continuo y permanente, más allá de la necesidad de una mayoría concreta en un momento dado, más allá del apoyo a una ley. No, vamos a tener un diálogo con los grupos parlamentarios permanente y continuo, y yo tendré un diálogo continuo con el líder de la oposición. Espero poder reunirme con él cada tres meses, hablar con él mucho por teléfono, porque me parece que es fundamental tener esa comunicación. Y en la Cámara, y en el conjunto de lo que es la representación de la ciudadanía, se tengan más diputados o menos diputados, se va a mantener, por parte de mi Gobierno, una permanente relación, información y comunicación, tanto en la Cámara como fuera de la Cámara.

*—Nos han llamado familiares de las víctimas del Yak 42, que han estado muy en contacto con nosotros durante todo este tiempo para trans-*

*mitirnos su inquietud y su disgusto. Quieren saber si tiene usted alguna intención concreta, de algún tipo, de abrir una investigación específica, de hacer alguna cosa...*

—Por supuesto, es un compromiso que tengo adquirido, además, con buena parte o con muchos familiares del Yak 42. En cuanto lleguemos al Gobierno, tendrán toda la información, y habrá máxima transparencia y máximo apoyo, por supuesto, a todas las víctimas del Yak 42. Desde luego, bajo mi mandato, no volverá a haber una respuesta de un Gobierno como la que hemos tenido ante hechos tan serios y tan graves. La transparencia y la claridad en los comportamientos va a ser una norma diaria y continua, y lo va a ser de todos los responsables políticos del Gobierno que constituiremos después de la sesión de investidura.

*—Señor Rodríguez Zapatero, tenemos un problema absolutamente extraordinario: se ha confirmado que Al Qaeda habita entre nosotros. Al Qaeda lo hacía desde hace algún tiempo. Nuestro país ha debido de ser, al parecer, una plataforma muy significativa en todas las acciones terroristas, desde el 11 de Septiembre en Estados Unidos, etcétera. Tenemos un grandísimo problema. El ministro del Interior alemán solicitó ayer un plan de seguridad europeo. Me gustaría saber cómo afronta usted esta nueva realidad en esta nueva etapa.*

—Hay tres cuestiones que me parecen fundamentales para la lucha contra el terrorismo radical o fundamentalista: la primera de ellas es que tiene que haber unidad política; dos, tiene que haber un planteamiento estratégico distinto de la seguridad, tiene que contar mucho más la inteligencia, la comunicación entre los servicios de información, que es uno de los problemas esenciales que tenemos; ahora esa comunicación no se produce; todo ello supone que el terrorismo no se puede combatir con guerras: no se puede combatir el terrorismo con guerras. Las guerras, como ha sucedido con la guerra de Irak, sólo contribuyen a hacer proliferar el odio, la violencia y el terror. Y mientras no tengamos y empecemos por una vía de solución al problema que se está viviendo en Israel y Palestina, que cada día está peor, tendremos siempre un riesgo muy serio. Hay que acometer problemas políticos de fondo también, no sólo lanzar una respuesta desde la seguridad, desde la inteligencia, desde reforzar todos los mecanismos que, lógicamente, tienen las democracias, los estados de Derecho, las Fuerzas y Cuerpos de Seguridad de Estado, sino también afrontar problemas que sabemos que están ahí y que cada vez están peor.

*—Y por lo que se refiere a las relaciones internacionales, nos dijo en la campaña que para usted era prioritario recuperar el consenso en política exterior. A tal efecto, ¿qué se propone usted hacer?*

—Hay dos objetivos para la etapa de política exterior. El primero de ellos es volvernos a entender con Europa, que Europa nos vuelva a ver como un país amable, como un país europeísta, como un país que no divide entre la vieja y la nueva Europa [1]. Y mi impresión es que el resultado de ayer ha producido en Europa quizá sorpresa, pero mucha satisfacción, mucha satisfacción. Tenemos que abordar rápidamente la Constitución de la Unión Europea, tenemos que darle un impulso al estancamiento que ha tenido en estos últimos tiempos y, por tanto, Europa va a ser el ámbito natural de nuestra política exterior. Y dos: recuperar el consenso significa recuperar los ejes tradicionales de la política exterior española, que es, además de Europa, Latinoamérica y el Mediterráneo. Nosotros tenemos una fuerza natural para ser un puente de diálogo, desde Europa, con el Mediterráneo y con Latinoamérica. Ése es un capital, por nuestra cultura, por nuestra historia, por nuestra política exterior, que se ha ido definiendo desde la transición hasta hoy; es un capital fundamental que hay que recuperar: eso es consenso. Es un consenso al que se tiene que reincorporar el Partido Popular, porque el resto de la Cámara está totalmente de acuerdo, ha estado totalmente de acuerdo con una sola voz contra la guerra de Irak, contra la posición absurda del Gobierno del Partido Popular ante Europa, y vamos a recuperar el consenso. Y espero que el Partido Popular haya tomado nota del resultado electoral y que, por tanto, reconsidere las posiciones que ha mantenido en política exterior. Yo les voy a invitar al diálogo y a que tengan un proceso natural de reconsideración de esa actitud.

*—Desde un punto de vista más concreto, con la Presidencia irlandesa de Europa, Bertie Ahern intentará que en este semestre se pueda avanzar hacia esa Constitución que usted mencionaba, para lo cual, decían, la posición española y la polaca constituyen ahora una dificultad. ¿Tiene usted intención de establecer comunicación pronto con el señor Ahern para anunciarle la posibilidad de una novedad que pueda hacer posible esa Constitución antes de final de semestre?*

—Hay que respetar los tiempos institucionales y hacer el debate de investidura, lógicamente. Pero mi intención es que agilicemos cuanto antes la Constitución de la Unión Europea. Mi intención, por supuesto, en el ámbito del proceso de diálogo de la Unión Europea es recuperar esa confianza y creo que llegaremos a un acuerdo rápidamente en el que se pueda mantener un equilibrio de poder razonable para la definición de lo que es la nueva Europa, la Europa ampliada [2].

—*¿Le han llamado algunos jefes de Estado de gobiernos extranjeros?*

—Sí, sí, me han llamado, y tengo que decir que no todas las llamadas las he podido responder, porque ayer, en fin, fue un aluvión, y...

—*¿Le ha llamado Bush?*

—No, Bush no. Pero sí hay una cosa... una anécdota que me parece importante. Ayer, a las cinco de la tarde, vi un teletipo en el que se decía que el secretario de Estado norteamericano, Colin Powell, esperaba que, ganara quien ganara las elecciones en España, la lucha antiterrorista se mantendría. Eso, a las cinco de la tarde y dicho por el secretario de Estado norteamericano, me dio la impresión de que también la Administración Bush barruntaba el resultado electoral que podría producirse por la noche.

—*Volviendo a casa: PP, PSOE e Izquierda Unida tienen ahora quince escaños menos en el Congreso. Ha aumentado la presencia nacionalista, digamos... periférica. Nos gustaría saber cuál es su posición, habida cuenta de que algunas autonomías nos anuncian intentos de renovación de sus estatutos, etcétera. ¿Comienza a esos efectos también un tiempo nuevo o no? ¿Cuál es su posición?*

—Mi posición la he expresado en muchas ocasiones: es abierta a la reforma de los estatutos. Dos condiciones son esenciales: la primera, una adecuación impecable a la Constitución. Dos, que haya un amplio consenso tanto en el Parlamento autonómico correspondiente como en la Cámara. Creo que son dos condiciones naturales y lógicas. La reforma de los estatutos es consustancial a los estatutos, porque establece el propio sistema de reforma y no hay que tener una actitud cerrada hasta que no se vea el contenido, y yo creo que, además, hay cosas que veinte años después de la puesta en práctica del Estado de las Autonomías se pueden actualizar, se pueden mejorar y claro que vamos a dialogar. Eso es positivo para el proceso autonómico. Es verdad que hay una amplia representación de grupos políticos nacionalistas en la Cámara, pero es la expresión de la ciudadanía, es la expresión de la democracia y, por tanto yo soy muy consciente de que eso es así y si soy el presidente del Gobierno, como espero, obtenida la investidura, voy a gobernar con esa sensibilidad.

*—¿Va a verse con [Juan José] Ibarretxe pronto? ¿Tiene intención de hacerlo?*

—No antes de ser presidente del Gobierno. Pero, desde luego, lo haré muy pronto, una vez que sea presidente del Gobierno. Ayer he tenido dos conversaciones con él y tengo la certidumbre de que se va a producir una recuperación del diálogo institucional entre los dos gobiernos de manera inmediata, y creo que para bien de todos.

*—¿Sabe ya el futuro presidente del Gobierno de España cuál va a ser su primer viaje al extranjero?*

—Todavía no he tomado esa decisión, aunque, en fin, hay una tradición de que un país vecino, que para nosotros es muy importante, como Marruecos, pueda ser mi primer viaje al exterior, pero aún no he tomado la decisión.

*—Bueno, todos los partidos, cuando están en la oposición, nos anuncian grandes novedades respecto a las televisiones públicas, usted también lo hizo. Ahora está en una nueva situación. Ahora, lo que nos diga tiene otro valor: ¿qué proyectos tiene usted respecto a las televisiones públicas?*

—Yo sé que es muy difícil que mucha gente se crea lo que voy a decirle, ¿no?, después de lo que hemos vivido, después de esos telediarios de [Alfredo] Urdaci... en fin, permítame la broma, Iñaki, pero me pasé toda la campaña, mitin tras mitin, diciendo que el día 14 de marzo, a las once de la noche, Urdaci anunciará la victoria del Partido Socialista en La Primera, y así ha sido, ¿no? Se acabó: se tiene que acabar la era de la televisión de partido en este país, y se va a acabar. Tengo un compromiso, que es encargar a un grupo de personas de máximo nivel, de máximo relieve, una propuesta de reforma sobre medios públicos de comunicación que aborde pluralidad, independencia, derecho a la información, contenidos culturales, protección de la infancia y lucha contra la violencia. Ese consejo de reforma va a trabajar libremente, va a hacer una propuesta para que tengamos unos medios públicos al servicio de la ciudadanía y no de ningún partido. Y yo voy a aceptar los principios y normas que pongan encima de la mesa, los llevaré a la Cámara para que se aprueben, para que la sociedad, a través de personas cualificadas haga la reforma y no la hagan los partidos. Espero que en muy poco tiempo, en poco tiempo, tengamos en España, por fin, unos medios públicos de los que nos podamos sentir orgullosos... después de lo que han sido estos años.

*—¿Quiere decir, señor Zapatero, que renuncia al regalo que parece venir siempre acompañando a una victoria electoral, un regalo de una televisión privada llamada pública?*

—Evidente.

*—¿Están de acuerdo todos los compañeros de partido, los que pueden presidir comunidades autónomas...?*

—No sólo eso, sino que... deben hacerlo, van a hacerlo. Todos los Gobiernos autonómicos. Ese consejo de reforma hará una propuesta de modificación de los medios públicos. Mi intención es que eso se aplique a todos los medios públicos tanto estatales como autonómicos. Mientras la comisión, mientras el consejo de reforma haga su tarea, habrá un director general de Radiotelevisión Española con carácter provisional, que será una persona, créame, independiente y que sabrá que está sólo hasta que el consejo de reforma diga cómo se producirá la elección del director general del ente público. En mi opinión, la única manera de garantizar un cierto equilibrio es que tiene que ser una elección parlamentaria, pero... bueno, el consejo de reforma dirá.

*—Josep Ramoneda nos acompañó la pasada noche y acompañó a todos los oyentes de la Cadena SER con sus comentarios sobre los datos que llegaban. ¿Alguna pregunta para el señor Rodríguez Zapatero?*

*—Quería preguntarle algo: usted ha confirmado una promesa electoral, que es que los soldados españoles se irán de Irak después de la fecha del 30 de junio, ¿no? ¿No teme que esto sea interpretado por nuestros socios como una... digamos, falta de solidaridad y casi como una entrega al chantaje de Al Qaeda?*

—En absoluto, se lo vamos a explicar, pero es una decisión tomada antes de lo que ha hecho Al Qaeda, si es que Al Qaeda ha sido la autora de los atentados. Es un compromiso que tengo, en muchas ocasiones lo he dicho: la guerra de Irak fue un gran desastre, ha sido un gran desastre, la ocupación sigue siendo un desastre, no ha generado más que más violencia, más odio, y la lección tiene que servir: tiene que servir. Lo que no puede ser es que después de ser tan evidente lo mal que se ha hecho, no haya consecuencias. Y ya ha habido una: el resultado electoral de ayer en España, que tiene un impacto en ese orden enormemente importante. La segunda va a ser que las tropas españolas se vendrán, y que el señor Bush y el señor Blair tendrán que hacer la reflexión y la autocrítica para que no vuelva a suceder lo que ha pasado, para que nunca más se hagan las cosas así. No se puede bombardear un pueblo por si acaso: no se puede bombardear un pueblo por si acaso, no se puede organizar una guerra con mentiras... ¡No puede ser! Y la mejor respuesta, la mejor lección es que la ciudadanía, ayer, dio el voto en la dirección que lo dio y creo que hay un mandato implícito en esa dirección al Gobierno que voy a presidir. Y lo voy a cumplir.

*—Carlos Alberdi también quiere plantear alguna pregunta...*

*—Sí, usted citaba... decía hace un momento que había notado una cierta simpatía por parte de algunos líderes europeos. Ese tono también se trasluce muy entre líneas de los comentarios de la prensa internacional. ¿Cree usted que la victoria del Partido Socialista ayer en España cambia algo en el marco europeo?*

—Cambia en el marco europeo y cambia en el marco internacional, porque, sin duda alguna, la división de Europa, en lo que se llamó vieja y nueva Europa, era posible porque España, un país medio pero importante en la Unión Europea tenía una posición de absoluto seguidismo respecto a las tesis de George Bush. Evidentemente, en Europa cambia una relación de fuerzas muy importante. Y al cambiar esa relación de fuerzas en Europa, también cambia en el orden internacional, porque muchos países se van a sentir mucho más fuertes, mucho más apoyados, y mi impresión es que lo que va a pasar, después de la toma de posesión del Gobierno socialista en España, es que eso va a tener también un gran impacto en las elecciones de noviembre de Norteamérica en el duelo entre Bush y Kerry [3].

*—¿Es posible compatibilizar la Presidencia del Gobierno con la dirección ejecutiva del partido o la va a dejar en manos de algún compañero?*

—Es posible, pero tenemos un congreso, el XXXVI Congreso, que se celebrará, seguramente, dentro de poco tiempo. Y ahí será donde los compañeros tendrán que decidir. Sí es posible compatibilizar ambas funciones, evidentemente; de hecho, casi todos los presidentes del Gobierno han sido también quienes han tenido la responsabilidad de dirigir el partido, bien como secretario general bien como presidente. Pero en el XXXVI Congreso tendremos que tomar la decisión.

[Iñaki Gabilondo]

*—Señor Rodríguez Zapatero, ¿es usted consciente de que determinados sectores económicos miran con una cierta inquietud la llegada al poder de los socialistas, una vez que parecían estar las cosas, desde el punto*

*de vista económico, instaladas de una forma razonable? Las intenciones económicas del Partido Socialista han sido presentadas, ¿tiene usted algo que decir en este momento? Es consciente, supongo, de que hay sectores económicos de relieve que le miran con cierto recelo, ¿no?*

—No, yo creo que ayer algunos... algunos incluso estaban bastante contentos.

*—¿Va a haber cambios en las empresas públicas?*

—Empresas públicas... casi no quedan.

*—Ex públicas, empresas privadas ex públicas...*

—No. He dicho en muchas ocasiones que quiero un Gobierno que no intervenga en la economía, que quiero un poder político que tenga muy claro las reglas de separación entre lo que es poder y lo que es el mundo económico y, por tanto, mi mensaje no puede ser un mensaje nada más que de diálogo. Todo el mundo económico sabe, porque me conoce, que ése va a ser el estilo del Gobierno. Sí quiero reorientar algunos objetivos de la política pública que afecta a la política económica: el objetivo es hacer mucho más esfuerzo en las inversiones en educación, en investigación, en nuevas tecnologías... para elevar la productividad de nuestro país. Pero ese objetivo seguramente será compartido por mucha gente.

*—Fernando Vallespín...*

*—Sí... Señor Zapatero, yo creo que el nuevo giro en la construcción de la democracia que usted introduce en España se puede resumir en la idea de una democracia más inclusiva, no solamente de otras fuerzas políticas, sino también de grandes sectores sociales, hablo específicamente de los jóvenes, pero hay un sector de la población que habita en España, que no es española, que ha sufrido muchísimo en estos atentados, que son los inmigrantes. Es un tema que creo que ha estado muy ausente en la agenda de la discusión política y que me parece que es muy importante. Los únicos que no han podido reaccionar votando han sido precisamente éstos: los familiares de las víctimas procedentes de la inmigración, que conviven con nosotros, para los cuales no hay una política claramente definida, yo creo, por parte de ninguno de los partidos que concurrían a las elecciones. Me gustaría saber su opinión al respecto.*

—Hace tres años y medio hice una propuesta política al Gobierno y, lógicamente, ahora va a ser un objetivo de la agenda inmediata. Quiero lograr un gran acuerdo nacional ante el fenómeno de la inmigración. Un acuerdo del que formen parte comunidades autónomas, empresarios y sindicatos. Tenemos que hacer alguna reforma legislativa, tenemos que hacer una administración para la inmigración, tenemos que tener un país preparado para la inmigración. Hay que hacer mucha más política social de integración, hay que tener una mayor capacidad de gestionar bien los flujos, de gestionar bien los cupos, de tener mucha más presencia a través del Servicio Exterior del Estado en tantos países de donde viene la inmigración. Hay que hacer una nueva política de inmigración. Legalidad: derechos de los inmigrantes y deberes de los inmigrantes. Y una lucha total contra la explotación. Lo he dicho en muchas ocasiones: hay que luchar contra la explotación y el uso de trabajadores inmigrantes ilegales en la explotación. Me parece que ésa es una vía fundamental para tener un espacio de mucho más orden, de mucha más regularidad y de mucha menos demagogia. Por eso quiero un gran acuerdo.

[Iñaki Gabilondo]

*—¿Qué efecto le produce imaginar que va a vivir en La Moncloa, señor Rodríguez Zapatero?*

—Mire, eso sí que no me lo he planteado... Es una percepción...

*—Sonsoles, su mujer, seguro que sí...*

—Sí, bueno... Eso formaba parte de un acuerdo tácito: no pensemos en eso. Ahora tendremos que pensar. Seguramente no es un problema que me preocupe en absoluto. Imagino que otros han tenido que pasar por ese momento. Lo que me preocupa es hacer las cosas bien. Lo que me preocupa es dar respuesta a la confianza, a la ilusión, a las ganas que ayer vi en tanta ciudadanía de este país, especialmente en los más jóvenes. Es muy importante que ayer una generación de jóvenes fuera a votar, y votara con ilusión, con ganas, que votara creyendo que su voto valía para algo muy importante en la historia de este país: dar un cambio de gobierno. Y dar respuesta a esa ilusión que ayer llenó las urnas de tanto voto joven me parece que es una gran responsabilidad y la tarea más atractiva que puede tener una persona dedicada a la vida pública y que crea que la democracia es un magnífico sistema, y que la convivencia forma parte de lo mejor que el hombre ha construido para sus sociedades.

*—Bueno, se lo preguntaremos a ella, si tenemos oportunidad. Pero ¿nos puede anticipar qué modelo de esposa de presidente va a ser Sonsoles?*

—Mi impresión es que va a ser enormemente discreta y que va a estar en un segundo plano. Lo sé, es su voluntad, y me parece, además, absolutamente respetable, porque creo que inevitablemente va a tener una cierta presencia. Pero quien está en esto soy yo y ella debe tener... el derecho a tener una vida privada y el derecho, lógicamente, a no tener por qué estar en un compromiso público continuo.

*—Bueno, pues comienza un nuevo tiempo. Nosotros le podemos prometer lealtad, es decir, la máxima severidad crítica y ninguna misericordia en casos de corrupción.*

—Deseo... Creo que..., creo que podremos tener un presidente que asuma la crítica y, simplemente, Iñaki, quería decirte y recordar que estoy aquí porque ésta es la única emisora que antes del resultado electoral, la semana pasada, me pidió comparecer aquí el lunes, pasara lo que pasara. Yo, como estaba convencido de que iba a ganar, sabía que este tiempo de radio iba a ser, como normalmente en esta casa, un tiempo agradable, de tolerancia, y mucho más, dirigiendo y presentando tú este programa.

*—Le reitero que nuestra lealtad quiere decir severidad crítica con el Gobierno y ninguna misericordia en los casos de corrupción.*

## Notas

[1] Es una referencia a una polémica concreta impulsada por el secretario de Defensa de Estados Unidos, Donald Rumsfeld, y José María Aznar, los cuales, entre otros, opinaron que la posición contraria a la guerra de Irak que mantenían Francia y Alemania era propia de la «vieja Europa». Los partidarios del conflicto bélico en Oriente Medio pretendían una renovación de posturas favorables a las intenciones de Estados Unidos: los países europeos que se alinearan con los proyectos de George W. Bush configurarían la «nueva Europa». La carencia de un proyecto común y la división promovida por Tony Blair (Reino Unido), Silvio Berlusconi (Italia) y José María Aznar fue el penúltimo capítulo de la inoperancia de la Unión Europea en política exterior.

[2] Chipre, Eslovaquia, Eslovenia, Estonia, Hungría, Letonia, Lituania, Malta, Polonia y República Checa formalizaron su ingreso en la Unión Europea el 1 de mayo de 2004.

[3] En noviembre de 2004 se celebraron las elecciones presidenciales de Estados Unidos. Buena parte de Europa deseaba —aunque no confesaba— que el demócrata John Kerry venciera al republicano George W. Bush y la política amenazante de la Administración estadounidense variara sustancialmente. Las esperanzas de buena parte de la opinión pública mundial se vieron frustradas: Bush consiguió la reelección holgadamente y con menos problemas democráticos que en su primera candidatura en 1999.

27

# *José Bono*
# *«¿Cometo pecado si digo "España"?»*

José Bono (Salobre, Albacete, 1950) comenzó su carrera política en el Partido Socialista Popular de Enrique Tierno Galván, hasta que esta formación se incorporó al PSOE en 1979. Fue diputado en el Congreso entre 1979 y 1983, pero cuando se formalizaron las instituciones autonómicas de Castilla-La Mancha, se presentó como candidato a la Presidencia regional en 1983 y obtuvo mayoría absoluta en todas las convocatorias a partir de entonces. Así pues, José Bono se convirtió en uno de los famosos «barones» del PSOE durante los años noventa, manteniendo su prestigio popular e implicándose en la política nacional. Tras la crisis del socialismo español (1996-2000), José Bono se presentó como candidato a la Secretaría General en el XXXV Congreso, del que salió derrotado, por un estrecho margen, frente a José Luis Rodríguez Zapatero. Cuando éste accedió a la Presidencia del Gobierno, en las dramáticas elecciones del 14 de marzo de 2004, quiso que su antiguo contrincante formara parte del Gobierno central. Después de veinte años al frente de la Junta de Comunidades de Castilla-La Mancha, Bono accedía a la política nacional ostentando el cargo de ministro de Defensa.

La siguiente entrevista se celebró el 21 de abril de 2004 (*Hoy por hoy*, Cadena SER), tras la heterodoxa toma de posesión del ministro, a la que asistieron personajes insólitos en el ámbito castrense, como el cantante Raphael, la actriz Concha Velasco y representantes sindicales y eclesiásticos.

*—Vaya la que ha armado usted con su toma de posesión, ¿eh? ¿No ha resultado un poco...? Bueno, desde luego ha sido muy distinta a la de todos sus colegas... Folclórica, dicen.*

—Bueno, depende cómo se mire. Si lo dice usted por los insultos que algunos han proferido contra el ministro de Defensa, yo lo único que he de decirle de manera sosegada y tranquila es que soy el ministro de Defensa no para defenderme a mí, sino para defender a España: una España democrática en la que el derecho, incluso a insultar, está prácticamente garantizado para algunos, pero no permitido, al menos moralmente, para otros. Y no lo voy a hacer. Pero ¿qué critican? ¿Que fue mi familia? ¿Que fue Moratinos? ¿Que fue la vicepresidenta? ¿Que fue Rouco? ¿Que fue Ibarra? ¿Que fue Pepe Blanco? ¿Que fue el alcalde de mi pueblo? ¿Que fueron los sindicalistas? ¿Que fue Cuevas? ¿Que no fueron los que sí fueron a la toma de posesión de Bono como presidente de Castilla-La Mancha? Por ejemplo, yo invité al señor Rajoy, como vicepresidente, y al señor alcalde de Madrid, y estuvieron en mi toma de posesión como presidente de Castilla-La Mancha[1]. Y el otro día, señor Gabilondo, le digo, no fueron porque se lo prohibieron. Algunos me llamaron para decirme que disculpara, pero que yo ya sé cómo son los partidos... Y les dije que claro que sé cómo son, que lo comprendía, que comprendía que les prohibieran e incluso comprendía que no vinieran, pero que mi puerta estaría siempre abierta para ellos. Algunos, si me permite, por lo del acto, han llegado a decir: «Bono... de pasado falangista casposo». Pues mire, les perdono también. Yo estoy orgulloso de que mi padre fuera mi padre. ¿A quién se le puede quitar ese orgullo? ¡Claro que fue falangista! ¡Lo he dicho yo! Pero mi padre no fue menos honrado que soy yo. ¿No hay otros políticos que tengan un padre falangista? Por cierto, el mío está muerto y no puede defenderse. Yo lo defiendo a capa y espada y... y déjeme que le diga lo último: hay gente a la que no le gusta lo que hoy va a ocurrir en el Ministerio de Defensa. El secretario de Estado para la Defensa hizo su carrera vendiendo melones en Barcelona. Su padre murió vendiendo melones en Ripollés. Su madre... es la primera vez que va a visitar Madrid, hoy, para ver la toma de posesión de su hijo. Quizá algún día tendremos que pedir perdón por venir de donde venimos, por no tener, como dijera León Felipe, una casa solariega y blasonada, ni retrato de un abuelo que ganara una batalla o, en mi caso, por ser católico, por ser cristiano, porque nuestras familias sean sencillas y no tengan un nombre rimbombante. Algún día, querido Iñaki, tendremos que pedir perdón, pero ese día... le juro que a mí no me ha llegado todavía.

*—¿Cuándo le dio Zapatero la orden de retirar las tropas de Irak?*

—A las diez y cuarto de la mañana del pasado domingo, cuando tomamos posesión los ministros ante el Rey. Me pidió que subiera en su coche y... yo ya sabía más o menos para lo que era y, al llegar a Moncloa, de un modo formal, porque... claro, según la Ley, él tiene encomendada, como presidente del Gobierno, la dirección de la defensa nacional y el ministro de Defensa lo hace por delegación del presidente. Me ordenó que se paralizara el relevo ordinario... aquel que el señor Aznar exigía que por escrito se firmara, y que ordenase el regreso a casa de las tropas.

*—¿Por qué se hizo de forma tan repentina el mismo domingo? ¿No se podía haber esperado, por ejemplo, a que fuera una resolución del primer Consejo de Ministros?*

—Sí, algunas personas creen que esto es un asunto buscado a propósito para... para ser sorpresa. No. Mire, yo fui el primer ciudadano que forma hoy parte del Gobierno de Rodríguez Zapatero cuyo nombre el presidente quiso (entonces no presidente todavía) que se supiera. Y quiso que se supiera que yo iba a ser ministro de Defensa para que, al menos, tuviera un título y poder trabajar y visitar varios países y a los principales dirigentes de los gobiernos amigos y aliados. Hace más de un mes que estoy trabajando en esa dirección; por lo tanto, no fue improvisado. Quisimos que la decisión fuese rápida, por una razón nada más: pensando en los soldados. Esta noche, esta noche pasada, acabo de hablar con los dos generales que tenemos allí, hemos recibido diecisiete granadas. Es rara la noche que no recibamos fuego de mortero o lanzagranadas. La vida de los soldados es lo que más le preocupa al ministro de Defensa y al presidente del Gobierno y quisimos que no hubiera ninguna filtración (y esto casi es un milagro laico, señor Gabilondo; desde la época de Prim no se conoce una cosa parecida; digo Prim, por no decir don Pelayo). Durante más de un mes, el Gobierno in péctore de Rodríguez Zapatero ha mantenido en secreto una decisión que él había adoptado y que había anunciado un año antes, en marzo, y estaba en el programa electoral. ¿Por qué ha sido rápida? Por seguridad de las tropas.

*—Pero si hubiera esperado un poquito más, hubiera sido casi lo mismo y el señor Rodríguez Zapatero no hubiera corrido el peligro de ser acusado de presidencialista, como ha sido acusado, por ese primer gesto.*

—Sí, mire usted, cuando el señor Rodríguez Zapatero terminó su discurso de investidura, hubo alguna persona del Partido Popular, cuyo nombre no quiero citar, pero había sido ministro, que dijo: «Se nota que Zapatero ya está olvidándose de su compromiso del regreso de las tropas». Quizá ustedes lo recuerden. Y nos pareció que si se quería seguir haciendo política con nuestras tropas y, además, política falsa, lo que había que hacer era cortar de raíz cualquier rumor que hubiera podido quizá provocar, en algún grupo terrorista, desalmado, un atentado o para que nos volviésemos o para que no nos volviésemos.

*—¿Es difícil el regreso?*

—Mire, la operación de repliegue está perfectamente diseñada y dentro de lo que alcanza la previsión humana está todo previsto y la...

*—¿Cuándo acaba?*

—No... usted tiene que comprender que yo no debo decir la fecha, pero va a ser rápido. Va a ser rápido. Vamos a tener el apoyo de países amigos y aliados, sin ninguna duda, lo tenemos garantizado. Antes decía usted que alguien ha acusado a Zapatero, decía que era presidencialista. No, mire, es que el Parlamento hace las leyes y elige a los presidentes. Ése es su poder, pero los presidentes y los ministros juramos cumplir y hacer cumplir la Ley y la Ley Orgánica de la Defensa dice que la dirección de la Defensa le corresponde al jefe de Gobierno. No es lo mismo lo que hizo el señor Aznar, cuando mandó tropas a una guerra, que lo que hace el presidente Rodríguez Zapatero, que es ordenar la vuelta a casa de unas tropas que muchos españoles no entienden qué hacen en Irak, como no entienden qué puñetas hacía el señor Aznar en las Azores[2].

*—Otra cosa: decía que este mes, siendo ministro in péctore, estableció contactos que le permitieron llegar a la conclusión a la que pareció llegar igualmente Moratinos, que también los hizo, que no había posibilidad alguna de que antes del 30 de junio se produjera el aval de las Naciones Unidas. Sin embargo, hoy, al repasar la prensa internacional, vemos que se están produciendo grandes movimientos internacionales y, al parecer, no se descarta para finales de mayo una resolución nueva de Naciones Unidas.*

—Mire, en política y en los papeles cabe todo. Un papel lo aguanta todo. Y, a veces, un discurso diplomático puede hacer que se diga una cosa que muchos ciudadanos quizá no entienden. Permítame una pequeña precisión: el orden mundial tiene que basarse en un apoyo, yo no sé si apasionado, pero desde luego entendido por la inmensa mayoría de los ciudadanos. El orden mundial no puede ser una cosa tan compleja y complicada que solamente la entiendan o alcancen a entenderla un grupo de poderosos muy reducido. Cuando, por ejemplo, los españoles no entienden qué hacen sus tropas en Irak, probablemente sus tropas no tienen que estar en Irak. Lo digo con cautela, pero el orden mundial no es cosa de unos cuantos cancilleres o ministros de la Defensa. Bien, dicho eso, le diré que tengo una percepción y creo que se basa en la realidad. He visitado a ministros de Defensa, yo creo que a todos los implicados, y he sacado una conclusión; les he hecho esta pregunta: «¿Creen posible que las Naciones Unidas, antes del 30 de junio, se hagan cargo de la situación política y militar de Irak?». Ésa era la fecha que se señalaba en el programa que han votado los españoles y que propuso el presidente Zapatero. Y dos ministros de Defensa (le ruego que no me pregunte los nombres, pero son importantes) me han contestado con esta rotundidad: «Jamás aceptaremos que las tropas de este país sean mandadas por alguien que no sea un general de este país». Bueno, pues es una respuesta tan contundente y categórica que yo no veo a las Naciones Unidas mandando esas tropas.

*—¿Ve usted a las Naciones Unidas estableciendo a través de una resolución de Consejo de Seguridad un llamamiento a los países para que envíen tropas de apoyo a la coalición? Imagínese una situación así...*

—Bueno, mire, al final, cuando se habla de Naciones Unidas, podría tenerse la impresión de que es una entelequia difícil de entender. No, no... Allí hay un Consejo de Seguridad en el que hay unos cuantos países que tienen derecho de veto, que tienen mucho poder y mucha influencia. Al final, el Consejo de Seguridad y las Naciones Unidas es eso. ¿Se puede tomar esa resolución? Claro, como tantas se han tomado que han sido vetadas o, mejor dicho, que no se han tomado porque han sido vetadas o como otras... No hay que olvidar que la política internacional tiene mucho de sublime, de generoso en las personas y algo de mercadeo, incluso mercadeo electoral, también en las Naciones Unidas.

*—Señor Bono, ¿qué le ha parecido la llamada de Aznar a Bush para lamentar la decisión del Gobierno y desmarcarse de ella?*

—Yo no puedo entender cómo el ex presidente del Gobierno, que no debió ir a las Azores, que no debió ponerse de espaldas a su pueblo, que no debió ponerse de espaldas a las Naciones Unidas, se puso de rodillas ante el señor Bush y, ahora, que no tiene el poder ni ninguna obligación más que la de... no sé... ser colega en el ámbito personal, haga una llamada por la que yo no le voy a llamar traidor, aunque él se lo llamó a Rodríguez Zapatero, cuando Rodríguez Zapatero decidió hacer una visita, por cierto, en defensa de los intereses de España, al reino de Marruecos. Son talantes distintos. En España hay un nuevo modo de gobernar y no queremos contestar con las mismas palabras. Los españoles nos han dicho que tenemos que ser respetuosos, incluso humildes, dice Rodríguez Zapatero. Yo diré que creo que nos han dicho que tenemos que ser generosos y cuando se pierde... se puede ser un poco extravagante, como es esa llamada, pero cuando se gana, hay que ser elegantes y generosos.

*—Bueno, el día de su toma de posesión aludió usted al asunto del sindicalismo en las Fuerzas Armadas. Desencadenó una rápida reacción... Estuvo ayer aquí con nosotros la vicepresidenta primera del Gobierno y le preguntamos por el particular, y nos dijo que, en efecto, la sindicación no era posible, pero sí eran posibles ciertos mecanismos de asociación. ¿Nos puede usted matizar este asunto, señor Bono?*

—Sí, yo le diré que dije lo mismo que dice la Ley y yo he jurado cumplir la Ley. Y en un Estado de Derecho, el imperio no es el imperio de los que tienen más voz o más altura económica, no, no... es la Ley la que impera y la Ley dice que no puede haber sindicatos en los ejércitos. Yo pertenezco a la UGT y en los estatutos de mi sindicato dice que somos un sindicato de clase. Yo no me imagino un sindicato al uso, con sindicación de cabos y de sargentos y sindicatos de generales. La disciplina no puede sufrir con el sindicalismo, que, por otra parte, es garantía de libertad en otros ámbitos. Pero los ejércitos tienen encomendada una misión, que es la de la defensa y no tienen unos valores tradicionales, sino que son valores absolutamente necesarios para poder ejercer su función. Si el Parlamento cambia la ley, yo juraré la ley, pero mientras se diga que en la Guardia Civil y el Ejército no puede haber sindicatos, pues no puede haberlos. Ahora bien, se pueden buscar fórmulas, como se ha dicho: pues claro, todo en la vida se puede hacer, todo se puede reformar.

*—El próximo jueves se va a reunir usted con las víctimas del Yakolev 42. Le puedo asegurar que han estado muy cerca de nosotros y nosotros de ellos durante este tiempo. Su indignación era cierta a pesar de que su antecesor creía que no o creía que estaba siendo manipulada. Me gustaría saber y, además, nos han pedido muy insistentemente que se lo preguntemos: ¿qué medidas va a adoptar en torno a este asunto? ¿Habrá comisión de investigación?*

—Que haya o no comisión de investigación no depende de mí, pero lo que de mí depende, como ministro de Defensa, ha sido atender la llamada que me hicieron cuando aún no lo era y les dije: «Miren, la primera visita que voy a recibir van a ser ustedes. Ustedes, porque a los muertos sólo hay que desearles, como se dice, que descansen en paz, pero a los vivos hay que hacerles digna la vivencia y la superación de su propio dolor». Y yo me acerco con su propio dolor a esa visita y con solidaridad y todo aquello que sea razonable, que permita que los muertos descansen en paz y que los vivos tengan la digna compensación de la verdad, por mi parte, lo tendrán.

*—Es que quieren, sobre todo, la verdad. Les han contado muchísimas cosas, no todas las han entendido. Muchas les han parecido contradictorias y paradójicas. Y lo que percibimos, sobre todo, es que reclaman definitivamente y ya para siempre que las cosas queden muy claras. ¿Se trabajará en ese sentido?*

—Sí... A la verdad no hay que temerla. La verdad nos hará libres. Un día escuché que este mensaje estaba puesto a la entrada de un medio de comunicación y lo invoqué: la verdad nos hará libres. Y alguien me contestó: «... y pobres». Bueno, pero es un mensaje evangélico: la verdad nos hará libres[3]. Bueno, pues en este caso del Yakolev, yo creo que la verdad liberará muchas dudas, mucha tensión y el Ministerio de Defensa trabajará en esa dirección.

*—El Centro Nacional de Inteligencia va a tener un nuevo jefe hoy. Es un amigo suyo, un hombre de su confianza[4]. No sé si era lo que se esperaba, no sé si se esperaba una designación... así, alguien sin una especial experiencia al respecto y un hombre, básicamente, de su confianza. Le han llegado también reproches al respecto... ¿Por qué ha elegido a un hombre de su confianza? ¿Necesita, sobre todo, un hombre de su confianza?*

—Que me critiquen a mí, digamos que... por mi experiencia política, va en el sueldo y es razonable. Pero respecto al director del CNI, que hoy toma posesión, lo que pediría a sus críticos es que le dejen tomar posesión. ¡Claro que es una persona de mi confianza! ¿Se imagina usted la irresponsabilidad de un ministro de Defensa que propusiera al Consejo de Ministros un director del Centro de Inteligencia que no fuera de su confianza?

*—Convendría, además, que fuera un hombre con una especial competencia para el asunto. ¿La tiene?*

—Sí, claro. Pero ¿por qué ha de dudarse y no ha de tenerse un patriótico sentimiento con quien va a tener una gran responsabilidad? ¿Por qué habría de ponerse en duda su capacidad? ¿Por qué puede tener capacidad un militar o un diplomático, o por qué puede tenerla un ciudadano de cualquier otra profesión y no puede tenerla un ingeniero de montes? ¿Por qué? ¿Porque es amigo de Bono? Hay que inventar una mentira, decir que es del PSOE... Pues no. Si fuera del PSOE, lo tendría yo a mucha honra, pero no es del PSOE. No es militante del PSOE. ¿Sabe más o menos idiomas? Yo prefiero a algunos que sean listos en un idioma a que sean tontos en varios idiomas, ¿no? Estas cosas se aprenden y algunas van en el genotipo y son difíciles de cambiar...

*—Usted le conoce, preséntenoslo...*

—Es un tipo listo, capaz y, sobre todo, una cosa: es un hombre bondadoso y la bondad en política tiene que rendir. Tiene que llegar la hora en que ser bueno sea rentable en política. Y éste es un tipo bueno, es un tipo de ley y es una persona en quien tengo puestas muchas esperanzas; el Gobierno, también. Pero si fracasa, ya les aviso a todos los que han hecho difícil el nombramiento, que me echen a mí, porque soy el único responsable; que no atribuyan a ninguna otra instancia superior los fracasos del CNI: el responsable es Bono.

*—Y el Ejército, ¿necesita especiales presupuestos para su actualización? ¿Va a ser algo en lo que usted va a pelear?*

—Mire, el Ejército, los ejércitos... lo que necesitan, sobre todo, es el cariño de su país y de su nación. Cuando un ciudadano renuncia a parte de sus derechos y ya no forma parte de un ejército de ocupación, al modo franquista, cuando nuestros militares son reconocidos por su capacidad, en el mundo entero, allí donde han estado, y van a una misión, lo que necesitan es sentir el cariño de su pueblo.

*—¿Y medios?*

—Sí. Los tienen, los tienen y los van a tener. Hay una cuestión muy clara: la prioridad, hoy, del Gobierno de Rodríguez Zapatero es la lucha contra el terrorismo, a favor de la seguridad. Que los ejércitos participen en esa lucha es esencial; todo el mundo ya lo reconoce. No se trata, como digo, de un Ejército que vaya a ganarle una guerra a su propio pueblo; es un Ejército que tiene que ganar la guerra a los terroristas. Tienen medios y yo quiero, como ministro, decir humildemente que las Fuerzas Armadas no son una concepción propia de la derecha. Algunos creen que Dios y los ejércitos están en el Registro de la Propiedad inscritos a su nombre... y no. La única inscripción que podría hacerse es en el alma y en el corazón de la gente que se acerca sabiendo que a los soldados que arriesgan su vida por defender nuestra libertad, a los policías y a los guardias civiles, por lo menos, hay que tenerles la consideración y el respeto que tenemos a otros funcionarios.

*—No está funcionando mucho la atracción de jóvenes al ejército profesional... ¿Tiene usted alguna idea específica o planes concretos para tratar de convertir el Ejército en un punto atractivo para los jóvenes?*

—Mire, aquí hay un debate acerca del ejército profesional y el de leva obligatoria que sería muy digno de un seminario. Ya no tiene vuelta atrás: estamos en un Ejército voluntario y profesional. Hemos de conseguir tener el contingente necesario y esto hay que hacerlo con el aliciente que cualquier persona tiene. Quien se acerca, por ejemplo, como periodista a la SER, lo que quisiera es acabar sus días con fijeza en el empleo. Tener un contingente de soldados que saben que tienen que irse es muy complicado, porque no podemos mantener durante un tiempo ilimitado ese trabajo profesional y, por cierto, concienzudo. Tenemos que gastar el dinero de los españoles si es que los españoles queremos ser defendidos, a no ser que haya alguien que venga con el discurso de que lo que hace falta es suprimir los ejércitos. Hay gente que piensa esto: hay gente que piensa que hay que suprimir los ejércitos. Es un debate que tendríamos que hacer. Pero yo creo que es un buen momento para ver si un país como España se puede permitir el lujo de no estar defendido. Yo tengo una conclusión: mire, yo creo que no soy sospechoso, a pesar de lo que dicen de modo extravagante; yo he estado frente al Tribunal de Orden Público, en Atocha, he sido expulsado de Chile por el general Pinochet cuando fui a investigar los crímenes de la Junta Militar... Creo que no soy sospechoso. Pues mire, yo le quiero decir a los que hoy tengan alguna duda que, sin ejércitos, los países democráticos no tienen el progreso asegurado. No tienen bienestar y España necesita a sus ejércitos, y necesita, también es verdad, que las gentes progresistas, los votantes de la izquierda, del centro y de la derecha puedan rendir el homenaje que gentes como nuestros soldados merecen y exigen. Y Bono no va a defenderse a sí mismo, pero va a dar cuanto pueda por defender a su país... ¿Cometo pecado si digo España? Porque algunos hablan del Estado de tal manera que produce cierta risa. No sé si han oído a este cantante que decía que había hecho una gira musical por Francia, por Alemania, y que ahora iba a hacerla por el Estado español. Digo: este tío cantará en los cuarteles o cantará en los ministerios, ¿no? España, es un concepto, por lo menos, con la misma dignidad, digamos, que Italia o que Alemania, ¿no?

*—Sólo una duda: ¿el Estado es sólo los ministerios...?*

—No, no... he dicho ministerios, cuarteles, ayuntamientos... No, pero el Estado, sentimentalmente, apenas es nada. Claro, es verdad que yo a España la siento como madre y no como madrastra, y no como un edificio en ruinas y no como algo trágicamente hecho, sino como algo que hacemos y, esto, yo creo que hay que defenderlo por el bienestar de los españoles.

[...]

*—¿Dónde hizo la mili, señor Bono?*

—La hice en varios sitios, porque hice las milicias universitarias en Valladolid, estuve en Aranjuez y también en Colmenar Viejo. Yo no pude alegar, como algún dirigente importante, que luego presumía de bigote y estatura... yo no pude alegar ser hijo de viuda pobre.

*—Bueno, pues por mi parte, nada más. Puede ordenar rompan filas.*

—No, las filas, en lo que a la disciplina civil se refiere, están rotas por la Constitución. Es la Constitución la que nos permite movernos con absoluta libertad y a los ejércitos garantizar esa libertad.

*—Sólo una cosa, perdón... que se me olvidaba: ¿va a exigir su Gobierno una investigación a Estados Unidos sobre el asesinato de José Couso?*[5].

—No sé si me corresponde a mí, pero... claro, tengo la mala costumbre de responder a todo lo que se me pregunta y a usted especialmente, por razones obvias, antiguas y entrañables. Yo no sé si me corresponde decir esto, pero a mí me gustaría que la verdad se abra camino en cualquier sitio. Y aquel muchacho, Couso, que cayó con su cámara... quisieron casi justificar que estaba en un sitio inadecuado o poco menos. Y es que a veces los periodistas, todos los periodistas, están en sitio inadecuado cuando lo que descubren son actos no precisamente dignos de heroísmo.

## NOTAS

[1] Miguel Ángel Moratinos, ministro de Asuntos Exteriores con el Gobierno de José Luis Rodríguez Zapatero; Teresa Fernández de la Vega, vicepresidenta del Gobierno; mon-

señor Rouco Varela, presidente de la Conferencia Episcopal; Juan Carlos Rodríguez Ibarra, presidente de la Comunidad Autónoma de Extremadura; José Blanco, secretario de Organización del PSOE; José María Cuevas, presidente de la patronal CEOE; Alberto Ruiz-Gallardón, alcalde de Madrid.

[2] En la llamada «reunión de las Azores» (16 de marzo de 2003) participaron el primer ministro británico, Tony Blair, el presidente de Estados Unidos, George W. Bush y el presidente del Gobierno de España, José María Aznar. En esa reunión, presuntamente, se decidió el ataque definitivo a Irak, contra las recomendaciones del Consejo de Seguridad de la ONU y contra la mayoría de la opinión pública mundial. Se estimaba que hasta un 85 por ciento de la ciudadanía española estaba en contra de esa intervención bélica y en contra de la participación española.

[3] Son palabras de Jesús de Nazaret, recogidas por el apóstol Juan, el evangelista. La cita completa es ésta: «Conoceréis la verdad y la verdad os hará libres» (Juan 8, 32).

[4] Alberto Saiz Cortés, antiguo consejero de Industria y Trabajo en el Gobierno de Castilla-La Mancha, con José Bono. En su nuevo puesto, como director del CNI, tiene rango de secretario de Estado.

[5] El 8 de abril, durante el cerco a la ciudad de Bagdad, en la guerra de Irak, un carro blindado estadounidense disparó hacia el hotel Palestina, donde se alojaban los periodistas. El cámara José Couso, que trabajaba para la cadena Telecinco, cayó herido gravemente y murió a las pocas horas. El Gobierno español y las autoridades estadounidenses dieron explicaciones que no colmaron las expectativas de los compañeros y familiares de José Couso, los cuales consideraron el hecho como un crimen de guerra.

28

# *Mariano Rajoy*
# *Una entrevista difícil*

Mariano Rajoy (Santiago de Compostela, A Coruña, 1955) inició su carrera política en 1981, en el seno de la antigua Alianza Popular, después Partido Popular. Fue vicepresidente de la Xunta de Galicia con Manuel Fraga y después pasó a la política nacional como diputado en el Congreso (1989). Tras la victoria popular de 1996, Mariano Rajoy ocupó los ministerios de Administraciones Públicas (1996-1999), Educación y Cultura (1999-2000), la Vicepresidencia del Gobierno y el Ministerio del Interior (2001-2002). Tras su paso por Interior, conservó la Vicepresidencia y asumió la portavocía del Gobierno y el Ministerio de la Presidencia. Durante los dos últimos años del Gobierno popular, Mariano Rajoy intentó mitigar los difíciles momentos que afrontaba el presidente José María Aznar (*Prestige*, Yak 42, apoyo a la guerra de Irak, aislamiento político). En 2003 fue nombrado secretario general del Partido Popular y fue candidato a la Presidencia en las elecciones celebradas el 14 de marzo de 2004. El Partido Socialista ganó los comicios y Mariano Rajoy se convirtió en el líder de la oposición.

Iñaki Gabilondo entrevistó a Mariano Rajoy el día 9 de junio de 2004 en el programa *Hoy por hoy* de la Cadena SER, tras la derrota del candidato popular y tras los gravísimos atentados del 14-M en Madrid.

*—A la una de la noche, el Consejo de Seguridad de la ONU aprobaba esta resolución* [1]*. ¿Cuál es su primera valoración de la misma, señor Rajoy?*

—Yo creo que es bueno. Siempre que Naciones Unidas y su Consejo de Seguridad lleguen a un acuerdo sobre un asunto que es importante para el mundo, la noticia es siempre positiva

*—El papel de España: ¿cómo queda en este momento España, después de esta resolución, desde su punto de vista?* [2].

—Yo creo que España no queda como socio leal, que es como quedan Francia y Alemania, que son los países que, al final, con Estados Unidos, han pilotado el acuerdo, sino que queda, en opinión de muchos, como socio desleal y ésa no es la mejor de las posiciones, sin duda alguna.

*—Ayer noche, en un mitin, dijo usted que José Luis Rodríguez Zapatero había mentido. ¿Nos podría precisar en qué ha mentido?*

—Sí. Mire usted, no hace muchas fechas, y después de que el señor Rodríguez Zapatero fuera elegido presidente del Gobierno, se celebró un debate sobre este asunto en las Cortes, a iniciativa del propio Gobierno. Y yo solamente le hice tres advertencias: la primera, que nos había engañado en el debate de investidura, porque no respondió a las preguntas sobre lo que iba a hacer con las tropas. Era una pregunta muy clara y muy entendible que yo le había planteado. En segundo lugar, le dije que la decisión pecaba de improvisación; era demasiado rápida, sobre todo, porque él se había comprometido en numerosas ocasiones a retirar las tropas si no había una resolución del Consejo de Seguridad de Naciones Unidas antes del 30 de junio, que hubiera sido lo razonable. Si hubiera hablado con los aliados, con los socios, con los miembros del Consejo de Seguridad, si lo hubiera explicado, si hubiera trabajado un poco más, si hubiera dialogado más, si se hubiera dedicado un poco más a contarle todo esto a los socios, las cosas habrían ido mejor. La acusación que le hice se refería a la improvisación, a la rapidez, a haberlo hecho muy deprisa. Y en tercer lugar, le dije que esa decisión traería consecuencias internacionales; y es verdad, porque, claro, los demás países se quedaron allí, pero sufrieron fuertes presiones por parte de la opinión pública. En el caso de Italia, con ciudadanos secuestrados, incluso. La situación del primer ministro polaco fue una situación ciertamente difícil. Por tanto, esos países en ningún caso podían aprobar esa decisión, tomada de manera tan precipitada e improvisada. Y, por otra parte, los demás, los que no estaban allí tampoco se lo iban a agradecer al señor Zapatero. No hemos quedado bien, sinceramente.

*—Nos está contando que Rodríguez Zapatero se equivocó, pero no nos ha explicado en qué mintió.*

—En que él dijo en numerosas ocasiones que retiraría las tropas si no había una resolución del Consejo de Seguridad de Naciones Unidas antes del 30 de junio. Eso es lo que todos creíamos y, por eso yo le pregunté en el debate de investidura. Es decir, la idea que todos teníamos es que esperaría a ver si había una legitimación de la ONU mediante una resolución en el Consejo de Seguridad. Por eso yo volví a preguntar en el debate de investidura: para que me confirmara que esto era así y lo que me encontré al día siguiente fue una rueda de prensa en la que solemnemente dijo: «Como después de todos los contactos que hemos tenido, tengo la seguridad de que no va a haber una resolución del Consejo de Seguridad de Naciones Unidas, pues tomo esta decisión, en este mismo instante». Eso fue lo que le criticaron la inmensa mayoría de los aliados.

*—¿No le vale la lectura que hace el Partido Socialista, que quiere una resolución de Naciones Unidas en la que la ONU se haga cargo de la situación política y militar?*

—Pues no, mire. No vale por una razón: porque, para el debate de investidura, yo estudié mucho cuál era la posición del Partido Socialista y... créame, no fue fácil, porque había muchas posiciones distintas y se dijeron varias cosas en momentos distintos. Primero pedían una intervención de la ONU; luego, mando político de la ONU; después se llegó a pedir un mando militar de la ONU, que es lo que se pide ahora. Se han dicho muchas cosas, pero lo cierto es que lo que pasa es que el programa del Partido Socialista ya no vale: léase usted el programa del Partido Socialista... dice una cosa de las plusvalías y hoy nos hemos enterado de que lo que dice el programa no vale, según ha dicho el ministro de Economía. En fin, ése es otro asunto. Creo que el error más importante que se cometió en su día, desde mi punto de vista, y yo se lo advertí, se refería a las consecuencias internacionales de una decisión improvisada. Yo estoy de acuerdo en que el PSOE y el Gobierno tengan un criterio sobre este asunto, como tenían otros, y tienen perfecto derecho a tenerlo y, además, coincidía con la voluntad de una gran mayoría de españoles. Eso es exactamente así. Pero lo que quiero decir es que, en estas cosas, se ha actuado pensando demasiado en clave interna, pensando en el corto plazo y no pensando en los intereses generales a medio plazo. Creo que fue una decisión improvisada y rápida, y que no le hubiera costado nada hacer un esfuerzo internacional.

*—En resumen, desde su punto de vista, señor Rajoy, ¿el PSOE se equivocó al retirar las tropas?*

—No: desde mi punto de vista, el PSOE retiró las tropas sin hacer un esfuerzo con el resto de los países y no cumplió lo que le dijo al conjunto de los españoles. Ésa, sinceramente, fue la crítica que le hice en ese debate, exactamente ésa: usted ha prometido esto a los españoles; muy bien. Pero usted le dijo a los españoles: «Voy a hablar, voy a advertir a mis aliados, voy a intentar trabajar para que haya una resolución...». Y eso es lo razonable: mire usted, lo razonable. Pero se prefirió lo fácil, lo que iba a tener el aplauso más rápidamente y, mire usted, en política, también hay que pensar en el medio y largo plazo, y, a veces, tomar decisiones que cuesta tomar, pero hay que explicarlas, ¿no? Y yo creo que la misma crítica que le hice en el debate sobre el tema de Irak se le puede hacer ahora: mire usted, usted pudo haber esperado, que era lo que le decía todo el mundo; nadie le exigía que lo hiciera ese domingo, porque él había dicho que iba a esperar a que hubiera una resolución. Y él dijo que no la iba a haber.

*—¿El PP se equivocó al enviar las tropas?*

—Pues yo creo que no. Es decir... nosotros no nos equivocamos. Es decir... todas las decisiones hay que juzgarlas teniendo en cuenta el momento en el que se producen. Piense usted que la guerra de Irak terminó en Semana Santa; lo que era muy difícil de prever era el sinfín de acontecimientos que ocurrieron a lo largo de todo el año siguiente. Es decir, que hubiera atentados terroristas, que hubiera una situación de inestabilidad y de inseguridad tremenda, episodios ciertamente deleznables, como los de las torturas. Lógicamente, eso ha complicado mucho las cosas.

*—Sí, pero usted no está interpretando la retirada de las tropas en las circunstancias en que se produjo la decisión, sino en las circunstancias de hoy. Y, sin embargo, usted está justificando el envío de tropas en función de las circunstancias...*

—En absoluto. Yo estoy juzgándolo en función del momento en que se hizo. Por eso le estaba diciendo que en el debate que celebramos en las Cortes Generales, sólo le dije esas tres cosas: que me engañó en el debate de investidura, que era demasiado precipitado, que debía hablar, y que esto iba a traer consecuencias internacionales. En ese momento se lo dije y hoy no tengo nada más que recordarlo y reiterarlo.

*—Bueno, las elecciones europeas: ¿qué va a pasar el próximo domingo, señor Rajoy?* [3].

—Nosotros estamos haciendo un gran esfuerzo para intentar ganar las elecciones y supongo que los demás harán lo mismo, claro.

*—Sí... Cuando usted decía que el 13-J se juzga o se ha de juzgar lo que pasó en fechas recientes, ¿está pidiendo que el domingo sea una segunda vuelta del 14 de marzo?*

—No, en absoluto. Estoy diciendo que la gente vota en base a muchas cosas... Es decir, lógicamente, lo más importante en mi opinión es el programa europeo y la posición que asumamos cada uno, lo que queremos que sea Europa, lo que queremos que sean los intereses españoles allí... pero la gente puede votar en base a muchas cosas. Hay mucha gente que, efectivamente, puede votar al Partido Popular para ratificar una posición que mantuvo en su día.

*—«Espero que el PSOE no haga lo que hizo el día 13 de marzo». ¿A qué se refiere, señor Rajoy?*

—Bueno, el día 13 de marzo, como todo el mundo conoce, se convocaron concentraciones ante las sedes del Partido Popular en toda España. Yo mismo fui testigo de una, aquí, en Madrid, en la calle Génova, con cinco mil personas...

*—No, no... usted dice que espera que el PSOE no haga lo que hizo el día 13. ¿Convocó el PSOE esas concentraciones?*

—Bueno, por lo menos, a muchas de ellas fueron militantes del PSOE. En otros casos, utilizaron los teléfonos móviles de algunas diputaciones... pero en algunas hubo militantes del PSOE. Es más: a algunos los han llamado al juzgado y se han enfadado mucho... Pero, en fin, yo espero que eso no se vuelva a producir ni este sábado ni ningún otro sábado en la historia de la democracia española, porque no es un espectáculo muy edificante, pero eso de que fue el PSOE... no lo digo yo: es que había militantes del PSOE. Es un hecho objetivo.

*—Bueno... no es lo mismo ir a una concentración que convocarla, ¿o sí?*

—Bueno, son dos cosas distintas. Lo que pasa es que, en este caso, se convocó y se fue.

*—¿Se convocó?*

—Sí, sí... A través de teléfonos móviles de algunas diputaciones provinciales.

*—Si gana el PP, ¿quién gana?¿Mayor Oreja o usted?*

—El Partido Popular.

*—Cuando se celebraron las elecciones de marzo y le preguntaron a Aznar algo parecido, dijo: «Yo no me presenté a las elecciones...».*

—Bueno, pero aquí gana todo el PP, porque Mayor es un representante del Partido Popular, no es un señor que se presenta sin más. Gana el PP. Si gana, ganamos las elecciones, las gana el PP, y si no las ganamos, las pierde el PP.

*—Las pierde el PP... ¿Existe de verdad, como ayer se decía, un pacto de los principales dirigentes de su partido para respaldarle a usted, pase lo que pase?*

—Yo no lo conozco, sinceramente, vamos... No lo conozco. En este momento dirijo el Partido Popular, soy su secretario general con el apoyo de mucha gente... Yo, desde luego, lo siento. Y también he dicho que yo me presentaría al congreso que haremos al final de septiembre o a principios de octubre y que quiero seguir liderando el Partido Popular

*—¿Le han transmitido a usted, de una manera personal y directa, aunque no se haya producido esa especie de conjura, que estarían con usted, pase lo que pase? ¿O no?*

—Tampoco es una cosa que pase así... ¿no? Pero, no; no hemos hablado de eso en el partido.

*—¿Le llega a usted el eco de los rumores en el interior de su partido de que el mal resultado del día 14 pudiera, en fin... abrir la olla de muchos líos? ¿O no?*

—No. El único eco que me llega es el de la pregunta que usted me hizo antes, pero de lo otro no me llega ningún eco. Pero, en cualquier caso, eso no es algo que tengamos en este momento encima de la mesa ni constituye la principal de nuestras preocupaciones. Ahora, lógicamente, lo más importante para nosotros son las elecciones europeas.

*—Sí... En torno a ellas, el PP pide un referéndum sobre la Constitución europea. ¿Pedirá el voto en contra si España no mantiene el peso del Tratado de Niza?*

—Vamos a ver: sí pedimos el referéndum. De hecho, fíjese usted, el referéndum se iba a celebrar coincidiendo con nuestras elecciones de marzo, porque lo previsto en su día era que la Constitución europea se aprobara el año pasado. Pero pedimos el referéndum porque lo acordamos en su día con el Partido Socialista. Es decir, lo pidió el PSOE, lo pidió el Partido Popular y el Gobierno así lo acordó. Nuestra posición va a ser favorable a la Constitución europea. Lo que pasa es que hay algo que a mí me parece muy importante... Claro, ahora se nos dice: «Volvemos a Europa». Es el eslogan electoral del Partido Socialista. Pero, claro, el tema más importante que tenemos ahora sobre la mesa y que alguna gente no se toma muy en serio es el siguiente: ¿cuántos votos tiene cada país en el Consejo Europeo, que es donde se toman las decisiones que nos importan a todos? Y, claro, en Niza había un modelo que le daba el 8,43 por ciento de los votos a los cuatro grandes países por número de población: Reino Unido, Italia, Francia y Alemania. Nosotros teníamos el 7,83. Y esto se adoptó por unanimidad: era un sistema muy bueno para España. Claro... decirnos ahora que volvemos a Europa a aceptar un modelo según el cual Alemania pasa de ese 8 y pico por ciento de Niza al 17 por ciento y los otros tres países del 8 al 12 por ciento, supone que antes España tenía prácticamente el mismo peso que estos países y ahora va a tener la mitad que Alemania y, un 50 por ciento menos que los otros tres países. Yo creo que eso es muy negativo para los intereses de España y que, por tanto, el Gobierno socialista debe dar la batalla y no contarnos que si nosotros bloqueamos o dejamos de bloquear. Esa batalla hay que darla porque es capital para España, porque, con la nueva fórmula, España pierde una enorme posibilidad de influir en temas que son muy importantes y ahora, en Europa, hay temas muy importantes.

*—El Partido Socialista dice que esa batalla la va a dar como la hubiera debido dar el Partido Popular si estuviera en su circunstancia, pero, en la actual circunstancia, si el Partido Popular hubiera decidido mantener la postura de Niza sin tocarla, no habría Constitución.*

—Bueno, mire usted: mantener la postura de Niza sin tocarla... Yo quiero decir una cosa: Niza se aprobó por unanimidad. No somos nosotros los que tenemos que explicar...

*—Usted sabe...*

—Lo aprobamos por unanimidad.

*—Sí, pero usted sabe también que, siendo esto así, dadas las novedades que se han producido, con la nueva realidad, a ninguno, ni al PSOE ni al PP, le hubieran permitido mantenerse en esa posición.*

—No, mire usted: mientras no se apruebe la Constitución, lo que está en vigor es Niza, y el sistema de votación de Niza entra en vigor ahora, en el mes de noviembre...

*—Disculpe, entonces la pregunta concreta sería: ¿merecería la pena mantener la posición de Niza y quedarse en ella aunque fuera a costa de que nos fuera imposible avanzar en la Constitución?*

—Pues mire, yo creo que merece la pena defender el peso de España en la Unión Europea...

*—Contésteme por favor a eso: ¿mantener la posición actual de Niza aunque eso bloqueara el proceso constitucional o para mejorar la Constitución habría que...?*

—No... Yo estaría dispuesto a buscar cualquier fórmula siempre y cuando el peso de España fuera equivalente al de Niza. Porque, claro, el problema es el siguiente: el sistema de votos de Amsterdam, que está en vigor, le da diez votos a los grandes y ocho a España. El de Niza es mejor, porque le da veintinueve votos a los cuatro grandes y veintisiete a España. Y, claro, que ahora Alemania tenga el doble y los demás el 50 por ciento más... es que es terrible, porque es contradecir todo lo que ha sido la línea de actuación de la Unión Europea en estos casi cincuenta años, y eso no es aceptable. Ahora me dice usted si es que no nos movemos absolutamente nada de Niza... Desde luego, tenemos toda la legitimidad del mundo y toda la autoridad moral para hacerlo, porque Niza lo votaron todos por unanimidad y, claro, lo que se le tiene que explicar a España es por qué Niza antes era bueno y ahora no es bueno. ¿Y qué es lo que hay ahí en el fondo? No nos engañemos: lo que hay ahí en el fondo es que Francia y Alemania ven que estamos en una Europa que se ha ampliado con diez países más, ahora hay veinticinco países, y quieren controlar la Unión Europea. Y me parece muy bien; me parece estupendo que defiendan sus intereses, pero... ¡hombre!, ¡los demás también tenemos que defender los nuestros!

*—Sí. Otro asunto: el ejemplo que dan ustedes en la unidad antiterrorista, quiero decirle, con toda sinceridad, que a muchos nos produce un poco de escándalo: se habla del Pacto Antiterrorista, se nos pide a todos unidad antiterrorista, la expresamos de una manera insistente y, a la primera ocasión, le meten ustedes el dedo en el ojo al nuevo Gobierno con el tema antiterrorista... Hacer una denuncia de ese grado al Gobierno diciendo que no avanzan en la lucha antiterrorista en Europa... ¿No les parece a ustedes que eso no está bien?*

—Perdone, pero no estoy de acuerdo con eso que usted acaba de decir. Es decir, después de las últimas elecciones, una de las primeras decisiones que yo tomé fue hablar con el Partido Socialista y con el presidente del Gobierno y decirle que el Partido Popular quería ratificar el Pacto Antiterrorista y así lo hicimos. Y la segunda fue decirle que quería un pacto de Estado en materia de organización territorial y se lo diré en su día, cuando las cosas se vayan tranquilizando, y que quiero un pacto en política exterior. La pregunta de interpelación al Gobierno, a la que usted se refiere, no era una pregunta sobre el tema del terrorismo: era una pregunta sobre cuál era la posición de España en la Unión Europea sobre el terrorismo, que son cosas distintas. En ese caso, era el tema del terrorismo, pero podía haber sido otro. Y, en el tema del terrorismo, España lideró todas las grandes decisiones que se han tomado en Europa a lo largo de los últimos tiempos, sobre el «euro-orden», sobre los equipos conjuntos, sobre la lista de organizaciones terroristas... Constituimos el grupo de los cinco, con Alemania, Francia, Reino Unido, Italia y España. Nos reunimos... Yo me reuní en varias ocasiones con ellos y esas reuniones se formalizaron después con el ministro del Interior, [Ángel] Acebes. Ese grupo se reúne cada tres meses y su objetivo capital es ir avanzando medidas en materia de lucha antiterrorista que luego se plantean en el Consejo al resto de los países...

*—Yo no le niego nada de eso, estoy regresando al tema final...*

—Si, sí... Ahora voy al tema final: entonces, de repente, nos encontramos con que Alemania y Francia, que están en este grupo con Bélgica y Luxemburgo, pretenden hacer una cooperación reforzada en materia de lucha antiterrorista y no se cuenta con nosotros. Entonces, el tema no era de la lucha antiterrorista, sino la posición española en Europa...

*—Perdón, ¿le importa que regresemos al «de repente»? ¿Se enteraron «de repente»? ¿Cuánto de «de repente»?*

—Bueno, yo me enteré dos o tres días antes de formular esa pregunta...

*—¿Y usted no sabe que llevaban un año y medio hablando...?*

—No, perdón, quiero decir...

*—¿Y ustedes estaban liderando en Europa la lucha antiterrorista?*

—Nosotros estamos liderando la lucha antiterrorista...

*—No se habían enterado de eso.*

—No, no... sí... Lo que pasa es que lo que no dijo el presidente del Gobierno en su día en la Cámara es que lo que estaban tratando eran reuniones de fronteras entre países fronterizos. Francia también era fronterizo, como nosotros, y de ahí, dieron un salto cualitativo a pretender iniciar una cooperación reforzada en materia de lucha antiterrorista, donde al final no acabó de entrar Francia porque tenía problemas y reservas constitucionales. Aquí habla todo el mundo, todo el mundo se reúne y vuelve a hablar: el problema es el salto cualitativo que se produce cuando se anuncia que se quiere hacer una cooperación reforzada entre esos países, y ahí es donde yo creo que debe estar España. Ésa es la diferencia esencial entre reunirse y hacer una cooperación reforzada.

*—¿Y por esa diferencia sustancial entre reunirse o hacer una cooperación pueden ustedes ofrecer a la sociedad el espectáculo de hacer una denuncia que expresa tal discrepancia en materia antiterrorista...?*

—No, no, perdón, Iñaki, es que no hay ninguna discrepancia en materia antiterrorista. Lo que hay es una pregunta sobre cuál es el papel que desempeña España en la Unión Europea, que es un tema absolutamente distinto. Yo no hablé para nada de política antiterrorista ni de si se estaban haciendo las cosas mal. He dicho que, en política antiterrorista, voy a apoyar al Gobierno en todo, y lo vamos a hacer. Pero eso era un problema, digamos, para entendernos, era una pregunta que no se le haría al ministro del Interior, sino que se le haría al ministro de Asuntos Exteriores.

*—Bueno, ¿qué tal lo está haciendo el PSOE, en estos 52 días que lleva de Gobierno? Porque antes se solía otorgar un plazo de cien días... Ahora, bueno... ni cien minutos. Han sido 52 días. ¿Qué impresión le está produciendo el Gobierno en estos días?*

—Bueno... ¿Qué quiere decir el plazo de cien días? ¿Que los demás tenemos que estar callados? Vamos a ver: en cuanto a las decisiones, el Gobierno sólo ha presentado un Proyecto de Ley. En fin, tengo que decir que es un Proyecto de Ley que añade muy poco a las normas que ya están en vigor en este momento... Yo creo que hay una característica... dos características en este Gobierno. Una de ellas es que el mayor número de decisiones que se toman o que se anuncian son para parar cosas que el anterior Gobierno había puesto en marcha. Se ha parado mediante un Real Decreto la Ley de Calidad de la Enseñanza. Se nos dice que se va a parar, mediante otro Real Decreto, el trasvase del Ebro y el Plan Hidrológico Nacional; se ha parado el Plan de Infraestructuras que había hecho el Gobierno y se están generando muchos problemas... Yo he estado viajando por España estos días y se están parando las licitaciones de muchas obras por una decisión bastante caprichosa por parte de la responsable de Fomento. Ésa es una de las características; la segunda característica de este Gobierno que me parece importante es la incertidumbre: es lo que dije en el debate de investidura. Mire usted: aquí no se ha querido hacer un Gobierno con mayoría simple y, por tanto, no se presenta claramente un programa de Gobierno. Ahora hemos visto las polémicas sobre los horarios comerciales entre el ministro de Economía y el de Industria, las polémicas en materia de vivienda entre el ministro de Economía y la ministra de Vivienda... Hoy tenemos una declaración del ministro de Economía en la que se dice que la fiscalidad de las plusvalías no será la que dice el programa electoral del Partido Socialista (cosa que me parece muy bien); tampoco sabemos qué va a pasar con el impuesto de la renta... Hay muchas incertidumbres y yo creo que hay que fijar reglas de juego claras, sean buenas o sean malas, pero eso es capital para que un Gobierno genere confianza.

*—Se ven las cosas diferentes desde la oposición y desde el Gobierno, ¿verdad?*

—Pues supongo que sí, claro.

*—Mire que decir que en las sesiones de los miércoles no hay control al Gobierno y que va a haber que introducir novedades para que eso tenga una cierta eficacia...*

—Pero yo...

*—Es un descubrimiento también, al día de hoy.*

—Pero yo creo que eso es bueno... Es decir, ahora de lo que se trata... es de iniciar una nueva etapa, la que siempre se produce después de que hay un cambio de Gobierno. Yo creo que en el Parlamento hemos ido haciendo las cosas cada vez mejor. En un primer momento, ni siquiera era posible preguntar al presidente del Gobierno. Luego ya se dio un paso, se han hecho preguntas al presidente del Gobierno y yo soy partidario de un Parlamento más ágil, más rápido, más vivaz. Yo tengo dos minutos y medio a la semana para preguntar, y no todas las semanas, porque hay una semana al mes que no hay pleno. Luego, a veces, el presidente del Gobierno está en viajes y con compromisos internacionales. Entonces, yo creo que es bueno que en el Parlamento se supriman debates, que en ocasiones son muy tediosos y que se pueden tratar en comisión, y que el pleno quede exclusivamente para control al Gobierno: preguntas, interpelaciones, y para los grandes debates de política general. Yo creo que la opinión pública lo agradecería y que lo agradecerían los medios de comunicación. Creo que sería más útil; sería un Parlamento más vivaz. Por eso he hecho esa propuesta.

*—No... si estamos todos de acuerdo, pero ¿cuándo lo descubrió?*

—Pues yo... pues, la verdad, lo he descubierto en los últimos tiempos... pues... porque yo tampoco me he dedicado a hacer debates sobre... sobre el Reglamento ni he llevado esos asuntos... Pero creo que es una buena aportación. Claro... Hay una cosa, Iñaki, de la que yo creo que hay que darse cuenta... Es decir, lo que no se le puede decir a cualquier Gobierno, a cualquier oposición, es que no puede plantear nada por el hecho de no haberlo hecho en su día, porque, entonces sí que el mundo no avanza ni las cosas pueden cambiar, ¿no?

*—Una cosa: la comisión del 11-M, que va a comenzar dentro de unos días, después de las elecciones, ¿qué documentos o comparecencias considera imprescindibles el Partido Popular para que se esclarezca todo lo que ocurrió?*

—Pues no lo... no lo... No es algo que tengamos cerrado definitivamente, esto se constituirá dentro de unos días. Yo creo que el objetivo fundamental es saber lo que ha ocurrido a lo largo de esos días; lógicamente, claro, lo más importante es saber quién está detrás de los atentados. Supongo que eso será labor policial, no ciertamente fácil. Ayer se produjo una detención en Italia, mediante la colaboración de varias policías, pero lo que queremos es saber exactamente qué ocurrió en aquellos días en España.

*—Sinceramente, señor Rajoy, esta pregunta no es fácil de hacer... Supongo que tampoco será fácil responderla: ¿cree usted que la SER jugó sucio?*

—Bueno... ¿Ustedes qué creen?

*—Nosotros creemos que no.*

—Bueno, pues si ustedes creen que no... pues es su opinión. Y así será, seguramente, ¿no?

*—Sí, pero esto es una entrevista en la que yo pregunto y usted responde. ¿Usted cree que jugamos sucio?*

—Mire usted, yo creo que en algunas cosas ustedes no dijeron la verdad.

*—¿Me puede decir en cuál?*

—Por ejemplo, en lo del terrorista suicida; ustedes no dijeron la verdad. Durante mucho tiempo estuvieron anunciando la existencia de un terrorista suicida y no había terrorista suicida. Estuvieron mucho tiempo diciéndolo y se les avisó. No dijeron la verdad. Y creo que no dijeron la verdad sobre la hora a la que apareció el vídeo, porque apareció después de la hora que ustedes anunciaron que había aparecido y eso les sirvió para hacer una dura crítica al Gobierno. Ahí creo que tampoco dijeron la verdad.

*—¿Es verdad, como dice Consuelo Álvarez de Toledo en su libro* [4], *que en la noche electoral, una vez conocidos los resultados, le dijo usted a Aznar: «Esto nos pasa por tu guerra»?*

—No, no es verdad.

*—Es falso. Bueno, pues vamos ya a concluir: le dijo usted a Luis del Olmo que al día siguiente iba a dejar de fumar puros. Veo que no fuma, ¿ha cumplido su promesa?*

—Estoy haciendo el mayor esfuerzo de que soy capaz y creo que es bueno dejar de fumar puros y, además, creo que... en fin, que cada uno en esta vida haga lo que quiera, pero yo he llegado a la convicción de que dejar de fumar es una buena cosa. Y estoy esforzándome... y me cuesta bastante, por cierto.

*—Pues a perseverar, señor Rajoy, muchas gracias.*

## NOTAS

[1] Estados Unidos, con el apoyo de Reino Unido, Italia, España, Polonia y otros países, inició la guerra de Irak en marzo de 2003, a pesar de que el Consejo de Seguridad de Naciones Unidas había rechazado esta acción. Ante la oposición casi absoluta de la ciudadanía mundial, los dirigentes norteamericanos trataron de buscar una resolución del Consejo que, de algún modo, validara la invasión. Francia y Alemania eran los opositores más enconados. El día 8 de junio de 2004, EE UU consiguió sacar adelante una resolución unánime del Consejo de Seguridad. En ella, los norteamericanos se comprometían a instaurar un régimen democrático en Irak y a permitir que los iraquíes explotaran sus riquezas naturales. Francia y Alemania aceptaron con reticencias esa resolución, intentando contribuir a la pacificación de la zona tras la invasión.

[2] La pregunta de Iñaki Gabilondo hace referencia a la decisión del nuevo Gobierno socialista de José Luis Rodríguez Zapatero, que cumplió su promesa electoral de retirar las tropas españolas del escenario iraquí tan pronto como fuera posible.

[3] Las elecciones al Parlamento Europeo se celebraron el 13 de junio de 2004. El cabeza de lista del Partido Popular era Jaime Mayor Oreja; por el PSOE se presentaba Josep Borrell. Venció el Partido Socialista con un margen muy escaso. Lo más relevante de aquellos comicios fue la altísima abstención: un 54,86 por ciento del electorado no acudió a las urnas.

[4] Consuelo Álvarez de Toledo: *Cuatro días de marzo*. Planeta, Barcelona, 2004.

29

# *Felipe González*
# *Nuevos retos para Europa*

El día 13 de junio de 2004 se celebraron en España elecciones al Parlamento Europeo. Era la primera consulta oficial tras los atentados del 11 de marzo y tras las tensas elecciones generales del 14 de marzo. El PSOE, con José Luis Rodríguez Zapatero al frente, había ganado los comicios nacionales en un clima enrarecido por el recuerdo de unas jornadas decisivas en el nuevo siglo XXI español. De modo que las elecciones europeas se convertían en una prueba de fuego: los socialistas (con Josep Borrell) esperaban revalidar los resultados nacionales y los populares de Mariano Rajoy (con el candidato Jaime Mayor Oreja) deseaban un retorno del favor de la ciudadanía. El PSOE obtuvo una ajustadísima victoria, con 25 escaños (43,46 por ciento del voto) frente a los 24 escaños del PP (41,21 por ciento del voto). La coalición de partidos nacionalistas (Galeusca) obtuvo dos escaños, así como IU y sus organizaciones afines. Otra coalición nacionalista de izquierdas, llamada Europa de los Pueblos, logró un escaño. Pero el aspecto más relevante de estos comicios fue la altísima abstención, hasta un 54,86 por ciento. En las elecciones generales del 14 de marzo la participación había rondado el 76 por ciento.

Felipe González, presidente del Gobierno español durante el período 1982-1996, se había distinguido por haber dado un impulso a las relaciones con Europa y siempre mantuvo que Europa era el proyecto político que más interesaba a España. Iñaki Gabilondo lo entrevistó en el programa *Hoy por hoy* de la Cadena SER el día 16 de junio de 2004 y ambos trataron de analizar los resultados de las recientes consultas electorales y los retos de la Unión Europea.

*—¿Cómo hemos de interpretar lo que ocurrió el domingo pasado [13 de junio de 2004, elecciones al Parlamento Europeo]? ¿Cómo puede interpretarse tan alta abstención en las elecciones europeas? ¿Qué va a ocurrir en la cumbre del próximo fin de semana en Bruselas? ¿Saldrá adelante la Constitución europea? ¿Qué valor tendrá una aprobación de la misma? ¿Será posteriormente ratificada? ¿Qué va a defender España? ¿Ha hecho bien el Gobierno español modificando sus posiciones? Son muchas, muchas preguntas. Quizá el ex presidente Felipe González pueda ilustrarnos y orientarnos; tal vez pueda darnos alguna pista: presidente, ¿qué pasó el domingo en las elecciones europeas? Esta abstención... ¿qué quiere decir, desde su punto de vista?*

—Tendríamos que reconocer que es una catástrofe desde el punto de vista cívico, de la ciudadanía europea. Una abstención semejante es siempre una catástrofe, en nuestro país y en cualquier otro país. La pérdida de compromiso cívico con el proceso de construcción europea debería hacernos reflexionar incluso sobre la capacidad de comprensión de ese proceso extraordinariamente complejo, cargado de denominaciones burocráticas, abstruso para la inmensa mayoría de los ciudadanos. En fin, yo creo que el domingo fue una derrota del proceso de construcción europea, y eso no favorece más que a los euroescépticos, que son los que crecieron, o a los eurofóbicos.

*—¿Y qué quiere decir? ¿Que no estamos acertando a entender lo que pasa o, sencillamente, no nos interesa lo que pasa porque hemos decidido encerrarnos en nuestras propias fronteras nacionales?*

—Bueno yo terminé un artículo para la prensa, la semana pasada, diciendo: «Por favor, vayan a votar». Recomendaba ir a votar porque es muy importante lo que se va a decidir en el futuro Parlamento Europeo, aunque no seamos capaces de explicarlo. (Ésta era la sensación que tenía durante la campaña electoral). El tema es muy importante y, sin embargo, no somos capaces de explicar suficientemente la importancia que tiene el proceso electoral en Europa. Y yo creo que éste es el fallo fundamental. Creo que hay una especie de comunicación, diálogo o disputa que son líneas paralelas que nunca convergen: una podría denominarse las preocupaciones de los ciudadanos, incluso los derechos de los ciudadanos; y otra es el debate político, de los políticos, de mis colegas, de los responsables. Yo creo que estas dos líneas no están convergiendo. Yo no creo que haya más nacionalismo en Europa, de ningún signo... Por cierto, el domingo no hubo una expresión triunfal de cualquier manifestación nacionalista, ¿no? Lo que creo es que hay una desafección respecto del proceso de construcción europea porque no se hace comprensible.

*—¿Falta liderazgo, señor González, para dar un impulso a este proceso de construcción europea? Algunos momentos complejos se han salvado... digamos... por importantes liderazgos.*

—Sí... con algún matiz... No hay una sola generación que no crea que los verdaderos líderes eran los de la generación anterior... Cuando yo estaba actuando en el Consejo Europeo, se hablaba de los líderes que nos habían precedido. A veces nos da la impresión de que los conocidos inmediatos tienen menos peso que los anteriores, quizá menos conocidos o desconocidos, o que pertenecen a una cierta mitología. Es cierto que hoy habría que preguntarse si los ciudadanos pueden señalar a cuatro dirigentes europeos, europeístas, europeos europeístas que sepan adónde quieren ir con este proyecto, y costaría trabajo señalarlos. Todo esto puede observarse más allá del análisis que se haga del contenido del futuro texto constitucional. Por ejemplo, desde el punto de vista de la transformación europea, Maastricht tenía muchos más contenidos, para entendernos, en cuanto al avance europeo. En todo caso, sería muy difícil nombrar a cuatro líderes europeos que sepan adónde quieren llevar este proceso. No digo que yo pudiera estar de acuerdo o no: se trata de especificar adónde quieren llevar este proceso y, por tanto, que sean capaces de crear un punto sólido inicial para que la dinámica de la construcción europea sea imparable. Yo creo que hay dos problemas: desde luego, si no se aprueba la Constitución europea, vamos a pasarlo mal; si se aprueba, de todos modos, no vamos a resolver todos los problemas que tiene Europa.

*—¿Y si se aprueba y no se ratifica, señor González?* [1].

—Bueno, eso significa que no se ha aprobado. Una aprobación in extremis, o una aprobación de los gobiernos y no de los ciudadanos podría generar nuevas frustraciones y no sería una solución al problema. Incluso tengo mis dudas de que algunos gobiernos aprueben la Constitución. Le explicaré por qué me distancio algo del debate: en primer lugar, por cómo se plantea. Cuando se habla del reparto del poder europeo, que es lo que se va a discutir en esta próxima cumbre, para terminar de cerrar la aprobación o no de la Constitución, yo me sigo preguntando si alguien ha discutido qué poder europeo queremos para ser relevantes en la globalización, relevantes hacia fuera y relevantes para los ciudadanos. Mi impresión es que todo el debate de la Constitución europea ha eludido el tema central: qué configuración de poder europeo queremos para tener relevancia.

*—Estamos buscando sólo qué parte de poder local vamos a defender...*

—¡Sí, claro! Pero aparte de eso, que se va a producir en todo caso, estamos discutiendo y le damos una enorme importancia a la capacidad de bloqueo: discutimos sobre la capacidad de bloqueo sobre materias que hoy son competencia de la Unión Europea. No hablamos sobre las materias que nos harían relevantes en el mundo. Tony Blair [Reino Unido], de todas maneras, va a demostrar mañana y pasado mañana que existe una amenaza subyacente con la convocatoria de un referéndum que puede frenar incluso parte de los avances contenidos en la Constitución. Pero no estoy refiriéndome sólo a eso, estoy refiriéndome, por ejemplo, a hechos tan concretos como éste: ¿en qué puede consolar a la «vieja Europa» el hecho de que le den la razón por haberse opuesto a la ocupación de Irak? Hablo de la «vieja Europa» en terminología «rumsfeldiana», de [Donald] Rumsfeld [2]. ¿De qué sirve que Estados Unidos le dé la razón un año después de haberse opuesto al disparate estratégico de ocupar Irak? Ahora dicen que volverán a la multilateralización. ¿De qué le sirve a Europa llevar razón y no poder ejercer esa razón para evitar un conflicto? Eso significa que se puede tener razón pero no relevancia. Incluso hoy, cuando le dan una parte de la razón, deberíamos preguntarnos: ¿y qué puede hacer Europa? No digo España, pues el debate sobre qué puede hacer España o qué puede hacer Francia es distinto. ¿Qué puede hacer Europa en la crisis de Oriente Medio? Si los europeos no respondemos a eso ante los ciudadanos... En Oriente Medio se está resolviendo un problema no sólo de paz, se está jugando un problema energético de una extraordinaria trascendencia. ¿Para qué sirve que veinticinco países europeos pongan en común su vida y su proyecto si no tenemos una política exterior y de seguridad que dé respuestas ante una situación casi de vecindad como la de Oriente Medio? Eso no está en el debate constitucional.

*—Entonces, desde su punto de vista, en este momento, ¿qué debería plantearse ahora? ¿Qué tres o cuatro capítulos deberían constituir el núcleo del gran debate? ¿En qué aspectos Europa debería hacerse fuerte y eficaz?*

—La respuesta está en esta pregunta: ¿cómo podemos ser relevantes en política exterior y de seguridad? En primer lugar, naturalmente, teniendo instrumentos para hacerlo. ¿Qué tenemos que decir en la crisis de Oriente Medio o qué tenemos que decir de la relación con América Latina? Es decir, ¿qué tipo de política exterior y de seguridad somos capaces de proyectar al mundo? Tema número dos: estamos distraídos; seguimos creyendo que somos una gran potencia económica con un poder tecnológico extraordinariamente serio, creciente respecto a Estados Unidos, pero ¿cómo podemos ser un continente capaz de competir por valor añadido? ¿Cómo podemos luchar por la incorporación de nuevas tecnologías sin las terribles dependencias que tenemos, derivadas incluso de lo que he comentado anteriormente? Toda la información de la que disponemos, toda... bueno, exagero, el 90 por ciento de la información de la que disponemos para estar presentes en Kosovo o en Oriente Medio depende de los sistemas de información satélite de los Estados Unidos. ¿Y Europa no tiene nada que decir en eso? Y, respecto a las nuevas tecnologías, la cohesión del futuro a nivel interno y la capacidad de competir en el mundo, es decir, en la proyección hacia fuera, dependería de que hubiera una política europea de desarrollo de las nuevas tecnologías con potencia. Esto sí que es un poder europeo. Sería un poder europeo sobre el que se basaría el tercer pilar de la cohesión, que es el mantenimiento de lo que llamamos sociedad del bienestar: redistribución del ingreso. Europa, y España en ella, no puede competir por bajos salarios: ahora, los nuevos miembros van a competir con los antiguos, porque tienen salarios menores que los antiguos miembros de la Unión, pero dentro de diez o de quince años, aquéllos se van a homologar en términos salariales con el resto de Europa. Por tanto, no podemos competir pensando en bajos salarios. No digo que no haya que ser moderados, desde el punto de vista del crecimiento de los salarios, por ejemplo. Pero si no podemos competir por bajos salarios, tendremos que competir por valor añadido y el valor añadido sólo lo dan las nuevas tecnologías. Y lo cierto es que, en Europa, tampoco hay liderazgos para afrontar un desarrollo tecnológico y hacer de Europa una potencia tecnológica. Entonces, quiero Europa con poder. Ésa es mi... ésa sería mi ilusión. Con poder de verdad. Con poder en política exterior y de seguridad, con poder desde el punto de vista tecnológico y, por tanto, con capacidad de competir económicamente y con un modelo civilizador de cohesión social. Si me responden a estas tres preguntas, entenderé mucho mejor el debate y la aspereza de ayer en el Congreso sobre cómo se reparte el poder europeo. Si se responde a las preguntas que he planteado, lo que se repartiría sería ese tipo de política, no la calificación sanitaria del queso que uno se tiene que comer... no es que esto me parezca mal, me parece importantísimo, pero, a lo mejor, me gusta comer un queso que no reúne todas las calificaciones reglamentarias.

*—Señor González, entonces, si lo fundamental es saber cuál puede llegar a ser ese gran poder europeo, en base a esos tres grandes asuntos que no parecen estar en el centro de la preocupación, ¿qué valor le concede a la Constitución europea? ¿Qué papel juega la Constitución europea?*

—Espero no frustrar a nadie si afirmo que sería una desgracia que no se aprobara la Constitución, porque ello precipitaría, en el sentido casi químico, como reacción química del problema, la crisis europea subyacente: la que existe hoy. Si no se aprobara la Constitución, se pondría en evidencia Europa, inmediatamente, estaríamos envueltos en largos procesos de ratificación, con las dificultades que son previsibles. Tarde o temprano nos vamos a tener que plantear las tres preguntas que he hecho y será necesario poner en orden los instrumentos para que funcione Europa, es decir, el proceso de tomas de decisiones. ¡Es tan complicado que nadie lo entiende, empezando por los protagonistas! Y es tan lento que es incompatible con el proceso de toma de decisiones de una sociedad que llamamos la sociedad de la información, la sociedad de la red. Por tanto, el proceso de toma de decisiones va a tener que encararse en algún momento. Les cuento una anécdota, porque si no, los ciudadanos no se van a enterar: nosotros discutimos durante siete años el sistema de televisión de alta definición que iba a adoptar la Unión Europea. Y, cuando terminamos la discusión sobre el sistema, resulta que se había digitalizado la comunicación en televisión y, por tanto, nuestra decisión era absolutamente irrelevante. Estábamos a punto en ponernos de acuerdo en algo que ya no importaba. Esto demuestra la velocidad a la que se suceden los acontecimientos en el mundo y esa velocidad es difícilmente compatible con la lentitud y la confusión del proceso de toma de decisiones en Europa.

*—Este proceso de toma de decisiones en Europa... desde luego, no es fácil entenderlo; explicarlo es todavía mucho más difícil. Sin embargo, este proceso es el que se va a seguir en los próximos días y el que generará grandes debates... Deduzco que, desde su punto de vista, le parece en cierto sentido estéril...*

—No... no es estéril en absoluto. A veces ese tipo de debate se aprovecha en otros sentidos desgraciadamente. Por ejemplo, ahora, en España, se aprovecha para marcar distancias entre el Gobierno y la oposición respecto de quien defiende más los intereses patrios ante los enemigos externos. Eso es lo que me parece ridículo. Durante todo el período inmediatamente anterior he visto una actitud de colaboración en la oposición. No siempre mi criterio coincidía con la oposición... me refiero a ser siempre solidario con la posición del Gobierno respecto al debate europeo. Bueno, ahora se acabó la fiesta y volvemos a 2004, donde nunca se es solidario con el Gobierno, sea cual sea su posición. Pero esto, a pesar de lo que le estoy diciendo, me parece un tema menor frente al gran desafío que tenemos en Europa. ¿Qué me gustaría que hiciera el Gobierno de España? Pues me gustaría que recuperara una posición europea... europeísta; vale decir: una posición que sea capaz de construir amplias mayorías, cuando no consensos, y me gustaría que se comprendiera que, de acuerdo con la visión que tengo de Europa, el interés de una Europa política unida, capaz de ir avanzando en el camino que digo, coincide básicamente con el interés de España y no es contradictorio con el interés de España.

*—De todas maneras, señor González, con la experiencia que usted tiene y dada la envergadura de nuestro país, ¿qué es más eficaz a efectos operativos? Cuando se reúnen para discutir una cosa y otra, ¿qué es más eficaz? ¿Tener un instrumento que otorga una determinada capacidad de bloqueo o tener una capacidad de establecer alianzas?*

—Ser más eficaz es siempre ser capaces de participar en la mayoría que construye Europa; eso es mucho más eficaz. Y mucho más eficaz incluso a la hora de que, excepcionalmente, uno necesite bloquear una decisión coyunturalmente. Es decir, si uno vive obsesionado, cosa que ha ocurrido, por tener la fuerza necesaria para bloquear las decisiones que uno interprete que no le convienen, con esa obsesión jamás se forma parte de una mayoría que construya Europa. Pero comprendo que eso puede ser no sólo obsesión, sino una concepción del propio proyecto. Yo creo que se acabó la época en la que todo el mundo creía que todo el mundo era igualmente europeísta en España. Eso no es verdad, ni tiene por qué serlo... ¡ni en ninguna parte de Europa, por cierto! Incluso cuando aprobamos por unanimidad nuestro ingreso en Europa, subyacían corrientes que no eran europeístas, con toda legitimidad, pero no eran europeístas, no nos engañemos. Y esas corrientes están ahí, están presentes.

—Una pregunta de política ficción: ¿pudiera llegar a ocurrir que este proceso, progresivamente irreversible, como consecuencia de la moneda única, etcétera, pudiera llegar a ser reversible? Si aumentara el número de euroescépticos, en el caso de Reino Unido, o eurofóbicos, con partidos activos contra el proceso europeo, ¿podría darse la circunstancia de que la construcción europea quedara paralizada o iniciar un proceso regresivo? ¿O eso no es posible en ningún caso?

—En términos históricos, no conozco nada que sea totalmente irreversible. Ahora bien, este proceso es difícilmente reversible, pero, al mismo tiempo, hay una desafección cívica de la que tenemos que responsabilizarnos: no podemos decir eso de que los ciudadanos tienen la culpa... En las elecciones he oído a un ínclito señor decir: «Es que los socialistas ganaron el 14-M porque hicieron votar a todo bicho viviente». Era una manera de definir al electorado bastante notable, ¿no? En fin, repito que subyace una corriente interesante; es decir, si los progresos que se han hecho se convirtieran en regresos, si se dieran pasos atrás, nos encontraríamos con cosas tan notables como la siguiente: un danés o un grupo de jóvenes daneses van en grupo, en pandilla o en pareja, en su bicicleta, desde Copenhague hasta Ayamonte, y nadie tiene derecho a pararlos en ninguna frontera, y si quisieran, podrían establecerse en Ayamonte; bien: si perdieran esa oportunidad, sólo ésa, el Gobierno danés sufriría una rebelión interna. Porque regresar a estadios anteriores es limitar mi capacidad de ciudadanía en un espacio público mucho más amplio que el de Dinamarca, que, por cierto, no es muy europeísta. (Pero por eso cito ese ejemplo). Entonces comprenderían la regresión y comprenderían qué es lo que estarían perdiendo. Parece una bobada, pero es de una enorme importancia que la gente pueda tener libertad de circulación, libertad de establecimiento, libertad de movimientos de capital. Yo creo que ahí se han dado unos pasos muy serios; cualquiera que lo reinvirtiera estaría en una mala situación.

*—No quisiera entrar en la discusión sobre Niza... Le pregunto sólo por la recolocación de la postura española ahora. ¿Es positiva o no?*[3].

—Vamos a ver, Niza fue un tratado fallido desde el día siguiente de su aprobación en Niza. Yo recuerdo cómo terminó ese Consejo (y tengo buena memoria para eso) y, además, hice una evaluación... hice un pequeño artículo después. Los líderes europeos salieron diciendo: «Bueno, ahora tenemos que discutir el futuro de

Europa: nos hará falta una nueva conferencia intergubernamental para preparar a Europa para los desafíos del futuro». ¿Qué diferencia se ha producido con Niza? Aparte de que no se puede discutir siempre en el margen: «Perdimos no sé cuántos diputados y antes teníamos un voto ponderado en el Consejo que nos daba una ventaja relativa de aproximación a los grandes...». ¡Los ciudadanos no entienden estas cosas...! ¿Es razonable, pregunto, que se cuente con los estados y también con los ciudadanos para que haya un sistema de doble votación lo más simple posible? Una mayoría de dos tercios de la población sería razonable, un tercio como minoría de bloqueo, dos tercios de la población y la mitad de los estados, el 55 por ciento... reglas simples que entiendan los ciudadanos. Yo creo que ese sistema es razonable. Es razonable porque compensa la presencia de los estados. Si se tratara de la proposición «un Estado, un voto», simplemente no habría Europa, porque ningún Estado puede imponerse a otro Estado por mayoría... ¿Y si no se tiene en cuenta la población en absoluto, aunque sea primando a los que tienen menos ciudadanos? Tampoco habría Europa, porque nadie se dejaría arrastrar por la voluntad de tres países grandes unidos que reunieran a la mayoría de la población. Por tanto, el sistema adecuado pasa por una compensación de mayorías. En el margen ya se puede discutir si corresponde el 60 por ciento o el 65 por ciento y si eso tiene o no mucha trascendencia. Comprendo que se le dé muchísima trascendencia. El Gobierno anterior estaba dispuesto a aceptar el cambio de sistema, no porque le conviniera, sino porque era inevitable; si no, no había Constitución. Y por eso decían: «No, no... Estamos dispuestos a negociar cualquier fórmula a la que podamos adaptarnos». El Gobierno actual lo plantea de manera distinta. Creo que es más inteligente plantearlo así, a pesar de lo que he oído; creo que es más útil decir: «Nosotros queremos construir Europa y, como queremos construir Europa con una visión positiva, queremos formar parte de la mayoría que construye Europa, y también queremos tener la salvaguarda de poder bloquear una decisión lesiva para los intereses nacionales con un porcentaje de países y votos que sean razonables». Ésta es la posición del Gobierno actual, que me parece impecable, mucho más que la posición que se ha mantenido hasta ahora.

*—Quería hacer alguna que otra pregunta también sobre otros asuntos, pero... para concluir con el tema europeo: esos tres grandes asuntos que darían verdadera medida a la Unión Europea y que ahora no están en*

*marcha, ¿lo estarán pronto? ¿Tienen que aparecer? ¿Han de convertirse en los asuntos del gran debate en Europa?*

—No lo sé y casi lamento ponerlo sobre la mesa, porque me parece que en eso también soy «el último mohicano». No creo que el debate vaya por ahí. Es verdad que [Javier] Solana hace un gran esfuerzo para definir una política exterior y de seguridad europea y es verdad que una de las «líneas rojas» previas que ya había establecido Tony Blair era, justamente, en política exterior y de seguridad. Por tanto, no sé ni siquiera... Quizá sea inoportuno en el tiempo plantearlo tan duramente, pero creo que si Europa no resuelve qué poder quiere, no será en términos comparativos (pero, por favor, sólo comparativos, manteniendo las distancias) un referente respecto a Estados Unidos. Estados Unidos es una fuerte democracia local que ha definido un poder global relevante en el mundo, para lo bueno y para lo malo: eso es Estados Unidos. Vino a verlos Dios con la propia Constitución de Estados Unidos. Salven todas las distancias y piensen en una fuerte democracia local europea con un poder global que sea relevante hacia fuera y hacia dentro. Si eso se consigue, mucho más que la acumulación y la cantidad de reglamentos, la cantidad de competencias menores, que a veces deberían corresponder a un alcalde y no a un comisario, si eso se comprende, se avanzará en ese debate. ¿Se va a avanzar ahora? Todavía no. Junto a ese debate, se da el debate instrumental. De nuevo estableceré una comparación (siempre será odiosa para la gente), pero es muy, muy evidente: Estados Unidos dispone desde ese poder global, relevante, del 22 por ciento del producto bruto de Estados Unidos. La Unión Europea dispone del 1 por ciento o del 1,2 del producto bruto para hacer políticas comunes, políticas de unidad. Bueno... esas cifras no son suficientes para el proceso de toma de decisiones, no es eficiente.

*—Nos pedía que le dieran cuatro grandes nombres que fueran capaces de mirar Europa con una mirada grande. ¿Usted cree que se podría hacer algo con esos cuatro nombres?*

—Cambiaría el destino de Europa, se lo aseguro.

*—¿Me puede dar tres?*

—No.

*—¿Dos? ¿Uno?*

—Sería impertinente. A un líder mexicano le preguntaron: «¿Cuántos sobran en el Gobierno?». Era su Gobierno. «¿Cuántos cree usted que sobran en el Gobierno, ahora que va a haber crisis?». «Bastantitos...», decía. «¿Nos puede dar algunos nombres?». «No, por si se me olvida alguno». Pues lo mismo le digo yo: por si se me olvida alguno.

*—Y... en torno a otra cosa: el asunto de Irak y los problemas que parecen estarse evidenciando en toda la zona. ¿Comparte usted la decisión del señor Rodríguez Zapatero de ordenar el regreso de las tropas?*

—Sí, sí, sí. Y, además, creo que lo ha hecho con la ventaja de tener menos experiencia acumulada de la necesaria para dudar. Por tanto, creo que lo ha hecho justamente por eso... O sea, si hubiéramos sido gente con una gran cantidad de experiencia, a lo mejor hubiéramos estado esperando quince, veinte, treinta días y cada vez hubiera sido más complicado y más difícil hacerlo. Y comparto esa decisión, además, porque la pregunta no es por qué vuelven, si no por qué fueron y para qué fueron. Y si no se puede explicar por qué fueron y para qué fueron, se puede tomar esa decisión. Y si no se puede explicar qué es lo que tenían que hacer allí, lo lógico es que no estuvieran.

*—El nuevo Gobierno interino iraquí y las elecciones, en enero de 2005, ¿encauzarán de una manera adecuada el futuro y estabilizarán la zona en Irak? ¿O no?*

—Hablando del mundo árabe, es lógico que uno emplee la expresión: «¡Ojalá sea así!». Pero soy escéptico. No quiero que le vaya mal a Estados Unidos; no quiero de verdad que le vaya mal a Estados Unidos, lo repito una y otra vez, porque hay una política antinorteamericana creciente en el mundo, una política antinorteamericana sin más. Y esto me parece peligroso. Pero si alguien no me cree por decir esto, diré que no quiero que les vaya mal porque una buena parte de las patadas que le den a Estados Unidos las recibiremos en nuestro trasero, en el de todos los vecinos del Mediterráneo. Pero... mire, en Irak... ojalá vaya bien, eso es lo que desearía, pero soy muy escéptico. El nuevo Gobierno provisional de Irak es provisional porque depende de quien lo ha nombrado: los aliados. Y allí están las tropas de ocupación, que son las que lo han nombrado. Todos los factores de legitimación ante su propio pueblo van a ser factores guiados por el hecho de rechazar las imposiciones del ocupante, es decir, se van a legitimar diciendo «no» a Estados Unidos. No importa el tema de juzgar a Sadam Husein; quieren juzgarlo los iraquíes, pero los otros no creen que haya garantías para eso ni para cualquier otro tema. Su legitimación ante su propio pueblo va a ser una legitimación basada en la crítica del ocupante.

*—¿Y es posible que Arabia Saudí pueda quedar verdaderamente desestabilizada por la actual situación? Todos los observadores coinciden que como tal cosa ocurra, desde luego, el asunto se escapa de las manos...*

—Es una de las cosas que más me inquietan y que son más evidentes. La crisis de Oriente Medio siempre ha tenido en el Oriente Próximo su epicentro: el conflicto entre Israel y Palestina o, en otras palabras, el conflicto árabe-israelí, como quieran. Ese tema no va en absoluto por un camino adecuado: se descarriló la «hoja de ruta», se está desestabilizando Arabia Saudí y... atención a la línea de fractura entre el mundo árabe musulmán y el mundo musulmán no árabe: cada día es más inestable. Las estrategias del terrorismo que consisten en atentar contra las fuentes de suministro energético es la otra pata de una estrategia terrible: la estrategia de ir a matar indiscriminadamente, para crear, como su propio nombre indica, terror, y agudizar la tensión que se está produciendo por una demanda extraordinariamente rápida de energía fósil frente a un crecimiento de la oferta que no puede acompañar a ese crecimiento de la demanda; es decir: la crisis energética. En una sociedad como la nuestra, eso provoca una tensión en materia de seguridad muy grave y los terroristas lo saben y la van a agudizar.

*—Marruecos es un país que usted ama y que conoce muy bien. En este momento, dicen, parece que Estados Unidos y Marruecos han establecido una nueva relación y que estamos un poco... a contrapié, en una situación desairada. ¿Cómo cree usted, sinceramente, que está ahora nuestra relación con Marruecos y qué riesgos tiene esa relación ahora mismo?*

—Vamos a ver: todas las lecturas que se hagan son válidas, porque la política siempre es poliédrica. Pero toda mejora en la relación entre Estados Unidos y Marruecos debería ser bienvenida, en términos de estabilidad en el norte de África. Es decir, por mucho que mejore la relación y a pesar de que nosotros tengamos un incidente con la Administración actual de Estados Unidos, por mucho que mejore la relación de Estados Unidos y Marruecos, lo que se producirá será un mantenimiento de la relación, como socios de la OTAN, muy especial y privilegiada, aparte de la bilateral entre Estados Unidos y España. Entonces, nuestra relación con Marruecos, de verdad, debe basarse en la construcción de la confianza de la cooperación, sin duda alguna, y de una creciente aplicación del Tratado de Amistad y Cooperación, y no basarse en la desconfianza ni en la arrogancia en el trato con los demás. Yo he notado síntomas de desconfianza y arrogancia. No estoy hablando de ingenuidad: estoy hablando de un trato serio con Marruecos, que va a seguir siendo nuestro vecino y que va a seguir siendo un socio imprescindible para solucionar problemas que son extraordinariamente sensibles para España, como la emigración o como la seguridad.

*—Pues muchas gracias, señor González. No sé si finalmente se hará algo que alguien propuso... que los ex presidentes formaran parte del Consejo de Estado...*

—Jarrones chinos en casas pequeñas son los ex presidentes. Los jarrones chinos, en casas grandes; en las casas pequeñas, no. Se rompen. Los jarrones chinos son valiosos, se supone que son valiosos, pero en las casas pequeñas estorban en todos sitios y siempre están deseando que alguien les dé con el codo y se hagan añicos.

*—Sin contar con que los jarrones chinos no discutan unos con otros. Muchas gracias, señor González.*

## NOTAS

[1] La Constitución europea fue aprobada por los representantes de los estados miembros, pero muchos países —entre ellos, España— decidieron consultar a los ciudadanos para ratificar el texto. España celebró el referéndum el día 20 de febrero de 2005 y la respuesta de la ciudadanía fue afirmativa (76 por ciento), aunque con una abstención del 57 por ciento. Pero aún faltaba que el resto de los países europeos confirmaran esa posición. En realidad, el texto aprobado era un tratado por el que se establecía una Constitución para Europa.

[2] Donald Rumsfeld, secretario de Defensa de Estados Unidos bajo el primer mandato de George W. Bush, fue uno de los principales defensores de la ocupación de Irak y menospreció a la Unión Europea, dividida entonces ante el conflicto. Los gobiernos del Reino Unido, España, Polonia e Italia se alinearon con las posiciones norteamericanas; Francia y Alemania mantuvieron posiciones contrarias a la invasión. El núcleo formado por estos dos países se llamó «vieja Europa» en términos despectivos.

[3] El Tratado de Niza (10 de marzo de 2001) formalizaba el ingreso de otros estados en la UE. La disputa más importante radicaba en las cuotas representativas en las instituciones.

30

# *José Luis Rodríguez Zapatero*
# *Cincuenta días en La Moncloa*

El día 16 de junio de 2004, Iñaki Gabilondo entrevistó al presidente del Gobierno, José Luis Rodríguez Zapatero, en el programa *Hoy por hoy*, de la Cadena SER. El tema principal, como no podía ser de otro modo, era la nueva posición internacional de España (tras la retirada de las tropas de Irak). Dadas las circunstancias y con unas elecciones europeas inminentes, al Gobierno de Rodríguez Zapatero no se le concedieron los cien días de cortesía tradicionales en la política española: sólo tres meses después de haber ganado las elecciones, el presidente debía responder a cuestiones de la mayor importancia.

*—José Luis Rodríguez Zapatero, presidente del Gobierno, muy buenos días.*

—Buenos días.

*—Ayer estuvo usted en Ginebra y en Toulouse...*

—Exactamente, sí. Estuve en la Organización Internacional del Trabajo y, luego, en Toulouse, compartiendo un mitin para las elecciones europeas del 13 de junio con los compañeros franceses.

*—¿Qué tal estas primeras sensaciones después de cincuenta días de presidente de Gobierno? ¿Ha cambiado mucho su vida y su percepción de las cosas?*

—Mi percepción de las cosas ha cambiado para mejor en cuanto a las posibilidades que tiene un Gobierno para hacer cosas, transformar realidades, ayudar a las personas que tienen más necesidades y hacer que la política de nuestro país coincida con los valores que siente la gente. O sea, que estoy contento de la tarea que tengo por delante.

*—Se percibe que usted ya está en otra situación: desde luego, hoy, su llegada aquí ha estado precedida de un auténtico despliegue... Quiero decir que todas las circunstancias nos permiten comprobar que su vida ha debido de cambiar de una manera muy radical. ¿Teme distanciarse de la realidad que iba conociendo hasta hace cincuenta días?*

—No, no me siento muy cambiado. Desde luego, en lo personal, absolutamente nada; sí, lógicamente, en lo que supone el componente de responsabilidad, pero en la capacidad para hablar a la gente, para escuchar a la ciudadanía, que es, sin duda, la mejor escuela para un gobernante, voy a mantenerla por encima de cualquier otra circunstancia.

*—Señor Rodríguez Zapatero, si el 18 de abril hubiera sabido que saldría esta nueva resolución del Consejo de Seguridad de la ONU, si hubiera conocido esta resolución que ahora hemos conocido, la 5.496, ¿hubiera ordenado el regreso de las tropas españolas de Irak?*

—Por supuesto. Además, tengo que decir que el 18 de abril sabía que la resolución que iba a producirse iría en los términos que hemos conocido. Tenía ya absolutamente todos los datos. Esta resolución es un poquito más que la resolución de octubre del 2003. Si uno se las lee, y es bueno hacer ese ejercicio, sabe que lo único que hay es un cambio en cuanto a la Autoridad Provisional [Iraquí] y el cambio a un Gobierno provisional. Pero la cuestión central que obviamente condicionó mi decisión del regreso de las tropas y mi compromiso no se han tocado para nada. La fuerza multinacional sigue mandada por la coalición, por el mando único, por Estados Unidos y, evidentemente, hubiera habido un cambio que hubiera afectado a mi decisión si, por ejemplo, la resolución hubiera dicho que el general que manda ese mando único sería nombrado a partir de este momento por el secretario general de la ONU Kofi Annan y podría ser un general austríaco, por ejemplo, y que los ejércitos allí presentes estarían al mando de esa unidad. Esta resolución trata de mejorar algo que está muy mal, la situación de Irak, después de un año de una intervención militar que ha salido mal, y todos los países del Consejo de Seguridad, los que se opusieron a la guerra, y ahora el Gobierno de España, Francia, Alemania, Rusia y China, han querido echar una mano a las fuerzas ocupantes para ver si aquello mejora. Ojalá mejore. Vamos a verlo.

*—¿Quiere decir que el 18 de abril usted ya sabía que esta resolución iba a...?*

—Sí, en los términos en que se ha producido, básicamente. Era de lo que se estaba hablando ya y había una evidencia absoluta respecto al mando militar, que es la clave, en definitiva; todo el mundo sabe que las fuerzas de la coalición multinacional tienen allí más de cien mil soldados y quien manda allí es quien tiene los soldados. Y el Gobierno provisional iraquí, de momento, tendrá que estar lógicamente en función de lo que se le diga, porque, además, no tiene el derecho de vetar las actuaciones que se han producido. Por tanto, es verdad que Estados Unidos ha hecho un pequeño esfuerzo para acercarse a Francia y a Alemania, y sacar esta resolución, insisto, porque aquello estaba fatal. Ha cambiado un poco el Gobierno de Bush. Aquí, los únicos que no han cambiado nada son los del Partido Popular. Su posición es inaudita, inaudita. Ni una sola autocrítica después del fracaso constatado que hemos vivido en Irak, y se atreven, encima, a cuestionar la decisión que ha tomado el Gobierno de la Nación, que ha cumplido fielmente su palabra con los electores, danto respuesta a la voluntad popular en contra de la guerra y de la presencia militar en Irak de nuestros soldados.

*—¿Llegaron a considerar la posibilidad de abstenerse en la votación del Consejo de Seguridad?*

—No, en absoluto. Hemos trabajado conjuntamente con Francia, con Alemania y con Chile para dar respaldo a esta resolución, igual que en resoluciones anteriores destinadas a intentar gobernar en cierta medida la situación en Irak. Yo me he manifestado a favor, ya lo había hecho en la de octubre, hay una situación... De hecho, pensando en el pueblo de Irak, esto es una oportunidad... A ver si mejora la situación. No se aborda el problema de fondo, evidentemente. Mi opinión es que va a costar mucho ver un Irak normalizado, ver un Irak democratizado, porque hay un pueblo que siente muy en el corazón lo que ha pasado, lo que está pasando y, desde luego, tenemos la esperanza de que las cosas allí caminen en la dirección en que tienen que caminar o la situación de Irak se va a complicar.

*—¿No cree usted que esta resolución pueda encauzar los problemas de Irak?*

—Yo lo deseo y, desde luego, el Consejo de Seguridad lo que ha hecho es poner todo su empeño, pero hay una realidad de facto: que ahí hay unas fuerzas militares de una serie de países que son las que tienen que arbitrar. Y todo el camino que se ha hecho hasta ahora ha dejado heridas y huellas muy serias. ¿Hay condiciones para recuperar esas heridas y esa huellas? Vamos a verlo. Ojalá, insisto.

*—¿Queda aislada la política exterior española en este momento en el concierto internacional?*

—Yo tengo la percepción contraria: en estos momentos, la posición de España tiene un amplio respaldo en la Unión Europea, un amplio respaldo en Latinoamérica y una amplia comprensión y apoyo en el mundo mediterráneo, en el mundo árabe. Es decir, en nuestros tres vectores y áreas esenciales como país, donde tenemos nuestros intereses y nuestra posición natural, le puedo decir que el resultado de las elecciones y la decisión del Gobierno de hacer regresar a las tropas de Irak nos han dado un gran espacio de credibilidad y de confianza política y se va a ver en estos años, sin ninguna duda.

*—Ayer en el G-8*[1]*, en Sea Island, quedó claro que Francia, desde luego, no estaría dispuesta a enviar tropas de la OTAN, digamos. Y si fueran tropas de la OTAN, ya dijo [Miguel Ángel] Moratinos que España tampoco participaría. Pero quedaba pendiente una cuestión: ¿qué ocurriría si el Gobierno iraquí pidiera expresamente que se enviaran tropas y Francia las enviara...? Porque ayer dijo Francia que, en caso de que el Gobierno iraquí las pidiera, podría considerarse esa posibilidad...*

—La resolución, igual que ha pasado en otras resoluciones, hace una invitación a los países a enviar fuerzas. Desde luego, yo mantengo el compromiso. No vamos a enviar ni un solo soldado a Irak. Porque tenemos el convencimiento absoluto de que el mando militar va a seguir donde está y la única alternativa que expuse en su día, que he reiterado en muchas ocasiones, es que Naciones Unidas o una fuerza multinacional liderada por Naciones Unidas estuviera en Irak. No va a haber ningún soldado español en Irak.

*—Hay poco ambiente para las elecciones europeas. ¿Teme la abstención?*

—Creo que en España va a haber una participación alta respecto al conjunto de la Unión Europea. Vamos a estar entre los países que van a liderar la participación y, desde luego, el llamamiento que hago a la ciudadanía es que vaya a participar porque en estas elecciones se juega una Unión Europea unida y fuerte, que es lo que interesa a España. España será fuerte no contra Europa, España será fuerte en una Europa fuerte. España ha tenido en el ámbito de la Unión Europea el proceso de mayor desarrollo y bienestar. Sólo quiero dar un dato, para que lo conozca la audiencia:

desde el año 1987 al año 2003, España ha recibido 85.000 millones de euros de la Unión Europea para nuestro desarrollo, más de 14 billones de las antiguas pesetas. Son miles y miles de kilómetros de autovía, son muchos AVE, son muchas infraestructuras hidráulicas. Eso nos lo ha dado Europa, para que estemos ahora en los actuales niveles de bienestar. Por cierto, Europa no es una abstracción: esto lo han dado los países que contribuyen de una manera neta a la Unión Europea, entre otros, Francia y Alemania, con los cuales nos interesa tener una buena relación. Además, de estos 14 billones de las antiguas pesetas que España ha recibido desde 1987 hasta ahora, el mejor período, por cierto, fue el período posterior a la cumbre de Edimburgo, el «efecto pedigüeño»; de 1995 a 2000 es el período en que España recibe más dinero de la Unión Europea [2]. Pero es que, además de eso, Francia y Alemania, por ejemplo, son los países que están siempre a la cabeza en nuestras importaciones, exportaciones e inversiones. Tenemos en la Unión Europea nuestro ámbito natural de relación y nos viene bien una Unión Europea fuerte; eso es defender los intereses nacionales y estoy convencido de que la ciudadanía sabe lo que representa Europa para España. Además de intereses, un modelo de convivencia, una identidad de paz, de apuesta democrática, de defensa de los derechos humanos, una identidad de cohesión social, de avance en las políticas sociales y, hoy más que nunca, el mundo necesita esa Unión Europea fuerte, porque es el único factor de esperanza para los países donde hay violencia y para los países donde hay pobreza. Miran a Europa y nosotros queremos construir en Europa esa fortaleza de paz y esa fortaleza de desarrollo en el mundo.

—*Ante las elecciones del domingo, ¿teme usted que regrese a Izquierda Unida el voto que usted mismo reconoció que el día 14 de marzo le vino de Izquierda Unida?*

—Yo respeto a todos los ciudadanos en su opción de voto y pido el voto a todos los ciudadanos. En estas elecciones se lo pido a los que nos votaron el 14 de marzo en las generales y también a los que no nos votaron. ¿Por qué? Por una razón fundamental: porque desde el 14 de marzo hasta aquí hay un Gobierno que ha cambiado las cosas en este país. Lo primero y lo que más me importaba era el cambio del clima político. Ya no hay un Gobierno que engaña, ni que manipula, ni que ofende. Se ha recuperado el diálogo con comunidades autónomas, entre partidos políticos, hay una distensión clarísima y hemos visto cómo, incluso, hemos tenido el efecto milagroso de provocar entusiasmos democráticos en el PP, con las peticiones de cambios en el Parlamento para facilitar el control del Gobierno, o hemos visto cómo en tan sólo muy pocas semanas, hemos pasado, después de once años de no haber un solo debate en los medios públicos, a tener todos los debates que fueran necesarios. Eso es la fuerza del sufragio, eso es la fuerza del voto, eso es lo que han cambiado los españoles, además de poner a España en el lugar que querían en el mundo, que era un lugar de voz propia, un lugar de país autónomo, no dependiente de nadie, y un país plenamente identificado con la Unión Europea. Por eso vamos a pedir el voto a todos.

*—No es una segunda vuelta, pero, ¿sería grave para el PSOE que no revalidara el resultado del 14-M?*

—Todas las elecciones tienen efectos políticos y, a la hora de votar, lógicamente, influyen muchos elementos en los ciudadanos. Yo tengo la confianza de que el próximo domingo los ciudadanos van a respaldar al Partido Socialista porque su proyecto europeo es lo mejor para Europa y lo mejor para los intereses de España, porque su proyecto europeo coincide con los valores de la paz, con los valores del proyecto social y con los valores de entender que Europa se construye aportando, proponiendo, dialogando. Europa es la casa del diálogo. Europa no es la casa del bloqueo. Europa es la casa del entendimiento. Europa nunca ha sido una casa que se construye pensando que yo voy allí a defender sólo lo mío. Porque si todos los países hicieran lo que dice el señor [Jaime] Mayor Oreja, desde luego, tenga por seguro que no habría fondos europeos. Si Alemania y Francia fueran allí a decir «Yo vengo a aquí a defender lo mío», sería muy fácil: no pongo ni una peseta para el desarrollo de los países que menos posibilidades tienen o tienen menos desarrollo. Es incompatible. Esas tesis son las que defienden los partidos poco europeístas o antieuropeístas.

*—Y por lo que se refiere a la Constitución Europea, ¿qué posibilidades tenemos en este momento de conservar el poder que nos otorgaba el Tratado de Niza, una vez que ya han abierto la discusión a otros capítulos?*

—Mire, el Gobierno, cuando ha llegado a la responsabilidad de dirigir el país, se ha encontrado con esta situación: una convención que proponía un esquema de poder y un determinado peso de España. Un peso que, evidentemente, supone una disminución importante en relación con Niza y una incapacidad y un bloqueo para mejorar esa situación. Yo estoy convencido de que en el Consejo Europeo del 17 y 18 de junio, España va a tener un peso adecuado, suficiente y razonable y una fuerza a la hora de la ponderación del voto en el Consejo que, desde luego, en el debate de la convención y en la última fase del Gobierno de Aznar, el Gobierno de Aznar no consiguió, a pesar de que lo intentó.

—*Y hablemos ahora de su Gobierno. Lleva cincuenta días y a veces da la impresión de que tiene usted dos gobiernos; en vez de uno, dos: uno que se lanza y otro que frena. El ministro de Economía, Pedro Solbes, actúa ahí, digamos, de freno, como una especie de UVI, como una Unidad de Vigilancia Intensiva sobre otras cosas. ¿Eso qué es? ¿Bisoñez, descoordinación o es el papel al que nos habremos de ir acostumbrando los próximos años?*

—Yo creo, Iñaki, que hay que distinguir las declaraciones o los comentarios o las respuestas a preguntas de lo que son decisiones del Gobierno. Yo creo que en la decisión del Gobierno y en el rumbo del Gobierno, en el programa político del Gobierno, hay una coherencia absoluta. Desde el discurso de investidura, estamos cumpliendo, y yo creo que, además, en un tiempo bastante razonable. En la política exterior hemos ya puesto todos los elementos para el cambio que se ha producido y de los objetivos que teníamos; en la renovación democrática, acabo de poner ejemplos: debates, nadie reconoce hoy a la televisión respecto a cómo la teníamos hace poco; el Parlamento, mucho más vivo... Y todo lo que venga: la incidencia en los aspectos sociales de la igualdad, como el aumento de becas, como la mejora del salario mínimo interprofesional o como la primera ley europea contra la violencia de género, que... puedo decir que era el gran tema de conversación ayer, tanto en la Organización Internacional de Trabajo, como en Toulouse; es una ley reclamada por los países europeos, la primera ley integral contra la violencia de género. Esto se ha hecho en muy poco tiempo. Y hay un programa político y un proyecto que se va a ir cumpliendo. Pero, insisto: una cosa son las declaraciones y otra... Evidentemente, el ministro de Economía siempre aporta una dosis de serenidad y de tranquilidad. En todos los períodos de arranque de un Gobierno, el conjunto de los ministros vuelcan encima de la mesa casi todo el programa electoral... Lógicamente, eso tiene que tener una periodización. Y también hay un interés de los medios y de la ciudadanía normal en establecer las nuevas actuaciones... Pero, por tocar algún punto, me referiré a la reforma fiscal (ya sé que esto ha sido comentado hoy): mi compomiso electoral y el del programa, que lo formulé muchas veces, es que esa reforma se hará en el segundo año de legislatura. Las primeras medidas son las que anuncié durante toda la campaña: las relativas a Irak, a las becas, las relativas al salario mínimo, las relativas a la ley integral contra la violencia de género, que es la primera ley que va a llegar al Parlamento y ahora también vamos a abordar el problema de la vivienda con el Plan de Vivienda. En el otoño, el diálogo social para afrontar la precariedad laboral y tenga por seguro, Iñaki, que tengo en la cabeza el desarrollo de todo lo que representan las iniciativas fundamentales del Gobierno para el cambio que prometí a los españoles en renovación democrática, en políticas sociales, en desarrollo y en acometer lo que me parece más importante o muy importante: alcanzar una posición de España en el mundo que llene todas las oportunidades que tenemos.

—*Entendido, pero esta especie de cacofonía, ¿a usted le parece normal?*

—No... A mí me parece normal que la gente pueda expresarse con libertad y le puedo asegurar que es mucho más la espuma que el contenido, porque alguna vez hemos tenido...

—*Pero la ministra de Vivienda, María Antonia Trujillo, dice cosas... ¿No convendría que usted les dijera a sus ministros que mantengan... que cuenten hasta cien antes de hablar? O pónganse un poquitín de acuerdo, porque nos estamos mareando.*

—No, yo no tengo esa sensación. Lo importante es que el Gobierno va a presentar un plan que va a afrontar el problema de la vivienda. Va a ser un plan ambicioso, va a ser un plan, por tanto, donde hay que contar con mucha gente. Tenemos un problema social que para mí es de los prioritarios, un precio de la vivienda inaccesible para muchas familias, para muchos jóvenes, para las rentas con menos capacidad económica y, desde luego, todo el mundo puede entender que después de tantos años en un fracaso estrepitoso de acceso a la vivienda, el Partido Socialista ha cogido el toro por los cuernos y en las próximas semanas vamos a presentar ese Plan de Vivienda. Simplemente, dejen al ministerio y a la ministra trabajar adecuadamente. Yo comprendo que haya ansiedad y, cuando ha habido alguna declaración sobre las propuestas en relación con la vivienda o con las actuaciones, bueno... se ha utilizado un lenguaje que es habitual en lo que es el lenguaje de las políticas en relación con la vivienda y el urbanismo... Tengo una gran confianza en la gestión que va a hacer la ministra.

*—No... Sólo quiero decirle que la ansiedad a la que usted se refiere existe, pero a veces da la sensación de que es la ansiedad de los ministros en lanzarse a adelantar sus planes...*

—Yo ya he dicho que alguna vez se nos dijo, se nos ha dicho... Casi no ha dado tiempo a que se nos diga, porque, que me venga a la memoria, es la primera vez que la oposición no ha respetado, aunque sea formalmente, los cien días a un Gobierno, la primera vez desde que tenemos en este país democracia, afortunadamente. Yo lo acepto con tolerancia y, por tanto, creo que hay tener un poco de paciencia. En fin, se ha dicho que el Gobierno va muy deprisa. Es una cosa que he oído. Pero hay muchos temas que no pueden esperar, hay muchos españoles que llevan mucho tiempo esperando a poder ver un Gobierno que se preocupa de la vivienda, de subir las becas, de restituirles lo que pasaba con el salario mínimo interprofesional y el Gobierno va a ir al ritmo que pueda, lógicamente, pero al mayor ritmo posible para acometer esas cuestiones.

*—En materia de inmigración, ¿podría decirnos si se ha producido alguna modificación de la posición del Partido Socialista? Por un lado, queríamos que nos confirmara si en efecto hay esos cientos de miles de expedientes retrasados de los que se habla, muchos de los cuales afectan a inmigrantes trabajadores que han pasado a la ilegalidad precisamente por esa tardanza en la tramitación; y en segundo lugar, cuál es la doctrina de su Gobierno, si nos la puede resumir en dos palabras, en torno a esta materia.*

—No ha habido ningún cambio y me sorprende que haya habido alguna opinión y alguna manifestación en este sentido, como le he oído a algún dirigente del Partido Popular, porque nunca, absolutamente nunca, en la oposición, me expresé con ese eslogan que se conoce como «papeles para todos». Yo defiendo una inmigración legal y ordenada, y defiendo que las cosas se hagan bien y se han hecho muy mal, en efecto. Tenemos cientos de miles de expedientes de procesos que afectan a la situación irregular de inmigrantes. Y la secretaria de Estado de Inmigración, del Ministerio de Trabajo, en consecuencia, está elaborando, ya lo tiene elaborado y se conocerá rápidamente, un plan de choque para abordar esta situación de desidia, de desorganización y de falta de capacidad de gestión. La doctrina es muy clara: la inmigración es un fenómeno positivo para la sociedad española, no sólo porque aporta un volumen importante a nuestro crecimiento económico y a la estabilidad de la Seguridad Social; es un fenómeno que está ahí y que tiene que ordenarse adecuadamente, y la mejor ordenación es que el inmigrante que esté aquí, por él mismo, por la sociedad y absolutamente por todos los factores, esté en condiciones de regularidad. Nuestra legislación es muy clara y el objetivo esencial tiene que ser que los países de donde procede la inmigración y España y el Gobierno tengan la capacidad de ordenar bien eso. Y estamos abordando en estos momentos un proceso muy intenso de diálogo con todos los países, tanto países africanos, países del Magreb, como con países latinoamericanos para hacer los adecuados convenios que funcionen a la hora de asumir inmigrantes aquí. Y, en segundo lugar, tiene que haber una integración: los inmigrantes son personas con derechos y con deberes. Los deberes son el respeto a las leyes, a los principios democráticos, y los derechos son, lógicamente, las prestaciones sociales y los requisitos para una buena convivencia y para trabajar dignamente, dignamente, con los derechos que marcan las leyes.

*—¿Y no le parece que tendríamos que tener un poquito de menos preocupación por la irregularidad en la que se encuentran los inmigrantes y pensar más en las contrataciones irregulares de inmigrantes? ¿No haría falta una auténtica flota de inspectores de trabajo para ver lo que todos sabemos que está pasando en España?*

—Hace falta eficacia en la gestión y hace falta, evidentemente, una administración de la inmigración, que este país no ha construido y que el Gobierno anterior no construyó, y que vamos a desarrollar en este instante. Le acabo de comunicar que vamos a tener un plan de choque para abordar esta situación, pero de los cientos de miles de trabajadores irregulares que se dice, aunque no hay una cifra que se pueda asegurar, muchos están en una situación irregular porque las cosas no se hacen bien. Podían estar aquí en una situación de regularidad, porque hay, como hay, y te lo dicen los empresarios, necesidad de puestos de trabajo que pueden ser para personas inmigrantes. Y, por supuesto, si hay personas inmigrantes dispuestas a estar aquí trabajando y no están regularizados, es que el sistema falla. Y esto es lo que vamos a hacer: reordenar el sistema.

*—La comisión de investigación de 11-M va a comenzar después de las elecciones y me gustaría saber si usted teme esta investigación... en la medida en que los esfuerzos de esclarecimiento pudieran perjudicar, digamos, determinadas opacidades inevitables y necesarias en el mundo de los servicios secretos, los servicios de seguridad, etcétera. ¿Es compatible el esclarecimiento que la sociedad demanda con la salvaguarda de las...?*

—Es absolutamente compatible.

*—¿Es compatible?*

—Y además, el Gobierno va a dar todas las facilidades para la transparencia: la ciudadanía tiene derecho a conocer qué sucedió el 11 de marzo.

*—¿Desclasificaría documentos...?*

—Valoraremos las peticiones concretas de desclasificación, siempre manteniendo el equilibrio entre preservar la seguridad nacional, preservar a los que trabajan en favor de nuestra seguridad nacional y la transparencia. Pero, créame que conozco todos los elementos, como es lógico, como Gobierno, y creo que hay una compatibilidad absoluta para que esa comisión trabaje y dé los resultados que quieren los ciudadanos.

*—Por lo que se refiere al Yak 42, esta mañana, tan pronto como hemos anunciado que usted venía, nos han llamado algunos familiares para decirnos que le preguntáramos directamente si va usted a proponer una comisión de investigación que esclarezca exactamente lo ocurrido con este accidente.*

—Vamos a esperar a toda la información que tiene que derivarse del proceso judicial que se está siguiendo en Turquía. No parece que sea el Gobierno el llamado a hacer una comisión de investigación o a proponerla. Si hay alguna propuesta en el Parlamento, la estudiaremos. Pero lo que sí puedo asegurar a todos los familiares es que el Ministerio de Defensa está haciendo absolutamente todo el esfuerzo y que va a facilitar toda la información de lo que sucedió en ese accidente y también, lógicamente, de las circunstancias posteriores que han preocupado tanto sobre los fallecimientos, sobre los restos, los cadáveres de los fallecidos del Yak 42.

*—Bueno, y para concluir: ¿era la cosa como usted esperaba? Digamos... ¿era La Moncloa como usted esperaba? ¿Ser presidente del Gobierno era como usted esperaba o es muy diferente?*

—Lo decía al principio, y esto quizá es raro que un gobernante lo diga, a lo mejor me lo desaconsejarían, porque puede ir en contra incluso de mis intereses, pero mi experiencia hasta ahora es que un Gobierno puede hacer muchas cosas si pone voluntad política, si pone todo el entusiasmo, todas las ganas, toda la maquinaria de la Administración a trabajar en una dirección. Créame: el Gobierno puede cambiar las cosas y puede hacer que aquellos que tienen dificultades para acceder a la vivienda, la tengan; puede hacer que muchas personas que a lo mejor no podían estudiar, tengan beca para estudiar; puede hacer que el mundo nos reconozca como un país que ha defendido la paz... El Gobierno puede hacer muchas cosas. Por tanto, no buscaré excusas. Aclararé, responderé en la tarea de gobernante. Lo que quiero decir a los ciudadanos es que su voto es decisivo, que su voto influye, que su voto cuenta y que tienen a un Gobierno que, ante todo, escucha a la gente... Ya sé que esto al Partido Popular le sorprende muchísimo: decía el otro día el señor Mayor Oreja que este Gobierno hace lo que quiere y lo que dice la gente. Pues sí. Queremos que la gente entienda nuestro proyecto, queremos trabajar escuchando a la gente, escuchando y comprendiendo lo que siente y qué país quiere. Eso es para mí un Gobierno democrático en el siglo XXI.

*—¿Y La Moncloa? Buena casa, ¿no?*

—Sí, sí... Se vive adecuadamente. Muy bien y... en fin, el tiempo que estoy allí, porque... Pero las instalaciones y los edificios están francamente bien y el personal que trabaja allí es profesional y amable. Y no, insisto, no hay excusas.

*—Y la señora de Zapatero, ¿qué tal? ¿Está cómoda allí o no? ¿Y las niñas?*

—Sí, están... están bien, sí. Están bien. No podía ser de otra manera, ¿no? Es decir, hay mucha gente en este país que tiene realmente problemas. Desde luego, no los tiene en su vivienda el presidente del Gobierno.

*—Bueno, pues muchas gracias por su visita, señor Rodríguez Zapatero. El domingo, elecciones* [3].

## NOTAS

[1] El G-8 es una agrupación que acoge a los países más poderosos del mundo: Estados Unidos, Reino Unido, Francia, Alemania, Italia, Japón, Canadá y Rusia. También suele estar presente el representante de la Unión Europea.

[2] La cumbre europea de Edimburgo se celebró durante los días 11 y 12 de diciembre de 1992. El «efecto pedigüeño» se refiere a una intervención parlamentaria de José María Aznar en el Congreso de los Diputados. El entonces líder de la oposición reprochó a Felipe González, presidente del Gobierno, que actuara como un «pedigüeño» frente al resto de los países europeos.

[3] Las elecciones europeas se celebraron el 13 de junio de 2004. Jaime Mayor Oreja era el candidato del Partido Popular y Josep Borrell concurría en las listas del PSOE. El Partido Socialista obtuvo 25 europarlamentarios y el Partido Popular, 24. Hubo menos de 500.000 votos de diferencia entre ambas agrupaciones políticas, poco más de dos puntos porcentuales.

31

# *Rodrigo Rato*
# *Ordenando el mundo*

Rodrigo Rato Figaredo (Madrid, 1949) es el símbolo del éxito económico de los dos gobiernos de José María Aznar (1996-2000 y 2000-2004). Desde los primeros años de la transición democrática, Rato se había vinculado a las formaciones conservadoras y en 1979 ya pertenecía a los órganos de dirección de la antigua Alianza Popular. Para cuando José María Aznar llegó a la Presidencia del partido y se produjo la famosa «refundación» en Sevilla (1989), el economista ya era una figura importante en la política española: había sido parlamentario desde 1982 y lo sería ininterrumpidamente hasta 2004. Por sus capacidades técnicas e intelectuales, Rodrigo Rato fue uno de los azotes del último período socialista y, cuando el Partido Popular accedió al poder, el presidente Aznar le encomendó el Ministerio de Economía, que mantendría desde 1996 hasta 2004. Fue también, sucesivamente, vicepresidente segundo y primero del Gobierno. Entre sus éxitos se encuentran el pacto de financiación autonómica de 2001, la adhesión de España al euro, en un proceso ágil y sencillo, y nuevos acercamientos a los niveles económicos medios europeos.

Rodrigo Rato se postuló como «sucesor» de José María Aznar, tras la decisión del presidente de no presentarse a más de dos legislaturas. En esta lucha interna del Partido Popular hubo de enfrentarse a Mariano Rajoy, que finalmente fue el elegido. Rato abandonó todos sus cargos en 2004 y, apartándose de la política nacional, fue designado para dirigir el Fondo Monetario Internacional (FMI), una de las instituciones supranacionales más controvertidas y discutidas. El Fondo Monetario Internacional está asociado a la ONU y se ocupa de vigilar y desarrollar la economía mundial. Con frecuencia se le ha acusado de ser una institución que favorece los intereses de los países desarrollados en detrimento de las naciones pobres o en vías de modernización, sobre todo porque exige determinadas políticas a aquellos territorios que, en teoría, se benefician de sus fondos.

La siguiente entrevista telefónica tuvo lugar el 17 de septiembre de 2004, cuando Rodrigo Rato acababa de asumir la dirección del FMI. *(Hoy por hoy,* Cadena SER).

*—Rodrigo Rato, director gerente del Fondo Monetario Internacional, un saludo desde Madrid.*

—¿Qué hay? Muy buenas tardes en Madrid y casi mediodía aquí en Washington.

*—¿Qué tal? ¿Qué tal está, señor Rato?*

—Pues estoy bien. La verdad es que éste es un sitio muy, muy agradable, muy buen sitio para trabajar, con un equipo muy competente. Hay cosas fáciles y difíciles, como pasa en todos los sitios, pero la verdad es que es un buen sitio.

*—¿Y para ver la economía? Estaba usted acostumbrado a ver la economía desde otra perspectiva, más nacional, aunque aquí también hablábamos de macroeconomía... Ahora, desde ahí, la economía española debe de parecerle microeconomía. ¿Se ven muy diferentes las cosas?*

—Hombre, siempre que se ven las cosas desde otro punto de vista, se ven muy diferentes. Pero la experiencia de haber estado involucrado de muchas maneras en la economía de un país como España, desde hace casi veinte años, y ocho años como miembro de un Gobierno, es extraordinariamente útil para ver muchas cosas y también para entender. Al final, la inflación, el déficit público, todas esas cosas de las que hablamos en macroeconomía o que se hablan en macroeconomía... son como son. Aunque se hable de países más grandes o se hable de zonas más grandes, las cosas son siempre algo parecidas.

*—¿Cuál sería en este momento su diagnóstico de la economía mundial? ¿En qué momento se encuentra la economía mundial?*

—En un momento de recuperación, sin ninguna duda. En la economía mundial, aunque ha tenido años difíciles a principios de la década, ahora está en un momento de recuperación. Todos los países del mundo, sin excepción, están creciendo más que el año anterior. Crecerán también el año que viene, si no hay... bueno, como decimos en España: Dios mediante. Eso no quiere decir que no haya riesgos, pero incluso los riesgos (como la subida de los tipos de interés, como el alza del petróleo) se están absorbiendo por parte de todos los países con mucha más capacidad de lo que hubiéramos podido hacer hace cinco o diez años. Estamos en un momento bueno que hay que aprovechar, para que dure.

*—Hasta ahora, un gran motor está siendo el crecimiento de China. Ahora dicen que se está frenando. ¿Puede plantear problemas para el crecimiento este frenazo que se observa?*

—No, al revés, al revés. Estamos hablando de que China ha pasado de crecer un 9 por ciento a un 7 por ciento. Para que nos hagamos una idea, la última vez que España creció al 9 por ciento, tú y yo teníamos pantalones cortos... casi; o sea, que de eso hace muchísimo tiempo. Es decir, que China crezca un poco menos, que pase del 9 al 7, teniendo en cuenta que China lleva creciendo en los últimos diez años, es una garantía de que China siga creciendo. Por lo tanto, no es mala noticia que la economía de China se aplane un poquito. No es mala noticia.

*—¿Y lo del precio del petróleo? El día que tomó posesión, prácticamente en su primera intervención, dijo: «Un elevado precio del petróleo puede recortar el crecimiento». El petróleo lleva ya varios meses por encima de los treinta y cinco dólares, ¿está ralentizando el crecimiento?*

—Sin duda lo está ralentizando. Lo que pasa es que había otros elementos que lo iban a expandir y, por lo tanto, el crecimiento de este año va a ser incluso mayor del que el Fondo preveía en el mes de abril, absorbiendo lo que ha supuesto la subida del petróleo. El petróleo es una cuestión muy seria, muy seria, que abre grandes oportunidades para muchos países en vías de desarrollo, que van a tener recursos tremendos, que pueden usarlos bien, pero que también pueden no hacerlo, y se trata de que lo hagan... como es natural. Ello va a exigir también a los países consumidores, que somos o que son casi todos, enfrentarse a algo que hacía mucho tiempo que se había dejado en el baúl de los recuerdos: la política energética. Parecía que... bueno... que no había que plantearse lo de las fuentes de energía, que no había que plantearse problemas energéticos, y todo eso está hoy sobre la mesa, con mucha rotundidad.

*—Sin estabilidad en una zona tan sensible como Oriente Próximo, siempre tendremos problemas. Desde la perspectiva económica, señor Rato, ¿la guerra de Irak no fue una imprudencia?*

—No, no. Yo creo que la guerra de Irak se puede juzgar desde muchos puntos de vista, pero yo creo que, desde el punto de vista geopolítico, los riesgos de la zona no se derivan de la guerra de Irak. Unos pueden pensar que la guerra de Irak los aumenta y otros pueden pensar que los reduce, porque Irak será un país estabilizado. Todos esperamos al medio plazo. No, no... Yo creo que el problema es el terrorismo fundamentalista; el problema no es... no es lo que pueda suceder, sin entrar ahora a discutir todo lo que supone la... la guerra de Irak. Desde el punto de vista económico, la cuestión está en que hay una fuerza terrorista organizada, cuyo objetivo o uno de sus objetivos principales es la desestabilización de los regímenes de Oriente Medio, y eso es lo que está en los mercados.

*—Y otra sombra que también afecta al mercado del petróleo es Rusia, aunque esto no sea lo único, desde luego. Desde su perspectiva, señor Rato, ¿preocupa la política de mano dura de Vladimir Putin o no?*

—Bueno... nosotros no nos metemos en políticas... y en España sabemos que esa frase tiene mucha retranca, ¿no? [1]. O sea, que yo no voy a hacer juicios políticos, porque todos los gobiernos son nuestros interlocutores. A nosotros lo que nos preocupa de Rusia es que, por un lado, esa gran cantidad de riqueza que proviene del petróleo no desestabilice la economía, por ejemplo, en términos de inflación. Le estamos recomendando al Gobierno ruso, sobre todo, que tome medidas en esa dirección. Nos preocupa que su sistema financiero se robustezca y nos preocupa, desde luego, que haya un ambiente favorable a la inversión y a las reglas del juego transparentes. Sobre cuestiones políticas... el Fondo Monetario... no, no... no va a hacer juicios sobre esas cuestiones.

*—Y, hablando de Europa: ¿qué impresión general tiene de las economías europeas en este momento?*

—Que van mejor; que van mejor de lo que iban el año pasado, que han salido del estancamiento y que tienen otra oportunidad que no deben perder. La última la perdieron el año 1999. Deben utilizar la recuperación para hacer sus reformas, para hacer economías que crezcan más. Antes hablábamos de China... Claro, que la economía europea no pueda crecer más del 2 por ciento cada tres años... pues es un poco decepcionante, ¿no? Y eso necesita reformas y, desde luego, esperamos que aprovechen ahora la recuperación de la demanda y, por tanto, de la recaudación, para reducir sus déficits públicos.

—*Hablemos de tipos de interés, señor Rato. La Reserva Federal [de Estados Unidos] y otros bancos centrales han comenzado a subir los tipos. El Banco Central Europeo no lo ha hecho, los mantiene. ¿Eso es un problema? ¿Es un problema esa disparidad de política o de tipos?*

—No. Estamos asistiendo, en el área monetaria en los Estados Unidos, a una vuelta a la normalidad y eso es muy bueno. Además, hasta ahora, eso se está haciendo muy bien, porque todo el mundo lo sabe, es decir, todo el mundo se está preparando para ello y eso ha permitido que los mercados, las economías emergentes, los agentes económicos, todos, seamos conscientes de que la expansión monetaria norteamericana ha tocado a su fin. Bueno, eso es un secreto a voces. Eso es bueno porque indica que la economía norteamericana no necesita impulsos extraordinarios. En economía, los impulsos extraordinarios acaban produciendo efectos no queridos. Entonces, es bueno que se vaya corrigiendo. Lo que no es bueno es que lo mismo que se está haciendo en política monetaria no se haga en política presupuestaria. En Estados Unidos también se hicieron impulsos extraordinarios en un momento dado y sería muy importante que las autoridades presupuestarias norteamericanas siguieran el camino claro que está siguiendo la autoridad monetaria norteamericana. Ésa me parece una de las cuestiones importantes de la economía mundial en estos momentos.

—*¿Y Argentina, señor Rato? Usted ha reabierto la negociación con Argentina. Desde fuera nos seguimos preguntando quién es rehén de quién: si Argentina es rehén del Fondo o si el Fondo Monetario Internacional es rehén de Argentina.*

—No, mire usted, yo creo que la cuestión de Argentina, que es una cuestión muy seria, sobre todo para los argentinos, es una cuestión muy difícil porque ha habido un castigo muy fuerte en ese país. Estamos hablando de un país que, en este momento, tiene a más del 45 por ciento de su población viviendo por debajo del índice de pobreza. Estamos hablando de niveles tremendos en un país que, además, hace quince años o veinte años no era ni mucho menos así. Por tanto, es una situación que no puede por menos de considerarse grave. Por otro lado, no cabe duda de que los dos últimos años han sido buenos, que el Gobierno ha puesto orden en la política presupuestaria, que ha puesto orden en la política monetaria; pero Argentina tiene que volver a la normalidad y la normalidad de un país es poder tener acceso a los mercados financieros, es decir, poder salir a pedir dinero como salen todos los países, España,

Estados Unidos, Francia, Rusia, Brasil, China... Todo el mundo va a los mercados internacionales y pide financiación para su expansión económica o para su política económica. Argentina tiene que volver a la normalidad y eso es lo importante. Las relaciones de Argentina con el Fondo son instrumentales y, en estos momentos, pueden tener momentos fáciles o difíciles, pero son relaciones constantes y fluidas.

*—En este momento, ¿ve con esperanza la situación de Argentina?*

—Mire usted, yo creo que, en este momento, hay una oportunidad... hay una oportunidad. Ha habido dos años de crecimiento económico, Argentina ha recuperado un cierto pulso económico, el Gobierno argentino está en medio de una negociación muy importante con sus acreedores... Es imprescindible que esa negociación se cierre con un acuerdo amplio que permita pasar la página de la suspensión de pagos y es muy importante que el Gobierno argentino, por un lado, mantenga una política presupuestaria que le vaya dando credibilidad en los mercados y que le dé margen para no endeudarse más. Y, por otro lado, es necesario que tenga una política económica que haga que la inversión en Argentina se recupere y ahí... hay cosas discutibles, discutibles... Nosotros, como es nuestra obligación, haremos... daremos una opinión sobre el presupuesto que se debe presentar, creo que entre hoy y mañana, y sobre unas leyes de servicios públicos que... bueno, pues... que son... en nuestra opinión... que el Gobierno argentino tiene que mirar con muchísimo cuidado.

*—Estamos con Rodrigo Rato, director gerente del Fondo Monetario Internacional en una comunicación entre Madrid y Washington. Señor Rato, le pregunta la responsable de la oficina del* Wall Street Journal *en España, Carla Witzthum.*

*—Hola, buenas tardes. A ver... En los últimos meses hemos visto bastantes protestas populares en países como México, Venezuela, Argentina y Bolivia. Parece que otra vez la gente está bastante desilusionada con las reformas económicas, con las privatizaciones e incluso con la democracia. ¿Existe un riesgo de que Latinoamérica pueda volver otra vez al populismo político y económico del pasado?*

—Bueno, ese riesgo existe en Latinoamérica y en otros sitios. Es decir, no... no nos engañemos con que no hay riesgos de volver al populismo en muchísimos lugares; y no vamos a señalar con el dedo, pero sería muy fácil hacerlo en estos momentos: ese riesgo existe en todo el mundo. Existe el riesgo, yo creo que existe, pero también existen experiencias positivas. Existen muchos gobiernos latinoamericanos que están poniendo en marcha políticas macroeconómicas de mucha calidad y eso no es de derechas ni de izquierdas, sino que es una manera de tener un buen gobierno. Una buena política macroeconómica es muestra de buen gobierno. Por ejemplo, Chile, en estos momentos, Perú, Colombia, claramente Brasil, claramente Uruguay... Se están haciendo esfuerzos muy importantes en Ecuador, un país cuyas condiciones son muy difíciles. El mismo Gobierno argentino ha llevado a cabo una política macroeconómica muy razonable en los últimos dos años. Por tanto, hay mucha gente comprometida con hacer las cosas bien en América Latina.

[Iñaki Gabilondo]

*—Esta semana hemos estrenado en* Hoy por hoy *un encuentro para observar la realidad económica: es nuestro «mirador económico», con Luis de Guindos y con Emilio Ontiveros. Luis de Guindos pregunta a Rodrigo Rato.*

*—Me ha llamado la atención que usted, en el breve tiempo que lleva como director ejecutivo del Fondo Monetario, haya realizado dos viajes a África. África ha sido uno de los grandes olvidados desde el punto de vista de lo que son las instituciones financieras internacionales y cuyo comportamiento económico ha sido de los peores y se encuentra en una situación de pobreza extrema. ¿Cuál es, desde su punto de vista, la política adecuada para intentar sacar a África de la pobreza y cuál puede ser el apoyo que el Fondo Monetario Internacional puede aportar para efectivamente conseguir esta finalidad?*

—En primer lugar, es verdad que he realizado dos viajes a África en muy corto espacio de tiempo y he tenido la oportunidad de entrevistarme con casi más de veinte presidentes y jefes de Gobierno africanos. África está creciendo bastante por encima de su media durante los últimos diez años. Yo sintetizaría tres grandes ideas: por un lado, un buen gobierno. África necesita estabilidad macroeconómica como la necesita cualquier país que quiera prosperar y crecer, y necesita buenas leyes económicas que atraigan la inversión, que fomenten la iniciativa, que eviten los abusos económicos. Y, en segundo lugar, necesita reducir su vulnerabilidad. África tiene, en algunos casos, niveles de deuda inasumibles y para evitarlo hacen falta dos cosas: por un lado, que los gobiernos tengan políticas presupuestarias razonables; y, por otro lado, que los que ayuden a África, los países y las instituciones que estén dispuestos a donar dinero a los países africanos, lo hagan de tres maneras: constante, predecible y simplemente, sin cargar adicionalmente de costes a los gobiernos africanos; y deben hacerlo, si es posible, de una manera creciente. Por último, una tercera sugerencia es que los países ricos abramos nuestras fronteras al comercio. Y esas tres áreas ahora están en marcha. Hay países africanos que van a tener una oportunidad a través del precio del petróleo, una gran oportunidad, y nosotros estamos dispuestos a que esa oportunidad se aproveche. El Fondo trabaja prácticamente en todas estas áreas; en algunas, de manera más intensa, porque son nuestras áreas de conocimiento y nuestros objetivos principales. En otras cuestiones trabajamos en colaboración con instituciones como el Banco Mundial o con países que bilateralmente tienen programas de ayudas para países pobres.

[Iñaki Gabilondo]

*—Le voy a hacer una pregunta relacionada con una distorsión del mercado internacional que está afectando también a España, señor Rato. Estamos pasando, como usted sabe muy bien, el problema de los astilleros*[2]*. Aquí se entiende que la ayuda que Corea otorga a sus empresas es desleal. Me gustaría que lo analizara desde su posición. ¿Hay distorsiones en el mercado internacional? ¿Son corregibles?*

—Hombre, corregibles son... En un sistema de reglas de resolución de conflictos como es el que propone la Organización Mundial de Comercio, lo son. Por lo tanto, lo que tiene que hacer Europa, si se siente discriminada en ese sentido, es llevar a cabo las acciones que le permite la legalidad internacional, como lo hace Europa con Estados Unidos, muy a menudo, o como lo hace Estados Unidos con Europa y con otros, también muy a menudo. Pero también hay una cuestión de la que tenemos que ser conscientes: la competitividad es una realidad del mundo de hoy y la competitividad exige modelos industriales competitivos, perdone la redundancia, y los países desarrollados tienen que ser conscientes de que los países en vías de desarrollo (y no estoy refiriéndome al caso de los astilleros concretamente, porque es un caso muy especial) van a entrar en los mercados. En general, tenemos que abrir las fronteras, porque la economía mundial necesita una prosperidad generalizada.

*—En torno a este asunto de los astilleros, el asunto de las ayudas irregulares del Gobierno a los astilleros está ahora en el centro de toda la polémica: si hay que devolverla o no... Europa lo reclama... Usted, personalmente, ¿se considera responsable en alguna medida de eso?*

—Yo me considero totalmente responsable de que en los ocho años que fui ministro no tuvimos que regularizar ningún astillero. Después, todos los líos que yo tuviera como ministro iban en mi sueldo. Y con eso ya le he contestado claramente, ¿no?

*—Lo digo porque como ahora Bruselas dice que tenemos que devolver eso...*

—Sí, sí... bueno, bueno... si con Bruselas yo he estado ocho años yendo y viniendo. Es parte del sueldo de estar en un Gobierno de la Unión Europea, pero lo que hay que saber es que en esos ocho años no hubo ninguna regularización ni pérdida por parte de los astilleros españoles.

*—¿Recomendaría, por tanto, que su sucesor continuara haciendo lo mismo?*

—No, no... a mí... yo no... no soy... No estoy ahora en condiciones de recomendar... porque no estoy en la vida política nacional. Yo hablo de lo que a mí me pasó y los demás... pues estoy convencido de que harán lo que tienen que hacer. Que lo hagan.

*—Sí. Una cosa que toda Europa y España están observando con la máxima atención... también el Fondo Monetario Internacional ha alertado sobre ello: los problemas futuros con las pensiones. ¿En España también puede haber problemas o cree que esto lo tenemos bien atrapado?*

—Vamos a ver: en España hay un acuerdo desde el año 1995 que es un buen acuerdo, pero es un acuerdo en el que hay que estarse fijando todo el tiempo, ¿no? El tema del envejecimiento de la población es una realidad muy importante y el problema de las bajas tasas de natalidad, también. España... bueno tiene esos problemas y lo que hay que hacer es observarlos continuamente para poder tomar medidas leves, suaves, constantes, que no obliguen a tomar medidas radicales o traumáticas en un momento dado. El tema del envejecimiento de la población es un tema crucial, por eso es tan importante (aunque no sólo por eso) que los gobiernos que se enfrentan a ese tipo de problemas tengan... equilibrios presupuestarios y superávit, de manera que no vayan cargando la nube sobre el presente y el futuro de muchas cosas, entre ellas, las pensiones. También el empleo tiene una relación directa con este asunto, así como las políticas de integración de la mujer en el mercado laboral y en la vida familiar. Hay muchas cosas en las que hay que estarse fijando, pero, desde luego, el tema del envejecimiento de la población, el tema de los riesgos... Le quiero recordar que, en el último informe de la Comisión Europea sobre la política española de febrero de 2004, se reconocía por parte de la Comisión Europea que España había superado los riesgos de su sistema de pensiones. Pero, claro, todos los años hay que seguirlo haciendo.

*—Le pregunta Leslie Crawford, la corresponsal del* Financial Times *en Madrid.*

*—Buenas tardes, señor Rato. Usted se ha dedicado en sus primeros meses como director del Fondo a viajar mucho y, en este tiempo, ha sido muy medido en sus declaraciones. Yo me pregunto si usted está esperando los resultados de las elecciones en Estados Unidos en noviembre para ver quién se instala en la Casa Blanca antes de opinar sobre la gestión económica de la presente Administración o de la Administración futura. ¿Ha sido usted muy diplomático hasta ahora?*

—Yo no lo creo. Vamos a ver, en primer lugar, mire usted, aquí hay 184 países, muchos de ellos son socios muy importantes; uno de ellos Estados Unidos, pero hay otros países y todos tienen elecciones cada tres por cuatro. Si yo tuviera que estar preocupándome del calendario electoral de mis principales socios para poder opinar... tendría una excusa perfecta para no opinar nunca, que a lo mejor es un buen consejo. Pero no. Nosotros hemos hecho el juicio que hacemos todos los años a finales de julio respecto a la economía de Estados Unidos. Yo creo que es un buen análisis de la economía norteamericana, en el que hay también, como pasa siempre en los trabajos del Fondo, un análisis crítico. El Fondo se distingue por decirle a los países lo que tienen que hacer. Lo que hacen bien... ya lo saben ellos. Respecto a la política norteamericana, nosotros insistimos en lo que yo acabo de decir, lo he dicho prácticamente en todas las declaraciones públicas: que es imprescindible que la política norteamericana corrija su expansión presupuestaria; sin ello será muy difícil no sólo que la economía norteamericana tenga una política macroeconómica equilibrada, sino que, además, ese desequilibrio es uno de los riesgos de la economía mundial. No es el único, también la falta del crecimiento europeo es uno de los riesgos de la economía mundial.

*—¿Y escuchan esos consejos o hacen sordina?*

[Iñaki Gabilondo]

*—¿El Fondo Monetario Internacional es una voz que clama en el desierto?*

—No creo, no, no... Eso es un debate mucho más profundo. Yo no estoy de acuerdo con eso que se dice, que al Fondo sólo le hacen caso los países que se ven obligados a tratar con el Fondo por los programas que se llevan a cabo. Yo creo que el Fondo tiene una alta credibilidad económica e, indudablemente, que el Fondo esté insistiendo en numerosas cuestiones de Europa, Japón o de Estados Unidos es importante, porque yo creo que afecta al debate económico y a la opinión de los mercados. Por otra parte, lo que nosotros estamos diciendo sobre la economía norteamericana, o la economía europea o la economía japonesa, lo compartimos con otras muchas instituciones o agentes económicos. Pero, desde luego, el Fondo claramente está indicando que, desde el punto de vista mundial, la responsabilidad de los grandes países económicos, Estados Unidos, Japón y la Unión Europea, en estos momentos, es muy grande. Porque los tres tienen desequilibrios que pueden afectar al futuro de la economía mundial. Japón está en una situación distinta, porque está saliendo de una deflación y, por lo tanto, sus desafíos se van a producir probablemente más el año que viene. En Estados Unidos y Europa, las correcciones deben hacerse de una manera urgente.

*—Pues, muchas gracias, señor Rato. La asamblea del Fondo Monetario le coincide con el congreso del Partido Popular, de manera que supongo que no podrá venir, ¿no?*

—Pues efectivamente, porque el don de la ubicuidad todavía no lo hemos desarrollado suficientemente. No... voy a estar en contacto con mis compañeros de partido. Va a ser el primer congreso del Partido Popular al que yo no asista desde el año 1979 y, por lo tanto, para mí es un disgusto. Pero, efectivamente, ambas cuestiones coinciden el mismo fin de semana y... bueno, pues estaré en contacto con mis compañeros. He estado hablando con ellos este verano; hablo con ellos de vez en cuando, todas las semanas, con unos y con otros. Tengo muy buenos amigos en este momento... Bueno... toda mi vida he tenido muy buenos amigos y los sigo teniendo. Bueno, ¿qué le voy a hacer? Este congreso me lo pierdo [3].

*—En el Gobierno también tiene buenos amigos, ¿verdad, señor Rato?*

—Hombre... menos. ¿Qué quiere que le diga...?

*—Pero también, pero también...*

—Hombre... conocidos, digamos. No, hombre, tengo algún amigo. Tengo algún amigo del Partido Socialista que no está en el Gobierno. Y después hay mucha gente a la que conozco hace mucho tiempo. Incluso a la gente con la que uno se tira los trastos... pues le acaba uno cogiendo cariño, ¿no?

*—Finalmente, ¿qué tal la vida por ahí, señor Rato, en Washington? ¿Bien?*

—Es una ciudad muy agradable con... muy bonita. Es una bonita ciudad para trabajar y es una ciudad agradable, sí: agradable. Tiene sus cosas, como todas, pero está bien. No me quejo, no me quejo.

—*Señor Rato, muchísimas gracias. Un saludo desde Madrid.*

—Muchas gracias, Iñaki.

## NOTAS

[1] Se decía que el dictador Francisco Franco le decía a los miembros de su Gobierno: «Haga como yo: no se meta en políticas». En un régimen totalitario, la frase significaba que era obligatorio seguir determinadas directrices; durante la agitada transición democrática española, la frase se utilizó para designar las políticas necesarias e imprescindibles, independientemente de las opciones ideológicas que sólo serían posibles en una situación estable.

[2] Durante 2004 y 2005, los astilleros españoles registraron una alta conflictividad laboral. La normativa europea impedía las ayudas estatales a las empresas privadas de este sector. Durante el Gobierno del Partido Popular, el Estado concedió ayudas a los astilleros: Europa ordenó que las empresas devolvieran ese dinero, pero estos grupos no podían hacer frente a ese desembolso y, por otro lado, no podían competir con otros países orientales donde esas ayudas sí se producían y donde, además, los gastos eran mucho menores. Algunos astilleros pasaron a formar parte del grupo de empresas estatales dedicados a la construcción militar y otros, con dificultades, tuvieron que asumir los riesgos previsibles.

[3] Era un congreso decisivo para el Partido Popular. Se habían perdido las elecciones generales y las europeas, había que confirmar a Mariano Rajoy como líder durante los próximos cuatro años de oposición y había que trazar las líneas maestras de la política de la agrupación. Se esperaba con expectación la posible autocrítica en la ponencia de Alberto Ruiz-Gallardón.

32

# *Josep Borrell*
# *¿Turquía en Europa?*

Josep Borrell Fontelles (Pobla de Segur, Lleida, 1947) pertenece al Partido Socialista Obrero Español desde 1975. Fue secretario de Estado de Hacienda desde 1984 a 1991 con el Gobierno de Felipe González y ministro de Obras Públicas y Transportes desde 1991 hasta 1996. Desde 1986 a 2004 fue diputado en el Congreso de los Diputados. Tras la crisis que se abrió en el Partido Socialista tras la derrota electoral de 1996 y la retirada de Felipe González, Josep Borrell fue elegido por los socialistas como candidato a las elecciones de 2000, pero renunció a favor de Joaquín Almunia.

Fue cabeza de lista por el PSOE en las elecciones europeas de 2004, venciendo por un escaso margen a su opositor Jaime Mayor Oreja (PP), y fue elegido presidente del Parlamento europeo.

Iñaki Gabilondo entrevistó a Josep Borrell el día 24 de septiembre de 2004 (*Hoy por hoy*, Cadena SER). El motivo central de esta conversación telefónica fue la presentación de la candidatura de Turquía para ingresar en la Unión Europea.

*—El primer asunto en toda la prensa europea es Turquía. Ayer, el primer ministro turco Recep Tayyip Erdogan, estuvo hablando con las autoridades europeas, y parece que anunció que no incluirá la penalización del adulterio en el nuevo Código Penal, con lo cual quedaría despejado el obstáculo que podría cerrar automáticamente el paso a su ingreso en la Unión Europea. Después veremos qué ocurre, pero ese obstáculo parece que se elimina. La prensa europea resume el caso diciendo que se podría estar dando el sí a Turquía, al tiempo que se abre un gran debate o se reabre el debate que nunca se cerró sobre las ventajas e inconvenientes de que Turquía pu-*

*diera formar parte de la Unión Europea. Consultamos a Josep Borrell, el presidente del Parlamento europeo. Señor Borrell, muy buenos días.*

—Hola, buenos días.

—*¿Es así, como lo hemos descrito? ¿Las visitas de ayer a Günter Verheugen, comisario de la Unión Europea para la ampliación, a Romano Prodi, presidente de la Comisión Europea, y a usted, como presidente del Parlamento, podrían resumirse como lo hemos hecho? ¿Quedarían despejados los obstáculos si queda claro que el Código Penal de Turquía no penaliza el adulterio?*

—Al menos quedaría despejado este obstáculo, que es el que más polvareda ha levantado y el que más ha atraído la atención de todo el mundo. Según el primer ministro turco, esto ha sido una serpiente de verano, un... un elemento sacado de su propia dimensión, porque, según él, nunca hubo ningún proyecto de reforma del Código Penal y nunca hubo un proyecto de Código Penal que incluyese la penalización del adulterio, el famoso artículo que tanta tinta ha derramado y tanta conmoción ha producido y que se planteaba como un obstáculo mayor o insalvable, que marcaba la diferencia entre el régimen turco de libertades y derechos individuales y lo que hay que tener para entrar en la Unión Europea. Bueno... según él, habíamos estado perdiendo el tiempo discutiendo algo que nunca existió.

—*De manera que este obstáculo quedaría fuera, pero se abrirían otros. Comenzaría en todo caso un proceso complejo y vemos esta mañana, señor Borrell, que están abiertas todas las líneas de discusión, las ventajas y los inconvenientes, desde todos los puntos de vista, geográficos, religiosos, económicos... ¿Podría pedirle su punto de vista? A usted, señor Borrell, ¿le parecería bueno, malo, peligroso, oportuno, inoportuno que Turquía terminara formando parte de la Unión Europea?*

—Más que pronunciarme sobre si sería bueno, malo, oportuno o inoportuno, como usted dice, le puedo decir que los europeos estamos invitados a debatirlo. Creo que nadie ha sopesado bien los pros y los contras. Quien primero tiene que hacerlo es este Parlamento y yo tengo un papel como presidente: impulsar ese debate. De aquí a fin de año, he pedido a los parlamentarios que elaboremos y votemos un informe sopesando todo eso que usted dice: la agricultura, la demografía, las diferencias culturales, las fronteras inseguras, los problemas nacionalistas o nacionales sin resolver. Porque Turquía es todo eso, sin duda alguna. Turquía es una demografía galopante, unas fronteras peligrosas, una agricultura desmesurada, un problema kurdo sin resolver... todo eso es cierto. También es cierto que es la oportunidad de demostrar al mundo que Oriente y Occidente pueden convivir, que no trazamos nuestras fronteras de acuerdo con ese choque de civilizaciones que algunos quisieran provocar y otros trabajan para impedir. Eso que decía Zapatero el otro día en la ONU: «En vez del choque de civilizaciones, hagamos la alianza de civilizaciones» [1].

—*Una primera pega, digamos... de corte geográfico: si se produjera la incorporación de Turquía a la Unión Europea, habida cuenta de que está ya en ese límite, que no se sabe muy bien si es Europa o no, como algún periódico señala esta mañana, cabe preguntarse: ¿y por qué no Marruecos o por qué no Israel?*

—Geográficamente, es imposible establecer las fronteras de Europa. Hay una frase que a mí me parece muy bonita: «Europa es el encuentro de una geografía con unos valores». Es imposible verla sólo geográficamente; también es imposible verla sólo desde el punto de vista de los valores, porque probablemente hay países en América Latina que comparten nuestros valores y los practican. Es la intersección de las dos cosas y tiene una forma bastante indefinida. Empezaron formándola seis países... ya vamos por veinticinco, pronto seremos veintiséis y quizá veintiocho. ¿Por qué no treinta? Eso plantea un problema grave, bueno... si no grave, sí muy importante... un problema de dimensión que afecta al contenido.

—*Sí... En ese terreno tan sutil en el que todas las razones pueden valer y también parecen valer sus contrarias, en este momento, sí parece que tendría un gran peso en la actual sociedad la oportunidad que se nos brindaría de hacer un juego de integración de distintas miradas religiosas, por ejemplo, ¿no?*

—Habría que evitar, sobre todo, que los problemas se planteen en términos religiosos. En Europa hay ya, creo, catorce millones de musulmanes. En el mundo hay mil millones. Europa no puede concebirse como un club cristiano. Sin duda, el cristianismo tiene mucho que ver con nuestra identidad, pero si nos presentamos ante el mundo como un club cristiano, alguien puede interpretar que si en su día se dice que Turquía no es miembro, la negativa posible, la hipotética negativa se traduciría en términos de enfrentamientos entre religiones y eso es lo peor que le podría ocurrir a Europa, porque el reto más importante que tiene por delante es su relación con sus vecinos del mundo islámico.

*—Y desde el punto de vista económico, Turquía no es cualquier cosa... La incorporación de Turquía a la Unión Europea constituiría un factor lleno de posibilidades, pero también con gran capacidad desestabilizadora, ¿no, señor Borrell?*

—No sería la misma Europa. Es decir, no se puede imaginar que Europa acepte a Turquía y que Turquía no acepte a Europa. Por ejemplo, es imposible imaginar a Turquía en Europa sin cambiar nada nuestra política agrícola, pero tampoco es posible que la política turca no se vea modificada. Turquía tiene una agricultura desmesurada y es difícil encajarla en los esquemas de la política agrícola europea... Polonia apenas cabe, pues imagínese Turquía. Desde el punto de vista de su peso demográfico, en diez años sería el país más poblado de la Unión Europea. Con un sistema de decisión como el de la Constitución europea, que da un peso democrático lógicamente a los países por su demografía, es decir, que reparte el peso del voto en función de la población, Turquía sería el país que más pesara en la toma de decisiones del Consejo Europeo. Nos dicen que ésa es una razón para que de aquí a entonces se cambien otra vez las normas que reparten el peso del voto. Bueno, hay además unos futuribles muy difíciles de anticipar.

*—Es que hay muchas cuestiones que plantear en este caso... ¿Alguna pregunta para el señor Borrell, Carlos Elordi?*

*—Pues sí, le quería preguntar algo al señor Borrell, que lo tiene difícil dentro de su Parlamento, porque las divisiones atraviesan los países, pero también las formaciones políticas. Usted ha sido elegido a partir de un acuerdo entre los dos grandes partidos, ¿no hay un problema interno entre sus dos grandes partidos en torno a Turquía?*

—Lo hay sobre casi todo: sobre lo de Turquía y los demás temas. Como es lógico, populares y socialistas tienen puntos de vista diferentes y, dentro de los dos grupos políticos, según qué país, mire usted, se encuentran también posiciones diferentes. En materia de la Constitución, ¿qué le voy a contar, verdad? El Partido Socialista francés tiene una gran división sobre el «sí» o el «no». Sobre Turquía puede usted encontrar a socialistas a favor, a socialistas en contra, a populares a favor y a populares en contra. Es lo que confiere, un poco, la gracia a este Parlamento: que no solamente existe la división tradicional de todos los parlamentos nacionales entre izquierdas y derechas, se superpone una división territorial que no siempre coincide.

[Iñaki Gabilondo]

*—El debate que ahora se propone, señor Borrell, y que ha de sustanciarse en la Cámara, va a resultar a su vez muy complejo, porque ya nos ha dicho usted la gran cantidad de capítulos que ese debate sobre Turquía puede tener: geografía, economía, religión, un gran número de factores, en fin. ¿Puede eso ordenarse? ¿No corre el riesgo de terminar siendo algo que se reflexione menos y que se maneje con gran intensidad emocional?*

—También habría que evitarlo, porque ése es el típico problema donde la emoción (y la emoción, por otra parte, en política es imprescindible) debiera dejar paso al análisis razonado y razonable de todos los pros y los contras. Un problema poliédrico, como usted decía, se puede argumentar desde distintos puntos de vista: una razón puede parecer razonable, pero la razón contraria también es igualmente razonable o también es digna de ser tomada en consideración. Es lo propio de problemas complejos que son intrínsecamente políticos. Deberíamos saber qué queremos y saber lo que queremos no es poco, a veces.

*—¿Será la misma Europa?*

—Es evidente que no será la misma Europa, como la que tenemos ahora, con veinticinco países; ya no es la misma Europa que la que imaginaron los padres fundadores al día siguiente de la guerra: no es la misma Europa. No será la Europa que imaginaron los cristianodemócratas y socialdemócratas franco-alemanes en un intento de reconciliación. Tenían unos objetivos, ahora se plantean otros.

*—Efectivamente, sí. Había acabado la Segunda Guerra Mundial y ahora estamos en un punto completamente diferente. Para concluir, señor Borrell, ¿nos podría recordar el calendario, más o menos? ¿Qué plazos se prevén para las negociaciones de la incorporación de Turquía, si se despejan los obstáculos previos? ¿Qué calendario más o menos aproximado nos aguardaría?*

—Pues se va perfilando... tengo sobre la mesa, acabo de recibir una carta del señor Prodi que me comunica que será el día 6, y no el día 13, cuando la Comisión hará público su informe. El señor Prodi lo aprobará en la Comisión y a la una del mediodía, inmediatamente después, vendrá aquí al Parlamento, donde reuniremos de nuevo una conferencia extraordinaria de presidentes de los grupos políticos para conocer de primera mano y debatir con el señor Prodi la propuesta que va a llevar el Consejo Europeo. A continuación, el Parlamento, con este informe de la Comisión y el trabajo de su Comisión de Asuntos Exteriores, tiene que poner en blanco sobre negro los pros, los contras... realizar un debate al que nos hemos referido antes, elaborar un informe que yo plantearé al Consejo Europeo de diciembre, llevando la voz del Parlamento a los jefes de Estado y de Gobierno, los cuales tienen la última palabra sobre si iniciar o no o cuándo esas negociaciones. De manera que... antes de Navidades nos comeremos el turrón con una decisión ya tomada al respecto.

—*Muchas gracias, señor Borrell. Un saludo desde España, muy buenos días.*

—Muchas gracias a ustedes.

—*Ya ven: Turquía en la primera página de toda la prensa europea. ¿Turquía es Europa? ¿No lo es? ¿Debe formar parte de la Unión Europea? ¿Sería bueno que formara parte de la Unión Europea? ¿Qué realidades nuevas se dibujarían? ¿Qué lecciones de integración se producirían? ¿Qué agitaciones económicas se podrían producir? Señores, todo esto va a pasar. Tendremos que participar en el debate, diciendo si nos parece bien, si nos parece mal y por qué. El debate ya está abierto.*

## NOTAS

[1] La referencia es un libro de Samuel P. Huntington titulado *El choque de civilizaciones* (trad. esp., Paidós, Barcelona, 1997). La propuesta de la «alianza de civilizaciones» fue planteada por José Luis Rodríguez Zapatero ante la Asamblea de Naciones Unidas el día 21 de septiembre de 2004.

33

# *Alberto Ruiz-Gallardón «Sabemos lo que hemos hecho y hubo elecciones el 14 de marzo»*

El Partido Popular tuvo la oportunidad de demostrar su fortaleza en el peor año de su historia: 2004. Su líder de los últimos años, José María Aznar, había decidido no presentarse a las elecciones del 14 de marzo, la agrupación arrastraba el estigma social de haber apoyado la guerra de Irak, las heridas del asunto del Yak 42 aún no estaban cerradas, todavía ondeaban banderas de Galicia con el fondo negro y con la leyenda «Nunca máis», las últimas actuaciones del Gobierno popular estuvieron destinadas a informar —o a desinformar, según algunos— sobre el peor atentado de la historia de Europa (11-M), grupos de ciudadanos —organizados, según el Partido Popular— asediaron las sedes de la formación política, el mismo ministro del que se había dudado durante la crisis de los tres días de marzo (Ángel Acebes) tuvo que anunciar a la ciudadanía que el PSOE y José Luis Rodríguez Zapatero habían ganado las elecciones generales, los ataques al ex presidente Aznar continuaron implacables, perdieron las elecciones europeas... Decir que 2004 había sido el *annus horribilis* del Partido Popular era decir poco.

Era más que evidente la necesidad de un congreso que despejara dudas y marcara líneas de actuación para la travesía del desierto en la oposición. El XV Congreso del Partido Popular se celebró entre los días 2 y 3 de octubre y en él se esperaba la consolidación de Mariano Rajoy. También había muchas expectativas respecto a la ponencia de un hombre conflictivo para el partido: Alberto Ruiz-Gallardón.

Alberto Ruiz-Gallardón Jiménez (Madrid, 1958) era miembro de Alianza Popular en 1977 y ostentó cargos importantes desde muy joven. Su genio político ya se manifestó cuando dimitió de todos sus cargos por incompatibilidad con las ideas del presidente Hernández Mancha en 1988. Volvió, manteniendo serias discrepancias con algunas líneas del partido, tras la refundación de 1989. Ganó las elecciones autonómicas de Madrid en 1991 y fue presidente de la Comunidad hasta 2003, ganando dos comicios por mayoría absoluta. Su partido le pidió que se presentara como candidato a la alcaldía de Madrid y volvió a ganar con un respaldo popular importantísimo. Su figura política se debate en una curiosa situación: es uno de los líderes populares más apreciados por los socialistas y uno de los representantes que más recelos despierta entre sus propias filas.

Iñaki Gabilondo entrevistó a Alberto Ruiz-Gallardón el día 4 de octubre de 2004, tras el decisivo congreso del partido. *(Hoy por hoy,* Cadena SER).

—*Señor alcalde de Madrid, buenos días.*

—Muy buenos días.

—*Finalizó el congreso, ¿qué resumen nos haría usted?*

—Pues que ha sido probablemente el congreso más importante que nosotros hemos celebrado desde la refundación, desde el congreso de Sevilla, que hemos tenido que hacer una mirada exigente al pasado y, sobre todo, una mirada muy ambiciosa de cara al futuro. Y yo soy optimista; soy optimista por la capacidad que hemos tenido de construir en torno al liderazgo de Mariano Rajoy un proyecto que tiene que recuperar la confianza de la mayoría, la confianza de la mayoría de la sociedad, que tiene que recuperar la mayoría de los apoyos sociales, que lo tiene que hacer desde una posición centrada, moderada, templada, y que lo tiene que hacer, sobre todo, convencido de que el centro que nosotros representamos tiene que ampliarse y no puede estancarse. Esa ampliación tiene que significar nuevos esfuerzos y nuevos discursos también. Yo creo que esa tensión ha existido en este congreso. Hemos mirado hacia el pasado con orgullo, por aquello de lo que teníamos que estar orgullosos, de toda la labor de gobierno de estos ocho años, que ciertamente han sido positivos para España... Y hemos mirado con exigencia hacia el futuro.

—*Ha habido una doble línea de discurso, dos líneas claramente distintas. Una, la que más o menos podemos resumir en el discurso que usted pronunció, y, otra, por ejemplo, la que enunciaron [Ángel] Acebes y José María Aznar. El nuevo PP que nace, ¿dónde se coloca?*

—El nuevo PP es, lógicamente, el que tiene que identificar a la persona a la que le hemos encomendado esa responsabilidad frente a los militantes del partido, es decir, Mariano Rajoy. Y yo creo que el discurso de Mariano Rajoy fue un discurso centrado y crítico con el Gobierno, como es lógico. Hay que recordar que el ejercicio de la oposición es extraordinariamente positivo, no solamente para el partido que lo hace, sino también para el propio Gobierno, porque aumenta su nivel de exigencia. Pero fue un discurso muy abierto, fue un discurso que... yo creo que a veces la precipitación de un acto de clausura en los congresos impide hacer una lectura más meditada, pero el discurso de Mariano Rajoy contiene elementos nuevos, no escuchados hasta el momento en la propia dirección del partido y que yo creo que avanzan, claramente, en esa línea centrada. Yo creo que ése es el espíritu de Mariano Rajoy. En todo caso, tenemos tiempo para poder demostrarlo cotidianamente. Los partidos no cambian única y exclusivamente el día que celebran sus congresos o sus asambleas. Los partidos cambian en el día a día. Y el cambio tiene que ser no solamente de contenido sino también de talante; y yo creo que ayer se vio un nuevo talante por parte de Mariano Rajoy.

—*¿A usted le gustó el discurso de Aznar, señor Ruiz-Gallardón?*

—Lo entendí, lo entendí... José María Aznar no hizo el discurso de clausura de congreso, no hizo el discurso político del congreso, que, lógicamente, le correspondía al nuevo presidente, sino que hizo un discurso reivindicativo de su propia gestión y de elementos que él, y nosotros con él, consideramos muy positivos de la gestión de gobierno y que, últimamente, no es que hubiesen sido cuestionados, sino que incluso algunos de ellos, algunas referencias, habían sido tremendamente, injustamente atacados. Yo creo que no se puede explicar el discurso de José María Aznar sin poner encima de la mesa y, al mismo nivel, algunos de los ataques, a mi juicio terriblemente injustos, que ha recibido en los últimos tiempos.

—*¿Y el discurso de Acebes?*

—El discurso de Acebes fue el discurso del secretario general del partido. Era un discurso...

—*¿A usted le gustó?*

—Iñaki... no voy a entrar en la evaluación, en la puntuación de unos u otros. A mí me gusta el resultado del congreso, me gusta el resultado del congreso. Y creo que Ángel Acebes tiene por delante una labor interna muy importante. Por supuesto, tiene también su proyección externa. Pero, insisto, lo que es verdaderamente importante es que nosotros sepamos cuál es el resultado final de ese congreso. Y el resultado final es el liderazgo de Mariano Rajoy y el discurso político de Mariano Rajoy. Un partido, indudablemente, no es una formación monolítica, donde todo el mundo tiene la misma percepción y, compartiendo todos los mismos valores y los mismos sentimientos en cuanto al proyecto de transformación de la sociedad española, lógicamente hay distintas formas de analizar y de concluir ese análisis. Al final, en un partido, quien tiene que asumir esas distintas sensibilidades y definir cuál es la que se conforma como la propuesta que se hace a los ciudadanos, es lógicamente su líder, en este caso, nuestro presidente: Mariano Rajoy. Y yo creo que Mariano tiene en estos momentos una extraordinaria oportunidad para volver a recuperar el apoyo de la mayoría de la población española.

*—Mirando el resultado del congreso parece que su discurso, señor Ruiz-Gallardón, fue un discurso perdedor en este congreso.*

—Bueno, sería perdedor si hubiese pretendido ganar para imponerme a otros. Yo, con mi discurso, pretendí dar respuesta a aquello que se me había encargado, es decir, provocar un debate, provocar una tensión de ideas y provocar una capacidad de autocrítica que, ciertamente, cualquier formación política necesita y necesita absolutamente siempre. Y creo que eso se produjo, con toda sinceridad. No era un discurso que fuera a competir con otros, sino que era un discurso que iba a abrir reflexiones dentro de mis propios compañeros. Pero, en todo caso, sí le digo una cosa: yo estoy muy orgulloso de haber hecho lo que hice, muy orgulloso. Y manifesté antes del congreso que estaba a disposición de Mariano Rajoy, y lo manifiesto después del congreso: sigo a disposición de Mariano Rajoy. Lógicamente, a él le corresponde establecer en estos momentos si las ideas que yo expuse son adecuadas y decidir si yo mismo le parezco adecuado como persona que puede, de alguna forma, construir políticamente esas ideas y si quiere que esté cerca de él. Y si él lo quiere, desde luego, tenga por seguro que lo voy a estar. Ha dado un paso, de momento, que es mi inclusión dentro del comité ejecutivo. Lógicamente, el comité ejecutivo es un comité amplio y, por lo tanto, no le corresponde tanto la dirección cotidiana del partido como establecer los criterios, pero Mariano Rajoy sabe que tiene mi disposición permanente para poder participar en la cercanía que él estime conveniente dentro de esa dirección cotidiana.

*—Yo decía esta mañana que me parece que las fuerzas políticas, para los que no estamos dentro de un partido, son un fenómeno verdaderamente espectacular. Se parecen mucho más a una iglesia y sus dogmas que a una corporación de cualquier otro carácter. Un partido que tiene mayoría absoluta pierde el poder y alguien dice: «Algo hemos debido de hacer mal»... Y que eso se convierta en frase de titular y que sea un poco la frontera de lo tolerable... me parece asombroso.*

—No, no le tiene que asombrar, porque, entre otras cosas... «Algo hemos debido de hacer mal»... No sé si todos los oyentes saben que quien dijo esa frase fui precisamente yo, en el discurso del congreso...

*—Por eso, por eso lo digo: que esa frase se convierta en el límite de lo tolerable...*

—No, no creo que alcanzase tanto el límite de lo tolerable como la necesidad de abrir esa reflexión en un momento, Iñaki, que todos lo tenemos que entender también. Es el primer congreso que nosotros celebramos después de haber abandonado el Gobierno, lo cual, ciertamente, tiene que provocar no solamente una reflexión intelectual sino también un choque de sentimientos... y es normal que esto sea así. Bueno, yo creo que hay una cierta catarsis colectiva. Siempre ocurre así cuando celebramos un congreso de esta naturaleza y todos nos entendemos muy bien. Desde fuera, leído como un titular periodístico, el «Algo hemos debido de hacer mal» puede saber a muy poco, desde fuera. Dicho dentro, dicho delante de todos los compromisarios, no en una entrevista ante un medio de comunicación, sino donde yo creo que honestamente hay que decir las cosas en política, que no es fuera sino dentro, dicho en un cónclave donde todos buscamos darnos ánimos mutuamente, con toda sinceridad, Iñaki, dicho ahí, tiene su importancia, tiene su importancia. Indudablemente, yo creo que el Partido Popular es la primera vez que inicia un congreso desde un ejercicio crítico de su propia realidad, pero, lo que es más importante todavía, desde una vocación de futuro. Nosotros somos un partido de gobierno, creemos en nuestro proyecto político, nosotros creemos que nuestras fórmulas son las adecuadas para gobernar la sociedad española, en esta hora del siglo XXI y, por lo tanto, lo que hacemos es buscar la forma de reencontrarnos con la mayoría del electorado.

*—Desde luego, un congreso no es un lugar donde un partido tenga que hacerse públicamente el harakiri, pero cuando nos ha dicho usted*

*que su intervención facilitó un sano ejercicio de autocrítica, no nos damos cuenta muy bien de dónde se produjo, ¿qué autocrítica se ha hecho?*

—Se hizo, en primer lugar, aceptando que semejante discurso, el mío, se produjera y se pronunciara. El cual, indudablemente, se incluye en la programación oficial, y la programación oficial del congreso, como es lógico y normal, la hace la dirección saliente, que estaba también dirigida por Mariano Rajoy. Al invitarme a mí a hacer ese discurso, se incluye, al margen de los matices, la autocrítica dentro de su propia propuesta. Y, en segundo lugar, yo creo que un congreso es un proceso, un proceso que produce un resultado, y el resultado es la aprobación de las ponencias. Y me atrevo a decir que lo más importante es la aprobación del discurso último, de un nuevo líder, del presidente, de Mariano Rajoy. Bueno, no quiero ser vanidoso, de ninguna de las formas, pero sí creo que la forma de iniciar el congreso pudo, de alguna forma, condicionar ese discurso último de Mariano Rajoy, que, a mi juicio, se enmarca claramente dentro de la línea del centrismo que nosotros necesitamos para recuperar esa mayoría.

*—Ahora Mariano Rajoy comienza ese nuevo tiempo y va a encontrarse, desde luego, con algunas dificultades. Por lo que estamos observando y leyendo, habrá algunas dificultades en el seno de la propia formación, alguna resistencia. Nos preguntábamos: ¿dispondrá Mariano Rajoy de la suficiente autonomía para llevar adelante su proceso o está sometido a vigilancia intensiva no ya por el presidente de honor [José María Aznar], sino... digamos, por el pensamiento que expresó de manera muy clara Acebes, el secretario general.*

—Mi respuesta es no. Yo creo que nosotros le hemos dado a Mariano Rajoy... no digo un cheque en blanco, porque eso puede sonar a un contrato de adhesión, pero le hemos dado una confianza intensa y sincera. Y la tiene. Él sabe que la tiene. Sabe que la tiene. Mariano hizo una reflexión... una reflexión humana que yo creo muy importante, cuando dijo que estuvo pensando en la posibilidad de dimitir después del resultado de las elecciones el 14 de marzo. El partido le pidió que no dimitiera y el partido, ayer, le pidió que lleve este proyecto al Gobierno en las próximas elecciones generales, que serán, previsiblemente, en el año 2008. Para ese recorrido, le aseguro, Iñaki, que Mariano Rajoy tiene absolutamente toda la confianza del partido y no va a haber nadie dentro del partido que vaya a obstaculizarlo, porque el partido, que es un partido de gobierno, sabe que una transformación de la sociedad se hace desde la mayoría, no se hace desde la minoría. No queremos construir solamente un discurso teórico, sino llevar ese discurso a una acción concreta desde la Administración pública. Habrá gente que esté más cerca o más lejos... Eso dependerá mucho también del propio Mariano Rajoy... y a quién quiera convocar para hacer ese recorrido, que es un recorrido intenso en un plazo no muy extenso de tiempo. Porque las elecciones generales, insisto, son en el año 2008 y, antes, tenemos retos muy importantes: en el 2007 tenemos las municipales y autonómicas y, antes, las elecciones gallegas y las elecciones vascas. Son muchos retos, pero, indudablemente, el punto final del recorrido político del congreso político que se celebró ayer son las elecciones generales del 2008. Yo le puedo asegurar que unos estarán más cerca y otros más lejos, pero no habrá nadie que, dentro del Partido Popular, ponga obstáculos a ese intento de Mariano Rajoy que todos respaldamos: que sea el próximo presidente del Gobierno de España.

*—Disciplina, entusiasmo... En el congreso, por lo que nos han contado nuestros compañeros, los discursos que manejaban este lenguaje más templado eran recibidos con alguna tibieza; sin embargo, el discurso de Acebes y el discurso de Aznar fueron aclamados de una manera ruidosa. ¿Eso es natural? ¿Forma parte de una liturgia o anuncia dificultades para una línea política más moderada?*

—No lo creo. Ahí hay dos elementos... Dentro de un congreso hay siempre elementos sentimentales que muchas veces se superponen a los elementos racionales... Sí quiero decir (y no lo digo de forma peyorativa ni disminuyéndolo, sino explicándolo) que el elemento emotivo de la relación del militante del Partido Popular con una persona que nos ha presidido durante quince años y que ahora ha abandonado el Gobierno, como es José María Aznar, era muy fuerte, extraordinariamente fuerte. Históricamente, eso nos ha pasado también en otras ocasiones, con Manuel Fraga, y le ha pasado también al Partido Socialista en numerosas ocasiones con sus clásicos dirigentes políticos. No hay que confundir una cosa con la otra. Y, en segundo lugar, tengo que decir algo que quiero matizar. El ejercicio del liderazgo consiste, dentro de una organización política, no solamente en decir aquello que más puede satisfacer en un momento determinado, sino intentar conducir a tus compañeros a lo que tú honestamente piensas, a lo mejor equivocada, pero honestamente; se trata de marcar la línea adecuada que tiene que seguir tu partido y, por lo tanto, yo sí creo que aquellos que hemos asumido responsabilidades políticas dentro de una organización tenemos la obligación, en un congreso, no tanto de buscar el aplauso fácil (y no estoy diciendo que nadie lo haya buscado), sino de decir aquello que, honestamente, intelectualmente, nosotros pensamos que es lo adecuado para el Partido Popular. Y, en definitiva, los militantes son los que tienen que marcar la pauta con su voto. Y yo tengo que decir, al margen de más o menos entusiasmos, que yo salí muy satisfecho de ver que una parte muy importante de los militantes, desde luego, sí respaldaron y entendieron un discurso como el que yo hice el primer día, aunque, lógicamente, no les gustó en determinados aspectos, pero entendieron la necesidad de hacerlo. Y, luego, vi que aplaudieron y respaldaron con su voto los puntos más avanzados de nuestras ponencias, que al final se coronaron en el discurso final de Mariano Rajoy.

*—¿Las reservas en torno a lo que usted dijo se derivan de lo que usted dijo o respecto a usted mismo? ¿Se recela de usted al margen de lo que usted diga?*

—Con toda sinceridad, no debería de ser así. Y, en este congreso, yo no he percibido que sea así. No he percibido que sea así. He visto a muchos militantes identificándose conmigo. Muchos militantes, dentro del propio congreso, me dijeron: «Me habría gustado, Alberto, que no hubiese sido necesario decir lo que has dicho, pero gracias por haberlo dicho». Hubo otros que me dijeron: «Estoy de acuerdo con lo que has dicho, pero no deberías haberlo dicho en el congreso». También hubo muchos que dijeron: «Teníamos que haber llegado incluso más lejos en alguna de esas reflexiones que has hecho». Bueno, todos ésos son los sentimientos que allí se produjeron. Pero, contestando a su pregunta: a una persona como yo, que ha dedicado más de la mitad de su vida a este proyecto político, que entré en él porque mi padre lo fundó con Manuel Fraga y otras personas y que no recuerdo prácticamente ninguna acción pública que no haya sido dentro del Partido Popular, es muy difícil... es muy difícil que exista un recelo hacia esta persona. Lo que pasa es que los partidos políticos... son como las empresas, organizaciones vivas donde se producen lógicamente elementos de tensión.

*—Como las empresas no son: eso se lo puedo asegurar. Que una corporación se reúna después de unos malos resultados y que lo más que se pueda decir es que «Algo hemos debido de hacer mal» y que el que dijera eso estuviera a un milímetro de ser lapidado... eso, le puedo asegurar que eso no ocurre en una empresa. Yo, esta mañana, decía que como al-*

*gunos miembros de un partido político tuvieran que vérselas en la sociedad civil, lidiando en la competencia, tendrían que ver qué difícil es eso...*

—Es distinto.

*—Vale, vale, ha sido una pequeña...*

—No... Es distinto, porque, piense usted... Hablemos, por ejemplo, de empresas que se abren hacia al exterior, como es nuestro caso. Yo creo que hay que entender los matices, entender los matices. Muchas veces ustedes lo han comentado aquí, en numerosas ocasiones: uno de los espectáculos probablemente más... me atrevo a decir... más ridículos del sistema democrático es el día después de las elecciones, donde todos los líderes políticos decimos que hemos ganado...

*—Menos Suárez, que fue el único que dijo que había perdido.*

—Menos Suárez, fue el único que dijo que había perdido. Pero siempre se dice después: «Bueno, yo perdí las elecciones, pero mejoré resultados respecto a los anteriores». O se dice: «Bueno, yo perdí en los resultados, pero mantengo...». Todo el mundo encuentra siempre una disculpa para decir que ha ganado. El lenguaje de la política consiste muchas veces en mantener el entusiasmo de los tuyos, en mantener un esfuerzo, un sacrificio que se les pide a los militantes para tener una generosa aportación de su tiempo y de su entusiasmo en momentos difíciles. Esos momentos difíciles, naturalmente, no pueden ir acompañados de una autoflagelación o de un sacrificio permanente. Por eso le puedo asegurar (y voy en este caso al hecho comparado con el resto de las formaciones políticas españolas) que el «Algo debimos de hacer mal» es mucho más trascendente que si en una corporación que cotiza en Bolsa se hace una crítica de los resultados.

*—Es evidente, lo sabemos. Lo que decimos es que resulta un poco chocante, como resulta chocante, por ejemplo, que un asunto que provocó una gran desafección de una gran parte de la ciudadanía con la decisión del Gobierno, la intervención del presidente del Gobierno en las Azores, no fuera objeto de... O sea, que eso se convierta en palabra maldita. Pero, en fin, debe de ser parte de la lógica...*

—No... Eso forma parte... todo eso forma parte de un intento que nosotros hemos hecho y yo creo que la sociedad nos tiene que respetar y respaldar. Una vez que hemos visto cuál es la situación, una vez que hemos marcado las directrices, una vez que tenemos una nueva directiva que ha marcado unos nuevos compromisos, queremos mirar al futuro. Sabemos lo que hemos hecho y toda la acción de gobierno fue sometida a evaluación el 14 de marzo. El Partido Popular, como todo partido democrático, da cuenta del resultado de su acción política en el momento en el que comparece a unas elecciones. Nosotros, ahora, ya no estamos pensando en el 14 de marzo. Nosotros estamos pensando en las elecciones generales del 2008 y esa mirada hacia el futuro es la que hemos iniciado en el congreso de ayer.

—*¿Le gusta, en principio, el equipo que rodea en este momento a Mariano Rajoy?*

—Me gusta que él haya podido conformar su equipo, porque yo creo que es una de las claves: cuando a una persona como Mariano se le ha pedido un esfuerzo tan importante en unos momentos... ciertamente complejos dentro de la historia del partido, lo que no se puede hacer es condicionarlo. Y no condicionarlo es una tesis que defendí antes y que defiendo ahora, y, por lo tanto, tiene que ser el propio Mariano el que elija a las personas. Bien, yo también tengo que decir que ése es un proceso que está formalmente establecido en el congreso, pero del que todavía quedan decisiones pendientes, porque, al final, la política se hace en el día a día y Mariano tendrá que escoger lógicamente a las personas con las que estará compartiendo ese día a día. Pero sí soy partidario de defender la libertad de equipos, por una razón muy sencilla y me la aplico a mí mismo: la responsabilidad se nos exige a nosotros y, si las cosas salen mal, nadie va decir: «Bueno, la responsabilidad fue nuestra porque le obligamos a poner un equipo distinto». Yo creo que Mariano ha tenido plena libertad en este congreso para conformar su equipo. No es un líder sometido a tutela, no lo es, no lo es. El tiempo lo demostrará. Él sabe que no está tutelado, todos los compañeros del partido sabemos que no lo está y yo creo que la sociedad española tardará muy poco en saber que no lo está y, por lo tanto, éste es *su* proyecto con el equipo que *él* ha querido formar.

—*¿Le hubiera gustado a usted tener un puesto más destacado que el de vocal para esta nueva etapa?*

—No es que me hubiese gustado, es que me gustaría, me sigue gustando la idea de participar de una forma activa en el proyecto que Mariano Rajoy encabeza, fundamentalmente, volcado en las elecciones del año 2008, para conseguir que sea el próximo presidente del Gobierno. La conjugación de los verbos no es arbitraria... quiero decir con eso que, evidentemente, siendo vocal de la Ejecutiva no se puede marcar la estrategia cotidiana. Yo siempre lo he sido: llevo veinte años siendo miembro del comité ejecutivo del Partido Popular y el hecho de que lleve veinte años no quiere decir que devalúe la importancia que eso tiene. Pero soy consciente de que formo parte de un grupo de ochenta personas que, lógicamente, por el número, no son las que pueden marcar la estrategia cotidianamente o llevar la dirección del partido. Lógicamente, por las responsabilidades que yo tengo al frente de la alcaldía de Madrid, no puedo estar en la calle Génova, en una Secretaría ejecutiva, llevando responsabilidades sectoriales, porque es imposible compatibilizar las dedicaciones en uno y otro sitio, al margen de las restricciones estatutarias. Sí me gustaría... sí me gustaría estar entre las personas a las que Mariano Rajoy escuchase antes de tomar decisiones, antes de adoptar estrategias y antes de establecer cuáles son los criterios que en estos años y meses críticos y verdaderamente difíciles vamos a tener que resolver. A mí sí me gustaría estar ahí. Y cuando digo que me gustaría, ello significa que, evidentemente, hoy no estoy, pero que no descarto estar.

—*Y por lo que se refiere a la Presidencia del Partido Popular de Madrid, se va a librar una particular batalla. Dentro de muy pocos días parece que Esperanza Aguirre ya presenta...*

—Bueno, no está convocado ese congreso. Vamos a esperar: cuando se convoque el congreso se verá. Pero todos tenemos ahora la responsabilidad de que los congresos regionales no se conviertan en elementos distorsionantes del discurso que hemos construido en nuestro congreso nacional. Y estoy convencido de que todas las organizaciones regionales, incluida la de Madrid, estarán en esa línea de responsabilidad [1].

## NOTAS

[1] Las previsiones de Alberto Ruiz-Gallardón respecto a la Presidencia del partido en Madrid no se cumplieron: Esperanza Aguirre, presidenta de la Comunidad de Madrid, expresó su deseo de dirigir la agrupación madrileña. El alcalde, por su parte, respaldó a otro candidato y hubo discrepancias importantes y un cruce de acusaciones y reproches ácidos. Finalmente, viendo el apoyo mayoritario a Aguirre, Ruiz-Gallardón retiró a su candidato.

34

# *Pasqual Maragall*
# *Riesgos y oportunidades*

Pasqual Maragall Mira (Barcelona, 1941) fue concejal del ayuntamiento de Barcelona por el PSC en las primeras elecciones municipales (1979). Cuando al alcalde Narcís Serra se le encomendó el Ministerio de Defensa en el primer Gobierno de Felipe González, Maragall ocupó la alcaldía de la Ciudad Condal (1982). Fue reelegido en sucesivos comicios y adquirió gran prestigio político cuando encabezó las grandes reformas que abrieron paso a los Juegos Olímpicos de 1992, considerados como los mejores de la Historia. Abandonó la alcaldía de Barcelona en 1997, tras quince años de gobierno municipal. Tras dos años alejado de la política activa, Pasqual Maragall encabezó las listas socialistas en las elecciones autonómicas de 1999 y, aunque consiguió más votos, obtuvo menos diputados. Trabajó en la oposición del Parlament durante cuatro años y en 2003 volvió a repetirse el mismo escenario: su contrincante de Convergència i Unió obtuvo menos votos, pero más escaños. Comenzaron las negociaciones entre los distintos partidos y, finalmente, Pasqual Maragall llegó a un acuerdo con Esquerra Republicana de Catalunya y con Iniciativa per Catalunya Verds y fue proclamado presidente de la Generalitat el 20 de diciembre de 2003.

Un año después, el día 20 de diciembre de 2004, Iñaki Gabilondo entrevistaba al presidente catalán en *Hoy por hoy*. El famoso Gobierno «tripartito» había dado grandes dolores de cabeza al líder socialista catalán, que había tenido que lidiar con los planteamientos independentistas y radicales de ERC, con las propuestas federalistas de Izquierda Unida y con las posiciones más conservadoras de algunos dirigentes del PSOE.

*—Está aquí, con ustedes y con nosotros, el* president *de la Generalitat, Pascual Maragall.* Bon día, president.

*—Bon día.*

*—Hoy hace un año tomaba usted posesión. ¿Las cosas han sido como se imaginaba? ¿Aquel día de hace un año pensaba que iba a ser así este primer año?*

—La verdad es que aquel día uno pensaba más en lo que había pasado que en lo que iba a pasar, porque... en fin, fue la culminación de un proceso largo y complicado... y, por tanto, fue un día de euforia y de alegría.

*—¿Usted pensaba entonces que los socialistas iban a ganar las elecciones generales?*

—Vale... Usted sabe que yo soy un inveterado optimista, en vez de pesimista ¿no? Yo... en fin... yo siempre creí que podríamos ganar. Siempre creí que Aznar era una etapa provisional que él mismo, además, había acotado en un tiempo.

*—Si no hubiera ganado las elecciones el Partido Socialista, ¿habría planteado en los mismos términos aproximadamente toda la batalla que está más o menos dibujando de cara a la reforma del Estatut?*

—Sí, hombre, sí. La carencia es la misma y el proyecto es el mismo. Sin embargo, probablemente, las circunstancias hubieran sido mucho peores.

*—¿Tienen razón los que dicen que este primer año ha sido más identitario que social?*

—Hombre... identitario, no solamente en el sentido de nación, no sólo en el sentido nacionalista o nacional. Identitario... en el sentido de que es un nuevo Gobierno, un nuevo proyecto político que llega a puerto, vamos, que empieza su viaje, que se está definiendo y, en este sentido, sí tiene que tener su tarjeta de presentación, por decirlo así.

*—No sé si tienen razón los que dicen que usted ha sorprendido en este primer año, que ha resultado usted más nacionalista que izquierdista.*

—Bueno, en ese sentido... tiene una cierta lógica. En ese sentido... cuando se presenta un nuevo proyecto catalán de autogobierno, hay quien se fija en lo de catalán y hay quien se fija en lo de autogobierno. Y, seguramente, en un país en el que todavía hay problemas, ciertos problemas de definición, identitarios, de unos y otros, seguramente hay como más atención para esa parte del proyecto que para las demás. Pero, en definitiva, el núcleo de la política de nuestro Gobierno está centrado mucho más en la sociedad que en la idea de nación.

*—He leído estos días las distintas declaraciones que ha ido haciendo y... en fin, es evidente que estamos en un momento muy especial. Comenta usted que el momento que iniciamos y que estamos ya viviendo como una gran oportunidad, pero ¿no es al mismo tiempo un gran riesgo? Es decir, si sale bien, vamos a resolver un problema para años, pero si sale mal, vamos a estar peor de lo que estamos...*

—Bueno, pero eso... La vida es así, ¿no?

*—Pero ¿corremos ese riesgo?*

—Siempre se corre un riesgo, a veces se corre el riesgo de atascarse y a veces de pasarse, sin duda. Pero lo que yo creo que está muy claro es que hemos pasado veinticinco años, hemos terminado un período muy marcado por... ¿cuántos fueron...? trece, catorce años de Gobierno socialista, muy marcados primero por Suárez, pero luego muy marcados por el Gobierno socialista, en los que se han definido los términos de este país. Se aprobó la Constitución, se han aprobado diecisiete estatutos, hemos entrado en Europa, en la OTAN... en fin, nos hemos hecho mayorcitos como país, hemos entrado en el mundo. Pero con una corrección al final, porque, seguramente, todo eso llevado a cabo por una sola fuerza política dominante implica que esa fuerza cometa algún error... o se pasa un punto, y entonces viene una corrección, que ha sido Aznar: ocho años de Aznar, una corrección severa. Pero, claro, ahora abrimos otra etapa en la cual las definiciones ya están hechas y, sin embargo, no se han recogido en los textos legales. O sea, se ha hecho mucho más camino al andar que modificando las leyes de ese camino. Y ahora sí, ahora sí: ahora hay que reflejar en las leyes todo esto que se ha hecho y hay que abrir puertas y ventanas.

*—Ha dicho usted, en algún lugar, una cosa que a mí me parece interesante. Ha dicho: «Hubo un momento en el que estas cosas no se podían ni decir ni hacer. Luego hubo un momento en el que se podían decir, pero no se podían hacer. Y ahora ha llegado el momento en el que se pueden decir y hacer». ¿Cree usted que, en efecto, toda la sociedad está preparada para poder hacer lo que ustedes proponen o se corre un riesgo de que se pierda el control en este asunto?*

—No, ahora estamos en un momento en el que el riesgo es no hacerlo. La sociedad está tan preparada, una grandísima parte de la sociedad está tan preparada, tan madura para hacerlo, que si no lo hacemos nos van a dejar solos a los políticos, como gente a la que no entienden. En este próximo año y en los dos siguientes vamos a tener que modificar los estatutos, por lo menos, el catalán y el vasco, que son los que no se han tocado, que son los más difíciles de tocar, y vamos a tener que modificar la Constitución española y ratificar o no la Constitución europea. En fin, estamos en fase constituyente en los tres niveles y yo creo que a partir de aquí será realmente cuando este país avance, porque entonces no estará atenazado por temas de definición. Tenerle miedo a las definiciones, ahora, sería como... en fin, impedir que este país y que Europa entera siguiera adelante en términos de políticas concretas, que es lo que importa.

*—En el capítulo de las definiciones, usted ya ha dicho muchas veces que Cataluña es una nación y que España es una nación de naciones. Difícilmente se va a bajar de ahí... y en el Estatuto que se haga probablemente esa idea va a aparecer así... por lo menos. ¿Qué tipo de vida le concede usted a un Estatuto que arranque con esas premisas?*

—La vida será más tranquila...

*—Ya... pero llega a Madrid ese Estatuto... ¿y qué pasa?*

—Si se formaliza ese Estatuto, se habrá reconocido de una forma más clara la realidad. El Estatuto va a tener que ser aprobado en Madrid, por supuesto; no creo que lleguemos a un Estatuto que no pueda ser entendido y aprobado en Madrid.

*—Usted ha hablado con Zapatero de esto, claro.*

—Sí, claro.

*—¿El Partido Socialista Obrero Español aceptará esa definición?*

—Esa definición... bueno, es más un concepto que una definición jurídica. Es un concepto político de Anselmo Carretero, un viejo segoviano que se casó con una leonesa y el primer problema que tuvo fue el de casar León con Castilla... Investigando en esa línea y ya con mucho tiempo por delante, en el exilio, escribió esta tesis de España como nación de naciones. Él era socialista y defendió su idea en los congresos y la verdad es que convenció a todo el mundo, aunque se trata de una expresión... cómo diría... más de un científico que de un político [1].

*—Pero ¿se podría vertebrar Cataluña en el sentido que apuntan los socialistas vascos, como una «comunidad nacional»... más o menos?*

—«Comunidad nacional» es una expresión del presidente del Consejo de Estado, Francisco Rubio Llorente, que, por cierto, no es socialista, que yo sepa...

*—¿A usted le gusta esa formulación?*

—Bueno... es uno de los posibles puntos de encuentro, por supuesto.

*—Lo que quería decirle es que, como Rodríguez Zapatero y el Partido Socialista Obrero Español, hasta el momento, han dicho que las reformas constitucionales que estarían considerando serían las que ya han anunciado y esto obligaría a otro tipo de reforma constitucional... A eso me refiero: si se plantea en el horizonte inmediato una tensión o un atasco insuperable.*

—No... Esto está entre los temas que hay que definir, por supuesto. Aparte de la reforma sobre la sucesión de la Corona, los otros tres puntos de reformas tienen que ver con esto y con Europa: con el Senado, con la definición de las nacionalidades y regiones dentro de la Constitución (está el concepto, pero no los nombres)... Fíjese usted que todavía no figuran en la Constitución española los nombres de las diecisiete autonomías y fíjese usted que tampoco dice que estamos en Europa, porque cuando se redactó aún no estábamos en Europa. Todo eso hay que ponerlo. Y los términos de los cuales estamos hablando son los que se barajan para poder realmente concretar lo que hemos estado haciendo en estos veinticinco años y para poder seguir avanzando, no en una línea de fuga, sino en una línea de reconciliación entre lo que es real y lo que dicen los textos legales.

*—Se lo digo por el tipo de resistencias que se están observando... sin entrar a juzgar si está bien o está mal...*

—A mí me ha sorprendido que Mariano Rajoy haya dicho que «comunidad nacional» es un término que no le gusta, porque no es un término específicamente nacionalista ni socialista. El padre de ese concepto es el presidente del Consejo de Estado y yo creo que con ese término busca adecuar la Constitución a la realidad que ella misma ha permitido crear. Y en el artículo 2, que tiene que ser refrendado, como usted sabe...

*—Modificado y después refrendado.*

—Exactamente... bueno, pues en ese artículo, allí donde habla de la «indivisible unidad de la nación española», según el presidente del Consejo de Estado, se podría añadir: «de la que forman parte la comunidades nacionales vasca, catalana y gallega y la Comunidad Foral de Navarra». Bueno, es una manera de poner dentro de la Constitución lo que la Constitución de 1978 ha permitido hacer en estos años. De alguna forma habrá que hacerlo. Si alguien tiene una fórmula mejor, que lo diga.

*—En todo caso,* president, *lo que sí parece es que el Estatuto saldrá de Cataluña con un apoyo muy importante. ¿Cuenta usted con que el Partido Popular jugará fuerte también aquí? ¿Intervendrá con todas las de la ley?*

—Sí... En la reunión de Miravet, donde se fijaron, más que otra cosa, los plazos, los métodos y... el «clima», el Partido Popular de Catalunya estuvo muy positivo.

*—¿El Estatuto puede salir con un 80 por ciento de respaldo parlamentario en Cataluña, según lo ve usted?*

—Bueno... Hacer pronósticos... eso forma parte más de su trabajo que del mío. Pero sí, yo creo que puede salir con un respaldo amplio, sí. Hombre... siempre hay tentaciones de poner palos en las ruedas o no parecer demasiado permisivos con los demás... no tanto para fastidiar, sino por no enajenarse uno sus propios apoyos. Pero, en fin, la voluntad inicial era, y creo que sigue siendo, la de ir a un gran consenso en Cataluña.

*—¿Qué ocurriría señor* president *si ese estatuto, con ese gran consenso, llega al parlamento de Madrid y no es aprobado?*

—Eso sería grave, claro. Si el consenso fuera grande aquí y no tuviera la aceptación de los representantes de los pueblos de España... pues sería grave, claro. Sería una situación difícil de reconocer.

*—¿Podría darse el caso de que no fuera válido para el Partido Socialista Obrero Español?*

—¿Lo que de aquí saliera...? Por poder darse, se puede dar todo en esta vida, pero... en fin, yo confío que no. Por lo que yo veo y siento y oigo.

*—Cuando ha hablado con Zapatero de este asunto, ¿qué impresión extrae usted de las cavilaciones que hace el presidente en torno a esas circunstancias?*

—Nosotros tenemos conversaciones muy francas y muy cautas al mismo tiempo. Muy francas en el sentido de que no nos escondemos nada. Por supuesto, hay una relación personal muy transparente y muy abierta y, sin embargo, los dos sabemos que cada uno está en su lugar, cuáles son nuestras responsabilidades y los límites que tenemos (que los tenemos, por supuesto, por un lado y por otro) en la manifestación de nuestros acuerdos y nuestras diferencias.

*—Lo que le decía antes, señor* president: *se podría correr un importante riesgo. Estamos ante una oportunidad que es al mismo tiempo un riesgo. Es un momento delicado.*

—Pero eso siempre es así. No hay ninguna oportunidad que no comporte, de alguna forma, un peligro o un riesgo.

—*Sí, pero la oportunidad es grande y el riesgo también.*

—Sí, claro. Como en todos los momentos importantes de la Historia, se unen las dos cosas. Lo peor es cuando no hay ni oportunidad ni riesgo.

—*Bueno, todo esto, desde el punto de vista de la definición. Pero, desde el punto de vista de la financiación, también parece haber una gran preocupación, ¿cuál sería el mecanismo de financiación? Usted ha dicho muchas veces que no pretenden un formato como el de Euskadi, pero sí terminar teniendo el mismo resultado que para Euskadi tiene su fórmula.*

—No, no, no...

—*¿No? Explíquenoslo.*

—Vamos a ver: seguimos hablando más de la forma que del contenido, que son las políticas sociales y que interesan a la gente. Pero, bien... Yo siempre he dicho y es evidente que para pagar los impuestos y recibir los servicios públicos que con ellos se financian y estar satisfechos en Extremadura, en Valencia, en Cataluña o en Galicia, ¿qué tiene que sentir la gente? Tienen que tener una percepción de que existe un equilibrio entre lo que uno contribuye y lo que recibe, y que la cuota de solidaridad que le corresponde, sea positiva o negativamente (el sacrificio que uno tiene que hacer o el beneficio que uno tiene que obtener de los demás), es también razonable. Y eso es difícil de conseguir, pero yo creo que en estos años se ha ido prefigurando la fórmula, y la fórmula radicaría aproximadamente en la idea de contribuir según la riqueza de cada uno y recibir según la demografía de cada uno. Es decir: paga más el que tiene una renta per cápita mayor que la media, y la recibe quien la tiene por debajo, aproximadamente. Eso pasa en Europa, entre naciones, y pasa en España entre comunidades. Y creo que es una fórmula que debería poder aceptarse. Luego... cómo esto puede traducirse técnicamente en términos de fondos de solidaridad, etcétera, eso ya es más complicado y lo dejamos para los especialistas. Pero la gente debería percibir que está haciendo el esfuerzo que le toca hacer y que está recibiendo los servicios que le toca recibir. Y una fórmula como ésta me parecería sensata. En Cataluña estamos en un 18,5 por ciento o un 19 por ciento de la renta nacional y en un 16 por ciento de la población. Bueno, pues paguemos 19 y recibamos 16. Pero esa diferencia de tres, que no sea de cinco o de seis, como parece que es. Por tanto, es necesario que se produzca aquí una cierta corrección.

*—¿Pero que un murciano tenga los mismos derechos que un vasco...?*

—Que todos tengan los mismos derechos. Que todos reciban los mismos derechos aunque contribuyamos a la financiación de esos derechos y de esos servicios de una forma más marcada los que tengamos una renta per cápita más alta. Ésta es la idea, sí. Pero tiene que hacerse de una forma que la gente entienda, y aquí, en la política española, hay un oscurantismo fantástico. En Alemania estas cosas se discuten con una tranquilidad enorme: «Yo no voy le a pagar más de tanto»; «Pues yo no voy a aceptar recibir menos de cuánto». Pero aquí parece que todo esto es pecado. Estamos todavía en el Siglo de Oro y hablar de dinero... está prohibido. Pero es mejor hacerlo. En Europa y en el mundo democrático y libre, todas estas cosas se hablan sin ningún tipo de problema, y aquí parece que no se puede.

*—¿Sabe, presidente? Todas estas cosas que está comentando se están enmarcando en una sociedad extremadamente recelosa. Muy recelosa. Todo lo que Cataluña está pensando, soñando, proyectando está siendo observado en gran parte de España con un extraordinario recelo. ¿Qué manera habría de tratar los temas en un plano técnico, de discutir lo que sea, pero desactivar el recelo?*

—Bueno, eso se llama nacionalismo. A ese recelo vamos a llamarlo nacionalismo español y a nuestra ambición, nacionalismo catalán. Y es verdad que los nacionalismos existen: es la vigilancia mutua que se tienen los pueblos o las gentes, e incluso las ciudades. Y no es malo que haya rivalidades, lo que pasa es que debe haber algo más que puro egoísmo nacional o identitario. Debe haber algo más. Debe haber un sentimiento de pertenencia a comunidades más vastas o más amplias y unas ciertas reglas del juego. Entonces: menos nervios... Yo creo que en España, en estos veinticinco años, hemos fabricado las condiciones para superar esa incapacidad de entendernos y, por supuesto, para abrir un período de otros veinticinco años de desarrollo, de entendimiento, de apertura, de crecimiento económico, político y social, todas las condiciones están ahí. Volvemos al principio de nuestra conversación: hay que arriesgar. Con cuidado, pero hay que arriesgar.

*—Decía usted que uno de los elementos que tal vez pudieran ayudar a hacer este viaje sería mover las cosas al revés. Llevamos muchos años precisando muy bien lo que nos distingue a una Comunidad Autónoma*

*respecto a otra y hemos dedicado muy poco tiempo a descubrir qué tenemos en común. ¿Qué tenemos en común*, president?

—Muchas cosas. Una historia. Una geografía, por supuesto, que es lo que nos determina seguramente, en el mapa... aunque esto va cambiando un poquitín... ahora se lo comentaré. Pero, primero, una historia, muy dramática pero muy rica, una historia, al mismo tiempo, de enfrentamientos y de lo contrario, de intercambios, de creación de proyectos comunes... La geografía está cambiando, porque, claro, en un mundo abierto, sin fronteras, uno no puede actuar como antes, cuando éstas eran importantes. Ahora todas las dimensiones empiezan a ser un poquito más amplias. En el mundo abierto, uno es más pequeño. En ese mundo abierto, tienes que aliarte con otros para ser alguien. Si uno vive sólo en la Península, es una cosa; si vive sólo en Europa, es otra; y si vive en el mundo (que es lo que está pasando cada vez más: vivimos en el mundo), tiene que aliarse con otros. Por ejemplo, Cataluña, con siete millones de habitantes, ¿qué puede hacer? En España, bastante; en Europa, menos; y en el mundo, nada. ¿Qué tiene que hacer y qué está haciendo? Buscarse aliados en Aragón, en el Pirineo francés, en el Rosellón... Además, siempre hemos tenido una comunidad en este entorno: la antigua Corona de Aragón. Una comunidad en muchos sentidos: jurídico, incluso lingüístico, con Baleares o Valencia. ¿Qué vamos a hacer? Pues... en ese ámbito, con diecisiete millones de habitantes, tratar de ser un sujeto europeo e internacional importante. Por ejemplo: ¿dónde está la aeronáutica catalana? En Toulouse. ¿Dónde está la logística de Cataluña? En Zaragoza, no nos engañemos. Además, hay protagonistas que están jugando sus cartas y lo saben perfectamente.

*—A ver: una tierra que no tiene ni aeronáutica ni logística ni nada, por ejemplo, Andalucía...*

—¿Cómo que no tienen ni aeronáutica ni logística ni nada? ¡CASA está en Sevilla!

*—Ya, sí, sí, es cierto, perdón... Pero... quiero decir: para Cataluña, ¿Andalucía es como el Piamonte o como Normandía? ¿Qué tienen en común? ¿Qué tenemos en común los catalanes, los andaluces, los extremeños, los murcianos?*

—Yo, para empezar, a mi abuela, que nació en Jerez de la Frontera. Pero, aparte de esto, que tiene mucho que ver con la geografía de la que hablábamos antes, tenemos en común el haber convivido en muchísimos aspectos de la historia pasada y, sobre todo, el haber participado en proyectos en común de futuro. En la historia pasada, por ejemplo, Cataluña fue excluida del comercio con América, siglos atrás... El comercio tenía que pasar por el puerto de Sevilla. Esto, seguramente, nos separó. Pero, en el siglo XIX, un vasco y un catalán crearon la Feria de Sevilla. Supongo que lo sabe...

*—Lo sé, lo sé...*

—Lo hicieron porque tenían problemas con los anarquistas... y se fueron para allá. Bueno, pues eso nos une. Y tantas otras cosas. ¡Bueno, y formar parte de España! Formar parte de esa realidad plural que es España... entendiéndola como tal, plural, porque si no la entendemos como plural y acaba siendo algo que se nos impone a andaluces y catalanes, no sirve para nada. Tenemos que crearla y desarrollarla. España no es un dato, es un proyecto. Es una historia, pero es también un futuro.

*—No sé hasta qué punto le perturba o le perjudica el hecho de que Carod Rovira haga declaraciones que contribuyan a extender ese cierto recelo...*

—Perdón, perdón... hay algo que no he dicho: Andalucía hizo Cataluña en el siglo XX. Y Murcia. Andalucía y Murcia hicieron Cataluña. En la Exposición Universal de 1929, ¿quién hizo los tranvías? ¿Quién construyó el Palacio Nacional de Montjuïc? ¿Quién? Los murcianos y los andaluces.

*—Tal vez estamos expresando poco la voluntad de seguir juntos, al margen de las particularidades o de cómo se estructure ese seguir juntos.*

—No, no «al margen», precisamente. Se trata de seguir juntos, pero en un proyecto, no en algo ya cerrado: «¡Usted ya no se mueve de aquí!». No... Usted sabe que la naturaleza humana es rebelde a las imposiciones.

*—Le decía antes que el señor Carod Rovira... bueno, no voy a entrar a demonizar a nadie, pero el señor Carod Rovira dijo hace unos días que con España no hay nada que hacer, etcétera. ¿Hasta qué punto los planes que usted comenta están perturbados por determinadas manifestaciones que hacen socios de su Gobierno y que contribuyen probablemente a que sus proyectos se observen con un gran recelo?*

—Lo malo de los nacionalismos, unos y otros, es que se alimentan mutuamente. Cuando desde un nacionalismo catalán le estamos dando bazas al nacionalismo español para meterse con nosotros... es malo. Más que malo, debería ser menos relevante de lo que es. Le damos mucha importancia. Usted, por ejemplo, preguntándome...

*—Forma parte de la realidad.*

—Forma parte de la costumbre de darle importancia a estas cosas. Yo creo que son cosas muy menores. Creo que Carod vale más que la imagen que se ha creado y creo que al nacionalismo español le ha ido de cine una persona como Carod Rovira... bueno, y a Carod Rovira también le ha ido bien ese impulso del nacionalismo español. Se alimentan esos sentimientos identitarios contrapuestos cuando los otros nos atacan. El victimismo hace devotos, crea unidad e identidad. Pero yo creo que, más allá de todo esto, Carod es una persona que ha tenido una influencia importante en la vida política catalana y positiva; con todos sus errores, es un hombre que ha contribuido a abrir una etapa nueva que, sin él, no se hubiera abierto y hoy estaríamos en otra situación política, en Cataluña y en España. Y eso hay que reconocerlo y hay que tenerlo en cuenta. Dicho esto: hablemos de temas serios. Ya está bien de hablar de las cuatro anécdotas del mundo identitario-deportivo-cultural, en el sentido pequeño de la palabra, y vayamos a los proyectos, y hablemos de la juventud y de los barrios o la tercera edad, que es lo que a mí me interesa arreglar. Porque yo sé que Cataluña, que es mi patria, o España, que es mi segunda gran patria, irán bien si esos temas se resuelven y no irán bien si esos temas no se resuelven. Y si estamos todo el día de las banderas, no los resolveremos. ¿Qué está pasando con los jóvenes? Pues que tienen unos contratos horribles, que no se les deja acceder a la vivienda porque no tienen (como usted y yo antes) un título de entrada en la sociedad adulta, no lo tienen y, por lo tanto, no tienen trabajos serios, no tienen acceso fácil a la vivienda, y viven, muchos de ellos, en barrios donde la inmigración (que la necesitamos, para ganar talla como país, hablando de tallas y hablando del mundo abierto) provoca problemas. No porque sean malos los inmigrantes, sino porque son una realidad difícil de integrar, realmente difícil de integrar. Estamos hablando mucho de identidad, de lo que es España, de lo que es Cataluña, de lo que somos capaces de resistir juntos o no, y no le damos solución a los problemas que, al final, son los que definirán si Cataluña y España son lugares en los que vale la pena vivir.

*—No, si justamente eso sería estupendo. Cuando yo le pregunto estas cosas no es porque a mí particularmente me parezca ideal, sino porque tengo la percepción de que aún no ha llegado el día de que las cosas puedan ser como usted dice, que hablemos de los jóvenes, de la educación...*

*¡Ojalá llegue ese día enseguida!, porque estos elementos están colocados ahí como un gran tapón. Son un hecho cierto.*

—Tienc toda la razón. Y, sin embargo, hemos de ser conscientes de que, hablando sólo de lo otro [las identidades], vamos a perder lo más importante: el seguimiento de la gente. La clase política nos seguirá, pero la gente, no.

*—Dentro de unos meses se celebrarán elecciones en el País Vasco. ¿Qué papel cree que pueden desempeñar en todo este proceso de reformas estatutarias y constitucionales que vamos a vivir?*

—Un papel importantísimo. Yo creo que la propuesta que acaba de hacer el Partido Socialista vasco es muy sensata [2]. Es arriesgada y al mismo tiempo sensata: tiene esa componente de la que hablábamos antes, de riesgo y de credibilidad. Una componente necesaria en todas las cosas para ayudar a avanzar. Creo que es muy positiva y veremos lo que ocurre. Yo estoy muy esperanzado. Creo que se va a dar un progreso; por un lado, del socialismo vasco y, por otro lado, en el «clima» político del País Vasco en general.

*—¿Y el propio proceso va a desempeñar un papel importante también en el diseño final del Estado en esta etapa?*

—Yo creo que sí, por supuesto. Euskadi y Cataluña son tradicionalmente los dos referentes problemáticos, vistos desde Madrid o desde el resto de España, y referentes muy potentes vistos desde nuestros propios territorios, que definen la problemática identitaria española. Es verdad que estas dos identidades no son iguales, por su tamaño, los tamaños son distintos, y porque la relación de cada uno de estos dos territorios con el conjunto de la España plural también es distinta. De alguna forma, el País Vasco ha sido entendido por la mayoría de los españoles, entre los que me incluyo, como el mejor representante de lo que somos... la furia vasca, ¿no?, en fútbol, por ejemplo y, curiosamente, esta especie de epítome de la españolidad se ha convertido en el gran problema de España. Son cosas que ocurren en la historia y han ocurrido aquí, ¿no? En cambio, el caso de Cataluña es distinto, porque es más una cultura, es un tema un poco mayor... de hecho, es el motor, como decía antes, de una cultura política y de un derecho civil distintos en toda la antigua Corona de Aragón. No son dos realidades equivalentes, no lo son.

*—Aunque hay gran cantidad de asuntos concretos (hoy, por ejemplo,* El Periódico *alude al proyecto de que el Parlament elija una cúpula judicial catalana), yo insistía mucho en la parte más «atmosférica» del momento porque tengo la impresión...*

—Es un poco exagerado ese titular, porque no se habló de esto en la reunión con los jueces y magistrados.

*—Sí, estuvo usted con el Grupo Iniciativas en Madrid, hablando con expertos, ¿no?*

—Sí, había una veintena de jueces y hablamos mucho; sobre todo, hablamos del recurso de unificación de doctrina en el Tribunal Supremo, como última *ratio* del sistema judicial, de un sistema judicial más ágil y más...

*—Pero entonces no es exacto que usted proyecta que el Parlament elija una cúpula judicial catalana.*

—La verdad es que de esto... así, no se habló. Se habló de que los Parlamentos autonómicos puedan tener más papel en la configuración de los tribunales superiores de Justicia de cada Comunidad. Pero se habló sobre todo de que esos tribunales puedan casar sentencias y no tenga que viajar toda la «papela», como dicen los castizos en Madrid. Se habló de mantener la identidad de doctrina sobre la base de un recurso de unidad de doctrina que se podía presentar delante del Tribunal Supremo si hubiera dos sentencias contradictorias. Si en Galicia a un señor le han reconocido un derecho y en Cataluña, a otro señor, no se le reconoce un derecho similar, pues este señor podría irse, entonces sí, al Tribunal Supremo de Madrid para que le casen la doctrina de los dos tribunales superiores.

—President, *si estaba aludiendo más a los otros elementos es porque tengo la impresión de que, en este instante, esta atmósfera de recelo es, a mi juicio, el obstáculo fundamental que impide poder avanzar. La idea de que no se consuma cava catalán es un ejemplo* [3]*. Parece que está de moda avanzar en las tensiones con Cataluña, y esas tensiones están en la realidad social y en la realidad política.*

—¿Ejemplos como el del cava catalán...?

*—Sí... que no se consuma cava catalán... Quiero decir que tengo la impresión de que estos recelos están desempeñando un papel político importante.*

—Yo creo que aquí hay grupos políticos instalados en el nacionalismo, sea español, sea catalán... (sobre todo, en el español, se lo digo con toda sinceridad), que quieren jugar a estas cosas y no van a tener éxito. Vamos a salir [Alberto Ruiz-] Gallardón, Esperanza Aguirre (espero) y yo brindando y brindando con cava catalán el día de Navidad, por ejemplo... Efectivamente, a lo mejor eso es una maniobra del champán francés, yo que sé... Por decir algo.

*—Puede ser. En fin, muchas gracias, señor Maragall y que el año que viene, cuando cumpla su segundo aniversario, si nos ofrece la oportunidad de preguntarle, ojalá se hayan disipado las inquietudes y se haya avanzado por el camino de las oportunidades.*

—Y que venga usted por aquí a menudo.

## NOTAS

[1] Anselmo Carretero (1908-2002) defendió esta tesis en su libro *Las nacionalidades españolas* (México, 1952).

[2] La propuesta del candidato socialista Patxi López pretendía contrarrestar el famoso Plan Ibarretxe, pero no tuvo mucho éxito y fue desestimado por todos los grupos políticos. No tuvo apenas ningún recorrido político.

[3] Durante las Navidades de 2004, se corrió el rumor de que se debía hacer un boicot al cava catalán. Al parecer, todo empezó con unas declaraciones de Josep Lluís Carod Rovira, líder de Esquerra Republicana de Catalunya y socio del Gobierno de Pasqual Maragall. Carod Rovira había manifestado que los catalanes no tenían por qué apoyar la candidatura olímpica de Madrid para 2012, así que en internet corrió como la pólvora la convocatoria de un boicot al cava. Los empresarios catalanes del cava sugirieron a Carod Rovira que se abstuviera de hacer comentarios de ese tipo y aseguraron que ellos sí apoyaban a Madrid 2012.

35

# *Paulino Rivero*
# *«Yo también tengo preguntas»*

El día 11 de marzo de 2004, cuando la ciudad de Madrid despertaba a su frenética actividad diaria, comenzaron a llegar las primeras noticias a los estudios de la Cadena SER. Al parecer, algunos artefactos explosivos habían estallado en trenes de cercanías y podría haber víctimas mortales. Casi inmediatamente, Iñaki Gabilondo paralizó la escaleta de su programa y los servicios informativos desplegaron un operativo sin precedentes... A media mañana, las cifras de muertos aumentaban por minutos. Los representantes políticos se apresuraron a condenar la matanza y todos acusaron a la banda terrorista ETA. El representante de la extinta Herri Batasuna, Arnaldo Otegi, salió a la palestra para anunciar que ETA no era responsable de unos atentados que, a la vista de las imágenes que iban llegando a las redacciones, eran un acto criminal desconocido en Europa. Pero no había ninguna razón para creer a Otegi, salvo que ese tipo de exculpaciones era impropio del brazo político de ETA.

Era el penúltimo día de campaña electoral antes de los comicios del 14 de marzo. El Ministerio del Interior (Ángel Acebes) y el presidente del Gobierno (José María Aznar) comenzaron a dar información. Sorprendentemente, en su primera alocución, el presidente no mencionó a ETA y los rumores se dispararon. Si ETA no era la autora de semejante carnicería, ¿quién podía estar detrás de los atentados? La hipótesis del terrorismo fundamentalista islámico se fue haciendo visible, a pesar de las negativas oficiales.

La gestión política e informativa del atentado, intencionadamente o no, fue un completo desastre: los ciudadanos entendieron que, intencionadamente o no, el Gobierno les mentía o manipulaba los hechos, y entendieron que Ángel Acebes mantenía la autoría de ETA porque dar pábulo a la pista islamista era extremadamente peligroso para sus intereses políticos de cara a las inminentes elecciones generales. El Partido Popular recurría a la versión contraria: propagar que los islamistas radicales eran los autores de la masacre beneficiaba al Partido Socialista. Y, en medio, 192 muertos.

Aquella tragedia ponía punto final a una estrategia en política internacional profundamente rechazada por el pueblo español. Los radicales islamistas habían atacado a uno de los socios más fieles de Estados Unidos, a uno de los gobiernos que más se había distinguido a favor de la intervención bélica de Irak, a un Gobierno extremadamente beligerante con Marruecos...

El Partido Popular nunca admitió una equivocación, nunca admitió que había manipulado la información, nunca admitió que había gestionado deficientemente la crisis. La mayoría de los españoles no lo creyeron y un suceso que, en otras circunstancias, habría arracimado a la sociedad española en torno a su Gobierno, provocó un rechazo generalizado. Mariano Rajoy, el candidato popular, perdió unas elecciones que se presentaban muy favorables para él.

Meses después, el Congreso de los Diputados formó una comisión de investigación sobre los atentados del 11-M. Por la Cámara fueron desfilando especialistas y representantes políticos —incluidos José María Aznar y José Luis Rodríguez Zapatero, el nuevo presidente—. Desde el punto de vista político, el proceso estaba bloqueado, porque el Partido Popular nunca dio su brazo a torcer, mientras que el resto de las formaciones mantenía que el Gobierno había manipulado la información con intereses partidistas. Todo discurría en los términos de confrontación política habitual hasta que Pilar Manjón, representante de la Asociación de Víctimas del 11-M, hizo su discurso el día 15 de diciembre de 2004. En medio de un silencio sepulcral, Pilar Manjón reprochó a *todos* los comisionados su afán por obtener réditos políticos de 192 muertes. En un discurso durísimo que nadie se atrevió a contestar, la señora Manjón heló la sangre a todos cuantos tuvieron la oportunidad de ver y oír su discurso. Los comisionados apenas pudieron hacer otra cosa que pedir perdón y prometer que intentarían comportarse de otro modo. Su intervención, que sin duda puede contarse entre las más importantes jamás pronunciadas en el Congreso, marcó un hito y forzó a que, a partir de ese momento, los crímenes terroristas se trataran de una forma bien distinta.

El día 23 de diciembre de 2004, Iñaki Gabilondo entrevistó a Paulino Rivero, presidente de la Comisión sobre el 11-M. Las comparecencias habían finalizado y era el momento de tratar de buscar el consenso para redactar las conclusiones.

—*Saludamos a Paulino Rivero, presidente de la Comisión de investigación del 11-M, al que agradecemos mucho su presencia. Señor Rivero, ¿hemos de entender que se ha echado ya el cierre a la Comisión? ¿Es un carpetazo? ¿El fin de una fase? Ayúdenos a definirlo.*

—Bueno... se aproxima más a fin de una fase. Además, no es el cierre de una fase al cien por cien, sino que se trata de dar comienzo a un nuevo trabajo, a una nueva tarea, importante en toda comisión de investigación: las conclusiones y las propuestas. Después de haber manejado un volumen de información extraordinario y después de tener las aportaciones de muchos comparecientes, con una riqueza importantísima de aportaciones, empieza el trabajo duro. Pero, en cualquier caso, la Comisión continúa su trabajo en esta tarea y está abierta la posibilidad de que si algunos de los grupos parlamentarios, en esta fase de elaboración de propuestas o de conclusiones, entendiera que hay algún aspecto que requiere de alguna concreción especial o alguna aportación muy singular, se pueda someter a consideración que haya alguna nueva comparecencia.

—*¿Qué plazos tenemos ahora? ¿Cuál es el siguiente plazo?*

—El 28 de febrero. El 28 de febrero es el tiempo que nos hemos fijado para que cada grupo presente su propuesta de conclusión.

—*Dicen que hay una corriente de pensamiento, y usted ayer también la señalaba, que dice: «Hemos de llegar al aniversario del atentado del 11 de marzo con algún tipo de convergencia de todos los miembros de la Comisión en torno a algunos de los aspectos más técnicos, y dejar las broncas políticas, que reaparecerán para el pleno de mayo. ¿Es correcto? ¿Va por ahí la línea...?*

—Sí... Yo creo que hay un sentimiento general de los grupos parlamentarios en el sentido de que el 11 de marzo [de 2005], el aniversario del atentado, pueda ofrecerse, por lo menos, el aspecto que más nos pueda unir a todas las fuerzas políticas...

—*¿Y cuál podría ser ese aspecto?*

—Yo creo que, sin ninguna duda, hay que hacer un gran esfuerzo para que todo lo que significa un catálogo de recomendaciones al Gobierno y al Parlamento para mejorar la seguridad del Estado... Creo que es un aspecto que no debe significar ningún tipo de diferencias ni de matices entre las distintas fuerzas políticas.

*—En ese sentido, todo lo que ha ido aclarándose en la Comisión, digamos... ¿es mucho material? ¿Es suficiente? ¿Es interesante? Es decir, ¿puede extraerse de la Comisión ese catálogo del que usted habla para que el 11 de marzo pueda haber algo muy concreto, útil y operativo de cara al futuro?*

—Yo creo que quien haya seguido permanentemente los trabajos de la Comisión sabe que, objetivamente, si se aleja de los análisis partidarios, hay mucho volumen de información, información muy interesante y donde han quedado al descubierto determinados aspectos que son francamente mejorables en la seguridad del Estado.

*—Pero ¿podría ocurrir que no se llegara a un acuerdo para elaborar ese documento? Ese documento podría llevar implícita determinada crítica a determinada actuación anterior: ¿podría ser esto un obstáculo para alcanzar el acuerdo?*

—Bueno... yo espero que no sea así. Espero que las diferencias políticas puedan ser superadas, por lo menos en este capítulo. Es muy difícil no coincidir en aspectos que tienen que ver con la coordinación, por ejemplo, de la Guardia Civil (las unidades centrales con las unidades periféricas) o entre la Guardia Civil y la Policía, o en aspectos que tienen que ver con la seguridad del control de los explosivos, o con tantos y tantos aspectos que se han planteado, que los tenemos objetivados a través de las distintas aportaciones que han hecho los responsables técnicos de los Cuerpos y Fuerzas de la Seguridad del Estado, independientemente del impulso político que también hay que darle también a estas cuestiones. Yo creo que, sinceramente, ahí vamos a encontrar un entendimiento [1].

*—¿Podría incluirse en ese entendimiento la elaboración de un protocolo absolutamente aceptado por todos para casos de emergencia, de convocatorias de gabinetes de crisis...? En fin, ¿podrían incluirse protocolos de actuación y de comportamiento?*

—Yo creo que ése es un aspecto esencial y que se pondrá sobre la mesa. Yo espero que lo ponga sobre la mesa el grupo parlamentario que en estos momentos tiene la máxima responsabilidad en la gobernabilidad del Estado, que es el Grupo Parlamentario Socialista, o, lo que es lo mismo, el Gobierno. Y, a partir de ahí, creo que hay aspectos de las aportaciones de cada uno donde va a haber una coincidencia y, por tanto, será fácil llegar a elaborar conclusiones. Habrá aspectos donde las posiciones políticas estén tan separadas que sea imposible el entendimiento, y habrá, por lo tanto, votos particulares; pero habrá otro cuerpo de las aportaciones donde, con un poco de generosidad y mucha mano izquierda, habrá alguien que tendrá que intentar aproximar esas posiciones, para intentar conseguir el máximo consenso y esa tarea le corresponde a la Comisión o a la Mesa de Portavoces o al propio presidente, que estará encantado de llevarla a cabo.

*—Si tal cosa ocurre, y si cuando se conmemore el aniversario, finalmente tenemos un documento compartido por todos en la línea que usted expresa, hemos de entender que, sencillamente, queda aplazada la bronca para el pleno del Congreso en mayo.*

—Bueno... Es que nos hubiera gustado a todos que las conclusiones de los trabajos de la Comisión estuvieran para el día 11 de marzo, pero, razonablemente, es imposible: materialmente, es imposible, porque el volumen de información que hay que manejar es increíble y los grupos no tienen el soporte técnico adecuado para llevar a cabo este trabajo. Por lo tanto, de lo que se está hablando es de la posibilidad de impulsar una propuesta de resolución que luego se incorporaría a las conclusiones. Esa propuesta de resolución tocaría los aspectos que tienen que ver con la seguridad del Estado, las cosas que entendemos que son mejorables, y un aspecto muy importante: un aspecto que ha pasado desapercibido, el otro día, en la intervención de la señora Manjón... extraordinaria intervención de la señora Manjón. Para mí es lo más importante: su intervención nos debe servir para tomar conciencia de todas aquellas cosas que son mejorables, tanto en la política, como en la Justicia, como en los medios de comunicación, o como el aspecto más importante para mí: que sorprendentemente hay cosas relacionadas con los afectados que no están resueltas, operaciones quirúrgicas, atención psicológica, reinserción laboral de algunas de las personas que sufrieron este atentado... Me parece que son aspectos que también hay que tocar en esta resolución para el día 11 de marzo.

*—¿Podría darse la circunstancia de que, puesto que en paralelo sigue la acción judicial y la acción policial, se derivara alguna cosa que pudiera producir nuevas comparecencias?*

—Podría... podría ser... Yo creo que lo esencial... Bueno, en primer lugar, algunos se aventuraron a decir que la Comisión iba a cerrarse en julio. Dimos un tiempo para reflexionar, ese tiempo que vino muy bien para que en septiembre se actuara de una forma más sensata, con más sentido común, y para abrir la Comisión a nuevas aportaciones. Y creo que ha sido muy importante para los trabajos que haya comparecido, por ejemplo, el ex secretario de Seguridad, el señor [Ignacio] Astarloa, que era una pieza clave en toda la organización, en esos momentos, y en la coordinación de la Guardia Civil y la Policía Nacional; es muy importante que haya comparecido el ex presidente de Gobierno [José María Aznar] o que haya comparecido ante la Comisión el presidente del Gobierno actual [José Luis Rodríguez Zapatero]. Creo que eso ha sido muy importante y, por tanto, en esta fase, creo que hay que estar receptivo y abierto, sin ningún tipo de problema y sin tapujos, a que si hay algún asunto que, mediante la actuación que está llevando la Justicia o Policía, se entendiera que puede ser interesante para los trabajos de la Comisión, no debe haber ninguna reticencia a que compareciera la persona adecuada.

*—Sí convendría, en todo caso, que usted aclarara (aunque supongo que ya lo sabe todo el mundo) una circunstancia. Una corriente de pensamiento dice que hay grupos que no quieren que se siga investigando; convendría, por tanto, que nos recuerde que no es la Comisión quien tiene que ocuparse de la investigación y que la investigación no se detiene porque la Comisión pase a otra fase.*

—Bueno... Yo creo que tenemos que darnos cuenta de cómo partió esta Comisión: partió con una presión ambiental extraordinaria, con unas elecciones muy cercanas, con el atentado también a escasas fechas, con la Policía y la Justicia investigando paralelamente... y creo, desde luego, que se ha hecho un trabajo para intentar llegar a todas las claves de la investigación. Creo, sinceramente... creo que al margen del juego político (y he intentado ser respetuoso con la posición de uno u otro partido para intentar tener la autoridad moral y poder buscar posiciones de encuentro), al margen del juego político, que también es lícito, creo que todo el mundo sabe que se está haciendo un gran esfuerzo por encontrar la verdad, que se ha trabajado intensamente, que no se ha regateado ningún tipo de esfuerzos y que, al final, hemos logrado que tampoco se pongan ningún tipo de obstáculos... Porque hay que decir que algunos asuntos que se han solicitado, que también son legítimos, como el tema de los confidentes, están incluidos en los sumarios, que estas personas están compareciendo ante el juez Del

Olmo y, por lo tanto, conoceremos también la verdad de su participación en este atentado.

*—Dice usted: «la verdad». Y una de las cosas que el otro día Pilar Manjón reprochó a los allí reunidos es algo que en otras ocasiones también hemos observado: ¿qué verdad se estaba buscando, la del día 11 o la del día 14? ¿No ha tenido usted, señor Rivero, la impresión de estar presidiendo la Comisión del 14-M, más que la Comisión del 11-M?*

—Bueno... Es que es una Comisión muy difícil y muy complicada... porque está en juego, primero, el mayor atentado de la Historia de nuestro país; segundo, que se produce un vuelco electoral y algunos... pues... en fin, es respetable que entiendan... que quieran... ligar el atentado con el tema de las elecciones. Por lo tanto, es muy complicado. Pero es verdad que la Comisión estaba cometiendo un error de bulto en la primera fase de los trabajos y era estar centrada exclusivamente en lo que ocurrió durante los días 11, 12 y 13, y en el matiz (si era media hora antes o media hora después), sin tener en cuenta que en un atentado de esa envergadura hay una primera prioridad, que es atender a las víctimas. Hay una situación muy complicada de manejar: me parece que no es tan importante si fue media hora antes o después. Hay información suficiente para que cada uno tengamos un criterio y una opinión de lo que ocurrió el 11, de lo que ocurrió el 12, de lo que ocurrió el 13 y cómo fue derivándose la información... Creo que ahí cada uno tiene su composición de lugar. Pero lo más importante, de lo que nos estábamos olvidando, era del antes del 11 de marzo: cómo habían funcionado las cosas antes del 11 de marzo y, fundamentalmente, qué cosas podemos hacer y debemos hacer después del 14 de marzo, con la máxima responsabilidad, para atenuar la posibilidad de que estas cosas vuelvan a ocurrir.

*—En ocasiones, aquí, habíamos expresado nuestra sensación... Decíamos: «¿Qué estarán pensando las víctimas al observar que a algunos comisionados (al menos, a algunos) parece importarles menos lo que pasó el 11 que lo que pasó el 14?». Y vimos que Pilar Manjón hacía ese reproche, en nombre de todas las víctimas, muy directamente. Parecían hablar más de ustedes y su cuita que de las víctimas. Ahora, pasadas las comparecencias, ¿cree usted que ha sido una buena o mala idea que comparecieran Aznar y Zapatero? ¿Lo que han aportado ha valido la pena? Me refiero a la tensión suplementaria que su paso ha impuesto en la Comisión.*

—Yo... sinceramente... lo dije al principio... Antes de que comparecieran, dije que era muy importante y que no encontraba ningún tipo de razón para que, una vez que el señor Aznar y el señor Zapatero se habían puesto a disposición de la Comisión, ningún parlamentario obstaculizara esa posibilidad. Y, sinceramente, creo que sus aportaciones han sido muy interesantes y le han dado la relevancia y la importancia que tiene a la Comisión probablemente más importante en la Historia democrática de España, porque trata de un asunto... bueno, el atentado afecta a España y a Europa, pero, sobre todo, es un asunto que nos afecta a todos, a todo el mundo occidental, que está mirando también a España... Estoy hablando de la seguridad: de cómo podemos mejorar la seguridad del Estado y, en ese sentido, las aportaciones de las máximas autoridades de este país a lo largo de estos últimos nueve años ha sido muy importante y muy relevante.

—*Tal vez sería interesante, señor Rivero, que entre las conclusiones de la Comisión se pudiera incluir una reflexión sobre cómo podrían llegar a ser las comisiones de investigación, porque hemos terminado observando algunas cosas (por lo menos, desde el punto de vista formal) que dan la impresión de ser muy antiguas: los mecanismos de pregunta y respuesta con cada uno de los comisionados, con preguntas y respuestas ya formuladas, maratonianas sesiones para cosas que ya habían sido dichas y redichas, incluso... en fin, y otros aspectos de la Comisión. ¿No le parece que, después de tantas horas de trabajo, estaría bien que hicieran alguna relación de sugerencias para que las comisiones pudieran ser también un aparato más útil y con un formato mejor?*

—Yo creo que las comisiones de investigación son francamente mejorables... Desde luego, yo no las descalifico, porque creo que son una herramienta útil en un Estado de Derecho para que la política tenga participación en cuestiones importantes, para que el Parlamento pueda participar... Pero son francamente mejorables. Lo primero que necesitan las comisiones de investigación es un reglamento para poder dirigir los trabajos. Hasta ahora, todo consistía en saber quién podía presidir la comisión y si el elegido tenía mayor o menor habilidad para poder llevar los trabajos con buen tino. En ese sentido, tengo que significar una cosa, y es que he contado con la valiosísima colaboración de todos, de los dos [grupos] mayoritarios y también de los pequeños, en la ayuda interna para llevar a cabo los trabajos de la Comisión. Pero hay algunas cosas que son muy arcaicas, efectivamente: la repetición de las mismas preguntas por parte de los distintos comisionados, la extensión de las intervenciones...

—*En ocasiones no se sabe muy bien si es un proceso de preguntas y respuestas o un debate o una sucesión de discursos...*

—... algunos que confundían el juego de las preguntas y respuestas con amplias reflexiones de veinte o veinticinco minutos, con lo cual el compareciente también se obligaba a contestar durante otros veinte o veinticinco minutos... Y, claro, visto desde fuera... hay opiniones para todos los gustos. Hay quien dice: «Pero, bueno: ¿y cómo al señor [Eduardo] Zaplana [del Partido Popular] le dan cuatro horas y media para que pregunte al señor Rodríguez Zapatero?». Yo entendía... y además, lo hablé allí con cada uno de los grupos y conté con su colaboración, yo entendía, repito, que el principal partido de la oposición, el partido que tenía la responsabilidad de gobernar a España en ese momento, tenía que tener todo el tiempo que fuera necesario para preguntarle al presidente del Gobierno actual. Porque, si no, caeríamos en la situación contraria: se diría entonces que se ha impedido formular preguntas al principal partido de la oposición, que tiene, además, una posición política distinta a la de la mayoría de los grupos del arco parlamentario.

—*Tal vez fue ése el momento en el que probablemente se observó de una manera más clamorosa cómo parecía preocupar menos el 11 que el 14, en esa larguísima sesión en la que tanto se habló de ese aspecto...*

—Probablemente, en las comparencias finales (del presidente y del ex presidente), se volvió a caer en la tentación de volverse a fijar mucho en los días 11, 12 y 13, y no elevar la situación y hablar más de las medidas preventivas y de cómo afrontamos el futuro.

—*No le voy a meter en un apuro, pero dígame solamente si usted, que lo ha oído todo, tiene claro exactamente todo lo que parece haber preocupado a todos: qué pasó, quién fue el responsable, qué falló, cómo se podría mejorar... No le voy a pedir que me diga...*

—Yo tengo criterio y tengo, digamos, una opinión fundada, después de haber escuchado a los comparecientes y después de haber visto los documentos del CNI y los documentos del Ministerio del Interior. Tengo una opinión sobre las razones por las que se produce el atentado, cómo empieza a gestarse y por qué España es un país amenazado desde el 2001, qué cosas son francamente mejorables en este país para que se atenúe la posibilidad de que estas cosas vuelvan a ocurrir, qué cosas hay que afrontar en el futuro, y también tengo juicio sobre lo que ocurrió entre el día 11 y el día 14. Pero no voy a... Cometería un gravísimo error si en estos momentos tomara posición. No. Voy a esperar a que cada uno aporte sus propuestas y, cuando lo hagan, intentaré llevar a cabo una labor de conciliación en todas aquellas cosas en las que entiendo puede haber consenso. Pero creo que hace falta un poco de generosidad por parte de los dos partidos grandes: la verdad absoluta, la absoluta, no está en ninguna de las partes. Tenemos que partir de ahí: todos podemos flexibilizar nuestras posturas para conseguir el máximo consenso en un asunto de tanta importancia como éste, y yo creo que eso es lo que está esperando la ciudadanía.

*—¿Usted ha visto a las fuerzas políticas, sobre todo después de la intervención de Pilar Manjón, en una actitud dispuesta a esa flexibilidad y a ese consenso? ¿Tienen una actitud más receptiva? ¿Están dispuestas a hacer alguna inflexión para evitar un espectáculo clamoroso de desunión?*

—Yo he visto que [el mensaje de Pilar Manjón] llegó hondo y había un sentimiento general de que tenemos un gran nivel de responsabilidad. Ahora bien, no sé si ese discurso va a poder evitar que algunos grupos se dejen influenciar por la presión externa. Dije una vez en este mismo medio, aunque me costó un disgusto, que uno de los problemas de la Comisión es que lo que ocurre en el trabajo interno, muchas veces, se traslada al exterior de otra forma: se traslada una visión mucho más interesada, más partidaria, orientada más a halagar el oído de... bueno, de la gente, de los fans, o de los *hooligan* de unos y otros, incluso para halagar el oído de medios de comunicación. No sé... Si los comisionados logran quitarse todo ese tipo de presión ambiental externa y centrarse de verdad en lo que ha ocurrido en los trabajos de la Comisión, estoy convencido que una gran parte de las cuestiones pueden encontrar el entendimiento y el consenso entre todos.

*—Usted se ha pasado horas y horas viendo cómo preguntaban... ¿No se ha quedado con las ganas de preguntar algo a alguien?*

—¡Ja, ja...! Hay algunas cuestiones... sí...

*—¿Qué pregunta ha quedado sin hacer y que usted ha estado permanentemente pensando... «Debe hacerse esta pregunta»?*

—No... Yo creo que hay algunas preguntas... Yo tengo dos o tres preguntas que, en mi opinión, podrían ayudar...

*—Díganoslas, díganoslas...*

—No, no puedo decirlas hoy. ¡Ja, ja...! Lo siento mucho. Me encantaría, pero no. No, porque estaría incurriendo en un... problema... Y no ayudaría en nada a los trabajos de la Comisión. Pero creo que, en lugar de veinte o treinta comparecencias, hay cosas muy puntuales sobre las que dices: «Bueno... esto nos puede ayudar en este aspecto...», y no tratar continuamente de asuntos sobre los que hay mucha información.

*—Bueno, pues muchas gracias, señor Rivero, presidente de la Comisión de investigación del 11-M y... además, alcalde de una localidad tinerfeña llamada Sauzal, donde ayer tocó la lotería de Navidad. [...] A usted no le tocó nada, ¿no?*

—A mí, nada. Pero, de todo corazón y de verdad, estoy igual de contento que si me hubiera tocado a mí, porque la gente de Sauzal se lo merece.

## NOTAS

[1] El documento de conclusiones no políticas, sino recomendaciones para la seguridad del Estado, quedó redactado a principios de marzo. El Partido Popular, finalmente, no lo firmó. Alegó que la Comisión había precipitado su cierre y que no se había esclarecido toda la verdad.

36

# *Juan Carlos Rodríguez Ibarra*
# *Las reglas del juego*

La siguiente entrevista de Iñaki Gabilondo a Juan Carlos Rodríguez Ibarra tuvo lugar el día 7 de enero de 2005.

El tema central del debate político, por esos días, era la reforma de los estatutos de autonomía y la estructura administrativa del Estado español. Sobre todo, se estaban analizando las pretensiones de Cataluña y del País Vasco. La aprobación del llamado Plan Ibarretxe en el Parlamento vasco, con su intención de declararse Estado libre asociado a España, era motivo de inquietud en muchos sectores. En el seno del PSOE, la propuesta del lehendakari Juan José Ibarretxe causó un profundo disgusto. Especialmente significativa fue la respuesta de algunos líderes regionales, entre los que se encontraba el presidente de la Junta de Extremadura, Juan Carlos Rodríguez Ibarra.

Juan Carlos Rodríguez Ibarra (Mérida, Badajoz, 1946) fue diputado por Badajoz en las primeras elecciones generales (1977 y 1979) tras la dictadura franquista y en las primeras elecciones autonómicas (1983) obtuvo la Presidencia de la Junta de Extremadura. Revalidó su posición con mayoría absoluta en los comicios de 1987 y 1991. Tras un breve declive en las elecciones de 1995, recuperó la mayoría absoluta cuatro años después y también en 2003. Es uno de los llamados «barones» del PSOE, elogiado y admirado en amplios sectores del socialismo —lleva más de veinte años al frente de su Comunidad Autónoma— y criticado ácidamente desde los partidos nacionalistas e independentistas.

Iñaki Gabilondo le preguntaba por un artículo aparecido en el diario *El País* (7 de enero de 2005) en el que el presidente extremeño discutía la propuesta de su homólogo vasco y advertía de los peligros de una propuesta como el Plan Ibarretxe:

*—El artículo se titula «Plan Ibarretxe: ganar y perder» y usted recuerda que cuando, como en este caso, desde Euskadi se tratan de modificar las reglas del juego, se tiene, como en todo juego, la posibilidad de ganar y la posibilidad de perder. Y añade que se tendría que recordar lo que podría perder Euskadi en este juego. ¿Podría recordarnos alguna de las cosas que perdería Euskadi? Señala varias, pero, pero usted anuncia que ésas son sólo algunas, no las únicas...*

—Estamos en un sistema político y en un Estado descentralizado donde los nacionalistas nunca han tenido el sentimiento de que cualquiera que fuera la apuesta que hicieran, ello podría tener consecuencias negativas para el territorio que en ese momento representan y defienden. Es decir, yo tengo la sensación de que, desde hace veintiséis años para acá, los nacionalistas han jugado siempre a un juego tramposo donde cualquiera que fuera el disparate o la propuesta sensata que presentaran, el resultado siempre sería beneficioso para ellos. Si pedían cien y se les daba veinte, habían ganado veinte, pero nunca han tenido el sentimiento de que, en una apuesta como la que hace Ibarretxe en estos momentos, uno puede ganar o puede perder. Y deberíamos intentar recordarle al lehendakari que en esta apuesta puede perder... y mucho. ¿Qué cosas puede perder, desde mi punto de vista? Bastantes. En el artículo de *El País* señalo tres, pero puedo añadir algunas otras más. En primer lugar, puede ocurrir que un territorio foral pudiera reclamar su derecho de autonomía y constituirse en Comunidad Foral, me refiero al caso de Álava, que, además, tiene una tradición foral y ésa sí que es irrenunciable para los alaveses. Álava podría desgajarse de la autonomía vasca y constituir una propia Comunidad Foral con unos derechos históricos que se le reconocen y que se le garantizan. Además, el Partido Popular y el Partido Socialista Obrero Español tienen mayoría en esa Comunidad y podrían emprender un proceso que ya no tendría marcha atrás y sería irreversible. En segundo lugar, la propuesta de Ibarretxe se basa también en los territorios históricos vascos, según ellos, incluido Navarra, y dice en su preámbulo y en uno de sus artículos que pudiera establecerse un sistema de cooperación que deviniera en una Comunidad Autónoma única entre País Vasco y Navarra. Bien. Como hay una disposición transitoria constitucional, la cuarta, y además hay disposiciones de mejoramiento en el Estatuto de Navarra, podría darse la circunstancia de que Navarra decidiera iniciar un proceso que condujera a un referéndum donde definitivamente los navarros se pronunciaran en contra de que Navarra pudiera siquiera alguna vez plantearse la posibilidad de incorporarse a la Comunidad Autónoma de Euskadi; con lo cual, le quedaría al lehendakari, algo menos de lo que le queda en estos momentos. En estos momentos, tiene tres provincias que constituyen su Comunidad, pero podría quedarse en dos, sin posibilidad de tener a Navarra y, desde luego, sin ninguna posibilidad de tener las tres provincias vascas del otro lado de la frontera de Francia. Y, por último, en el supuesto que el lehendakari quisiera llevar adelante su plan, habiendo sido rechazado por las Cortes Generales, y convocar un referéndum absolutamente ilegal, yo creo que el Gobierno español debería estar preparado para asumir la responsabilidad de la seguridad del Estado en esa Comunidad Autónoma y que las Fuerzas y Cuerpos de Seguridad que en estos momentos dependen del lehendakari pasaran a depender o bien de las comunidades forales de Álava, Guipúzcoa y Vizcaya, o bien pasaran directamente a depender del Ministerio de Interior para garantizar que ese disparate ilegal no se iba a producir en la Comunidad. Ésas son tres circunstancias que podrían ocurrir y que los vascos tienen la obligación de conocer: cuando se apuesta, y cuando se apuesta de la forma que lo hace el lehendakari, no siempre se gana. Se puede perder y eso debería estar en el tapete de la discusión, para que el pueblo vasco sepa exactamente que cuando se va a un juego peligroso, uno puede ganar, pero también puede perder.

—*¿Y cómo ve usted el momento actual, señor Rodríguez Ibarra?*

—Bueno... De nuevo estamos sometidos a la agenda que nos marcan los nacionalistas. Ha habido un tiempo en el que Esquerra Republicana era la que estaba marcando un poco la agenda y esto parece un poco... un desfile de modelos, donde, de pronto, otros nacionalistas, en este caso el PNV, dicen: «Bueno, que ahora me toca a mí salir a escena». Y todos los demás estamos siempre un poco al son de lo que nos marcan los partidos nacionalistas. Yo creo que deberíamos terminar con absoluta naturalidad con este juego, repito, haciéndoles saber qué se gana y qué se pierde, y preocuparnos por los problemas que el país tiene, que son problemas de vivienda, de trabajo precario, de jóvenes con un futuro discutible, etcétera, y no estar constantemente dándole la vuelta a la pelota sobre un asunto que, además, nunca tiene suma cero. Es decir, da la sensación de que los nacionalistas piensan que si ellos fortalecen sus territorios, el Estado disminuye, y que la suma es cero. No. No, yo creo que estamos en un sistema de Estado compuesto, donde la suma no es cero: el debilitamiento del Estado significa el debilitamiento de las partes y el fortalecimiento de las partes significa el fortalecimiento del conjunto. Pero tengo la sensación de que aquí se intenta tirar de la manta y que España sea aquello que quede después de que cada Comunidad Autónoma, más o menos responsablemente, inicie un proceso de reforma de estatutos. Y ése no es el modelo que nos hemos dado los españoles en la Constitución de 1978.

*—Desde el punto de vista... táctico, además de hacer saber al lehendakari Ibarretxe cuáles son los riesgos de un juego en el que podrían no solamente ganar sino también perder, como usted nos dice, desde el punto de vista táctico, repito, parece que el Partido Popular quiere un pacto para la unidad, pero el señor Zapatero cree que no es necesario. Usted, personalmente, ¿cree que no es necesario un pacto para la unidad o cree que sería mejor hacerlo?*

—No. Yo creo que sería darle excesivo protagonismo al lehendakari vasco si el Partido Socialista y el Partido Popular, de pronto, pensaran que hay que unir sus fuerzas porque el lehendakari pone en peligro la unidad de España. Yo creo que la unidad de España está garantizada por la voluntad de los españoles y por la Constitución, que garantiza esa unidad. Yo creo que hay que darle naturalidad a la propuesta del lehendakari. Hay que darle naturalidad: que la lleve al Congreso de los Diputados y que el Congreso de los Diputados la discuta. Pero yo no la discutiría en el fondo de lo que plantea el lehendakari: eso sería la segunda parte. Yo discutiría, en primer lugar, las reglas: «Oiga, si usted manda un proyecto de reforma de Estatuto que se salta las reglas a la torera, que empieza por reconocer la soberanía del pueblo vasco, cuando la soberanía, según la Constitución, corresponde a toda la sociedad española, usted no está cumpliendo las reglas y, por lo tanto, el Congreso de los Diputados, sin entrar a debatir el conjunto y el contenido profundo de su reforma, le devuelve el texto al Parlamento vasco, para que el Parlamento vasco corrija las reglas y se adapte al sistema de juego político que tenemos en España y que decide la Constitución; y una vez que usted haya ordenado bien su propuesta y la someta a las reglas a las que todos estamos obligados, de nuevo vuelve usted a mandar el texto al Congreso de los Diputados. Y cuando venga en orden, tendremos la oportunidad de discutir las cosas que usted propone ahí». Pero lo que no puede hacer nadie es saltarse las reglas, porque, entonces, la democracia estalla. Por tanto, lo que tendremos que hacer es proteger la democracia haciendo posible que nadie envíe un texto al Parlamento que pueda ser devuelto... no ya por lo que dice, sino por la forma de decirlo y la forma de proponerlo. Usted está dentro de un sistema político y de una Constitución que ha sido aprobada por los españoles y usted se somete a las reglas, y si incumple cualquiera de esos principios, de esas reglas, tiene que haber un árbitro que pite penalti y mande el balón de nuevo a la portería o al centro del campo.

*—Tenemos por delante un tiempo muy difícil. No cabe duda de que va a ser un tiempo muy, muy difícil y muy delicado. Incluso corremos el riesgo de que... como se pierda el control y como no se manejen las cosas de una manera prudente... Muchas gracias, señor presidente, un saludo muy afectuoso de la Cadena SER, muy buenos días.*

—Muy bien, igualmente. Buenos días, gracias.

37

# *Josu Jon Imaz*
# *«Yo soy químico, no soy jurista»*

Josu Jon Imaz (Zumárraga, Guipúzcoa, 1963) participó en la política nacionalista desde muy joven y con sólo veinte años ya formaba parte de la Asamblea Nacional del Partido Nacionalista Vasco (PNV). Fue concejal en Zumárraga, europarlamentario y diputado en el Parlamento vasco. Juan José Ibarretxe le encomendó la Consejería de Industria en 1999. Cuando el histórico líder nacionalista Xabier Arzalluz abandonó la dirección del Euskadi Buru Batzar, el consejo ejecutivo del PNV, se entabló una batalla interna entre Joseba Egibar y Josu Jon Imaz por la Presidencia del grupo político. Imaz contaba con el apoyo del lehendakari Ibarretxe y se le suponía más moderado en sus tesis nacionalistas o independentistas. Finalmente, en 2003, fue nombrado presidente del Partido Nacionalista Vasco.

Iñaki Gabilondo entrevistó al político vasco el 10 de enero de 2005. Naturalmente, sobre la mesa estaba el polémico Plan Ibarretxe.

—*Josu Jon Imaz, presidente del Partido Nacionalista Vasco*, egun on, *muy buenos días.*

—Hola, buenos días.

—*No sé si ha repasado la prensa internacional... Hay preocupación, y bastante seria, en España y fuera de España por esta situación en la que nos encontramos. ¿Cómo la valora usted? Le hablo de la situación tras la aprobación en el Parlamento del Estatuto político conocido como Plan Ibarretxe.*

—Bueno... yo creo que hay una cierta desmesura y todos tenemos que llevar a cabo un esfuerzo para que las aguas vuelvan a su cauce y para que analicemos la situación con cierta calma. En estos momentos hay encima de la mesa una propuesta del nuevo Estatuto político que ha sido aprobada por la mayoría del Parlamento vasco en función de las atribuciones que tiene conferidas en base al actual Estatuto de Gernika. Y yo creo que, independientemente de que se esté de acuerdo o en desacuerdo con la propuesta que en estos momentos está encima de la mesa, la discusión tiene que iniciarse en las próximas semanas en el Congreso de los Diputados y creo que lo que tenemos que hacer es estar todos a la altura de nuestras responsabilidades. En este sentido, la propuesta es abierta, es flexible, está por supuesto sujeta a la negociación y creo que lo que deberíamos hacer es empezar a discutir con serenidad, para que podamos alcanzar acuerdos para un nuevo futuro marco de autogobierno de la sociedad vasca.

*—Algunos asuntos de procedimiento, antes de seguir adelante, señor Imaz: ¿cuándo supo usted que Sozialista Abertzaleak iba a votar a favor?* [1].

—Pues... si le soy sincero, en el mismo momento de la votación, en la intervención de [Arnaldo] Otegi, alrededor de las cinco o las cinco y media de la tarde. Les recuerdo, como ustedes conocen, que Sozialista Abertzaleak lo que hizo fue dividir su voto. Los parlamentarios que apoyan al Gobierno del PNV, Eusko Alkartasuna e Izquierda Unida son treinta y seis, y la oposición del Partido Popular y del Partido Socialista suman treinta y dos. Sozialista Abertzaleak dividió sus seis votos: tres de ellos votaron a favor de la propuesta presentada por el Gobierno y tres votaron con Partido Popular y el Partido Socialista. Yo, desde luego, lo supe en aquel momento, porque es verdad que a lo largo de los últimos meses y las últimas semanas la posición pública que había mantenido Sozialista Abertzaleak respecto a este texto era de oposición al mismo. ¿Por qué lo hicieron? Pues yo creo que por pura necesidad, por pura necesidad vital... porque una parte de su mundo o de su votante sociológico no hubiese entendido una posición diferente por parte de los dirigentes de Sozialista Abertzaleak, que se sigue oponiendo a este texto. Votaron con ese tres a tres, con esa distribución, en el pleno del Parlamento el día 30 de diciembre y, al día siguiente, Otegi, en una rueda de prensa, el mismo día 31 de diciembre, pide al lehendakari que guarde su propuesta en un cajón. Por lo tanto, ésa es la posición que tiene Sozialista Abertzaleak al respecto. Por tanto, yo diría que esos votos se dividieron. En torno a esto, yo creo que también ha habido bastante desmesura, porque esto podemos atenderlo desde dos puntos de vista: desde el legal o desde la legitimidad ética y moral. Mire, si hablamos del punto de vista legal, legalmente cada parlamentario tiene un voto y las instituciones debemos respetarlas todos. Y en el Parlamento vasco hay setenta y cinco parlamentarios y parlamentarias que tienen, todos, el mismo derecho a voto. Por tanto, desde el punto de vista legal, nada que reprochar. Si hablamos de legitimidad ética y moral, hace ya tres años el Gobierno vasco propuso en el pleno del Parlamento vasco que, teniendo en cuenta cuál era la situación de llave de Batasuna en el Parlamento, tomásemos todos el compromiso de que no íbamos, en ningún caso, a contabilizar en la práctica democrática los votos de Batasuna de cara a la conformación de mayorías. El Partido Popular y Partido Socialista rechazaron esta propuesta y, de hecho, durante los últimos tres años y medio, el PP y el PSOE han votado sistemáticamente en todas las votaciones clave en el Parlamento vasco conjuntamente con Sozialista Abertzaleak. Sin ir más lejos, el día 28 de diciembre, dos días antes del pleno del día 30, hubo un voto conjunto que intentó tumbar los Presupuestos del Gobierno: votaron juntos Partido Popular, Sozialista Abertzaleak y Partido Socialista, y solamente un error humano de una parlamentaria socialista impidió que se llevara a cabo. Esto ocurrió cuarenta y ocho horas antes de que Batasuna dividiese sus votos, sus seis votos, en tres y tres. Por tanto, creo que ni el Partido Socialista ni el Partido Popular tienen en absoluto ninguna credibilidad para hablar de la legitimidad del voto de Sozialista Abertzaleak, porque los han estado utilizando de forma continua en los temas clave en el Parlamento vasco a lo largo de los últimos cuatro años.

*—Le agradecería un poco más de brevedad, señor Imaz, porque, si no, no vamos a tener tiempo. A ver... o sea, que usted supo esto en el momento de la votación, luego Ibarretxe también...*

—Hubo...

*—Puede que el lehendakari no lo supiera y usted no se lo hubiera dicho, ¿no?*

—Hubo... un rumor al mediodía y, además, a mí me llegó a través de los periodistas que estaban acreditados en el Parlamento vasco. Yo, la verdad, lo tomé como un rumor y no le di la mayor importancia o, por lo menos, tampoco tenía elementos para darle credibilidad. Yo me imagino... Evidentemente, el lehendakari y el presidente del Partido Nacionalista Vasco compartimos toda la información que tenemos uno y otro.

*—El hecho es que el plan salió adelante con el voto Sozialista Abertzaleak en su día más transparentemente etarra, en el día en que nos sacaron la carta de Josu Ternera* [2].

—Sí... pero ya le digo: esos seis votos se dividieron en tres y tres, y, desde el punto de vista de la legalidad, los votos de los parlamentarios son iguales y desde el punto de vista de la legitimidad, si usted quiere, en un momento en el que todavía la violencia de ETA no ha desaparecido, podríamos, si usted quiere, a efectos visuales, quitar esos tres y tres, y tendríamos una mayoría de treinta y seis votos en el Parlamento vasco, con PNV, Eusko Alkartasuna e Izquierda Unida, una mayoría que está a favor de esa propuesta, y treinta y dos votos del Partido Popular y del Partido Socialista que estuvieron en contra. Porque, como usted bien entenderá, los votos de Sozialista Abertzaleak son los tres que votaron con el Partido Popular y Partido Socialista para dar los treinta y cinco, como los tres que votaron con el PNV, EA e Izquierda Unida para dar los treinta y nueve.

*—¡Que estemos hablando de un asunto tan trascendental como el Estatuto de Euskadi teniendo que mirar quién lleva un poco más o un poco menos...! La cámara y la sociedad están claramente partidas en dos, señor Imaz.*

—Sí. Hay una... hay dos formaciones políticas, el Partido Popular y el Partido Socialista, que desde hace tres años se han negado a participar en el debate del proceso de elaboración del nuevo Estatuto, porque este proceso no se ha iniciado ayer en la mañana. Yo, todavía ayer, le escuchaba al señor Patxi López [PSE-PSOE] decir eso de: «¡Ya nos gustaría que se hubiese discutido entre todos una ponencia, como en Cataluña!». Pues, efectivamente, en Euskadi se creó también una comisión de autogobierno, en el curso 2001-2002, y en ese debate, el Partido Popular y el Partido Socialista (que entonces iba en Euskadi a rueda del Partido Popular, era todavía la época de Nicolás Redondo) quedaron absolutamente fuera de aquellas conclusiones. A continuación, hace ya más de dos años, el lehendakari presentó diez bases, diez bases, ante la cámara: bases abiertas, sobre las cuales empezásemos a discutir también en el seno del Parlamento para que todos pudiésemos alcanzar el texto del nuevo Estatuto político. El Partido Popular y el Partido Socialista también se negaron a entrar en la discusión de aquellas bases. Finalmente, en septiembre del año 2003, se pone sobre la mesa una propuesta, un texto articulado. Hemos tenido un año, desde septiembre de 2003, con discusiones en comisión, con ponencias. Una y otra vez hemos dicho: «Tenemos una propuesta». Nosotros somos conscientes de que no tenemos el cien por cien de la verdad y que representamos en la sociedad vasca lo que representamos, y tiene usted razón cuando dice que hay una parte significativa de la sociedad vasca (aunque minoritaria, significativa) que parlamentariamente no apoya esta propuesta. Nosotros hemos intentado, por activa y por pasiva, hablar, dialogar, negociar y buscar acuerdos. Nosotros hemos intentado negociar y buscar acuerdos; y negociar, en esta vida y en la democracia, significa que uno pone sus propuestas encima de la mesa y está dispuesto a aceptar planteamientos de otros y está dispuesto también a dejar pelos en la gatera. En el último año, no hemos tenido posibilidad de negociar absolutamente nada, porque ni siquiera ha habido una presentación de enmiendas por parte del Partido Popular y del Partido Socialista en este proceso. Y ahora tenemos un texto, un texto que ha sido confeccionado desde el respeto a los procedimientos legales y desde el respeto a la institución, que es el Parlamento vasco, aprobado por la mayoría del mismo y remitido a las Cortes generales, que es donde debe continuar el procedimiento. Lo que nosotros decimos en estos momentos es: «Vamos a estar todos a la altura de las circunstancias: esto no debe ser un choque de trenes, esto no debe ser un choque de legitimidades. Pongamos encima de la mesa los mecanismos para alcanzar soluciones». Desde luego, nosotros tenemos un planteamiento abierto a la negociación. Es lo que pedimos a los demás también.

—*En función de sus atribuciones, presentaron este plan. Ahora, el Congreso de los Diputados, en función de las suyas, muy presumiblemente, lo va a rechazar. ¿Aceptarán el resultado de las Cortes?*

—Bueno... pues mire... Hay una... Hace veinticinco años, cuando se estaba discutiendo el Estatuto de Gernika, la Asamblea de Parlamentarios Vascos aprobó un texto, un texto que fue el borrador del actual Estatuto de Gernika [3]. Y, entonces, un parlamentario de la gobernante UCD, visiblemente cabreado (si se me permite la expresión) por el texto que había sido aprobado en la Asamblea de Parlamentarios Vascos dijo aquello de «Nos veremos en las Cortes», lanzando la amenaza, entre comillas, de que políticamente aquel texto iba a ser laminado en las Cortes generales y que, desde luego, no íbamos a tener aquel Estatuto. Yo, en este sentido, pediría la misma altura de miras que hace veinticinco años existió en la transición política. Aquel texto no fue laminado en las Cortes. Es verdad que hubo que negociarlo, que dejamos pelos en la gatera, que buscamos acuerdos y que fuimos capaces de tener soluciones encima de la mesa finalmente. Yo, desde luego, me niego a aceptar... digamos, como única hipótesis de juego, que va a existir la ceguera de bloquear cualquier tipo de negociación a una propuesta que ha sido aprobada por la mayoría absoluta del Parlamento vasco.

*—Pongámonos en esa situación: aprobado por la mayoría absoluta del Parlamento vasco, se produce en las Cortes españolas una votación y el proyecto es rechazado. Se abriría un tiempo diferente. ¿Quién tiene que negociar?*

—¿Sin siquiera discutirlo, sin siquiera analizarlo? ¿Sin siquiera negociarlo? ¿Quiere usted decir eso?

*—No, no, no... Quiero decir que si se produce un debate y tras ese debate, se vota, y tras esa votación, se pierde...*

—Pero hay unos mecanismos parlamentarios...

*—No, no... Le quiero preguntar lo siguiente: como se van a reunir Juan José Ibarretxe y José Luis Rodríguez Zapatero pasado mañana, ¿son ellos los que tienen que negociar? ¿O ellos no tienen que negociar nada?*

—Formalmente, no. Pero no le oculto que, políticamente, usted recordará perfectamente cómo hace veinticinco años, el Estatuto de Gernika, aparte de los propios elementos de negociación en Cortes generales, contó con una negociación política de alto nivel. En aquel momento negociaban el presidente de Gobierno Adolfo Suárez y el presidente del Consejo General Vasco, Carlos Garaikoetxea. Por tanto, formalmente, la negociación les corresponde a las Cortes generales y a la representación del Parlamento vasco. Ésta debería comparecer en los órganos correspondientes de las Cortes generales y presentar su propuesta, discutirla y negociarla. Pero todo ello debería ser compatible con una negociación política al más alto nivel, al igual que existió hace veinticinco años.

*—¿Qué podría negociarse? Porque el otro día, tras la aprobación del Plan Ibarretxe en Vitoria, se decía que no había vuelta atrás, que nadie puede alterar la voluntad de los vascos. ¿Qué de lo aprobado en Vitoria es susceptible de ser removido o eliminado?*

—Pues mire, para eso, lo primero que tenemos que hacer es sentarnos en una mesa, coger los textos y analizarlos. Porque, por ejemplo, se están diciendo cosas como que es absolutamente inconstitucional. Yo estoy convencido de que, en la vida política, las constituciones y los textos jurídicos están al servicio de las sociedades, de la convivencia y de los acuerdos y, por tanto, los acuerdos que tenemos que tener son políticos y, en este sentido, los mecanismos jurídicos y constitucionales debemos adaptarlos a los acuerdos y, a día de hoy, hay en la Constitución española suficientes mecanismos. Estoy hablando de la disposición adicional primera, relativa a los derechos históricos de los territorios forales, por ejemplo; estoy hablando de la disposición adicional primera del Estatuto de Gernika, aquella que habla de la aprobación de este texto: el Estatuto de Gernika no supone en ningún caso renuncia a los derechos que al pueblo vasco pudieran corresponderles en función de su historia y de su voluntad de autogobierno. Estoy hablando también de la disposición derogatoria de la Constitución española, aquella que hace referencia a la derogación de las leyes abolitorias de los fueros de 1839 y 1876. Existen mecanismos jurídicos constitucionales. De forma que, si hay voluntad política, podemos sentarnos en una mesa y podemos buscar aquellas perchas y aquellos mecanismos que puedan dar cuerpo a un acuerdo político. Por tanto, en una mesa (yo diría que en esta vida), todo, evidentemente, se puede negociar de una forma razonable y tratando de buscar acuerdos, que en definitiva es para lo cual la sociedad nos paga a los representantes políticos.

—*¿En esa negociación se incluye dónde reside la soberanía?*

—Es que... Fíjese: yo creo que se ha hecho un tabú que no es real, porque se está... Yo esta mañana venía leyendo un periódico y leía eso de «la propuesta soberanista». Esta propuesta no es soberanista. Esta propuesta elude ese debate. Ni siquiera residencia la soberanía en la sociedad vasca. Fíjese: es que ese debate no tiene solución. Yo soy nacionalista vasco y es evidente que si yo soy nacionalista vasco, creo que la soberanía reside en el pueblo vasco. Y entiendo, además, que legítimamente otra persona pueda pensar desde una concepción patriótica española que la soberanía reside en el pueblo español y punto, y que nadie más es sujeto de soberanía. Pero ese debate no tiene solución, porque eso finalmente es un choque de soberanías, es un choque de trenes, es un choque de legitimidades. Precisamente, esta propuesta, con sus virtudes y con sus defectos, que los tendrá también, sin lugar a dudas, elude ese debate. Y entra en términos de compartir soberanía, de pactos, de acuerdos mutuos, de «cosoberanía», si se me permite la expresión, que no sé si jurídicamente es la más correcta. Yo creo que ése tiene que ser el camino. En definitiva, tenemos que buscar una solución al problema vasco que pase por una especie de cofre de doble llave, en la cual nadie tengamos únicamente la llave que abra y cierre el cofre, de forma que necesitemos el pacto y el acuerdo también desde el punto de vista jurídico a la hora de articular una solución. Por tanto, yo diría que tenemos que eludir el debate de las soberanías puras y, además, es el camino que nos enseña Europa. En estos momentos, en Europa, en la nueva Europa que se está construyendo, hablar de soberanías absolutas y cerradas no es posiblemente el camino. Hoy en día, empezamos a compartirlas y creo que ése debe ser también el núcleo sobre el cual tenemos que articular la discusión, la negociación y el debate relativo al tema vasco. Y esto, lógicamente... Mire, yo soy químico, yo no soy jurista, por lo tanto, no voy a poner encima de la mesa cuál es la solución jurídico-constitucional perfecta, pero ése debe ser el camino. Ese concepto: tratar de eludir la cuestión de las soberanías y tratar de buscar una fórmula innovadora a partir de compartir soberanías y de buscar el pacto. Además, el pacto, en este tema, es algo que va más allá de la cultura nacionalista del País Vasco. Enlaza también con todos los sectores de la cultura foral que, como usted bien conoce, van mucho más allá del propio aspecto nacionalista.

*—¿Estima que la mayoría parlamentaria obtenida en Vitoria indica que en Euskadi ya hay acuerdo? ¿Piensa usted que ahora el conflicto es ver cómo se acuerda con España?*

—No. Indica que todos nos hemos dado unas reglas de juego. El Estatuto de Gernika fue aprobado en el Parlamento vasco y en las Cortes generales y fue también refrendado por la ciudadanía vasca: en él se indicaba que la aprobación de un nuevo Estatuto exigía una mayoría absoluta del Parlamento vasco y, por tanto, indica que ese paso se ha dado. Existe una mayoría absoluta en el Parlamento vasco y, por tanto, desde el punto de vista legal y desde el punto de vista institucional, tenemos una propuesta legítima encima de la mesa que exige ser discutida y negociada por parte de todos. Y si en el camino somos capaces de ensanchar los acuerdos, pues miel sobre hojuelas, porque finalmente ése es el objetivo de una propuesta como la que tenemos encima de la mesa.

*—Respecto a la unidad nacionalista que se observó tras la aprobación del Estatuto político, no sabríamos interpretar si es que había una*

*gran satisfacción o había una gran preocupación. ¿Esa unidad autoriza a pensar que se podrían desandar caminos o no? La impresión que se tenía es que el nacionalismo había tomado una posición, que había colocado el listón en un lugar del que difícilmente regresaría. ¿Cree usted que cabría un acuerdo en el cual el Parlamento vasco revisara el núcleo duro del plan, el asunto fundamental: dónde reside la soberanía, si la Constitución vale para España pero no para el País Vasco, y si en el País Vasco se debe decidir qué elementos de la Constitución parecen adecuados? Es decir, ¿ese núcleo del proyecto es revisable?*

—Pero... fíjese... ¡Si es que no existe el planteamiento ése de que la Constitución no vale en el País Vasco! Hace un momento le estaba planteando cuáles son, desde mi punto de vista, las perchas constitucionales que debidamente desarrolladas o revisadas pueden servir para un acuerdo político en torno a la propuesta que tenemos encima de la mesa. En este sentido, yo creo que un observador que sigue la política vasca en el día a día no puede hablar ficticiamente de elementos de unidad y comunión con Sozialista Abertzaleak a raíz del voto del pasado jueves. Eso no puede sostenerse, porque es evidente cuál es la posición política que Sozialista Abertzaleak ha mantenido y mantiene en torno a esta propuesta. Por tanto, yo diría que es tan ficticio como decir... pues que... no sé, que estamos en puertas de una unidad o una comunión socialista porque tres votos de Sozialista Abertzaleak votaron con el Partido Socialista el pasado jueves. Creo que no se corresponde con la realidad de lo que pasó en el Parlamento vasco el pasado jueves, aunque le pueda servir al Partido Popular como elemento para volver a una dinámica política que, afortunadamente, hacía nueve meses había desaparecido de este país y que parece que está tratando de revitalizarla artificialmente a raíz de este debate.

*—Sí... El Estatuto de Gernika se negoció entre una delegación de la Asamblea Parlamentaria Vasca, como usted recordaba antes, y la Comisión Constitucional del Congreso de los Diputados. Ahora, para su reforma, ¿tendría que hacerse de un modo parecido? ¿Me podría precisar un poco más? ¿Quiénes habrían de formar estas comisiones? ¿Una comisión del Parlamento vasco...?*

—Pues sí. Yo creo que, además, todo eso está tasado y reglado. Creo que, de hecho, una comisión del Parlamento vasco debería designar a un grupo de personas que deberían ser las que discutiesen en las Cortes generales con el órgano que las Cortes designasen, que entiendo es la Comisión Constitucional. Pero todo esto está... digamos, reglamentado. Podría ser una representación elegida por el propio Parlamento vasco la que llevara a cabo esta negociación, independientemente, como decía antes, de que los representantes políticos, los partidos y otras instituciones también, también pudieran mantener interlocuciones políticas de alto nivel y que éstas pudieran, lógicamente, hacerse en paralelo.

—*«Euskadi ha decidido. Ahora se trata de saber si España reconoce lo que Esukadi ha decidido». ¿Sería ésta una lectura completamente simple, equivocada y precipitada de lo ocurrido?*

—Hombre es una... es una lectura real y, lógicamente, como cualquier lectura que se hace en una frase, en una sentencia, sí es simplificadora, pero es una lectura real. Yo, en ese sentido, creo que tenemos que tratar de ser capaces de poner en el camino de la negociación política esa decisión que corresponde a la mayoría del Parlamento vasco. Mire, aquí todos tenemos dos opciones: una de ellas es dinamitar los puentes, cerrar las alternativas, bloquear los unos las propuestas de los otros, hacer que nuestras mayorías jueguen en un lugar y en el otro... Pero eso nos lleva a un camino sin solución. Y yo creo que eso no es bueno para la sociedad vasca... y me atrevo a decir que tampoco es bueno para la sociedad española...

—*Digamos que esto que estamos comentando es ya, sin duda, campaña electoral de las elecciones autonómicas.*

—Claro. Es que, mire, en la política hay una cosa que siempre se mete por el medio, que son las campañas electorales, ¿no? Y, en este sentido... tenemos unas elecciones esta primavera, en el mes de mayo. Pero creo que debiéramos ser capaces todos, en la medida de lo posible, de aparcar los núcleos o los aspectos nucleares del tema respecto de lo que es una campaña electoral. Porque... ¡es que tenemos una campaña electoral cada año en este país! Y, por tanto, estaríamos siempre absolutamente inutilizados e inservibles para hacer política si tuviésemos que dejar de hacerla en serio cuando tenemos una campaña...

—*No, no... No digo que hay que dejarla, pero es usted un hombre de experiencia: usted sabe perfectamente que esta campaña va a ser «España contra Euskadi» o «Euskadi contra España». Al menos, se va a correr el riesgo de que se interprete así, y las posibilidades de modulación que usted dice que son imprescindibles para hacer todos los acuerdos elásticos de los que habla... cada día van a ser más difíciles.*

—Pues yo, en eso, pediría un ejercicio de responsabilidad a toda la clase política. Mire usted, ha visto que en lo que llevamos de entrevista no es ése precisamente el discurso que he articulado y que he mantenido. Ese discurso de la confrontación que posiblemente, en términos electorales, pudiera ser el más rentable para la formación política que yo represento. Pero creo que hay momentos en los que uno debe estar a la altura de la responsabilidad. Y yo pediría esa misma responsabilidad, desde el respeto a las legítimas ideas y planteamientos y proyectos que otros partidos políticos presentan. Yo pediría también una cierta altura de miras, de forma que no convirtamos esto en un escenario preelectoral, porque a mí me da la sensación de que aquí se están mezclando muchas cosas. Cuando uno analiza toda esta campaña político-mediática de esta última semana en torno a la propuesta del Parlamento vasco, uno tiene la sensación, por un lado, de que el Partido Popular está tratando de recobrar un espacio político que había perdido en España a raíz de las elecciones de marzo y que está tratando nuevamente de utilizar el tema vasco como un elemento de confrontación. Y, en este sentido, creo que la sociedad vasca no necesita de tensionamientos y confrontaciones artificiales para poder ser utilizados de forma absolutamente partidista por una formación política, como es, en este caso, el Partido Popular.

*—Pero, perdóneme, señor Imaz, el Plan Ibarretxe era un plan para mejorar lo que había... Ya se ha aprobado en Vitoria. ¿Qué ha mejorado?*

—No. Lo que tenemos encima de la mesa es una propuesta. El objetivo, por supuesto... que es mejorar, lo que tenemos entre manos. Mire, hay...

*—Y, en estos momentos ¿qué se ha mejorado?*

—No... En estos momentos tenemos una propuesta. La propuesta no está aprobada formalmente todavía, pero si la propuesta estuviese aprobada, tendríamos, para empezar, un autogobierno con garantías, cosa que no hemos tenido en los últimos años. El Estatuto de Gernika que tanto invocan el Partido Popular y el Partido Socialista ha sido incumplido sistemáticamente en los últimos veintitrés años. A partir de ese momento, primeramente, con la LOAPA, y a raíz del pronunciamiento del Tribunal Constitucional sobre la LOAPA [4], con las leyes básicas orgánicas, se inicia un camino de incumplimiento y de chalaneo del Estatuto de Gernika que todavía lo estamos sufriendo. Una parte importante de su contenido competencial, y me estoy refiriendo a materias tan sustanciales como la Seguridad Social, las políticas de empleo o el espacio sociolaboral, nunca se han cumplido. Leyes básicas en materia educativa o sanitaria han estado mermando continuamente las capacidades de autogobierno que las instituciones vascas teníamos. Por tanto, lo primero que se solucionaría es que tendríamos un autogobierno no flotante, sino un autogobierno con garantías que no pudiesen ser modificadas unilateralmente. En segundo lugar, la sociedad vasca y la sociedad española han cambiado mucho en veinticinco años. A día de hoy, necesitamos nuevos instrumentos de autogobierno. Por ejemplo, hace veinticinco años nadie se planteaba la posibilidad de estar presentes en las instituciones europeas. Hoy es absolutamente necesario para defender los intereses de nuestros ciudadanos y en Europa existen mecanismos para ello, porque Flandes, Valonia, Baviera, Baden-Wurtemberg los están utilizando ya. Sin embargo, en España es el Gobierno (tanto del Partido Popular, en su momento, como ahora y antes del Partido Socialista) el que no ha dado camino a esta presencia. Por tanto, sí que existen elementos sustanciales que afectan al bienestar y a la calidad de vida de los ciudadanos y que serían mejorados a través de la propuesta de este nuevo Estatuto político.

*—Yo insisto, señor Imaz: usted alude mucho a los problemas con Madrid, ¿pero no le parece que antes hay un problema de consenso no resuelto en la sociedad vasca?*

—Bueno, en este sentido... nosotros vamos a trabajar para que las mayorías puedan ser más amplias, pero, mire... Muchas veces se dice que no se puede construir una sociedad del 51 por ciento frente al 49 por ciento. Yo, sustancialmente, puedo estar de acuerdo con esta frase, porque aquellos que en un momento determinado podemos tener proyectos que articulan a más del 50 por ciento de la sociedad tenemos que hacer esfuerzos para poder ampliar caminos y el escenario. Y yo estoy convencido, además, de que un proyecto de este tipo puede tener mayorías sustanciales más amplias que ese 51 por ciento en la sociedad vasca. Pero, claro, aquellos que dicen que no se puede construir una sociedad con el 51 por ciento son los mismos que hacen una interpretación restrictiva de la Constitución... Y no olvidemos que la Constitución obtuvo el 30,8 por ciento de los votos en la sociedad vasca del censo de 1978. Aquellos que hacen esa interpretación restrictiva de la Constitución hacen de sus artículos una especie de corsé y no pueden ser traspasados en lo que supone el ejercicio de un proyecto de autogobierno. Por tanto, el 51 por ciento igual no es válido, pero, desde luego, el 31 por ciento, el 35 por ciento o el 40 por ciento todavía es menos válido para bloquear cualquier tipo de propuesta que se ponga encima de la mesa. Por tanto, puedo estar de acuerdo con su afirmación, en la necesidad de que seamos capaces de buscar mayorías más amplias, pero, desde luego, aquellos que se niegan sistemáticamente al diálogo y a la negociación en torno a un proyecto de autogobierno carecen de legitimidad para llevar a cabo planteamientos de este tipo, desde el punto de vista de la representación política.

*—¿No le preocupa, señor Imaz, que este proceso pudiera llegar a provocar una fractura social y también una fractura territorial en Euskadi?*

—Bueno... respecto a la fractura social, yo creo que la sociedad vasca es muy madura y que los debates políticos que tenemos los representantes políticos legítimamente, con más o menos acierto, pueden provocar discusiones y debates y fracturas en el ámbito de la representación política. Yo no veo fractura social en Euskadi y, además, la sociedad vasca es una sociedad entrelazada, es decir... las... los votos a las formaciones políticas se comparten en la misma familia, en la misma cuadrilla de amigos y en los lugares de trabajo. En ese sentido, yo creo que un análisis sereno de la sociedad vasca nos indica algo absolutamente alejado de cualquier tipo de fractura social. Respecto a la fractura territorial... mire... Yo... hay una cosa que tengo absolutamente clara: cualquier nuevo proyecto de autogobierno, cualquier nuevo Estatuto político tiene que contar, en términos de legitimidad, con mayorías en todos y cada uno de los territorios que componen la Comunidad Autónoma vasca al día de hoy, por tanto, eso elimina cualquier tipo de riesgo de fractura territorial.

*—Si no se aprueba el Plan en las Cortes, ¿habrá referéndum?*

—Bueno, yo ya le digo que, en principio, quiero pensar que estamos ante un escenario de negociación y de diálogo. ¿Qué pasaría si hubiese un bloqueo absoluto por parte de las Cortes generales a este proyecto? Es decir, ¿qué pasaría si dijeran: «Ni siquiera lo vamos a negociar, no vamos a hablar sobre él, no lo vamos a discutir, vamos a bloquearlo»? Eso sería muy grave. Estaríamos hablando de que una propuesta que cuenta con la mayoría absoluta de la representación en la Comunidad Autónoma de Euskadi ni siquiera es analizada y ni siquiera es negociada por parte de los poderes generales del Estado. ¿Qué haríamos nosotros en esa situación? Pues lo vamos a poner en nuestro programa electoral. Por tanto, no es ningún secreto que, en ese supuesto, elevaríamos una consulta a la sociedad vasca para saber cuál es la opinión política y real de la sociedad vasca ante la propuesta del nuevo Estatuto político. Y, desde luego, sí sería interesante conocer esa opinión, porque eso, desde luego, señalaría un camino para que se abriera una negociación de forma inmediata. Porque la voz de una sociedad, expresada de una forma mayoritaria, no puede en ningún caso cerrarse con eso de «esto no se negocia» y «esto se bloquea». Eso, en términos democráticos, me parece grave.

*—Negociar quiere decir estar dispuesto a ganar y estar dispuesto a perder. ¿Saben los nacionalistas vascos que el proceso al que usted se refiere es un proceso que podría desandarse? Quiero decir que la negociación podría comenzar y mucho de lo que el otro día se aprobó y que muchos de los ciudadanos vascos saludan como un paso adelante muy importante, de repente, podría no seguir adelante, porque es una «propuesta», no una «impuesta», y, por tanto es un asunto que podría no prosperar. ¿Está preparada la sociedad nacionalista vasca para eso o teme el PNV que pudiera quedar atrapado en una especie de compromiso con Batasuna o con SA, muy firme celador del mismo, que no le diera maniobrabilidad ninguna esa negociación?*

—No, mire... En ese sentido, yo decía muy gráficamente el día 31 que Batasuna es el último que ha llegado a esa votación y, además, dividiendo su voto a tres y tres, y con ese discurso incoherente. Desde luego no va a marcar ni el discurso ni va a marcar las condiciones. Los que vamos a marcar el discurso, las condiciones y la estrategia política somos el Partido Nacionalista Vasco, Eusko Alkartasuna e Izquierda Unida, que somos los tres partidos políticos que estamos detrás de ese proyecto. A partir de ahí, mire, yo no soy de los que en la vida tiene ningún tipo de posición esencialista ante las negociaciones. Una negociación, en cualquier ámbito de la vida, sea familiar, sea laboral, sea político, significa que uno va a una mesa con sus posiciones y que, lógicamente, la otra parte lleva sus posiciones; uno trata de mantener los aspectos sustanciales de su negociación, de su posición, a lo largo de esa negociación y uno tiene siempre sus límites de negociación y sabe hasta dónde puede llegar. Eso es una negociación en la vida y, lógicamente, la negociación significa acuerdo y significa que siempre uno deja pelos en la gatera. Por tanto, yo no estaría en ninguna visión esencialista de lo que tiene que ser una negociación. Una negociación política tiene que ser fundamentalmente un ejercicio de acuerdo entre dos partes para alcanzar un proyecto de convivencia.

*—Bueno y, finalmente, usted parte de la legalidad. A la legalidad voy: ¿acepta usted la Constitución española?*

—Yo... Como es conocido, público y notorio, el Partido Nacionalista Vasco no aprobó la Constitución española. Se abstuvo. Además, esa posición fue mayoritaria en la sociedad vasca en el año 1978, pero siempre hemos acatado lo que es el marco jurídico y legal vigente. Ésa ha sido nuestra práctica política a lo largo de los últimos veinticinco años; por tanto, no constituye en sí misma ninguna novedad.

*—¿Quiere que el proyecto resultante de las conversaciones a las que nos estamos refiriendo en esta conversación contribuya a que Euskadi forme parte de España?*

—Es que es evidente que Euskadi siga formando parte del Estado español... Nuevamente, esa continua campaña política que algunos han llevado a cabo ha instalado una serie de lugares comunes que son falsos, rotundamente falsos, en la opinión pública española. Antes he oído los resultados que ustedes ofrecían de «El Pulsómetro»: ¡es que lo que me parece milagroso es que haya más de un 10 por ciento, un 12 por ciento, en la sociedad española que esté a favor del Plan Ibarretxe! ¡Pues claro! ¡Es que, cuando la gente está oyendo todos los días que es un plan rupturista, secesionista, soberanista, que es un plan pactado con los violentos...! ¡Es que me parece milagroso que haya un 12 por ciento de gente que se muestre a favor! Mire, éste es un plan para convivir con España, dentro del Estado español, a partir de una doble asunción: nuestra participación desde la sociedad vasca en ese proyecto común y la asunción de nuestra libre decisión de participación en el mismo. Ésas son las claves del proyecto que tenemos entre manos. Por tanto, no es un proyecto para la ruptura, no es un proyecto para la secesión: es un proyecto para la convivencia, para compartir un proyecto de Estado desde la asunción de la plurinacionalidad de este Estado y desde el pacto a partir del cual la sociedad vasca, libremente, participa en el mismo. Ésas son las bases nucleares del proyecto llamado Plan Ibarretxe, que es la propuesta del nuevo Estatuto político que ha sido aprobada por el Parlamento vasco el pasado 30 de diciembre.

*—Josu Jon Imaz, muchas gracias.*

—Gracias a ustedes y que pasen un buen día.

## NOTAS

[1] Sozialista Abertzaleak es la última denominación de Herri Batasuna, el brazo político de la banda terrorista ETA. Es una organización ilegal, pero los diputados electos se mantenían a título individual en el Parlamento vasco y esta institución les permitió seguir ejerciendo la función pública. Aunque este grupo había manifestado que no votaría a favor del Plan Ibarretxe, finalmente, tres de sus miembros sí lo hicieron, de modo que la propuesta pudo seguir su camino administrativo hasta el Congreso de los Diputados en Madrid.

[2] José Antonio Urrutikoetxea, *Josu Ternera*, fue miembro del Parlamento vasco en las filas de Herri Batasuna. También había sido miembro reconocido de ETA. Siendo parlamentario, la Justicia lo procesó por haber ordenado distintos atentados, pero consiguió darse a la fuga. Arnaldo Otegi, el mismo día de la votación, leyó una carta del escurridizo prófugo en la que recomendaba el apoyo parcial al Plan Ibarretxe.

[3] La Asamblea de Parlamentarios Vascos era una institución preautonómica, constituida por los parlamentarios electos en Euskadi. Fueron los encargados de dar los primeros pasos en la elaboración del Estatuto de Autonomía del País Vasco, llamado de Gernika, refrendado por los ciudadanos el 25 de octubre de 1979.

[4] LOAPA, Ley Orgánica para la Armonización del Proceso Autonómico. El Tribunal Constitucional anuló en 1983 catorce artículos de esta ley. Se llamó después Ley del Proceso Autonómico (LAP).

38

# *María Teresa Fernández de la Vega Plan Ibarretxe: «La convivencia no se establece por mayoría simple»*

José Luis Rodríguez Zapatero se había comprometido a formar un Gobierno llamado «paritario», con una representación igual en el número de hombres y mujeres. Y, ante cierto desdén de determinadas instancias, lo cumplió. En una de las fotografías más buscadas de aquel Gobierno podía verse al nuevo presidente con «sus ministras». Entre todas, destacaba, por su cargo y por su singular presencia, María Teresa Fernández de la Vega, nombrada vicepresidenta primera del Gobierno.

María Teresa Fernández de la Vega (Valencia, 1949) tenía a sus espaldas una larga trayectoria en la Administración de Justicia, desde mediados de los años setenta, y en los primeros años de Gobierno socialista de Felipe González había sido jefa de gabinete del Ministerio de Justicia con Fernando Ledesma. En 1986 formó parte del Comité de Cooperación Jurídica del Consejo de Europa y en 1990 accedió a una vocalía del Consejo General del Poder Judicial (CGPJ). En 1994 fue nombrada secretaria de Estado de Justicia en el Ministerio de Juan Alberto Belloch. En aquellos años, ante el declive del poder socialista, Fernández de la Vega se implicó decididamente en la vida parlamentaria del PSOE —diputada electa en 1996— y trabajó en la oposición hasta que José Luis Rodríguez Zapatero la nombró vicepresidenta del Gobierno en 2004 y le confirió la potestad de organizar y coordinar todos los ministerios de la nueva etapa socialista.

Iñaki Gabilondo entrevistó a María Teresa Fernández de la Vega el 11 de enero de 2005 *(Hoy por hoy*, Cadena SER). El tema más importante, en esas fechas, era el progreso institucional del llamado Plan Ibarretxe, que llegaría al Congreso a finales de mes, y las consecuencias de una apertura del proceso de reformas estatutarias de las distintas autonomías.

*—Saludamos a la vicepresidenta primera del Gobierno, María Teresa Fernández de la Vega. Muy buenos días.*

—Hola, muy buenos días.

*—Estábamos aquí, antes de que usted llegara, hablando en torno al caso de De Juana Chaos* [1] *y nos planteábamos una duda: ¿está actuándose con un instrumento legal garantizado o se está abriendo una causa como consecuencia de la gran alarma social que ha generado su próxima excarcelación? ¿Se trata de una causa ad hóminem?*

—No, yo no creo que se esté abriendo una causa ad hóminem. Hay una serie de hechos que se han producido y la Justicia está actuando en consecuencia. Eso produce, a su vez, un efecto, digamos... tranquilizador, frente a una decisión que estaba produciendo, que nos producía a todos, un gran escándalo: la excarcelación de una persona que ha cometido gravísimos crímenes y que, por aplicación de una norma que hoy ya no está en vigor, se producía esa situación de indignación, comprensible desde el punto de vista social. Pero esa situación ya no se podría dar con el Código Penal actual.

*—¿La iniciativa se ha tomado a instancias del ministro de Justicia o de la Fiscalía General del Estado?*

—Yo creo que ha sido la Fiscalía General del Estado la que ha actuado frente a las manifestaciones que había hecho este personaje.

*—¿Y cree usted que va a aplicarse algo parecido en los casos de Inés del Río, Antonio Troitiño, hijo de Domingo Troitiño, Mercedes Ernaga, que son unos etarras con un currículo muy sangriento y que están también en una situación muy parecida a la de De Juana Chaos...?*

—No se puede hablar de ello con carácter general. En todos estos casos habrá que hablar de cada caso concreto y saber cuáles son los instrumentos que puede aplicar quien tiene que hacerlo en este caso, que son los jueces y los fiscales. Los tribunales, en este caso, tienen que actuar y deben actuar: nos tienen que dar la tranquilidad de que son ellos los que actúan y funcionan.

*—En torno al Plan Ibarretxe, una pregunta de carácter general: ¿el Gobierno está viviendo con tranquilidad este momento? Saben que en la sociedad española se percibe una cierta inquietud, en algunos casos, no una*

*cierta inquietud, sino una inquietud cierta. ¿Cómo vive el Gobierno este momento?*

—El Gobierno está viviendo este momento como debe hacerlo cualquier Gobierno responsable: con la preocupación que se deriva de saber que hay un problema, que es un problema... un tema importante, pero con la tranquilidad de saber lo que quiere el Gobierno, lo que piensa y lo que va a hacer. El Gobierno rechaza claramente el Plan Ibarretxe, lo ha hecho no desde hoy, sino desde siempre. Quiero recordar que, desde el discurso de investidura, el presidente del Gobierno anunció que estaba en contra del Plan Ibarretxe: desde el primer momento. En el momento que se produjo la votación en el Parlamento [vasco], el pasado día 30 de diciembre [de 2004], de la propuesta de Ibarretxe, hubo una manifestación de determinación clara y rotunda del Gobierno en contra de la aprobación del Plan Ibarretxe. Hemos abordado el tema desde la reflexión, como hay que hacerlo en temas de esta naturaleza y de esta importancia, desde el análisis, desde el estudio de las posibilidades que este reto plantea, y hemos adoptado una serie de decisiones que vamos a llevar a cabo. Quiero dejar claro y quiero aprovechar la oportunidad que usted me brinda para transmitir a todos los oyentes que sepan que, mientras este Gobierno tenga la confianza de los ciudadanos, el Plan Ibarretxe, esa propuesta de Ibarretxe, no va a salir adelante: no va a salir adelante.

—*Ha dicho hace un momento que el Gobierno sabe qué va a hacer. ¿Qué va a hacer el Gobierno exactamente?*

—El Gobierno va a utilizar todos los instrumentos que el ordenamiento jurídico establece para impedir que esta propuesta llegue a transformarse en una realidad, que es lo que pretende el señor Ibarretxe.

—*Por el momento no va a plantear una...*

—Bueno... en cada momento haremos lo que creamos que debe hacerse. En este momento, tal y como establece la Constitución y el propio Estatuto, tras la aprobación en el Parlamento vasco, se producirá un debate en el Congreso de los Diputados. Porque, de momento, no estamos hablando más que de una propuesta que no produce ningún tipo de efecto desde el punto de vista normativo ni de eficacia jurídica. Esto sólo desencadena una segunda parte de un procedimiento complejo, que es el debate en el Parlamento. Y creemos que eso es lo que hay que hacer. ¿Y por qué creemos que es eso lo que hay que hacer? Primero, porque está así previsto en la ley. Por tanto, hay que cumplir la ley y la Constitución, siempre y en todo momento. Dos: porque es muy importante que se produzca el debate: es muy importante que se den las razones por las cuales estamos diciendo «no» al Plan Ibarretxe. Es muy importante que se diga «no» al Plan Ibarretxe con luz y taquígrafos, y en el lugar donde reside la soberanía, que es el Parlamento. Es muy importante que lo diga, que hablen de este tema los 350 diputados que componen la Cámara. Es muy importante que el debate se haga en el Parlamento, que es el único lugar donde se habla con igualdad, donde hay reglas preestablecidas, donde no hay prioridades y donde, a través de la exposición del posicionamiento de cada uno de los grupos políticos, los ciudadanos van a formarse una opinión del Plan Ibarretxe. Por lo tanto, desde el punto de vista democrático, primero, eso es lo correcto. Desde otro punto de vista, creo que es muy eficaz, mucho más eficaz que cualquier otra alternativa, sin perjuicio de que evidentemente las otras alternativas están ahí y, si es necesario utilizarlas en un momento dado, se utilizarán. No renunciamos a nada.

*—¿Pudiera darse el caso de que estuviera percibiéndose de otra manera en la sociedad? Hace un momento estábamos dando los resultados de «El Pulsómetro» del Instituto Opina, en el cual se señalaba que se producía un recorte bastante notable, llamativo, en quince días, de la ventaja que llevaba el Partido Socialista al Partido Popular. No sabemos a qué atribuirlo, pero el Instituto Opina cree que es probable que tenga que ver con el modo de afrontar la cuestión del Plan Ibarretxe. Quizá el estado de opinión pase por una apreciación como la siguiente: «El Gobierno está mostrando vacilación o debilidad». Es como si esta sensación hubiera prendido, en cierto sentido, en parte de la sociedad. ¿Lo acepta?*

—Pues no. No quiero aceptarlo. Francamente hay que estar siempre muy atento a la opinión pública y muy atento a lo que dicen los ciudadanos y las opiniones que se expresan a través de este tipo de consultas o de encuestas, pero, bueno, el Gobierno está haciendo las cosas como cree que debe hacerlas y lo que tenemos que hacer es un esfuerzo de explicación, probablemente, sobre cuál es la posición del Gobierno. La firmeza del Gobierno es total; es decir, la firmeza no se pone de manifiesto por decir: «Cojo y me voy a los tribunales». Eso no es tener mayor firmeza. La firmeza deriva de la convicción, de la profundidad de la convicción, de la voluntad de llevar esas convicciones a cabo, del análisis sereno y meditado: ésa es la firmeza. Y no permitir en ningún caso que se deje de dar ninguno de los pasos necesarios desde el punto de vista democrático y desde el punto de vista del Derecho y del Estado constitucional para conseguir el objetivo del Gobierno, porque creo que el objetivo del Gobierno y el objetivo del conjunto de la sociedad española, en este caso, es el mismo.

*—Cuando se produzca ese debate y esa votación, cuyo resultado puede ahora anticiparse* [2]*, ¿qué escenario cree que se dibuja? El señor [Josu Jon] Imaz estuvo ayer con nosotros y decía que por un lado están las elecciones autonómicas del País Vasco, que veremos qué resultado dan, y, en segundo lugar, no descartó que, en su momento y en las circunstancias que ya Ibarretxe explicó, se pudiera llegar a convocar un referéndum, una consulta. En caso de que eso ocurriera, ¿qué haría el Gobierno?*

—Vamos a ver, vamos a ir por partes. Nos situamos en el día X, cuando el Parlamento soberanamente dirá «no» por mayoría, por mayoría abrumadora y rechazará la propuesta del Plan Ibarretxe. Yo creo que eso es lo que va a ocurrir y, por tanto, yo creo que eso nos debe dar, de entrada, una enorme tranquilidad: habrá un funcionamiento democrático de las instituciones. Los parlamentarios, la soberanía nacional habrá dicho «no». A partir de ese momento, ¿qué es lo que va a pasar? Se tendrá que acatar esa decisión. Eso es lo razonable, eso es lo sensato, eso es lo que yo espero. ¿Pueden ocurrir otras cosas? No me gustaría anticipar en estos momentos situaciones que podrían producirse y que entrarían ya en la vía de la ilegalidad.

*—No, pero... sin entrar en eso: con esa decisión que se acata se llega a unas elecciones autonómicas en el País Vasco, en las cuales, ese asunto que ha sido aprobado por mayoría en el Parlamento vasco y rechazado de manera abrumadora en el Parlamento español se convierte en...*

—Ha sido rechazado. Ha sido rechazado, Iñaki. Ha sido rechazado, ha sido una iniciativa que no ha pasado y que ha sido rechazada. Es un asunto que fractura la sociedad vasca, un asunto que no quiere la sociedad española, el resto de la sociedad española: ha sido rechazado. Bueno... entonces estaríamos en otro escenario.

*—Sí... pero proyectando esa situación sobre las elecciones autonómicas, ¿qué tipo de análisis hacen sobre esa situación proyectada en las elecciones autonómicas vascas...?*

—Yo creo que, de entrada, lo que va a haber, y espero que haya, es mucha más información. De entrada, el debate que se va a producir en el Parlamento de la nación va a ser un debate que tiene que provocar un efecto muy importante: no sólo la sociedad española va a tener más información, sino también la sociedad vasca, porque es muy importante saber, conocer, saber qué opinamos todos, cuál sería el futuro, por dónde se desarrollaría una y mil veces una propuesta similar. Y eso es poder tener libertad para poder crear un estado de opinión que puede ser diferente.

*—Decía ayer Josu Jon Imaz en este programa que es una propuesta que no pretende imponerse y que cree que debe ser discutida para llegar a los acuerdos que fueran pertinentes. ¿Está el Gobierno dispuesto a discutir el Plan Ibarretxe con el Parlamento vasco? No sería el Gobierno quien debiera hacerlo, pero...*

—Es que no es una propuesta ni para discutir ni que se haya discutido, eso de entrada. Es una propuesta que se ha impuesto, es una propuesta que no se ha debatido, es una propuesta hecha por una parte, por un sector de la sociedad vasca, que ni siquiera ha tratado de consensuar el conjunto de las posiciones de la sociedad vasca. Es una propuesta que viene del Parlamento vasco, pero de la mano de los votos de quienes han sido y son el brazo político de ETA, ha venido de esa manera y, desde luego, ha excluido a la mitad de la sociedad vasca: no ha habido diálogo, no es verdad que haya habido diálogo, no lo ha habido, se han excluido posiciones políticas y, por lo tanto, es una propuesta que ha fracturado, que fractura, que excluye, que disgrega, que discrimina. Entonces, claro, si es una propuesta que lo que pretende es establecer una norma de convivencia... Una norma de convivencia no se establece por una mayoría simple, una norma de convivencia, como un estatuto, se establece por una amplia mayoría, no se establece con un proyecto político propio. Hay que compartirlo, hay que renunciar, tiene que tener un nivel de consenso importante. ¿Cuál es el nivel de consenso en esa propuesta? Por lo menos tendría que tener el mismo nivel de consenso que tuvo la norma que trata de sustituir...

*—Así pues, ¿no habría, desde su punto de vista, motivo para que se estableciera una conversación en torno a este plan entre la Cámara vasca y el Parlamento de Madrid?*

—No. Es que no hay... Si es que lo hemos dicho desde el primer momento: es que, en su origen, está mal planteado, en su origen está hecho de forma excluyente. Por tanto, yo creo que es un tema muy claro. Nunca, repito, y esto lo tienen que tener muy claro los ciudadanos, con este Gobierno, un plan de esta naturaleza nunca va a salir adelante. Porque la sociedad española no lo quiere, porque fractura la sociedad vasca, la divide. Es decir... Vamos a ver: el plan se coloca fuera de la Constitución y esto es algo muy importante. Yo creo que todos los ciudadanos de este país hicimos un esfuerzo enorme por buscar una norma de convivencia, que es la Constitución Española del año 1978 y los vascos confeccionaron una norma de convivencia que fue el Estatuto de Gernika. Pero, al margen de eso, lo peor que tiene este plan, desde el punto de vista democrático, es que rompe la sociedad, que la parte, que la divide. ¿Pero qué norma de convivencia está siendo ésa? ¡Eso no es posible!

—*En este sentido, ¿qué contenido puede tener la conversación de pasado mañana entre el presidente Rodríguez Zapatero y Juan José Ibarretxe?*

—Pues el contenido fundamental es el de escuchar y volver a repetirle al lehendakari algo que yo creo que es obvio; es decir, cuál es la posición del Gobierno en este tema, dejarle muy clara al lehendakari la posición del Gobierno, posición que él ya conoce pero que tiene que volver a oír. Es la posición que yo acabo de exponer aquí y que el presidente del Gobierno ha manifestado en muchísimas ocasiones. Y esa conversación servirá para decirle al lehendakari que, por tanto, por ahí no vamos a ningún sitio.

—*Si el Partido Socialista y el Partido Popular dicen lo mismo esencialmente, ¿por qué existen tantas diferencias en los métodos...?*

—Yo creo que tenemos con el Partido Popular un punto de partida muy importante y es que ambos estamos en contra, claramente, del Plan Ibarretxe. Probablemente discrepamos en los tiempos. No hay una... digamos, sintonía... en lo que son los tiempos. Me refiero a los tiempos a la hora de utilizar determinadas medidas. Yo, en cualquier caso, sí que quiero hacer una llamada a la responsabilidad. ¿Por qué digo esto? Digo esto porque últimamente estoy viendo con una cierta sorpresa y también una cierta tristeza que por parte del Partido Popular se hacen manifestaciones cada día... a veces... un poco extemporáneas y que no abundan, digamos, en el objetivo fundamental. Últimamente hablan más del Gobierno que de Ibarretxe. Entonces, yo creo que el objetivo fundamental en estos momentos es que tengamos todos muy claro qué es lo que tenemos que evitar, qué es lo que vamos a evitar, qué es lo que no nos gusta.

—*¿Tienen claro qué haría el Gobierno en el caso de que, celebradas las elecciones autonómicas, en mayo, ganara el nacionalismo vasco con mayoría absoluta y con el Plan Ibarretxe como programa? ¿Tienen más o menos claro qué harían en una situación así?*

—Pues a mí... ¿sabe, Iñaki?, no me gusta hacer anticipaciones de cosas que pueden ocurrir, aunque es verdad que en política hay que tenerlo todo analizado, porque todas las hipótesis se pueden plantear y un gobernante siempre tiene que tener respuesta para cuando se planteen ese tipo de hipótesis. Pero, bueno, en caso de que el Partido Nacionalista Vasco saque mayoría absoluta en las próximas elecciones, tendría más votos, pero no cambiaría nada si se propusiera volver a hacer lo mismo: lo haría igual de mal, con lo cual, estaríamos otra vez en las mismas. Creo que todos tendríamos que hacer un esfuerzo, porque creo que hay posibilidades de encontrar el punto de encuentro que pueda unir a la sociedad vasca. Hay mucha gente en el País Vasco que quiere mejorar sus niveles de autogobierno, que quiere cambiar, que quiere avanzar, pero es evidente que el Plan Ibarretxe, esta propuesta, no sirve para avanzar; sirve para ir para atrás, como los cangrejos. Pero, bueno... yo siempre creo que hay una posibilidad para la esperanza y hay una oportunidad para que tratemos de arreglar este problema, y, en eso, este Gobierno va a trabajar sin descanso.

—*Un par de cosas más en torno al debate territorial, ya no sólo el circunscrito al País Vasco. Cuando esta mañana dábamos los datos de «El Pulsómetro», nuestros comentaristas señalaban la posibilidad de que no solamente se estuviera, digamos, castigando esta indecisión del Gobierno en torno al Plan Ibarretxe (como decíamos antes y como asegura el Partido Popular), sino que también se estuviera penalizando una cierta imprecisión en torno al debate territorial en general, no sólo aplicado a Euskadi, sino en general. Y decía alguno de nuestros comentaristas: «Sería bueno que el Gobierno dijera por lo menos tres palabras que explicaran claramente adónde vamos en todo este debate territorial». ¿Podría usted dar satisfacción a este contertulio de* Hoy por hoy *y decirnos tres palabras que puedan resumir adónde va el proceso territorial en el que estamos ahora metidos? Ya no sólo en referencia a Euskadi...*

—En mi opinión, van a mejorar los niveles de cooperación que tienen que existir en un Estado con la estructura territorial que tiene España. Tienen que mejorar los niveles de convivencia y cohesión en cada uno de los territorios y, tratar de buscar, dentro del marco de la Constitución, con esa mayor cohesión, una solución a los nuevos problemas que se plantean en cada uno de los territorios.

—*¿En qué situación va a estar Esquerra Republicana de Cataluña? ¿Va a romper el apoyo que da al Gobierno actualmente en el Parlamen-*

*to o, como decía el presidente el otro día, espera que incluso se comprometa más para la legislatura?*

—No, yo no creo que Esquerra vaya a romper nada, porque... bueno, en lo que se refiere al Plan Ibarretxe, Esquerra conoce desde el primer momento nuestra posición. Quiero recordar, lo he dicho al principio de mi intervención, que en el debate de investidura, el presidente ya dijo que estaba en contra del Plan Ibarretxe y Esquerra votó la investidura. Por tanto, ahí no hay ninguna discrepancia y vamos a seguir trabajando por ampliar con una mayor perspectiva los acuerdos que hemos venido estableciendo en el Parlamento para sacar adelante distintas leyes. Éste es un Gobierno que tiene una gran estabilidad, quiero dejarlo claro, por mucho que algunos intenten decir lo contrario. La estabilidad se muestra con los hechos: ahí está el número de leyes importantes que hemos sacado adelante, todas las que ya han salido sin problemas; ahí están los Presupuestos Generales del Estado que vamos a ejecutar. Y nuestra idea es seguir en esa línea de ejecución de los presupuestos, que marcan, digamos, las prioridades para el próximo año y completar con acuerdos, con los grupos, con Esquerra, con Izquierda Unida y con Coalición Canaria lo que sería la acción normativa complementaria de esa ejecución de presupuestos que tenemos ya acordada.

*—Bueno... dada la actualidad, la conversación tenía casi inevitablemente un carácter monográfico, pero tengo que encontrar acomodo para otras cuatro preguntas, por lo menos, a las que me gustaría que nos ayudara a encontrar respuesta. Referéndum sobre la Constitución Europea: hoy, a las once, en el Congreso de los Diputados, se celebra una reunión que ya lanza definitivamente este asunto. No hay gran ambiente... más bien, no hay ambiente. ¿Augura una baja participación?*

—Tenemos que tratar por todos los medios de que haya una participación importante, porque creo que los españoles nos jugamos mucho. No vamos a ser el primer país que ratifique la Constitución, pero sí el primero que lo haga por referéndum. Creo que la Constitución Europea es buena para España y yo creo que tenemos que aprovechar el tiempo que nos queda de aquí al referéndum [3] para poner de manifiesto ante la ciudadanía la importancia que tiene la Constitución como instrumento de cohesión de Europa, como instrumento para avanzar en un modelo de convivencia, incluso en un modelo territorial. Creo que es muy importante como modelo sólido de paz y de solidaridad frente al mundo.

Es decir «sí» a una Europa de la que España ha recibido tantas cosas, ha recibido carreteras, ha recibido subvenciones para los agricultores, ha permitido que nuestros estudiantes salgan a estudiar a Europa; es decir, todo eso es lo que tenemos que debatir para que la gente sea consciente de la importancia que tiene el paso decisivo que vamos a dar ratificando la Constitución.

—*¿Va a encontrar acomodo tanto y tan importante material en esta actualidad que está casi centrada en...?*

—Tenemos que intentarlo y, además, yo quiero aprovechar la ocasión para dar las gracias a tanta gente que está en estos momentos colaborando en la difusión de esta información, desde distintas personalidades, quiero agradecérselo a usted mismo, señor Gabilondo [4], hasta empresas. Hemos tratado de que sea una campaña de la propia sociedad civil y así hemos querido conferir valor a lo que significa esa Constitución. Significa nuestra apuesta europeísta, nuestra apuesta: de los españoles. Y... bueno, vamos a tratar de que todo el mundo se implique y quisiera agradecérselo a tanta gente que generosamente está aportando su voz y su trabajo para llevar a los ciudadanos este mensaje tan importante. Efectivamente, ese proceso va a arrancar hoy en el Parlamento.

—*María Teresa Fernández de la Vega, ¿cómo van las relaciones con la Iglesia?* [5].

—¿Las relaciones con la Iglesia? Muy bien. No hay problemas especiales con la Iglesia. Yo quiero dejar muy claro, lo he dicho en muchas ocasiones, que para nada hay una situación de confrontación. La Iglesia mantiene sus posiciones legítimas. No nos hemos enfrentado con ellos en nada. Es verdad que hay discrepancias y que a veces ha habido algunas manifestaciones que podrían poner de manifiesto que estábamos en una situación de enfrentamiento, pero... vamos, yo lo he dicho en muchas ocasiones y el presidente del Gobierno también, y lo dijo en el Parlamento: respetamos absolutamente las posiciones de la Iglesia. Evidentemente, eso no significa que no vayamos a seguir cumpliendo con nuestro programa electoral y con todos esos temas que producen contradicción con la Iglesia y que suponen, en definitiva, una ampliación de derechos respecto a determinadas personas, respecto a determinados colectivos que hoy no los tienen. Pero ninguna de las decisiones que ha adoptado este Gobierno restringe derechos que afecten a la Iglesia, ni restringe ni impide el ejercicio y los derechos de los católicos, ni nada de nada... Por lo tanto, yo creo que a veces se hacen declaraciones que proceden de posiciones ideologizadas que nada tienen que ver con una confrontación real.

—*Y una última cosa: ¿sabe si por fin el presidente Bush llamó por teléfono a Zapatero?* [6].

—Pues no. No he estado pendiente de eso, la verdad.

—*¿Sabe si le llamó?*

—No, no... no le puedo contestar con...

—*O sea, que no le llamó.*

—No lo sé, no he estado pendiente de ese tema.

—*Ya.*

—Lo que sí que le puedo decir con toda claridad es que las relaciones del Gobierno y de España con Estados Unidos están... yo diría... prácticamente normalizadas, tanto desde el punto de vista económico como político o de cooperación en el ámbito de seguridad y que, por tanto, yo creo que eso es lo más importante, ¿no?

## Notas

[1] José Ignacio de Juana Chaos es uno de los terroristas más sanguinarios de la banda ETA, con más de veinticinco muertos a sus espaldas. Fue condenado a más de tres mil años de prisión, de los cuales sólo iba a cumplir dieciocho. Beneficios penitenciarios y judiciales le permitirían abandonar la cárcel en febrero de 2005, pero las asociaciones de víctimas del terrorismo y la opinión pública alertaron ante esta situación y toda la maquinaria administrativa y judicial se puso en marcha para intentar que el asesino no saliera en libertad. Se le procesó nuevamente por un delito de apología del terrorismo.

[2] El debate sobre la propuesta de reforma estatutaria remitida por el Parlamento vasco (Plan Ibarretxe) al Congreso de los Diputados se celebró el 1 de febrero de 2005 con una gran expectación. El Gobierno, el Partido Socialista, el Partido Popular, Izquierda Unida y otros partidos (Coalición Canaria y Chunta Aragonesista) votaron en contra de la propuesta (313 votos). El Partido Nacionalista Vasco, Esquerra Republicana de Cataluña, Convergència i Unió, Eusko Alkartasuna, Nafarroa Bai y el Bloque Nacionalista Galego votaron a favor (29 diputados). El proyecto, en definitiva, fue devuelto al Parlamento vasco.

[3] El referéndum se celebró el día 20 de febrero de 2005. Los españoles votaron a favor (76 por ciento), pero con una altísima abstención del 57 por ciento.

[4] Iñaki Gabilondo colaboró en la difusión de la información institucional sobre la Constitución Europea y participó en distintos anuncios publicitarios en los que se leían fragmentos de la misma. No se trataba de una campaña *a favor* de la Cons-

titución Europea sino de una campaña de información *sobre* la Constitución Europea.

[5] Las relaciones entre la Iglesia y el Gobierno fueron motivo de debate durante los primeros meses del año 2005. El Gobierno había propuesto algunas leyes conflictivas, como la de la regularización de los matrimonios entre homosexuales o la agilización de los procesos de divorcio. Aunque el Gobierno repitió una y mil veces que mantenía los acuerdos con la Iglesia católica, las altas instancias de la Iglesia, los medios de comunicación eclesiásticos y algunos sectores del Partido Popular consideraron que estas iniciativas eran una ofensiva laicista del socialismo gubernamental.

[6] Ésta era otra de las cuestiones a las que se le concedió cierta importancia en algunos sectores. El presidente Rodríguez Zapatero había ordenado la retirada de las tropas de Irak y, sobre todo, siendo aún líder de la oposición, se había mantenido sentado en una parada militar en la que desfiló la bandera estadounidense. Las autoridades americanas se sintieron ofendidas por ambas cosas. José Luis Rodríguez Zapatero felicitó a George W. Bush por su reelección en noviembre de 2004, pero el presidente americano no le devolvió la llamada. Durante muchos meses la prensa aireó que distintos miembros del Gobierno, incluso el rey Juan Carlos, estaban tratando de recomponer una relación, al parecer, bastante deteriorada.

39

# *Olga Sánchez*
# *Hasta el final*

El día 9 de marzo de 2005, en el programa *Hoy por hoy* de la Cadena SER, Iñaki Gabilondo entrevistó a Olga Sánchez, fiscal encargada de desarrollar el sumario de los atentados del 11 de marzo de 2004 en Madrid. Por vez primera, la fiscal comentaba en un medio de comunicación las investigaciones que se estaban realizando bajo la dirección del juez Juan del Olmo.

La Comisión de investigación que se formalizó en el Congreso de los Diputados no pudo llegar a un acuerdo y exponer conclusiones conjuntas. El Partido Popular advirtió de que en el Congreso deberían haber comparecido individuos procesados. El resto de los partidos concluyó que se trataba de dos vías diferentes: la Comisión tenía valor político y su misión era delimitar responsabilidades y enunciar fórmulas para impedir que unos atentados semejantes pudieran repetirse; por su parte, la investigación judicial se ocuparía de las responsabilidades penales.

*—Faltan dos días para que se cumpla el primer aniversario de la matanza del 11-M en Madrid, y hoy tenemos la oportunidad de dialogar con Olga Sánchez, la fiscal encargada del sumario del 11-M. Señora Sánchez, buenos días.*

—Buenos días.

*—Hasta el momento, me parece, no había hecho usted declaraciones, ¿no?*

—Nunca. Nunca he hablado para los medios de comunicación porque pensaba que mi trabajo es una labor de despacho y de investigación, en general, y nunca lo he creído necesario.

*—Agradecemos, por tanto, que hoy rompa ese silencio... Damos por sobreentendido que no serán muchas las precisiones que pueda hacer al respecto, pero tal vez alguna, sí. ¿Cuánto tiempo lleva en la Audiencia Nacional?*

—Llevo destinada en la Audiencia Nacional desde el mes de enero de 1993; es decir, hace escasas fechas ha hecho doce años.

*—Doce años. Y, el año pasado, el día 11 de marzo, ¿dónde estaba usted a las 7.37 h?*

—A las 7.37 h de aquel aciago día estaba en mi casa, arreglándome para ir a trabajar. Nosotros, el Central 6, estábamos de guardia. El Central 6 es el juzgado al que yo estoy adscrita y las guardias en la Audiencia Nacional son largas, de lunes a lunes, y aquel día, como casi todos recordarán, era jueves. Así que estaba en mitad de la guardia.

*—Estaba en mitad de la guardia... con Juan del Olmo, como juez, en el Juzgado de Instrucción número 6. ¿En estos doce años ha tenido muchos trabajos relacionados con terrorismo?*

—La Audiencia Nacional, cuando se creó la fiscalía inicial, era para delitos de terrorismo y delincuencia organizada. Posteriormente, se han creado otras dos fiscalías especializadas. Debemos recordar que la Audiencia Nacional es un órgano especializado en determinados delitos. Hay una fiscalía de delitos relacionados con la corrupción y otra, relacionada con los delitos de droga. Pero la fiscalía inicial es la antiterrorista, que es a la que yo pertenezco.

*—O sea, que le ha tocado muchas veces enfrentarse con asuntos relacionados con ETA... ¿Con el terrorismo islamista también?*

—Con ambos, pero con ETA principalmente, porque es el terrorismo que más se ha desarrollado en España. El terrorismo islamista... Hemos realizado varias investigaciones que sólo han quedado en eso, en investigaciones. Hasta que el año pasado...

*—Pero ese día, hoy hace un año, sus experiencias en la Audiencia Nacional relacionadas con terrorismo islamista eran pocas, ¿no?*

—Eran escasas, muy escasas. Sólo eran... eso, meras investigaciones.

*—¿En qué punto está ahora mismo ese proceso? ¿En qué punto están los trabajos?*

—La investigación, a un año vista, está ahora mismo en un momento especialmente interesante para mí. Estamos en una fase extraordinaria de colaboración con diversos países de Europa, se han librado varias comisiones rogatorias y estamos pendientes, en algunos casos, de cumplimentación; en otros casos, ya han sido cumplimentadas, como ha sido el caso de Italia. Italia se ha volcado de una manera extraordinaria con España: han sido muy sensibles al problema del terrorismo islamista y, desde un principio, todo dato que han tenido y que creían que podía ser importante para la investigación nos fue aportado con una comunicación muy fluida, por teléfono o a través de distintos correos electrónicos... Se ponían en contacto con nosotros los fiscales de Milán. Asimismo, como consecuencia de esta relación tan fluida con Italia, [la investigación] ha posibilitado comisiones rogatorias con Bélgica. Ustedes recordarán que hace escasas fechas una orden de detención internacional emitida por Juan del Olmo ha dado lugar a la detención de Yusef Belhad y estamos pendientes de que la OED sea cumplimentada; es decir, la orden de entrega sea cumplimentada por Bélgica. Sabemos que [Belhad] ha recurrido al Tribunal Superior, al Tribunal Supremo de su país, de Bélgica, y, de momento, todavía no ha sido fallada su entrega. Hay comisiones rogatorias libradas a Francia, Argelia y Marruecos, y estamos pendientes de la cumplimentación de todos ellos.

*—Hay un asunto que nos parece interesante a nosotros, los profanos, señora Sánchez: las fuerzas políticas que están discrepando, como usted sabe, de una manera muy aguda nos transmiten una idea que yo quisiera saber si es correcta o si usted nos la puede despejar. La Comisión del 11-M presenta unas resoluciones con desacuerdo político, como sabemos. Quienes están en el desacuerdo político dicen: «Estamos en desacuerdo porque se quiere cerrar la Comisión». Y quisiéramos saber, porque eso puede inducir a error, si eso cierra la investigación, si ustedes siguen investigando y si ustedes, al margen de las recomendaciones que hagan públicas las fuerzas políticas o la Comisión o al margen de que cierren o no sus asuntos, ustedes siguen investigando en este asunto, al margen de la Comisión.*

—Yo creo que no puede ser de otro modo. Lógicamente, yo no me puedo pronunciar acerca de lo que puedan decidir los políticos, porque no me corresponde, pero, si ellos consideran que deben cerrar la Comisión de investigación, ellos tendrán sus motivos y sus decisiones tomadas. Desde el punto de vista judicial, no se va a cerrar aún la investigación, porque, ya le digo, estamos en un momento extraordinariamente interesante de la investigación.

*—Por tanto, cuando se dice «No se quiere conocer la verdad», la Comisión parlamentaria carece de capacidad o competencia para decidir si se puede o no descubrir la verdad, porque, al margen de lo que ellos decidan,*

*ustedes siguen trabajando y podrán encontrarla... si aparece en todos sus detalles.*

—Lógicamente. Yo no sé cuál es la verdad que los políticos quieren. Yo sí sé la verdad que nosotros estamos investigando y buscando. Nosotros queremos llegar a saber quiénes fueron las personas que idearon, prepararon y ejecutaron los atentados, y, de hecho, ésa es nuestra misión, ése es nuestro trabajo. Nosotros no podemos entrar al debate político; nosotros tenemos que entrar en nuestro trabajo, que es el judicial. Y, de hecho, ya le digo que estamos en un momento muy importante de la investigación y muy cercano a saber qué es lo que ocurrió el día 11 de marzo y por qué sucedió lo del 11 de marzo.

*—Dos preguntas en torno a esto, aunque insisto que damos por sobreentendido que no podrán ser muchas las precisiones que nos pueda dar... Están, nos dice, cerca de poder responder a esa pregunta: quiénes decidieron u ordenaron esta matanza del 11-M... ¿en el ámbito del terrorismo islamista o fuera de él?*

—Lógicamente, en el ámbito del terrorismo islamista. Estamos en la investigación de un atentado que ha sido cometido por terroristas islamistas.

*—¿No hay duda de que ha sido cometido por terroristas islamistas?*

—No. Creo que sé por dónde va, pero no hay duda, al día de hoy. Es decir, si usted me está preguntando si ha habido relación de la banda terrorista ETA con los islamistas, yo tengo que decirle lo que la Policía, en dos ocasiones, solicitadas a instancias del Ministerio Fiscal, nos ha comunicado. Es decir, la Comisaría General de Información, en este caso, la Unidad Central de Información Exterior, que está trabajando extraordinariamente bien..., repito, la Unidad Central de Información Exterior, no otra, nos ha respondido en dos ocasiones que no había ningún tipo de relación y no había ningún tipo de visos de que pudiera haber algún tipo de contacto entre terroristas de la banda terrorista ETA y terroristas islamistas.

*—Por tanto, los enigmas que faltan por esclarecer serán los que sean, pero siguen en el ámbito del terrorismo islamista, no fuera de él.*

—Efectivamente.

*—¿Saben por qué se eligió la fecha del 11-M?*

—La fecha del 11-M, según varios investigadores y la Policía, y también las conclusiones a las que podemos llegar nosotros, no fue una fecha elegida al azar. No fue una fecha elegida al azar porque tenemos que tener en consideración que tiene una gran carga simbólica, que podríamos llamar también cabalística, y es un factor determinante para las células locales de Al Qaeda. ¿Por qué le digo esto? Aun cuando muchos de los atentados en España (y usted recordará muchos de ellos) han sido cometidos en fecha 11, la simbología para los grupos terroristas es importante. No le puedo comentar, lógicamente, porque forma parte del secreto de las actuaciones y también de esa comisión rogatoria que tenemos con Bélgica, pero sí es cierto que hay un dato importante que es que se comete el atentado en día 11, el primer día 11 después de que la célula operativa pudiera disponer de los explosivos. Se comete 911 días después del atentado más grave que ha sufrido Estados Unidos, el del 11 de septiembre, y, además, también se comete sobre cuatro objetivos, como ocurrió cuando Mohamed Atta, con su grupo, atacó con cuatro aviones secuestrados cuatro puntos distintos de Estados Unidos. O sea, el tema simbólico es importante. También es cierto que pienso que no fue elegido al azar teniendo en consideración que a los tres días había elecciones en España.

*—Piensa, por tanto, que la suma de todos los elementos, los simbólicos y también las elecciones de unos días después, propiciaron la elección de la fecha. ¿Saben cuándo se eligió la fecha?*

—Sabemos, y no es un dato que pertenezca al secreto del sumario, que el día 18 de octubre de 2003, Bin Laden, en la cadena qatarí Al Yazira ya introdujo a España como objetivo para ser atacado. Anteriormente, Bin Laden, en otro comunicado, en dicha cadena, había manifestado que se atacara a las distintas fuerzas que estaban ayudando a Estados Unidos en Irak. El día 18 de octubre de 2003, repito, es cuando ya no dijo que se ataque sólo en Irak, sino fuera de Irak. Si fue en esa fecha, todavía no lo sabemos; lo que sí sé es que hay un vídeo de Bin Laden, que es de Bin Laden, que está reconocido, es su voz, su imagen, de día 18 de octubre. Y luego, el 15 de abril de 2004, en cierto modo, Bin Laden reivindica el atentado de Madrid.

*—Estamos hablando con Olga Sánchez, la fiscal encargada del sumario del 11-M, que se ocupará de la acusación cuando comience el juicio. Así pues, nos argumenta, como razones para la acción, el 11 por razones cabalísticas, el 11 por ser antevíspera de elecciones, España por ser copartícipe en la guerra de Irak. Usted ha mencionado las dos razones que se han estado manejando, además de las cabalísticas. Una cosa más en torno al juicio: ¿cuándo podría empezar?*

—Personalmente, a mí me gustaría poder iniciarlo... personalmente, claro, me gustaría poder iniciarlo como muy tarde el año que viene por estas fechas. Pero..., como hay un refrán que todos conocemos..., «El hombre propone y Dios dispone». A la instrucción pueden quedarle unos meses, pero ya no depende del Ministerio Fiscal: tenemos que tener en cuenta que hay muchas acusaciones particulares que se están personando, acusaciones populares, que una vez que se levante el secreto de las actuaciones, porque la causa sigue secreta, cuando a lo mejor en pocas fechas se levante parte del secreto de la causa... Tenemos que considerar que la causa es muy voluminosa: llevamos ya aproximadamente unos ciento veinte tomos, que supone unos cuarenta mil folios, y eso tiene que ser estudiado por todas las partes. El Ministerio Fiscal, lógicamente, porque así lo establece la Ley y nuestra Constitución, es una parte... no deja de ser una parte del procedimiento, pero para ella no se ajusta el tema del secreto de la causa.

*—Pregunta ahora a la fiscal Olga Sánchez nuestro compañero Javier Álvarez.*

*—Buenos días, señora Sánchez. Al hilo de lo que preguntaba Iñaki, respecto de la investigación, ¿dónde ha encontrado el Ministerio Fiscal mayores inconvenientes a la hora de investigar todo este proceso? Se habló al principio de ciertos obstáculos para desentrañar la trama de explosivos, también se vio cierto problema en la colaboración de algunas fuerzas de seguridad... ¿En qué punto ha encontrado mayor dificultad? ¿Sigue existiendo esa dificultad?*

—Inicialmente, la causa... Aquel día..., en principio, nos encontramos con un atentado, pero, conforme venía avanzando la mañana, veíamos la gravedad de lo que había ocurrido aquella mañana en Madrid. Juan del Olmo y quien les habla nos planteamos cómo íbamos a abordar esta causa, porque siempre estábamos, hasta ahora... no acostumbrados, porque nunca se acostumbra uno a un atentado terrorista, pero la forma de trabajar siempre había sido con *un* atentado, pero no cuatro a la vez. Entonces, nos encontramos, en un principio, con varios escollos y varios problemas: cómo lo abordábamos, cómo se planteaba la instrucción de la causa... Ya en Ifema, por la tarde noche, cuando por la noche estuvimos con los forenses y la Policía científica, viendo el estado en que estaban las personas que iban siendo llevadas allí, vimos que la causa se tenía que componer de un tronco principal de instrucción; posteriormente, hacer varias piezas separadas en las que estuvieran los fallecidos, los heridos y los afectados materiales, tanto privados como públicos. En Ifema, hubo mucha tensión y eso ya se ha puesto de manifiesto en otras ocasiones... El mismo juez Del Olmo lo ha dicho y yo hoy particularmente lo puedo decir: efectivamente, hubo mucha tensión y mucha preocupación. Había muchas administraciones y había que dar una solución a aquella tragedia de una magnitud que nos desbordaba a todos. Efectivamente, como me pregunta, ha habido problemas iniciales a lo mejor... para ver la procedencia de los explosivos, pero yo creo que han sido problemas que se han ido solventando con muchísima buena voluntad, con muchísimo trabajo, con un trabajo muy riguroso y extraordinario que ha hecho, vuelvo a repetir, la Unidad Central de Información Exterior y, posteriormente, la Guardia Civil, que ha sido la que ha desentrañado toda la problemática alrededor de los explosivos.

[Iñaki Gabilondo]

—*Las víctimas: nos consta que la labor de la fiscalía es velar por los intereses de las víctimas también, pero nos consta que usted, Olga Sánchez, está llevando esa atención a un terreno, digamos, muy próximo, muy afectivo, muy personal, más humano que investigador, podríamos decir... o tan humano como investigador. Nos gustaría que, desde esa posición, nos dijera cómo se encuentran las víctimas. Están haciendo muchas denuncias, por otra parte... Parece que no se sienten bien atendidas... Puesto que usted se mantiene en contacto con las víctimas, ¿qué información nos puede usted dar respecto a ellas?*

—Nuestra Constitución, en el artículo 124, dice que el Ministerio Fiscal tiene por misión promover la acción de la Justicia en defensa de la legalidad, de los derechos de los ciudadanos y del interés público tutelado por la Ley, de oficio o a instancias de los interesados. El Ministerio Fiscal es una parte, como le he dicho antes, muy importante del procedimiento y tiene que preocuparse de buscar quiénes son los responsables, pero también preocuparse de quiénes son las víctimas. Que sea normal o no que me haya preocupado o que intente preocuparme de las víctimas... Yo lo que sí les puedo poner de manifiesto, y esto nunca lo he dicho, es que aquel día, aquella mañana, cuando fuimos a los levantamientos de cadáveres a la estación de Atocha y posteriormente a la calle Téllez, porque en la estación de El Pozo y en Santa Eugenia nos ayudaron los juzgados de guardia saliente y entrante, de Madrid... extraordinariamente: tuvimos, la verdad, una ayuda fantástica de todos nuestros compañeros, tanto de la Audiencia Nacional como de Madrid, todo el mundo se volcó... Lo que yo vi aquel día y lo que vio Juan Del Olmo... tácitamente... fue ponernos de acuerdo en decir: «Tenemos que llegar hasta donde sea». Fue tal horror, tal espanto, es indescriptible... cómo decirle las imágenes que vimos aquella mañana, tanto en Atocha como en la calle Téllez. Posteriormente, esas personas ya habían fallecido... no podíamos hacer nada por ellas, pero sí podíamos hacer algo por sus familias, pero sí podíamos hacer mucho por las personas que han quedado mutiladas... ha habido gente que ha quedado postrada para siempre en sillas de ruedas, gente que ha perdido ambas piernas... gente a la que le han amputado un brazo, gente que ha perdido ojos, oídos, dedos... parte de su vida..., gente joven... gente mucho más joven que yo, y yo tengo 45 años... y llevo veinte años como fiscal... Y yo, antes de ser fiscal, soy persona, y como persona, creo que me debo a esas personas y tengo que intentar ayudarles en la medida de mis posibilidades. La gente necesita que se le oiga, la gente necesita que su pena sea escuchada, su tragedia... poderla compartir. Y yo, en la medida de mis posibilidades, lo voy a seguir haciendo. Que sea normal o no... no lo sé.

*—Y en ese contexto, Olga Sánchez, ¿qué impresión le produce a usted la desunión con la que esta sociedad se acerca al 11 de marzo?*

—Yo pienso que son cosas puntuales. Yo creo que la gente, en general, tanto en Madrid como en el resto de España... la gente casi toda está unida. Son casos puntuales los que salen diciendo que no están de acuerdo con determinadas... cosas que se van a hacer.

*—Usted, hace un momento... y he de decir a los oyentes, con los ojos húmedos, nos recordaba el compromiso que usted y el juez Del Olmo asumieron aquel día de llevar su actividad profesional, con el escrúpulo de siempre, pero con una especie de punto añadido derivado del espanto que estaban viendo. Cuando usted oye que alguien señala que no quieren ustedes esclarecer toda la verdad, ¿qué siente?*

—Pena. Pena porque creo que entonces no confían en la Justicia, en nuestro trabajo, y creo que todos los fiscales y los jueces de España, o todos los jueces y los fiscales, todos, en nuestro trabajo, queremos hacer lo mejor para esclarecer la verdad en cualquier tipo de delito, y máxime en éste que tanto dolor ha causado a tanta gente.

*—Para concluir, Olga Sánchez: ¿sabremos todo lo que ocurrió el 11-M?*

—Yo espero que sí. Confío que sí, porque hemos trabajado muy duramente... muy duramente... No hemos tenido, prácticamente, en este año que ha transcurrido, ni vida familiar... Se ha renunciado a muchas cosas, pero creo que va a tener un fruto importante porque nuestra intención es llegar al final de lo que ocurrió y poder dar una respuesta a esta sociedad, que lo necesita.

—*Es Olga Sánchez, la fiscal encargada del sumario del 11-M, que, como les digo, se tendrá que ocupar de la acusación cuando comience el juicio que, parece, habrá de esperar todavía, pero no habrá de tardar mucho. Muchísimas gracias, muchas gracias por su tiempo, muchas gracias por la confianza y por habernos concedido estas declaraciones, las primeras que ofrece.*

—Muchas gracias a ustedes por invitarme.

# *CUARTA PARTE*

# *SOCIEDAD*

40

# *Mario Vargas Llosa*
# *Ficción política y ficción literaria*

Iñaki Gabilondo entrevistó a Mario Vargas Llosa en el programa de Televisión Española *Gente de primera* el día 9 de noviembre de 1993, con motivo de la concesión del premio Planeta de novela, por su obra *Lituma en los Andes* (1993).

Mario Vargas Llosa (Arequipa, Perú, 1936) es uno de los escritores más importantes en lengua española. Saltó a la fama internacional con su novela *La ciudad y los perros* (1963), a la que siguieron otros títulos que concitaron la atención del público y la crítica: *Pantaleón y las visitadoras* (1973), *La tía Julia y el escribidor* (1977), *¿Quién mató a Palomino Molero?* (1986) o *La fiesta del chivo* (2000). Ha sido galardonado con el premio Príncipe de Asturias de las Letras (1986) y con el premio Cervantes (1984). Mario Vargas Llosa también participó activamente en la vida política peruana y concurrió a las elecciones presidenciales de su país en 1989, de donde salió derrotado.

—*¿Usted también es, como el señor Yitzhak Navon [presidente de Israel entre 1978 y 1983], de los que cree que los que no son capaces de imaginar los milagros no son realistas?*

—Bueno, yo creo que la fantasía, la imaginación, forma parte de la realidad y que es una de las mejores maneras que tienen los hombres de soportar la realidad, sobre todo en lo que tiene de más negativo.

[...]

—*Señor Vargas Llosa, está usted de actualidad por lo que ha sucedido en un famoso salón de Barcelona, donde se proclama un nombre y se anuncia el premio Planeta. «La plica de la novela ganadora dice que el título verdadero es* Lituma en los Andes, *y el nombre del autor: Mario Vargas Llosa». Bueno, usted, que puede ganar el Nobel, se presenta al Planeta. ¿Por qué?*

—Pues estoy muy contento de haber ganado el Planeta. Era...

*—Un suculento premio.*

—Desde luego que sí, un premio muy importante. Y, además, era para mí también un desafío presentarme a un concurso tan concurrido. Así que lo hice y, desde luego, estoy muy agradecido al jurado, que premió *Lituma en los Andes.*

*—Nos ha legado en unos meses* Lituma en los Andes *y* El pez en el agua, *de forma que hemos tenido ocasión de ir sumando datos para hacernos con un Mario Vargas Llosa más... más reconocible. ¿Por dónde empezamos? Me gustaría empezar con* El pez en el agua. *De pronto descubrimos la infancia, la juventud de Mario Vargas; y descubrimos, también, las razones y la manera con la que afrontó su aventura política en el intento de alcanzar la Presidencia de Perú en 1990.*

—Sí, sí...

*—Es tremendo encontrarse con la sorpresa de que usted, hasta los diez años, no sabía que tenía padre, y, de pronto... creía que había muerto, y de repente, descubre que estaba vivo.*

—Así es.

*—¿Eso no marcó de manera radical su vida?*

—Yo creo que sí, por eso he comenzado esa autobiografía, describiendo con cierto detalle ese hecho, que para mí es un hecho fronterizo en mi vida. Esos primeros diez años, que yo viví con mi madre y mi familia materna, creyendo que mi padre estaba muerto, para mí representan la edad de oro, el paraíso. Creo que fui totalmente feliz esos diez años y, a partir del encuentro con mi padre, mi vida cambió radicalmente, fue mucho más difícil. Como he contado en ese libro, fue una relación muy mala. Descubrí algo que hasta entonces desconocía, que era la autoridad, una autoridad muy fuerte... Y, bueno, mi vida se transformó en algo completamente diferente.

*—Alguien ha dicho que, con ese dato, es usted más Llosa que Vargas.*

—Sí, yo creo que soy más Llosa que Vargas; debo mucho más a mi familia materna. A mi familia paterna casi no la he conocido, salvo a mi padre, con quien tuve una relación muy traumática. Jamás llegó a haber, realmente, un entendimiento, un acercamiento... Aunque, como digo en este libro, a mi padre le tengo que agradecer muchas cosas; creo que esa autoridad y... bueno, el sufrimiento que pasé a su lado, de alguna manera, también fue para mí muy... educativo. Creo que yo viví en una gran irrealidad precisamente hasta esos diez años; era un niño muy protegido, estaba dentro de una familia que me acolchaba para que no sintiera, realmente, lo que tenía la vida de malo. Con mi padre comencé a conocer el otro lado de la vida, los traumas, los problemas, las decepciones. Y también la violencia.

*—Como si le estuvieran a usted preparando para lo que fue su experiencia política, porque cuando habla de su experiencia política, ahí sí que surge en usted un sensacional desengaño. Usted no esperaba que la política fuera así.*

—No. Creo que la política es muy distinta para quien la vive desde un estudio, desde un escritorio... como una actividad fundamentalmente intelectual, como un ejercicio de crítica, como un cotejo de ideas... o un ejercicio de la imaginación, también, que es lo que había sido para mí la política hasta que pasé a ser, digamos, político profesional durante esos tres años que yo refiero en *El pez en el agua*. Claro, la política que se hace día a día es una lucha concreta por el poder; en un contexto de tanta violencia como el que se vivía en el Perú en esos años, resultó ser algo muy diferente. Bueno, también fue una experiencia muy instructiva, aunque igualmente traumática.

*—Pero se descubre, con su mirada, que la política profesional es una especie de esgrima, que requiere maniobras que, desde luego, parecen incompatibles con la ética... con cierta nobleza.*

—Sí. Bueno, la política no es totalmente incompatible con la ética o con la nobleza. En mi libro digo que al mismo tiempo que he descubierto haciendo política todo ese lado turbio, o sucio, o cínico, o inmoral que tiene la política profesional, también he aprendido a respetar y a admirar mucho más a los políticos que, pasando por esa técnica, son capaces de mantener unas convicciones, de actuar de acuerdo con unos valores, y, sobre todo, que son capaces de defender ciertas ideas con coherencia. No hay muchos, pero hay algunos, afortunadamente... y eso resulta muy alentador.

*—Lo más llamativo en el desarrollo del libro es observar que usted siempre es un fervoroso. No se hace nunca el cínico. Es un fervoroso de distintas maneras, pero nunca se convierte en un cínico. ¿Cómo consigue mantener un punto permanente de fervor?*

—Bueno, espero mantenerlo hasta que me muera. Creo que eso es lo que mantiene vivo a un ser humano, los entusiasmos...

*—¿Pero no se va desengañando y haciéndose más tímido?*

—Uno va tropezando, va cayendo... Pero creo que no he perdido nunca la capacidad del entusiasmo, incluso después de esos tres años de experiencia política que fueron muy difíciles. La verdad es que he vuelto a interesarme tremendamente por muchas cosas, incluida la discusión política, la discusión intelectual... la política. Y creo que, bueno, en gran parte por haber escrito *El pez en el agua*, esa experiencia ha dejado de ser traumática para mí.

*—¿Es justa, Mario Vargas Llosa, la imagen que muchos tuvieron de usted durante la etapa política? La imagen de una especie de converso del «thatcherismo», de pronto imaginado como un hombre... ¡muy de derechas!, ¡enormemente de derechas! Ésa era la imagen, no sé si es justa o injusta. ¿Le duele?*

—Generalmente, cuando se dice que alguien es de derechas, no se está intentando describirlo, sino descalificarlo. Decir que alguien es de derechas es una descalificación moral. Esa descalificación, yo, desde luego, no la acepto. Yo defendí en esa campaña una reforma de tipo liberal, una democracia política profundizada y unas reformas económicas partiendo del mercado, de la privatización de las empresas públicas, de una participación de la sociedad civil como gran protagonista de la vida económica, de la vida política... Ésa era mi ideología, aunque no me gusta la palabra ideología, pero eso era lo que yo defendí. Ahora, eso está más asociado a la derecha que a la izquierda. Pero yo, como digo en *El pez en el agua*, soy muy crítico con la derecha en muchos aspectos: con la derecha mercantilista, con la derecha autoritaria, con la derecha conservadora que no quiere los cambios... Eso no tiene nada que ver con las proposiciones liberales que yo defiendo. Yo estoy contra lo que tiene la izquierda de colectivista, de estatalista, contra un modelo que ha fracasado de una manera estruendosa, como hemos comprobado en los últimos años.

*—La ventaja que tiene que usted no ganara las elecciones es que fue recuperado de nuevo para la literatura, a la cual usted se lanzó con un extraordinario fervor, nuevamente, ¿no?*

—Exactamente.

*—¿Notó, de pronto, una renovada ilusión por la literatura, después de la experiencia política?*

—Ah, fue extraordinario, realmente. Volver a mi escritorio, a mis libros, a mis papeles...

*—Seguro que pensó: «Menos mal que no gané».*

—Sí. Bueno... sí. Bueno... en el primer momento fue una decepción, desde luego. Pero después, cuando volví otra vez a vivir lo que es mi verdadera vocación, fue formidable. Y creo que he aprendido a querer mucho más la literatura y a sentirme mucho mejor en mi casa, escribiendo, después de ese intervalo político en el que, lógicamente, tuve que dejar de escribir literatura.

*—¿Es más verdad la ficción de la literatura que la ficción de la política?*

—La ficción de la literatura es una ficción que no engaña a nadie, que se presenta como lo que es: un producto de la imaginación, una irrealidad que, si un escritor tiene talento, se convierte en realidad. En tanto que muchas veces la política, sobre todo en su dimensión ideológica, es una ficción que quiere pasar por una verdad objetiva, por una descripción de la realidad, cuando es pura ilusión. Yo he escrito una novela, justamente, mostrando esa diferencia radical que hay entre la ideología, que es una ficción dañina que produce, generalmente, violencia, opresión, terror, muerte, y la ficción literaria, que es una ficción benigna que permite a los hombres completar las vidas que tienen con unas vidas que nacen de la fantasía y del deseo.

*—¿Sabe una cosa, don Mario? Me impresiona recordar que se cumplen treinta años de* La ciudad y los perros.

—A mí me aterra. Pensar que han pasado ya treinta años...

*—Es usted un gran clásico: ¿lo sabe?*

—Espero no creérmelo, porque si me lo creyera, me volvería vanidoso y creo que es lo peor que puede pasarle a un escritor. Pero, es verdad, han pasado treinta años... *La ciudad y los perros* salió en el año 1963 y cuando veo todo lo que ha cambiado, entonces... No solamente en mi vida, sino la vida de España, que es el país donde comencé a escribir *La ciudad y los perros* y donde se publicó.

*—¿Y* Lituma...*? Cuéntenos algo de esta novela que ha ganado el premio Planeta y que en los próximos días descubrirá el público español.* Lituma en los Andes: *nos enfrenta con Sendero Luminoso, pero también con ese mundo mágico en el que parece vivir permanentemente su capacidad creadora.*

—Así es. Es una historia que ocurre en un pueblecito en la sierra central del Perú, en la cordillera de Los Andes, en el Departamento de Junín, y cuyo protagonista es un personaje que apareció ya, pero de una manera más bien secundaria, en otras historias mías. Este guardia civil, que se llama Lituma, que es un hombre de la costa, que es un hombre del desierto, que es un hombre del litoral, de pronto, ha subido a estas alturas andinas a vivir entre los cóndores, y las vicuñas, y las llamas; y, sobre todo, va a vivir rodeado de una cultura que desconoce, la cultura andina, una cultura que le intriga y que le asusta. Va a vivir en un medio donde ocurren cosas que él no entiende; donde hay una tremenda violencia política, que es la violencia terrorista, pero donde hay también otro tipo de violencia que viene de la gran dureza de la vida, de la geografía; y donde hay supersticiones, creencias, prácticas que también, para él, resultan esotéricas. La novela es, en realidad, como todas las que he escrito yo: son varias historias a la vez. Es una historia que, por una parte, es una especie de intriga policial; por otra parte, es una historia que tiene que ver con las supersticiones, con las creencias atávicas de una comunidad muy golpeada por la vida que, de pronto, empieza a recurrir a la sinrazón y a la irracionalidad para explicarse lo que ocurre; y finalmente, también es una historia mítica, que recrea, en el mundo andino, un mito antiquísimo, uno de los mitos fundadores del Occidente: el mito de Dionisio.

*—Todo en Latinoamérica es siempre así. ¿No les parece la lógica europea muy poco lógica, don Mario?*

—Buena parte de esta tradición irracional también nos llega de Europa. Es verdad, hay una tradición racional, claro, y creo que lo mejor de esa tradición racionalista, sobre todo, está en el campo social, político o jurídico... Pero en el campo cultural, Europa es la cuna del surrealismo, por ejemplo. Europa es un mundo donde la visión poética de la realidad tiene una tradición antiquísima. El romanticismo le dio a esa visión irracional una fuerza y un prestigio literario gigantescos...

*—Debe de ser que no estamos ahora en los mejores momentos a estos efectos...*

—No, eso es verdad, Europa está viviendo unos momentos... Después del entusiasmo tremendo de hace tres años, cuando parecía que se establecía un nuevo orden, ahora, más bien, hay un desánimo. Pero creo que el exceso de optimismo es tan malo como el exceso de pesimismo.

*—Seguramente. ¿Usted es ciudadano español? ¿Tiene usted carné de identidad?*

—No, pero tengo pasaporte.

—*Tiene pasaporte español. ¿No tiene usted la impresión de que Latinoamérica se ha quedado muy lejos de la atención de Europa y de la atención de España? Parecemos más preocupados por Europa, preocupados por el nuevo Oriente Medio que se dibuja. ¿No está quedando Latinoamérica a espaldas de España, a espaldas de Europa?*

—Efectivamente. Creo que es verdad. Creo que actualmente hay un desinterés o, por lo menos, una caída del interés que fue tan grande en los años sesenta y en los años setenta, no sólo en España sino en toda Europa por Hispanoamérica. Eso ha cambiado de una manera muy visible, bueno... por razones que son comprensibles. España ha tenido que vivir su integración en Europa como un problema predominante, pero creo que sería equivocado para España, desde el punto de vista incluso práctico, desdeñar un mundo con el que comparte raíces tan profundas y, sobre todo, desdeñar un mundo que ahora tiene un interés no sólo histórico, sino que está transformándose muy rápidamente. En algunos países de Hispanoamérica comienza a haber un desarrollo muy importante y España debería tener con ellos, lógicamente, una relación muy estrecha y recíprocamente beneficiosa.

—*Sí, pero en los medios de comunicación, se habla cada vez menos de Latinoamérica. Hace unos años, los países latinoamericanos tenían una presencia importante y ahora parece que...*

—Sí, es verdad.

—*De hecho, parece haber desaparecido ese interés. Y eso parece lamentable. Si es posible diseccionar los sentimientos y diseccionar el alma, ¿cómo tiene usted distribuida su alma peruana, su nueva condición española, su residencia en Londres? ¿Cómo tiene distribuidos los afectos?*

—A esa pregunta... Es una pregunta interesante que me obliga a hacer una especie de... autopsia emocional. Mire, el Perú es mi país, es mi lugar de referencia, es el centro básico emotivo; porque ese paisaje, esas gentes, sobre todo, ciertas gentes, forman parte de ese núcleo central de experiencias que son, en fin, las que alimentan a un escritor. Pero yo no soy un nacionalista, nunca lo he sido; creo que soy, además, un combatiente militante contra el nacionalismo. Creo que una de las cosas importantes de nuestro tiempo es que uno puede elegir, en cierta forma, su identidad cultural. Yo he elegido, junto con esa experiencia peruana, desde muy joven, la experiencia europea, algo que empecé a conocer y a admirar a través de los libros y que luego ha pasado a formar parte de mi vida, desde que vine a vivir a Europa. Dentro de Europa, el país con el que más me identifico, por razones obvias, es España. No solamente por la lengua que hablo o por los apellidos que tengo, sino también porque gracias a España yo he podido publicar libros, he llegado a ser un escritor que se dedica sólo a escribir, y ésa es, quizá, la deuda mayor que yo tengo contraída con este país, que ahora, técnicamente, también puedo llamar mío.

—*Queda explicado, pero parece que es una explicación elaborada, que incluye cierto desgarro interior. ¿No tiene desgarro interior, como de un cierto apátrida que no ha resuelto...?*

—No, en absoluto, ningún desgarro. Yo soy un hombre de mi tiempo, trato de serlo. Creo que una de las cosas maravillosas que están ocurriendo en este tiempo es la lenta disolución de las fronteras y, desde la minúscula posición que yo ocupo, trato de ayudar a que eso ocurra. Creo que las fronteras nacionales son cada vez más endebles, cada vez más artificiales, y creo que es una de las grandes cosas que le están ocurriendo a la Humanidad. Y yo me siento, realmente, en ese sentido, un hombre de mi tiempo. Me siento en mi casa, desde luego, en el Perú, en América Latina; pero me siento también en mi casa en España, y también me siento en mi casa en Londres, que es la ciudad en la que vivo desde hace mucho tiempo; el Reino Unido es un país muy distinto a lo que yo soy, pero también lo quiero y admiro mucho. Y creo que mi caso no es un caso excepcional, que es el caso de muchos, de muchas mujeres y muchos hombres de nuestro tiempo.

—*Don Mario, como intelectual, ¿le preocupa el momento que está viviendo nuestro mundo? Dicen que hay una gran crisis de pensamiento, una gran crisis de pensamiento y una divinización del éxito, divinización del dinero... ¿Cómo lo valora?*

—Sí. Mire, yo creo que hay una crisis en este sentido. Es decir, la Historia, de pronto, ha dado un salto tremendo en estos últimos años y estamos enfrentados a una situación completamente nueva que nadie previó. Nadie previó que desaparecería la Unión Soviética; que el comunismo, prácticamente, se extinguiría.

—*Hoy, hace cuatro años, cayó el Muro de Berlín [1989].*

—Nadie previó que quedaría un mundo completamente transformado, que se necesitarían nuevas ideas, nuevos modelos, que necesitaría un alarde de imaginación en lo social y en lo político para hacer frente a esa nueva realidad. Entonces, es verdad, creo que vivimos una crisis. Hay un pensamiento que está, en cierta forma, desfasado con la historia presente; pero, al mismo tiempo, eso debería ser un extraordinario estímulo, porque yo creo que es una historia que dentro de cien años o dentro de ciento cincuenta años se verá como nosotros vemos la Revolución Rusa o la Revolución Francesa; es decir, como el albor de un nuevo mundo.

*—Don Mario Vargas Llosa está ocupado en numerosos trabajos. Hemos hablado de un par de libros, pero acaba de estrenar una función de teatro.*

—Así es.

*—También le interesa muchísimo el teatro.*

—Es una obra que se llama *El loco de los balcones*, que se acaba de estrenar en un pequeño teatro de Londres. En una puesta en escena que, por lo demás, me ha gustado mucho.

*—¿Y no va a hacer radio? Porque sus orígenes profesionales también están relacionados con el periodismo y con la radio... Sería interesante.*

—Tengo... ganas de contar las historias... Te voy a contar una anécdota...

*—¡Cómo no!*

—Luis del Olmo, que cumple veinte años con su programa en estos días, me entrevistó hace ya algunos años. Y en esa entrevista me preguntó si yo conocía al Rey; le dije que no había tenido el gusto de conocer al Rey. Le dije que sí me gustaría conocerlo, le dije que sí. Y, para sorpresa mía, al llegar al hotel, después de esa entrevista, recibí una llamada de la Casa Real: era una invitación para ir a conocer al Rey en persona. Quizá es bueno recordar esa anécdota con motivo de este cumpleaños que celebra su colega y amigo Luis del Olmo.

*—Hum... Pero le decía que la radio, como medio de comunicación y como medio de expresión, ¿no le intriga? Como algo a explorar, como otra aventura profesional...*

—He vivido muchos años como periodista de radio y, además, también la radio me ha dado los materiales para escribir una de mis novelas: *La tía Julia y el escribidor*. En realidad es una novela que no habría podido escribir sin la experiencia radiofónica.

*—¿Y la televisión?*

—También tuve una pequeña experiencia que fue no muy exitosa. Pero, sí... para mí fue muy interesante conocer desde dentro el mundo de la televisión. En el Perú tuve durante seis meses un programa que quiso ser un programa para demostrar que la cultura no era aburrida, que la cultura era muy divertida, y que, además, la cultura no era hablar de temas especializados y profundos, fuera del alcance del profano, sino que todo era cultura, que se podía hablar de fútbol desde una perspectiva cultural. Pero, en fin, no fue muy exitoso. La idea era bonita, pero la realización no estuvo a la altura.

—*Y, finalmente, don Mario, ¿en qué anda en este momento? ¿En qué fase creativa está? Estamos hablando de una novela que se presenta ahora, pero para usted es un hecho creativo ya superado...*

—Exhumado, así es.

—*¿En qué punto de ebullición creativa está ahora? ¿Qué está haciendo? ¿Qué está fabricando?*

—Bueno, estoy en ese período... en un período de una tremenda inseguridad y, al mismo tiempo, de una gran excitación intelectual: los prolegómenos de una novela. Es un viejo proyecto: una novela basada en la vida de una luchadora social y feminista francesa... bueno, de origen peruano, pero francesa, Flora Tristán. Hoy es muy reivindicada, sobre todo, por movimientos feministas. En el siglo XIX dio una batalla realmente extraordinaria, defendiendo no sólo a la mujer, sino defendiendo al afligido, al discriminado, al explotado... Tuvo que luchar de una manera heroica, no sólo contra sus adversarios, sino sobre todo contra quienes ella consideraba sus aliados: dirigentes políticos que eran muy despectivos frente a esta mujer que intentaba trabajar con ellos de igual a igual en ese plano. Fue un personaje que siempre me ha fascinado mucho y sobre el que quería escribir una novela, pero nunca me animaba a hacerlo. Creo que ahora sí, creo que ahora voy a intentar ese proyecto.

—*¿Para cuándo calcula usted que tendrá...?*

—Nunca sé.

—*No lo sabe.*

—Sé cuándo comienzo un libro, pero nunca cuándo lo acabo. En realidad, termino el libro cuando tengo la impresión de que estoy harto ya, y que el libro va a terminar conmigo si no le pongo fin.

—*Se defiende, sobrevive acabando.*

—Así es.

41

# *Terenci Moix*
# *Del sueño y la realidad*

El 15 de diciembre de 1993, Iñaki Gabilondo entrevistaba al escritor Terenci Moix en el programa de Televisión Española *Gente de primera*. El autor catalán había publicado recientemente su segundo volumen de memorias, *El peso de la paja II: El beso de Peter Pan* (1993).

Terenci Moix (pseudónimo de Ramón Moix, Barcelona, 1943-2003) fue uno de los escritores más queridos por el público y más apreciados por la crítica. Apasionado amante del Egipto antiguo y del Hollywood de los años dorados, Moix dio a la literatura española algunas obras de singular relevancia, como *No digas que fue un sueño* (1986), *El sexo de los ángeles* (1992) o *El arpista ciego* (2002). Su autobiografía se completaba con *El peso de la paja I: El cine de los sábados* (1991) y *El peso de la paja III: Extraño en el paraíso* (1998).

*—El libro que ha escrito Terenci Moix, de alguna forma, nos ha ahorrado escribir un libro a todos los de nuestra generación. La acción se sitúa en los años cincuenta, cuando Terenci tenía unos doce o trece años.*

—Se sitúa en el año 1956 y llega hasta 1962... Pero creo que no os he ahorrado nada: aunque todos participamos de experiencias comunes, yo creo que cada ser humano tiene mucho más que contar de sí mismo, y creo que ése es uno de los grandes valores de la literatura, que tu experiencia y la mía son distintas y, a lo mejor, fundamentales para algún lector.

*—¿Cómo es esa España del 56? ¿Puedes hacerme una fotografía de la situación...?*

—Es una España... por supuesto, es la España del franquismo; una España que empieza, en cierto modo, a prosperar; en esa época conocemos los primeros atisbos de prosperidad, una modernidad que se anuncia, después de unos años de carestía. En esa España, yo tengo catorce años y unas enormes ganas de vivir, unas enormes ganas de aprender. Es una España con muchísimas barreras, muchísimas barreras. Aprender, en esas circunstancias, era casi un acto de heroísmo y de una voluntad salvaje; pero, al mismo tiempo, es una España que la recuerdo como... entrañable. Todavía pervivían ciertas... cosas auténticas, cierta vida de vecindad, no sé... La gente no llevaba máscaras, no llevaba caretas. La propia penuria nos daba ese aspecto de sinceridad entrañable. Esto se aprecia desde el presente, desde esta España del colorín, del papel cuché...

*—Al evocar aquel 1956, ¿a qué huele?*

—Ja, ja, ja... Huele a lo mismo que huele la adolescencia, sigue oliendo a domicilio paterno, del cual uno lucha por escaparse como sea... Pero yo creo que, al contrario que les sucede a los adolescentes de ahora, nosotros queríamos irnos de casa como fuese para encontrarnos a nosotros mismos. En fin, huele... huele a ese cocido en pastillas, a sopa de Avecrem, huele a brasero, huele a eucaliptus... Siempre teníamos gripe. Huele a todo ese tipo de cosas. Para mí huele también a tardes de lluvia. Yo era un chico muy melancólico, era un adolescente al que le gustaba la lluvia, y siempre andaba...

*—¿Había mantel de hule, de cuadros?*

—Había mantel de hule, de cuadros. Había, en los veranos, esa cosa en la que se pegaban las moscas. Aquella época huele, por supuesto, a primeras revistas, que uno se ocupaba de comprar con su dinero; a sueños abandonados de infancia; a saber que los Reyes ya no existen, o que los Reyes no eran los Reyes Magos... Huele a mil cosas. Y huele a mucha represión, a muchísima represión.

*—Lo que nos llama la atención en esta parte de su biografía* El peso de la paja: El beso de Peter Pan, *es que todo nos lleva a un mundo de sueño; nos encontramos con un crío que no deja de soñar. Puede que la vida cotidiana le resulte un poquitín mugrienta o casposilla, pero su mente está llena de sueños de belleza, ¿por qué?*

—Nunca he dejado de soñar y, además, nunca he dejado de soñar, precisamente, en la belleza, para salir de un mundo que era muy gris. Sí, yo me agarraba a los sueños que comunicaban los libros; yo era un gran lector, devoraba los libros desde niño; seguramente, esto me salvó. La lectura y el cine me salvaron. Todo lo que yo leía envolvía mundos fantásticos, mundos irreales, mundos de aventura, mundos que me sacaban de ese medio tono, que es lo más espantoso que hay: el medio tono. Luego llega un punto en el que te pones a leer en serio y entonces... es otra historia. Creo que lo espantoso tiene un atractivo horrible y, por supuesto, lo sublime tiene otro. Pero el medio tono es una cosa que yo nunca he soportado, lo gris es una cosa... Y eso era nuestra época: era gris. Entonces, yo cogía un libro de la Colección Cadete y me embarcaba con *El capitán de quince años*, y no he dejado de hacerlo. Aunque siendo adulto leía a Proust... yo también lo vivía...

*—Bueno, de alguna manera, esto también es una «búsqueda del tiempo perdido»...*

—Es una búsqueda del tiempo perdido... pero se ha dicho algo que me gustaría destacar: se ha dicho que este libro, por determinadas experiencias personales que yo cuento, podría considerarse o podría entenderse como un libro de escándalo. Me disgustaría mucho. Creo que es una obra literaria en la que ni siquiera el escándalo es escandaloso, porque yo no soy una persona escandalosa ni lo he sido en mi vida. Si se considerara un libro escandaloso, sería volver a la represión de aquellos años, cuando todo era señalado con un dedo... Era una cosa atroz.

*—Por tanto, tenemos un fondo, un decorado represivo, y un chico lleno de sueños que vive las fantasías de un mundo que no tenía televisión... Tal vez la radio o el cine nos excitaba la imaginación de una forma especial. Cuatro películas de sus trece, catorce o quince años...*

—¿Películas que a mí me gustasen? Yo era un niño, un muchacho muy ecléctico... Sí, un muchacho muy ecléctico... *La Strada*, de Fellini; pero, al mismo tiempo, me gustaban... no sé... *Las aventuras de Simbad* o *El séptimo sello*, de Ingmar Bergman, y también me gustaba *Lo que el viento se llevó*... O sea, yo siempre he tenido muy claro que tengo una tendencia a apreciar los valores culturales de una obra, pero también a apreciar el entretenimiento, la capacidad de ensueño y el entrañable cine americano de aquellos años, desde *Ivanhoe* a *Scaramouche*... En fin, ese tipo de películas que hemos visto doscientas veces, como *Kim de la India*. Sé que a usted no le es indiferente *Kim de la India*.

*—No me es indiferente* Kim de la India. *Como también me ha emocionado saber que Guillermo Brown es otro de los «divinos». ¿Cómo era la casa y la familia de ese chico de catorce años?*

—Cuando publiqué la primera parte de *El peso de la paja*, la gente se quedó muy sorprendida al ver que mi familia era bastante absurda, a la cual tengo que agradecer ahora mi propio grado de absurdo. Quiero decir que es muy probable que yo, en estos momentos, no fuera lo que soy si mis padres no hubieran sido tan absurdos, si mi tía Florencia no hubiera dicho esas cosas que parecían propias de una obra surrealista, si mi madre no hubiera sido una mujer bastante amoral, en el mejor sentido de la palabra. En fin, era una casa que parecía un disparate... Imagínate a la familia Ulises del tebeo, pero en disparate, aunque muy entrañable: al mismo tiempo, muy entrañable. Lo que ocurre es que yo pasé, como todos los adolescentes que pueden estarnos escuchando, mi etapa del odio al padre, de odio a la madre... Estos otros detalles que te estoy contando ahora se reconocen luego, mucho después.

*—Cuando decimos que nos sentimos reflejados en su obra, lo decimos porque el gran escenario que dibuja Terenci Moix es el escenario en que hemos vivido, pero sólo por eso. Porque en su libro ocurren un montón de cosas que no le pasaron nada más que a Terenci Moix. ¿Cómo logró Terenci Moix mantener esa independencia? ¿Cómo consiguió ser libre cuando no todos lo éramos en aquel tipo de sociedad? Usted vive experiencias y circunstancias completamente extrañas... Por ejemplo: la denuncia de las irregularidades de la vida de su madre, yo no sé si acercarme a ese tema o...*

—No... Te puedes acercar perfectamente, puesto que lo he escrito. Mi madre era una mujer admirable; mi madre tenía un amante, eso ya lo conté en la primera parte de mi libro; mi madre era un proyecto de gran mujer que se quedó frustrada por la vida familiar. Bueno... Ella tenía una vida sentimental perfectamente en orden, dentro de ese «orden». Yo lo sabía, pero en un momento determinado, en el año 56 o 57, no sé qué emisoras de radio anunciaban el fin del mundo; mi abuela, que era una «beata de alto riesgo», como digo yo, me metió en la cabeza que nos íbamos a morir; y, además, coincidió que iban a estrenar *La última vez que vi París*, de Elizabeth Taylor. A mí me fastidiaba mucho que se acabase el mundo, pero, en fin..., se iba a terminar. Entonces, claro, me dio un acceso de religión que espero que no me vuelva a dar, porque eso conduce directamente a la intolerancia. Bien, se dieron todas esas circunstancias y, entonces, yo pensé que tenía que redimir a mi madre, a imagen de un santito griego llamado San Panuflo cuya madre era, por decirlo de alguna manera, muy liviana. Cogí una carta de mi madre y se la enseñé a mi abuela. La denuncié porque yo creí que así salvaba el alma de mi madre. Espero que no me vuelvan a dar accesos religiosos nunca más. Creo que fue la última vez, porque, de eso, a convertirte en inquisidor... Luego conocí a los verdaderos inquisidores: yo trabajaba en la editorial Mateu, gracias a una gran persona, el señor Mateu, que fue la primera persona que pensó que yo no era tan idiota como parecía a los demás, y me ayudó mucho. Yo me encargaba de llevar los originales de los libros y las revistas a la censura. La oficina de la censura, entonces, estaba en las Ramblas. Puede que la gente no crea todo esto que te cuento... pero, bueno, en fin: la censura estaba allí y vi cuáles eran las atrocidades que montaban esos señores. Entonces comprendí el verdadero alcance de las actitudes inquisitoriales. Se me pasaron las ganas de ser intolerante para el resto de mis días.

*—Terenci Moix era un chico que veía muchísimas películas, era un chico que empezaba a leer, leía tebeos, libros, leía de todo, y desplegaba una enorme actividad. Hemos estado tratando de calcular cuándo podía dormir Terenci Moix y nos cuesta mucho imaginarlo, porque la actividad que despliega Terenci Moix a lo largo de toda esta novela... ¡Este libro es casi incompatible con el sueño!*

—Era incompatible... Piensa que entraba a trabajar en una oficina a las ocho; yo me despertaba a las siete para seguir un curso de inglés; luego, por la noche, seguía un curso de francés; luego, seguía un curso de latín. Me estaba hasta las cuatro de la madrugada estudiando dibujo humorístico...

*—Etcétera, etcétera. ¿Qué quería ser Terenci Moix?*

—Quería ser tantas cosas que no he sido ninguna de ellas. Mejor. Supongo que siempre quise ser escritor. Por una razón: porque yo en el colegio era el típico chico que era muy brillante en las cosas que me interesaban y un desastre total en todo lo demás, en lo que no me interesaba. Da la casualidad de que todo lo que me interesaba y me era fácil tenía alguna relación con la literatura. Eso no lo supe hasta mucho después... Pero yo quería ser actor. Hice de actor y todas esas cosas... Yo quería... Yo estaba convencido de que a los veinte años estaría en la Metro Goldwyn Mayer... Además, imaginaba mi nombre por encima del título de la película... no te creas tú... Por suerte, no ocurrió así.

*—¿Era una generación de soñadores? ¿Más que la generación actual?*

—Mira: era una generación... Yo esto siempre... Mira: yo ahora estoy rodeado de adolescentes, porque todos los hijos de mis amigos, de nuestra edad, son adolescentes en estos momentos, y cuando veo los problemas de estos muchachos, me doy cuenta de que son los mismos que los nuestros a su edad, aunque se vean de otra manera. Nosotros teníamos una capacidad de resistencia basada en las carencias: no teníamos nada. Yo cuento que cuando queríamos comprar algún libro, teníamos que ir a las librerías de libros prohibidos. Respecto a las películas, todas prohibidas. Es decir, teníamos cuatro elementos para formarnos culturalmente. En cambio, nos aferrábamos a ello desesperadamente. O sea, yo pienso que si a los catorce años nosotros hubiéramos ido a una librería o a una Casa del Libro, y hubiéramos entrado, y hubiéramos encontrado todo ese *display* de obras que hay ahora... pienso en la cantidad de esfuerzos innecesarios que nos habríamos ahorrado. Hubo tanto desgaste en nuestra formación... Es verdad, yo dormía muy poco, porque para mí la cultura era salir de este mundo: lo único que tenía era la cultura. En unas circunstancias mucho más favorables, y eso siempre es lo que tendré que reprochar a ese período histórico, esto habría llegado de una manera mucho más normal. Ahora bien, quizá el hecho de tener que conseguirlo así nos daba una fuerza que nos ha hecho como somos.

*—¿Sabe lo que no veo en su libro? No veo algo que me parecía un rasgo de toda la generación, yo creo que de todo el país y de siempre, pero sobre todo de esa época y de esa generación: un complejo de culpabilidad. No asoma mucho en su libro ese complejo de culpabilidad, a pesar que las peripecias de la vida de Terenci Moix son, digamos, un encadenado de irregularidades.*

—No tenía complejo de culpabilidad. Yo tenía muy claro que yo... Los curas eran los grandes especialistas en inculcar el sentido de culpa, pero yo pensaba: «¡Pero si yo no estoy haciendo nada!». ¿De qué podrían culparme? A lo mejor me acusaban de que por mi culpa habían clavado en la cruz a Cristo, pero yo pensaba: «Pues realmente... tampoco lo entiendo, porque ¿qué he hecho? ¡No he hecho nada!». A los catorce años tuve la suerte de tener amigos que me dieron a leer libros, sobre todo, libros de ética que me ayudaron mucho. Entonces, yo tenía muy claro que..., bueno, que mientras yo fuera un ser humano íntegro, no estaba haciendo daño a nadie.

*—Pero es un rasgo que le distingue, de alguna manera, de su generación. Se define en el libro como un chaval «podrido de estética».*

—Sí, me encanta la estética. Me gusta lo bello.

*—Enloquecido por lo bello y viviendo en un mundo que no presentaba demasiada belleza. Cuando se miraba al espejo, se describe como un hombre... yo no sé si se hace justicia, pero se dice orejudo, peludo, con gafas, feísimo.*

—Era muy orejudo. Lo que pasa es que luego la cabeza creció y, entonces, ya se equilibró con las orejas. Yo había sido el típico niño gordito que las madres adoran... «¡Qué niño más mono!». Yo era una cosa... como una bola de sebo, la alegría de todo un barrio, y era la gracieta. Y me vestían hasta de Pinocho, creo yo, con la manzanita... Yo pasé de eso a ser un adolescente desgarbado, como todos, andando así... Ese tipo de cosas, claro, me creó un trauma enorme. Y lo de las orejas... ¡pues claro! ¡Es que a mí me llamaban *el Dumbo!* Los otros niños me decían que me tenía que atar las orejas con un lazo como un elefante para no tropezar. ¿Cómo me iba a sentir? No podía sentirme Robert Taylor en esas circunstancias.

*—Terenci, ¿qué es más difícil? ¿Sincerarse ante los demás en un libro, en una conversación, o sincerarse ante uno mismo? ¿Es doloroso sincerarse ante uno mismo?*

—Sí, es muy doloroso sincerarse ante uno mismo, porque yo creo que con los demás siempre he sido sincero, me parece. Yo creo que si tengo lectores (que creo que los tengo), saben que yo no escondo las cartas. Pero sincerarse con uno mismo es muy difícil, porque es el origen de la sinceridad hacia los demás. Para que yo pueda ser sincero con usted, primero tengo que serlo conmigo mismo. Y, sí, es muy difícil, porque muchas veces esa cosa tan compleja que se ha dado en llamar espíritu y otros han llamado alma es un lugar en el que te puedes perder. Ríase usted del bosque de Blancanieves. Ahí te pierdes: tú crees estar obrando bien, pero en realidad no es así; puedes estar haciendo daño sin saberlo; recibiendo daño, creyendo que recibes bendiciones. Es muy complicado, muchísimo.

*—Cuando comenta su propia peripecia, algunos de sus descubrimientos del sexo, por ejemplo, da la sensación de que parece que lo tuviera superado. Sin embargo, si se observa con atención, se ve que sufre. ¿Ha sufrido al escribir este libro, a la hora de hacer determinadas confidencias?*

—He sufrido por dos cosas que usted acaba de decir: por supuesto, el descubrimiento del sexo para mí fue muy traumático, muchísimo, y nunca ha dejado de serlo. Eso también se lo tengo que reprochar a aquellas circunstancias. No tenía sentido de la culpa, pero tenía otros problemas con el sexo... aquellas cosas que nos contaban, que si te masturbabas se te secaba la médula y todas esas historias. Yo pensaba: «Entonces, yo ya no debo de tener médula...». Son cosas que vas acumulando. Y, en segundo lugar, lo que tú dices... claro. Recordar esto sí me ha producido seis meses de auténtica angustia. Porque, además, hay mucha gente amada que ha ido muriendo; no sólo gente amada, sino gente de la que yo he aprendido, gente que a mí me ha ayudado a ser mejor o a intentar ser mejor, grandes escritores... Unos han muerto por ley natural, o por esa estúpida ley que llamamos «natural», otros de cáncer; otros, desgraciadamente, de ese horror que se llama sida... Recordar todo eso ha significado seis meses de agonía. Yo he estado yendo de la cama al ordenador y del ordenador a la cama durante seis meses, pasando por la ducha, por supuesto, no vayan aquí a pensar... Pero ha sido muy doloroso, muchísimo.

*—Lleva el lazo rojo y recuerdo que su libro,* El beso de Peter Pan, *está dedicado en su primera página a seis o siete de esos grandes nombres.*

—Sí... Podía habérselo dedicado a más gente, a todos los difuntos de mi vida, porque en los últimos años ha sido muy doloroso ver morir a tus maestros. No sólo los que han muerto por el sida, he elegido a los que... presuntamente... Tú sabes que esas cosas nunca se dicen... pero yo he querido hacer ese *in memoriam*, ese recordatorio, porque todavía no estamos concienciados, ni yo mismo lo estaba, de lo dramática que es esta enfermedad o esta plaga o como tú quieras llamarlo. El sida se ha llevado a gente tan excepcional... Me dirás que también se los lleva el cáncer, pero... el sida se los lleva de una manera tan brutal... Después de salir de una época, de una etapa de represiones, llegó ese momento, los años setenta, ese momento de gloriosa libertad del sexo. Digo «gloriosa» con todos los atenuantes, luego, que cada uno saque sus consecuencias, pero por fin la gente podía disponer de su cuerpo... y cae esto: el sida, masacrando. Y, realmente, cuando hago la lista... había gente tan excepcional... Sobre todo, era gente de la que yo he aprendido. No vamos a decir nombres, porque luego ya sabes cómo se utilizan esas cosas, pero era gente que a mí me ha enseñado qué películas debía ver, qué obras tenía que leer; que me ha enseñado a ser mejor. Recuerdo que, en cierta ocasión, estábamos haciendo bromas sobre el sida... no eran realmente bromas, pero decíamos que también se puede uno morir de cáncer o de una embolia; yo, personalmente, tengo la obsesión de la embolia, porque soy muy antiguo... Bueno, estábamos charlando y Jaime Gil de Biedma me dijo: «El sida es la única enfermedad que se contrae a través del amor». Y eso es muy bestia...

—*Cuando Terenci cuenta el descubrimiento del sexo...*

—Me parece que me he puesto un poco sensible, perdona.

—*... lo cuenta también, como hemos dicho antes, en la belleza en sus sueños, y en la caspa y la cutrez de la realidad.*

—Era la cutrez que yo veía. Quiero decir... a lo mejor yo era un adolescente puritano. Yo he llegado a la convicción de que, con lo que cuesta ser feliz, cada uno con su sexo debería hacer lo que le diera la gana, mientras no perjudique a otros. Y entre adultos, claro. Pero, en ese momento, mis sueños estaban fijados en el ideal griego, en el ideal de la cultura griega. Eso conlleva, por supuesto, un determinado tipo de la belleza, un determinado tipo del amor, del amor platónico. Seguramente, también esto era una trampa, porque me impedía realizarme... no sé... Ahora, escribiendo ese libro, pensaba que a ese muchacho de dieciséis años, que era yo, le tendrían que haber dicho: «Pero aprovecha, Ramón, no seas tonto». Mi vida siempre se ha debatido, y es un debate nunca resuelto, continúa ahora, entre lo que Cernuda llamaba «la realidad y el deseo». Siempre he tenido aspiraciones de absoluto que se han quedado a medias, casi siempre. En muy pocas ocasiones he conseguido equilibrar esta balanza tan difícil.

—*Descubrir su condición de homosexual le resultó difícil, doloroso, fácil, traumático, sorprendente.*

—Es que todavía no sé si la he descubierto, esto es una cosa que se ha dicho mucho en los periódicos, estos días, pero... me resultó... doloroso... Sí, mucho, mucho. Por eso yo creo que siempre que se plantea un caso así, la gente tendría que ser más colaboradora, tendría que colaborar más. No se puede marginar a la gente ni provocar esos sufrimientos innecesarios. Sí, también... eso levantó muchas barreras que podía haberme ahorrado, ¿entiendes lo que te quiero decir?

—*¿La homosexualidad marca su vida? ¿Marca su adolescencia?*

—No marca mi vida, para nada. Yo considero que mi vida es completamente normal, sólo que tengo un tipo de relación que no es la misma que tiene usted, pero que es tan honorable como la que puede tener usted. Si acaso, marca un tipo de conducta. Siempre tengo que demostrar que yo no muerdo, creo que no muerdo... Bueno, si me atacan, por supuesto que sí... Pero creo que el triste legado de esta época es ese conjunto de barreras que deberíamos habernos ahorrado; deberíamos estar tan tranquilos, estar aquí hablando, y usted no me debería haber hecho esa pregunta porque yo no le pregunto a usted si es feliz con su señora... supongo que la tiene. Creo que nos han hecho acumular una serie de barreras que yo difícilmente puedo perdonar. No hay sentido de la culpa, insisto, porque yo no tengo que avergonzarme absolutamente de nada, pero sí hay conciencia de que nos han puesto las cosas muy difíciles.

*—A aquel chaval que vamos descubriendo y vamos acompañando a lo largo del libro, que nos va llevando por las películas, por los programas de radio, por los anuncios, por aquella España que reconstruye perfectamente Terenci Moix, ¿qué tal le ha ido la vida a aquel chaval? Se le coge cariño a ese chaval, ¿sabe? Sí, se le coge cariño. ¿Sigue vivo ese chaval?*

—La vida me ha ido bien. Cuando abres los periódicos o ves la televisión... Si yo dijera que la vida no me ha ido bien, sería para que me fusilasen. Pero también es verdad que me lo he ganado todo. Quiero decir: la vida no me ha dado absolutamente nada desde los catorce años; yo, en un momento determinado, en lugar de irme de guateque, me estaba empapando los clásicos griegos o intentando aprender el latín (que ahora resulta que no sirve para nada). Y podía haber estado con chicas en la playa y tal... Pero tengo otras cosas: evidentemente, eso no se lo tengo que agradecer ni a ningún régimen ni a nada. Esa sensación de lucha que siempre ha presidido mi vida (y que seguramente ya tenía mi madre), eso sí que creo que tengo que agradecérselo a algo: a mi ascendiente popular; el alma popular, antes de que fuera malograda por todas esas manipulaciones, tenía esa necesidad: salir de la tierra y decir: «Aquí estoy yo, y a mí no me fastidia ni Dios». Y eso es lo que he hecho. Dios me ha fastidiado a veces, sobre todo, llevándose a la gente más querida; pero eso es lo que ha quedado, creo.

*—Su historia, parte de la cual conocemos en esta segunda entrega de sus memorias, ¿es el viaje de un chico que se llama Ramón y que quiere ser Terenci? ¿Es la historia de un chico al que le parece poco el suelo y quiere volar, que quiere hacerse un Dios?*

—No. Yo creo que es el viaje, el itinerario, los años de aprendizaje de usted, de muchas personas que nos están escuchando, sólo que con algunas diferencias, algunas pequeñas anomalías. Es decir, yo tuve que irme a París para aprender a vivir, y a lo mejor usted tuvo que irse a Londres. O usted conoció a una chica que se llamaba Pepita y yo conocí a un chico que se llamaba Mario. En fin, excepto esas pequeñas diferencias, que a algunos les parecerán monstruosas... Pero los que piensan eso ya no tienen remedio. Excepto esas pequeñas anomalías, yo creo que es un itinerario común. En este libro se está reconociendo toda la gente de nuestra generación, y creo que los más jóvenes también percibirán algo de sus vidas. Yo insisto: el problema de los adolescentes sigue siendo su mundo caótico, al cual yo no quisiera volver, por nada del mundo. Si ahora viene Aladino, el de la lámpara, y me dice: «¿Tú quieres volver a los quince años?», le diría: «¿Yo? ¿A los quince años? ¡Ni muerto! ¡Casi ni a los veinte!».

—*¿Pero si Aladino le diera la oportunidad de pedir dos o tres sueños...? ¿Qué sueños pediría que se cumplieran a estas alturas ese adolescente que aún sigue vivo?*

—A estas alturas... más bien a estas bajuras. ¿Qué le pediría? La posibilidad de retener el tiempo, algunos instantes privilegiados. La posibilidad de esos cinco o seis momentos de la vida que yo creo que están perdidos. Lo que no llegué a estudiar y me hubiera gustado estudiar. Por ejemplo, estoy frustradísimo porque no he llegado a estudiar árabe, y creo que, al paso que voy, ya no lo podré estudiar. Pediría resolver esas pequeñas frustraciones que a uno le quedan y, sobre todo, la posibilidad de que la gente amada que se fue pudiera volver... Pero eso sería darle la vuelta a la Creación y si Dios no existe, yo no puedo usurpar el trabajo de Dios... creo.

42

# *Luis del Olmo*
# *«La radio, sin riesgo, es absurda»*

La siguiente entrevista, en el programa *Gente de primera* (TVE, 9 de noviembre de 1993) fue una sorpresa para los espectadores y es todo un clásico. Frente a frente, los dos periodistas más apreciados y valorados del panorama radiofónico español.

Luis del Olmo (Ponferrada, León, 1937) cumplía veinte años con su programa *Protagonistas.* Aunque Iñaki Gabilondo trabajó durante un tiempo en los Servicios Informativos de Televisión Española y llegó a presentar los Telediarios nocturnos, su espacio natural era la radio, de la que nunca se alejó definitivamente, siempre en la Cadena SER. Los espectadores suponían que la competencia por la audiencia radiofónica y los distintos modos de encarar la realidad implicaban una enemistad feroz y personal entre Del Olmo y Gabilondo. La siguiente entrevista probaba que las cosas eran bien distintas.

*—Nuestro invitado de esta noche, podríamos decir, es... la radio. Y su programa acaba de cumplir veinte años. Estamos hablando de Luis del Olmo y de* Protagonistas.

> «Queremos pedirle, amigo oyente, que se meta en la piel del director general de Tráfico y responda a estas cuestiones: ¿qué medidas tomaría para evitar estos accidentes? ¿Cree que la solución está en apostar más guardias civiles? Lunes, 8 de noviembre. Continuamos, hasta la una de la tarde, en todas las emisoras de Onda Cero...».

*—Buenas noches, Luis.*

—Buenas noches, Iñaki.

—*Cuesta decir buenas noches al decir «Luis del Olmo». No sé por qué... debería brotar espontáneamente «buenos días».*

—Cuesta decirlo... porque a estas horas, normalmente, tú y yo estábamos haciendo seda... cuando no te dedicabas a la televisión. O preparando el programa: en tu caso, sale a las siete de la mañana, y el mío a las ocho. Pero, vamos... que debemos estar en la radio. ¡No sé qué pintamos a estas horas aquí! Porque a mí me consta que tú tienes que estar en la Cadena SER a las cinco y yo en Onda Cero a las seis menos cuarto. Pero en fin...

—*Veinte años ya de* Protagonistas, *Luis.*

—Veinte años no es nada, querido Iñaki.

—*¿Recuerdas el primer* Protagonistas, *del año 1973?*

—Me cuesta recordarlo. Pero, si tuviera que hacer una programación de aquel primer *Protagonistas*... en los viejos estudios de Radio Nacional, en Paseo de Gracia, en Barcelona. Probablemente estaba compuesto por un 50 por ciento de música... había mucha música, quizás porque no podías contar otra cosa. Cuatro recetas de cocina... una entrevista, con alguien que no te calentara la cabeza, ni al Gobierno tampoco. Y, al final, se habían consumido aquellas dos horas de radio. Porque *Protagonistas* comenzó con dos horas de radio. Con ciento veinte minutos.

—*¿Imaginaste algún día que pudiera llegar a pasar lo que ha pasado? ¿Imaginaste que* Protagonistas, *que aquel programa que nacía contigo en 1973 iba a convertirse en un fenómeno social, en un hecho de la realidad social?*

—Yo de lo que me di cuenta, cuando Jorge Grandes me dio la oportunidad de hacerme cargo del programa, fue de que no iba a soltar aquello tan fácilmente. Vamos, que iban a tener que sacarme con los pies por delante para abandonar *Protagonistas.* Aquélla era la ambición... la ambición de cualquier profesional. Enganchar un programa en conexión de cobertura nacional.

—*¿En qué circunstancias te encontró aquella oferta de programa, de* Protagonistas?

—Había llegado a Barcelona hacía un año... buscando esas nuevas sensaciones radiofónicas. Yo estuve en Madrid seis años. Y un buen día me dicen: «Tienes la oportunidad de ir a Barcelona». Me interesa Barcelona. En Barcelona se hacía una radio... con unidades móviles en la calle. Aquí, en Madrid, eso se desconocía. En Barcelona había participación de la gente. Acepté el reto, pero para ir seis meses a Barcelona. Aquello me enganchó, y un buen día el director de Radio Nacional me dice: «Ésta es la oportunidad: ahora o nunca, o la aprovechas o probablemente tengas que regresar fracasado a Madrid». Y me enganché, me enganché... ¡y de qué manera! No lo he soltado en veinte años y espero no soltarlo nunca. Hasta que me obliguen a soltarlo, o hasta que el oyente diga: «Señor Del Olmo, es usted un pesado. Márchese a casa, que no le aguantamos».

*—Ha pasado de Radio Nacional a la COPE y de la COPE a Onda Cero, pero ha mantenido siempre una personalidad y un estilo. ¿Cuáles serían, digamos, los ingredientes? Los ciudadanos los conocemos desde la condición del receptor, pero quisiéramos conocerlos desde la condición del emisor. ¿Cuáles son los ingredientes que componen ese producto que ahora cumple veinte años, Luis?*

—Yo creo que *Protagonistas* ha llegado donde ha llegado por su credibilidad, porque hay una serie de gente, periodistas fundamentalmente, que conocen cuál es su cometido. Hay que buscar esa entrevista, hay que buscar ese entrevistado, que te cuente cosas, que haga suspirar a las amas de casa, que haga levantar de sus asientos al ejecutivo, que haga alegrar las pajarillas al taxista... O a ese trabajador, o a ese hombre del campo, o a ese hombre de la mar que nos sintoniza mar adentro o muy cerquita de las siete mil costas que tenemos en España. Los ingredientes son todos a una. Vamos en busca de ese personaje. Ya tenemos el «no». Pero vamos a intentarlo. Y cada mañana los ingredientes son distintos, pero bajo un calificativo: «A por todas». Yo creo que este programa es similar a otros programas que se han mantenido... no sé si veinte años, pero que funcionan, ¡y de qué manera!, en la radio española.

*—¿Y qué te mueve, a estas alturas, Luis, veinte años después? ¿Las ganas de dinero? No será la gloria, no será el éxito... ¿Qué te mueve?*

—Las ganas, el entusiasmo, la emoción, la sensación de estar con la gente. El participar con la gente, porque en ese programa hay un tiempo de treinta minutos donde los oyentes intervienen, donde a veces te dan la razón, a veces te la quitan, a veces te ponen verde. Hoy mismo, durante casi tres minutos, he aguantado los improperios de un oyente de Vigo. Y quizás tenía razón. Me mueve a que me gusta a rabiar. Me gusta con coraje. Pero esto... no es que me guste a mí. Es que hay veinte millones de ciudadanos en España, casi el 50 por ciento de la población. Y este fenómeno, creo que no ocurre en ninguna parte del mundo, excepto en Alemania.

Me mueve que... que estamos todos locos por la radio, querido Iñaki. ¡Qué te voy a contar a ti!

—*¿Tienes conciencia de que, durante estos veinte años,* Protagonistas *ha ido adquiriendo un peso, no ya de influencia sólo ante la audiencia, sino un peso político... un peso social y político? ¿Esto se ha producido al margen de tu voluntad? ¿Esto ha sido pilotado por ti? ¿Te has encontrado de pronto con esa realidad, ante ese poder político en la sociedad española?*

—Me he encontrado que he vivido los últimos años de la dictadura. Me he encontrado que he vivido intensamente ese... ese lapso hasta que llega la democracia. Me he encontrado con una radio que yo me imaginaba fantástica, pero no tanto. Cuando estalla la democracia, es cuando se hace radio de verdad, después de pasar esa larga travesía del desierto, donde, por cierto, se forjaron muchos profesionales, pero a escondidas de sus directores y de sus jefes de programa. Me he encontrado con una radio que yo había soñado muchas veces, pero que he tenido que tocarla, y vivirla, y sufrirla, y padecerla, y disfrutarla, para darme cuenta de que el profesional del periodismo que prueba los tres caminos, la palabra impresa, la imagen y la radio, en un 70 por ciento se queda con la radio. Pero se queda con la radio porque está escuchando la radio, porque ve lo que ocurre en la radio española. Porque, en este momento, hay mil cuatrocientas cuarenta emisoras abiertas. Porque las emisoras ya no caben en el dial. Porque los oyentes tienen alternativas, a lo largo de la programación de las veinticuatro horas, para quedarse con cuatro o cinco programas estupendos, de madrugada, por las tardes, por la mañana, los informativos... La gente vuelve a decir: «Lo ha dicho la radio». Y yo creo que ése es un orgullo que tenemos los profesionales. Y ese orgullo es el que quieren tener los compañeros que salen de la Facultad de Ciencias de la Información. Buscando un huequecito, ahí en una emisora... Desgraciadamente, en este momento, también la crisis ha llegado a la radio; desgraciadamente, no tienen ese hueco.

*—Luis, ¿eres consciente de que tienes mucho poder?*

—Tenemos poder mientras estamos en la radio.

*—¿Tú tienes poder?*

—Yo soy muy responsable y, sobre todo, muy consciente de que mañana dejo de estar en la radio y ese poder, o esa influencia, o esa popularidad, llámalo como quieras, desaparece.

*—Pero hoy... ¿tienes poder?*

—Hoy... es posible. Pero soy consciente de que lo tengo hoy y mañana puedo no tenerlo. Es decir, si la dirección de Onda Cero me dice: «Señor Del Olmo, hemos prescindido de usted»... mañana Luis del Olmo pasa al anonimato más espantoso. Esa lección la aprendí hace muchos años, cuando llegué a Barcelona. Me lo dijo Joaquín Soler Serrano, que entonces era el amo y el dios de las ondas. Me dijo: «No sé qué será de ti el día de mañana. Pero ten en cuenta esto: que hoy tenemos la fuerza de un micrófono, mañana no somos nadie. No te lo creas nunca, Luis». Y procuro cada mañana, despertarme y repetirme esa... esa sensación: que estoy ahí, pero que en veinticuatro horas puedo dejar de estar.

—*¿Y cómo te enfrentas con ese poder? Porque es un poder. Efectivamente, también el presidente del Gobierno, si mañana deja de ser presidente del Gobierno, pasa al anonimato. ¿Cómo te enfrentas con ese poder? ¿Te compromete? ¿Te aleja de la realidad?*

— Yo soy una persona muy observadora y si quieres contar la verdad de lo que sucede en el pueblo, si quieres trasladar todas esas sensaciones, si quieres contar todas esas cosas que ves en el pueblo, en las tabernas y en los palacios, lógicamente, si quieres contarlo tal y como es, te comprometes contigo mismo. Te arriesgas. Una radio sin riesgo es una radio anodina: una radio absurda. Una radio donde nadie se detiene en su dial, para buscar tu voz, para buscar tu sintonía, para buscar a tu equipo, para buscar tu programa...

—*¿De dónde extraes el conocimiento de la realidad? Porque, a partir de un momento de éxito y de poder, se puede producir cierto distanciamiento o se corre ese riesgo del distanciamiento. Regreso a la pregunta anterior: ¿no temes en ocasiones que tal vez el mundo en el que habitas esté un poco más lejos del mundo cotidiano y real de lo que estaba hace algunos años?*

—Hay un sexto sentido... Eso no lo aprendes en la Facultad: eso lo tienes o no lo tienes. Y ese sexto sentido a mí me ha dado muy buen resultado. Me dice que lo que tengo que hacer es lo que estoy haciendo. A riesgo de un disgusto tremendo, a riesgo de que mañana aparezca un editorial y te haga mucho daño. Porque yo acepto la crítica... pero, hombre, a veces, si me tiran de las orejas... me duele. Y no es que llore... Por dentro, de vez en cuando, lloro. Pero eso hay que aceptarlo con todas las consecuencias, con todos los éxitos y con todas las broncas que puedas recibir.

—*¿Qué te importa más? ¿Que te quieran? ¿Que te paguen bien? ¿Que tengas mucho éxito? ¿Ser el líder de las audiencias?*

—Me importa que un ingeniero, cuando sale de Valencia, dispuesto por problemas familiares a dar un volantazo a su coche y estrellarse contra un árbol, se ponga camino de Barcelona, juegue con las sintonías y encuentre mi programa, y me importa que ese ingeniero venga a darme un abrazo y me dé las gracias. Me importa que una muchacha me diga: «¿Sabe? Ha hecho feliz a mi madre durante tres años... que se estaba muriendo». Me importa que venga un caminante de la vieja Castilla y me diga: «Llevo un transistor en el tractor y le escucho cada mañana». En definitiva, me importa que me quieran, respondiendo concretamente tu pregunta, querido Iñaki.

—*¿Qué es lo mejor que te ha pasado en estos veinte años, en* Protagonistas*? ¿Y qué es lo peor que te ha pasado?*

—Bueno... Acabo de escribir un libro que saldrá al mercado muy pronto, junto con Assumpta Roura, una querida compañera[1]. Ahí aparecerá una serie de anécdotas, cosas gratas, cosas hermosas... Una anécdota: hace cinco años, era el día de San Juan, y le dije a mi equipo: «Vamos a intentar hablar con la Casa Real; a ver si durante un minuto el Rey se quiere poner y le felicitamos en nombre del equipo y de la familia de *Protagonistas*». Se lo digo a mis compañeros y yo continúo haciendo el programa. Bien. Dentro del programa hay una compañera que aborda asuntos sociales: Nuria. Y cuando queremos establecer conexión con Nuria, porque no siempre está en Barcelona, está en Madrid o está en Valencia, utilizamos una señal, un gesto que significa que tenemos conexión con Nuria. Como cuando estaba en la COPE y teníamos que establecer conexión con Paloma Gómez Borrero: había una señal para entendernos con los compañeros, con la «pecera». Significaba que conectábamos con información del Vaticano o de Roma. Bueno, discurre ese programa del día de San Juan y, de pronto, veo a mi compañera Pilar, la jefa de producción, que hace un gesto... muy saltarina. Entonces, yo entiendo que quien está al otro lado del teléfono y del micrófono es Nuria. Yo comienzo a presentar a Nuria, que, en aquella ocasión traía el tema de las miserias y las virtudes de los muchachos a los dieciocho años. Cuando estaba presentando a Nuria, veo que mi compañera Pilar, en el control, se vuelve loca, y dice uh... uh..., se pone firme... Y, entonces, yo entiendo que era el Rey quien estaba al otro lado del teléfono.

—*Y tú estabas presentando a Nuria...*

—Estuve a punto de saludar a Su Majestad el Rey con estas palabras, aproximadamente, con las que saludaba a Pilar: «Querida Pilar, bonita, buenos días...». Esto fue lo que estuvo a punto de ocurrir y, por décimas de segundo, no ocurrió. Eso fue... eso fue una anécdota real...

—*¿Cuándo fue eso?*

—Hace cinco años, aproximadamente. Hay otras anécdotas más amargas, que tienen como protagonista tu querida tierra, el País Vasco. En el asesinato de aquel ingeniero de Lemóniz, Ryan[2]. A mí se me ocurre decir: «Voy a abrir los teléfonos de *Protagonistas* para que todos los ciudadanos vascos nos cuenten sus reflexiones sobre este asesinato». Entonces, hice un comentario. Apostillé: «Seguramente, los etarras y sus amigos, los de Herri Batasuna, estarán disfrutando con champán». Empezó a llamar gente del País Vasco. Pedí al resto de las autonomías que dejaran los teléfonos tranquilos, con el fin de que los ciudadanos de Euskadi llamaran. Y una de las llamadas, la cuarta llamada, me dice: «Usted ha dicho... ha comentado que en Herri Batasuna estábamos celebrando...». «Sí, señor: Herri Batasuna y ETA, ETA y Herri Batasuna». «Pues haga usted el favor de rectificar. Soy Jon Idígoras»[3]. A partir de ese momento, Jon Idígoras, me puso... hum... como nadie me ha puesto en la historia de *Protagonistas.* Le dejé hablar. Desde fascista hasta manipulador: me dijo de todo. «¿Ha terminado, señor Idígoras?». Dice: «Sí». «Bueno, pues entonces, escúcheme a mí». En aquel momento, colgó el teléfono. Y yo le dije: «Me consta que usted está escuchando la radio a través de una de las emisoras de la Cadena COPE». Y le dije lo que yo pensaba, lo que había dicho y lo que tenía ganas de soltarle a Jon Idígoras. Cómo sería... cómo sería que, inmediatamente, al terminar el programa, me llama el ministro del Interior, [José] Barrionuevo, y me dice: «Luis, ahí tiene usted una compañía... unos guardaespaldas; acéptelos». Y durante nueve meses, mis hijos, mi mujer y yo... Estuve durante nueve... durante nueve largos meses con esa preocupación. Luego, afortunadamente, no paso nada[4]. Es lo grato y lo ingrato de un programa. En ese peso, sin duda, las venturas son más importantes que las desventuras. Porque, de lo contrario, lógicamente, me hubiera marchado aburrido, ¿no? Pero, vamos, las felicidades y los retos nuevos han pesado por encima de todo. Y, quizás, Iñaki, lo que marca la diferencia entre aquella radio de entonces y esta radio que estamos disfrutando hoy cabe en la siguiente historia: la protagonizó mi querido compañero Fernando Rodríguez Madero. (Estas cosas nos ocurrieron a todos, pero le sucedió, sobre todo, a Fernando). Estaba haciendo un programa un día de fiesta. Coincidió con el Watergate y la dimisión del presidente norteamericano Richard Nixon. Y Fernando tuvo la buena ocurrencia de conectar con la Casa Blanca en Washington para hablar con el cocinero de Nixon, que era gallego. Bueno, nos llegaron felicitaciones de todo el mundo, sobre todo para Fernando. Pero la dirección de la radio, y ahí se nota la diferencia entre la radio de entonces y la radio de hoy, en vez de felicitarnos, como creo que era su deber, a Fernando... bueno, yo no sé si lo sancionaron... A mí me dieron un castigo de palabra tremendo. Nos dijeron: «¡Cómo se os ocurre! ¡Si eso pertenece al departamento de informativos! ¡Cómo se os ocurre llamar sin pedir permiso, si eso depende de los diarios hablados!». Ésa era la radio de entonces. En la radio de hoy tienes un bloque de cuatro o cinco horas, tienes toda la responsabilidad y asumes toda la responsabilidad. Y ahí puedes hacer lo que tú tienes que hacer, a tu buen entender periodístico, y se lo tienes que brindar a los oyentes.

*—Luis, está cambiando el mundo a gran velocidad, casi no da tiempo a seguir la actualidad, porque nos atropella. ¿Te preocupa estar suficientemente preparado para afrontar los temas de cada uno de los días?*

—Ahí sí que necesitaría otras doce horas, para... Yo procuro saborear, pero por encima, los cinco periódicos más importantes del país. Yo procuro escuchar radio. Yo procuro leer. Yo procuro hablar con la gente. Pero veo que es insuficiente para tener toda la información que tú querrías... Es la información de la ciudad, de tu barrio, de tu pueblo, de tu país, de Europa y del mundo.

*—¿Te da tiempo a leer libros?*

—Me da tiempo a leer, y si no me da tiempo, saco... saco el tiempo de donde sea. A veces, en esos cuarenta minutos del puente aéreo Madrid-Barcelona, Barcelona-Madrid. Porque yo estoy viviendo en las dos ciudades. Y, a veces, hacemos unos escarceos por el resto de las ciudades y de los rincones de España. Procuro siempre llevar un libro en el equipaje.

*—¿Te da tiempo a ir al cine? ¿Ir al teatro? ¿Saber qué pasa?*

—No me da tiempo. Sin embargo, tú eres el culpable de que hoy no esté viendo a Amparo Rivelles y Alberto Closas, en ese... en ese *Soneto de otoño*, ¿no? Pero amo profundamente mi radio, y mi tiempo se lo entrego, porque así me lo exige. Pero me gustaría tener tiempo para acudir al teatro, para acudir al cine, para sentarme reposadamente a leer un libro.

—*Quiero decir... si no tienes la sensación de que no se abarca todo aquello de lo que tenemos que dar cuenta cada mañana en la radio... esa sensación de que no se llega a entender exactamente... Quiero saber si eso no te abruma... ¿Adónde te conduce? ¿No te conduce a la precaución?*

—No... Siempre se tiene un desasosiego. Es decir, si entrevistas... pues no sé... al director general de Tráfico, porque son noticia los sucesos de este fin de semana, al final te queda un desasosiego, y dices: «Bueno, ¿y por qué no le he hecho tal pregunta? ¿Y por qué no surgió este comentario?»... Ese comentario que se te ocurre siempre al final, ¿no? Y esas sensaciones las tienes con todas las entrevistas, o con todos los comentarios, o con todos los reportajes que haces. Yo estoy muy a gusto con lo que estoy haciendo y estoy muy satisfecho. Y, bueno, los resultados están ahí. Pero que me falta tiempo y que me gustaría arañar el tiempo de mi reloj... ¡pues claro que sí! Y creo que a ti también.

—*¿Te sientes orgulloso de ser una especie de gran capitán de las más importantes y eminentes autoridades del columnismo y del pensamiento periodístico español?*

—Yo no soy un gran capitán. Yo soy un gran compañero de los columnistas, y de los periodistas, y de los radiofonistas, y de los comunicadores, que de todo hay en la viña del señor.

—*Cuenta un defecto. Autocritícate, Luis.*

—No me aguanta ni mi padre. Ni yo mismo, a veces. Lo que pasa es que al final soy un buen chico, pido perdón y me perdonan los compañeros que me tienen que sufrir a su lado. A veces, sin tener látigo, asoma el látigo.

—*¿Qué es para ti una estación de tren, Luis?*

—Una estación de tren es algo que huele a traviesa de ferrocarril, y que me remonta a los primeros años, cuando le llevaba el café a mi padre a la estación... a la vieja estación de Ponferrada. Son mis amores, es mi infancia, es mi recuerdo... al que no quiero renunciar.

—*¿Te has desclasado? Todo el mundo sabe que te ha ido muy bien. Has obtenido un gran éxito, un gran éxito económico, un gran éxito social. ¿Te has desclasado?*

—El día que me desclase, ese día no seré yo, querido Iñaki.

—*¿No te has desclasado?*

—No.

*—No. ¿Eres de derechas? ¿Eres de izquierdas?*

—Eso ni te lo diré a ti ni... Es el secreto mejor guardado.

*—¿Pero lo sabes?*

—Sí, sé dónde estoy. Pero el día que lo haga público, habré decepcionado a más de cuatro oyentes y no quiero hacerlo.

*—¿Eres soberbio, Luis?*

—A veces, no siempre. Estoy lleno de pecados. No es malo pecar de soberbia de vez en cuando.

*—¿Qué quieres ser de mayor, Luis?*

—Quiero ser un hombre pegadito a la radio, estar haciendo un programa para... para los viejos. Quiero ser el Luis del Olmo que a los ochenta años diga: «Buenos días, España. Les habla Luis del Olmo». Y vamos a ver... porque los viejos van a tener mucha importancia. Yo le decía el otro día al presidente [Felipe González]: «Cuide a los viejos».

*—Bueno, son la mayoría, ¿no?*

—Dentro de diez años, los viejos serán la inmensa mayoría, porque no nacen niños. Así que yo creo que la edad de oro para nosotros está por llegar. Cuando cumplamos los setenta o los setenta y cinco... Yo los cumpliré antes que tú, evidentemente.

*—No mucho antes, ¿eh? Oye, Luis, ¿en qué sueñas cuando sueñas? ¿En qué sueñas cuando sueñas que te pasa algo maravilloso? Porque, cuando vivías la vida de una estación, soñabas con trabajar en la radio. Cuando trabajabas en la radio, soñabas con tener un gran programa. Cuando tenías un gran programa, soñabas con acreditarlo como «el gran programa». En este momento, ¿cuál es tu sueño, Luis?*

—Pues un sueño, podría ser... tener una tertulia en la que estuviera mi «amigo» Alfonso Guerra, entre comillas, o estuviera el señor Arzallus. Que estuvieran... todos los malditos, porque yo tengo mis malditos. Que estuvieran todos en una tertulia. Y pedirles disculpas. Y decirles, bueno... que no se enfaden, que la radio es así en directo. Ése es mi sueño. A veces tengo pesadillas, casi nunca, pero la pesadilla es que los cinco despertadores que tengo no suenan. Y la inmensa mayoría de los sueños... me remontan a la tierra de mi madre, a Villafranca del Bierzo. Donde hace unos días hemos hecho, en homenaje a mi madre, precisamente, al cumplir estos veinte años, un programa de radio en un viejo caserón que... que nacía con el siglo. Sueño con aquellas truchas del río Sil, con las fiestas, con las castañadas que se hacen en este tiempo, con mis viejos amigos que se quedaron allí, que me recuerdan, y que nos llamamos por teléfono. Soy un soñador... y mal asunto, diría, que no sueñe.

*—El libro al que te referías está a punto de salir. Un libro en el que se cuentan las historias de veinte años de un programa que es más que un programa. Es difícil escribir la historia de los últimos veinticinco años de este país sin citar* Protagonistas, *querido Luis, y sin hablar de tu mujer. Porque debe de resultar prácticamente imposible explicarse el fenómeno Luis del Olmo sin aludir a tu mujer. Yo creo que es obligatorio hacerlo, y no porque forme parte de la hidalguía o de la cortesía, sino porque forma parte de la más absoluta realidad. ¿Hubiera sido posible Luis del Olmo sin tu mujer?*

—No, no, no. He tenido la fortuna... Sobre todo, cuando ves a compañeros y gente de toda clase y condición, cómo se rompen los matrimonios... yo me digo: «¡Dios mío, qué suerte he tenido!». Desde luego, sin esa gallega que nació en Santa Marta de Ortigueira, este Luis del Olmo no estaría ahí, con toda seguridad. Y si mi mujer no sale es porque no quiere, porque no le apetece, porque quiere guardar su intimidad. Y creo que hace bien, y la aplaudo. Y... hoy mismo le he dicho: «Vente a Madrid y tomamos allí un café con Iñaki». Dice: «No, porque Iñaki, en cualquier momento, puede hacer referencia a mí». Y mira por dónde, has hecho referencia a ella. Pero... ella está allí, con su gente, y está feliz. ¡Y con el abuelo!

*—Y una última cosa, Luis: la calle. ¿No temes que la calle te resulte desconocida? Es la pregunta que se le hizo a Valéry Giscard d'Estaing... Parece normal que los periodistas se la hagamos a los políticos, pero los periodistas también tienen poder y tienen peligros, como todo el que tiene poder; y tienen, tal vez, el riesgo en enclaustrarse como el que tiene el poder. ¿Cuánto vale un billete de metro? ¿Qué vale un kilo de garbanzos? ¿Cómo está la vida?*

—La calle yo no la he perdido de vista, porque, cuando no bajo a la calle, la calle viene a mí. Me explico: creo que es el único programa que se mantiene vivo entre aquellos programas legendarios cara al público. Yo siempre hago los programas con cuarenta, cincuenta... a veces, con cien o doscientas personas. Yo estoy observando la calle y, en los tiempos de publicidad, o en los tiempos del informativo, yo hablo con la gente, y hablo con la calle. Una de las cosas que disfruto cuando termino el programa, a la una de la tarde, es pasear por las Ramblas. Pasear y hablar con los libreros, y hablar con la gente que vende pajaritos...

*—¿No te da miedo la gente?*

—No. ¿Por qué me va a dar miedo, Iñaki? No me da miedo, en absoluto.

—*¿No?*

—Me da confianza. Porque si me diera miedo, creo que echaría el cerrojo al locutorio y... no dejaría que libremente entre la gente. No, no me da miedo. Al contrario, me arropa y, además, me sirve. A través del gesto de la gente... puedo saber si lo que estoy diciendo está llegando o estoy durmiendo a las ovejas. Eso es... para mí es muy importante. Y no podría hacer un programa sin gente, sin público.

—*¿Y te preguntas, en ocasiones, si no sería obligatorio desplazarse un poco y que lleguen las siguientes generaciones? ¿No hay un exceso de concentración en... en unas pocas voces?*

—No. Yo soy un egoísta. Yo... Iñaki, eso te lo he oído alguna vez... Y eso es un gesto de Iñaki. Yo, quizá, no soy buena persona, en ese sentido...

—*Sólo me quedaba una duda. Es una duda, como he dicho antes, y te la planteo como una duda.*

—No, no... Yo no me voy a apartar. La radio tiene que apartarme. Yo mañana me aparto de la radio, porque yo quiero apartarme de la radio, y yo me muero de pena... ¡Y no quiero morirme de pena! A mí, de la radio, me tienen que echar. Yo no me voy de la radio. Una de las preocupaciones... Por eso aquella ambición: «¡Hombre, yo quiero tener mi emisora...!». Ya no: mi cadena. Mira por dónde, ahora, porque la crisis ha llegado también a la radio, quizá tenga que agradecer a don Alfonso Guerra que no me diera las emisoras, porque, seguramente, a estas alturas, estaría hipotecado, estaría descapitalizado, estaría arruinado. Así es que ¡muchas gracias, don Alfonso! Pero... No sé por lo que iba...

—*No... decías que no te quieres apartar...*

—No. Yo no me quiero apartar.

## NOTAS

[1] Luis del Olmo y Assumpta Roura: *La radio y yo: veinte años de «Protagonistas»*. Ediciones B, Barcelona, 1993.

[2] José María Ryan, ingeniero de la central nuclear de Lemóniz, fue secuestrado y asesinado el día 29 de enero de 1981 por la banda terrorista ETA.

[3] Jon Idígoras es un histórico del radicalismo *abertzale*, dirigente de Herri Batasuna durante la transición. Ha sido procesado y encarcelado en varias ocasiones. Su sucesor fue Arnaldo Otegi.

[4] Años más tarde, Luis del Olmo tuvo que solicitar protección policial nuevamente, cuando la banda terrorista intentó acabar con su vida a finales del año 2000. Juan Miguel Gervilla, guardia urbano de Barcelona, murió a manos de los terroristas y así pudieron descubrirse sus planes.

43

# *Pedro Almodóvar* *«España va por delante del cine español»*

Pedro Almodóvar (Calzada de Calatrava, Ciudad Real, 1951) es el director de cine español más importante de las últimas décadas del siglo XX. Especialista en cintas tragicómicas de ambiente urbano y marginal, Almodóvar inició su carrera con una película rodada con escasos medios *Pepi, Luci, Bom y otras chicas del montón* (1980), donde descubría al resto de España la excéntrica vida de los jóvenes que componían la llamada «movida madrileña». *Laberinto de pasiones* (1982), *Matador* (1986) y *La ley del deseo* (1986) fueron sus producciones inmediatas, pero su fama nacional e internacional creció definitivamente con *¿Qué he hecho yo para merecer esto?* (1984) y, sobre todo, con *Mujeres al borde de un ataque de nervios* (1988). En los años siguientes realizó *Átame* (1989) y *Tacones lejanos* (1991).

El día 26 de octubre de 1993, Iñaki Gabilondo entrevistaba a Pedro Almodóvar con motivo de la presentación de *Kika* en el programa de Televisón Española *Gente de primera*.

Posteriormente, el cineasta manchego siguió ofreciendo a los espectadores los peculiares productos de su arte y consiguió todos los premios importantes del mundo cinematográfico, incluidos el galardón como mejor director europeo en Berlín, numerosos «goyas» de la Academia española, el Globo de Oro de Estados Unidos, el César de Francia, el Donatello de Italia y el Oscar a la mejor película en voz no inglesa de la Academia de Hollywood, por *Hable con ella* (2002).

*—Ya esta aquí* Kika. *Esta misma mañana han podido ver la película unos cuantos, en un pase de prensa. ¿Una primera impresión? No*

*sé si el público, éste del pase de prensa, era parecido al público habitual. ¿Este público da una pista...?*

—Los públicos, cada público, cada país, cada pueblo... son distintos, pero hay una cosa que tú notas... incluso aunque quieran mentirte. Tú lo notas a través de las caras, del modo en que te dicen: «Oye, me ha gustado»... Uno lo nota. Pero uno nota, incluso, las respiraciones dentro de la sala.

*—¿Y qué tal ha ido la proyección de* Kika?

—Yo creo... la verdad es que he estado entrando y saliendo, porque he estado haciendo entrevistas toda la mañana. Pero yo ya... yo ya tengo una idea de cómo se ha visto la película. Primeramente, nadie se esperaba que la película fuera así, lo cual siempre es bueno, por lo menos, para mí. Quiero decir que seguir sorprendiendo con la décima película me parece algo... me parece un lujo. Y después, todo el mundo se ha quedado... ¿como te diría...? Es una película en la que a lo largo de hora y media se ríen mucho, frenéticamente, y en la última media hora, verdaderamente, es un silencio... no quiero decir sepulcral, pero, desde luego, un silencio más allá que respetuoso, muy... muy... muy inquietante.

*—O sea, que bien.*

—Sí, sí, sí.

*—¿Es el tipo de reacción que podía soñar o desear el director?*

—Sí, sí... Pero es el día después el que te da una idea mucho más general. Y a veces hay que definir y hay que determinar la carrera de la película. El día después del viernes, cuando se estrene. Hasta hoy sólo la habíamos visto mi montador, otras tres personas más y yo. Yo estoy contento de la reacción. Fíjate, aunque peque de soberbio, hay una cosa en la película en la que todo el mundo ha coincidido: probablemente sea la película más original que he hecho hasta ahora. Y... a veces se reacciona mal frente a lo que no es familiar. Pero yo lo que tengo es mucha curiosidad. Aunque lo que más me importa es que vaya el público, está bien ver qué es lo que escriben los demás, porque es una película en la que yo creo que te tienes que sentar e inventarte también lo que vas a escribir, porque no se parece a ninguna otra, ni de las mías ni de las otras.

*—Es tu décima película. ¿Te importa mucho en este momento la respuesta, la taquilla, el reconocimiento? ¿Te importa que te valoren mucho...?*

—Pues... te digo: por orden, lo que más me importa en este momento es que la gente vaya a verla... Después, sin embargo, reconozco que, aunque proporcionalmente no debería ser así, me afecta más que importarme... me afecta mucho lo que escriben de mí y trato de no leerlo. Pero... siempre acabo leyéndolo. Entonces, sí que me importa. Yo digo: «No debo, no quiero, no lo voy a leer». Pero lo leo y me importa.

—*¿Por qué parece que tienes piel de elefante y, sin embargo, es evidente que tienes una piel muy delicada para estas cosas?*

—Pues... soy humano, Iñaki. Ser director de cine es un trabajo duro, incluso físicamente. Pero... me gustaría poder curtirme más; me gustaría incluso conseguir un tipo de cinismo para sobrevivir, y me lo digo a mí mismo muchas veces, pero no puedo.

—*¿Y cómo lleva lo de ser un mito? Porque sabes que eres un mito...*

—No, no, no. ¡Por Dios, no!

—*No, bueno... ¿No te parece que eres un mito? Nosotros hemos formulado una pregunta [a nuestros espectadores]: les hemos preguntado dónde creen ellos que radica la fuerza del cine de Pedro Almodóvar: en su estética innovadora, en la originalidad de sus historias, en su carácter provocador, en sus personajes... Bueno, seguro que es en todo y en mucho más. Luego nos darán las respuestas.*

—Bueno, está bien que no hayáis puesto «¿Almodóvar es un genio o no?». Porque a mí... esas cosas... No es que me den apuro, sino que yo sé lo que es un genio. Un genio aparece de vez en cuando a lo largo de un siglo, y cuando lees la biografía de Picasso o de Dalí... entonces te das cuenta de que la genialidad tiene otra naturaleza...

—*Pero tú te has debido preguntar cuarenta mil veces cuál es la razón por la que has ido rompiendo dique tras dique.*

—Sí, pero no hace falta ser un genio para eso.

—*¿Es más un problema de tu arte como cineasta o de tu propia personalidad?*

—No... hay una cosa... Quiero decir, evidentemente tengo talento. Sería una tontería si dijera: «No, yo... es que soy un necio, es que no tengo ni idea, no tengo ningún...». No, no, no. Tengo un talento nato para inventarme historias, desde pequeño, y, después, un gran desconocimiento de la técnica, que he ido aprendiendo a base de práctica, que es el único modo de aprenderla. En las escuelas no te pueden enseñar cómo hacer cine. Son tres cositas, y el cine, además, te lo puedes inventar.

—*Pero ¿te gusta que te observen como fenómeno social? ¿Te gustaría que te valoraran como un gran narrador cinematográfico o un gran esteta cinematográfico?*

—¿Sabes lo que pasa...? Yo creo que tengo una sinceridad que no todo el mundo posee y mis personajes pueden resultar chocantes o exagerados, realmente yo los pongo en situaciones extremas, pero lo hago con la mayor naturalidad porque a mí no me parecen ni exagerados ni provocativos, ni escandalosos, ni nada de eso. Entonces, yo creo que la gente se identifica mucho con esa especie de naturalismo en lo exacerbado.

*—Pero ¿esa gente existe o es un sector social que es así? ¿O es que todos somos de alguna manera así... si somos observados con una mirada concreta?*

—Yo creo que dentro de nosotros están todos esos personajes. Eso no significa que sus vidas se parezcan a nuestras vidas, pero yo creo que uno puede entenderlos perfectamente. Y, en cualquier caso, yo no sé... es que me parece que nos complicamos mucho la vida a la hora de analizar el ser humano. Dentro de la naturaleza humana hay todo lo que yo cuento y hay muchísimo más, peor y mucho mejor. Lo que ocurre es que yo creo... yo creo que el cine español no se corresponde del todo con la realidad española. No quiero decirte que yo sea el prototipo de cineasta español contemporáneo. La vida en España y el español se han desarrollado y han evolucionado mucho más que nuestro cine. Y ya es un milagro que sobreviva: yo les tengo un enorme respeto a todos mis compañeros. Pero tal vez porque es una elaboración mastodóntica (a pesar de que trabajamos con presupuesto pequeño, pero cuesta mucho trabajo conseguir ese dinero), cuando te has inventado la historia y puedes narrarla, la realidad ya ha superado esa historia. Por eso digo que yo creo que el cine español no corresponde del todo con la realidad española. La realidad española va por delante, la realidad española va por delante de ti, de mí, de los políticos... y de casi todo.

*—De alguna manera, por eso tu cine puede haber tenido un éxito especial. Por eso, por ser más veloz que el resto del cine español.*

—Yo miro mucho a mi alrededor y miro mucho por la ventana, y trato de oír las conversaciones que oigo. Y sí, además, este momento, exactamente, dramáticamente, es el que más me interesa. Entonces, hablo de él, y hablo de él con una perspectiva de ahora mismo y con toda la naturalidad que puedo.

*—¿Y tienes que trabajar recordando el compromiso que significa filmar «una película Almodóvar» o sigue habiendo espontaneidad en ti?*

—Sí... la espontaneidad es una cosa, a pesar de que parezca contradictorio, que se puede forzar. Yo, cuando escribo, me esfuerzo en ser todo lo irracional que puedo. Después utilizo todo un método, porque no hay nada más racional que hacer una película: está dividida en miles de planos. Pero escribir es un ejercicio que no me cuesta ningún trabajo. Lo que pasa es que... bueno, vas cambiando... Hace trece años que hago cine, pero voy cambiando, la vida va cambiando...

*—Pero ¿te sientes un poco prisionero? «Voy a firmar un nuevo Almodóvar...» La gente lo va a esperar como se espera un Almodóvar y tiene que tener unos ingredientes para ser un Almodóvar... ¿Tienes, de alguna manera, una especie de compromiso?*

—¿Sabes lo que ocurre? Es que... siendo yo uno de ellos, un Almodóvar quiero decir, no me preocupo, porque la marca... la va a tener. Y eso no tengo que forzarlo. Pero siento una enorme presión. Una enorme presión que cada vez me asfixia más. Y eso no es bueno para trabajar.

*—La presión de que te observan, la presión de que tienes que epatar, que tienes que sorprender...*

—Sí. Cuando una película mía se espera, me pregunto con verdadera ansiedad: «¿Qué es lo que esperarán?». «¿Qué es lo que se espera de mí?». Y no lo sé, no lo sé. Y me angustia... Yo creo que sigo trabajando con la misma espontaneidad que antes; sin embargo, el elemento de diversión que había en mi trabajo, en este momento, lo hay menos... Supongo que también es por el paso del tiempo.

*—Tienes 42 años, ¿no?*

—Me obliga a reflexionar más.

*—¿Te vas a dejar hacerte mayor? ¿Te van a dejar hacerte mayor?*

—No lo sé. Si te digo la verdad, a mí me gustaría que fuera al contrario: me gustaría rejuvenecerme. No digo físicamente, sino que me gustaría perder... Yo me siento ahora demasiado maduro, muy consciente y muy consecuente, y me gustaría todo lo contrario: recuperar para mí un poco más de locura y de insensatez. Pero... no sé. Eso sí que no se puede forzar.

*—No es fácil eso.*

—No. No lo es.

*—¿Te está resultando doloroso observar esto que estás diciendo ahora, que tal vez esa frescura no te resulta tan natural, que tienes que forzarla?*

—No. ¿Sabes qué pasa? Lo que pasa es que he decidido, hasta ahora, y además siempre me ha funcionado, contar lo que quiero contar, y contarlo a mi modo. Entonces, hasta que no tenga realmente un fracaso, no voy a cambiar de técnica, ni voy a cambiar de táctica. Entonces, me siento frente a la máquina de escribir y dejo que la historia surja; y hasta ahora, me ha funcionado. Pero también ha funcionado el hecho de que haya ido cambiando, porque mis diez películas son muy distintas entre sí.

*—Sí. Cuando Pedro Almodóvar dice «acción», parece que entonces empieza a vivir. [...] Yo creo que se entiende muy bien por qué Pedro Almodóvar dirige tan bien a los actores: porque, en el fondo, yo creo que Pedro Almodóvar quiere ser actor.*

—No, pues fíjate que no. Todos los actores me dicen que soy muy buen actor. No, lo que ocurre es que soy el que mejor sabe explicarles los personajes que me he inventado. Entonces, soy el que más información tiene sobre eso.

*—Ese proceso de fabricación, ¿cómo lo vives?*

—Pues... es una especie... Yo me veo transfigurado, no quiero decir que esté en otra dimensión, pero... es una especie de transporte a... a otra cosa. A veces me doy miedo, cuando me veo la cara ahí... Hombre, no sé... El cine para mí era una especie de realidad paralela a mi vida y yo creo que en este momento ha fagocitado ya mi vida, y mi vida es una realidad paralela al cine.

*—¿El cine te deja vivir?*

—No. Tengo que esforzarme, tengo que imponérmelo. Pero tengo que imponérmelo porque el cine me lo pide también, porque si no vivo, no puedo seguir contando historias.

*—Pero tú vives... Un día, José Luis Garci contaba que vivía la vida casi cinematográficamente: «Según estoy yo viviendo, en una situación así, estoy viendo una cámara que viene por aquí, otra cámara que viene por allí, y cuando vuelve el autobús, de repente, imagino una música de fondo que apoya esta determinada situación...». Le dije: «Deberías ir al psiquiatra».*

—No es deformación profesional siquiera... Pero es cierto: yo tengo que llevar lápices y cosas, y apunto en todos los sitios... No es que tú te inspires ni copies la realidad. La realidad no se puede copiar. La realidad la tenéis vosotros: la televisión. En ese sentido, ningún medio puede competir con ello, porque la realidad está en la televisión, que esta allí y en frente de lo que está sucediendo. Pero la realidad no sólo te inspira... Quiero decir, por ejemplo: lo de Victoria Abril confesándose asesina en un telediario. Pues estaba viendo un telediario y acababan de hablar de un asesinato. Y dije: «¡Cómo me gustaría que esta mujer dijera ahora: "Lo hice yo, y voy a explicarles cómo"!». Entonces... ella no lo dijo, pero me fui a casa inmediatamente y escribí: «En un telediario hay una chica que tal...».

*—¿Son rectificadores de la vida?*

—Sí. Más que un rectificador, creo que lo inspira... Tienes que estar muy alerta, de todos modos, y con bolígrafo, porque si no, se te olvida.

*—¿Y los elementos que acompañan a las películas de Pedro Almodóvar, como una especie de enorme viento de popa a favor? ¿Las operaciones de márketing que muchos reprochan a Pedro Almodóvar...?*

—Pues que las hagan ellos.

*—Que las hagan. Muchas veces forman parte de la promoción de la película de una forma extraordinaria. En este caso, el desnudo de Bibi [Andersen; Bibiana Fernández], por ejemplo.*

—Bueno, no soy yo el que ha promocionado el desnudo de Bibi. Nunca ha salido de esta boca que Bibi sale desnuda. Te digo lo que yo hago por la promoción: en estas dos últimas semanas, por ejemplo, estoy montando una fiesta, que es como montar una auténtica obra musical, es una producción de teatro; con actuaciones, con decorados, con... y todo eso vale siete millones pesetas: montarla, ponerla y darle...

*—¿Vas a cantar?*

—Eso me ha pedido Bibi. He ensayado una canción con ella. Depende de si sobrevivo estos dos días. Lo que quiero decir es que ésa es la promoción que yo hago. La boda de Bibi o el sexo de Bibi es algo que nunca ha salido de mis labios. La escena... la escena de Bibi es algo que está rodada hace cinco meses y... nunca se habló de ello. De algún modo llegó a oídos de un periodista que, además, hizo una nota perversa y muy mal redactada, porque me comparaba con alguien que había hablado de mí... Una cosa muy oscura, y muy rara... y de una persona que se ha especializado en atacarme. Es increíble cómo una columnita, una columna de esas frívolas de contraportada de periódico, remueve una cantidad de reacciones increíbles.

*—Bueno, pues contra la confusión, la información. ¿Qué es lo que cabe decir de esas escenas que se aguardan con tanta expectación?*

—Primeramente, a mí no me gustaría que la gente fuera a ver mi película por eso. Sobre todo, porque, además, hay miles de elementos que yo me voy a encargar de promocionar para que la vean.

Hay una escena... sí, sí... una escena en la que Bibi canta desnuda, bañada por la luz de la luna, en un balcón, a su amante, explicándole que desde que la dejó, ella ha vivido en la oscuridad y lo hace cantando una canción hermosísima de Chavela Vargas que se llama *Luz de luna.* «Desde que te fuiste, ya no he tenido luz de luna...». Y está desnuda porque acaban de hacer el amor y porque, además, ella está dispuesta a repetir dos o tres veces más. No va a poder. Pero no hay ni un primer plano ni nada de eso. Lo que pasa es que ha habido un montón de coincidencias con respecto a Bibi y... Pero es increíble... ¿Por qué? Porque, de pronto, yo me siento víctima de toda esa rumorología que, además, es una bobada.

*—Por cierto, ¿cómo lo está viviendo ella? Porque me parece una gigantesca falta de educación estar hablando de intimidades de una persona que no está aquí delante... Pero sí pregunto a Pedro Almodóvar: ¿cómo está viendo Bibi este asunto relacionado con el sexo?*

—A las personas que la conocemos nos está dando una lección de fortaleza increíble. Se la está agrediendo de un modo criminal. Y yo creo que la única actitud positiva es la que ella tiene: la del silencio y la de dejar pasar, porque, no sé... La gente se olvida de que todos somos seres humanos, de que hay cosas que te pueden herir mucho, y se está masacrando con un tema que, además, ni es de actualidad ni viene a cuento, y que en cualquier caso... Quiero decir que Bibi, tú, yo y cualquiera tiene todo el derecho a hacer con su vida y con su cuerpo lo que quiera. ¡Es como si de pronto nos metiéramos contra las chicas que abortan! Vamos... Yo pienso en lo durísimo que debe de ser abortar y no me atrevería nunca a hablar mal de ellas. Yo veo una mujer que aborta y pienso que, en cualquier caso, ella es la única que tiene derecho a decidir. Entonces, Bibi lo está viviendo verdaderamente... Ya te digo... a mí me parece admirable. Bueno, cuando se vea la película, todo esto ya... Quiero decir que, además, yo no he hecho hincapié en eso. De hecho, esa toma es un plano general, muy general.

*—¿Bibi lo está pasando mal?*

—Lo está pasando mal, y yo la quiero mucho. En cualquier caso, además, hay un delito dentro de todo esto... Yo no sé si debería hablar, porque se trata de ella, y ella no quiere hablar... El gran problema es que si un abogado lleva unos papeles a un juzgado, lo que es terrible y es un delito, es que esos papeles se conviertan en algo público. Es algo que le ha ocurrido ya a muchas famosas. Yo recuerdo cuando Concha Velasco estaba como en trámites de separación, que después dio marcha atrás, y tiene todo su derecho. No se trata de decir: «Yo tengo que contar la verdad y Concha Velasco ha presentado...». ¿La verdad...? ¡Pero ella tiene derecho a que eso sea confidencial, porque, de hecho, es un asunto confidencial! Y, sin embargo, parece que los juzgados tienen las ventanas abiertas y todo el mundo tiene acceso... ¡Y eso es grave! ¡Eso me parece muy grave!

*—No sé... queríamos saber si estaba Bibi pasándolo mal, sólo...*

—Está estupenda. Te digo, entre nosotros: más guapa que nunca. Vuelve locos a todos los hombres que pasan a su alrededor, y yo creo que la vida está siendo muy generosa con ella, y se lo ha ganado. Se lo ha ganado a pulso.

*—¿Y cómo sale eso de que te vas a casar con Bibi?*

—Pues no lo sé. A mí me gustaría saberlo también. Porque recuerdo que tú, que eres de las personas menos sospechosas de este país, me llamaste al día siguiente por esto. Y yo dije: «¡Joder, Iñaki! Jo... ¡Para esto me llama...! Pensaba que me quería hablar de otra cosa, pero no, no... Pues tenía razón...». Yo lo desmentí porque tú me llamaste veinticuatro horas después desde tu programa de radio. Bueno, pues daba igual lo que tú y yo dijéramos. A partir de ese día, los rumores siguieron. Pero no sólo eso, sino que se dijo que era otra de las bazas que yo ahora utilizo para... para promocionar la película. No. Yo no sé de dónde viene ni cómo se ha desarrollado, pero ha habido gente... gente que se me acerca muy en serio y me dice: «Oye, que sé que estás viviendo con Bibi, y me parece muy bien por los dos». Y digo: «Oye, pues sí estaría bien, pero no. Ella vive en su casa y yo en la mía». No sé... cosas.

*—Estás muy enfadado con estas cosas, ¿verdad, Pedro?*

—¿Sabes lo que pasa? Que son cosas bastante necias y que, sin embargo, se interponen en un momento en que yo tengo cosas muy importantes que hacer y por las que sufrir, también. Entonces, no quiero sufrir por estas cosas. Sin embargo, producen malestar porque a mí me molesta mucho ser mal entendido. Yo creo que me paso la vida entera tratando de explicarme, y no lo consigo y, sobre todo, no debo de ser muy convincente, porque no se me cree.

*—¿Cómo se vive en ese sitio en el que tú habitas? Habitas en un lugar en el que se suele estar casi siempre solo: ésa es la condena del éxito a la escala que tú lo conoces en España.*

—Pues estoy solo. Estoy solo. Hoy, en los ensayos de esta gran fiesta que te digo que vamos a hacer, hablando con Chavela, que va a ser también una de las artistas que va a trabajar, le preguntaba: «Pero ¿tú no te sientes muy sola... así, viajando y tal?». Y, entonces, ella me decía: «Sí. Si no estás con la persona que amas, o no estás enamorada, estás solo». Entonces, yo estoy solo. Pero, afortunadamente, quiero a alguien. Entonces, eso rellena un montón de vacío de mi vida, pero el hecho de querer a alguien tampoco significa que te acompañe en lo que es más esencial en tu vida. Pero... bueno, quiero decir... sufro por otras cosas que no son estas pequeñas tonterías.

*—Así que estás enamorado. ¿Y cómo estás observando tu inmediato futuro? Cuarenta y dos años es una edad... digamos, una edad para reflexionar. Y cuando uno ha sido y es un rompedor cuyos trabajos se aguardan siempre como rompedores, ¿no tiene en ocasiones una cierta tendencia a convertirse en un burgués, instalarse, vivir cómodamente, no empieza a percibir los michelines mentales de los cuarenta y dos años?*

—Hombre... Yo, sobre todo, empiezo a sentir que necesito cambiar de vida, lo cual también significa cambiar de historias, historias futuras que contar. Yo sí que me encuentro en una situación, verdaderamente... de revolución interior. Hay algo en mí que tiene que cambiar. Lo necesito de un modo urgente, y eso va a influir de un modo determinante en las películas que haga. Hay fórmulas que ya no me sirven y que ya he utilizado, y lo que pasa es que no sé por dónde voy a tirar. Pero... quiero estar preparado. Quiero decir: habrá un momento en que empezaré a repetirme, habrá un momento también en el que alguna película mía no sintonice, y estoy seguro de que ésas van a ser también experiencias muy interesantes. No lo deseo, por supuesto, pero quiero estar preparado para eso. Depende de cómo se vivan todas esas cosas. Y no se trata de aburguesarte ni nada de eso. Pero, en efecto, el talento tiene unos ciclos y esos ciclos son imprevisibles. Hay personas maravillosas que, de pronto, han tenido su esplendor a los cuarenta años y, después, a los cincuenta años, han empezado a repetirse. No lo sé, no lo sé, no lo sé. Y, además, no quiero saberlo. Quiero, sobre todo, que el primer sorprendido de mi futuro sea yo.

*—Por supuesto. ¿Pero no te da miedo el inmediato futuro?*

—No, no, no.

*—Pero percibes próximos cambios, cambios de vida, cambios de estética expresiva, etcétera.*

—Sí, sí, sí. Lo necesito. Y si no, entonces, es que me he acomodado en algo que no me gusta.

*—El otro día leí una entrevista que te hacían en un periódico y decías que te sentías muy llamado de pronto hacia la solidaridad...*

—¿Sabes? Eso es que tengo mala conciencia. Porque tengo mala conciencia.

*—¿Del éxito, de haber ganado dinero, de haber triunfado?*

—No, eso no. Porque eso ha ido llegando día a día. Creo que me lo he merecido, lo he trabajado. Vengo de un estrato social muy bajo. Si hubiera sido hijo de un marqués, simplemente hubiera empezado a hacer cine antes... o no sé, hubiera tenido otros problemas. Pero tampoco es que alardee de eso... No sé lo que me habías preguntado... Me he perdido ahora mismo... ¿De qué estábamos hablando?

*—Estábamos hablando del futuro, y de si en este momento te estabas inclinando a actos solidarios... porque el mundo está muy complicado y tienes mala conciencia...*

—¡Ah, sí! No tengo mala conciencia por haber ganado dinero, sino porque he sido muy egoísta... porque no me ha quedado más remedio. Porque si no, no hubiera hecho nada de lo que he hecho. Quiero decir: he tenido que ser egoísta para trabajar en la Telefónica y hacer películas a la vez, porque las dos primeras películas que hice las rodé mientras trabajaba en Telefónica. Entonces, eso te hace no mirar hacia ti, pero sí defender de un modo muy violento, casi, tu tiempo, tu vida, tu... todo eso. Y yo creo que atravesamos uno de los momentos más insolidarios de... por lo menos, de la época que nos ha tocado vivir. En efecto, harían falta soluciones. Yo no sé cuáles son, pero nunca hemos tenido tanta información sobre la desgracia ajena y nunca hemos sido más insensibles a eso. Como yo he dedicado casi el 95 por ciento de mi tiempo a mí mismo... me gustaría en el futuro dedicarlo a otras cosas, pero sin tener que poner nombres ni nada de eso, ni figurar en ningún lado... Es una necesidad que a quien más va a beneficiar va a ser a mí.

*—Cuando se está donde está Pedro, posiblemente, se está solo. Pero tenemos oportunidad de conocerle a partir de su obra y su obra está aquí, en la décima película:* Kika, *que es ahora mismo la noticia. Se estrena esta semana en toda España.*

44

# *Pilar Miró*
# *«Quizá estábamos equivocados»*

Pilar Miró (1940-1997) tenía una amplia experiencia en el mundo cinematográfico y televisivo cuando adquirió notoriedad por su película *El crimen de Cuenca* (1979). La película, que narraba con extraordinaria crudeza la violencia que se ejerce desde el poder y contra el pueblo, fue un hito en el devenir de la sociedad española, que se hallaba entonces en un proceso de adecuación al siglo XX. Pilar Miró también es la directora de *Gary Cooper que estás en los cielos* (1980), *Beltenebros* (1991) y *El perro del hortelano* (1996), por la que fue galardonada con el Goya a la mejor dirección.

Pilar Miró fue directora general de Cinematografía entre 1983 y 1985. Fue nombrada directora de RTVE en 1986, cargo que ocupó hasta 1989. Aunque en su momento fue acusada de favorecer los intereses del partido gobernante (PSOE), el tiempo se ocupó de constatar que su etapa al frente de Televisión Española se caracterizó por la libertad y la decisión de adecuar la mentalidad de los españoles a los tiempos que se estaban viviendo.

Iñaki Gabilondo entrevistó a Pilar Miró el día 25 de enero de 1994 en el programa *Gente de primera*, de Televisión Española.

*—Con ella, no se sabe muy bien por qué, siempre llega una polémica de acompañamiento. Es una persona que ha sido muchas cosas, pero, sobre todo, una: es una artista. Se dedica al cine, se dedica ahora también a la ópera y se acerca a esta casa [RTVE] que... no sé si le produce una especial emoción después de haber sido directora general y después de mucho tiempo sin haber vuelto por aquí: [...] Pilar Miró. Buenas noches, Pilar.*

—Buenas noches.

*—Yo no sé si exagero... pero tengo la sensación de que venir a esta casa te tiene que producir por dentro...*

—Hombre... Esta casa ha formado parte de mi vida durante muchos años y tengo sentimientos encontrados.

*—Oye, Pilar, tú has dirigido la cinematografía española, un montón de películas, has dirigido a esta casa... ¿Sabes obedecer?*

—Me cuesta bastante. Pero es curioso... porque realmente, cuando era pequeña, lo que más incidió en mi educación era la obediencia, y la obediencia, además, con mando en plaza, o sea...

*—Eres de familia militar...*

—Sí, entonces... la disciplina, la obediencia, preguntar el porqué de las cosas era algo que yo recuerdo con gran terror. Por otra parte, bueno... eran aquellos años donde nadie te explicaba qué era lo que ocurría ni por qué ocurría.

*—A lo mejor decidiste entonces que ya habías terminado de obedecer y, a partir de entonces, ibas a mandar... o a intentarlo.*

—Pues tardé... yo creo que tardé. Supongo que esa decisión está relacionada, curiosamente, con la muerte de mi padre. Digo curiosamente porque murió cuando yo tenía dieciséis años y pienso que mi vida hubiese sido otra. Es decir, me hubiese obligado a seguir en la universidad. Yo creo que no hubiera admitido nunca que estuviera en la Escuela de Cine.

*—Hace un momento, para presentarte, he dicho que eres una artista. ¿Lo he dicho bien? ¿Es así como te sientes?*

—¡Ah...! Bueno... me parece una palabra demasiado importante. No sé. Yo creo que soy una persona cuyo trabajo consiste en crear, en hacer propuestas, en contar historias... Sí... de alguna forma es parte de la cultura o parte de la creación. Lo que pasa es que ser... eso de ser creador me parece que es un poco...

*—¡Caramba, creador tampoco está mal! ¿No?*

—No, no, no... Está muy bien. Por eso digo que me parece que no estoy a la altura.

*—¿Pilar Miró ha analizado alguna vez a qué se debe esta ola de polémica que la acompaña muchas veces?*

—Lo he analizado siempre que ocurre alguna manifestación de este tipo y nunca llego a encontrar una explicación. Porque me ha pasado casi desde que empezaba a trabajar y, bueno, quizá había épocas en las que podía existir un tipo de motivo y quizá, en otras épocas, también ha habido situaciones que se podían entender, no asumir. Pero que se convierta como en un hábito es algo que a mí se me escapa. O sea... eso será para los sociólogos.

*—Pero ¿lo padece o le gusta?*

—No, no me gusta nada. No.

*—No. Nada.*

—No. No, no me gusta. Yo creo que, en este tipo de trabajo, hay personas que piensan (sobre todo, en este tipo de trabajos) que todo lo que sea o pueda generar publicidad es bueno o es beneficioso. Yo creo que no. A ese precio, yo creo que no puede generar nada. Pero sí me afecta. Lo analizo, no lo entiendo y, bueno... vivo un poco ese síndrome de pensar qué es lo que pasa y por qué.

*—Tiene Pilar Miró un punto vulnerable, claramente vulnerable, pero también un punto duro. Cuando estábamos esperando a que llegara a esta casa, todos alrededor decían: «¿Va a venir "la seño"?». ¿Qué quiere decir «la seño» para Pilar Miró?*

—Bueno es una etapa... es la etapa que yo estuve en esta casa y yo me lo tomaba en sentido cariñoso, pero... ¡no lo sé! No lo sé: no he llegado a saber si en esta casa se me quería o no. Yo creo que no.

*—¿Y fuera de esta casa?*

—Pues yo creo que no mucho, o sea... ¡ja, ja, ja...!, me da un poco de pudor hablar de esto, porque es como... como hacer una cosa demasiado personalista. Pero yo noto a veces que hay una cierta agresividad inexplicable y gratuita. Otras veces, quizá, no lo es. No le encuentro la explicación, no. No lo sé. Lo noto.

*—No es por hacerlo personalista... Es que resulta difícil pasearse por la trayectoria profesional de Pilar Miró sin encontrarse ese acompañamiento de orquesta de la polémica, la discrepancia, la hostilidad...*

—Sí. Muchas veces pienso que cuando pasa, puede haber un motivo o una etapa conflictiva. Y, para no hablar de las últimas etapas, me puedo remitir a cuando hice *El crimen de Cuenca:* era en el año 1980 y tuve un... un juicio; bueno, estuve pendiente de un juicio militar y estaba en libertad condicional. Era una etapa muy especial en este país y hubo una gran controversia no sólo con la película sino con... ¡que la película había sido secuestrada, prohibida! Aquello generó una situación muy incómoda porque, evidentemente, había gente a favor y mucha gente en contra que se manifestaba en cualquier sitio, en la calle. Entonces, al cabo de un tiempo, creo que ésa es la situación que mejor puedo entender. O sea, entiendo que eso se produjera en aquel momento y por ese motivo, visto ahora, me parece más normal. Sin embargo, cuando ocurre sucesivamente, siempre trato de encontrar una excusa, algo. Y, a veces, no la encuentro.

*—¿Le gusta a Pilar Miró estar jugando de una forma un poco temeraria o traviesa, en el borde mismo del abismo o hay un poco de ingenuidad? Cuando pasa el tiempo y mira hacia atrás, ¿dice: «¡Anda! Yo no sabía que...»?*

—Realmente, no lo sé. Pero yo creo que si te dedicas a un trabajo como el nuestro, tienes que estar ahí. Es decir, yo creo que nunca he pensado que tendría que comportarme de otra manera o que tendría que dejar de hacer lo que hago o que tendría que hacer algo distinto. No. Yo creo que realmente hay que asumirlo. En mi caso no sé qué tengo que asumir o por qué son esas consecuencias, cuando las hay. Lo que no estoy dispuesta es a cambiar. O sea, estoy dispuesta a reflexionar y a intentar entenderlo, difícilmente, o a intentar sobrellevarlo... que a veces es muy complicado. Pero... a cambiar, no.

*—¿Tienen razón los que dicen que Pilar Miró es una mujer muy soberbia?*

—Yo creo que no soy soberbia. No lo sé. A lo mejor... puede ser que lo sea y no soy consciente.

*—¿Ha perdido muchos amigos en los últimos cuatro o cinco años?*

—Bastantes, sí. Más de los que pensaba.

*—¿Es verdad que, con motivo del famoso* affaire, *ha habido gente que la ha insultado por la calle, Pilar?*[1].

—Sí. Mucha, mucha, y durante mucho tiempo. Sí, eso creo que era lo más duro. Lo más duro... sobre todo, cuando se tiene un niño pequeño.

*—¿Cuántos años tiene?*

—Cuando esa historia empezó, tenía siete años. Y, entonces, es muy difícil explicarle a un niño por qué te insultan en la calle de una manera muy dura...

*—¿Se lo ha llegado a explicar?*

—O por qué le insultaban a él, cosa que llegó a ocurrir...

*—¿Le insultaban a él?*

—Me lo dijo bastante tiempo después de que empezaran a insultarle.

*—¿Se lo ha llegado a explicar a él?*

—Sí. Yo he tratado de explicarle siempre todo, de una manera muy simple...

*—¿Cómo se lo ha explicado?*

—Pues era complicado, era complicado... Porque, realmente, un niño es el que te da la clave de por qué no se pueden comprender las cosas que ocurren. Es muy difícil entender la política.

*—¿Para qué está educando a su hijo? ¿Para que sea un niño bueno y vulnerable o para que sea un niño invulnerable aunque sea malo?*

—No, que sea malo e invulnerable, no. No. Intento que sea una persona fuerte, fuerte, y que sea sensible, y que crea en las cosas y sea capaz de defenderlas.

*—¿Sigue siendo socialista?*

—Creo que, en el fondo, no puedo ser otra cosa. O sea, siempre seré una persona de izquierdas, pero no creo que nunca vuelva a pertenecer a un partido.

*—¿Sigue siendo amiga de Felipe González?*

—Yo creo que sigo siendo amiga de Felipe González.

*—¿No está segura?*

—Yo estoy segura de lo que yo siento.

*—¿Aceptaría de nuevo un cargo público?*

—Pienso que no. Nunca se pueden hacer aseveraciones tan firmes, pero creo que no.

*—¿Está orgullosa del cine que ha hecho, de su paso por la dirección de Cinematografía, de su paso por Televisión Española? Digan lo que digan los demás, en el fondo de su corazón, ¿está orgullosa?*

—Hombre... yo creo... Si soy capaz de ser objetiva... nunca he hecho una obra maestra, pero tampoco he hecho una mala película, una película detestable, abominable. Creo que siempre he hecho un trabajo serio. Unas veces ha gustado más; otras, menos. Ha tenido una buena acogida o mala... Incluso en tantísimos trabajos que he podido hacer en televisión y en aquellos programas, en blanco y negro, aquellos Estudio 1, aquellas novelas... creo que estaban bien. Creo que eran buenos trabajos y, además, en ocasiones, arriesgados. Respecto al paso por la Dirección General de Cine o por esta casa, lo diría con más seguridad de mi propio trabajo, aunque siempre es más difícil ser objetivo. Pero yo creo que hice un buen trabajo en los dos sitios.

*—No sé si son buenos estos tiempos para la lírica...* [2]*. ¿Le gusta el tiempo este que estamos viviendo?*

—No es el tiempo que yo imaginaba.

*—¿Le ha defraudado este tiempo?*

—Pues sí. Sí. Hace años que me lleva defraudando, pero quizá hacemos unos juicios muy severos. Yo creo que pertenecemos a una generación que hemos sido excesivamente soñadores, ingenuos, y hemos luchado por cosas que yo creo que, en algún momento, hemos llegado a tener en la mano. Pero han cambiado, se han perdido, han cambiado... Quizá estábamos equivocados... No lo sé.

*—¿Vive con un cierto estupor? Es decir, ¿se siente extraña en este tiempo?*

—No... Me produce una cierta tristeza o un cierto desasosiego. Porque han cambiado muchas cosas que son importantes... para las personas, como todo lo que se refiere a los valores humanos, a la sinceridad, a la honestidad, al trabajo, a los temas relacionados con la cultura. En fin, yo creo son esas cosas por las que hemos luchado, y se han devaluado. Bueno, eso produce tristeza. También hay que ser autocrítico y pensar que también nosotros tenemos culpa. O sea, ese cambio no es gratuito: si nosotros éramos los que estábamos ahí, también somos los que estamos aquí.

*—¿Cómo ve el futuro que le espera a su chaval?*

—Pues difícil, difícil. En cualquier caso, mejor que el nuestro cuando éramos pequeños. Al menos, tienen algo importante: la libertad.

*—Si tuviera que darle un mensaje... así, en píldora... Si tuviera que expresar una idea o un pensamiento para su hijo, ¿cuál sería?*

—Sé lo que quieras ser y sé buena persona.

*—Y «Ten cuidado». ¿No?*

—Quizá. ¿Ves? Se me olvidaba. Sí: «Ten cuidado».

## NOTAS

[1] Se acusó a Pilar Miró de utilizar irregularmente fondos de RTVE para realizar compras de productos de lujo. El Partido Popular se empleó durísimamente en este presunto escándalo. Rodrigo Rato y Luis Ramallo fueron especialmente severos en las críticas, teñidas en ocasiones de cierto carácter personal.

[2] La expresión «Malos tiempos para la lírica» tuvo mucha fortuna en aquellos años. La referencia era una canción muy popular del mismo título, interpretada por un grupo vigués llamado Golpes Bajos.

45

# *Elías Yanes*
# *La conciencia dice: «Eso no se debe hacer»*

Elías Yanes (1928) fue elegido presidente de la Conferencia Episcopal en 1993. Para entonces, tenía a sus espaldas una larga trayectoria en los círculos eclesiásticos y había sido auxiliar del obispado de Oviedo y arzobispo de Zaragoza. Desde 1972 había ocupado la Secretaría General de la Conferencia Episcopal. Desde su mirador de privilegio, también se ocupó de la Comisión Episcopal de Enseñanza y Catequesis, entre 1978 y 1987. Tras ser elegido presidente de la Conferencia Episcopal española en 1993, fue reelegido en 1996. En 1999 le sustituyó Antonio Rouco Varela.

Iñaki Gabilondo entrevistó a Elías Yanes el día 16 de noviembre de 1993 en el programa *Gente de primera*, de TVE. El motivo central de la conversación era la ampliación de la despenalización del aborto, hasta entonces viable en tres casos concretos (en caso de peligro para la madre, en caso de violación o en caso de que el feto tuviera graves malformaciones). La Ley de despenalización del aborto fue aprobada en diciembre de 1983 en medio de una gran polémica. Ahora se planteaba legalizar el aborto reduciendo la normativa a una «Ley de plazos», por la que el aborto sería libre siempre que no se superara determinado tiempo de gestación.

—*Monseñor Elías Yanes. Buenas noches.*

—Buenas noches.

—*Se está celebrando el plenario de la Conferencia Episcopal y ha saltado el tema del aborto. Y ha saltado, como siempre que salta, con estrépito. Monseñor Elías Yanes dijo ayer que el Estado no estaba legitimado para legislar en materia de aborto. Y nos gustaría que nos lo confirmara y nos lo explicara. ¿No está legitimado un Gobierno para legislar en materia de aborto?*

—Bueno... yo he querido decir que un Estado de Derecho es un Estado que existe para defender los derechos humanos. Y entre los derechos humanos, el que ocupa el primer lugar, el más... el fundamental, el primero, es el derecho a la vida. Y que, por tanto, un Estado que no proteja la vida cuando debe protegerla se niega a sí mismo como Estado.

*—Según eso, no podría en modo alguno establecer una normativa, como la que está ahora en vigor, despenalizadora de varios supuestos, en este caso, de tres supuestos. Ni siquiera eso...*

—Yo creo que ni siquiera eso, en la medida en que eso significa que, de alguna manera, permite o autoriza que, en determinados casos, se pueda... se pueda destruir una vida humana. Otra cosa es la norma general del Derecho, el Derecho Penal, según la cual puede haber circunstancias en que una persona, habiendo actuado mal, tiene atenuantes, tiene eximentes, tiene situaciones en las que el juez puede apreciar que la pena que hay que aplicar debe ser más débil, debe ser más... Pero esa es una situación distinta. Aquí estamos ante una legislación que... claramente, en cierto modo, autoriza que se pueda... que se pueda eliminar una vida humana.

*—Monseñor, pero usted evoca el Derecho natural. ¿Los administradores de lo público no se ven obligados a actuar en nombre del Derecho positivo, actuando sobre realidades sociales, al margen de las conciencias?*

—Bueno, ahí hay... usted señala un problema de fondo, sumamente importante. Y es el problema del fundamento del Derecho positivo. Ahí, los positivistas, ciertamente, no reconocen otra fuente de Derecho que la Ley. Fue una teoría elaborada por los juristas a principios de este siglo. Eso es una teoría que yo considero que es falsa. Es decir, el Derecho positivo puede ser justo o puede ser injusto.

*—En la línea de la última encíclica del Papa. Apunta en esta dirección, ¿no?*

—Por supuesto, por supuesto. Pero, por aducir un hecho que está más al alcance de todo el mundo: el movimiento obrero, por ejemplo, ha estado continuamente revindicando que se cumpla la justicia social. Y lo revindicaba frente un Estado cuya legislación era muy deficiente. Y, poco a poco, la legislación se va haciendo más justa. Pero esto es así porque antes ha habido la convicción de que existía una justicia que no se estaba cumpliendo y que la Ley tenía que llegar a cumplirla y a protegerla. Es decir, una persona razonable fácilmente percibe que hay unos derechos que son anteriores y que preceden a cualquier ordenamiento positivo.

*—Monseñor, ¿y no podría la Iglesia permanecer en el ámbito de su fe... y proyectar sus postulados hacia los creyentes, dejando que el Estado administre lo público como considere que debe hacerlo, con la legitimidad que le dan los votos...?*

—Bueno... al tocar este tema, yo tengo que decir que, como lo he indicado en mi discurso, de una forma... Es simplemente una página, de quince páginas que tiene el discurso, por consiguiente no he querido entrar a fondo en el asunto. Pero la Iglesia, al proclamar el mensaje moral, el mensaje ético, lo hace ciertamente a la luz de la revelación divina. Pero consciente de que esa misma revelación nos dice que el hombre, con su razón, descubre unos deberes que están inscritos en su propia conciencia, en su propio corazón y que debe cumplirlos. Y, por tanto, son deberes que también la Iglesia tiene que proclamar. Es decir: el Derecho natural también forma parte de la moral de la Iglesia. Y, por tanto, la Iglesia tiene el deber de proclamar esa moral en su integridad. Y proclamarla a todos los hombres que quieran escucharla. Y, entre esos hombres, están los ciudadanos como tales, y están también los legisladores, y están, en fin, todas las personas. Con unas matizaciones que hay que tener en cuenta: que además de nuestros deberes individuales, o que se refieren al ámbito de nuestra vida familiar o particular, hay también deberes de tipo social o de tipo político, y eso también entra en el campo de la moral. El mundo de la política y el mundo de la economía no se pueden sustraer a unas exigencias éticas.

*—¿No se aleja la Iglesia de la realidad y del dolor de la realidad?*

—Bueno... aquí la Iglesia se acerca al más débil. En el tema del aborto, justamente, lo que está ocurriendo es que se le está dando el derecho, se le está concediendo el derecho al más fuerte; y, en cambio, se le niega todo derecho al más débil. En cierta manera parece que se hace de la fuerza la fuente del Derecho, y esto es una aberración.

*—¿Y qué derecho le reconoce la Iglesia a una madre desesperada?*

—Bueno... pues... todos los derechos que tiene una persona humana: la dignidad de la persona humana, incluso en las situaciones peores. Incluso en el caso del hombre que comete un crimen, del hombre que es pecador, esa dignidad no desaparece y debe ser respetada, y debe ser tenida en cuenta. Pero no... yo no respeto la dignidad de una persona humana si la engaño o si le digo que es bueno lo que es malo. Le estoy haciendo un daño si confundo su conciencia. Tengo que ayudarle a hacer el bien, sabiendo que es una persona débil. Y sabiendo que es una persona que, en determinadas situaciones, es proclive al pecado, como nos ocurre a todos. Entonces, yo tengo el deber de ayudarle.

*—¿No es peligrosa la Iglesia con esta posesión de la verdad, en un momento de tan extraordinaria complejidad? La Iglesia se afianza en su verdad y parece ciega y sorda a todas las circunstancias.*

—La Iglesia... la Iglesia tiene conciencia de que la verdad que tiene no es suya, sino que la ha recibido. Justamente ésta es la... éste es uno de los fundamentos de la fe cristiana. Nosotros creemos que el mensaje que transmitimos nos viene de Dios, a través de Jesucristo. Y eso no significa que nos creamos mejores que los demás. Yo, cuando predico a los demás, soy consciente de que esa predicación que dirijo a los demás, a quien primero interpela es a mí. Yo soy el primero que estoy llamado a convertirme a la luz de ese mensaje que proclamo. Es un mensaje que no es mío, sino que me viene dado, y yo me siento en la obligación de proclamarlo a los demás porque creo que es el mejor servicio que puedo prestar a los demás. ¿Qué mejor servicio puedo yo prestar a los débiles que defenderles? Pensemos en el tema del aborto, en la polémica del aborto. Es una polémica que no debemos verla como una especie de entretenimiento dialéctico: a ver quién gana a quién o a ver quién tiene la razón sobre los demás; no debe convertirse en una especie de espectáculo, a ver quién es más listo, quién es más inteligente. Se trata, como dice un autor francés, de una guerra en la que hay muertos. Si esa guerra se pierde, hay muertos. Es decir: es una discusión en la que si prevalece ante la opinión pública la idea de que ese ser indefenso no tiene derecho a la vida, la consecuencia es que esos seres humanos quedan sin defensa ninguna.

*—Ése es el criterio que genera la polémica, porque es un criterio que la Iglesia quiere convertir en obligatorio para toda la sociedad.*

—Bueno... No es que la Iglesia sea quien lo convierta en obligatorio, es que cualquier conciencia honrada lo reconoce. Es decir, no se necesita ser creyente para reconocer que un ser humano tiene una dignidad especial distinta de un animal y distinta de una cosa. Un ser humano tiene derecho a que le respetemos y a que reconozcamos su dignidad y a que protejamos su vida. Y para esto no hace falta ser creyente. Yo tendría muy mal concepto de los incrédulos si pensara que no son capaces de tener... de reconocer este valor moral. Esto es un valor que nosotros consideramos. Ahora bien, puede haber momentos en que haya una enorme confusión por una presión que se ha ejercido en la opinión pública, por lo que sea, en que mucha gente lo ve menos evidente. Pero esto es asequible a la gente que piensa y que razona. Sin necesidad de ser un gran filósofo ni una persona demasiado culta.

*—Usted sabe, monseñor, que se dice constantemente que no hay nadie que sea pro abortista. No hay defensores del aborto. Se considera una situación límite, es un drama humano, es una situación humanamente muy compleja. Ahí es donde se plantea la cuestión, no en el capítulo de los entusiastas del aborto, ¿no?*

—Pero cuando uno lee muchos escritos y escucha muchas de las cosas que se dicen en los medios de comunicación... el modo como algunos defienden que exista una legislación permisiva va unido a una cierta campaña para conseguir que haya una opinión que trate de justificar y favorecer el aborto. Ahora bien, lo que usted acaba de decir también es verdad y eso me parece que es un dato positivo. Por lo menos, es reconocer que ahí hay algo que no se puede hacer, que la conciencia dice: «Eso no se puede hacer». El problema es si ponemos un precio a esa vida humana. Y nosotros pensamos que una vida humana no tiene precio.

*—Monseñor, si el Gobierno ampliara la actual situación, que sabe que despenaliza tres supuestos, y se llegara a lo que viene a resumirse en la llamada «Ley de plazos», ¿la Iglesia haría algo?*

—Yo no sé lo que la Iglesia podrá hacer. Tendrá que seguir diciendo lo que está diciendo, en todo el mundo. Pero, claro, ése sería un cambio muy importante. Porque mientras... mientras se mantiene la legislación dentro de lo que se llama «despenalización», de alguna manera, se sigue transmitiendo la idea de que el aborto es un delito. Sólo que, en algunos casos, se considera que ese delito no hay que castigarlo con una pena: más o menos. Es decir, en cierta manera, la despenalización supone que el legislador sigue considerando el derecho a la vida y sigue considerando que el aborto, en sí, es un delito. Aunque haya unas situaciones en las que crea que la pena no se pueda aplicar. Pero si pasamos a una ley de plazos, en fin... depende de cómo se formule. Mientras no se vea la ley, no se puede juzgar. Pero muy probablemente lo que ocurrirá es que poco a poco se pretenda llegar a que el aborto se considere ya como un derecho, por parte de determinadas personas, para proceder de acuerdo con esas decisiones de eliminar vidas humanas, etcétera, etcétera. Claro, eso supone un cambio mucho más grave, porque eso... Si lo actual ya es una quiebra del Estado de Derecho, en ese caso la quiebra sería mayor.

*—Monseñor, nosotros somos dos hombres hablando de este tema. ¿No deberíamos guardar silencio y escuchar a las mujeres?*

—Bueno... escucharlas me parece siempre bien. Otra cosa es que les demos siempre la razón, sean ellas mujeres o seamos nosotros hombres. Lo que hace falta aquí es buscar siempre la verdad. Y lo que... bueno... y comprender todos los problemas que se plantean las mujeres en estas situaciones. Cuando hay una situación concreta, y se ha vivido de cerca, y se han conocido estas situaciones, el drama humano es tremendo. Pero no resolvemos nada, no hacemos ningún bien, dando a entender que la solución de esas dificultades consiste en cometer un acto que es... que es eliminar una vida humana inocente.

*—Todos los países del mundo occidental tienen en marcha normativas que podrían estar en este momento... digamos, condenadas, de acuerdo con la doctrina que nos está resumiendo usted. ¿Podríamos decir que están fuera de la ley según la Iglesia todas las democracias occidentales?*

—Por los cálculos, en las últimas estadísticas que yo he conocido, parece que en el mundo hay al año cuarenta millones de abortos... ¡cuarenta millones de abortos! Frente a esa realidad, la Iglesia, con serenidad, con firmeza, apoyada en la palabra de Dios y apoyada en la recta razón, tiene que decir un «sí» a la vida. Y tiene que decir un «no» a los abortos provocados. Muchos sectores en la opinión pública occidental no comprenden esto, no lo encajan. Pero eso no es razón suficiente para pensar que ese modo de proceder merece aplauso. Pensamos que ha habido épocas en la Historia en que la opinión pública mayoritaria veía normal que se practicara la esclavitud. Ha habido épocas en la Historia y ha habido países en los que la opinión pública mayoritaria creía legítimo perseguir a los judíos y matarlos. Ha habido épocas en la Historia en que la conciencia colectiva pudo llegar a oscurecerse enormemente por la presión de distintos factores. Y eso no es razón para que esas conductas tengan que ser legitimadas y aceptadas como válidas.

*—¿No le parece, monseñor, que además de este tema extremo, radical, el tema del aborto, la Iglesia ha jugado un papel tan duro en cosas que forman parte de los usos y costumbres de la sociedad actual, que de algu-*

*na manera parece haberse desacreditado? En las cuestiones de la vida, en las cuestiones de la pareja... Hablo de los temas relacionados con la anticoncepción, donde ha habido unas formulaciones absolutamente radicales, un poco de espaldas a la vida cotidiana.*

—Bueno... La vida cotidiana no siempre está de acuerdo con las exigencias de la ética. Y lo que no parece razonable es convertir en norma de conducta lo que hace la gente. Por ese camino, entramos en una pendiente sumamente peligrosa. El hecho de que haya mucha gente que roba, no significa que cuanto más robos haya, más legítimo será el robar. El hecho de que haya mucha gente que comete actos de corrupción no significa que al multiplicarse la corrupción y extenderse más, sea necesario que las leyes sean más débiles o vigilen menos, y que eso se permita cada vez más y que todos procuren que eso sea aceptado. Es decir, la conducta de los hombres, por sí misma, no es norma... no es fuente de reflexión para decir qué es lo que hay que hacer. Una sociedad puede tener un determinado nivel ético o puede tener una cierta degradación, y es deber de las personas responsables el tratar de elevar el nivel moral de una sociedad. Y esto, hoy, lo reconocemos, a veces, de forma inconsecuente. En unas cosas sí reconocemos la necesidad de que hay que elevar el nivel moral y en otras, no. Evidentemente, para muchos, uno de los campos en los que resulta más difícil aceptar el pensamiento de la Iglesia es el campo que se refiere a la pareja humana, es decir, al matrimonio, o el campo de la sexualidad. Yo, ahora, no puedo entrar en esa materia, porque, para explicarlo bien haría falta disponer de un tiempo del que yo aquí no dispongo. Pero, al menos, sí me parece necesario decir que en el fondo de ese conflicto hay dos conceptos de la persona humana: puede haber una concepción de la persona humana en que el ser humano, considerado simplemente desde el punto de vista puramente material, sea un ser destinado sumamente a sacar el mayor placer posible de la vida. En fin, es una concepción hedonista de la existencia. Y frente a esa antropología, frente a esa visión del hombre, el cristianismo ofrece otra visión distinta, que supone, naturalmente, en el fondo, el reconocimiento de la línea de la persona humana, el reconocimiento de la belleza y la grandeza del amor humano. En fin, son aspectos que están en el fondo de la Iglesia cristiana.

*—Da la sensación también de que ustedes, la Iglesia, no ven la grandeza y la belleza de la sexualidad humana.*

—No... al contrario. Si se analiza la doctrina de la Iglesia, tal y como la Iglesia la presenta, justamente, el pensamiento moral de la Iglesia lo que hace es reconocer la grandeza de esa sexualidad.

*—Si está bendecida.*

—Integrada dentro del amor humano: no separar la conducta sexual del amor, ni separar el amor de la línea de la persona.

*—No, no... ni separable del matrimonio. Porque si hay sexualidad y amor, y no hay matrimonio, tampoco les gusta.*

—Bueno, es que... es que justamente, lo que... Desde un punto de vista ético, no es concebible... una conducta sexual legítima que no hable de un varón y una mujer que se unen justamente para establecer unos vínculos estables. Y eso también es otro aspecto... Es decir, el matrimonio considerado como institución natural. Y, bueno, se me ocurre una reflexión bien sencilla. Creo que quienes hayan tenido la suerte de vivir en una familia normal, equilibrada y estable no creo yo que tengan añoranzas de... de que las relaciones entre los sexos estén guiadas por el capricho. En todas las culturas, en todas las civilizaciones, se trata de... de un sector de la conducta humana que está sometido a reglas y a normas.

*—Y una última cosa, monseñor: dicen algunos observadores políticos que esta observación que ha hecho usted desde la sexagéxima Conferencia Episcopal, durísima, en relación con el aborto, constituye el final de la luna de miel de la nueva Presidencia de la Conferencia Episcopal y el Gobierno. Antes, con monseñor [Ángel] Suquía [1987-1993], parecía que había una tensión mayor. Con usted se había jugado un juego más dulce, más balsámico. Y parece que ha finalizado el idilio, dicen.*

—Yo no pienso que haya tenido una especial dureza. No he pretendido ser duro. Simplemente, he pretendido decir sencillamente la verdad, tal y como yo la veo y como creo que la ve la Iglesia. Pero no he pretendido, digamos... tratar de... de realizar ninguna agresión contra nadie. Y, bueno, me sorprendería mucho que, por esta razón, estas relaciones se deterioraran. En primer lugar, porque jamás hemos ocultado lo que pensamos. Jamás nos hemos comprometido ante nadie a callar estas verdades. Y jamás nuestras relaciones con el Estado han estado condicionadas por una especie de convenio de que si nos conceden tal ventaja, nosotros guardemos silencio sobre tales problemas... Y, además, no me cabe en la cabeza que se le ocurra a ningún político que sea auténticamente demócrata pretender comprar a la Iglesia con favores de este tipo. Yo tengo que decir que jamás, en las relaciones que yo he tenido con políticos, en la época que llevo ejerciendo como obispo, nunca he recibido un planteamiento de ese tipo. Es decir, que yo no veo ninguna razón para que esto pueda significar que no podamos encontrar soluciones a los problemas que están pendientes. Porque, por otra parte, lo que la Iglesia pide del Estado, o reclama del Estado, no es ningún favor ni ningún privilegio, sino, simplemente, que se cumplan unos pactos y que se respeten unos derechos.

46

## *Ricard María Carles*
## *«Si el Espíritu Santo me eligiera como papa... sería una equivocación»*

Ricard María Carles (1926) fue ordenado obispo de Tortosa en 1969 y nombrado arzobispo de Barcelona en 1990. En 1993 fue elegido presidente de la Conferencia Episcopal española y un año más tarde era investido con la púrpura cardenalicia. Iñaki Gabilondo, con motivo de esta circunstancia, entrevistaba al obispo de Barcelona el día 31 de octubre de 1994. *Hoy por hoy*, de la Cadena SER.

*—Ricard María Carles, obispo de Barcelona, nombrado cardenal. Eminencia, buenos días.*

—Buenos días.

*—¿Hemos dicho bien... «eminencia»? Porque andamos un poquitín vacilantes en materia de tratamientos...*

—Efectivamente. Aunque, de hecho, la promoción al cardenalato será dentro de veinte días, será el día 26 de noviembre, el anuncio ya está hecho por el Santo Padre. Pero... bien.

*—Supongo, supongo que le hace ilusión, ¿no?*

—Sí, me produce agradecimiento al Papa [Juan Pablo II], porque es una muestra más de confianza.

*—Hemos visto que, en los nombramientos de nuevos cardenales, el Papa ha buscado extender mucho el abanico. Dice el editorial de* La Vanguardia, *esta mañana, que hasta hace no mucho predominaban los italianos, y que ahora hay una representación de amplio espectro... de prácticamente todo el mundo.*

—Sí, con este nombramiento, ese espectro, que iba creciendo en los últimos años o en los últimos quinquenios, ha aumentado mucho. Hay muchos de Latinoamérica, muchos de los países del Este, que ya pueden trabajar con más libertad en lo que se refiere a la religión, y de África, y de Asia. Es realmente un abanico muy amplio que sigue haciendo que el Colegio cardenalicio esté representado por hombres de todo el mundo.

—*Ahora hay 167 cardenales, recuerda este mismo editorial de* La Vanguardia. *De estos 167, 120 tienen la condición de electores; y de esos 120, 103 han sido nombrados por el actual pontífice. Estamos hablando, por tanto, de un colectivo muy en la línea del papa Karol Wojtyla.*

—Sí, efectivamente.

—*Si tuviera que definir en tres palabras los rasgos característicos del papa Wojtyla y, por tanto, de este Colegio cardenalicio, ¿cómo lo explicaría?*

—Respecto al Colegio, conozco algunos de ellos, no a todos los nuevos. Del Papa, diría que es atrevido. Contra lo que dicen muchos, es atrevido, es realmente muy espiritual y es muy inteligente. Y llama mucho al Señor y al mundo. Creo que es un hombre que está muy abierto a Dios, pero muy abierto al mundo, como lo demuestra no sólo en sus viajes, sino en sus intervenciones.

—*¿Se producen también entre los cardenales, como en el resto de los colectivos humanos, movimientos de aproximación, tácticos o estratégicos para tratar de dibujar el futuro después del papa Wojtyla?*

—No. Yo diría, más bien, que la Iglesia (desde siempre, y son ya veinte siglos) intenta ir haciendo la voluntad de Cristo en el mundo, ir santificando, ir humanizando el mundo. Se ha adaptado a las diversas culturas, han pasado dos mil años, y la Iglesia ha sabido adaptarse, pero, a la vez, elevar el nivel de las culturas. Adaptarse no quiere decir rebajar el ideal del Evangelio. Y la única táctica sería la misma: seguir haciendo posible que el Evangelio se involucre en las culturas actuales y que éstas se evangelicen, y ser un movimiento continuo.

—*¿Cuál podría ser su filosofía de la tarea pastoral? ¿Podría estar en línea con Wojtyla? El Papa está muy marcado por lo progresista en lo social y, sin embargo, por lo conservador en lo moral. ¿Podría valer como filosofía suya también, Ricard María Carles?*

—Bien, pero yo lo explicaría de otro modo, porque lo de progresismo y conservadurismo son palabras muy relativas. Diría más bien que realmente ese conservadurismo del que usted habla en lo moral y en lo familiar es progresismo, es ennoblecimiento de la persona humana y de la familia. Y es progresismo también el estar clamando continuamente (y yo lo he hecho en Barcelona porque me duele mucho) por la marginación, por un avance en las causas sociales. Yo no creo que sea frenar en unas cosas y avanzar en otras. Es exigir el Evangelio en lo personal, en lo moral, en lo familiar y en lo social. La línea, diríamos, es totalmente convergente, aunque las expresiones resulten un poco contrarias, aparentemente, porque parece progresismo en lo social y parece involución en lo familiar. Pero, realmente, es avance, porque no quisiéramos volver a tres mil años atrás, como algunas leyes quieren imponernos en lo que se refiere a lo moral, en el aborto o en lo que fuere. No es progreso eso: en las culturas mediterráneas ya se hacía demasiado. Entonces, en eso también la Iglesia es progresista cuando se opone, porque lo que quiere es que el hombre avance.

*—En lo que parece haber coincidencia es en el progresismo... En fin, es una manera de hablar. Pero me gustaría saber por qué tiene tantas dificultades la Teología de la Liberación con una doctrina que, sin embargo, se define como progresista en lo social. ¿Qué le ven ustedes de malo a la actitud de los representantes de la Teología de la Liberación, que hacen apuestas testimoniales de gran valor en el mundo?*[1].

—Es que el Papa ni nadie se ha opuesto nunca a eso. El problema es que eso fuera de alguna manera tomado de alguna ideología marxista. Cuando un cristiano tiene el Evangelio y tiene a Cristo como modelo, no necesita hacer, diríamos, copias marxistas. Es la única cosa que puede ser discutible en la Teología de la Liberación, porque hay teologías de la liberación perfectamente unidas con el sentir de la Iglesia. En este aspecto, ha mixtificado un poco... nuestro sentido cristiano de la vida. No nos hace falta acudir a Marx, al cabo de mil novecientos años para saber qué tiene que ser la Iglesia en lo social. La Iglesia no se ha opuesto nunca a los adelantos sociales; al contrario, el Santo Padre lo ha dicho muy claramente siempre; se ha opuesto a que eso viniera de unas fuentes que no sean evangélicas.

*—Estamos hablando con Ricard María Carles, obispo de Barcelona, que dentro de unos días será cardenal. Javier Tusell quiere preguntar a Ricard María Carles.*

*—Buenos días. Me gustaría que comentara dos noticias que tenemos hoy en nuestras calles, en nuestros periódicos. ¿Qué le parece a usted lo de las tiendas de campaña del 0,7 por ciento ante el Ministerio de Economía?*[2]. *¿Y qué le parece a usted...? ¿Usted es valenciano, verdad?*

—Sí, sí, de Valencia mismo.

—*Bien, ¿qué le parece a usted esa proposición para admitir la adopción de niños por parte de parejas homosexuales?*[3].

—Bueno, son temas... diríamos... que no son los míos... Lo del 0,7 por ciento me parece muy bien; me parece muy mal, por ejemplo, que nuestros payeses agricultores estén sufriendo esa presión para que arranquen olivos, para que arranquen cepas, para que no produzcan más leche, cuando tantas naciones del mundo están pasando tanta hambre. Algo no va bien, algo no va bien. Y en cuanto a la segunda pregunta, yo pienso que cualquier niño y niña tiene derecho a tener un padre y una madre, y a no encontrarse en un ambiente que a la larga para él podría ser muy traumático.

[Iñaki Gabilondo]

—*Sol Gallego tiene también alguna cuestión...*

—*Hola, buenos días. Yo quería preguntarle una cosa: tengo entendido que en la Iglesia de Cataluña hay un sector que desearía la existencia de una Conferencia Episcopal catalana. ¿Es usted partidario de la creación de esa Conferencia Episcopal catalana?*

—No. La inmensa mayoría de los obispos no estamos por ello, porque no nos hace falta. Cuanto necesitan las peculiaridades de Cataluña para su expresión y para su evangelización ya lo tenemos en una Conferencia Episcopal que lleva más de veinticinco años funcionando y que se reúne tres días cada trimestre, y que produce catecismos, y que ha traducido biblias y tiene interrelacionados todos los grandes servicios a nivel de Cataluña... es decir, Cáritas, juventud, matrimonios, catequesis... Todos funcionan de manera similar, como la Conferencia española. Es decir, tenemos suficiente autonomía. Eso pensamos la inmensa mayoría de obispos, tal y como estamos funcionando, y el hecho así lo demuestra: institutos de Teología, de Teología espiritual, pastoral... Diríamos que estamos funcionando de una manera semejante a como funciona la española. No necesitamos separarnos de la Conferencia española.

—*En cualquier caso, ¿se puede decir que el Papa ha nombrado un cardenal catalán?*

—Sí, se puede decir, porque llevo veinticinco años en Cataluña. También se puede decir que ha nombrado a un cardenal valenciano, porque nací en Valencia.

[Iñaki Gabilondo]

—*Sí, no empecemos... porque por ahí... ¡ja, ja, ja, ja...! La pregunta llega ahora precisamente de Barcelona. Joan Barril, ¿alguna pregunta para Ricard María Carles?*

*—Sí, sí... Tengo un par de preguntas. Tengo entendido, monseñor, que usted tiene algo más que una simple relación eclesiástica con el Papa, que usted es amigo personal del Papa. ¿Es así?*

—No, sí... pero no me atrevería a decir tanto. No tanto...

*—En todo caso, seguro que usted conoce un poco cuáles son los fundamentos que lo han llevado a hacer unos nombramientos bastantes curiosos, concretamente, los de los teólogos Yves Congar o Mayer. Digo esto porque parece ser que, durante el pontificado de Karol Wojtila, se ha dicho que las relaciones que tenía él con los teólogos eran... más o menos difíciles. Se ha querido identificar la figura del papa Juan Pablo II con un papa más místico que científico, por así decirlo... como si no le gustara la inteligencia teológica. Y, sin embargo, este nombramiento de dos cardenales como los citados, ¿cómo lo entiende usted, teniendo en cuenta que, sobre todo, ambos tienen más de ochenta años y, en consecuencia, no son electores del nuevo papa?*

—Sí... Hay que tener en cuenta que el número es ilimitado, pero no pueden ser más de 120 electores. Al Papa le preocupa mucho la diversificación del origen de los cardenales, para poder tener asesores que le lleven todas las preocupaciones del mundo. Entonces, no siempre ha podido escoger a los que ha querido. Yo pienso que no ha podido escogerlos antes, como tampoco ha podido escoger a un sacerdote albanés que se ha pasado toda su vida en campos de concentración por el mero hecho de ser sacerdote católico. Le ha hecho cardenal ahora, no siendo obispo. El Santo Padre también había nombrado a otros cardenales teólogos antes. Claro, decir que Juan Pablo II no es científico... no sería correcto: es un hombre que ha sido catedrático de universidad durante muchos años y hay que tener en cuenta, evidentemente, la altura de sus intervenciones, que son suyas; porque todos sabemos que la primera redacción está en polaco. Realmente es un hombre intelectual.

[Iñaki Gabilondo]

*—Nos hace mucha impresión estar hablando con una persona que podría ser papa. ¿Ha pensado usted que podría ser papa?*

—No. Yo preferiría ser un asesor del Santo Padre en lo que él me pida. No me gustaría tener que buscarle un día un sucesor, y lo digo de corazón.

*—Pero usted podría ser papa. Ésas son cosas que dependen, según sabemos, del Espíritu Santo.*

—Sí, efectivamente, pero no creo que el Espíritu Santo... Para mí, sería una equivocación.

—*¡Ja, ja, ja...! ¡No vaya a equivocarse el Espíritu Santo! Luis del Val quiere preguntar también...*

—*Eminencia, buenos días.*

—Buenos días.

—*Usted aludía al cambio porcentual de la composición del Colegio cardenalicio. Hasta ahora, el Espíritu Santo parece que tenía predilección por las mayorías o por las minorías influyentes de italianos. ¿Cree que este cambio de composición porcentual puede influir en el Espíritu Santo a la hora de elegir nuevo papa?*

—Sí, perdón... ¿la pregunta era...?

—*Si cree usted que a la hora de elegir nuevo papa puede haber un representante, por ejemplo, del mundo negro, que porcentualmente tiene ya mayor representación.*

—Por supuesto que podía darse el caso, porque hoy, por ejemplo, hay que tener en cuenta que el presidente o el prefecto para obispos es un cardenal negro: el cardenal [Bernardin] Gantin. Es decir, que podría ser. Ha habido otros más, algunos de Uganda y algún otro del continente africano. Podría serlo, perfectamente. Sí.

[Iñaki Gabilondo]

—*Le pregunta ahora Miguel Ángel Aguilar.*

—*Me gustaría preguntarle a monseñor si no tiene la Iglesia española una cierta pretensión de acudir siempre al Código Penal o a la obligatoriedad, si no tiene poca confianza en su propia capacidad para convencer a sus fieles y querer imponer al conjunto de la sociedad española, con independencia de sus creencias, el punto de vista de la Iglesia.*

—No. Yo no lo diría así, en absoluto. Lo que sí que sabe la Iglesia, por tradición milenaria, es que las leyes condicionan la moral de la gente. No es que seamos unos aficionados al Código Penal porque pensamos que eso está muy lejos del Evangelio. Más bien, yo diría que protestamos y seguimos protestando por leyes que vayan bajando los niveles de la familia, de la convivencia, que vayan produciendo más marginación; estamos en contra de eso, ciertamente, siempre. Y no podemos olvidar que el gran filósofo Karl Popper [1902-1994], quizás el más importante de la historia europea, muerto hace poco, y no desde de su condición de cristiano, dijo que tocar las leyes de una nación es tocar los niveles morales que ha alcanzado y que eso es muy grave para una nación. Pensamos, francamente, que eso está pasando desde hace unos años y nos duele. Pero eso no tiene nada que ver con el Código Penal, tiene que ver con las costumbres de una nación y de unos ciudadanos, y no quisiéramos que se bajaran esos niveles, ni creo que nadie lo desee.

[Iñaki Gabilondo]

*—Para terminar, monseñor, me gustaría que nos dijera cómo ve la fe del pueblo español... Si hubiera un termómetro que midiera la temperatura en este sentido, parece que hace algunos años se consideraba un pueblo con una alta temperatura en lo que a fe se refiere. De repente, dio la sensación... pues no sé... dio la sensación de que se había enfriado. Ahora alguien observa un aumento de la temperatura, que parece que de nuevo regresa una cierta fe colectiva. ¿Cómo lo mide usted? ¿Cómo lo ve? Hay quien observa que eso podría derivar de la influencia de territorios más o menos extravagantes, sectas, etcétera. ¿Cómo mide usted la temperatura de la religiosidad?*

—Ciertamente, el problema de las sectas está demostrando que el hombre no puede vivir sin lo sobrenatural, y cuando no se le sirve por caminos normales, mediante la religión, entonces se inventa otras posibilidades, equivocadas casi siempre, de apertura a lo que le trasciende. Esto, respecto al aumento de la religiosidad más o menos desestructurada. Respecto al aumento de la fe, que también usted me preguntaba, sí, yo también detecto como otros que hay un aumento de deseo de acercamiento a Dios. En la Iglesia europea han crecido lentamente, pero en algunos sitios, como en América, ciertamente han aumentado las consagraciones de sacerdotes y religiosos. En España estamos notando un crecimiento en necesidades de oración, entre los adultos y en la juventud. Realmente, yo no volvería unos años atrás en ese aspecto.

*—Pero ¿diría usted que España sigue siendo católica?*

—Yo pienso que, en su profundidad, sí. Ciertamente, en las últimas encuestas, en torno al 85 por ciento de los españoles se confiesan católicos. Otra cosa es el nivel de... de asistencia dominical o de otras prácticas. Pero tengo entendido que las últimas encuestas sí que dan unos índices muy altos de gentes que se confiesan creyentes y católicos.

*—Muchísimas gracias por atender la llamada de la Cadena SER, monseñor Carles.*

## NOTAS

[1] La Teología de la Liberación es un movimiento no organizado, nacido en los núcleos cristianos del Tercer Mundo, especialmente en Hispanoamérica. La lucha contra la opresión y la injusticia social son sus principales líneas ideológicas. El compromiso en la acción práctica supone, en ocasiones, desestimar la organización jerárquica eclesiástica y, por esta razón, los representantes de la Teología de la Liberación mantuvieron fuertes discrepancias con el Vaticano, desde donde se les acusó de ciertas vinculaciones con el marxismo.

[2] A lo largo de la última década, distintas organizaciones no gubernamentales han insistido en la necesidad de destinar un 0,7 por ciento del Producto Interior Bruto a la ayuda humanitaria. Con este objetivo, se han llevado a cabo distintas acciones. En este caso, la actuación consistía en la presión frente al Ministerio de Economía, cuyo titular era Rodrigo Rato.

[3] Ésta fue una de las peticiones de los colectivos homosexuales en los últimos años del Gobierno socialista de Felipe González. Tales peticiones rebajaron su intensidad durante el Gobierno popular (1996-2004), puesto que el Ejecutivo de José María Aznar ni siquiera contemplaba la perspectiva de avanzar en esa línea. Con el triunfo del socialismo en 2004, las peticiones volvieron a la actualidad pública.

47

# *Elías Yanes*
# *Iglesia y Derecho Penal*

Entrevista de Iñaki Gabilondo a Elías Yanes, presidente de la Conferencia Episcopal española. *Hoy por hoy,* Cadena SER, 1 de febrero de 1996. La conversación tuvo lugar pocos días antes de las decisivas elecciones generales del 3 de marzo de 1996, por las que el Partido Socialista abandonaba el poder tras catorce años en el Gobierno. Era el turno del Partido Popular de José María Aznar.

—*Monseñor, muy buenos días.*

—Muy buenos días.

—*Y muchas gracias por estar con nosotros.*

—Gracias a ustedes.

—*¿Qué va a hacer el Numancia contra el Barcelona, monseñor?*[1].

—¡Ja, ja, ja...! A ver si se produce la reedición del relato bíblico de David contra Goliat.

—*Sí, porque, hoy, ése es un asunto que escapa de los ámbitos puramente futbolísticos y se sitúa en otro plano, donde están todas las metáforas. ¿Me permite que le pregunte si tiene ya decidido su voto para las elecciones del día 3 de marzo?* [2].

—Todavía hay tiempo para pensar en ello.

—*Pero, dígame: ¿es un indeciso o no es un indeciso?*

—Pues no... todavía no es el momento de expresarse.

—*Bueno, pero siguiendo las directrices que más o menos marca la Conferencia Episcopal, ¿tendría usted pistas claras sobre su voto, monseñor?*

—Pues... para mí sí las tengo. Pero eso no quiere decir que estén claras para todos.

*—Sí... En principio, la señal que se ha dado es la de no votar a los partidos que hubieran jugado fuerte en «el tema». Me gustaría que nos precisara lo más posible este «tema».*

—Sí. Nosotros hemos dividido nuestro comunicado como en dos partes. Primero, como hemos hecho en general ya en otras ocasiones, animamos a la gente a votar y a participar, de modo que no creemos que esté justificado el no votar... salvo que pueda haber una circunstancia especial, que haya razones graves que lo impidan. Por consiguiente, animamos a todos los ciudadanos a que participen de forma responsable, claro está. Y, luego, tratamos de ayudarles a formar el juicio moral que debe presidir o que debe influir en la decisión del voto. Para eso, les pedimos, por una parte, que presten atención a los grandes problemas que tiene el país: el problema del paro, el problema del terrorismo, el problema de la seguridad ciudadana, el de la corrupción, la igualdad de oportunidades... Son problemas que yo creo que todos los partidos, más o menos, tienen en cuenta. Cada uno tiene su manera de abordarlo, pero yo me alegro de que en casi todos los partidos se preste atención y haya una preocupación por esto. Creemos que el ciudadano debe pensar en esa problemática, que es importante para el bien común de España. Y, en segundo lugar, establecemos una serie de criterios morales que nos parece que pueden ayudar a que cada ciudadano forme su conciencia moral; el relativo al derecho a la vida es uno de los criterios, pero no es el único. Señalamos otra serie de criterios que nos parecen también importantes. Lo que no hacemos es darle la conclusión al ciudadano. Es decir, son criterios para que cada cual reflexione y cada cual, en conciencia, decida.

*—Pero en relación, concretamente, con este tema del aborto, ¿hay algún partido político de los que se presentan a las elecciones el día 3 de marzo que, en principio, estaría claramente en ventaja respecto a los demás, en función de ese criterio?*

—Todos... más o menos, admiten unas posibilidades en una legislación que... que es permisiva en algún grado.

*—Todos están de acuerdo con la despenalización, hasta el momento.*

—De alguna manera, ¿verdad?

*—Por tanto, ¿todos?*

—Sí... Desde el punto de vista de los criterios que sobre este tema ha expresado la Conferencia Episcopal en otros momentos (no ahora, sino en documentos anteriores), nosotros somos críticos, naturalmente, frente a todas esas propuestas y en su momento hemos razonado nuestra posición. Ahora bien, es un aspecto a tener en cuenta... naturalmente, no todos [los partidos] son equidistantes; hay algunos que son más permisivos, otros lo son menos... Éste es un elemento que puede tenerse en cuenta.

*—Pero, en principio, ningún partido tiene ahora mismo en su programa volver a una situación anterior a la despenalización actual.*

—No; que yo conozca, no.

*—Si hubiera alguna formación que planteara un regreso a períodos anteriores a la despenalización del aborto, ¿pediría la Conferencia Episcopal el apoyo para esa formación?*

—Tampoco lo haríamos. Porque nosotros, desde que se inauguró la democracia, hemos tenido un criterio claro: no señalar ningún partido concreto con el cual nos identifiquemos ni pedir el voto para un partido concreto. Yo sé que esto resulta incómodo para mucha gente que quisiera que les diéramos ya la receta, pero nos parece que desde el punto de vista de la misión de la Iglesia, debemos distanciarnos de eso. Debemos intentar que la Iglesia no aparezca como una especie de fuerza en confrontación electoral. Nosotros ofrecemos nuestro mensaje, pero dejamos que la lucha política tenga su desarrollo pleno, sin interferir en esta materia.

*—Y desde la perspectiva del perfil social de la Iglesia, que siempre ha mantenido y que, concretamente, con Juan Pablo II se ha acentuado, ¿hay alguna formación política que esté mejor colocada que las demás, por sus respuestas sociales, a los problemas sociales del país?*

—En algunos aspectos... Algunos partidos acentúan más unos aspectos y otros inciden en otros distintos. El mensaje moral cristiano no se reduce solamente al problema del aborto, también hay un mensaje social importante. Pensemos en las tres encíclicas sociales de Juan Pablo II. Unos partidos se aproximan más a unos aspectos y otros... a otros, ¿verdad? Pero yo no... vamos, no estoy en condiciones de dar un juicio... para decir: «Pues éste está a tantos milímetros o a tantos kilómetros de nuestra posición...».

*—De todas maneras, monseñor, reconózcame que quien esté esperando la directriz de la Iglesia para apuntar su voto debe de estar entre los indecisos ahora. Seguro.*

—Claro. Es que yo le digo a uno: «Vote usted por tal partido»... y verá usted la que se arma. Es decir, por una parte, se nos pide que la Iglesia no intervenga en la política, y por otra parte, nosotros no queremos entrar en la lucha entre los partidos. Pero también creemos que es una obligación decir alguna palabra, que es la que hemos dicho. Entonces, ésa es una situación que hace que, desde el punto de vista periodístico, digamos... es menos estridente. Y desde el punto de vista de muchas gentes, muchas personas que me escriben, me dicen: «Usted es un ambiguo; ustedes no se comprometen». Casi siempre son personas que ya tienen pensado cuál es su voto.

—*Una cosa: ¿despenalizar el aborto es promoverlo?*

—No... Lo que pasa es que, en el caso del aborto, tratándose del derecho a la vida, se trata no solamente de la problemática moral, de la persona, de la mujer, o del marido, o de la familia que se enfrenta a este problema, sino que hay también una exigencia ética para el Estado. Un Estado de Derecho debe proteger positivamente los derechos humanos, debe garantizarlos. Y a mí me parece, o nos parece, que cuando está en juego el derecho a la vida y de una vida humana, el Estado debe establecer unas medidas eficaces, en la medida de lo posible, para que esta vida quede suficientemente garantizada.

—*¿Debe encarcelar el Estado a una mujer que aborte?*

—No necesariamente. No necesariamente la pena tiene que ser de cárcel; será la pena que deba aplicarse.

—*¿Debe castigarse?*

—Un Derecho Penal hace falta, normalmente, para que una medida sea eficaz. Y luego, en la aplicación de ese Derecho Penal, hay que atenerse a las normas generales del Derecho Penal, donde cabe la posibilidad de la exención de la pena, de los atenuantes, de las circunstancias... Eso... cada juez debe mirarlo.

—*Desde la perspectiva de la Conferencia Episcopal, monseñor Elías Yanes, ¿estos doce o trece años de Gobierno socialista han sepultado la España católica?*

—No, no... Eso sería una exageración.

—*¿Han lesionado la España católica?*

—Yo creo que ha habido muchas cosas positivas y la relación con el Partido Socialista, por lo menos en mi experiencia personal, ha sido una relación de comunicación permanente. Yo creo que eso no se debe negar. Hemos discutido muchos asuntos, en muchas cosas yo creo que hemos llegado a soluciones razonables. Ahora bien, hay otros puntos en los que, desgraciadamente, no hemos llegado a los acuerdos deseables y, por consiguiente, hay una zona de discrepancia. Eso es evidente.

*—Y en este capítulo, respecto a lo que podríamos llamar la raíz católica de España, ¿han temido que se pudiera estar produciendo un proceso de...?*

—Bueno, ha habido etapas en las que parecía que por parte de los gobernantes socialistas había una especie de trasfondo laicista que está muy en las entrañas del partido y sus dirigentes tienden a considerar a la Iglesia y la religión católica como una mentalidad que pertenece a un pasado, que ya no tiene operatividad, a la que no hay que prestar suficiente atención o no tratar con seriedad. Nosotros hemos percibido esa sensibilidad en muchos dirigentes. Pero, bueno, en ese sentido, nosotros hemos ejercido nuestra función crítica. Creo que lo hemos hecho respetuosamente, pero no la hemos callado y, en algunos puntos, la discrepancia ha sido frontal. Pero decir como conclusión que todo ha sido negativo... me parece exagerada.

*—No, yo no lo afirmo, lo preguntaba.*

—No, no... Lo digo respondiendo a quienes puedan pensarlo.

*—El Partido Popular, según todos los sondeos, va a ganar las próximas elecciones. Si es así, si gana, ¿qué espera la Iglesia española de este nuevo tiempo y de un nuevo Gobierno?*

—Bueno... lo mismo que hemos esperado del Partido Socialista. Es decir, nosotros tenemos ya unos criterios y unas líneas de actuación, y no las ligamos a ningún partido. Cuando dialogamos con los representantes del pueblo, elegidos libremente por los ciudadanos, les hacemos la propuesta más conveniente para la convivencia cívica, desde nuestro punto de vista, para respetar los derechos de los ciudadanos, especialmente en aquellos puntos que tengan más relación con la misión de la Iglesia.

*—Pero, teniendo en cuenta que en el Partido Socialista había esa especie de punto laicista del que nos hablaba, ¿espera alguna recuperación con el Partido Popular?*

—Bueno, eso lo espero de cualquier partido que va a llegar al poder. Es decir, yo desearía... desearía que el cambio de gobernantes, sea de un partido o sea de otro, propicie un diálogo que permita resolver los problemas que están sin resolver. Pero eso... ¿lo va a resolver el Partido Popular? Pues habrá que esperar. ¿Lo resolverá el Partido Socialista si llega al poder? Bueno... a veces, en estas cuestiones, los problemas no son tanto de partido, sino de personas, y a veces ocurre que una persona de un partido concreto tiene un talante con el cual se puede dialogar y se puede llegar a conclusiones satisfactorias, y otra persona del mismo partido tiene otro talante, y otro estilo, y es inabordable. O sea...

*—¿Qué tal es el talante del José María Aznar, monseñor?*

—Bueno... Llevo trabajando ya unos años con dirigentes de distintos partidos, desde los comienzos de la UCD, incluso desde la etapa final del franquismo y, bueno... yo creo que todos los políticos, en esos niveles de responsabilidad, son gentes con valores muy positivos y con actitudes y talantes de disponibilidad para el diálogo. Y otros son más reticentes. Respecto a Aznar, bueno... como en otros políticos... Yo no tengo aquí una lista de aprobados y de suspensos...

*—No... Quería decir: ¿qué pronóstico cabe hacer si el Partido Popular gana las elecciones y el señor Aznar es presidente del Gobierno?*

—No, no... A mí me parece que...

*—¿Pronostica unas fluidas relaciones?*

—Sí, yo creo que las relaciones serán fluidas. Espero que sí. También debo decir que estas relaciones tampoco han sido clausuradas o negadas en el caso del Partido Socialista. Es decir, hemos podido dialogar. Pero... sí, yo espero que, si gana el Partido Popular, estas relaciones sean positivas; y si es el Partido Socialista el que vence, espero que también podamos recuperar el diálogo.

*—¿Qué tal le van las cosas a monseñor Blázquez en Bilbao?*[3].

—Bueno... mis noticias, hasta ahora, son positivas.

*—Buenas, ¿no?*

—Son positivas; son buenas, sí. Yo no me sorprendo. No me sorprende, primero, porque estoy seguro de que en la sociedad vasca y, en concreto, en Bilbao, hay muchas gentes, muchas personas, que quizás no se dejan oír en la plaza pública, pero que, por su fe cristiana, aceptan a la persona del obispo con toda normalidad. Y, luego, monseñor Blázquez es un hombre sencillo, humilde, dialogante... Por otra parte, es muy inteligente y estoy seguro de que eso ayudará a ir creando un clima de relación positiva.

*—Sí. ¿Cómo ve el nivel de espiritualidad en la sociedad española... midiendo, por ejemplo, vocaciones? Hace un tiempo, parecía que todo iba muy hacia atrás. Ahora dicen que viene un tiempo de recuperación. ¿Están ustedes percibiendo esta recuperación?*

—Yo creo que la sociedad española ha empeorado un poco, por lo menos eso es lo que nos dicen todas las encuestas y estudios. Estoy sintetizando y, al sintetizar, seguramente soy parcial, pero es indudable que en algunos aspectos, como la moral matrimonial, el mundo de la sexualidad, etcétera, la sociedad ha empeorado un poco. No digo en cuanto a conductas, sino, sobre todo, en cuanto a criterio... En cambio, me parece que hay una mayor sensibilidad frente a la problemática social y, quizás, incluso, la gente tiene una mayor disponibilidad para comprometerse en tareas de solidaridad. O eso me parece a mí. Luego... el hecho de que se hayan producido en los últimos dos o tres años estos fenómenos de corrupción, que han tenido tanto eco y que han impactado tanto en la sociedad, yo creo que eso ha provocado una reacción positiva. Y hay mucha gente que dice: «Bueno... No podemos seguir por este camino». Los valores éticos tienen importancia en la vida pública y hace falta reaccionar. Me parece percibir una cierta reacción... Por lo menos, en el diálogo con los comunicadores, yo percibo que se trata con menos frivolidad que en otras épocas el tema de la ética. Dentro de ese marco, yo creo que el aspecto religioso se mantiene... más o menos, pero quizás la tendencia es a mejorar. Pensemos que, en las últimas encuestas, el 91 o 92 por ciento de los españoles se declara católico. Ya sabemos que es una cifra que no hay que aducirla con carácter triunfalista, porque detrás de cada denominación hay conductas muy diferentes y muy diversas. Pero es significativo. Un 91 o un 92 por ciento es significativo. Se trata de encuestas mensuales. En segundo lugar, todavía en España hay algo así como nueve millones de españoles que acuden a la misa dominical, todos los domingos. Esa cifra representa cerca del 30 por ciento, quizá el 28 o el 29 por ciento de los obligados a misa. Bueno... son dos datos: hay que interpretarlos con prudencia, pero indican que hay una cultura católica, aunque no sea demasiado visible en los medios o en otros ambientes, pero está presente y está operando en el país. Y eso es significativo.

*—Bueno... No tenemos costumbre, desde luego, de entrar en guerras, nunca lo hemos hecho y no lo vamos a hacer tampoco ahora, pero sí quisiéramos aprovechar la presencia de monseñor Elías Yanes para hacerle un par de preguntas sobre esta «guerra de medios» que, concretamente, enfrenta en muchas ocasiones a muchos programas, y a la COPE con la SER*[4]*. ¿Qué impresión tiene, monseñor?*

—Bueno... A mí tampoco me gustan esas guerras, de modo que yo creo que sería posible llegar al fórmulas... Por otra parte, en otras épocas, estas cosas han sido tradicionales de los medios: cada cual se dirige a su público, pero no... no suelen entrar en conflicto entre sí. Pero yo espero que esta situación en el futuro evolucione para bien, lo deseo.

*—En relación... en relación con nosotros, desde luego, hemos puesto en marcha nuestros procesos de autocrítica. En relación con usted, sí quería que me comentara lo que dijo no recuerdo si era...*

—El obispo auxiliar de Barcelona [Joan Enric Vives].

*—Sí, el obispo auxiliar de Barcelona hizo unas declaraciones sobre la Cadena de Ondas Populares Españolas:*

> «Como catalán, me hiere, porque va contra Cataluña; como ciudadano, porque ataca posiciones que yo considero aceptables, y como obispo, porque hace un maridaje entre una determinada forma de pensar y la Iglesia».

*—Solamente le pido un comentario en relación con esto. Usted ha debido de oírlo muchas veces...*

—Bueno, yo creo que es importante que los oyentes sepan que lo que diga cualquiera de las personas que trabajan en la COPE no representa necesariamente la posición de los obispos. Por consiguiente, el que diga que la COPE dice lo que los obispos dicen... Pues, mire usted: no. Los obispos decimos cuando hablamos nosotros. Nosotros procuramos respetar a los responsables del medio hasta el máximo; por otra parte, pues bueno... yo estoy convencido de que la COPE tiene un ideario que es aceptado cordialmente por todos los comunicadores que trabajan en la COPE. Y bien... es posible que en muchos momentos, en la práctica, en el fragor del día a día, a veces, pueda haber alguna desviación... Bien... Esas críticas hay que someterlas a reflexión y tratar de ponderar hasta qué punto son válidas. Las declaraciones que yo conocí del obispo auxiliar... a mí, personalmente, me parecen un poco exageradas. De todas maneras, estamos abiertos al diálogo.

*—Bien. Efectivamente, ya digo, nosotros no tenemos la costumbre de entrar en estas batallas, ni vamos a intentarlo. Y nos gustaría que transmitiera a la COPE que lo mismo que asociar a la COPE con los obispos es un disparate, también lo es asociar la SER con [Jesús de] Polanco, con el Gobierno, etcétera. Si transmitiera el mensaje, me haría muy feliz. Bueno, otra cosa: la postura de la Iglesia cuando se acerca una campaña electoral de este tipo. ¿Tienen ustedes algún tipo de pista o de dato de cómo percibe la sociedad el mensaje de la Iglesia? Sospecho que las monjas y los curas lo seguirán de una manera muy especial, pero ¿tiene eco en la sociedad?*

—No tenemos un instrumento de análisis para calcularlo, aunque hay bastantes indicios. Pero, digamos, no tenemos instrumentos técnicos para analizar al minuto... No hacemos ese seguimiento. No sé si sería bueno o malo hacerlo, pero no lo hacemos; ni siquiera medimos mucho hasta dónde llegan o dejan de llegar nuestros documentos. Ciertamente, la Iglesia, por sí misma, ya es un medio de comunicación social: unas veces funciona bien y otras veces funciona mal, porque a veces la gente sólo atiende a un único medio de comunicación social, la radio o la televisión. Pero nosotros contamos con los encuentros, con las celebraciones dominicales de misa, las reuniones... Hay mil medios, a través de los cuales llegan los mensajes. Pero, en este sentido, es posible que a veces el magisterio de la Conferencia a lo largo de los años pasados no haya llegado a tener la presencia que nosotros deseamos, incluso en el interior mismo de la Iglesia.

*—¿La Iglesia francesa, por ejemplo, tiene tanta presencia en la vida francesa como la Iglesia española en la española? ¿Sería deseable que nos fuéramos también homologando en ese sentido o no?*

—Bueno... es un contexto diferente. Yo creo... No me atrevo ahora a hacer comparaciones, pero me parece muy diferente. A veces lo he comentado con obispos franceses y ellos también lamentan no tener más presencia. Pero ellos tienen quizá más experiencia y tienen también más instrumentos para llegar a todos. Por nuestra parte, nos parece que éste es un campo que todavía, para nosotros, deja mucho que desear. Creo que podríamos hacer más, pero hace falta ver cómo afinamos más los instrumentos que hay para ello y los hacemos más eficaces.

*—Usted está más o menos en la línea del ecumenismo. Nos gustaría conocer cómo viven sus relaciones con los representantes de los judíos, de los musulmanes, de los protestantes, cómo viven esa relación en una sociedad en las que esas relaciones se están produciendo ya.*

—En España son... son grupos muy minoritarios, como es sabido, desde el punto de vista estadístico. También es sabido que la situación española ha evolucionado, desde una etapa en la que había una confrontación y casi una persecución de estos grupos... no precisamente por parte de la Iglesia católica... pero, vamos, había un contexto que se prestaba a ello. Y gracias al Concilio del Vaticano II, este tipo de relaciones en España ha cambiado radicalmente. Nosotros tenemos una comisión episcopal dedicada especialmente a este diálogo y las impresiones que tenemos son todas ellas positivas. Naturalmente, a la hora de hablar de los cristianos de otras confesiones, hay que distinguir: no son lo mismo los testigos de Jehová, que prácticamente están muy alejados de lo que es un concepto cristiano, que hablar... pues... qué sé yo... de los evangélicos, incluso de otros grupos luteranos, etcétera. Hay buenas relaciones. Ahora, siendo estas iglesias o estos grupos minoritarios, es normal que tengan también una especial psicología y se sientan moralmente presionados, digamos... por el ambiente social, a diferencia de lo que ocurre en aquellos países donde ellos son mayoría. Pero yo creo que el diálogo ecuménico es cordial y es sensato, en general.

*—¿Y los no cristianos? Ahora, por ejemplo, los muchos o pocos musulmanes que hay en España están en Ramadán. ¿Usted podría enviarles un saludo?*

—Sí, sí, por supuesto. En este sentido, nosotros, la Iglesia española, tenemos ahora mismo un recorrido menor, es decir, menos profundo, que el que tiene por ejemplo la Iglesia de Francia, donde hay una presencia mucho más importante de musulmanes, o en Alemania. En España, ahora, en los últimos años, comienza a haber una presencia ya importante [de musulmanes] y estamos pensando en buscar fórmulas para estar mucho más cercanos a estas personas, para ayudarles, sobre todo, en el aspecto social, porque en el aspecto religioso tenemos que ser muy respetuosos con ellos. Pero muchos de estos emigrantes están a veces en situaciones muy difíciles y, desde el punto de vista de la acción de la Iglesia, lo canalizamos a través de la comisión de emigraciones. Desde el punto de vista del diálogo y la amistad islamocristiana, hay un embrión... digamos, hay organizaciones que pueden desarrollarse y creemos que para el futuro hay que fomentar estas relaciones positivas.

*—Isaías Lafuente: una pregunta a monseñor Yanes.*

*—Me gustaría volver un momento al tema electoral. Sabe que una de las mayores polémicas actuales es la presencia de José Barrionuevo en las listas electorales. Yo no sé si usted quiere valorar directamente el caso, pero sí me gustaría saber qué haría la Iglesia con un obispo procesado, por ejemplo. ¿Se esperaría una sentencia firme o se le retiraría provisionalmente de su diócesis?*

—Pues la verdad es que me pone usted en una situación... que yo no sabría qué decir... y con respecto a... a este proceso del señor Barrionuevo... pues bueno... Yo creo que hay... Yo no tengo una opinión personal. Si yo siempre cuando... mi... mi... Mi reacción espontánea ante estas situaciones es... más que dar opiniones, que siempre son aventuradas y que siempre son fundadas en datos parciales, mi reacción es rogar a Dios por las personas que están implicadas y por sus familias, porque, realmente, hay una vertiente humana a la que uno no puede... no puede por menos de prestar atención. Todos los problemas que están implicados... que a mí se me escapan... La Iglesia, sobre esto, no ha tomado ninguna posición pública.

[Iñaki Gabilondo]

*—Debe de ser difícil ser para el presidente de la Conferencia Episcopal... Le noto que está en todo momento como paseando por un campo de minas.*

—¡Ja, ja, ja...!

*—¿Tiene temor de ser mal interpretado?*

—No, no me siento mal... Hombre, alguna vez, alguna vez... aparece un titular que no responde a lo que yo he dicho... Pero yo creo que eso entra dentro del oficio.

*—¿Su posición imprime carácter? ¿Termina convirtiéndolo en un prudente, cautísimo, desconfiado?*

—No, tampoco. Es decir, de todas maneras, uno tiene que abrirse paso entre posiciones muy encontradas, entre intereses muy diversos, y lo que nos interesa, a través de ese diálogo, es hacer llegar a los ciudadanos que nuestro mensaje no pretende ser un mensaje de tipo político, sino que es un mensaje religioso, y un mensaje religioso que nos parece que ayuda a las personas a ser más personas.

*—Muchas gracias, monseñor.* [...] *Una última cosa, ¿le gustaría, de mayor, ser papa?*

—Bueno, nunca lo he pensado... ¡Ja, ja, ja...! ¡Ni en sueños!

## Notas

[1] El tema tenía cierta resonancia, porque el modesto club de fútbol, el Numancia (de Soria), había conseguido llegar a las últimas fases de la Copa del Rey: se había convertido en la «revelación» del torneo. Había eliminado al Racing de Santander, a la Real Sociedad de San Sebastián y al Sporting de Gijón. Aunque con mucho esfuerzo, el Barcelona se impuso finalmente al equipo numantino.

[2] Elecciones generales. Fueron elecciones muy emocionantes y disputadas: se preveía un triunfo del Partido Popular de José María Aznar, que pondría fin a catorce años de Gobierno socialista. El PP, efectivamente, venció en aquellos co-

micios, aunque con un margen menor de lo esperado: fueron las famosas «amarga victoria del Partido Popular» y «dulce derrota» del Partido Socialista.

[3] Ricardo Blázquez fue nombrado obispo de Bilbao en 1995 y su designación resultó polémica, porque el nacionalismo vasco tenía otros candidatos. Xabier Arzalluz, presidente del PNV, dijo que traían a Euskadi a «un tal Blázquez» e Iñaki Anasagasti, portavoz del PNV en el Congreso, señaló que «los loros viejos no aprenden a hablar», a propósito del interés que mostró el nuevo obispo en conocer el euskera.

[4] La llamada «guerra de medios» afectó, durante los años 1995 y 1996, a varias empresas de comunicación, aunque fundamentalmente estuvieron implicadas dos emisoras de radio: la Cadena COPE, propiedad de la Conferencia Episcopal, y la Cadena SER, del grupo PRISA. Las durísimas críticas políticas de la Cadena COPE interfirieron en el seno de la Iglesia, como se verá inmediatamente.

48

# *Jon Sobrino*
# *Decir la verdad*

El día 23 de febrero de 1999, Iñaki Gabilondo entrevistaba en el programa *Hoy por hoy* de la Cadena SER a Jon Sobrino (Bilbao, 1938). Es uno de los máximos exponentes de la Teología de la Liberación. Desarrolló su labor eclesiástica principalmente en San Salvador, desde 1974, y era profesor de Teología y director del Centro Monseñor Romero, de la Universidad Centroamericana (UCA).

*—Está con nosotros Jon Sobrino. Buenos días Jon. Es un verdadero placer encontrarse con una personalidad como él, con un amigo como él, que llega con un libro titulado* La fe en Jesucristo: ensayo desde las víctimas[1]. *Recordamos la emoción de aquella experiencia que tuvimos en El Salvador, cuando fuimos a pasar una Navidad allí, con motivo del aniversario de la matanza de los jesuitas, sus compañeros... Una matanza de la que él se libró porque, casualmente, aquel día no estaba allí*[2]. *Ahora Jon Sobrino llega con un libro titulado* Ensayo desde las víctimas: *¿qué podríamos decir, Jon? ¿Cómo se distingue ahora quiénes son las víctimas, si todo el mundo se considera una víctima, Jon?*

—Bueno... Ante todo, te devuelvo el saludo: me encanta estar aquí contigo, porque las amistades que se hacen en El Salvador, en mi caso, y con motivo de víctimas, no se olvidan. ¿Que cómo se distinguen las víctimas cuando todo el mundo se cree víctima...? ¿Víctima de qué? ¡Hombre...! Víctimas son aquellos seres humanos para quienes vivir es sumamente difícil, porque hay otros seres humanos que les oprimen. Bueno, esto ya está muy dicho, pero hay que volverlo a decir: que les oprimen económicamente, por ejemplo. Mil trescientos millones de seres humanos tienen menos de un dólar al día para vivir. (No sé a cuánto está el dólar, a menos de ciento cincuenta pesetas). Entonces, a ésos les llamo yo víctimas. Luego... hay otros seres humanos que, ganando diez mil pesetas al día... ¡hombre...!, tienen dificultades, y en el trabajo se sienten un poco oprimidos. Pues bien. Pero el lenguaje no se debe trivializar y no conviene comparar una forma de ser víctima y otra, ¿no? Cuando uno ve lo que hemos visto estos años en el Zaire, en Ruanda, en Burundi, la palabra «víctima» se entiende mejor que en otras ocasiones. Yo sé que esto ya no se usa, pero antes se hablaba de lucha de clases y voy a usar ese lenguaje, pero llámese como se quiera: la verdad es que en los conflictos de la humanidad, en el planeta, sin simplificar, los seres humanos suelen estar en un lado más que en otro. Entonces, a esos que están del otro lado, a esos cuarenta y cinco países que todo lo que tienen es el equivalente a lo que tienen trescientos cincuenta y tantos ricos en el mundo, a esos cuarenta y cinco países los llamamos víctimas. Y a las trescientas cincuenta personas que tienen lo equivalente...

*—¿Cómo los llamamos?*

—Bueno, yo los llamaría, objetivamente, opresores. No: no se puede acumular riqueza de una manera tan absolutamente escandalosa...

*—Perdóneme, Jon Sobrino: está hablándonos de este asunto, pero está hablándonos desde la perspectiva de la fe. Su libro no es un análisis sociológico o económico: es la fe en Jesucristo. Y, entonces, le tengo que preguntar por la Iglesia...*

—Sí...

*—Porque, en los últimos días, desde el Vaticano, se ha puesto en marcha una iniciativa que se apiadaba de Augusto Pinochet y pedía clemencia para él. ¿Quiénes son las víctimas y quiénes son los verdugos, Jon Sobrino?*

—¡Hombre... en el caso de Pinochet! Indudablemente, él es un verdugo, ¿no? Eso es claro...

*—Sinceramente, Jon, la iniciativa del Vaticano...*

—Bueno, vamos a ir por partes. Primero, a la pregunta de quiénes son las víctimas, las víctimas fueron... no sé si fueron cinco mil desaparecidos. Respecto a la iniciativa del Vaticano, yo no conozco el detalle, por supuesto, pero lo resumo en dos palabras: para mí es triste y lamentable. Es triste, me entristece, que un grupo de cristianos del Vaticano, que tiene su dimensión diplomática... Me entristece, porque lo que se sabe es que quieren abogar por Pinochet, sin que se sepa que estén abogando por las víctimas. Eso me entristece y me parece lamentable. Esto se puede decir de muchas maneras, ensañándose más o menos, disimulando, pero creo yo que es así. Yo creo que la Iglesia, por lo menos, la de Jesús, debiera poner símbolos claros de compasión hacia los más victimizados, y de comprensión. Otra cosa es que yo no creo que nadie quiera, ni siquiera en Chile, que a Pinochet le hagan horrores. Lo único que piden es que pida perdón. Nada más; porque, además, eso le va a humanizar a él. Y, repito, yo no le conozco como persona. Pero eso yo lo sé por el caso salvadoreño: lo que más ha costado en El Salvador (y creo que no se ha logrado) es que muchos de los generales o de la gente de la oligarquía, que promovían masacres, pidieran perdón o, incluso, que te dejasen perdonarles. Eso es lo que más cuesta.

—*Justamente quería preguntarle por eso, porque se puede hablar desde la teoría y desde la experiencia. Supongo que Jon Sobrino lo hace desde las dos perspectivas. En la experiencia salvadoreña se habían depositado muchas esperanzas y va por el camino que más o menos se ha podido trazar: ¿qué le ha faltado a este proceso para que el caso concreto de la matanza de sus hermanos no haya quedado atrás? ¿Qué ha faltado ahí para que eso pudiéramos considerarlo un episodio del pasado? Tengo la impresión de que el proceso todavía tiene alguna asignatura pendiente.*

—No, no... tiene muchas. El caso concreto del asesinato de los jesuitas y de los otros... aquí decís la asignatura pendiente, pero lo que ocurrió fue que no se hizo justicia, hubo una amnistía precipitada pedida por el presidente Cristiani y aprobada a los pocos días por la Asamblea, diciendo que toda aquella persona que saliese en el Informe de la Verdad, realizado por una comisión de Naciones Unidas, quedaba amnistiada automáticamente[3]. A mí eso me parece un grave error, porque no humaniza. No humaniza esconder la verdad de las cosas y no humaniza a los que aparecen en ese informe. Claro, yo comprendo que si alguien se deja perdonar es que, de alguna manera, tiene algo por lo que pedir perdón, y eso cuesta, ahí está el orgullo, pero no humaniza. Entonces, eso ha sido un problema importante en El Salvador y todavía lo venimos sufriendo. Bueno, lo positivo es que lo que dijeron estos mártires, y tantos otros, sigue presente en buena medida, sigue habiendo ánimo, esperanza, trabajo... pero yo creo que el mundo ha cooptado estas cosas. (El mundo occidental, porque ya no hay del otro). Después de todo, dicen, El Salvador ya se ha arreglado, Guatemala ya se ha arreglado, ya no tenemos que preocuparnos mucho, si me permiten la ironía, a la cual soy dado: el mundo occidental tiene soluciones para todo. ¿Ven ustedes cómo hemos solucionado esto de El Salvador, esto de Guatemala? ¡Hay regímenes democráticos! Bueno: ¿dónde está la falacia en todo esto? En el caso de El Salvador, en la pobreza, en el vivir o el sobrevivir. El mundo occidental no tiene la imagen de la pobreza en estos países y, por lo tanto, no hay concepto. Sin imagen... Pobreza allí significa otra cosa. Eso no es una asignatura pendiente, es una asignatura reprobada, la verdad, usando la metáfora. En El Salvador, hoy, hay más pobreza que hace diez años, en tiempo de guerra. Eso lo dicen economistas, y luego está la violencia... No es que yo hable de esto con gusto. No crean ustedes que vengo a aquí a... La violencia ya no es bélica, ésa se ha acabado, pero la muerte violenta en El Salvador prosigue, según estadísticas incluso del Banco Interamericano de Desarrollo, que es una de esas instituciones de Occidente... Dicen que El Salvador es el país más violento de América Latina, incluso más que Colombia. Yo no sé si es el más violento, o el segundo, o el tercero, pero quiero decir que la violencia es una cosa gravísima, y lo es, ¿no? Entonces, ¿por qué viene eso? Bueno, en parte, de la tradición de guerra, en parte, para sobrevivir, y en parte, como negocio. Pero estamos todavía en un país en el que cuesta muchísimo que las mayorías tengan vida. Ésa es la cosa.

*—¿Qué posibilidades hay de que esto cambie? Jon Sobrino nos sitúa ante las víctimas, dice que las víctimas son la gran realidad, que la desigualdad es el hecho cierto ante el que nos encontramos. Por un lado, él observa que las perspectivas de las víctimas ayuda a conocer mejor a Cristo, pero yo lo que le quiero preguntar a usted, que es jesuita, es: ¿qué hacemos? Quiero decir, la revolución ha muerto, el mundo es un mundo abierto, en el cual todas las puertas están abiertas y todos juegan al mismo juego. ¿Esto hay que aceptarlo como una especie de fatalismo resignado?*

—Sí... no... Bueno, hay varias cosas, y tú hablas mucho y bien. Yo lo primero que quisiera decir es que, al poner «víctimas», quizás aquí la palabra puede extrañar. Yo sí soy muy partidario y apasionado de las cosas reales. Lo primero es dejar a la realidad ser real; los cristianos decimos: «Dejad a Dios ser Dios». Pues cuando decimos «Dejad a la realidad ser real», me refiero a que la realidad no es como a mí me gustaría que fuera; la democracia es lo que es, no como a mí me gustaría que fuese. Entonces, cuando uno ve este mundo, este mundo... póngasele el nombre que se quiera, es un desastre. Esto sí lo digo con bastante convencimiento. Es un desastre para las mayorías. Que este planeta está muy mal... a mí eso me parece evidente. Y eso es real. A partir de ahí, yo creo que se puede empezar a edificar y a trabajar. Pero si no se empieza por ahí, nos equivocamos. Yo he dicho varias veces... no sé si me dejarás hablar de esto, porque... Bueno, yo he preguntado en un lenguaje que quizás extraña al oyente: ¿qué mandamientos de la Ley de Dios se violan? ¿Por qué orden? Me refiero a los mandamientos de Dios o de los hombres, eso no importa. Yo creo que empezamos por el séptimo: depredar, acumular, acaparar. Ése es el primero que se viola: no robar. Después se suele violar el quinto: no matar. Cuando es necesario para depredar, se mata. Si para tener el petróleo de los países del Tercer Mundo es necesario echar bombas, se echan. Y luego viene el octavo mandamiento: no encubrir. Se trata de que no se note, tergiversar la realidad que hemos configurado. Bueno, cuando yo hablo de las víctimas, no es por masoquismo, porque, además, las víctimas suelen ser gente, muchas veces, dotada de un gran amor... de un gran amor. Eso humaniza más que otras cosas. Pero digamos que hay que empezar por ver la verdad de las cosas, no autoengañarnos, porque el autoengaño se puede hacer con mucha ciencia, con mucho progreso intelectual, con mucha cultura convencional. Todo eso puede ir acompañado del autoengaño. Por ejemplo, lo que se ha dicho tantas veces... Ellacuría lo decía divinamente: Estados Unidos es un país muy democrático... en Estados Unidos; pero ¿Estados Unidos ha estado interesado en que haya democracia en Guatemala, en El Salvador, en Nicaragua, en Tahití? No. Éste es el asunto: no lo ha estado. ¿Y por qué sabemos eso? Porque ha boicoteado y ha combatido las iniciativas que conducirían a una democracia. Entonces, de ahí esa pequeña o gran insistencia en hacer frente a la realidad de las cosas.

—*La novedad de los últimos años, señor Sobrino, es que se ha producido una novedad, desde el punto de vista ideológico. Y es que, siendo las cosas como usted las cuenta, hasta hace unos años había un viento que, acertada o equivocadamente, pretendía oponerse a esa realidad y ése era el centro de su ideario. Pero eso parece haberse diluido. Quería pedirle una opinión al respecto.*

—Bueno... la impresión que tengo es que ha caído el llamado Este, o como se quiera llamar, y lo que queda es Occidente, que es capaz de cooptar con gran facilidad cualquier tipo de oposición que se haga en nombre de la verdad. Antes me preguntabas por el

Vaticano. Juan Pablo II ha escrito textos impresionantes. Algunos los ha leído recientemente en México. Y decía que el neoliberalismo, lo que tenemos en Occidente, estaba muy mal. Dicen: «Da igual que Juan Pablo II diga esto». Juan Pablo, en este caso, tiene la palabra, pero nada más que la palabra. No tiene tanques. No hay Pacto de Varsovia detrás de esas palabras, ¿verdad? No asusta a Occidente. Bill Clinton, Margaret Thatcher, quien sea, pueden vivir ahora con mucha paz, y cooptando todas las palabras que quieren denunciar el mundo en que vivimos. Ésa es la impresión que yo tengo. Ahora también hay grupos que no tienen mucho poder económico, que son movimientos de derechos humanos, hay algunos pensadores, pequeñas comunidades en el país que tú conociste, en El Salvador, que siguen diciendo la verdad. ¿Quién les escucha? Ésa es la esperanza que tiene uno.

*—Ahí deposita su esperanza entonces, ¿no? En unas minorías, claramente en desventaja, cuyo trabajo puede resultar verdaderamente menor... Usted, Jon Sobrino, siempre maneja este tipo de esperanza depositada en lo muy pequeño, en lo que parece que no tiene ninguna posibilidad.*

—Sí... Bueno, una cosa son las expectativas optimistas, que se hacen a partir de cálculos, y otra cuestión es la actitud personal. Para mí, en lo personal, la esperanza nace del amor. Cuando veo amor, gente que realmente ama de verdad, hay esperanza, por lo menos operativamente. Eso ayuda a que trabajemos por algo, ¿no? Puede ser pequeño, claro, porque no está en el Consejo de Seguridad de Naciones Unidas, donde cinco países controlan el 85 por ciento del armamento del mundo. Ésos son grandes, y tienen muchas cosas, y resulta que son los que venden las armas. Luego las critican... Los que hacen presente el amor en el mundo no van por ahí, pero hay grupos, hay grupos que lo intentan. Y están sobre todo esas grandes mayorías... bueno..., no sé cómo decirlo... que no tienen un amor para ser novelado, sino que tienen el amor de querer vivir todos los días, y el amor de la señora que se levanta a las cuatro o a las cinco para ir a vender al mercado, a aquellos mercados, para mantener a sus hijos que a lo mejor no tienen padre... Pero hay una fuerza grande de querer vivir y, aunque no sea muy bella la expresión: allí hay amor. Entonces, cuando uno ve eso, dice: «Hay esperanza. Vamos a seguir trabajando».

*—No tenemos mucho tiempo, pero estoy seguro de que nuestros oyentes tendrán mucho interés en acercarse a este libro de Jon Sobrino,* La fe en Jesucristo: ensayo desde las víctimas. *Las víctimas... Recuerdo que*

*la última vez que estuvo aquí nos hablaba del dolor... a fin de cuentas... la realidad, el dolor, las víctimas, parece que está usted llamado a recordarnos lo que no queremos recordar: la existencia del dolor. Y también algunas veces ha planteado que su fe está sostenida en eso: en la conciencia del dolor.*

—Bueno, el dolor... quizás no... Yo hablo del amor, de amar y amar en serio en este mundo. No se ha inventado una forma de amar en serio, de ser compasivo, de ser misericordioso, de ponerse del lado del oprimido, sin que eso tenga algún costo y se transforme en sufrimiento y, si se quiere, en dolor. Yo lo que quiero decir es que Jesucristo para mí no es sólo una persona que muere crucificada, sino un hombre que pasa por el mundo amando, haciendo el bien, siendo compasivo, diciendo verdad. Y eso genera esperanza; eso anima a ponerse del lado de las víctimas.

*—No... le quería recordar que usted viene a decirnos que el dolor existe, aunque no lo queramos ver. La conciencia del dolor...*

—Claro que no lo queremos ver. Pero ahí está el papel de la Iglesia, de los medios de comunicación, de las universidades. ¿Qué ocurre cuando no queremos ver el dolor? ¡Si el dolor es real! Ocurre que nos deshumanizamos. Nuestro mensaje, tan sencillo, no es masoquista. Es decir: humanicémonos, y empecemos viendo la realidad como es.

*—Una última cosa, Jon Sobrino: ¿qué tal con el Vaticano? ¿Qué tal van su relaciones? ¿Bien?*

—Sí...

*—¿Manifiestamente mejorables?*

—No... no... Es que yo... comprendo la pregunta. Yo no tengo ninguna relación especial con el Vaticano.

*—Quiero saber hasta qué punto usted está en la ortodoxia o en la heterodoxia, en el borde de la ortodoxia o, en algunos casos, en la heterodoxia.*

—Bueno... ya se lo dirán aquellos a quienes les toca decirlo. Yo, en ese libro, digo tres cosas que empiezan por «orto-». Primero, la «ortodoxia» reside el pensar correctamente; yo creo que este libro trata de pensar correctamente. Luego está la «ortopraxis», que es actuar correctamente. Y luego una pequeña novedad: «ortopatía». Viene de *pathos*, y consiste en dejarse afectar correctamente por Jesús de Nazaret y por los «jesuses», si me permiten, y las «jesusas»: por los seres humanos, que son como Jesús. Uno puede dejarse afectar por figuras del mundo del espectáculo, del deporte, que está muy bien... pero aquí proponemos dejarnos afectar por personas como Jesús, por monseñor Romero[4], la cocinera de mi casa... tanta gente buena que hay...

## NOTAS

[1] Jon Sobrino: *La fe en Jesucristo: ensayo desde las víctimas.* Trotta, Madrid, 1999.

[2] El 16 de noviembre de 1989, el ejército salvadoreño entró en las dependencias de la Universidad Católica Centroamericana (UCA) y asesinó a seis sacerdotes jesuitas y a dos mujeres: Ignacio Ellacuría, Segundo Montes, Ignacio Martín Baró, Joaquín López, Amando López, Juan Ramón Moreno, Elba Julia Ramos y su hija Celina.

[3] La llamada Comisión de la Verdad, auspiciada por la ONU, publicó el informe sobre la guerra sucia en 1993 y en él quedaban al descubierto las operaciones delictivas de la policía y el ejército. El presidente Alfredo Cristiani aprobó una Ley del Perdón el 20 de marzo de ese mismo año, de modo que las tropelías de la guerra sucia contra la guerrilla y la oposición rebelde quedaron sin castigo.

[4] Monseñor Óscar Arnulfo Romero (1917-1980) fue asesinado por un francotirador mientras oficiaba misa en San Salvador. Monseñor Romero fue uno de los primeros en denunciar la opresión de la oligarquía conservadora sobre los campesinos y los sectores más desfavorecidos de El Salvador.

49

# *Florentino Pérez*
# *Un mal día en el club más grande del mundo*

Florentino Pérez (Madrid, 1947) fue entrevistado por Iñaki Gabilondo el día 7 de marzo de 2002 en el programa *Hoy por hoy.* Florentino Pérez era un empresario de éxito, bien conocido en Madrid. Había pertenecido al partido que encabezó la transición política española hacia la democracia (la UCD de Adolfo Suárez) y había llegado a ocupar una concejalía en el ayuntamiento de Madrid, aunque abandonó la actividad pública en los años ochenta. Pero lo que trascendía no eran sus éxitos empresariales —como presidente del grupo ACS— ni sus posiciones políticas. Lo importante era que Florentino Pérez era la cabeza visible de una de las entidades más importantes del mundo: el club de fútbol Real Madrid, que en 2002 cumplía cien años de gloriosa historia deportiva. Florentino Pérez había intentado acceder a la Presidencia del club en 1994, pero había salido derrotado en las elecciones frente a Ramón Mendoza. En 2000 volvió a presentarse a los comicios, enfrentándose a Lorenzo Sanz. Sorprendentemente, ganó las elecciones. Para el club, la presidencia de Florentino Pérez fue una revolución: atrás quedaron los modos presidencialistas y un tanto estrafalarios del fútbol antiguo. Ahora se regiría como una empresa, se atendería al márketing, a las cuentas, a la imagen, a la solvencia económica... El mandato de Florentino Pérez concluyó en 2004, pero fue reelegido en esa fecha para dirigir al club durante otros cuatro años.

El día 6 de marzo de 2002 se celebró la final de la Copa del Rey de fútbol, en el estadio Santiago Bernabéu. Disputaban el trofeo el equipo titular del campo, el Real Madrid, y el Deportivo de La Coruña. El «Depor» venció por dos goles a uno. Fue una derrota dolorosa: el Real Madrid no sólo perdía el título, sino que, además, lo perdía en su estadio y el día en que se celebraba el centenario de su fundación.

*—Florentino Pérez, muy buenos días.*

—Muy buenos días.

*—¿Cómo ha dormido usted, señor Pérez?*

—Bueno, pues... con pena, como todos los aficionados, que habíamos depositado una gran ilusión, en el día de ayer, en ganar la Copa del Rey.

*—Estaba pensando que... cien años es un dato para la celebración, y cien años y un día parece el dato de una condena, ¿no?*

—Pues... no creo. Mire, yo estoy convencido de que si antes del partido éramos el mejor equipo del mundo y celebrábamos nuestro centenario, después, estamos en la misma situación. ¿Qué ha pasado en el camino? Que hemos jugado la final de la Copa del Rey y la hemos perdido.

*—Florentino, ayer usted hizo algo parecido a pedir perdón a la afición. Me gustaría saber por qué lo hizo. ¿Por qué expresó un sentimiento así, presidente?*

—Bueno, pedir perdón... ¡Hombre...! Los aficionados se habían ilusionado tanto con esta copa... que se produjo una frustración. Bueno... era una manera de decir que lo sentimos, pedir disculpas en la medida de que hay muchos que en este momento están frustrados por no haber conseguido algo que todo el mundo sabe que se podía ganar o perder... pero que... Bueno, el ambiente nos llevaba a creer que ganar este partido formaba parte de los actos del centenario.

*—Usted, desde luego, ha hecho de la ecuanimidad su bandera, y por eso resulta poco transparente su sentimiento: ¿cómo se siente, presidente? Se debe sentir decepcionadísimo, ¿no?*

—Pues sí. Quizás sea el disgusto más grande que he recibido en los diecinueve meses que hace que soy presidente. Pero también, después de cada derrota, empieza un nuevo día, y yo tengo que sacar fuerzas para ayudar a los jugadores y a la afición, para decir que esto sigue y que vamos a poner la misma ilusión en ganar la Liga y la Champions League.

*—Sí... No sé quién dijo que no hay mejor test de grandeza que superar la derrota. ¿Estuvo con los jugadores?*

—Sí. Ayer, después del partido, bajé a la carpa, estuve hablando con ellos. Estaban destrozados. Ellos creen que estaban... que salieron muy presionados, sin saber por qué. Creen que salieron como muy agobiados por resolver el partido pronto. No jugaron bien, el Depor jugó mejor, y fue un justo vencedor. Mis felicitaciones al

Depor, como ayer se lo dije al presidente Augusto César Lendoiro y tuve ocasión de decírselo a todas las personas que vinieron de La Coruña.

*—Florentino Pérez, cuando dice que los jugadores estaban muy presionados, nosotros tenemos la impresión de que en torno al Madrid todo es excesivo: un equipo de otra galaxia, los fenómenos, las victorias... son excesivas. Los goles son excesivos, pero las derrotas también son excesivas. ¿Está el Madrid condenado a vivir siempre en esta especie de desmesura?*

—Estoy de acuerdo: con el Madrid nada es normal, ni cuando ganas ni cuado pierdes. Pero también es verdad que se trata del Real Madrid, que es el equipo que genera más ilusión en el mundo. Y todo lo que usted dice es así: yo creo que estamos condenados a llevar sobre nuestras espaldas siempre esa presión. Pero también ésa es la grandeza del Real Madrid y los jugadores del Real Madrid saben que tienen que jugar en ese ambiente.

*—Hoy, un periodista del diario* As *dice que Valerón y Tristán son mejores que Shevchenko o Vieira...*

—Pues seguro. Cuando uno pierde, se magnifica el juego del contrario. No obstante, tanto Valerón como Tristán son dos grandes jugadores. Eso, sin ninguna duda.

*—Yo creo que Tomás Roncero, el periodista de* As, *quería decir que a lo mejor los grandes* cracks *que se buscan están más cerca de lo que parece.*

—Bueno, no hay ninguna duda de que aquí hay grandes jugadores. Pero, bueno... yo creo que Figo y Zidane, antes del partido y después del partido, siguen siendo dos de los mejores jugadores del mundo. Es un placer verlos jugar. Ayer Figo salió al campo... yo creo... más por la ilusión que por su estado físico, y Zidane fue víctima, como el resto de los jugadores del Madrid, de esa... de ese mal juego, sobre todo, en la primera parte, fruto de... bueno, quizás de una responsabilidad que ellos habían asumido y que sentían, y la querían resolver pronto. Pero ayer no jugamos bien, ésa es la verdad.

*—Esta temporada, que... en fin, parecía trazada para la gloria, puede convertirse en una temporada verdaderamente dura y difícil, ¿no?*

—Bueno, yo siempre dije que tener como objetivo los tres títulos significaba que iba a ser una temporada de mucho sufrimiento. Yo creo que nos hemos liberado de una presión (la teníamos desde el mes de enero), que era la Copa... por todo lo que hemos hablado del centenario y del día del centenario. Ahora van a jugar menos presionados y éstos son grandes jugadores, que saben reaccionar, seguro, ante la adversidad. Hemos perdido un título, y nos quedan los dos más importantes, que nadie lo olvide. Lo que es importante es empezar a trabajar desde el sábado para ganar los dos que nos quedan[1].

*—¡Y qué gran mérito tiene el Deportivo de La Coruña! Hace apenas unos años era un equipo que estaba situado en esa especie de territorio de nadie: el equipo que sube a Primera División, que baja a Segunda... que anda por ahí... Y han convertido a ese club en un club grande, y a su equipo, en un equipo importantísimo, ¿verdad?*

—Pues sí. Eso, además, es muy bueno para el fútbol español, porque de la competencia nos beneficiamos todos: todos. El Depor ya lleva bastantes años en primera línea como para decir que esto no es un sueño pasajero; yo creo que ése es el mérito de Augusto César Lendoiro y su junta directiva.

*—Y aunque el día de hoy tiene algo de particular, parece que los jugadores se van a entrenar con normalidad. ¿Va usted a intentar hacer algún tipo de gesto para... en fin, para restañar la herida o no?*

—No.

*—Un día de labor, como todos los días.*

—Lo mejor es volver a la normalidad, como cuando uno tiene una desgracia en la familia, ¿no? Encajarla es muy duro, pero se supera mucho mejor viviendo en una situación de normalidad. Yo quiero que todo el mundo vuelva a la normalidad, que se olvide esto, porque recordar una derrota no conduce a nada: todo lo contrario. Sacar consecuencias positivas de todas las derrotas: ése fue uno de los activos a lo largo de la historia del Real Madrid.

*—Me parece que Fernando González Urbaneja, que tiene el alma bastante blanca, quería preguntarle algo, señor presidente.*

*—Yo quiero felicitar al presidente por su templanza. Yo creo que el fútbol necesita templanza, y a los que nos gusta el fútbol, aparte de las emociones, nos gusta también la gente sensata, como Florentino. Ahora, en su condición de presidente, empresario, gestor, en términos económicos, ¿lo que ocurrió anoche es muy malo?*

—No. En términos económicos, no es malo. La Copa, sinceramente, no produce ingresos, y todos los ingresos que se han producido... ya se han producido. No, no... Es un golpe más moral que económico. Es un golpe moral muy importante, porque, como he dicho antes, coincidía con el día del centenario y habíamos mezclado todo: el centenario, la final de la Copa, el cumpleaños...

y todos queríamos que eso fuera un bonito regalo para los aficionados. Pero el Madrid ha sido grande no sólo porque ha sabido ganar, sino porque también ha sabido perder, y, desde la derrota, hay que reafirmarse en la condición de madridista, y ver el futuro con la misma ilusión.

[Iñaki Gabilondo]

*—El Madrid, a lo largo de su historia, ha demostrado saber ganar: ha ganado un montón...*[2].

[Fernando González Urbaneja]

*—Perder... poco... ¡Ja, ja, ja...!*

[Iñaki Gabilondo]

*—Señor presidente, he de decirle, antes que nada, que le agradezco mucho que en un día amargo, como hoy, haya sido usted tan amable al atender esta llamada de la Cadena SER. Lo valoramos de una forma especial.*

[Fernando González Urbaneja]

*—Es que es el día que hay que dar la cara. Cuando se gana es fácil...*

[Iñaki Gabilondo]

*—Sí... Por eso lo digo. Es algo que queríamos subrayar. Muchísimas gracias, Florentino Pérez.*

—Muchas gracias a todos ustedes. Un abrazo.

## NOTAS

[1] En el año de su centenario, el Real Madrid no pudo conseguir ni el título de Copa ni el título de Liga, pero alcanzó un gran triunfo en Glasgow frente al Bayer Leverkusen (2-1), alzándose con el Campeonato de Europa: la Champions League.

[2] Hasta 2005, el Real Madrid había ganado 29 veces la Liga española, 17 Campeonatos de Copa y nueve Campeonatos de Europa (o Champions League), entre otros muchos trofeos menores.

50

# *José Saramago*
# *El laberinto*

El día 2 de abril de 2002, Iñaki Gabilondo entrevistaba a José Saramago, que había regresado a su residencia en Lanzarote tras una visita a la ciudad de Ramala, en Palestina, donde el Gobierno de Israel había aislado al líder Yasir Arafat (1929-2004).

José Saramago (Azinhaga, Portugal, 1922) fue galardonado con el premio Nobel de Literatura en 1998. Aunque ha trabajado distintos géneros literarios y son frecuentes sus artículos periodísticos, Saramago es sobre todo novelista: entre sus obras más destacadas se encuentran *El año de la muerte de Ricardo Reis* (1984), *Ensayo sobre la ceguera* (1995), *Todos los nombres* (1998) o *Ensayo sobre la lucidez* (2004).

*—¿Qué ha visto usted en Ramala, señor Saramago?*

—Lo que he visto en Ramala, en el fondo, es lo que todo el mundo conoce. Antes Ramala sólo era un nombre de una ciudad donde se decía que estaba Arafat y, por lo tanto, era la información que todos teníamos, o la información que todos creíamos que teníamos. Cuando uno llega allí, se da cuenta de lo que verdaderamente ocurre. Todo está aislado: no sólo en relación a una ciudad que se llama Ramala, sino en todo el territorio, supuestamente, Palestina. Todos esos pueblos y todas esas aldeas están aislados. La ficción de que se puede circular por todo el territorio palestino, donde está Ramala, y de que se puede ir de Ramala a otra ciudad u otro pueblo, no es cierta. El ejército israelí controla puntos importantes del territorio. En las entradas de Ramala, por ejemplo, hay un puesto de control, pero un puesto de control que no se limita a mirar los papeles para confirmar el nombre del documento de identificación, del pasaporte o lo que sea, sino que funciona como un filtro. Es decir, sólo entra quien el ejército o la autoridad militar diga o acepte. Eso significa que poder entrar en una ciudad es casi una casualidad. Ningún pueblo se puede comunicar, estoy hablando de comunicación por carretera, evidentemente; los pueblos no se pueden comunicar porque todas las carreteras que unen los pueblos están cortadas. Hay un sistema de carreteras paralelo, construido por Israel, que une todos los asentamientos judíos en todo el territorio que supuestamente, insisto en esto, que supuestamente es Palestina. Este sistema paralelo de carreteras es el que controla el ejército de Israel. Estamos hablando de más de doscientos asentamientos que cubren el territorio palestino, desde el norte hasta el sur, y donde viven doscientos mil judíos. Es como si yo tuviera, aquí en mi casa, a una familia en el salón o en una habitación. En Ramala la vida es normal, «normal anormal», de ciudad cercada: nos damos cuenta de la verdadera situación cuando, por ejemplo, para llegar a una universidad, que está a tres o cuatro kilómetros, no se puede salir. La carretera está cortada y los estudiantes, con buen tiempo o mal tiempo, tienen que caminar tres o cuatro kilómetros a pie para llegar a la universidad. No se puede hablar de un gueto en el sentido tradicional de la palabra, pero todo, cada aldea y cada ciudad, cada pueblo palestino es un gueto, y Ramala es sencillamente un gueto más grande que otros.

*—Y estuvo usted con Yasir Arafat, en el lugar en el que se encuentra confinado. Nos resulta muy difícil entender la situación: sabemos que las oficinas de la Autoridad Palestina forman un complejo de edificaciones, pero los militares israelíes han llegado prácticamente hasta la puerta de la habitación en la que se encuentra Yasir Arafat.*

—Sí... Hasta ahora no se sabía muy bien qué es lo que quería [Ariel] Sharon o qué es lo que quería el Gobierno israelí. No se sabía si quería matar a Arafat o desterrarlo, o si habían evaluado otras posibilidades, como presionarlo hasta el punto de que Arafat llegara a suicidarse; ésta sería otra hipótesis. Ahora parece claro: han cambiado los planes y ahora se habla de que el ejército va a permanecer en Ramala durante un mes y eso significa que no se va a resolver nada, que vamos a tener unos cuantos muertos y heridos más, de un lado y del otro. Porque Sharon no se atreve a matar a Arafat, y no se atreve a matar a Arafat porque eso significaría la guerra total, en una dimensión que no podemos ni imaginar. Ahora, después de haber entrado en este callejón sin salida, es un misterio cómo piensa resolver esta situación Sharon. Porque está clarísimo que, primeramente, la intención era liquidarlo, liquidar a Arafat. Ahora ya... En todo esto no hay una lógica comprensible. Puede que en veinticuatro horas Sharon decida efectivamente dar la orden y, de una forma u otra, eliminar a Arafat.

*—¿Cómo encontraron ustedes a Arafat, señor Saramago? ¿Cómo estaba Arafat?*

—Mira, a mí me asombró la actitud de una persona que puede morir dentro de un minuto... Puede ocurrir que al minuto siguiente ya esté muerto. Pues aun así, Arafat estuvo muy conversador; yo diría, incluso, divertido, contando chistes, escuchando con mucha atención lo que se le decía, sin ningún aparente nerviosismo, sin prisa, como si dispusiera de todo el tiempo del mundo. Lo que tiene es un momento, pero actúa como si tuviera futuro y como actuaría si fuera un jefe de Estado, y recibe a personas que quieren hablar con él. Sabía que estábamos allí [el Parlamento Internacional de Escritores] y expresó el deseo de encontrarse con nosotros. Para contestar a tu pregunta, bueno... Me encontré con un hombre que actuaba como si no pasara nada, ésta es la expresión: «como si no pasara nada». Y tres días después, está pasando lo que está pasando...

*—Nos contaba, señor Saramago, que todos los municipios, los pueblos y las aldeas de Cisjordania están incomunicados, que los colonos se han ido instalando allí, etcétera. Imagino lo difícil que debe de ser resolver ese problema, extremadamente difícil. ¿Cómo desatar un nudo que durante tantos años se ha ido apretando cada vez más?*

—Mire, yo tengo cincuenta y cuatro años; en 1948, cuando fueron llevados allí los primeros judíos, hubo un desplazamiento de más de un millón de palestinos que tuvieron que abandonar sus viviendas, sus casas, sus negocios, para ir a los campos de refugiados, y otros emigraron. Y muchísimos de ellos fueron directamente a la tumba. Entonces, ¿en qué situación nos encontramos ahora? Lo absurdo de todo esto es que sí se sabía que un territorio que está definido en el mapa sería para los palestinos, pero, al mismo tiempo, se promueve esa difusión de asentamientos en el propio territorio palestino. La ciudad de Ramala está más o menos en un valle, y a un lado y otro hay montañas, y a un lado y al otro hay asentamientos: es decir, en el propio territorio que circunda la ciudad de Ramala hay dos asentamientos. Y no sólo dos asentamientos: hay una distribución militar poderosísima. Cuando los tanques entraron en Ramala, no tuvieron que hacer un viaje largo: ya estaban allí. Yo me atrevo a preguntar: ¿qué quieren hacer ahora? Hay doscientos mil judíos instalados en territorio palestino, viviendo estupendamente, porque en sus asentamientos lo tienen todo, y ahora resulta que ese territorio es palestino: eso significa que los judíos que están allí no deberían estar allí. Curiosamente, durante el Gobierno de uno de los primeros ministros israelíes que tenía reputación de ser de lo más comprensivo y con el que se habló de paz, Ehud Barak, los asentamientos se multiplicaron, mucho más que con el primer ministro anterior [Benjamin Netanyahu]. Es decir, hay un doble lenguaje, hay un doble... Le voy a contar algo tremendamente interesante: cuando el mismo Barak presentó una propuesta de paz en Nueva York, cuando se encontraron, se intentaba encontrar una solución. Barak presentó una propuesta a Arafat, y un plan que Arafat rechazó. A partir de ahí, eso es lo que se ha dicho, la culpa la tenía Arafat. Es decir, si no había un plan para negociar, la culpa, como es normal, la tenía Arafat. Ahora bien, alguien a quien yo conozco le preguntó a Barak si él habría aceptado el plan que él mismo había propuesto a Arafat. Y Barak contestó que no, que no lo aceptaría, pero que Arafat debería haberlo aceptado, pues sería un punto a partir del cual podría abrirse una negociación. Es decir, esto es de una hipocresía total: se presenta un plan, ese plan es rechazado, pero la persona que presenta el plan también lo rechazaría; y, al mismo tiempo, se dice que el otro debería haber aceptado para proseguir...

—*Para continuar las conversaciones...*

—No tiene ningún sentido. Ahora la situación es ésta: los asentamientos están allí, y necesitan el ejército para protegerse, y esto es lógico, pero, a su vez, el ejército necesita los asentamientos para estar allí... ¿Cómo se sale de esta lógica? ¿Renunciará Israel a las inversiones hechas...? Porque no se trata de un campo... Los asentamientos son pueblos, pueblos con todo lo que se necesita para vivir bien en un pueblo.

—*Sí, no son tiendas de campaña, son pueblos estructurados.*

—Claro, no son tiendas de campaña. Son pueblos que están ahí, implantados, construidos de raíz, levantados de raíz, con todo. ¿Qué va a pasar? ¿Israel renuncia a todo eso? ¿Va a sacar de allí a los doscientos mil colonos que tienen instalados? ¿Va a regalar todo lo que han hecho a los palestinos? ¿Pero dónde se ha visto cualquier idea de regalo o reconocimiento, del simple reconocimiento del otro a la existencia?

*—Claro, por eso le decía que el nudo se ha hecho ya tan fuerte... Con estos asentamientos instalados de ese modo, resulta muy difícil imaginar una vuelta atrás.*

—Yo no veo cómo puede resolverse esto, porque, por detrás de todo esto, permanece una idea: es la idea básica de todo el comportamiento de los israelitas: eliminar, transferir, deportar, desplazar a los palestinos. Que se use el término que se prefiera: se trata de expulsar a los palestinos de donde se encuentran para que finalmente se pueda concretar el sueño de las capas más reaccionarias de Israel, que por otra parte son la mayoría. Ese sueño es la formación, la creación, del gran Israel. Aunque esto se niegue, aunque se niegue por táctica, eso sigue vivo en la cabeza de los judíos. ¿Qué significa esto? ¿Adónde van a ir estos cuatro millones de palestinos que ya viven una nueva diáspora? Sí, sí... Hay palabras que tienen una resonancia sentimental... como holocausto y diáspora. Pues los palestinos han tenido y siguen teniendo su holocausto, porque son centenas y centenas de miles de muertos y cuatro millones de ellos expulsados. Y, probablemente, si esto sigue adelante, si esta idea de Israel sigue adelante, se añadirá un millón más. [...]

*—Una última cosa, señor Saramago: vaya alboroto que se ha organizado con su metáfora... la metáfora que empleó para juzgar lo que había visto allí, en Palestina, relacionándolo con campos de concentración, Auschwitz el Holocausto*[1]*, etcétera...*

—Sí, un alboroto enorme... Claro, ya lo sabía, eso está claro. No soy un inconsciente: sabía que pronunciar esa palabra sería como una prueba. Pero no podía imaginar que llegara al punto donde llegó. Y no podía imaginarlo porque, aunque supongo que tengo alguna información sobre el tema, yo no tenía muy claro o ni siquiera se me había pasado por la cabeza el significado profundo que para los israelíes tiene la palabra Auschwitz, en sus mentes, en sus temores, en los miedos que todavía existen en el pueblo judío. Ellos mismos dicen: «Ustedes pueden llamarnos de todo; pueden llamarnos fascistas, pueden llamarnos nazis, puede llamarnos lo que les dé la gana, porque alguna verdad hay en todo eso, pero, por favor, no digan la palabra Auschwitz». Cuesta entenderlo, no es fácil para nosotros entender este aspecto de la cuestión, porque para ellos el Holocausto es como una herida extraña, que está ahí, que sigue sangrando, y que a lo mejor no cicatrizará nunca. Pero hay aquí un problema que es también respetable: los seis millones de muertos judíos en los campos de concentración nazis les están sirviendo y los están utilizando de una forma muy, muy, muy inteligente y muy sutil. (Aunque al final, de sutil no tiene nada). La idea esencial consiste en decir esto: «Nosotros, los judíos, hemos sufrido tanto, tanto, tanto, que todo el sufrimiento que por necesidad o casualidad inflijamos a los demás nunca llegará a lo que nosotros hemos sufrido en su momento». Y por esto, que se puede discutir y que no se sabe si es cierto, se puede llegar a decir que el sufrimiento ha hecho penetrar en ellos la idea de que son impunes, que pueden hacer todo lo que quieran, porque todo lo que hacen siempre será menos que lo que en el pasado se ha hecho con ellos. Esto es algo que nos cuesta entender, pero cuando nos encontramos allí, en Israel y Palestina, lo entendemos claramente. Por eso, esa forma insolente de actuar, ese desprecio por la opinión, ese no hacer caso de ninguna recomendación y seguir obstinadamente haciendo lo que quieren (ahora mismo con Naciones Unidas), todo eso, da ganas... no se sabe si de reír o de llorar. Naciones Unidas no *exige* la retirada, *pide* la retirada: Naciones Unidas *pide* la retirada, y eso les da igual. Estados Unidos parece que hace algo positivo, como presentar una recomendación en el Consejo de Seguridad, incluso finalmente dijeron que los palestinos tienen derecho a su propio Estado... Eso, en el fondo, son maniobras que no tienen nada que ver con la realidad, con lo que ocurre dentro, con lo que ocurre después, en la realidad. Sí, se armó una polémica tremenda con mis palabras, pero yo confirmo lo que he dicho, claro está. De todos modos, yo creo que realmente está ocurriendo eso. Pero también hay gente en Israel, los objetores de conciencia, por ejemplo, que se niegan a ir a los territorios ocupados, movimientos pacifistas que están contra la demolición de las casas... Todo eso funciona también en la sociedad palestina, pero son movimientos terriblemente minoritarios, ellos mismos aconsejan no salir de los guetos en que se encuentran... Pero, bueno, la polémica se desató, pero ahora todo eso está mucho más claro: dos o tres días después de que esa polémica empezara, ya se veía que iba a comenzar un nuevo ataque, ya se veían las concentraciones de tanques. No se necesitaron nuevos atentados ni que yo dijera que aquello era una especie de nuevo Auschwitz, porque todo estaba ya planificado, y cuando llegó su momento, el ataque empezó. Ahora todo esto prosigue ante la incapacidad de Naciones Unidas para hacer cumplir sus propias exigencias, y ante [George W.] Bush, que volvió a lo de siempre, diciendo que los israelíes tienen derecho a defenderse. Israel sí tiene derecho a defenderse, lo que no tiene derecho es a hacer lo que está haciendo. Y la Unión Europea está dando pruebas de su incapacidad política, incluso yo me atrevería a decir que de su incapacidad moral. La Unión Europea se necesita para hacer oír al menos una voz de protesta, pues, de lo contrario, es como si no estuviera pasando nada y como si Oriente Próximo estuviera en paz. La Unión Europea se caracteriza por el silencio, y, como sabemos, quien calla, consiente; y si consiente, por algo será.

## Notas

[1] José Saramago había indicado que los israelíes eran «rentistas del Holocausto» y comparó el genocidio nazi y Auschwitz con lo que estaba ocurriendo en Palestina.

51

# *Juan Pérez Mercader*
# *Somos un accidente congelado en la Historia del Universo*

Salvo sorprendentes, insólitas y honrosísimas excepciones, la ciencia española ha vivido en la indigencia hasta el siglo XXI. Las necesidades económicas, en infraestructuras, en sanidad o en educación, o la desidia gubernamental, relegaron la ciencia a la marginalidad. Cuando España entró en el club de los países más ricos del mundo, se dio la posibilidad de incrementar los presupuestos para los trabajos científicos y comenzaron a surgir nombres y proyectos de gran envergadura. España recobraba a algunos científicos «exiliados» y participaba, en la medida de sus posibilidades, en programas e investigaciones de la mayor importancia.

Iñaki Gabilondo entrevistó el día 7 de octubre de 2002 a Juan Pérez Mercader en el programa *Hoy por hoy* de la Cadena SER. Juan Pérez Mercader (Alcalá de Guadaira, Sevilla, 1947), doctor en Ciencias Físicas y experto en física aplicada a la astrofísica y cosmología, desarrolló su trabajo en Estados Unidos hasta 1983. Ese mismo año regresó a España como profesor de investigación del CSIC. Desde abril del año 2000 es director del Centro Mixto INTA-CSIC, conocido como Centro de Astrobiología (CAB) en Torrejón de Ardoz (Madrid), asociado al NASA Astrobiology Institute. Juan Pérez Mercader fue galardonado con la medalla al Servicio Público de la NASA, la más alta distinción a una persona ajena a la empresa estatal estadounidense.

—*Profesor Mercader, muy buenos días.*

—Muy buenos días.

*—Aún no se ha inaugurado, pero dentro de poco se abrirá en Torrejón un Centro de Astrobiología vinculado a la NASA, del cual es director Juan Pérez Mercader. Como les cuente lo que Juan Pérez Mercader ha estudiado y todo lo que ha hecho en su vida profesional, se nos va el tiempo de la entrevista. Vamos a resumirlo mucho, diciendo que es licenciado en Físicas por la Universidad de Sevilla, que ha hecho másters en Dublín, en Nueva York... que estuvo en Nueva York hasta 1983, que desde 1998 colabora con el laboratorio nacional de Los Álamos, en Nuevo México, Estados Unidos... En fin, desde noviembre de 1999 es director de este Centro de Astrobiología de España que se ha puesto en marcha en asociación con la NASA, del cual es fundador y principal impulsor. Bueno, ¿qué tal está usted?*

—Pues estoy encantado. Pero me gustaría añadir que ese centro es un centro que ha tenido un apoyo importantísimo de los ministerios de Defensa y de Ciencia y Tecnología, a través del INTA [Instituto Nacional de Técnica Aeroespacial], que se ha volcado extraordinariamente. Es de justicia decirlo, y hay que decirlo claramente, especialmente en un programa con tantísimo prestigio y difusión como éste. Es un centro coordinado entre el INTA y el Consejo Superior de Investigaciones Científicas [CSIC].

*—¿Qué van a buscar ustedes, oiga?*

—Buscamos tratar de entender qué es la vida. Fíjese: sólo conocemos o sólo tenemos evidencia de la vida, del fenómeno que llamamos vida, en objetos que vemos en este planeta, en el planeta Tierra. Sin embargo, sabemos que la vida está basada en la química... Cuando nos refiramos a la vida en el planeta Tierra, la única que conocemos, voy a pronunciar la V con un poquito más de énfasis, como si la pusiesen con mayúscula: Vida. Bien, decía que la vida, en el planeta Tierra, está basada en la química; sabemos que nuestros compañeros en el estudio, usted, yo mismo, un árbol, una bacteria, un pulpo, un tiburón, cualquier objeto vivo en el planeta Tierra, funciona como un reactor químico extraordinariamente complejo, donde tienen lugar miles de millones de millones de reacciones químicas perfectamente coordinadas, perfectamente sincronizadas. La manifestación de esas reacciones químicas somos los seres vivos. Sabemos que la química que funciona en el planeta Tierra es la misma química que funciona en otros lugares del Universo. Eso lo sabemos por innumerables observaciones que hacen los astrónomos y por las observaciones que se han hecho yendo incluso a algunos sitios, como Marte. Sabemos que la química que funciona en el planeta Tierra, que está detrás de la vida, es universal. Es lo mismo en cualquier lugar del Universo. Entonces, uno hace la siguiente hipótesis: si la química está en la base de la vida en la Tierra, y la química es universal, es la misma en cualquier parte del Universo, ¿podría haber generado vida en otros lugares?

*—Probablemente sería de otra naturaleza. Porque debe de ser muy difícil que se produzca el mismo misterioso y complejísimo juego de combinaciones químicas que se han podido producir aquí. Es posible que con los mismos elementos químicos en otros lugares se haya producido una cadena de relaciones completamente diferente, dando, por supuesto, otro resultado. Digo yo, ¿no?*

—Dice perfectamente, sí. Es una pregunta extraordinariamente buena y, efectivamente, ésa es una de las bases o una de las dificultades que tiene precisamente el conocer el estudio de la vida en el planeta Tierra y conocer la posible existencia de vida en otros lugares del Universo. Y es que la vida es contingente. Utilizo unas palabras un poco raras, después las definiré y aclararé, pero me gustaría ir introduciendo estos términos para facilitar un poquito, simplificar la discusión. La vida es contigente: esto quiere decir que la vida, tal y como la observamos ahora en el planeta Tierra, por ejemplo, el que estemos aquí los seres humanos, o el que existan o hayan existido los dinosaurios, etcétera, depende de la historia. Es decir, la historia anterior, el que los dinosaurios no estén ahora en el planeta Tierra en este momento, es casi con toda certeza debido a que hace sesenta y cinco millones de años hubo un impacto de un meteorito que medía entre diez y cien kilómetros de diámetro, que cayó en la Tierra y causó un cataclismo. Y la consecuencia es que desaparecieron los dinosaurios. La Historia de la Vida es muy importante. Nosotros no podemos reconstruir la vida en un laboratorio; nosotros no podemos reconstruir los millones de eventos que han tenido lugar en la Historia de la Vida en nuestro planeta, para poder saber o para poder predecir exactamente su futuro.

*—¿Cómo empieza la vida?*

—Sabemos que el planeta Tierra tiene unos cuatro mil quinientos sesenta millones de años. Sabemos, con toda certeza, que los primeros restos fósiles que se pueden atribuir a seres vivos tienen entre tres mil quinientos y tres mil seiscientos millones de años. Hay unos mil millones de años desde que comenzó el planeta Tierra hasta que sabemos que existía vida. Puede que existiera un poquito antes, pero conviene ser muy conservador en ciencias; es muy bueno ser conservador y no pillarse nunca los dedos por osadía. En ese período de unos mil millones de años debieron de ocurrir muchas cosas. Lo que se piensa es lo siguiente: se piensa que en la propia formación del planeta Tierra había muchos de los compuestos químicos que son imprescindibles para la vida, aparte de elementos como el carbono, o el nitrógeno, el oxígeno, etcétera (los compuestos químicos que nos hacen a nosotros). Había algunas de la moléculas iniciales para la vida, quizás algunos aminoácidos, etcétera. En ese entorno de la Tierra primitiva se daban las reacciones químicas entre esos compuestos que se habían ido formando probablemente en el medio interestelar y que emergieron o aparecieron en el planeta Tierra junto con la propia formación del planeta. Esos compuestos empiezan a reaccionar químicamente entre ellos y empiezan a generarse compuestos cada vez más complejos, compuestos que se van adaptando a las condiciones que hay en el planeta; se van adaptando porque si, por ejemplo, son compuestos muy volátiles y hace mucho calor, y los compuestos muy volátiles se evaporan, no da tiempo a que esos compuestos reaccionen con otros. Entonces, por procesos de adaptación, hay una serie de productos químicos, de compuestos, que se van organizando entre ellos y, así, acaban apareciendo moléculas que son capaces de replicarse. Ésta es una de las propiedades de la vida: acaban apareciendo moléculas que son capaces de mantener información y transmitir esa información: la herencia; y moléculas que evolucionan, adaptándose a las condiciones que se dan en el planeta.

*—Cuando estén trabajando en el Centro de Astrobiología de España, observando, podrán tratar de dar con vida en otros lugares. Pero, puesto que no será una vida como la que nosotros conocemos, se podrán dar circunstancias y supuestos absolutamente inimaginables, ¿no? ¿Pueden dar con vida aunque no la identifiquemos con nuestra vida?*

—Probablemente sí. Pero esa... esa pregunta... Yo no conozco exactamente la respuesta. Lo que sí le puedo decir es lo siguiente: nosotros utilizamos la Vida como guía para buscar vida, con v minúscula, en otros lugares del Universo. Como sólo tenemos un ejemplo de lo que es un sistema vivo, ejemplos de lo que son sistemas vivos en el planeta Tierra, tratamos de ir a sitios o de buscar sitios en el Universo donde se den condiciones para la vida. Desde 1995 tenemos la impresión de que parece que debe de haber muchos lugares en el Universo en los que se dan condiciones para que la química pueda haber desembocado o pueda haber evolucionado a través del proceso de evolución molecular de manera tal que haya emergido la vida. Se dice que algo *emerge* cuando el todo es más que la suma de sus partes. Buscamos lugares en los que esa química haya hecho que la vida emerja en lugares donde las condiciones sean análogas a las que se dan en el planeta Tierra o a las que se dieron en el planeta Tierra cuando se formó la vida. Y buscamos, en principio, algo análogo a la Tierra. Podemos construir programas de ordenador... usted y yo podemos construir un programa de ordenador... bueno, yo no muy bien.

*—Es más fácil que lo haga usted... Sí, siga, siga...*

—Pues yo... tampoco demasiado... Bien, en fin, podemos construir un programa de ordenador que tenga muchas de las propiedades de un sistema vivo, no todas, pero muchas de las propiedades de un sistema vivo; y se podría comportar durante un tiempo, casi, como un sistema vivo. Nosotros imaginamos que quizá deban de existir muchas formas de química que... se han adaptado a los lugares donde esa química ha emergido, y que pueden haber generado formas de vida completamente diferentes a las nuestras.

*—Dígame algún lugar donde tiene usted depositada alguna esperanza. A lo mejor no he oído ni mencionarlo en mi vida, pero, bueno, dígame un planeta o un lugar del que usted diga: «Me parece a mí que por ahí algo debe de haber».*

—¿Vida? Bueno, vida hay en este estudio.

*—Hombre, ya...*

—Un lugar fuera de la Tierra: Marte. En Marte es posible que haya existido vida en algún momento, a lo largo de la historia de ese planeta. No lo sabemos con certeza. Es posible que en Marte existiera vida y desapareciera, y que hoy en día nos encontremos con fósiles en Marte. Es posible que en el interior de Marte, en lugares donde puede que exista agua líquida... Pensamos que el agua líquida y la vida están ligados, aunque no estamos totalmente seguros, pero pensamos que es así. Es posible que en el interior de Marte quede algún resquicio de vida... en algunos sitios. Y si existe vida, no será como nosotros, ni será como una bombona de butano, con un... un tubo que le sale del lado derecho y se le mete la cabeza, como los chistes esos del marciano disfrazado de gasolinera... Pensamos que si existe vida, ha de ser mucho más simple que la que nosotros conocemos.

*—Menos evolucionada.*

—Menos evolucionada.

*—Menos desarrollada.*

—Menos desarrollada en el sentido... Aquí, en el planeta Tierra, ha ocurrido algo extraordinario, y es que ha emergido una especie, que somos nosotros, una especie que tiene conciencia; es una especie que es capaz incluso de plantearse por qué estamos aquí, cuál es nuestro «destino», entre comillas, y que nos hacemos preguntas acerca de nuestro origen. En Marte es seguro casi al cien por cien... bueno... seguro al cien por cien, no, pero es casi seguro que en Marte no hay marcianos... como nosotros. Eso está más claro que el chocolate de asilo, como dicen en mi pueblo, que son algo burros. Pero lo que sí es cierto es que, si existe vida en Marte, es muchísimo más sencilla que la que existe en la Tierra y aparecerá quizá en forma de bacterias.

*—Profesor, si nosotros somos el resultado de una azarosa combinación de elementos, de millones y miles de millones de combinaciones de elementos químicos que han terminado por conformar lo que en este momento somos, puesto que ese proceso continúa, ¿qué terminaremos siendo? Muchos tienen la impresión de que todo eso se ha producido para llegar a lo que ahora somos, como conclusión. Pero esto que ahora es... seguirá evolucionando, supongo, como antes evolucionó. Y dentro de un millón de años, ¿cómo seremos?*

—Nosotros, señor Gabilondo, no somos nada. Nosotros, los seres humanos, somos un accidente congelado en la historia del Universo. Es decir, han ido ocurriendo una serie de eventos, como usted acaba de mencionar, que han desembocado en la aparición de esta especie maravillosa que somos los seres humanos, con nuestra consciencia, con nuestras creencias, con nuestra lógica, con nuestra manera de enfrentarnos al Universo... Pero, en realidad, no representamos prácticamente nada. Nosotros, la especie como tal, lleva menos de un millón de años en el planeta, bastante menos de un millón de años en el planeta. El planeta tiene cuatro mil quinientos sesenta millones de años. Es decir, nosotros no representamos prácticamente nada en la historia del planeta Tierra; y como no representamos prácticamente nada en la historia del planeta Tierra... pues probablemente acabaremos desapareciendo también.

*—Desapareciendo o cambiando de una forma total, ¿no?*

—Es muy posible. Desde luego, dentro de... por decir algo, dentro de cinco mil millones de años, estamos seguros de que no estaremos aquí. Pero la especie evolucionará, evolucionará el planeta, de una forma que nosotros no podemos controlar en detalle, pero sí podemos conocerlo en cierto sentido. Y esto es algo que la astrobiología trata de aclararnos: la astrobiología trata de aclararnos de alguna manera cuál es el futuro de la vida en el planeta Tierra.

[...]

*—Por la búsqueda del destino y por la búsqueda de lo que es quizá nuestro futuro, podríamos encontrar la vida en otros lugares. Aunque usted diga que a lo mejor encontramos sólo bacterias, podríamos encontrar un planeta que fuera nuestro pasado. Es decir, podríamos constatar que hubo vida y que la perdieron. Y eso sería lo que nos podría pasar a nosotros.*

—Es posible que eso precisamente es lo que ocurriera en Marte. Algunos piensan que en Marte, hace dos mil o tres mil millones de años, había unos grandes océanos. Fíjese en la cantidad de tiempo... los períodos de tiempo tan enormemente extensos de que hablamos. Bien, pues efectivamente, algunos piensan que había grandes océanos en Marte hace dos mil o tres mil millones de años. Eso lo sabemos, porque cuando hoy vemos Marte, descubrimos muchas facetas en su superficie, en su orografía (iba a decir geología, pero me doy cuenta de que *geo-* quiere decir «tierra»). Descubrimos facetas: es la forma más sencilla y la forma lógica más sencilla de explicar o suponer que debía de haber un gran océano con agua durante muchos millones de años en Marte. Quizá existiera vida que no sólo emergió, sino que desarrolló, se desarrolló y evolucionó en Marte. Hoy en día, es casi cien por cien seguro que no hay vida en la superficie Marte, en la superficie en sí misma. A lo mejor ése es el futuro que nos espera a nosotros. Creo que no, pero a lo mejor ése es el futuro que nos espera en nuestro planeta. En otros lugares del Universo a lo mejor encontramos... La búsqueda acaba de empezar. Para eso servirá nuestro centro, el Centro de Astrobiología, que aún no está inaugurado, aunque ya existe el edificio, laboratorios con gente trabajando, etcétera; estamos a punto de inaugurarlo, dentro de muy poco, y ya nos hemos colocado muy bien en la carrera internacional de investigación. Quizá... acabemos descubriendo otros planetas en otros sistemas planetarios, no ya en el Sistema Solar, donde quizás se dé vida.

[Iñaki Gabilondo]

*—Profesor Mercader, cuando usted mira al firmamento en una noche de luna nueva y cielo despejado, ¿qué piensa de ese firmamento lleno de estrellas? ¿Qué... qué piensa usted?*

—Cuando yo estoy en una situación así, y, por fortuna para mí, estoy en bastantes ocasiones (ya es muy difícil ver el cielo despejado en las ciudades), me doy cuenta de que el mundo es un grano de polvo en el espacio. La ciencia de los hombres, las palabras, los pueblos, los ríos, los animales y las flores de los siete climas, «son sombras de la nada». Ésos son unos versos que escribió Omar Jay'yam, creo que en el siglo XII o XIII, no recuerdo muy bien, y que cantaba Camarón, dicho sea de paso [1]. Y esos versos vienen constantemente a mi cabeza cuando estoy en esas circunstancias, y miro, y me doy cuenta de que no somos nada, de que en realidad nosotros somos una maravilla, otra maravilla más que ha emergido en el Universo, y que, en algún sitio, probablemente, habrá alguien que esté pensando algo como nosotros, y con los cuales no nos comunicamos todavía.

*—Profesor Mercader, en sus cálculos, en sus estudios, en sus especulaciones, en sus vaticinios... ¿le cabe Dios?*

—Depende de lo que usted quiera decir con «Dios». Es una pregunta extremadamente personal, pero la voy a responder: si se refiere a lo que mucha gente piensa con la noción de Dios, la respuesta es no. Pero si se refiere a... a una especie de armonía, a algo intrínseco en la naturaleza, algo así... sí que habría Dios. Lo que sí es cierto es que eso pertenece a una parte de mi ser que es completamente independiente de la parte de mi ser que escribe artículos científicos en revistas científicas, y yo procuro no mezclar las dos... las dos partes de mi ser, de mi espíritu y de mi razón. Procuro no mezclarlas. Pero cabe un pensamiento de misterio.

*—Misterio. Oiga, profesor, cuando se inaugure el Centro de Astrobiología de España, ¿cuánta gente estará trabajando a sus órdenes allí?*

—Respecto al organigrama, son grupos independientes de personas. El centro es una colaboración entre el Ministerio de Defensa, el Ministerio de Ciencia y Tecnología, con colaboración también de la Comunidad de Madrid... Habrá unos sesenta o setenta científicos trabajando. Ya hay unas cincuenta personas trabajando. Cuando esté a pleno rendimiento, habrá unos sesenta o setenta científicos trabajando en tratar de entender la vida desde el punto de vista de la astrofísica. El orden en el que voy a citar las disciplinas es importante: trabajaremos primero desde el punto de vista de la astrofísica; desde el punto de vista de la geología planetaria, es decir, observando cómo se forman los planetas; desde el punto de vista de la historia de la Vida y de la historia de la Tierra y de la historia de los planetas en el Sistema Solar; desde el punto de vista de la propia química que hay detrás de la vida; desde el punto de vista de las formas... entre comillas... más «sencillas» de vida que conocemos, como virus y bacterias; desde el punto de vista de cómo se adapta la vida a situaciones aparentemente poco comunes, como puede ser un ph muy alto o temperaturas muy bajas; y desde el punto de vista de generar instrumentos que nos permitan reconocer vida en otros lugares del Universo y, a la vez, aplicarlos a mejorar la vida de los seres humanos. Es decir, trabajaremos para desarrollar tecnología como la asociada a chips de ADN, que sirven para buscar vida en otros lugares, pero también para entender mejor nuestra vida; desde el punto de vista de cómo evoluciona una ecología y cómo hay especies que aparecen y desaparecen. Investigaremos también desde el punto de vista (y esto engancha con la pregunta anterior) de lo que filosóficamente significa buscar vida o encontrar vida. Durante mucho tiempo hemos pensado (y en nuestro país, en particular, lo hemos sufrido) que la ciencia y la cultura son como el aceite y el agua, que no se mezclan. Nosotros pensamos todo lo contrario. Y una pequeña parte de la actividad del Centro de Astrobiología estará destinada a llevarle al ciudadano la ciencia, los conocimientos que tenemos en forma de cultura. Nosotros somos funcionarios; yo, concretamente, soy funcionario, y estamos pagados por contribuyentes que, como usted mismo, se pasan montones de horas trabajando y pagan sus impuestos. Otros, como muchos amigos que tenemos, son mineros o marineros, etcétera, y nosotros les queremos devolver lo que ellos pagan no sólo en forma de patentes, sino también como tecnología y cultura.

—*Pues este señor al que acaban de escuchar ustedes es Juan Pérez Mercader, director del Centro de Astrobiología de España. Es un científico eminente, eminentísimo, y ya ven ustedes en qué quehaceres anda. No sabe hasta qué punto agradecemos el esfuerzo que hace para que podamos entender la magnitud y la profundidad de lo que le desafía y de lo que, desde luego, nos desafía absolutamente a todos. Agradecemos muchísimo el tiempo que nos ha dedicado y su visita a* Hoy por hoy. *Muy buenos días.*

—Pues muy buenos días y muchas gracias por llevar la ciencia a todos.

## NOTAS

[1] Omar Jay'yam (h. 1050-h. 1120) era un matemático, astrónomo y poeta persa. El poema al que se refiere el profesor Pérez Mercader se titula «Rubaiyat»: «El vasto mundo es un gramo de polvo en el espacio. La vana ciencia de los hombres, palabras. Los pueblos, las bestias y las flores de los siete climas, sombras. Y el fruto de tu meditación, nada». José Monge, llamado Camarón de la Isla (1950-1992), es uno de los grandes intérpretes de canción flamenca.

52

# *Antonio Gala*
# *Águilas bicéfalas en el jardín*

Con motivo de la publicación del libro *Los invitados al jardín* (2002), Iñaki Gabilondo entrevistó en el programa *Hoy por hoy* al escritor Antonio Gala. En este encuentro, celebrado el 10 de diciembre de 2002, también participó, como colaborador habitual del programa, Javier Rioyo.

Antonio Gala (Brazatortas, Ciudad Real, 1936) ganó el premio Adonais de poesía en 1959 y sus primeros trabajos literarios se inscribieron en el ámbito de la dramaturgia *(Los verdes campos del Edén*, 1963; *Anillos para una dama*, 1973; *Carmen, Carmen*, 1988; etcétera). También ha cultivado la novela *(El manuscrito carmesí*, 1990, premio Planeta; *La pasión turca*, 1993), la poesía *(Poemas de amor*, 1997) y el artículo periodístico (recopilados en *Dedicado a Tobías*, 1989, y otros volúmenes).

*—En su nuevo libro,* Los invitados al jardín, *hay treinta y dos cuentos, treinta y dos relatos, treinta y dos historias.*

—Treinta y dos historias, de amor y de desamor.

*—Y de vida.*

—De vida, en general; porque la vida, sin amor, no se puede llamar vida de verdad. El que no ama está muerto.

*—Son narraciones con argumentos muy diferentes...*

—El que no ama, goce o sufra, está muerto, y las historias son muy diferentes porque he querido hacer una especie de poliedro, un conjunto de historias en las que el lector pueda sonreír en una, en otra, reírse sin trabas... (porque, verdaderamente, hay un humor un poco sardónico y fuerte en algunos relatos), en otras puede emocionarse, o reconocerse, o saber que la realidad que tiene alrededor, en efecto, está reflejada ahí. Las historias se desarrollan en países muy diferentes, desde la Andalucía profunda hasta Florida y Nueva York, y otros muchos lugares. Porque en todas partes cuecen habas, y en todas partes se ama mal.

*—Sí, en efecto, es el «jardín»... A veces parece la «selva», ¿verdad?*

—Es un poco la selva, porque el jardín... Yo me he pasado toda la vida invitando a mis protagonistas a salir de su jardín, desde Boabdil, que tenía que salir del jardín de la Alhambra (a patadas salió, pero salió para irse a Fez y ser de verdad Boabdil), a la protagonista de *La pasión turca*, que tiene que salir de su Huesca, donde tiene un «jardincito» provinciano y cariñoso, para irse a Estambul; o en *Más allá del jardín*, donde esta idea aparece hasta en el título, o en *La regla de tres*, donde los chicos se tienen que ir de la isla para encontrarse a sí mismos. De repente, aquí, en esta serie de relatos, los protagonistas son «los invitados al jardín», porque los otros jardines eran jardines personales, jardines hechos por nuestras propias manos, artificiales, donde la naturaleza aparece domeñada, donde la naturaleza aparece como aliada nuestra, y florida, embellecida. Aquí no, aquí el jardín es el Edén, es todo, es la barbaridad, es la vida, es la felicidad, es la desdicha. A todo eso estamos invitados, y están invitados, en principio, todos los personajes de ese libro. Por eso tiene un título independiente; normalmente, los libros de relatos suelen titularse como uno de ellos. En éste, todos están invitados al jardín; estamos invitados los que estamos aquí, en tu tertulia maravillosa, matutina, y están invitados todos los que nos oyen. Y los lectores, todos estamos invitados a ese jardín del amor, al que vamos con poca frecuencia, o al que entramos y del que salimos rapidísimamente, y al que dejamos un poco maltrecho, distinto a como nos lo encontramos.

*—Una sola palabra, amor, y cuántas sensaciones distintas y cuántas emociones reúne. Parece mentira que pueda haber una variedad tan extraordinaria en torno al amor... y la muerte: la muerte aparece constantemente en tu libro.*

—Claro, es Eros y Tánatos. Siempre es así. Pero la muerte urge a la vida. Si fuésemos inmortales, todo lo dejaríamos para el siglo que viene; pero la vida es el instante, por eso se llama «instante», porque nos insta a hacer algo. Y el amor también nos insta a actuar. Con esto quiero decir que éste es un libro rápido: he descubierto que, en realidad, la historia breve, o más breve que una novela, es verdaderamente el género literario de nuestro tiempo, porque también nuestra vida es muy urgente, muy apresurada. En cualquier medio de comunicación ocurre así: las novelas del siglo XIX, las novelas del siglo pasado, son tan gruesas que uno tiene que estar muy pendiente y tener todo el tiempo libre para leer... Ahora tenemos tan poco tiempo libre... Mira, hace un par de años, Televisión Española hizo una cosa que se llamaba *Los más queridos*, y entonces yo fui el escritor más querido. Me dijeron que me habían votado ¡un millón cuatrocientas mil personas! Pero no me han leído: no puede ser. ¡Es que me han visto en televisión! Y han dicho: «Ese señor... no está mal; pobrecito, ya tiene una edad...». Y llamaron por teléfono, porque hay gente que no lee. A mí eso me da muchísima pena. Hay gente que, por lo menos, siente curiosidad de quién es escritor y quién no. Hay que meterse en la vida hasta los dientes, y una forma de meterse hasta los dientes en la vida es leyendo, afortunadamente, porque la lectura nos multiplica.

—*¿Dices, entonces, que la literatura de nuestro tiempo es el relato? ¿Es lo que se corresponde con esta sociedad del* flash, *del* spot, *del titular...?*

—Claro.

—*¿Literatura del* zapping*?*

—Claro. Tiene que tener la rapidez del cine, tiene que tener la rapidez del periodismo, la sinopsis y la síntesis del periodismo, tiene que eliminar las palabras sobrantes... Los adjetivos cada vez sirven menos. El lector, ahora hablo del lector, es más inteligente, puesto que está condicionado por el ambiente y necesita menos insistencia en lo que se le dice, y, por tanto, necesita... Yo me he sentido rejuvenecido escribiendo ese libro, por la rapidez con que está escrito, por la rapidez con la que está contado. Más tarde he vuelto sobre ello, y he tenido que corregir con placer, para darle todavía más unidad, para que se viera que era un todo: episodios de amor, de mal amor, de buen amor, de amor desgraciado... o no, porque eso da igual: el que ama, sufriendo o gozando, vive, y el que no ama no vive.

—*En tu libro planteas algunas situaciones muy paradójicas, algunas muy divertidas, un poco surrealistas: la historia del dragón, por ejemplo, es preciosa.*

—Claro, pero es que hay que pensar en una princesa que esté de verdad enamorada de un dragón... ¡Y llega san Jorge y se lo jode! A mí me parece terrible, a mí me parece de un mal gusto ese san Jorge...

—*Pero esa mirada... es una mirada nueva: nunca se nos había ocurrido pensar que la princesa está tan contenta con el dragón, hasta que aparece el pelmazo éste del príncipe...*

—El pelmazo: vestido de blanco. Y se carga al dragón y la deja sin amor.

—*Me parece de lo más original. Dices en un momento dado que «el amor va terminándose desde el momento en que empieza».*

—Eso es verdad.

—*Es muy interesante esa observación.*

—Porque todo es un proceso. De repente nos miramos un día y decimos: «Cómo me he puesto de viejo...». Sí, claro, «de repente»... Anteayer me pasó una cosa divertida con una amiga mía. Me dijo: «Arturo me ha dejado una nota encima del lavabo, pegada en el espejo, diciendo "Te dejo", y se ha ido, *de repente*, Antonio». *De repente...* ¡La de veces que le había insinuado que aquello no funcionaba, que allí no se trillaba bien, que aquello era un desmadre! Pero decimos siempre «de repente», cuando en realidad todo empieza a los dos días; a los dos días ya hay un mal gesto, hay una distracción, nos quedamos mirando una cigüeña, tenemos una mala palabra, no llegamos tan pronto a una cita, y ya empieza a haber fisuras en ese amor. El amor es un riesgo tremendo, y hay gente, cada vez más gente, que dice: «¿Yo enamorarme? No; enamorarme no, porque... es que se sufre mucho».

—*Yo no sé si ocurren de verdad algunas cosas que cuenta en sus relatos, o el autor las inventa, o las extrae de algo que alguien le contó que pasó... Como este otro cuento, el caso de una joven que muere a la hora exacta de su boda... que no pudo ser.* Si non é vero, é ben trovato. *Podía perfectamente haber ocurrido.*

—Se puede morir de amor.

—*El amor es capaz de eso.*

—De la manera más... El ser humano es maravilloso, el ser humano llega a cimas verdaderamente altas, no me refiero, a las cumbres de Barcelona ni a nada de eso, sino a otro tipo de cimas: llega a cimas del Himalaya, de responsabilidad, de serenidad, de quietud, de generosidad, y sin embargo, luego, se comporta como un cerdo en muchas ocasiones. Esta chica del relato, realmente, no hace nada extraordinario; sencillamente, va muriendo, y sin que ella se dé cuenta, hasta exactamente la hora en que tendría que haberse casado. Se va muriendo incluso antes de que el novio se matase en un accidente, en la despedida de soltero. Y se muere, se muere al lado de mi casa, exactamente al lado de mi casa...

*—De muerte natural.*

—De muerte absolutamente natural. De pronto hace «pum», y se cae; y la hermana la ve y dice: «Bueno, ésta ya está *p'allá*».

*—Era la hora de la boda que no pudo ser.*

—Se ha casado, por fin se ha casado.

[Javier Rioyo]

*—¿Qué tienes contra Almudena Grandes? Ha sido número uno en ventas en España durante los últimos meses con una novela «del siglo* XIX*», de cuatrocientas y pico páginas* [Los aires difíciles, *2002*]. *¿Qué quieres ser tú? ¿El número uno dentro de dos semanas?*

—No, no, no, a mí me parece perfecto que ella escriba novelas de cuatrocientas páginas. Cuando terminé *El imposible olvido* [2001], yo no sabía qué iba a ser de mí, porque yo soy escritor de destino, no de vocación, y, entonces, dependo mucho... Como la vida no me ha dado otra opción, la vida me sugiere lo que debo hacer y el género literario que debo cultivar. Ahora, después de *Los invitados al jardín*, me he quedado vacío. Pero antes de comenzar a escribirlo, no sabía qué hacer. Y entones, de repente, y eso sí fue *de repente*, soñé, soñé, y recordaba el sueño, y lo escribí, y es una de las historias: se llama «El sueño»; y me sentí empujado a seguir ese camino, ese camino de la historia corta, porque me parecía que era lo que debía hacer. Y estoy muy contento de haberlo hecho.

[Iñaki Gabilondo]

*—Por cierto, ese cuento, «El sueño», es el segundo, es uno de los más, de los más... brillantes, desde mi punto de vista; es cortito, además. Hay también varias historias «de ascensor»... Es un lugar donde no hay escape, donde la distancia se acorta...*

—No hay escape, están acorralados. En un caso, la muerte empuja a los protagonistas, para librarse de ellos, y, en el otro lado, la vida los ha empujado para recuperarlos como pareja. Este segundo relato del ascensor tampoco termina muy bien, porque ella recuerda que le pareció mala señal que él le rompiera el velo de novia con el gemelo, al quitárselo, y mala señal le parece al final que despida al portero que los ha descuidado en el ascensor...

*—Los celos también están presentes...*

—Los celos están bastante presentes, claro. Hay celos normales, los que todos sentimos, y celos... celotípicos, de enfermedad. Esto le puede suceder a cualquiera. El monólogo de la maltratada es tan desilusionante y tan aterrador, pero... En la variedad de los distintos relatos está el gusto; el orden es siempre un poco arbitrario, pero, al ordenarlos, pensé que debía haber una de cal y otra de arena sucesivamente, para que el lector... En fin, ayer hablaba conmigo Concha Velasco y me decía: «Yo he leído, lo primero, el primero; después, el último, y luego, he leído uno de en medio. Y con el de en medio estoy todavía que no me llegan las piernas al suelo».

*—La ventaja que tiene que haya treinta y dos relatos, y que sean tan variados, es que cada uno tiene su favorito. A mí me ha gustado especialmente uno en el que se describe una fiebre enorme, una fiebre enloquecida, del amor que se sueña y que se persigue. ¿Los lectores van a poder jugar a eso?*

—Claro, pueden jugar a eso, porque se pueden identificar más o menos con determinados protagonistas, pero es importante que se reconozcan ellos, y que reconozcan a alguien. [...]

*—¿Tenías muchos más relatos? ¿Elegiste treinta y dos de entre otros, o fueron sólo treinta y dos?*

—No, sólo quité uno en el que aparecía un perrillo mío que en este momento está ciego, sordo, y con una patita rota, y me pareció que... era una cosa mía. En realidad me costó mucho trabajo escribirlo y, al ir a corregirlo, me di cuenta de que no debía estar.

*—Nos habían enseñado que la vida era una cosa muy sencilla. Yo siempre lo lamento. Cuando éramos muy pequeños, nos decían: «Pasas de cuarto a quinto, de quinto a sexto, de sexto a Preu, y luego...». Es la mayor mentira. La vida es de una complejidad absoluta, es una gran complejidad.*

—Claro. Es que, en realidad, nosotros solemos pensar nuestra vida, hacemos un proyecto de vida. Eso es vanagloria. La vida te coge como te coge un coche: tú *crees* que es un taxi y le dices al señor: «Llévame usted a la calle Hortaleza»; y, además, le decimos: «Llévame por aquí»; y los más intrépidos le dirán por dónde tiene que llevarlos para atajar más. ¿El chófer te va a llevar donde le has dicho que te lleve? No, porque nosotros *somos* de la vida.

*—La vida nos vive, digamos. Los relatos también son diversos en lugares y en épocas... [...]*

—Hay mucha geografía. Claro, el amor va desde una geografía a otra, de una época a otra... Comprendo que el amor se ha inventado recientemente; tal y como nosotros lo conocemos, no tiene demasiados siglos, y por supuesto...

—*Los trovadores.*

—El amor no es una cosa natural. Lo inventan los trovadores por una parte, y los árabes, por otra, pero en la misma época. Se debía de pensar que el hombre ya estaba verdaderamente preparado para esta barbaridad que es el amor. Hay una cierta curiosidad por él, pero también hay un cierto temor por él.

—*¿Por qué lo llamas «el águila bicéfala»?*

—Porque en realidad es un solo cuerpo con dos cabezas; son dos en una misma carne, son dos en una misma águila. Algunos personajes se ríen del águila, se ríen de esa expresión, se ríe la señora del ascensor, que dice: «¡El águila bicéfala! ¡Si esto es una gallina, cacareando!».

—*Hay modas que afectan a las formas del amor, pero ¿no cambia en lo sustancial? Quiero decir, ¿estaríamos, por lo que al amor se refiere, como en los tiempos de los trovadores provenzales? ¿Estaríamos como en el siglo* XVI*, como en el* XVIII *o el* XIX*, sustancialmente en la misma «longitud de onda»?*

—Yo creo que como en el XVI... no. Ha habido un amor más auténtico. Quizá ahora el amor sea más auténtico, cuando está más desnudo. En un cuento que se titula «Reunión de trabajo en primavera», un chico español muy cruel habla del amor durante el Siglo de Oro; ese amor no es como el nuestro, es un amor más oficializado y más de conveniencia. Pero en este momento, cuando nosotros podríamos ser absolutamente libres, para elegir y para mantener, y para seducir, y dejarnos seducir, empezamos a apartar la cabeza del amor. Creo que los jóvenes lo están entendiendo mejor ahora; creo que ellos, ante una sociedad hostil a lo más íntimo, ante unas grandes ciudades que tenían que haber sido aliadas y se han vuelto enemigas, se refugian. Los americanos le han puesto el nombre: *cocooning;* se refugian en la intimidad de la mano de alguien, para oír música, para volver a escribir o leer poesía, y ése me parece un amor mucho más acertado. Es el amor de los chicos jóvenes, a los que identificamos permanentemente con «el botellón»... yo no sé por qué.

—*Puesto que el amor fue inventado, ¿podría igualmente desaparecer?*

—Podría desaparecer, y podría hacerse por teléfono...

—*Teleamor, Teleamor... Como Telepizza, ¿no?*

—Naturalmente, como Telepizza, pero pronunciado de otra manera, mucho más, mucho más...

[Javier Rioyo]

*—A lo mejor el amor del futuro se establecerá en una forma parecida a la que pudo haber hace tres siglos: amor de desamor, ¿no?*

—Sí, pero... la cuestión es anterior: las señoras se casaban con los señores, pero no se les ocurría hablar de amor; probablemente, luego empezó a aparecer el trovador, que era más joven, más gracioso, y que cantaba bien, y les atraía, pero no solía suceder gran cosa. El hecho de que la reina Ginebra se acueste con Lanzarote le cuesta un disgusto a la Historia: la Historia se queda con las patas colgando, porque... ¿Cómo es esto? Acostarse con Lanzarote, que estuviese enamorada... bueno. ¡Pero si lo sabía hasta el rey Arturo! Entonces, realmente, empieza un amor que llega hasta el amor romántico, un poquito cursi a nuestros ojos. El amor, luego, se desnuda más entre nosotros, somos más claros: «Te sigo amando», «Ya no te amo», «Te dejo», «Me voy»... Y en este momento, cuando somos más sinceros, es cuando el amor podría ser más verdadero: el amor arriesgado. Y, sin embargo, cada vez menos gente quiere entrar a ese jardín al que estamos invitados [...]. Y no es un jardín cerrado: todos los seres humanos están invitados al jardín, afortunadamente.

53

# *Juan José Tamayo*
# *Recuerdos del Santo Oficio*

El día 27 de enero de 2003, Iñaki Gabilondo entrevistaba en el programa *Hoy por hoy* al teólogo Juan José Tamayo.

Juan José Tamayo Acosta (Amusco, Palencia, 1946), doctor en Teología y en Filosofía y Letras, ha sido profesor de Teología en distintas instituciones de Europa y Estados Unidos, y director de la Cátedra de Teología en la Universidad Carlos III y en la Universidad de Valencia. También era secretario general de la Asociación de Teólogos y Teólogas Juan XXIII, miembro de los consejos redactores de distintas revistas de Teología e Historia de las Religiones, ha publicado distintos trabajos especializados y numerosísimos libros, como *Dios y Jesús: horizonte religioso de Jesús de Nazaret* (Trotta, Madrid, 2000). Precisamente, este texto fue reprobado por el Vaticano y la Conferencia Episcopal Española después de una investigación de casi tres años.

*—Está con nosotros Juan José Tamayo, teólogo, secretario general de la Asociación de Teólogos y Teólogas Juan XXIII y profesor de la Universidad Carlos III. Seguro que muchos de ustedes ya conocen lo que ha ocurrido con un hombre al que seguro que siguen con regularidad en sus trabajos y en sus artículos en prensa; desde luego, es muy conocido en todos los ámbitos que tienen que ver con la fe. Este hombre se ha encontrado con algo muy... muy sorprendente, y muy duro, sospecho. Buenos días, señor Tamayo.*

—Buenos días, Iñaki. Muchas gracias por esta invitación.

*—El Vaticano ha censurado su trabajo, después de tres años de investigaciones sobre sus escritos. Y la Conferencia Episcopal le ha apartado de la*

*comunión eclesial porque dicen que usted sale demasiado en los medios de comunicación y porque sus tesis sobre Jesús de Nazaret son absolutamente contrarias a los fundamentos de la fe cristiana. Sabemos que esto ha desencadenado una auténtica oleada de cartas, de mensajes de solidaridad para con usted, y también de algún reparo. ¿Qué ha ocurrido, señor Tamayo?*

—Ha ocurrido que... hay unos censores, a quienes no conozco, que han trabajado durante tres años sobre mi obra y mis intervenciones públicas, y tenían en la cabeza los errores que dicen encontrar en el libro. Pero esos errores están sólo en la mente de los censores, y en ningún caso en el libro. Porque, además, ninguna de las afirmaciones críticas que la Comisión Episcopal para la Doctrina de la Fe hace sobre el libro, en la nota y el informe, ninguna de esas afirmaciones aparecen en el libro en absoluto. Mis tesis de ese libro son compartidas ampliamente por un sector numeroso y cualificado de la comunidad teológica internacional. Obviamente, se trata de los que se mueven en la onda del Concilio Vaticano II y de una teología moderna.

*—Tamayo es un hombre, como decimos, muy conocido en todo el país: dos tesis doctorales, casi mil artículos en medios de comunicación, dos mil reseñas de libros de Filosofía, Teología y Ciencias Sociales, quinientos estudios en revistas especializadas, más de treinta libros... Éste es el hombre al que la Congregación para la Doctrina de la Fe, el ex Santo Oficio, considera que está... digamos... no sé... dice que es un hereje, en el lenguaje clásico. Porque a usted, de alguna manera, se le acusa de lo que se acusó a Arrio, ¿no?*

—Claro, no dicen la palabra «hereje»...

*—Pero les falta poco...*

—Les falta muy poco. La palabra «hereje» es una creación del poder, en este caso, del poder religioso, desde el momento en que se dogmatiza. Y «hereje» es la palabra que se utiliza para excluir de la comunidad eclesial o cristiana a todos aquellos heterodoxos que se muestran críticos con el pensamiento oficial de la Iglesia. Por tanto, la palabra «hereje» es más un ejercicio de poder que una descalificación desde el punto de vista doctrinal. Y la segunda parte que la Comisión me plantea es importante: cuando dice que mis planteamientos son una manifestación renovada de los errores del viejo Arrio[1], yo tendría que decir dos cosas: una, cuando se recurre a un hereje o a un supuesto hereje del siglo IV para descalificar a un teólogo del siglo XXI, yo creo que faltan argumentos. Porque podría haber otros argumentos de nuestro tiempo, argumentos que podrían haber utilizado. Segundo, para llegar a esa afirmación, hacen dos operaciones que me parece que son, desde el punto de vista intelectual y científico, totalmente inaceptables, que son: falsear el pensamiento de Arrio, porque Arrio nunca dice que Jesús es una simple criatura; todo lo contrario, Arrio va a elevar a Jesús a una categoría máxima, hasta decir que Jesús es la persona más cercana a Dios, pero no puede ser Dios porque, entonces, se rompería el monoteísmo cristiano. Lo que hacen estos... obispos en su nota, o el Vaticano, quien la haya escrito (porque yo no lo sé, no tiene firma), lo que hacen es simplificar a Arrio, lo falsean, y, luego, aplican el pensamiento de Arrio a mí para llegar a una identificación que es totalmente incorrecta.

*—Bueno hay unos cuantos asuntos que tienen que ver con el procedimiento. (Lo que le proponemos no es una conversación teológica, no podríamos hacerlo). Pero quisiéramos ver antes cuestiones de procedimiento. Primero: usted no sabía que durante tres años estaba siendo investigado. En un artículo que usted publicó en* El País, *expresaba su estupor porque estaban investigando sus trabajos sin que usted tuviera noticia. En segundo lugar, recibe una nota de la Conferencia Episcopal en la que le invitan a dialogar para buscar soluciones de acuerdo en torno a las cuestiones que usted plantea. Quisiéramos preguntarle directamente si cree que el trabajo sobre Jesús, sobre Dios y Jesús, es la verdadera razón de esta amonestación. Parece que usted estaba resultando incómodo antes de la publicación de este trabajo, o ésa es la impresión que hemos deducido tras leer su artículo. ¿Usted sospecha que estaban buscando descalificarle a usted más que al trabajo que ha escrito?*

—Claro... Son muchas observaciones, y muy pertinentes, todas las que usted plantea en esta pregunta, y vamos a intentar desglosarlas. Primero: el tema del diálogo. Por información del presidente de la Comisión para la Doctrina de la Fe, el obispo auxiliar de Madrid, don Eugenio Romero Pose, supe que me habían investigado ¡durante tres años! ¡Qué caramba! Después de saberlo, yo me siento como una especie de marido o de mujer a quien el cónyuge le ha puesto un detective y le ha seguido durante tres años sin que él o ella se enterasen, intentando descubrir una infidelidad; en este caso, intentando descubrir en este teólogo algún error. Y me encuentro con que me han seguido, durante estos tres años, en mis intervenciones, en mis conferencias, en mis actividades públicas, en mis artículos, en mis libros, que son bastante numerosos, en mi actividad como secretario de la Asociación de Teólogos Juan XXIII... Y, claro, hay un problema: cuando se dan cuenta de que a lo largo de estos tres años no han encontrado nada de lo que me puedan acusar, y cuando el cardenal Ratzinger[2], o quien dirija el equipo de asesores, o los censores que tienen ellos, o los que tienen aquí, en la Conferencia Episcopal, se presentan y dicen: «Oiga, no hemos encontrado nada». ¡Claro: los asesores o los censores tienen que dar resultados! Y les dicen: «Entren en ese libro». Es un libro que está escrito hace tres años. Y nadie había dicho nada. Es un libro que ha sido comentado y recensionado por decenas de colegas, y nadie ha descubierto ningún error. Entonces, durante estos tres años no ha habido diálogo, no he conocido ni siquiera a los acusadores, no conozco el expediente. Además, me han dicho que el expediente o el informe de Roma, de la Congregación, no me lo van a dar. No he tenido derecho a defensa, ni posibilidad siquiera de buscar a un abogado defensor o a un colega que esté en mi misma onda; no he tenido derecho a réplica. Solamente he tenido un derecho: en el momento en el que el señor obispo comunica que hay una nota que se va a dar a los medios de comunicación y que ha sido ya aprobada por la Comisión Permanente del Episcopado. Me dice: «Y, como detalle, te lo queremos comunicar para que no te sorprenda cuando lo veas publicado en la prensa». Si es que... ¡caramba! Y a todo esto: solamente hay una condición para que empiece el diálogo: que acate la sentencia. La carta del obispo, el secretario general de la Conferencia Episcopal, lo dice muy claro: «A partir del momento en que usted muestre su conformidad con el contenido de esta censura, buscaríamos la forma de aclarar las confusiones generadas por su libro». Claro... Ciertamente, es una cosa totalmente... atípica.

*—Y, entonces, ¿qué significa esto? ¿A partir de este instante hay una invitación a un diálogo, al que tiene usted que acceder después de haber aceptado la censura? ¿Qué significa esto? ¿Qué pasa a partir de este momento?*

—Yo no lo sé. Soy una persona educada y es de bien nacido ser respetuoso incluso con aquellas personas que te censuran. Yo, en contra de lo que dicen estos seis obispos que me han censurado, me encuentro en plena comunión eclesial con las comunidades cristianas, con la comunidad teológica, e incluso me siento en comunión eclesial con los obispos que me han censurado, pero es una comunión crítica, Iñaki, como no puede ser de otra manera en un cristiano adulto.

*—Usted se siente en comunión, pero ellos dicen que ya no está en esa comunión, ¿Qué quiere decir no estar en la comunión?*

—No... no dicen que no esté. Es que esa fórmula es muy propia de la jerarquía y de sus intervenciones de los últimos años. Me aparta de la comunión eclesial, pero no sé qué significa eso, porque yo he recibido en estos días más de dos mil *e-mail* y llamadas telefónicas de comunidades autónomas, de cristianos de base, de parroquias católicas de todo el mundo, diciendo que están en comunión conmigo, y me han enviado a dar conferencias y a tener debates, y jornadas, y... En ese sentido, no sé muy bien el significado de esta afirmación.

*—Pero, Juan José Tamayo, por un lado está el libro, este* Dios y Jesús *donde se encuentra este reproche que se censura, y, al mismo tiempo, sus intervenciones públicas, sobre las que no se ha hecho ninguna precisión. Nosotros hemos seguido sus intervenciones públicas en algunas ocasiones, y usted ha expresado puntos de vista en un sinnúmero de asuntos, desde el celibato hasta... Quiero decir que usted debe de sentirse censurado en todos esos temas que ha criticado con una mirada heterodoxa...*

—Sí, claro. Es que yo creo que ése es el problema de fondo. El problema de fondo son los artículos y las intervenciones públicas que yo mantengo, sistemáticamente, desde una perspectiva de teólogo libre y crítico, de teólogo que intenta analizar el fenómeno religioso no con la idea de legitimar la actual estructura, sino intentando llegar a las fuentes del cristianismo y sintonizar el cristianismo con la cultura moderna, y desde la opción en favor de los pobres y de los marginados. Entonces... claro, yo creo que hay tres o cuatro intervenciones mías que marcan esta decisión. Pero meten por medio el libro, como una excusa.

*—¿Cuáles serían estas intervenciones conflictivas?*

—Un artículo del 2 de marzo del año 2000, en el diario *El País*, que se titula «Los hombres de Pinochet en el Vaticano». Ese artículo, inevitablemente, tuvo que molestar, porque fue a raíz de que el juez Garzón diera orden de detención de Pinochet cuando se encontraba en Londres, creo que para someterse a una operación. El secretario de Estado del Vaticano, monseñor [Angelo] Sodano, intervino ante el ministro de Asuntos Exteriores [español] para pedir que no se condenara a [Augusto] Pinochet, por razones de humanidad, desconociendo toda la inhumanidad de su comportamiento.

*—Ése es el primer artículo.*

—En ese artículo, yo digo con nombres y apellidos quiénes son los obispos y los cardenales del Vaticano que están amparando a Pinochet, y, además, lo demuestro con hechos. El segundo artículo que creo que ha tenido que influir muchísimo fue el artículo «Rompiendo el silencio», sobre el Opus Dei. Seguramente lo recuerden, porque lo citaron en la Cadena SER. Ese artículo, ciertamente, removió los cimientos de la estructura eclesiástica y también del Vaticano, porque, ahora mismo, como ustedes saben, existe una alianza total... es decir, el proyecto neoconservador del Vaticano sintoniza plenamente con la concepción tradicionalista del Opus Dei. Y el modelo de Iglesia de uno y otro son perfectamente intercambiables. Y, a nivel de Iglesia católica española, también. Ustedes saben, y han dado la noticia, que el viernes, hace diez días, la Universidad del Opus Dei de Navarra concedió el título de doctor honoris causa al cardenal arzobispo de Madrid, el presidente de la Conferencia Episcopal [Antonio Rouco Varela]. Ese segundo artículo, inevitablemente, también tuvo cierto impacto. Y luego, a partir del momento en el que se anuncia la canonización de José María Escrivá de Balaguer [...], hay otros dos trabajos en los que yo analizo críticamente esta canonización. Y digo que me sorprende, por ejemplo, la celeridad del proceso de canonización de Escrivá de Balaguer, y la lentitud del proceso, por ejemplo, en el caso de monseñor Romero o de los mártires jesuitas de El Salvador[3]. Hablaba también del martirio, que es la prueba más fehaciente de santidad, con la que no es necesario ni siquiera un milagro... Entiendo que todos esos artículos han tenido que molestar, y han tenido que herir. Pero son artículos de un teólogo creyente que se expresa libremente. No hay que olvidar (y yo creo que esto es lo que habría que matizar) que hay otros muchos colegas que escriben en los medios de comunicación. Y no les reprochan nunca que estén constantemente en los medios de comunicación. Incluso a mí mismo, algún obispo amigo y antiguo compañero de estudios, me ha dicho que, siendo uno de los teólogos de relieve a nivel mundial, era una pena que me dedicara a escribir artículos en los medios de comunicación. Pero, claro, yo creo que hacerlo no rebaja mi nivel intelectual, sino que, más bien, lo que hace es dar a conocer nuevas aportaciones.

—*Recientemente, cuando se conoció esta noticia de la censura, usted escribió un artículo muy brillante en el diario* El País, *en el que comunicaba que se sentía, digamos, bien acompañado por los heterodoxos que en la historia de la Iglesia han sido. Así que su nueva condición de heterodoxo oficial... no sé qué perjuicios va a producirle en su vida diaria o laboral. Pero usted daba la impresión de que se reafirmaba en su condición de heterodoxo y hacía profesión de fe heterodoxa.*

—Claro. Decía más en ese artículo: decía que me sentía muy bien acompañado por los grandes heterodoxos de la historia del cristianismo que, al final, con el paso del tiempo, eran reconocidos a nivel institucional, y que algunos habían sido canonizados. Ciertamente, la mayoría de las ideas por las que ellos fueron condenados en su tiempo triunfaron y fueron asumidas desde el punto de vista teológico y desde el punto de vista incluso papal. Y ponía muchos ejemplos... y muchos más que hubiera podido poner. Se me ocurre ahora uno: Santa Catalina de Siena, que fue una de las críticas más feroces contra el nepotismo del papado en la época de Aviñón, fue una mujer a la que se fustigó con una severidad terrible. Y, luego, hay otro caso emblemático y más cercano a lo que yo pueda estar sintiendo: es el caso del famoso filósofo y teólogo trentino Rosmini: Antonio Rosmini [4], aquel que escribió el libro *Las cinco llagas de la Iglesia*, que tocó en la llaga, y, sin embargo, ahora, después de que ese libro fue puesto en el *Índice* de los libros prohibidos, se está incoando el proceso de beatificación.

*—Usted decía estar recibiendo cientos y miles de muestras de apoyo. Tenemos aquí delante algunas. Pero también ha habido muestras de rechazo: alguna asociación para la enseñanza de la religión le ha excluido del grupo de conferenciantes en unas jornadas que comenzaron el viernes pasado. ¿A partir de ahora va a ser un proceso lleno de zancadillas para usted?*

—Bueno, son zancadillas menores, zancadillas desde el punto de vista institucional, para salvar la apariencia en algunos sectores católicos, pero yo creo que son zancadillas no especialmente relevantes, porque, por debajo, hay esa sintonía. Y le comento, por ejemplo, el caso al que usted se refiere: la Federación Española de Religiosos de la Enseñanza, la FERE. La FERE tenía comprometidas conmigo diez conferencias a lo largo de diez fines de semana. Empezaron el fin de semana pasado, aquí en Madrid. Yo iba a recorrer nueve ciudades con un tema precioso: «¿Dios tiene futuro?». Es un título para el que me pidieron permiso, porque reproducía casi literalmente un artículo mío de *El País* que se titulaba «¿Qué futuro tiene Dios?». A partir de ahí, entramos en contacto y hace cinco meses cerramos el compromiso de mis diez conferencias. Después de la nota, hablan con los obispos, y los obispos dicen que no consideran oportuna mi presencia ahí tras la descalificación o censura.

*—Y respecto a su estado de ánimo, para concluir, señor Tamayo, ¿cómo se siente usted? Sospechamos que después de toda una vida entera observando la realidad y la fe no debe de resultar plato de gusto una censura de esta naturaleza, ¿o le es indiferente?*

—No, no, indiferencia... en absoluto. En un primer momento resultó como una especie de honor, porque dije: «Tres años investigando una obra que no me parecía a mí tan relevante... es signo de reconocimiento». Y concluí: «¡Caramba! ¡Los censores a veces te ayudan a elevar tu propia autoestima!». Pero, en segundo lugar, me encuentro ahora mismo en una nube de solidaridad, y, claro, todas las nubes, aunque sean de solidaridad, tienen una zona oscura. Ahí, en esa tercera actitud, es donde yo creo que me sitúo. Es un malestar ante una falta de consideración, una falta de respeto, una falta de casi todo dentro de la comunidad cristiana, porque, después de veinticinco o treinta años en los que yo vengo trabajando en este tema teológico, desde una perspectiva totalmente autónoma, es decir, sin tener vinculación con ninguna institución eclesiástica, sin ser clérigo, sin cobrar de ella, únicamente por puro deseo de hacer asequible, de hacer creíble, de hacer presentable el mensaje del cristianismo a los hombres y mujeres de nuestro tiempo... después de todo eso, ciertamente, habría que decir, remedando a Unamuno, y esto sí que me duele, que hacer teología en España es llorar[5].

## NOTAS

[1] Arrio, hereje del siglo IV, propagó una doctrina conocida como arrianismo, condenada en el Concilio de Nicea (325) y en Sárdica (342). El arrianismo, no obstante, sobrevivió en algunos reductos godos hasta el siglo VII. Además de otros aspectos concretos, el arrianismo cuestionaba algunos aspectos de la divinidad de Jesús de Nazaret.

[2] El cardenal Joseph Ratzinger es el prefecto de la Congregación para la Doctrina de la Fe en el Vaticano.

[3] Véanse notas en la entrevista a Jon Sobrino, compañero de los jesuitas asesinados en El Salvador.

[4] Antonio Rosmini (1797-1855), sacerdote y filósofo italiano, autor de *Nuevo ensayo sobre el origen de las ideas*, *Teodicea* y *Las cinco llagas de la Iglesia*. En este último libro, Rosmini trataba la falta de comunión entre el clero y el pueblo, la escasez cultural del clero, la divergencia de pensamiento entre los prelados, el sometimiento a los poderes terrenales y el proceso de supresión de la opinión libre en el seno de la Iglesia. Fue inscrito inmediatamente en el largo listado de los libros prohibidos o *Índice* de libros prohibidos.

[5] La sentencia «Escribir en Madrid es llorar» ha sido parafraseada, modificada y utilizada en muchas ocasiones y por muchos escritores y pensadores. Su autor original es Mariano José de Larra, en un artículo de 1835, «Horas de invierno».

54

## *Miguel López-Alegría*
## *Sin miedo*

Miguel López-Alegría (Madrid, 1958) es capitán de la Fuerza Naval estadounidense. Creció y se educó en Estados Unidos, y se graduó como ingeniero de sistemas en la Academia Naval (EE UU) y como ingeniero aeronáutico. Tras su formación de postgrado en Harvard, entró a formar parte de los programas aeroespaciales de la NASA. Experimentado piloto, fue instructor de vuelo en varias academias militares estadounidenses. En 1995 viajó en el transbordador *Columbia;* en octubre del 2000 participó en una misión del *Discovery;* y a finales de 2002 se dirigió con el *Endeavour* hacia la Estación Espacial Internacional. Con motivo de esta tercera misión, Iñaki Gabilondo entrevistó al astronauta el día 29 de enero de 2003, en el programa *Hoy por hoy* de la Cadena SER.

—*¿Se siente como un veterano o todavía como un gran novato?*

—Bueno, yo creo que los humanos siempre seremos grandes novatos en el espacio. Sin embargo, dentro de nuestro equipo, yo ya soy uno de los viejos.

—*Me han dicho que usted quiere ser comandante de la Estación Espacial Internacional, ¿no?*

—Me gustaría serlo, porque, en los vuelos del transbordador, yo creo que ya he hecho todo lo que puedo hacer, en cuanto a responsabilidad. Esta tercera misión ha sido muy grande para mí, pero hacer una cuarta que sea igual no me interesa tanto como hacer una misión larga en la Estación.

—*Me parece interesante comentar que la NASA ha puesto en marcha un nuevo entrenamiento, de tipo convivencial, para los largos proce-*

*sos de convivencia en el espacio. Los preparativos técnicos deben de ser muy sofisticados, pero también los psicológicos, para convivir, deben de ser importantes, ¿no? ¿La NASA está preocupada por eso? ¿Desarrollan programas en ese sentido?*

—Sí. Desde que tenemos el programa del transbordador, los vuelos suelen ser de dos semanas, como mucho. Entonces, vivir con alguien durante dos semanas, en una situación en la que el ritmo es muy intenso y que de verdad no hay tiempo para nada, para enfadarse tampoco, no causa muchos problemas; ese aspecto no es importante. Sin embargo, en una misión de seis meses pueden salir en los participantes más características, digamos, un poco difíciles. Entonces, nos preocupa un poco esa cuestión.

*—¿Y cómo les están entrenando para eso?*

—Lo que hacemos es una serie de entrenamientos en los que cada vez se tiene un poco más de estrés, porque es con el estrés cuando aparecen esas características. Y así aprendemos un poco cuáles son, cómo se pueden tratar y cómo se pueden evitar.

*—Me han dicho que ese entrenamiento incluye vivir en un habitáculo sumergido en una piscina de agua durante diez días.*

—No, no es en una piscina, sino en el mar en Cayo Largo, en Florida. Es un laboratorio que normalmente se usa para investigaciones submarinas.

*—Investigaciones oceanográficas.*

—Sí, investigaciones científicas. La NASA se ha interesado en esto porque es muy similar al estado en el espacio. El habitáculo tiene casi el mismo tamaño de uno de los módulos de la Estación y las salidas espaciales tienen mucho que ver con salir a hacer una exploración de buceo. Yo fui en la primera expedición y pasamos diez días sumergidos, y la verdad es que me llamó la atención lo similar que era respecto a vivir en el espacio.

*—Debe de ser bastante válida la experiencia de la gente que vive en un submarino, ¿no? La gente que vive en un submarino ya tiene aprendida esa lección si un día se convierte en astronauta, ¿no?*

—Sí, es verdad que es una situación muy parecida.

[...]

*—En la Estación Espacial Internacional están participando quinientas empresas de distintos países. Ésa si que es una aventura mundial colectiva.*

—Sí, de hecho, siempre se vende un poco el programa científico y las investigaciones que estamos llevando a cabo, pero la cooperación internacional es quizás el resultado más importante de la Estación.

*—Claro. ¿Y cómo están los ánimos? Porque las últimas experiencias con el* Ariane *han quebrado la unidad de los países europeos, y ahora mismo se está librando también una gran batalla económica entre distintos países y un pulso Europa-América. Yo no sé si eso a los astronautas les inquieta, no les inquieta, les interesa o no les interesa...*

—Bueno, la verdad es que las lanzaderas comerciales es un mundo aparte y no tiene mucho que ver con los astronautas. Eso es un negocio, y la NASA, por supuesto, no es negocio, ni la ESA tampoco [European Space Agency, Agencia Europea del Espacio]. Por mi parte, creo que la moral ha subido un poco últimamente, porque parece que en la Casa Blanca hay un poco más de interés en lo que estamos haciendo en la Estación Espacial, sobre todo porque pese a los recortes de presupuesto que hemos sufrido en la Estación, el proyecto sigue avanzando, y todas las misiones son exitosas. Creo que se están dando cuenta ahora de que tenemos mucha voluntad en seguir por ese camino.

*—Pero ahora, Miguel, estamos ante una acción militar, claramente, estamos ante una guerra [en Irak]. Los presupuestos de los países, en estos casos, parecen sólo mirar a la acción militar como gran prioridad. ¿Puede afectar a los planes espaciales una acción militar como la que se anuncia?*

—Bueno... por supuesto. Nadie lo sabe. Es una buena pregunta y no sé cuál será el resultado, porque, además de las implicaciones políticas entre distintos países (algunos pueden estar de acuerdo y otros no), también hay implicaciones financieras que pueden causar problemas en el programa. Así que tenemos que esperar a ver qué pasa.

*—Ahora, ¿en qué fase está la Estación Espacial? ¿En qué punto se encuentra el desarrollo de la Estación?*

—Llevamos como cuatro años en construcción. Está más o menos... dentro de un año se completará lo que se llama el cuerpo central completo, es decir, que todas las instalaciones de generación de electricidad y radiación de calor estarán en su lugar. Luego, empezarán a montar las piezas internacionales; el primero va a ser el módulo europeo. Y luego, un módulo japonés, un módulo de experimentación, de investigación; y luego, otros módulos, un poco después. Pero la construcción principal acabará dentro de un año, o año y medio.

—*Sí, perdón, pero ¿cuándo se calcula que se acabará todo?*

—Pues no se sabe. Porque la MIR, la estación rusa, por ejemplo, tenía que tener una vida de cinco años, y duró como quince o veinte. La Estación está diseñada para diez años, pero es que en diez años empiezan con la construcción. Cuándo acabará la construcción... no se sabe. Pero lo que se llama el Cuerpo Central Completo se acabará en el 2004.

—*¿Cómo es de grande la Estación Internacional?*

—Ahora mismo tiene cuatrocientos y pico metros cúbicos. Se mide en metros cúbicos, no cuadrados, porque podemos flotar hasta el techo. Eso es, más o menos, como una casa de dos o tres dormitorios. Hay cinco módulos habitables y cuando se incluyan esos módulos de investigación europeo y japonés, tendrá algo más, como seiscientos metros cúbicos.

[Javier Gregory]

—*Pedro Duque*[1] *va a volar hacia la Estación Espacial Internacional en abril de este año. Usted ha estado dos veces ya en la Estación: me gustaría saber algún consejo práctico que se le pudiera dar, para que entre con buen pie también.*

—Bueno... el consejo que yo le dé, él ya lo sabe bien: que se divierta y que disfrute, porque la verdad es que, a pesar de todo el trabajo que va a tener (en estas misiones cortas hay que mantener un ritmo fuerte), hay que tomarse un tiempo para asomarse a la ventana y para gozar de la vista, y de las sensaciones de flotar y eso, seguro, habiendo volado una vez ya, lo sabe muy bien.

[Iñaki Gabilondo]

—*Sí, porque van a trabajar, y van a trabajar como científicos, pero las emociones humanas las tienen que sentir. Sospecho que el momento más eléctrico debe ser la salida, supongo... el diez, nueve, ocho... el cero... Ese momento... ¿qué le pasa al cuerpo en ese momento?*

—Pues, primero, sí que es el momento más interesante. Porque es como... Yo siempre digo que es como un niño en una montaña rusa: está esperando en la cola mucho tiempo, y cuando llega el momento de montarse para salir, hay mucha ansiedad. Para el cuerpo humano no es muy duro. En esos momentos estamos sometidos a una fuerza de 1,6 o 1,7G[2], que no es para tanto, el ascenso dura unos ocho minutos y medio, y llegamos hasta 3G durante el último minuto. Y luego, de repente, se cortan los motores, y es como un pequeño choque de coche, y estamos flotando libremente. Eso es un cambio muy grande, de 3G a 0. Esa sensación, el lanzamiento, y luego, la sensación de flotar y la vista por las ventanas es lo más impresionante.

*—De todas formas, cuando usted dice que 1,6G no es mucho... Yo no sé qué es 1,6G... pero no se debe de parecer nada a ninguna cosa que conozcamos los ciudadanos normales cuando nos montamos en aviones, ¿no?*

—No. Un piloto de aviones de caza sí que está sometido aún a más de 3G, hasta 6 o 7. Pero hay que hacer dos distinciones: una es que al piloto le duele más o le cuesta más, porque se le va la sangre de la cabeza, porque la fuerza G actúa desde la cabeza hacia los pies. Para nosotros, la fuerza G actúa desde enfrente hacia atrás, porque estamos acostados, y no es tan duro. Pero lo que pasa es que en nuestro caso esto dura mucho más, no dura segundos, sino ocho minutos y medio. Por eso no es durísimo, pero es un poco duro.

[Javier Gregory]

*—Yo quisiera plantearle la cuestión de los turistas espaciales hacia la Estación Espacial Internacional. Se habla de que con Pedro Duque volará también un turista. ¿Son un peligro, como dicen muchos astronautas? ¿Al menos un riesgo? ¿Cómo ve el tema del turismo espacial?*

—De dos formas: creo, primero, que el momento del turismo espacial ya ha llegado y la cuestión, tanto en las agencias espaciales como para los empresarios, es cómo manejar esto, cómo podemos gestionar esto para que salga bien. Mi opinión personal (y creo que de muchos astronautas) es que la Estación Espacial Internacional no es un sitio para un turista, porque, la verdad, estaría usando recursos decisivos, no sólo lo que respiramos y comemos y bebemos, sino algo más importante: el tiempo, el tiempo que los otros tripulantes dedicarían a vigilar que esta persona no haga una cosa que pueda ser peligrosa. Entonces, el astronauta ya no estaría haciendo su trabajo porque está echando siempre un ojo al turista. Y por eso no creo que sea muy adecuado que estén en la Estación.

[Iñaki Gabilondo]

*—Miguel, nos parece que una persona que vive ese tipo de emociones y de experiencias debe de estar aquí... entre nosotros... a salvo de cualquiera de las incomodidades de la vida, ¿no? Pero a lo mejor no. Se me ha ocurrido de repente. ¿Usted le tiene miedo, por ejemplo, no sé... a que se estropee el ascensor cuando está subiendo o a alguna de estas cosas?*

—Bueno... precisamente a esas cosas... no.

*—Pero tendrá miedo a alguna cosa. Dígame alguna...*

—La verdad es que creo que la mía es una profesión aparte. Pero, en fin, uno que trabaja en la construcción de rascacielos... igual tiene miedo a una rana. No sé.

*—Pero usted, por ejemplo, ¿a qué le tiene miedo?*

—De momento, no me entra nada en la cabeza que me dé miedo.

*—No tiene vértigo, por ejemplo.*

—No, no.

*—Ni claustrofobia tampoco.*

—Tampoco. Ésas son cosas que no se pueden tener siendo astronauta. Claustrofobia, sobre todo...

*—No se podría ser astronauta, ¿no? Entonces... ¿pero no le da miedo ir en coche? ¿No le da miedo ir en coche?*

—No.

*—Dígame algo que le dé miedo, Miguel. ¿O no tiene miedo?*

—Pues la verdad es que no. De momento, no me suena nada.

*—¿No le da miedo estar de noche en un pasillo oscuro?*

—No. Tampoco [3].

*—Claro... es que es absolutamente absurdo. ¡Claro! ¡No le puede dar miedo, porque si le diera miedo...! Pero algún miedo le voy a pillar, en algún momento. Otra cosa: nuestro invitado estuvo ayer con empresarios y ejecutivos interesados en los temas del espacio, un coloquio organizado por* Cinco Días, *en la Escuela Superior de Gestión Comercial y Márketing; y esta tarde va a dar una conferencia. [...] Y me decía Miguel López-Alegría que siempre era igual: empresarios, ejecutivos, científicos, público en general... cuando llega la hora del coloquio, todos quieren saber cosas relacionadas con las sensaciones y las emociones humanas. Miguel, nos hemos pasado demasiados siglos mirando al firmamento para tratar de encontrar respuestas a las grandes preguntas de la vida. Al final, siempre nos preguntamos: «¿Y qué sintió al salir a pasear por el espacio?». Van a ser necesarias varias generaciones para que no nos preguntemos algo así. Todos los coloquios, en ese sentido, son parecidos, ¿no?*

—Sí. La pregunta más común es cómo se va al servicio en el espacio. Es interesante: los chicos, los jóvenes, preguntan eso al principio; es una de las dos o tres primeras preguntas. Los mayores también lo preguntan, pero más tarde.

*—¿Qué es lo primero que preguntan los mayores?*

—Cómo se siente uno en el espacio.

*—Bueno, pues vamos a ver: ¿cómo se siente uno en el espacio?*

—Después de no sé cuántos años, todavía no tengo una respuesta adecuada. Pero, en fin, es más bien la sensación de flotar, y de darse cuenta de dónde estamos. Pero me interesa mucho lo que dijiste: aquello de que iba a costar varias generaciones...

*—Sí... varias generaciones.*

—Varias generaciones... A mí me parece bonito que me pregunten qué se siente. Porque yo creo que el día que estemos en el espacio diciendo: «Bah, pues esto no es nada», ése va a ser un día triste.

*—No... Yo sospecho que vamos a tardar mucho en considerar esto una acción laboral rutinaria. Bueno, ya he hecho la pregunta de los mayores; ahora, la de los jóvenes: ¿cómo se hace pipí en el espacio, Miguel?*

—Pues de la misma manera, más o menos. Lo que pasa es que, con la falta de gravedad, el pipí no cae en su sitio, sino en alguna...

*—Sí, lo de barlovento y sotavento no vale ahí...*

—Sí, exactamente. Entonces, hay como una especie de tubo, que tiene un hueco hacia el espacio, muy pequeño, para que entre o salga aire, y, así, es fácil. Lo otro es un poco más difícil, pero no vamos a entrar en... en eso ahora.

*—Mi última intentona: ¿le da miedo ponerse enfermo?*

—Sí. Eso sí.

*—Bueno, ya me extrañaba a mí... Por algún sitio le tenía que pillar.*

[...]

*—Después de lo de John Glenn*[4]*, ya no se hace uno mayor para ser astronauta. Hasta hace unos cuantos años, parecía que la carrera de astronauta de un hombre como Miguel López-Alegría podría estar a punto de concluir. Después de lo de Glenn, puede usted tener muchísimos años de carrera, ¿o no?*

—Sí, lo que pasa es que el caso del señor Glenn fue un caso especial. No creo que vaya a haber astronautas profesionales con 76 años. Sin embargo, hemos tenido varios que han volado con 60 años, y un poco más. La verdad es que la vida en el espacio no es muy difícil; es más fácil que aquí. O sea, las fuerzas fisiológicas que hay que aguantar aquí son más importantes que allá. El problema es regresar a la Tierra, porque hay que acostumbrarse de nuevo a esas fuerzas.

*—Bueno, y finalmente: ¿le pasa a usted como a nosotros, que cuando mira al firmamento en una noche estrellada, se queda admirado, asombrado y lleno de preguntas sin respuesta?*

—Sí. Por supuesto.

## NOTAS

[1] Pedro Duque era el segundo astronauta español, pero no pertenecía a la NASA, sino a la Agencia Europea del Espacio (ESA).

[2] La fuerza G es la relación entre la fuerza de atracción gravitatoria (9,8 m/s) y una fuerza contraria. En la superficie de la Tierra es constante, pero cuando un astronauta asciende, esa fuerza se multiplica de acuerdo con la velocidad de la nave.

[3] Es uno de los pasajes más divertidos de la radio española. Iñaki Gabilondo trataba de que Miguel López Alegría le dijera algo por lo que sintiera miedo. Si el astronauta hubiera dicho una sola cosa, habría arruinado su carrera. Casi de inmediato, Iñaki Gabilondo explica a los oyentes lo que ocurre, pero, humorísticamente, anuncia que seguirá intentando «pillar» al astronauta.

[4] John Glenn (1921) fue el primer astronauta estadounidense en orbitar alrededor de la Tierra (1962). En 1998, con casi ochenta años, participó en una misión con el transbordador *Discovery*.

55

# *Alejandro Sanz*
# *No es lo mismo*

Alejandro Sanz (Alejandro Sánchez Pizarro, Madrid, 1968) es una de las figuras más importantes de la música popular en España y América. Con sólo 16 años grabó su primer disco, pero el éxito le llegó con el álbum *Viviendo deprisa* (1991). En años sucesivos grabó *Si tú me miras* (1993) y *Alejandro Sanz III* (1995). Con *Más* (1997), Alejandro Sanz vendió más de tres millones de discos, convirtiéndose en uno de los grandes mitos de la música pop española. Su trabajo *No es lo mismo* (2003) cosechó también un éxito sin precedentes. Es un galardonado habitual de los Premios Grammy que concede la industria discográfica estadounidense.

Iñaki Gabilondo entrevistó al ídolo de las jóvenes españolas y americanas el día 3 de septiembre de 2003. Presentación ante la audiencia de *Hoy por hoy* del disco *No es lo mismo*.

—He llegado tarde, ¿no?

*—No... no.*

—Yo, flamenco hasta para eso.

*—No... no... Has llegado en este momento y, desde luego, no has llegado solo. Se acaba de llenar esto de gente... dispuesta a saludarte. No creo que te sorprenda. Debes de vivir en ese contexto siempre.*

—No... no.

*—¿Te gusta?*

—Sí, me gusta.

*—¿Cómo estás?*

—Muy bien, muy contento y muy tranquilo... ya. Ayer fue el día de...

—*... del gran follón.*

—Del gran follón y dar a luz a este... este nuevo niño, ¿no? Entonces, ya estoy un poco más tranquilo.

—*Lo has dicho bien: nuevo. Nuevo.* No es lo mismo...

—*No es lo mismo.*

—No es lo mismo. *Bueno me decían esta mañana que ha sido una producción muy distinta y que eso debería ser subrayado. Me refiero al hecho de que hayas trabajado con una persona con la que habitualmente no lo hacías y que sea una producción en la que tú has tomado las riendas del asunto. ¿Podríamos decir que éste es tu trabajo más tuyo? ¿Aquí eres más tú?*

—Yo creo que sí. Siempre se tiende a eso, a que el trabajo cada vez sea más tuyo. Quizás también porque te vas dando más cuenta de lo que quieres musicalmente, de lo que estás buscando... Decidí involucrarme al cien por cien y contar con gente desconocida hasta ese momento. Pero mi apuesta es el disco y mi apuesta también son esos nuevos músicos, bueno... nuevos... en algunos casos, porque otros llevan toda al vida en esto. Con el que he trabajado en la producción es un nuevo productor [Lulo Pérez] y yo creo que va a dar mucho que hablar también.

—*Oye... nos hemos encontrado de pronto que estás lleno de cosas que decir, lleno de estéticas que andaban ahí jugando, juntas, en armonía, en tu interior, y en un momento muy efervescente, sospecho, ¿no?*

—Sí, yo decía que tenía la misma sensación que tuve cuando el disco *Más*, que iba a haber un antes y un después para mí, en mi carrera, después de estos discos. Y éste me da esta misma sensación: que va a haber un antes y un después. Yo creo que esa efervescencia de la que hablas es la mejor manera de definirlo: de repente, parece que todo encaja y las canciones van saliendo con una naturalidad terrible, y eso me gusta, porque no sufro tanto.

—*Escuchaba el otro día tu disco y observaba la gran cantidad de estilos que hay ahí, cómo se fusionaban, cómo aparecían... terminaban componiendo un gran cuadro multicolor de estéticas muy diferentes, ¿no? Aunque hay un alma final y es la raíz flamenca... que está ahí.*

—Sí, eso no lo puedo evitar... ni quisiera.

—*¿Eso no lo quieres evitar?*

—No lo quiero evitar, por supuesto; porque me hace muy reconocible a mí mismo.

—*Es posible que la casa discográfica se haya podido sorprender porque, en un primer momento, esa raíz a lo mejor podría ser considerada una cierta limitación, ¿no?*

—Bueno... muy al principio, quizás.

*—Ahora ya no.*

—No... no... ni mucho menos. Ahora, lo que he encontrado es una compañía con una ilusión, con unas ganas de trabajar... Todo el mundo ha puesto su trabajo al servicio de este disco y una motivación increíble y eso es bello. Cuando te encuentras a la gente así de motivada... Cuando escuchaban el disco, la primera reacción era de sorpresa, pero sorpresa de la buena. Yo les vi las caras, cuando les puse la maqueta por primera vez, y ahí se les nota todo.

*—Además, iban viendo la gran cantidad de colores diferentes que el disco mostraba.*

—Sí, efectivamente. Es una gran paleta de colores, yo creo. Bueno... es la necesidad que tiene alguien que viene del flamenco, porque los cantes de ida y vuelta siempre han existido.

*—Efectivamente.*

—Y hay una mezcla, mucha música cubana, que para nosotros es como una hermana, por el sentido que tienen del ritmo y todo esto. La verdad es que sabía que tenía que ocurrir así.

*—Tú lo sabías, ¿no? Quiero decir que la muestra de este disco, esta variedad, no es confusión, sino fusión.*

—Exactamente. Sí, «con fusión», que dirían los amigos de Ketama.

*—Sí... oye, y también hay un compromiso personal. Todo el mundo lo ha subrayado y llama la atención. Posiblemente, no porque antes no lo tuvieras, sino porque ahora te ha parecido que ha llegado el momento de aportar en tus trabajos también tu pensamiento. Explícanos cómo ha sido eso.*

—Yo creo que llega el momento de hacerlo. Pasa una etapa en la que no sé si era conformismo o que no pasaba nada a nuestro alrededor que nos llamara mucho la atención, pero, definitivamente, la sociedad se ha crispado de una manera... que no podemos permanecer ajenos. Nadie debe permanecer ajeno a esto. Y eso es algo que se aprende de gente como tú, y de personas que están comprometidas con nuestra sociedad y, de alguna manera, tienes voz y voto, ¿no?

*—Y te parece que tienes, por tanto, la obligación de decirles a tus seguidores cómo eres, mostrarte como eres; aun arriesgándote a que alguien pudiera no entenderlo, ¿no?*

—Sí, pero ése es un riesgo que estoy dispuesto a correr. Quiero decir que yo creo que todo el mundo tiene derecho a decir lo que opina y, en este momento, no sólo tiene derecho, sino que tiene la obligación, sobre todo, si tienes una posición como la mía. Para los artistas debería ser una obligación enterarse de lo que pasa y ser un poco el eco de la sociedad en que vivimos.

*—Pues dime, en dos segundos, lo que básicamente estás pensando de las cosas que ocurren.*

—Ahora (uno... y dos). ¡Ja, ja...! ¡Si me das dos segundos...! Bueno... lo que estoy pensando, definitivamente, yo creo que está explicado en las canciones, y no me gustaría redundar mucho en ello porque no me gustaría redundar en temas políticos, es insoportable.

*—No... no...*

—Pero sí hay dos temas de los que hablo muy claro, que son: el amor y, sobre todo, la guerra. Pero no sólo la guerra como realidad, la guerra de Irak, hablo de las guerras: de las guerras como la de Cuba, por ejemplo, que es una situación común a otros países.

*—Una canción muy preciosa: «Labana»... así, escrita con falta de ortografía.*

—Esa misma historia de ese inmigrante podría ser la de un inmigrante que viene de África a España. La inmigración, que yo creo que es un problema muy evidente en nuestra sociedad. Yo creo que hay muchos problemas que se tratan en el disco y desde el punto de vista de alguien que lo está viviendo como cualquier otra persona, escuchando la radio o viendo la televisión.

*—Viviendo con lucidez, con consciencia, digámoslo, desde una realidad. ¿Constituye un paso del cual no te apearás? Quiero decir: ¿en sucesivos trabajos nos encontraremos con algo así o no?*

—Yo procuraré seguir diciendo lo que pienso y después de lo que vaya ocurriendo, también. Pero sí me pienso hacer eco de la gente, de lo que yo he visto, porque yo he visto a todo un país en la calle diciendo «No a la guerra», por ejemplo. Y, en realidad, nadie lo ha escuchado, ¿no? Y no sólo un país, a todo un planeta hemos visto en la calle diciendo que no querían más guerras.

*—Todo esto está servido, naturalmente, con una capacidad extraordinaria y que ustedes ya conocían; se exhibe de una manera, diríamos, efervescente. [...] Una cosa: en el disco hay una presencia del rap, del hip hop, parece que son lenguajes de un color universal... Yo no sé si esto es así...*

—Bueno el rap está ahí, y ha estado ahí durante muchísimo tiempo. Incluso para los flamencos es algo familiar, aunque parezca extraño o paradójico.

—*¿Es muy cercano?*

—Sí, porque yo creo que los primeros raps los hizo Lola [Flores]... hace muchísimos años.

—*Pues, mira, eso no se me había ocurrido.*

—Sí... sí... de una manera u otra. Y, entonces, es un lenguaje muy cercano a casi todo el mundo, por lo menos, a la gente que estamos en la música. Como hay muchas... muchas frases que no pertenecen al español propiamente dicho, sino al español de México o al español de otros países, y son frases que utilizo en las canciones, porque también hoy en día forman parte de mi vocabulario de una forma muy natural.

—*Y tan natural: hablabas de ida y vuelta. Tú mismo eres ya un ejemplo de ida y vuelta, ¿no? A este lado del Atlántico y al otro lado del Atlántico... ¿Te ha enriquecido mucho eso? Seguro que sí...*

—Sí, muchísimo... muchísimo. La verdad es que el hecho de conocer otras culturas, en el nivel de expresión o en el nivel artístico que tú quieras, es lo mejor que te puede ocurrir, porque el contacto con otros músicos, otras formas de entender los ritmos, es... es un juguete.

—*Y lo que has dicho antes: nadie con alma flamenca puede decir de verdad que está entendiendo hasta que no haya hecho este viaje de ida y vuelta.*

—Exactamente.

[...]

—*Oye, Alejandro, cómo llevas todo eso que se ha dicho de ti. Estamos ahora en un momento en el que casi es un lugar común aludir a la prensa basura, a la televisión basura, a los seguimientos de los famosos, a la intimidad imposible. Dicen que parte de eso puede tener que ver con que tú te hayas ido a vivir a Miami, la niña pequeña... qué sé yo. ¿Cómo llevas eso de ser Alejandro Sanz?*

—Bueno, pues ya me he acostumbrado. Llevo unos cuantos años... No... no tiene nada que ver que me haya ido a Miami.

—*¿No?*

—No... En realidad... sí.

—*¿Se está un poquito más relajado?*

—Se está un poquito más relajado allí. Luego, tengo mi... Ayer me preguntaron qué diferencia había entre Miami y Moratalaz y digo: «¡Hombre! Se me ocurren por lo menos dos». ¿Sabes lo que te digo?

—*Una, el agua.*

—¿Sabes? ¡Ja, ja, ja...! Y la otra, el clima. ¡Vamos! Pero la verdad es que... bueno, la verdad es que eso me gusta mucho: el mar y la tranquilidad de allí. Gozo de cierta tranquilidad, aunque de vez en cuando te hacen alguna foto... así de lejos, y... pero no molestan mucho.

—*¿Te preocupa sobre todo por la niña?*

—Me preocupa mucho por la niña.

—*Crees que es posible velar por su personalidad.*

—Sí, sobre todo. Y, además de eso, hay otro problema: que nosotros viajamos mucho a México y en México hay muchos problemas de secuestros y cosas así. Entonces yo voy a... yo quiero evitar que mi hija salga en cualquier medio, más que nada, porque su cara no sea conocida y, luego, porque, además, ella tiene derecho a elegir si el día de mañana quiere ser personaje público. Si le quito eso a mi hija, le estoy quitando todo, y no me lo va a perdonar nunca.

—*Se te cae la baba con ella.*

—¡Imagínate...!

[...]

—*¿Vas a conquistar el mercado anglosajón cantando en español?*

—Bueno... yo apuesto por eso. Yo apuesto por conquistarlo cantando en mi idioma, en español; aunque tengo que reconocer que el inglés me produce mucha curiosidad, es decir... De hecho, ya he hecho alguna cosa en inglés también. Para un compositor, es un juguete fantástico también, porque la forma de medir es distinta: el inglés es increíblemente versátil para poder trabajar con él, musicalmente hablando. Me parece muy interesante. Pero sí me gustaría entrar en el mercado anglosajón cantando en español, porque creo que hay que romper, hay que ir rompiendo ese tipo de tabúes.

—*Sí, claro... supongo que hay grandes dificultades. Ahora... si no lo logras tú...*

—Una de las mayores dificultades son los complejos.

—*Sí, ¿y tú no los tienes?*

—No. Yo creo que no. ¡Ja, ja, ja...! Me parece que me los he dejado esta mañana al lado de la taza de café.

—*¡Ja, ja, ja...! Has mencionado antes el término «curiosidad». ¿Te acompaña la curiosidad, el afán de saber, de entender, de comprender, de conocer...?*

—Es fundamental la curiosidad para cualquier cosa que quieras hacer en la vida. Imagínate, sin curiosidad seríamos...

*—Y me hablabas de la importancia de la nueva producción... Me gustaría que la comentaras desde tu perspectiva.*

[...]

—Sí, es cierto que había mucha gente que no confiaba en Lulo. Sólo se esperaba que yo trabajara con Quincy Jones, ¿sabes? Pero Teddy Bautista me dijo (y llevaba toda la razón) que este tipo y productores «tira *p'alante*», es decir, cuando estás en un estudio de grabación y hay un tipo del calibre de Quincy Jones, que se las sabe...

*—Él decide.*

—Imagínate. En cuanto tú digas: «No sé si *h* o *b*», pues sabes que él tira *p'alante* y eso es importante que tu lleves un poco las riendas de tu producción, porque, si no, y más a estas alturas, el resultado nunca se va a parecer a lo que tú creías, ¿no?

*—¿Qué te espera ahora, Alejandro? ¿Qué te espera ahora? ¿Ir con el disco para todos los lados? ¿Qué te espera? ¿Qué cartel de espectáculos tienes previsto para estos tres o cuatro meses próximos?*

—Pues bueno... francamente: trabajar, promoción y, luego, en enero, empezar con los ensayos. Es lo que más ganas tengo de hacer: preparar ya el concierto. Ahí lo vamos a pasar bien, lo vamos a pasar bien. Hay que prescindir de muchas cosas que han sido inevitables en las giras hasta ahora: yo quiero que el concierto sea lo más puro posible y que cada vez prescindamos más de cosas que puedan atarnos. Es decir, quiero que un músico, en un escenario, de repente, pueda dejarse llevar por un impulso y tocar, improvisar. Creo mucho en la improvisación, y me parece que... por eso voy a apostar.

*—Sí. Y con tu preocupación por ser auténtico, por mostrarte como eres, ¿qué papel juega el miedo a defraudar? Cuando se tiene tan extraordinario éxito, es difícil conjugar, por un lado, la necesidad de ser tú y, por otro lado, la necesidad de acertar, de no defraudar. ¿Cómo juegas ese juego?*

—Bueno... primero, sí es verdad que empieza una pequeña batalla entre esos dos aspectos, no defraudar y ser tú mismo, pero yo creo que la línea está mucho más cerca de lo que creemos. Es decir, ¿a quién vas a defraudar si tú estás convencido?

*—Claro: ¿a quién vas a conquistar si tú no estás convencido?*

—Exactamente.

## 56

# *Julio Medem*
# *Derechos, equidistancias y aprovechamientos*

Julio Medem (San Sebastián, 1958) es uno de los cineastas españoles más reconocidos. Aparte de los cortometrajes imprescindibles a la hora de comenzar una carrera cinematográfica, Julio Medem saltó a la primera línea del séptimo arte español con su película *Vacas* (1992). Las dos producciones siguientes (*Los amantes del Círculo Polar*, de 1998, y *Lucía y el sexo*, de 2001, ganadora de dos premios Goya) lo catapultaron a la fama y lo presentaron como uno de los cineastas más auténticos del panorama cinematográfico en España.

En 2003, en el Festival de Cine de San Sebastián se presentó *La pelota vasca. La piel vasca. La piel contra la piedra*, un documental sobre el llamado «conflicto vasco». La película fue polémica, por el tema tratado y porque las facciones políticas trasladaron su crispación y su encono a un documental de extraordinaria factura. En una situación política nacional muy comprometida, el Partido Popular trató de boicotear las presentaciones del filme. La transcripción de esta película puede leerse en *La pelota vasca* (Aguilar, Madrid, 2004).

Iñaki Gabilondo entrevistó a Julio Medem el 23 de septiembre de 2003 en *Hoy por hoy*, con motivo de la presentación de *La pelota vasca* en el Festival de San Sebastián.

*—Julio Medem, enhorabuena, porque te pasó todo a la vez: estreno de la película, con ovación, y nació tu niña, ¿no?*

—Pues sí, el mismo día... Tuve unas horas entre festejo y festejo, llegamos para la rueda de prensa y luego... Me imagino que

Montse, de alguna manera subconsciente, ya estaba esperando que pasara algo bueno... Se relajó y dio a luz a Ana.

*—Por cierto, ¿cómo está tu mujer, Montse? ¿Bien?*

—Bien. Dolorida por el parto, pero muy bien.

*—¿Y la niña? ¿A quién ha salido, a ti o a ella?*

—Y la niña está muy bien también... Yo creo que ha salido a su tía Ana. La niña se llama Ana por mi hermana, que murió hace dos años, y, curiosamente, es así también... larguita, dedos largos, morena, tiene un cierto parecido... o nos gusta pensarlo así a nosotros.

*—¡Qué cantidad de emociones juntas!, ¿no?*

—Pues sí.

*—Bueno... Oye, una cosa para comenzar: has dicho que la ovación que se recibió en el pase en el Zabaltegi*[1] *y, luego, las ovaciones que se han producido en los pases han sido una de las gratificaciones más grandes de tu vida profesional.*

—Sí, sí... la verdad es que sí. Tuve, además, dos ovaciones: una, nada más llegar, antes de presentar la película; y hoy, ya entendí que esa ovación... yo entendí que el público que estaba allí, esperando a ver la película, confiaba en que aquello que habían oído sobre la película y sobre mí no podía ser cierto. O, por lo menos, no era como se había contado. Entonces, era como decirme: «Bienvenido. Bienvenido: tienes todo el derecho del mundo a presentar tu película en este festival y aquí estamos, para verla y para comprobar que la película es otra cosa». Y, efectivamente, la ovación final... yo creo que fue eso: ratificar que les gustó, les llegó... a cada uno... Imagino que a cada uno le llegó de forma distinta, porque la película la he hecho para eso también. Una película como ésta es difícil... Yo he querido sentirme muy libre dentro de la película, pero quiero recordar lo complicadísimo que es sentirse libre dentro de una película así. Pero bueno... yo he presentado la película diciendo que la película es un pájaro, y es un pájaro que vuela, y yo sé que vuela, y voy a ver cómo vuela de cabeza en cabeza. Es un pájaro. Podría haber sido otra cosa, pero bueno... yo decidí que fuera un pájaro. Y además, claro, lo que yo les proponía a los espectadores es que ellos también, viendo la película, fueran un poco el pájaro que ellos quisieran.

*—Es una película documental.*

—Sí.

*—Es una sucesión de fragmentos montados de una manera muy especial, muy brillante, con setenta entrevistas a sociólogos, a políticos, a periodistas, que van hablando de Euskadi.*

—Sí.

*—Tú ya sabías que no iban a estar representantes del Partido Popular y de algunos otros grupos, pero ¿te ha sorprendido la extraordinaria repercusión que ha tenido eso y la gran dureza de las críticas o te lo esperabas?*

—No, no me podía esperar tanta dureza. Y, sobre todo, tan pronto. Yo imaginaba... Cuando Iñaki Ezkerra [2] nos pidió ver la película, yo imaginé que les iba a parecer al menos una película respetuosa y digna, aunque, claro, no era una película a favor de sus ideas; pero sí una película respetuosa y digna. Y lo que no me podía esperar es lo que dijeron y la reacción que ha producido después por lo que han dicho. Y en esto, quiero decir que yo prefiero no decir nada y ser muy respetuoso con el juicio que han hecho tanto Iñaki Ezkerra como Gotzone Mora. Y quiero añadir que son personas que están amenazadas de muerte, que llevan una existencia espantosa, con escoltas todas las horas de sus días. Es más, yo no sé cómo sería yo mismo en esa situación. Entonces, yo prefiero no opinar sobre lo que ellos han dicho de la película. Lo que me parece una barbaridad es que ciertos medios de comunicación hayan dado por bueno todo lo que han dicho y me hayan puesto a mí bajo sospecha de ser cómplice del terrorismo. El *Abc*, en su portada, decía que mi película incitaba al terrorismo de ETA. En fin, barbaridades así son las que me parecen tremendas.

*—Oye, Julio: ¿tú fuiste a ver qué encontrabas en todas las entrevistas que ibas haciendo o ibas a buscar algo concreto?*

—Yo... yo me planteé la película como una polifonía. Yo quería muchas voces, entrevisté a la gente, a mucha gente. En fin, más que entrevistar a poca gente hablando mucho, yo prefería entrevistar a mucha gente, que hubiera muchas voces, muchos matices. Es decir: polifonía de voces que expresan sufrimiento, que expresan dolor, que expresan ideas. Y yo quería, con el montaje, hacer una especie, de escenario simulado de diálogos. Estas personas que yo entrevisté, una por una... si se escucharan, podrían llegar a entenderse. Mi intención era expresar que el diálogo es posible, y expresarlo dentro de los parámetros de lo que podíamos denominar la contra o la cara opuesta al pensamiento único. Es decir, fuera del pensamiento único que existe con respecto al tema vasco, fuera del pensamiento que dice que si no ves el problema como yo te diga, de esta forma exacta, de esta forma... Como tengas un matiz con el que... En fin, quería separarme de eso. Entonces, ya pasas a formar parte directamente, digamos, del bando contrario. Entonces, bueno, pues eso. Yo quería hacer una película en la que, justamente, los matices fueran interesantes. Y yo también quería aprender mucho de... de esas personas...

*—¿Qué has aprendido, Julio, al hacer esta película?*

—Yo me tuve que preparar mucho mentalmente. Casi hice una labor de autosugestión. Había terminado de escribir el personaje de Aitor, de la película *Contra la piedra*, que es la película de ficción que haré después. Yo, en un principio, pensaba que ésa iba a ser mi película; fabriqué un personaje de ficción que, por razones que son muy largas de contar, sobrepasa una línea de sombra en su vida, en su conciencia, y eso le lleva a otro sitio, desde el cual el odio es imposible en él. Entonces, un personaje así me pareció muy interesante. De alguna forma yo quería ser él, o dejarme guiar por él, y dejarme autosugestionar por él. Es decir, voy a hacer esta película sin odiar, voy a hacer esta película respetando profundamente cualquier opinión, sea cual sea, sin juzgar, y bueno... preparándome exhaustivamente todas las entrevistas, intentando... Yo cogía a las personas que están en la película y las llevaba, una a una, las iba llevando, las sacaba fuera de sus casas, de sus oficinas, de sus lugares habituales. Las llevaba al monte, a un bosque, a un acantilado, a un prado, y ahí les ponía la silla, y yo me ponía delante de ellas, intentando ver por qué pensaban lo que pensaban, a ver qué razón había en lo que estaban diciendo. Me parece que ésa es una buena pauta para el diálogo: decir y suponer que la verdad absoluta no existe, que nadie la tiene, sino que seguramente esa verdad esté fragmentada, parcelada, entre mucha gente. Entonces, yo quería buscar esa verdad parcial, a la que todos tenemos derecho, sea del tamaño que sea.

*—Julio, si buscabas este escenario simulado de diálogo, la ausencia de la gente que no quiso intervenir, gente que representa una voz significativa, gente del Partido Popular, del Foro de Ermua, te habrá dado la sensación de que tu intención, tu película, quedaba un poco coja...*

—Sí, claro... Me di cuenta de que aquellas personas utilizan el pensamiento único y eso es lo contrario de lo que yo quería, y por tanto, no les interesaba esta película. Es en lo único en lo que yo puedo decir que se parecen los dos extremos. No quiero decir que se parezcan en nada más que en esto. Es decir, el mundo de la izquierda *abertzale* y violenta es opuesto, nada tiene que ver con el mundo del Partido Popular y del Gobierno. Pero sí, en eso, en ambos existe el pensamiento único, un pensamiento único, adaptado. Cada uno lo adapta como quiere, evidentemente.

*—¿Cómo te dijeron que no querían participar? ¿Te lo dijeron oficialmente o fuiste deduciendo poco a poco que no ibas a poder contar con ninguno de ellos?*

—Hicimos... de hecho, hicimos algunas entrevistas a personas del Partido Popular, las hicimos. Y, entonces, poco a poco sentimos que había una... En fin, el caso es que a partir de... no voy a decir qué persona, pero ya se notó... Se nos llamó y se nos dijo que no les hiciéramos más, que el Partido Popular en bloque había decidido... pues que no; que no iba a participar en la película, que no les interesaba esa película. Insistimos durante muchísimo tiempo. Yo les decía que era fundamental que ellos dijeran lo que sabemos que dicen y que dijeran lo que quisieran decir, además. Y, bueno, estoy segurísimo de que, además, cuando vean la película, si la ven con ojos limpios, no con tantas consignas como se están lanzando ahora, si la ven, por lo menos, no sé... en particular, yo creo... sí creo que pueden pensar que, de haber estado en la película, yo hubiera respetado su opinión.

*—Oye, Julio, ¿y ese reproche de que equiparas a los terroristas con los que sufren la violencia, que te colocas en una posición equidistante de ambas cosas?*

—Bueno, vamos a ver: la equidistancia es un término muy delicado. Es decir, si por equidistancia entendemos la actitud pasiva y neutral, si se dice que esto no va con uno, y uno se repliega y no quiere ser ni uno ni otro, eso es cobarde y eso es negativo. Pero, mucho cuidado, existe una equidistancia activa y positiva, y muy decente. Yo tengo todo el derecho del mundo a no querer estar en ninguno de los dos extremos. Insisto: no equiparo a ETA con el PP. No estoy equiparando, lo que estoy diciendo es que cada uno de ellos ejerce en su política el pensamiento único y, entonces, en la equidistancia está precisamente lo contrario al pensamiento único, siempre que la equidistancia se base en la responsabilidad y la valentía. Es, digamos, como la difícil divergencia. Para mí es muy interesante que cada individuo, dentro de un grupo, pueda aportar su particularidad al grupo. Y eso es la equidistancia, lo que yo llamo equidistancia, en esta película: el sitio por el que vuela este pájaro, que es como... bueno, está representado metafóricamente al principio de la película con una imagen que va volando sobre una garganta, sobre dos montañas. Este pájaro vuela por ahí, vuela por donde puede, por donde le han dejado, pero también se ha buscado su dignidad para volar. Es decir, a pesar de no haber hecho la película que quería hacer (y siempre lamentaré que falten los que han querido faltar), yo luego me he buscado la vida para que esas ausencias en la película sean expresivas, para que sean el síntoma de lo realmente difícil que es el diálogo en este momento.

*—Javier Rioyo tiene una pregunta...*

*—Hay una imagen que conmueve... Hay muchas imágenes que conmueven, pero hay una que no tiene que ver con las opiniones que se vierten, que son plurales y cada uno es dueño y esclavo de sus palabras. Un instante concreto que supone una mirada pesimista: me recordaba a Goya, con esos dos españoles que se daban garrotazos enterrados en la tierra...*

—Es una tentación, pero no sé si voy a caer, desvelar el significado de las metáforas. Es decir, por un lado, ésta es una película basada en entrevistas, entrevistas a víctimas por un lado, primero; y, luego, a personas que hablan sobre todo de política, pero también de otros aspectos. Y, luego, digamos que yo me asomo a través de pequeños montajes visuales, imágenes de película de ficción, de documentales, informativos... Entonces... claro, estoy continuamente creando y recreando metáforas: lo vasco, el mito vasco, sobre el comportamiento vasco, sobre la especificidad de lo vasco. Es que me da mucha pena desvelarlo o contarlo, pero, evidentemente, si estamos viendo una especie de prueba de soga-tira primero en el tiempo, tiradores de cuerda en muchas épocas distintas, se trata de una referencia a esta gente que tira de su cuerda, cada uno hacia un lado. En medio, eso se interrumpe con unos cabezazos de unos carneros. Y, luego, también cabezazos entre personas. Eso también es muy significativo de lo que está pasando aquí.

[Iñaki Gabilondo]

*—Sí... Javier Angulo.*

*—A mí lo que me gustaría contar es que se ha dicho que había una desatención a las víctimas del terrorismo en los testimonios. Yo creo, no sé si estás de acuerdo, que los testimonios más importantes de la película, los que más llegan al corazón, los que impactan, son precisamente los de las víctimas del terrorismo.*

—Sí, claro. Es que yo no sé por qué ciertas personas se consideran... no sé... o por qué dan su opinión como si ellos pudieran decidir quién es víctima auténtica del terrorismo y quiénes no son víctimas. En mi película no hay víctimas, dicen; porque yo también he oído que no había víctimas, que no hay respeto a las víctimas... En el pase, en el estreno de la película, el hijo del concejal asesinado de Leiza...[3].

*—Te dio un abrazo.*

—Él, emocionado, llorando, me dio un abrazo.

[Iñaki Gabilondo]

*—Es muy emocionante el testimonio de Daniel Múgica, hijo del concejal del UPN asesinado en Leiza. Muy emocionante.*

—Y el del socialista Eduardo Madina, que sufrió un atentado de ETA y le amputaron una pierna. Él también está conmigo, está con la película. Y Mireia Lluch, hija de Ernest Lluch[4], el socialista asesinado por ETA justamente porque estaba a favor del diálogo, resulta que se enteró de la existencia de esta película y la quiso ver; vio el montaje definitivo, le gustó y me dijo que a su padre le hubiera encantado participar en la producción de esta película. Y como sabía que estábamos mal de dinero para acabar la posproducción, ella ha querido poner una parte de la herencia de su padre en la película, y la ha puesto. Así que...

*—Pero tú ya sabes, Julio, que desde hace algún tiempo... parece que... Ernest Lluch no parece una víctima del terrorismo, ¿sabes? Quiero decir que algunos hablan de Ernest Lluch como si no fuera una víctima del terrorismo. Parece que no lo incluyen...*

—Ya, por eso digo a veces también... Yo nunca he dicho que las víctimas se aprovechen de nada; lo que digo es que a mí sí me parece que algunas víctimas están siendo aprovechadas políticamente.

*—¿Qué impresiones estás recibiendo? Sabemos que hoy, no sé si lo has leído, hay un editorial del diario* El País *sobre tu película. La elogia y, desde luego, elogia tu derecho a hacerla. Se puede lamentar, y todos lo hacemos, la ausencia de representantes del PP o de grupos como Basta Ya, o de algunos socialistas, pero es una película de autor con un discurso propio sobre la realidad. Se podrá discutir si es más o menos esto o más o menos lo otro, pero no se puede deslegitimar la labor del cineasta ni hurtarle el derecho a expresar libremente sus ideas. Es por aquí por donde estás recibiendo más señales. Por otro lado, también sabemos que colectivos de víctimas de toda España van a estudiar esta semana, en una cumbre que van a celebrar en Madrid, si toman alguna iniciativa frente a la película.*

—Ya... pues fíjate... El viernes escuché que en el Colectivo de Víctimas [del Terrorismo en el País Vasco], el Covite, están indignados con la película y están en contra de la película... Bueno, ¡pero si no la han visto! Ninguno de ellos ha visto la película. No sé qué dirán ahora que la habrán visto... supongo. Pero es que lo dijeron el viernes... Entonces dices: «Bueno, es que se está creando algo bochornoso». Aún estoy oyendo que soy una especie de esbirro de [Juan José] Ibarretxe. Resulta que porque digo que a mí se me ocurrió hacer la película en documental cuando presencié desde Madrid la campaña electoral de las elecciones vascas y vi cómo desde la prensa de Madrid se linchaba (y de qué manera, además) unánimemente, expresamente, al nacionalismo vasco democrático... resulta que eso me hace a mí ser nacionalista. Yo insisto: no soy nacionalista, no lo soy. Pero, claro, soy vasco y cuando veo que se cometen injusticias contra gente de aquí, eso realmente me enfada y después me obliga a ponerme un poco en el lugar de... También hay que entender una cosa que me pareció peligrosa entonces: no olvidemos que, en las elecciones vascas, el Partido Socialista se unió al Partido Popular. En un momento dado, la opción estaba entre que fuera lehendakari [Jaime] Mayor Oreja [Partido Popular] o Ibarretxe [PNV]. Yo no tengo ningún problema en decir que me alegré de que el lehendakari no fuera Mayor Oreja, pero eso no me convierte en nacionalista. Y a mí sí me gustaría que en el futuro volviera a gobernar en el País Vasco, como ha pasado durante muchísimo tiempo, un Gobierno de coalición entre socialistas y nacionalistas, porque creo que es el estado natural más sano y el que mejor refleja la diversidad que existe en Euskadi.

—*Bueno, Julio, pues muchísimas gracias. Yo, por la parte que me toca, puesto que me invitaste a participar en la película, lo hice con muchísimo gusto. Yo te quiero dar las gracias y he de decirte, como ya lo dije públicamente, que a mí la película me había gustado y que me había emocionado. Que me pareció coja porque faltaban los que no quisieron estar...*

—Claro.

—*... que se perdió una enorme oportunidad de haber completado un mosaico verdaderamente histórico y que, en fin, que te lo agradezco y te deseo mucha suerte, Julio.*

—Gracias, Iñaki.

## NOTAS

[1] Zabaltegi es una sección del Festival de Cine de San Sebastián. Las películas que se presentan en esta sección no concurren al concurso. Se trata de una muestra de cine internacional, con filmes ya presentados en otros lugares y con un espíritu crítico. Es una de las secciones más apreciadas por la crítica.

[2] Iñaki Ezquerra es escritor y ensayista, muy beligerante con el nacionalismo vasco y, especialmente, muy comprometido en la lucha contra la banda terrorista ETA y su entorno social, político y eclesiástico. Gotzone Mora, citada inmediatamente después, es concejala socialista y profesora en la Universidad del País Vasco. Ambos son integrantes del Foro de Ermua y ambos participaron en la película, pero exigieron después que se retiraran los fragmentos que habían protagonizado y vertieron duras críticas contra el filme y su director.

[3] El 14 de julio de 2001, la banda terrorista ETA asesinó a José Javier Múgica, concejal de Unión del Pueblo Navarro (UPN) en la localidad de Leiza. Su hijo es Daniel Múgica.

[4] El ex ministro socialista Ernest Lluch fue asesinado en Barcelona el día 21 de noviembre de 2000.

57

# *Plácido Domingo*
# *El caso Ghiorghiu*

Plácido Domingo (Madrid, 1941) es una de las grandes personalidades artísticas españolas en el mundo. Hombre de sólida formación musical, inició su carrera como tenor con *La Traviata* en 1962 e inmediatamente fue reconocido como una de las grandes voces del siglo. Entre su impecable currículum se encuentran especialmente las funciones del *Otelo*, *Il trovatore*, *Tosca* y *Norma*. En 1994 fue nombrado director artístico de la Ópera de Washington y, en 2000, de la de Los Ángeles. Ha publicado numerosos discos, en los que también ha recopilado piezas de zarzuela y de música popular. Sus intervenciones con los tenores Luciano Pavarotti y José Carreras concitan la atención de numerosísimos aficionados, aunque los especialistas prefieren atenderlo en su versión más formal, en la ópera.

Con motivo de la presentación del disco *Bravo Domingo*, Iñaki Gabilondo entrevistó al tenor en el programa *Hoy por hoy*, el día 17 de octubre de 2003.

—Bravo Domingo *es la colección definitiva de lo mejor de este gran tenor. Nos encontramos con un doble CD que tiene ópera, con las arias más brillantes y populares, zarzuelas, música latina, música mexicana, música pop. Placido Domingo, buenos días.*

—Muy buenos días. ¿Qué tal? ¿Cómo estamos?

—*Encantado de saludarle. ¿Cómo van las cosas, señor Domingo?*

—Bien... Acabo de llegar de Nueva York, así es que... con un poco de sueño, pero muy bien. Encantado de estar aquí, en Madrid.

*—Imagino... que apenas tendrá tiempo de compartir con nosotros la noticia de la aparición del disco y regresar a toda velocidad, supongo.*

—Sí, la verdad es que sí. Tengo algunas cosas pendientes en Washington también, y en Los Ángeles, así que estoy un poquito entre esas tres ciudades. En el próximo mes y medio, por lo menos.

*—Claro, porque sigue dirigiendo la Ópera de Washington, y teniendo mucho trabajo como intérprete, como responsable de tantas cosas... Para enmarcar más o menos este trabajo, ¿qué ha sido lo último que ha hecho y qué será lo próximo que haga?*

—Lo próximo será un concierto en un lugar que está como a una hora de Los Ángeles, e inmediatamente empiezo los ensayos de *La Valquiria*, en Washington. Y lo último que canté... fue un estreno mundial de una obra que preparamos en Los Ángeles, *Nicolas y Alexandra*. Yo cantaba la parte de Rasputín. Y, después, una función de *Fedra* en Viena.

*—Bueno, estamos viendo a Plácido Domingo en plenitud como intérprete, también como gestor de la música, como director de orquesta, como muchas cosas. ¿Cuál va a ser su futuro, digamos, cuando ya no interprete como tenor? Bueno, por cierto, antes de despedirse, ¿hará algo como barítono?*

—No creo. El tenor tiene que seguir siendo tenor; aunque dentro de nuestro repertorio, el repertorio español, la zarzuela, las partes de barítono son definitivamente atenoradas y, entonces, sí... algo me apetece, como el personaje de Vidal Hernando en la *Luisa Fernanda* o algo así. En zarzuela sí haré algo, pero en ópera creo que no haré nada más. He dicho que algún día haré la parte de Simón Bocanegra, que era una parte predilecta de Verdi y que, a lo mejor, si tengo la posibilidad, la haré. Pero no... yo creo que mi carrera la terminaré como tenor.

*—¿Y después? Porque, claro, teniendo un amplio espectro de actividad en tantos campos de la música... ¿Por dónde se ve?*

—Cuando termine de cantar ópera, bueno... seguiré dirigiendo ópera. Cada día dirijo más funciones en los diferentes teatros. Y después, como tengo a mi cargo los dos teatros, ya sea en Los Ángeles o en Washington, de momento... tengo previsto continuar ahí. No quiero decir que cuando deje de cantar ópera, termine por completo mi actividad de cantante, ya que algunos conciertos también realizaré. Pero eso no se sabe. Siempre es un misterio: no sabes cuánto podrás estar... No voy a cantar más del tiempo que deba, pero espero que sea todavía durante algún tiempo. De cualquier manera, mi vida está dentro de la música, de una manera o de otra.

*—En este momento se siente muy bien, como intérprete potente. Ya ha dicho que va a hacer* La Valquiria, *nada menos, ¿no?*

—Sí, *Valquiria*, y después, *La dama de picas* en Berlín.

*—Sí, y luego en Madrid, ¿no?*

—Metropolitan y luego en Madrid, sí. Así que tengo tres producciones. Esperemos que todo vaya bien.

*—Y veo que, además, disfrutas mucho con la otra música, porque en este disco se evidencia lo que a lo largo de su carrera nos ha mostrado tantas veces: Puccini, sí; Verdi, sí. Lo que sea. Pero además, también, la música latina, el mariachi, el pop, etcétera. ¿Disfruta haciendo todo ese recorrido artístico?*

—Sí, me gusta mucho. Porque antes de cantar ópera, lógicamente, en mi vida, lo primero que oí fue la zarzuela. Mis padres eran intérpretes de zarzuela. Entonces, yo quería cantar zarzuela, pero, al mismo tiempo, cuando llegué a México, siendo muy pequeño, a los ocho años, me gustaban mucho las películas de Jorge Negrete, escuchaba mucho a Gardel, a los intérpretes de la canción mexicana, el tango... Y, en aquel momento, yo creí que a lo mejor podía hacer una carrera en el cine. Y por ahí iba... Así que, lógicamente, todo el tipo de canción latina, de tango, de canción ranchera, etcétera, me la sabía... y de ahí que me gustara mucho cantarlas. Hasta que me encontré el mundo de la ópera. Al descubrir el mundo de la ópera... para mí fue... fue algo nuevo para mí y he estado toda mi vida cantando ópera.

*—Pero esas raíces se le notan mucho, Domingo. Así como a otros colegas que hacen una incursión en la música ligera se les ve, digamos, un poco ortopédicos, un poco postizos... a usted, no. A usted se le notan esas raíces...*

—Quizás será por eso. Cuando empecé a dedicarme a la ópera, no sabía a qué tipo de música dedicarme, no sabía qué iba a hacer, así que dije: «Mezclaré un poco... la zarzuela... con el cine también». Y, entonces, siempre interpretaba todas esas canciones en cualquier ocasión: si había una fiesta, si había una gala, siempre estaba yo cantando este tipo de canciones. O sea, que la siento mucho desde el principio, y creo que son... Yo siempre digo que hay algunas canciones que tienen una belleza especial y que las puedo llamar mini-óperas. También los tangos son mini-óperas, por la tragedia que encierran. En pocos minutos, tienes una historia bastante triste... Yo creo que la palabra y la música van de la mano en cualquier género que hagas, ¿no? Bueno, si te alejas demasiado, si te vas a un género que no sea posible, porque... porque ya se vaya demasiado de lo lógico... pues bien; pero si es la palabra y la música, puestas ahí, juntas... Yo creo que... lo he intentado y me sigue gustando muchísimo.

*—¿Y en la ducha, qué tararea? ¿Le da por Wagner o le sale... pues no sé... «Guadalajara, Guadalajara»?*

—¡Ja, ja, ja...! En la ducha... en la ducha yo creo que he realizado mis mejores funciones.

*—¡Ja, ja, ja...! Además, el público es muy poco exigente...*

—Claro, es donde trato de hacer todo aquello que es tan difícil y quizás no me atreviera a hacer en el escenario... ¡Ja, ja, ja...! Son mis mejores interpretaciones y... mis peores, porque, lógicamente, tratando de hacer algo difícil... Pero como uno está solo, no pasa nada.

*—Hemos estado disfrutando en Madrid una excelente* Traviata *y se ha suscitado una vieja polémica entre los directores de escena y los intérpretes. Ya sabe el lío de la Ángela Ghiorghiu...* [1]. *¿Cree que el mundo de la ópera terminará un día provocando algún tipo de conflicto entre los intérpretes y los directores de escena, que a veces les piden cosas que les desagradan? Aunque, en el caso de Madrid, yo no entendí lo de Ángela Ghiorghiu, porque la verdad es que lo que se había hecho parecía muy interesante, pero bueno... en fin. ¿Cree usted que este viejo conflicto es un conflicto con profundidad o no? ¿O es sencillamente una...?*

—Yo creo que es muy difícil que un director de escena se vaya tanto al extremo, que no se le pueda controlar. Yo, por lo menos, nunca me he encontrado una situación así. Yo creo que también depende de con quién se trabaja. Si en alguna ocasión ha habido alguna sugerencia que no me parecía buena, siempre se puede dialogar, siempre se puede hablar, ¿no? Desde luego, si yo hubiera estado en algunas de las producciones que yo he visto por ahí, en el mundo... me habría tenido que marchar.

*—Sí...*

—Hay algunas producciones que... son impresentables y el director de escena ya no sabe qué hacer porque... claro, tienen miedo. Y a veces, cuando el director de escena hace una cosa... muy, muy clásica, muy tradicional... entonces, también se les critica.

*—Los desequilibrios...*

—El equilibrio es muy difícil de juzgar. Al público, por lo general, le gusta la tradición y le gusta aquello que saben que... Una puerta es una puerta, una ventana es una ventana, una mesa es una mesa. Pero, lógicamente, yo estoy de acuerdo... yo mismo animo a los directores de escena a hacer cosas modernas, a hacer cosas muy interesantes, pero sin llegar al extremo, sin perder el respeto por la música, por la historia. Siempre hay que buscar un término medio. Pero creo que siempre se puede dialogar, como intérprete o como director de teatro. Como director de teatro, aún más. Porque al principio, cuando te presentan una producción, tú decides: «No, mire, señor: esto yo definitivamente no lo traigo a mi teatro»; o sí, si es que hay alguna posibilidad. Pero el artista llega más tarde, el artista viene cuando todo ya está hablado...

—*Cuando ya está todo, más o menos, construido.*

—Sí, cuando está todo construido. Entonces, es difícil echar para atrás. Pero creo que siempre hay alguna manera de arreglarlo, sobre todo, si es una producción donde no haya nada que sea... totalmente extravagante... Siempre se puede dialogar.

—*Muchísimas gracias, señor Domingo. Degustaremos su música y esperamos esa* Dama de picas *de Tchaikovsky en primavera, que nos permita de nuevo disfrutar la suerte de tenerlo aquí, en directo, aquí, en el [Teatro] Real*[2].

## NOTAS

[1] La soprano rumana Ángela Ghiorghiu organizó un sonoro escándalo cuando renunció a encabezar la función de *La Traviata* en el Teatro Real de Madrid y no llegó a actuar.

[2] En el texto se han citado las obras *La Traviata, Otelo, Il trovatore*, de Giuseppe Verdi; *Tosca*, de Giacomo Puccini; *Norma*, de Vizenzo Bellini; *La Valquiria*, de Richard Wagner; *Nicolas y Alexandra*, de Deborah Drattell; *Fedra*, de Ildebrando Pizzetti, y *La dama de picas*, de Pyotr Ilych Tchaikovsky.

puerta es una puerta, una ventana es una ventana, una mesa es una [illegible]. Pero [illegible] esto [illegible] yo [illegible] añado [illegible] muy [illegible] pero [illegible] por la música, por la literatura [illegible]. Pero [illegible] director de teatro. Como director de teatro [illegible]. Porque [illegible] esto [illegible] todo [illegible].

[illegible]

[illegible] para atrás. Pero [illegible] que siempre [illegible] lo, sobre todo, si es una producción [illegible] no [illegible] toda [illegible].

[illegible]

58

# *Hans Küng*
# *Probibido predicar en Barcelona*

El día 11 de noviembre de 2003, Iñaki Gabilondo entrevistaba a Hans Küng en el programa *Hoy por hoy* de la Cadena SER.

Hans Küng (Suiza, 1928) es sacerdote y teólogo; ha sido profesor en la Universidad de Tubinga, en Alemania, y en la Gregoriana de Roma. El papa Juan XXIII lo designó como uno de los especialistas vinculados al Concilio Vaticano II, aunque la Congregación para la Doctrina de la Fe determinó en 1979 que Küng no podía considerarse teólogo católico debido a las discrepancias que mantenía con la Iglesia oficial. Es autor de numerosos trabajos especializados y siempre vinculados a la disciplina teológica.

*—Es un honor para este programa saludar a una personalidad como Hans Küng. Está de visita aquí, en España, y nos trae la primera parte de sus memorias. Nació en el año 1928, y esta primera parte de las memorias concluye en el año 1968. Así que nos queda muchísimo por saber de la historia de este hombre que ha sido una auténtica bandera de la libertad. En este primer volumen, justamente, nos habla de eso: de la libertad que va conquistando poco a poco, en sus estudios en Suiza, en sus estudios en Roma, en todo su proceso... las complicaciones con la Iglesia, hasta llegar al punto que, seguramente, todos ustedes conocen. Hans Küng, muy buenos días.*

—Buenos días.

*—La segunda parte de este libro está escrita o todavía no?*

—No, todavía no está escrita. Ahora debo terminar el tercer volumen de mi trilogía sobre las religiones monoteístas. Ya he publicado el volumen sobre el judaísmo y sobre el cristianismo, y ahora trabajo día y noche, como siempre, para el volumen sobre islamismo. Es una tarea muy difícil. Después vendrá el segundo volumen de memorias.

*—¡Caramba, impresionante! El señor Hans Küng está hablando en castellano, como ustedes oyen. Podría hablar en otros muchos idiomas. ¿Nos puede decir, por favor, en qué otros idiomas podría hablar?*

—Debo decir que mi castellano es muy pobre, muy defectuoso, pero espero que se entienda mi mensaje, a pesar de todos los errores de gramática... Es mi teoría de la infalibilidad: que se entienda el mensaje a pesar de todas las faltas.

*—Se entiende, sí.*

—Pero sería mejor... sería más fácil para mí, evidentemente, hablar en alemán, es mi lengua. Y también sería más fácil en inglés, francés, italiano y...

*—Y latín.*

—Y latín. Pero no sé hablar otras lenguas, como el griego o el hebraico.

*—Le preguntaremos, sobre todo, por ese mensaje que él siempre transmite, que es un mensaje de libertad y que le ha creado muchas dificultades a lo largo de su historia. Pero antes queríamos preguntarle dos o tres cosas sobre su vida; dos o tres cosas que nos han llamado mucho la atención. En el libro nos cuenta que nace en Suiza, en un ambiente muy libre, en una época en la que el nazismo está amenazando Europa, y nos llama mucho la atención cómo explica su vocación, a través del párroco de su pueblo, un hombre determinante en su vida. Si no hubiera sido por él, seguramente usted habría elegido otro camino.*

—Claro. Ésa es una gran diferencia respecto a la situación de hoy: en aquel tiempo los curas eran muy importantes para la juventud. El movimiento de juventud católica era muy fuerte en Suiza, y no había un influjo o influencia del nazismo. Todo aquello configuraba una cierta patria espiritual, y aquel grupo de jóvenes buscó a un inspirador. Evidentemente, esto ocurre siempre entre los jóvenes. Este cura era un hombre que influyó mucho en esa generación. Yo había estudiado teología, pero nunca pensé en ser profesor de teología. Ciertamente, tampoco obispo o cardenal. No eran ésas mis esperanzas, sino servir a la juventud, trabajar con gente joven. En cierto sentido, eso atañía también a la universidad. Porque ésa era mi ilusión, educar, instruir a muchas generaciones de estudiantes.

*—Al final, usted se ha convertido en un símbolo de muchas cosas. ¿No le desaniman... no le entristece que la Iglesia que usted quería refor-*

*mar no haya prestado mucha atención a todos sus esfuerzos durante todos estos años?*

—Eso fue un problema del pasado, de hace veinticinco años. Mi tesis de doctorado versaba sobre la justificación del pecador: ahora hay ya un acuerdo oficial entre las iglesias luteranas y la Iglesia católica, en un encuentro que han celebrado en la ciudad de Ausburgo, hace dos años. Eso es el resultado de mi trabajo, que inició ese movimiento. Y también se debe a un libro publicado aquí también, en España, antes del Concilio, sobre la necesidad de un concilio de renovación de la Iglesia. Mucha gente leyó esos textos y se han estudiado en muchos seminarios. Se podría decir que es un clásico: *Ser cristiano*[1].

*—Sí, sí, ha hecho muchas cosas y de gran utilidad, pero la teoría de la Iglesia como una gran estructura (la curia romana, la corte romana) parece que se ha impuesto sobre la teoría que usted pretendía que se impusiera: un mensaje que fuera capaz de transformar toda esa gran corte y ese gran aparato, esa monarquía absoluta.*

—El Concilio Vaticano II, evidentemente, aviva un programa que era muy cercano a mis ideas, con una Iglesia colegiada, más libre, más democrática. Pienso, por ejemplo, que la reforma de la liturgia o la reforma de la piedad popular, y muchas más cosas son el lado positivo de ese concilio, ya que el Vaticano no era capaz de destruir todo eso. Pero hay, evidentemente, una recaída en el espíritu preconciliar, en el absolutismo, en el juridicismo. Y pienso que todo eso es el factor de crisis que tenemos en nuestra Iglesia. También aquí, en España, la gente está en las calles, en manifestaciones a favor de este Papa [Juan Pablo II]; esto me recuerda a las grandes manifestaciones bajo Pío XII, pero, en el tiempo de Pío XII la Iglesia estaba en crisis, Pío XII también denunció y condenó a los grandes teólogos, antes del Concilio Vaticano II. Solamente después de su muerte, la gente vio que la Iglesia estaba en crisis, y afortunadamente, Juan XXIII vino para abrir las ventanas de la Iglesia. Este Papa, ciertamente, de nuevo las ha cerrado. Espero que el próximo Papa de nuevo abra las ventanas de la Iglesia.

*—Su libro es muy duro con Pío XII, muestra mucho afecto por el papa Roncalli, Juan XXIII. De Pablo VI habla con respeto pero lo mira como un hombre de muchas vacilaciones. No sabemos qué dirá del papa [Karol] Wojtyla en el futuro, pero nos lo imaginamos. Me imagino que, en la segunda parte, cuando llegue a Wojtyla, va a ser duro con él, ¿verdad, señor Küng?*

—El adjetivo «duro» es verdaderamente el adjetivo justo. Mi posición es ser objetivo, sincero, honesto. Mucha gente, especialmente teólogos, cuando escriben por ejemplo sobre el Vaticano II, siempre evitan ser demasiado críticos en relación con el Papa. Y para mí es importante ver los aspectos positivos, pero también los datos negativos, y así lo hice con los pontífices de los que he escrito. Y pienso que con Juan Pablo II me situaré en posición mixta. Evidentemente, era posible hablar con el papa Pablo VI: inmediatamente me recibía cuando quería una audiencia, y así lo digo en mi libro. El Papa inmediatamente decía: «¡Ah, que venga!». Pero este Papa nunca ha contestado mis cartas. Le hice un regalo, mi libro *¿Existe Dios?*, pero no hubo ninguna reacción por su parte. No es posible dialogar con este hombre que se dice paladín del diálogo. No hay diálogo con otros teólogos, con gente crítica, sólo con los «yesmen», con aquellos que siempre le dicen *yes, yes.* Evidentemente, eso será criticado en el segundo volumen de esta obra de una manera eficaz.

*—Ha estado usted en Roma, en Tubinga, en Lucerna... ¿Sabe lo que me causa especial impresión cuando le veo? Que usted hubiera podido ser, por supuesto, cardenal. Y quién sabe si más cosas... Hay en el libro un momento especialmente relevante: Ratzinger y Hans Küng son amigos, son de la misma edad, son compañeros, están a punto de trabajar juntos, y, de pronto, en un momento determinado, Ratzinger cambia y se introduce, digamos, por el camino que conduce hacia el éxito profesional. Usted renuncia a eso. Podía haber seguido un recorrido normal: usted estuvo en el Concilio del Vaticano II como perito, usted habría podido ser... no sé si papa, pero cardenal, seguro. ¿A que sí?*

—Probablemente sí... No quiero pecar de falsa modestia y humildad, pero un hombre de mi educación romana, y con el apoyo del Papa mismo, de Pablo VI, que tenía una simpatía muy personal para con este teólogo joven de Suiza... Joseph Ratzinger era decano y responsable de ese grupo y, durante tres años, todo fue perfecto. Para él era muy importante la revolución estudiantil, el 68... todo aquello. Pienso que él tiene un complejo por lo que sucedió en aquel tiempo de cambios. Y decidió entrar en la carrera jerárquica.

*—Por eso digo que usted y él estaban en la misma posición y, en un momento determinado, él elige la carrera jerárquica y usted elige la carrera de la libertad. Le pregunto directamente: ¿la Iglesia se opone a la libertad? Quiero decir: ¿la libertad, por la cual usted ha luchado desde que empezó, puede llegar a ser aceptada por la Iglesia o la Iglesia siempre terminará resistiéndose a los vientos de la libertad que usted plantea?*

—Escribí también un pequeño libro, una breve *Historia de la Iglesia católica,* donde se ve muy bien que hubo una revolución en el siglo XI, la reforma gregoriana [san Gregorio VII], en la cual introdujeron este imperialismo y este absolutismo papal, este clericalismo extremo, y también la ley de celibato, y muchas otras cosas. Entonces, para mí es esencial hacer una diferencia entre la Iglesia católica, que es la comunidad de los fieles, y el sistema romano, que es un sistema opresivo, que no es esencialmente católico. El Vaticano II reformó la mitad de ese sistema pero siguen existiendo dificultades para conciliar esos dos aspectos.

*—Ahora ha venido a España y tambien aquí ha tenido dificultades. ¿Qué le ha pasado con monseñor Ricard María Carles?*

—¡Ah, sí! Eso no es serio. Es curioso que la primera vez que verdaderamente se me ha prohibido hablar en una iglesia haya sido, precisamente, en Barcelona, en España. Toda la gente que vivió bajo la dictadura de Franco conoce esos métodos, bien conocidos. Es una recaída en ese espíritu. El Papa mismo nunca me lo ha prohibido, nunca ha dicho que yo no pudiera predicar o hablar en una iglesia.

*—Eso le ha pasado aquí... Nosotros queremos que ustedes se acerquen a este libro, a esta personalidad: es un auténtico luchador por la libertad, y una auténtica eminencia, con una cantidad de conocimientos y de saberes extraordinaria.*

## NOTAS

[1] La bibliografía de Hans Küng en España es muy amplia: el autor se refiere a *Ser cristiano* (Madrid, Cristiandad, 1977; reed. Trotta, 1996). Para la conversación entre Iñaki Gabilondo y Hans Küng, cabe señalar también *¿Existe Dios?* (Madrid, Cátedra, 1994), *El Concilio y la unión de los cristianos* (Santiago de Chile, Herder, 1962), *Teología en libertad* (Madrid, Trotta, 1998) e *Historia de la Iglesia católica,* entre otro medio centenar de obras.

59

# *Juan Luis Arsuaga*
# *Un extraño entre nosotros*

En el otoño de 2004, un grupo de científicos australianos dieron a conocer un singular hallazgo: se trataba de un fósil de homínido *(Homo floresiensis)* encontrado en la isla asiática de Flores, cuya edad hacía suponer que había convivido con el *Homo sapiens* y que poseía alguna tecnología suficiente como para navegar. Con este motivo, Iñaki Gabilondo entrevistó a Juan Luis Arsuaga el día 28 de octubre de 2004. Juan Luis Arsuaga (1954) es uno de los directores de las excavaciones de Atapuerca (Burgos), cuyos resultados han dado un vuelco en la investigación paleontológica al describir al *Homo antecessor*, inmediato predecesor de nuestra especie.

*—No sabemos valorar exactamente la noticia, pero parece un asunto verdaderamente chocante. Toda la comunidad científica está atónita. La noticia del* Abc *dice así: «Un equipo de paleontólogos australianos ha encontrado en una isla de Indonesia, llamada Flores, los restos de una nueva especie de homínidos que también coexistió con los humanos modernos, el* Homo sapiens, *al menos hasta hace doce mil años. Se trata del esqueleto parcial de una hembra adulta de un metro de altura, con el cerebro del tamaño de un pomelo. Junto al cráneo se han hallado una mandíbula, varios huesos y fragmentos óseos. Había herramientas de piedra que reflejaban, al parecer, capacidad cognitiva superior a la que se pudiera esperar por el tamaño de su cerebro». Nosotros nos encontramos con esto y no sabemos si eso es bueno o malo o regular, mucho o poco. Pero, de pronto, nos dicen: «¡Sorpresa! ¡Sorpresa monumental!». A ver, Juan Luis, ¿por qué esto es una sorpresa monumental?*

—No se esperaba una cosa así, empezando por los descubridores, que estaban en la isla de Flores buscando a los antepasados de los australianos aborígenes. Esperaban encontrarse *Homo sapiens*, más que con ese utillaje que habían encontrado, incluso parece que han encontrado restos de fuego... Iban a encontrarse humanos modernos, como nosotros, relacionados con los aborígenes. Y, de pronto, lo que se han encontrado es un tipo de homínido, porque no es un simio, es un homínido, que tiene unas características increíbles, por lo primitivas. Empezando por la estatura, que es de un metro; más o menos, la talla de un chimpancé. Ésa es la estatura que tiene. Y por el tamaño del cerebro, que es el de un chimpancé. Éste es el cerebro más pequeño de todos los homínidos fósiles encontrados jamás. Y porque es un caso extremo, impensable, inimaginable.

*—Además, leemos en el artículo que esta mañana has publicado: «El hecho de que haya aparecido donde ha aparecido añade otro elemento mayor de estupefacción». Porque ha aparecido en Indonesia. A ver, ¿por qué es eso un elemento...?*

—Bueno, ha aparecido en una isla de Indonesia a la que no se puede llegar andando por tierra. Se habían encontrado fósiles, anteriormente, desde el siglo XIX en la isla de Java...

*—¿Pero no se puede llegar ahora o no se pudo llegar nunca?*

—Por lo que sabemos de la geología de esos fondos marinos, parece que no se pudo llegar nunca. Han tenido que llegar a esa isla después de navegar. Una navegación, bueno... planificada o bien accidental, pero cruzando el mar.

*—Pero ¿desde dónde? ¿Desde África?*

—No, no, desde Java. Porque hasta Java sí que se podía llegar andando en las épocas en las que descendió el nivel del mar, en las épocas frías, en las glaciaciones, cuando el nivel del mar baja más de cien metros. Y, por ejemplo, a Inglaterra se podía llegar andando, se podría llegar andando si hubiera una glaciación; y a Java también, porque está en la plataforma de la zona...

*—Pero desde Java hasta esta isla...*

—Hay que navegar.

*—Este homínido no ha podido ir andando...*

—De hecho, un contemporáneo de Darwin, muy famoso, que se llamaba [Alfred Russell] Wallace, trazó una línea, la línea de Wallace, en base a la cual, en Oceanía no se encuentran animales que viven en Asia, porque no habrían podido cruzar hasta ahí... Y Flores está al otro lado de esa línea. Éste sería un homínido que habría cruzado la línea de Wallace: no hay otra manera. Y sería el único, prácticamente... También se encontró un elefante que había cruzado esta línea.

*—Pero se daba por sobreentendido que el primer hombre estaba en África.*

—Sí.

*—¿No podría haber habido un primer hombre ahí?*

—No, no... Eso sí que iría en contra de... de... de todo lo que pensamos, y eso creo que no va a cambiar. Los primeros homínidos aparecen en África, y además, hace mucho tiempo, hace siete millones de años. Y en algún momento, salen de África, suponemos que hace unos dos millones de años. Y en aquella época es cuando podrían haber llegado allí.

*—Como no encontramos respuesta a cómo ha podido aparecer este homínido allí... bueno, pues cabe pensar... bueno, pues... a lo mejor apareció allí como apareció el primero en África.*

—Sí, sí. Ésa es una de las posibilidades que se han barajado... Igual que nosotros estamos emparentados directamente con los chimpancés, que son nuestros parientes más cercanos vivos... como en esa zona hay orangutanes, pues podría ser un tipo... una evolución paralela a la nuestra, a partir de un tipo de primate distinto. Pero no. Se trata de un homínido, y además, del género *Homo.*

*—Navegante.*

—Por fuerza. Y, eso sí, todavía lo hace más increíble porque suponíamos que los primeros navegantes habíamos sido nosotros, los humanos de la especie *Homo sapiens.* No se les atribuían estas capacidades porque eso supondría... una capacidad cognitiva que sólo tenemos, en teoría, nosotros, que es la capacidad de planificar, de planificar el futuro. Y eso no se les imaginaba a otras especies humanas.

[Miguel Ángel Oliver]

*—Pero, Juan Luis, ¿navegaron por fuerza o por casualidad?*

—Navegación forzosa, en situaciones... Por ejemplo... una tormenta derriba un árbol, o un grupo de árboles, y se forma una balsa natural, y en esos árboles, en ese momento, están refugiados unos primates, por ejemplo, y se ven obligados a navegar en esa balsa natural... Y de hecho, ésta es la explicación para los monos que viven en América, que también tuvieron que llegar navegando de alguna forma. Evidentemente, suponemos que en el caso de estos monos americanos fue accidental. Se podría pensar algo así para este nuevo homínido. Pero, de todas formas, sería el único caso, porque a esta isla no han llegado otros mamíferos.

[Iñaki Gabilondo]

*—En todo caso... llegaría solo.*

—Vaya... Tendría que darse la circunstancia de que viniese algo derribado por una tormenta, que cayese a un río, que luego transporta hasta el mar, y finalmente una corriente lo lleva... Habría un macho y una hembra...

*—Bueno, pues se ahogó, y sólo llegó uno...*

—Entonces no habría habido descendencia. Tendría que haber llegado al menos una pareja. Pero todo esto es tan... fantástico que...

*—Sí, pero cuando hablamos de homínidos... Es que vemos una raya que marca un antes y un después. ¿Cuándo está marcada esa raya?*

—Los homínidos formamos un grupo zoológico que es el de nuestros antepasados y parientes, porque es una evolución. Es un grupo que tiene muchas ramificaciones que se separa de la rama (y nunca mejor dicho) de los chimpancés, hace siete millones de años. Ahí empieza nuestra historia evolutiva: hace siete millones de años: en África.

[Miguel Ángel Oliver]

*—Juan Luis, hablemos de la línea sucesoria. Tú apuestas por un descendiente del* Homo habilis *que se llama* Homo floresiensis, *no del* Homo erectus, *que sería el Hombre de Java.*

—Exactamente. Más bien... los descubridores se inclinan a pensar que se trata de un *Homo erectus*, que es una forma bastante evolucionada y cercana a la nuestra, que habría reducido su tamaño corporal, cerebral y demás. Por la morfología, más vale pensar que se trate de un homínido aún más primitivo, porque en la evolución humana ha habido un largo período de tiempo en el que hemos tenido un cerebro... Nuestros antepasados tenían un cerebro muy pequeño y una talla como la de un chimpancé... Y puede que fueran éstos, aún más antiguos, los que hace dos millones de años alcazasen esa... esa isla.

[Iñaki Gabilondo]

*—De todas maneras, me gustaría saber qué significaría esto de cara al futuro. El artículo mencionado antes de Juan Luis Arsuaga, en el* Abc, *es un artículo en el que dice: «Nos coloca en un terreno de lo inverosímil». Dice: «Estamos casi no creyéndolo». E incluso el artículo da en*

*todo momento la impresión de que Juan Luis es todavía muy prudente a la hora de tratar este hecho, porque no se lo termina de creer del todo. Me gustaría saber, en caso de que se lo creyera del todo, ¿qué querría decir esto? ¿Qué querría decir? ¿Qué camino abriría para nuevas investigaciones?*

—Para empezar, si este homínido es el autor... el productor de los instrumentos que se encuentran allí, que son instrumentos tecnológicamente muy avanzados, eso querría decir que con el cerebro de un chimpancé es posible desarrollar unas capacidades cognitivas que hasta ahora pensábamos que sólo un cerebro como el nuestro podía producir. Es decir, nos obligaría a revisar nuestra idea acerca de la evolución del cerebro y sus capacidades. Esto es muchísimo, de momento. Y, luego, nos lleva a muchas conclusiones acerca de cómo se ha producido la evolución humana, cuáles han sido los mecanismos que la han impulsado.

*—Por el momento, ¿puede darse el caso de que lo que hoy parece mucho dentro de muy poco descubramos que es la mitad de lo que parece? ¿Puede darse o no?*

—Bueno, no, no... Se apunta en esa dirección... Porque los investigadores han declarado que estos homínidos podrían haber sobrevivido hasta hace un siglo y quién sabe si menos... Incluso los habitantes de la isla de Flores cuentan historias acerca de ellos, incluso reproducen su lenguaje o los imitan... Y añaden que estos homínidos eran incluso capaces de reproducir las palabras que producían los habitantes modernos.

*—Con esto ya, definitivamente...*

—O sea, que hubo contactos entre unos y otros, y luego...

*—¿Hasta hace un siglo o menos?*

—Hasta hace un siglo, en la época de los holandeses, todavía estaban. Parece ser que estos homínidos aún vivían en la época colonial, e incluso más modernamente. Y, luego, hay un párrafo para mí muy enigmático en el artículo que publican los científicos en el que dicen: «Predecimos que se producirán descubrimientos sensacionales de estas características en otras islas». Entonces, es muy raro que un científico haga predicciones...

*—El equipo es serio, ¿no?*

—Claro. Sí, sí. La futurología no suele estar entre nuestros hábitos. Eso me hace sospechar que si predicen que se encontrarán algo es porque tienen datos para pensarlo. Es decir, que lo que están insinuando o anunciando es que va a haber mucho más, y todavía más gordo.

[Miguel Ángel Oliver]

*—Me parece muy sobresaliente el hecho de que [...] este homínido decreciera, cranealmente y corporalmente, respecto a sus antepasados. Es decir, se produjo un fenómeno de miniaturización. Y en vez de crecer el cerebro, lo que ocurrió fue que se redujo. Del pasado al futuro: lo que quiero plantearle a Juan Luis es si podría producirse un proceso por el cual la especie humana tuviera un desarrollo encefálico menor y nos pasara como a los ordenadores, que tuviéramos un proceso de miniaturización de los elementos.*

—Eso no va a ocurrir en nuestra especie, porque no permitimos que ocurra. Quiero decir: este fenómeno de reducción del tamaño, de enanismo evolutivo, que se ha producido en esa época, se conoce también en otras especies de mamíferos. De hecho, estos propios homínidos convivían en la isla con unos elefantes (que los elefantes sí que cruzan brazos de mar nadando, y se conoce este comportamiento) que se habían reducido al tamaño de un poni. O sea, que en esa misma isla hay otro ejemplo de enanismo insular. Pero nuestra especie no va a evolucionar así, porque la fuerza que promueve la evolución es la selección natural, que consiste en que se reproducen y tienen descendientes una minoría de supervivientes.

[Iñaki Gabilondo]

*—Los más fuertes.*

—Los más fuertes en el sentido de que tienen más descendientes. O que se alimentan mejor, no necesariamente fortaleza física. Y nosotros no estamos permitiendo que ocurra eso; es decir, no estamos permitiendo que las fuerzas biológicas que han producido la evolución actúen en nuestra especie.

*—De todos los elementos que estamos observando por encima, este último de que hasta hace un siglo o menos estos seres pudieran estar viviendo...*

—Es precioso.

*—Sí, eso me parece precioso. Y me obliga también a preguntar: ¿no creíamos haberlo sabido todo? ¿No podría darse por tanto el caso de que en otros lugares del mundo o de la Tierra, donde ya dábamos por sabido todo lo sabido, nos aguarden sorpresas que pongan patas arriba casi todo lo que creíamos saber?*

—Bueno... ojalá. Pero todos estábamos convencidos... (y todos lamentábamos) de que la era de los grandes descubrimientos geográficos, que había sido el siglo XIX y parte del XX, hasta la gran guerra más o menos, se había terminado. Todos creíamos que ya no quedaba, en realidad, nada importante que descubrir en geografía, ni tampoco en biología, en materia de especies. Y nos encontramos con este caso que nos llena de júbilo, porque nos muestra que el mundo aún no ha sido completamente explorado y que quedan rincones. En estas mismas fechas se ha dado a conocer... se ha anunciado el hallazgo, parece ser, de una especie nueva, de un gran simio, en África, de la que se tienen muy pocos datos. Así que, a lo mejor todavía... en nuestros días, asistimos a descubrimientos que nos parecen románticos, y que nos hacen retroceder a la época de los exploradores.

*—En Atapuerca estamos cerca, también, de algo que un día pudiera también componer una especie de formidable campanazo. Bueno, alguno ya se ha dado, pero quizás...*

—Bueno, Atapuerca es el yacimiento... o el conjunto de yacimientos que ha producido más fósiles humanos de la Historia, y lo va a seguir haciendo. Y, luego, hay descubrimientos importantes en el terreno de la investigación.

*—¿Cómo está ahora lo de Atapuerca?*

—Pues hemos estado investigando el tema del lenguaje. Ésa es una de las líneas. Y hemos encontrado que había lenguaje o, al menos, producían sonidos parecidos a los nuestros hace cuatrocientos mil años. Pero queda una cosa interesante y de la que tendremos pronto noticias y es el estudio del ADN. En el caso de la isla de Flores, como estos restos son tan recientes, seguro que conservan mucho material genético. Y seguro que lo están investigando ahora mismo. Y eso producirá grandes sorpresas... Ya veremos.

*—¡Caray! ¡No nos habíamos parado ahí... en el ADN!*

[Miguel Ángel Oliver]

*—Claro, porque actualmente con el análisis del ADN mitocondrial podríamos llegar a retroceder en el árbol genealógico de este...*

—El ADN mitocondrial, para empezar, nos dirá el grado de separación, de distancia genética, que tenemos nosotros con este homínido y nos permitirá también calcular cuánto tiempo llevamos evolucionando por separado.

[Iñaki Gabilondo]

*—¡Caray! [...] Pero querríamos tener una foto radiofónica del* Homo floresiensis... *Juan Luis Arsuaga nos ha traído una simulación informática de este homínido.*

—Bueno, para empezar, no se han publicado todavía los estudios sobre los brazos. No sabemos nada acerca de los brazos, pero se dice que los brazos son largos. Esto es un rasgo primitivo, también lo tenían los *australopitecus* en África. Y eso indica que tenía cierta capacidad para subirse a los árboles; pero el aspecto es casi... un poco... el de un chimpancé, para que la gente se lo imagine.

*—Sí, bueno... No exactamente... Un poco humano, ¿no?*

—Sí, bueno... un chimpancé puesto de pie y un poco más evolucionado... sí.

*—¿Qué lleva al hombro?*

—Pues lleva un roedor de los que había en esa isla, grande, que supuestamente habría cazado; y también se dice que habría podido cazar estos elefantes del tamaño de...

*—Pequeñitos. ¿Y en la mano? ¿Qué lleva en la mano izquierda? ¿Ese objeto qué es?*

—Bueno, pues lleva... sí... una especie de arma... de... maza... una maza o algo así. Pero los utensilios que aparecen son muy recientes, son muy modernos, son muy avanzados tecnológicamente. Y cabe la posibilidad de que los instrumentos no los fabricaran ellos, de que estuvieran ya en esa época conviviendo... que hubiera llegado ya el *Homo sapiens* y que fuera éste, el hombre moderno, el autor de...

*—¿Y el cráneo nos dice alguna cosa especial?*

—Si este cráneo hubiera aparecido en África hace dos millones de años, nos habría parecido bastante normal.

*—Pero que haya aparecido hace 18.000... aquí, en Indonesia, es raro.*

—Es increíble. Ya digo, el propio descubridor se tuvo que quedar pasmado. Claro.

[...]

*—Ya. ¿Y lo que decía de este grupo de paleontólogos...? Quiero decir: ¿es conocido? ¿Es solvente? ¿Es un equipo acreditado?*

—Sí, sí. Conozco a Peter Brown, lo conozco... Es el primer firmante, porque es un especialista en aborígenes australianos, precisamente, que es lo que fue a buscar ahí: el origen de los aborígenes australianos y la gente de Indonesia. Y esperaría encontrarse, imagino, al aborigen australiano primitivo, o algo así.

*—Bueno, pues ya ven. Esto es lo que les podemos contar. Queríamos compartir con ustedes, hasta donde podemos entender, la sorpresa que este hallazgo significa.*

60

# *Eleuterio Sánchez*
# *Yo no soy 'El Lute'*

El día 20 de octubre de 2004, Iñaki recibía en los estudios de la Cadena SER a Eleuterio Sánchez, con motivo de la reedición del libro *Camina o revienta*.

La vida y los avatares de Eleuterio Sánchez (Salamanca, 1942) representan la cara más oscura y tremendista (pero real) del franquismo. Nacido en el seno de una familia de vendedores ambulantes, Sánchez estaba condenado de antemano por las leyes represoras del régimen dictatorial. El hambre y la miseria que atenazaban a toda la población española incidían más en los sectores marginales, de modo que algunos pequeños robos fueron suficientes para que Eleuterio Sánchez se viera condenado a penas de prisión que superaban los veinte años. En la década de los sesenta, participó en un atraco a una joyería en Madrid y, por desgracia, el vigilante del establecimiento cayó muerto. Se procedió contra Eleuterio Sánchez, ya conocido como *El Lute*, y se le sometió a un consejo de guerra, cuyo resultado fue una condena a muerte, conmutada después por treinta años de cárcel. Dos fugas impactantes (1966 y 1971) convirtieron a *El Lute* en un mito. El franquismo lo presentó como un criminal peligrosísimo (79 causas y una condena de más de mil años) y así entró a formar parte del imaginario colectivo.

Eleuterio Sánchez, en prisión, ocupó su tiempo en el estudio, se licenció en Derecho y escribió un libro testimonial (*Camina o revienta*, 1978) que fue llevado al cine con gran éxito por Vicente Aranda (1987), con la interpretación de Imanol Arias. En 2004, la editorial cordobesa Almuzara reeditó el libro y ésta fue una buena oportunidad para recordar cómo eran las cosas en los grises y tristes años de la dictadura.

*—Eleuterio Sánchez, ¡Dios bendito!* ¡El Lute! *Hola, Eleuterio, buenos días.*

—Buenos días, Iñaki.

*—¿Cómo estamos, Eleuterio?*

—Muy bien, ahora mejor que nunca.

*—Eleuterio Sánchez, licenciado en Derecho. ¿Por qué se reedita ahora* Camina o revienta, *Eleuterio?*

—Una buena pregunta: ¿por qué se reedita? Este libro lo publicó *Cuadernos para el diálogo,* famosos en aquella época, pasó el vía crucis... Salió en 1978, en un momento un tanto convulsivo en España: el dictador casi acababa de morir, todavía estaba un poco caliente, por lo menos. El franquismo sí que estaba ahí muy vivo. Nació en ese momento y fue bastante bien recibido, bastante bien considerado, se vendió bastante bien. Pero yo creo que los lectores iban buscando un poco los contenidos en función de la izquierda o de la derecha. Quiero decir que buscaban qué tipo de radicalismo se proponía, cómo se decía más que qué se decía. En ese momento (que fue el despertar de tantas cosas, las nuevas revistas, entre otras, *Cuadernos para el diálogo),* el libro se analizó desde esa óptica. Yo siempre he tenido la impresión de que, cuando uno es autor, el análisis ya no es tuyo, sino que te lo va dando la gente que te encuentras por la calle, poco a poco, y yo percibí que no era eso... que no era eso exactamente lo que pretendía el libro. No era un radicalismo a ultranza, no era un determinismo a priori, sino un contenido importante, en el sentido de que lo más trascendental de nosotros, de las personas, es el ser humano, y eso no hay que olvidarlo. El ser humano tiene que estar presente siempre como tal, en todos nuestros pensamientos, en toda nuestra acción. Y yo he tenido la certeza de que esa parte no fue bien vista, no fue bien analizada. Tal vez, por tantas cosas que se nos avecinaban en ese momento, se nos agolpaban, quizá no se analizó así. Entonces, yo empecé a considerar que ahora, en una España asentada, una España democrática, ahora sí podría leerse con otra mirada. Ahora sí se puede hablar de una España democrática, no es la 1978 ni la de 1980. Ahí tuvimos intentonas de golpe... ¿Por qué reeditar ahora *Camina o revienta?* Porque de veras estoy convencido (y quizá yo no sea la persona más indicada para decirlo) de que *Camina o revienta* tiene ahora una vigencia extraordinaria.

*—¿Por qué tiene ahora una vigencia extraordinaria, Eleuterio?*

—Porque contiene los valores eternos del ser humano. Cuando vas caminando por una vereda o por un acantilado y no se te pide permiso, y te empujan, tienes dos opciones: o nadas, porque nadie te ha consultado si sabes nadar o no, o nadas o te mueres. De ahí viene precisamente el título. El título, que ya es un himno, es un himno de lucha. Camina o revienta: no expliques, no pares, no analices, éste es el mundo que te ha tocado vivir.

*—Este hombre al que están ustedes escuchando, Eleuterio Sánchez, ha sido en España tantas cosas... Ha sido un mito, ha sido un dolor de cabeza formidable para las Fuerzas de Seguridad, ha sido una referencia. Ha sido alguien que, para resumirlo, porque habrá jóvenes que no lo sepan, es un hombre que nació en Salamanca en 1942, en el barrio de Los Pizarrales. Nació en una familia muy pobre, nació cuando su padre estaba en la cárcel. Vivía como podía, era un superviviente. Con veinte años robó en Badajoz un par de gallinas y estuvo seis meses en prisión. Estuvo en la cárcel por eso. Su figura popularizó el término «quinqui»: su padre era hojalatero, se dedicaba a la quincallería. Su forma de vida no era el sedentarismo, sino el nomadismo. Cuando el término «quinqui» comenzó a relacionarse con delincuencia, no era más que una manera de vivir, pero estaba relacionada con la supervivencia, como hemos visto. Después tuvo la desgracia extraordinaria de participar en una desventurada historia, la del atraco a la joyería de la calle Bravo Murillo, en el curso de la cual, murió el vigilante. Eran tres: Medrano, Agudo y él. Los tres, en una moto... Una cosa tan cochambrosa que no puede imaginarse... Aquel día, Eleuterio no sabía ni que había una pistola por allí. En fin, fue condenado a muerte, protagonizó dos fugas espectaculares, se convirtió en un mito y, de pronto, el analfabeto empezó a aprender a leer en la cárcel. Y aprendió a leer. Hizo el bachillerato e hizo la carrera de Derecho. Así se convirtió en otra referencia absolutamente extraordinaria. Tal vez, de toda esa vida, el día clave fue el desventurado día del robo de la joyería de la calle Bravo Murillo, ¿verdad, Eleuterio?*

—Sin duda, sin duda. Eso es lo que me marcó, me marcó a hierro candente. Tú lo has definido muy bien: un día desventurado, absolutamente desacertado. Eso me marcó absolutamente, pero a veces, a veces, Iñaki, es curioso cómo discurre la vida... Los creyentes dicen que Dios escribe derecho con renglones torcidos; yo digo que el destino escribe derecho con renglones torcidos, aunque, en fin, yo, a estas alturas, ya no creo ni en una cosa ni en otra. Pero sí, sin duda, sin duda, de no haber sido por ese día desventurado, yo hoy no estaría aquí; no estaría tampoco el libro; esta historia mía no estaría aquí: sería la historia anónima de tantos y tantos españoles...

—*¿Hubiera sido un desgraciado superviviente?*

—Sin duda. Nací en los años de la posguerra, que pasaron a la Historia como los años del hambre. Aquí estoy, y ésta es mi historia. Quizá, en aquel momento, deseé morir... Estuve a punto de morir tantísimas veces... y de que me matasen, también. Pero esto no ha ocurrido. La vida apuntó hacia otras partes, los vientos me dirigieron a otra parte y, en fin, un poco la picaresca y la persona...

—*Es el mito de aquellos años. Toda la policía le perseguía, era el hombre más buscado del país. Se fugó tirándose de un tren en marcha; después se fugó del penal de Santa María, de una manera extraordinariamente rocambolesca, que en el libro se cuenta con todo lujo de detalles y... ¿en qué instante y por qué se produjo esa especie de descubrimiento que te incitó a pasar de esta situación a otra? ¿Cómo se produjo ese momento decisivo? El paso del analfabetismo a aprender a leer y de ahí... ¿Hubo alguien en concreto que te ayudó, Eleuterio?*

—Sí. Sí que hubo alguien que me ayudó. Hubo personas, pero también hubo una necesidad perentoria. Los mercheros (hablabas de «quinquis», efectivamente: peyorativamente se nos conocía como «quinquis», pero realmente somos mercheros, que tenemos nuestros homólogos en todo el mundo: algo parecido a los gitanos), los mercheros, te decía, somos analfabetos, analfabetos crónicos, de padres a hijos. Entre nosotros, ni siquiera se experimentaba la necesidad de saber escribir o leer. Por otra parte, eso era algo imposible, porque en el nomadismo no hay escuelas, no hay posibilidad. Pero a mí, de repente, me meten en la cárcel: y no hay cárceles de mercheros, sino que hay cárceles donde van mercheros, van gitanos, van payos, va todo el mundo. Entonces, yo tengo que comunicarme con mi familia por cartas, por el sistema epistolar. Claro... mis cartas las tenían que escribir los que sabían, en este caso, los payos; y a mí me daba una vergüenza horrible tener que depositar mi intimidad en alguien que pudiera escribir lo que yo decía. Y yo me decía, muy orgulloso: «¿Por qué si un payo sabe leer y escribir, no voy yo a saber hacerlo? ¿Eh? ¿Por qué yo voy a ser más tonto que él?». Y ése fue el comienzo: una necesidad objetiva. Luego... ayudas en el camino, muchísimas. Me acuerdo de uno al que he citado ya en algunas ocasiones: Simón Sánchez Montero, que coincidió conmigo en el penal de El Dueso, precisamente, donde me llevaron a mí. Este hombre estaba en la biblioteca, era bibliotecario, y me aconsejó y me asesoró bien, porque yo estaba... estaba... ¡vamos, que veía que yo era un pardillo! Era un chico casi barbilampiño, ignorante, analfabeto y perdido. Y me asesoró, sí, sí.

*—Cuando decimos que se convirtió en un mito... posiblemente eso le haya molestado mucho a Eleuterio, porque él nunca fue* El Lute *y así lo dice en el libro.* El Lute *fue lo que la policía decía que él era. Él era Eleuterio, pero dijeron que era* El Lute, *del mismo modo que era quincallero o merchero y dijeron que era «quinqui». De pronto, las palabras «quinqui» y* Lute *tuvieron un carácter que no estaba en la vida de un hombre superviviente. Para muchos, decíamos, es una referencia. Recuerdo aquel cerco en Alcalá de Guadaira, del cual, inexplicablemente,* El Lute *se pudo escapar. Mucha gente que miraba con recelo, desde las expectativas democráticas, a las Fuerzas de Seguridad, a las fuerzas represoras, veían a Eleuterio casi como un símbolo de lucha por la libertad. En esta nueva edición de Almazara, hay una introducción hay unas palabras que yo quisiera que Eleuterio leyera, porque, posiblemente, en esta lectura, los oyentes de la Cadena SER van a encontrar respuestas a muchas de las preguntas que parece tener la historia de Eleuterio Sánchez. Puede leer, por favor, Eleuterio.*

—Sí, Iñaki, aunque no soy un buen rapsoda... Pero, bueno, lo voy a intentar... Sí, la introducción es la novedad que se aporta en este libro y es una introducción amplia, pero vamos a leer un extracto nada más. Hay una parte que dice: «Acuso al régimen político que permite que se condene a tres años de cárcel el robo de una gallina, una gallina que se roba para comer, para no morirse. Acuso al régimen de que haya adultos analfabetos. Acuso al régimen que de niño me obligó a mendigar y, de adulto, me encierra vivo en un penal. Acuso al régimen que hizo pelar a mi madre y a mi hermana al cero. Acuso al régimen que permite la estafa de cientos, de miles de millones sin castigar a los culpables. Acuso al régimen que permite que se condene a un joven a muerte sin haber matado, ni siquiera haber herido, a nadie y que sólo por necesidad, ignorancia y embrutecimiento ha roto un escaparate de una pedrada. Sentenciado mediante un tribunal militar, sin derecho a defensa en virtud de una ley de guerra, de una guerra que había concluido cuando yo nací».

*—Impresionante. Cuando nació... un día en el que su madre estaba sola, como casi siempre, porque el padre estaba en la cárcel. De eso habla Eleuterio con muchísimo cariño.*

—Sí, para mí, mi madre... bueno... yo me imagino que todas las madres del mundo... Pero, bueno, estamos hablando de mí, y para mí, mi madre fue todo. Un recuerdo imborrable.

*—Eleuterio, ¿qué fue de tus hermanos? Los hermanos de Eleuterio también formaron parte de la historia. ¿Qué fue de ellos?*

—Sí, sobre todo Lolo y Toto, que salieron en la prensa. Curiosamente, ellos siempre... siempre tuvieron estos apodos familiares, cariñosos... La prensa se encargó de darles el matiz peyorativo del alias y toda esa historia... Bueno, mi hermano Toto, el pobre... Esto me lleva un poco a reflexionar, Iñaki: cuando yo me fugué del penal de Santa María, mis hermanos Lolo y Toto, concretamente, se vinieron conmigo. ¿Por qué? Un hombre tan buscado y perseguido... ¿Por qué se vinieron conmigo? Esas razones, esas motivaciones hay que buscarlas en un sentimiento humano que hay entre los mercheros. Ellos consideraron que tenían que protegerme, tenían que proteger mi vida necesariamente, porque yo, solo, tenía poco que hacer. Y en este deambular de una parte para otra y perseguido constantemente, ellos venían conmigo a todas partes. Finalmente, cuando yo fui detenido en el año 1973, en Sevilla, también detuvieron a mis hermanos. También los metieron en la cárcel. A mí me llevaron inmediatamente a un penal, un penal que se hizo a mi medida, con más garitas, con las paredes más altas. Y, entonces, mis hermanos estuvieron en la cárcel de Sevilla, en preventivos, durante cinco años, a la espera de un juicio absolutorio ¡después de cinco años! Para ellos no hubo libertad provisional, no hubo fianzas y, en este tiempo, en esta estancia, mi hermano Toto, que era un chavalito, era un adolescente, tenía dieciséis o diecisiete años, se desequilibró absolutamente. Le daban droga, tomaba droga... Lolo ya, en fin, era un poco mayor, muy encariñado con su mujer, con sus hijos, aguantó como pudo allí en la cárcel provincial de Sevilla, pero mi hermano Toto se quedó hecho un trapo. Un guiñapo. Cuando salió en libertad, era un drogadicto o sea un...

*—Un desastre.*

—Y un día, la noche de Nochebuena, noche de paz, precisamente, en el año 1985, se metió en una tiendecita donde vendían calcetines, jerséis, pantaloncitos y cosas de éstas, para coger unos cuantos pingos y venderlos al día siguiente... para tomarse la droga, la dosis. Y allí lo cogieron y lo mataron. Lo mataron con una escopeta. Ésa fue la historia de Toto, de Raimundo.

*—¿Y la vida de Eleuterio? Sé que estuvo trabajando en un despacho laboralista de Madrid, escribía en revistas, pintaba, etcétera. ¿Qué está haciendo ahora Eleuterio?*

—Pues hago muchas cosas. Lo que pasa que, en esta ocasión, son como más íntimas, se han difundido menos. Yo, de vez en cuando, cuando me pedís alguna colaboración y me interesa... Ahora ya no estoy tan abierto a los medios, porque hay que cerrarse un poco, porque si te abres mucho, te crucifican. Como a Cristo. Tienes que ser un poco selectivo, pero colaboro y hago algún artículo que me piden. Pero, muy especialmente, me dedico a administrar el patrimonio familiar de mi mujer y todo esto.

*—¿Y los hijos?*

—¿Mis hijos?

*—Sí, tienes un hijo muy mayor, porque lo tuviste cuando eras un crío, ¿no?*

—Sí, sí, sí. Y, además, tengo ahora dos... son pequeños. Tengo una niña, por fin. Siempre deseé tener una niña y por fin llegó la niña. Ahora estoy ejerciendo la paternidad como yo siempre deseé ejercerla. Por fin: era mi asignatura pendiente.

*—Es una historia que parece mentira, parece un sueño. La supervivencia, la recuperación... Parece un sueño la recuperación, parece un sueño todo. Para mucha gente, la historia de Eleuterio Sánchez,* El Lute, *se convirtió en un hecho más conocido con la película* El Lute: Camina o revienta, *de Vicente Aranda, protagonizada por Imanol Arias y Victoria Abril. Tuvo una segunda parte:* Mañana seré libre, El Lute II. *Hemos pedido a Imanol Arias que se acerqué un momentito aquí, a este encuentro, para formular alguna pregunta a Eleuterio. Hola, Imanol.*

—[I.] Buenos días, Iñaki. Buenos días, Eleuterio.

—[E.] Buenos días, Imanol.

—[I.] ¿Cómo estás, amigo del alma?

—[E.] Bien, muy bien, compañero, *Lute*, ¿cómo estás?

—[I.] Pues muy gustoso de hablar contigo, de oírte.

—[E.] ¿Te acuerdas del pacto que hicimos, Imanol?

—[I.] Sí, hicimos un pacto.

—[E.] Tú eras *El Lute* y yo Eleuterio.

*—A ver, a ver... repetimos: ¿cuál es el pacto?*

—[E.] Venga. ¿Te acuerdas, Imanol, que yo te colgué el sambenito, porque para mí ya era un sambenito muy pesado?

—[I.] Sí, me dijo: «A partir de ahora, yo soy Eleuterio y *El Lute* es Imanol Arias». Y ahí estoy.

—[E.] Lo digo muchas veces.

—*Pues* El Lute *pregunta a Eleuterio.*

—[I.] Yo sólo quiero hacerle una pregunta, porque, además, me la pregunto a mí mismo, en mi corazón: eres feliz, ¿verdad, Eleuterio?

—[E.] Sí. Lo soy, lo soy, por vez primera.

—[I.] O sea... de hacer una tercera parte, me olvido, ¡ja, ja, ja...!

—[E.] Sí, en el olvido. Sin duda.

—[I.] Más que una pregunta, se trata de formular ese deseo, porque la felicidad de Eleuterio es coronar una historia, es lo que él siempre ha querido. Lo sorprendente de Eleuterio es que siempre ha querido eso. Él no daba importancia a cómo se tiraba de los trenes y al valor que tenía que tener para hacer eso. No. Él le daba importancia a lo que verdaderamente la tenía. A tener esa familia.

—[E.] Claro, claro, claro.

—*Eso sí que está bien. Oye, perdóname, Imanol: ¿va a salir* El Lute *en* Cuéntame?

—[I.] Bueno, en *Cuéntame* tenemos un problema con esto. En la temporada pasada había una escena en la que la televisión daba una noticia de *El Lute* y yo decía: «¡Joder, cómo es *El Lute*!». Pero, claro, al estar vinculado conmigo... no lo podemos utilizar tanto como quisiéramos[1].

[...]

—*Me estaba contando Eleuterio hace un rato que él tiene bigote porque tiene una cicatriz... como la que yo tengo, más o menos.*

—Sí, sí, es cierto.

—*Para taparla.*

—Sí, y la disimulo con el bigote.

—*¿Y de qué fue la cicatriz?*

—Una patada de una mula.

—*¡Una patada de una mula! Tantos momentos difíciles... Supongo que Eleuterio habrá pensado muchas veces: «¡Qué milagro que haya quedado vivo, que haya llegado a los sesenta y dos años», ¿no?*

—Sí, sí... y muchas veces, de verdad, hay momentos en los que yo me planteo: «¿Pero soy yo realmente aquel hombre?». Es verdad que eso nos ocurre a todos... porque nos vamos haciendo día a día. Pero, más allá de todo esto, haber pasado por tantos trances y haber salido airoso y, sobre todo, cristalizar como ha cristalizado una vida normal en mi persona hasta este momento... es que era increíble. Es que no lo podía imaginar...

*—Al repasar el libro, en cada momento... hay situaciones límite. Aquel día de la fuga del penal, cuando se rompe aquella cuerda por la que se estaba soltando, los disparos de la garita hubieran podido acabar con la vida de Eleuterio...*

—Sí, sin duda.

*—Aquel mismo día... como cualquier otro, ¿no?*

—Sí, sí...

*—Eleuterio representa también una lección para mucha gente, de manera que se puede decir que si se aprietan los dientes, se pueden superar situaciones verdaderamente extremas. Eleuterio vivió situaciones extremas desde el analfabetismo, y ha llegado a superarlas y a terminar la carrera de Derecho. Es una lección... ¿La voluntad lo puede todo, Eleuterio?*

—Sin duda. La voluntad es la clave de todo. Es verdad que hay situaciones que favorecen un poco... Pero, en mi caso, Iñaki, yo creo que fue al revés: yo creo que el ser humano necesita algún aliciente, alguna pelea. Evidentemente, el hombre es violencia, es fuego y es agua al mismo tiempo. Es conflicto, es contrariedad. El ser humano se va haciendo. Seguramente, somos los únicos en la Tierra que actúan así, a diferencia a otros seres, que viven en auténtica república, como las hormigas, las termitas, las abejas. El ser humano aún no ha solucionado sus propios conflictos. Pero, es verdad: necesitamos un objetivo, una pelea, algo con lo que enfrentarnos. La cárcel me dio esta posibilidad de lucha, casi fue una lucha ideológica: fue enfrentarme con lo desconocido, con la cultura, con el estudio, sentir que estaba preso, pero, mentalmente, estaba fuera.

*—Se habla mucho de las cárceles en la actualidad: se dice que se están fabricando delincuentes, que se están fabricando incluso terroristas, que se están comunicando entre ellos... ¿Qué podemos decir de esto, Eleuterio?*

—Mira, Iñaki: la cárcel es un encuentro, es un conjunto de personas. Te encuentras lo peor, lo más depravado, pero también lo mejor. A veces encontramos a todas esas personas que pasan por delincuentes y agresivos, pero si se le diese la vuelta a toda esa agresividad, podríamos ver que esas personas, esa misma agresividad, bien encauzada, podría ser muy positiva para la sociedad. Es algo parecido a lo que se hace con los toros de lidia: si en vez de utilizar con ellos banderillas de fuego en la cárcel, se les atendiera, se les aplicara un poco la sociología (la sociología es lo primero, la criminología viene después), si se atendiera a esas circunstancias, serían personas que podrían salvarse, serían personas que podrían fácilmente romper los muros de la cárcel.

*—¿A que es impresionante? Nació en una familia de mercheros, nació en una chabola, vivió sin saber leer hasta muy mayor, vivía de la supervivencia: en la cárcel a los veinte años por robar gallinas, fugándose en situaciones verdaderamente extremas. Peligro público número uno: perseguido por toda la policía como... en fin, como nadie puede ahora imaginar. Ahora ven ustedes dónde está, han escuchado ustedes cómo habla. [...] Cuando le he saludado y le he dado un abrazo... está duro como la piedra. ¡Dios mío! ¡Cómo ha debido ser de fuerte este hombre a los veinte años! Ha sido un placer encontrarme contigo otra vez, Eleuterio. Un placer.*

—Gracias, muchísimas gracias. Un abrazo.

## NOTAS

[1] *Cuéntame* (TVE) ha sido una de las series de mayor éxito en la televisión española. Narraba la vida de una familia desde finales de los años sesenta hasta el advenimiento de la democracia. Los papeles principales corrían a cargo de Imanol Arias y Ana Duato. Efectivamente, fue un emocionante guiño a la audiencia que, casi despreocupadamente, Imanol Arias dijera: «¡Joder, cómo es *El Lute!*», porque la mayoría de los espectadores identifica al famoso delincuente con la imagen del actor.

61

# *Francisco Ayala*
# *«¿Quién podía engañarse?»*

Francisco Ayala (Granada, 1906), sociólogo y escritor, es una de las figuras intelectuales del siglo XX. Tras la guerra civil española, se exilió a América, donde trabajó en distintas universidades y regresó en 1961. Seguidor y estudioso de José Ortega y Gasset, su pensamiento suele catalogarse en el humanismo sociológico. Es autor de una ingente obra erudita, entre la que destacan los tres volúmenes del *Tratado de sociología* (1947), *El escritor en la sociedad de masas* (1955) o *Experiencia e invención* (1960). Es también un reputado novelista: *Muertes de perro* fue publicada en 1958; con *El jardín de las delicias* ganó el premio de la Crítica de 1972 y el segundo volumen de sus memorias mereció el premio Nacional de Literatura en 1983. Es miembro de la Real Academia Española desde 1983. En 1991 se le concedió el premio Cervantes y en 1998 fue galardonado con el premio Príncipe de Asturias de las Letras.

La siguiente entrevista se emitió el día 25 de octubre de 2004, en el programa *Hoy por hoy* de la Cadena SER.

*—Yo ya sé que hay momentos en que la radio sólo se oye y otros momentos en que la radio también se escucha. Yo les invito a escuchar este tiempo de radio porque hemos pensado que algunas de las grandes personalidades de nuestro país deben ser escuchadas. Hemos decidido charlar con algunas de ellas, sobre todo, con las que tienen más edad, para que podamos quedarnos con algunos retazos de una realidad que el tiempo seguramente se ha llevado y que hoy nosotros ya no podemos ver. Hoy vamos a ofrecerles a ustedes los destellos de una conversación que mantuvimos con Francisco Ayala. [...]*

[Elvira Cordero]

*—Francisco Ayala tiene noventa y ocho años de vida muy intensa. A los diecinueve años escribió su primera novela y, desde entonces, ha alumbrado una montaña de publicaciones, tocando todos los palos: narrativa, ensayo o artículos periodísticos. Hombre templado, comprometido con la sociedad en la que vive y de la que ha recibido gran reconocimiento. Es académico de la lengua, ocupa el sillón Z mayúscula.*

[Iñaki Gabilondo]

*—Díganos, ¿qué música le parece que pongamos?*

—Bueno... a mí, me gusta la clásica barroca, más que nada.

*—¿Le ponemos un poco de Bach?*

—Bach, sí.

*—¿Algo concreto de Bach?*

—No.

[Elvira Cordero]

*—Francisco Ayala nació en Granada en 1906. Reinaba Alfonso XIII y el país salía de su aislamiento diplomático, estableciendo relaciones con Francia y el Reino Unido. Pasó su infancia y adolescencia en Granada, entre los jardines que cultivaba su madre y entre las dos corrientes de pensamiento que se marcaron cuando estalló la Primera Guerra Mundial.*

—Mi padre era hijo de magistrado, de la carrera judicial, aristocrático, conservador, ultraconservador, y mi madre era hija de un catedrático de Medicina que era... yo no sé si era masón... pero, en todo caso, era hombre muy liberal y mantuvo esa posición muy firmemente. De modo que yo viví las dos tendencias y eso se hizo muy agudo durante la guerra mundial, la primera guerra, de modo que la gente se dividía en aliadófilos y en germanófilos. Por supuesto, mi padre era germanófilo y toda la familia de mi madre eran aliadófilos. Yo estuve siempre dentro de esa... dualidad, inclinado, por supuesto, del lado aliadófilo.

[Iñaki Gabilondo]

*—Desde Granada, Ayala inició un viaje obligado por las circunstancias, las estrecheces económicas de su familia, la guerra civil, la docencia en universidades... Todo ello fue dibujando su camino.*

[Elvira Cordero]

*—Desde Granada a Madrid. Una beca de estudios en Alemania. Tras la guerra civil, se exilió en Argentina; su actividad docente le llevó a Brasil, a Puerto Rico y, finalmente, a Estados Unidos, desde donde regresó a España, para quedarse, en los años sesenta. Muchas experiencias acumuladas, cerca y lejos de España. ¿Qué imagen de España tiene, en conjunto, Francisco Ayala?*

—¿Qué conjunto? ¿El de hoy? ¿El de ayer? ¿El de anteayer? Porque este país ha sido una serie de experiencias... Yo he sido el mismo dentro de los cambios que he vivido, pero el país ha cambiado de arriba abajo una cantidad de veces... ¿En qué se parece esta España a la España de Alfonso XIII?

[Iñaki Gabilondo]

*—Un hombre que ha visto tantas Españas, tiene dificultades para responder a la imagen de España. Francisco Ayala, con 16 o 17 años llega a Madrid, con su familia, buscando una oportunidad laboral para su padre, porque las dos fortunas que habían heredado, la materna y la paterna, se habían agotado. Aún hoy, Ayala se pregunta cómo sus padres pudieron ser tan malos administradores.*

[Elvira Cordero]

*—Llega a Madrid y comienza a frecuentar los cafés y sus tertulias. Conoce a los intelectuales de la época, y en Manuel Azaña y Ortega y Gasset encuentra sus referentes. Le pedimos a don Francisco que nos hable de ellos.*

[...]

—Manuel Azaña parecía un fraile encerrado... gruñón antipático, soberbio... Bueno, y no entraba en el juego. Mis simpatías eran con la posición de Azaña, que era una figura extraordinaria, y siempre mantuve con él una relación muy buena, diría yo, muy buena. No así cordial, porque no es así. [...] Ortega y Gasset era todo lo contrario, era un coqueto... ¡ja, ja...! Digámoslo así. Tenía una coquetería intelectual, pero también, digamos, personal, física... Era él muy atildado, demasiado atildado. Hubiera podido decirse que tenía un toque de cursilería, trajes con rayas, pañuelos saliendo por aquí... Estos detallitos que uno dice: «¡Hombre... yo... yo no haría eso!».

[Iñaki Gabilondo]

*—La idea de España: han pasado tantos años y sigue ahí, en el centro de la bronca, qué es y qué no es España. ¿Esto ha sido siempre así?*

—Bueno... ésa era la obsesión de aquella generación. Cuando yo entré en la literatura, yo participé, claro está, en esa atmósfera nacionalista, con Ortega, por ejemplo. Pronto me desengañé de eso, pero tampoco caí ni en la cosa comunista... simpatizaba con el socialismo, claro...

*—Se mantuvo en una posición muy cuidadosa...*

—Sí...

*—Elegante, digamos.*

—No, es que yo he sido poco gregario. La verdad es que he sido poco gregario. A lo largo de mi vida, he mantenido mis posiciones. Y nada más.

[Elvira Cordero]

*—Estaba usted en Latinoamérica cuando estalló la guerra civil en España...*

—Sí, en efecto, estaba yo en Sudamérica.

*—Y decidió regresar, no quedarse allí. ¿Por qué?*

—Por un sentimiento del deber. Primero empezó... como dicen... el follón, ¡ja, ja, ja...! El follón... Creíamos que iba a ser cuestión de días y aquello seguía y seguía. Yo tenía aquí una posición oficial, porque yo era catedrático y era letrado de las Cortes. Y por la familia... excepto mi mujer y mi hija, que era una niña de dos o tres años, no me acuerdo, que estaban conmigo. Hay que correr el destino, lo que el destino nos ha echado encima, no tratar de eludir el destino... Eso es materia de muchos cuentos clásicos: un personaje quiere escapar del destino y el destino lo agarra y lo sumerge. Así que, sabiendo esto, pues nada, decidí volver y volví, cuando faltaba poco para que el Gobierno pasara a Valencia. He de decir que yo actué activamente, en lo que se refiere a la guerra; cumplí con lo que creí que era mi obligación, pero nunca tuve la ilusión de que fuera a ganar la República. Los datos estaban ahí, a la mano, y... ¿quién podía engañarse? Lo terrible es eso: que yo era participante por deber, desde el fondo de mi conciencia, pero sin ilusión, sin creer en el posible éxito de la posición en la que yo estaba. Bastante cruel la cosa...

[Iñaki Gabilondo]

*—Él regresaba de Sudamérica y se enteró de que su barco iba a ser «limpiado» de españoles en una parada inesperada. Era un momento muy angustioso, pero él lo cuenta con gran naturalidad. ¿Cómo lo estaba viviendo, qué temía que pudiera ocurrir y qué había decidido hacer? Fue el peor momento de su vida.*

—Cuando volví yo, venía hacia la Península en guerra. Total, que llegué a Lisboa, y allí tenía que esperar un barco y yo no sabía que iba a parar en el camino. Yo pensaba que iba a ir a Francia, desde donde yo vendría en tren, pero paró de pronto, inesperadamente para mí, en La Coruña. Un médico argentino me dijo: «Yo no lo conozco a usted, pero sé que usted es español. Yo quisiera decirle que van a hacer un repaso de la gente del barco». Llegó el momento, y un alemán formó a toda la gente española, pero a mí, no. Yo estaba esperando que me agarraran, pero, no sé cómo, me escapé. Yo me había encerrado en mi camarote, con mi mujer y la niña, la pequeñita, y yo estaba dispuesto a suicidarme y a acabar con la familia, antes que caer en sus manos. Supongo que fue como una hora... allí, esperando. Fue un momento que... se lo pueden imaginar.

—*La peor hora de su vida. En el barco, cuando los alemanes iban buscando españoles y él no sabía si le iban a encontrar: «Si me encuentran, mataré a toda mi familia y me suicidaré». Estamos hablando con Francisco Ayala.*

[Elvira Cordero]

—*Después de esta angustia, la guerra civil y vencido en la guerra, comienza su exilio.*

—Vergüenza me da decirlo, pero una vez que terminó la guerra, viví muy bien en América, mientras mis compañeros, incluso mis compañeros falangistas, lo estaban pasando mal aquí. Todavía hay quien dice: «¡Ay, el horror del exilio!». Bueno, sí. Ha habido cosas muy horribles, los que han estado en África, los que han estado en Europa, muy mal, pero los que han estado en América... ¡hombre! Para empezar, hubo un fenómeno curioso que fue el ascenso social. El que era catedrático de instituto se convertía en catedrático de universidad, ¡ja, ja, ja...! [...] El peronismo fue un brote de libertad plebeya, pero de libertad. No. Yo me fui por otras razones, porque no me gustaba cómo estaba la cosa, el ambiente. Yo era amigo de escritores jóvenes, de mi edad, que eran gente liberal. A ésos los atacaron y los jo... los fastidiaron bien fastidiados.

[Iñaki Gabilondo]

—*Y de Argentina a Estados Unidos, pasando por Puerto Rico. ¿Qué es lo mejor que tienen? ¿Qué es lo mejor de la vida allí?*

—Yo puedo hablar de lo que he vivido, claro. Para mí lo mejor de la vida en América era una cosa que ya no existe en Estados Unidos, porque ahora se ha borrado rápidamente toda la atmósfera de libertad, las instituciones, la garantía de la libertad individual. Ahora acaba de volver mi mujer de Estados Unidos y no quiera saber... es penoso.

—*O sea, lo mejor que tenían era esa atmósfera de libertad.*

—Sí, un sentimiento de libertad y una especie de confianza... eso se ha perdido completamente. La gente, ahora, está con una sensación de miedo. Está aterrada la gente: no se atreve a hablar y eso se transparenta a través de la televisión. Esta controversia del otro día, de los dos candidatos... [George W. Bush y John Kerry, en las elecciones de 2004] Pero ¿qué dos candidatos? Es uno muy tonto y el otro, que no es tan tonto. Y eso es todo. Pero, ¿qué posiciones contrapuestas hay ahí?

[Elvira Cordero]

*—Francisco Ayala ha recibido los premios más importantes. Por citar algunos: el Cervantes, el Príncipe de Asturias y también es el eterno candidato al premio Nobel de Literatura.*

—La verdad es que los premios nunca me han importado nada. No solicitarlos, ¡ni siquiera desearlos! Pero a esto del Nobel me están presentando y me empujan... Y es como todo, ¿qué voy a decir? Tampoco voy a ir de niña bonita, pero los premios no... no me importan. No me han importado nunca para nada.

[Iñaki Gabilondo ]

*—¿Estamos tal vez viviendo otro tiempo inconsciente en vísperas de un gran cataclismo y no nos estamos dando cuenta?*

—Yo creo que sí. Yo creo que es terrible lo que está ocurriendo. Lo que se ve en perspectiva es espantoso.

*—¿Qué ve en perspectiva?*

—La supresión de las libertades, de la garantía de la convivencia normal.

*—¿Le estamos dando poca importancia a esas señales?*

—Claro, porque todavía estamos muy bien aquí. Si volvemos la vista afuera, las cosas están cambiando en todas partes, para peor. No soy profeta de los males, pero, nada bueno...

*—¿Sigue tomándose un whisquito?*

—Sí, todavía, ¡ja, ja...! Pero tiene que ser muy chiquito, porque el alcohol se me sube a la cabeza enseguida, de modo que estoy preservado: no me he emborrachado nunca.

*—Uno, sí. Dos, no... Uno... ¡ja, ja...!*

—Pero siempre bebo.

*—Pero... ¿hoy también, por ejemplo, y ayer?*

—Sí, claro. Ayer, anteayer y todos los días, ¡ja, ja, ja...!

*—¿A qué hora más o menos?*

—A la tarde, a las ocho o las nueve.

62

# *Arturo Pérez Reverte*
# *Trafalgar*

Arturo Pérez Reverte (Cartagena, Murcia, 1951) es uno de los escritores más populares del panorama literario español. Tras muchos años dedicado al periodismo, Pérez Reverte inició su carrera literaria con la novela *El húsar* (1986), aunque el éxito definitivo se confirmó con *El maestro de esgrima* (1988), *La tabla de Flandes* (1990), *El Club Dumas* (1993) y *La carta esférica* (2000). También es autor de la serie *Las aventuras del capitán Alatriste* y de varios volúmenes de artículos periodísticos. En 2004 publicó *Trafalgar.*

Iñaki Gabilondo entrevistó al escritor y académico el día 25 de octubre de 2004, con motivo de la publicación de su última obra.

*—La batalla de Trafalgar, contada con un pormenor y con una creatividad... extraordinaria. Era el 21 de octubre de 1805, sesenta navíos, 5.940 cañones, 40.000 hombres, como él dice, «arrimándose candela». La cosa empezó como a las once de la mañana, ¿no?*

—Sí, entre once y doce. A las doce fue el primer cañonazo, y después, durante tres o cuatro horas, estuvieron, como tú dices, arrimándose candela, hasta que la flota... hasta que España desapareció del mar, porque, realmente, ahí terminó. Ahí termina, ahí se perdieron las colonias y ahí se puso el clavo sobre lo que fue el imperio español. Después no fuimos más que la sombra de...

*—En apenas cuatro o cinco horas cambió completamente la...*

—Así es la vida. Sí.

*—Un día decisivo, ¿no? Ahí arranca, digamos, la hegemonía británica definitiva, ¿no?*

—Sí, hasta la guerra mundial, los ingleses fueron dueños del mar. Nos barrieron completamente del mar.

*—Bueno, una extraordinaria cantidad de documentación, ¿no?*

—Bueno, pero es un tema que... que me gusta desde hace mucho tiempo, desde chico: el mar, Trafalgar, los barcos... sobre todo. Además, yo siempre digo que un navío de 74 cañones del siglo XVIII es la más hermosa obra de la ingeniería... de la mente del hombre. Porque ahora es tecnología; entonces era tecnología más artesanía. Y me gusta el tema y siempre tengo en la biblioteca una parte de libros náuticos, y siempre he manejado ese tema con mucho gusto. Y surgió este tema... y, bueno, me puse... Y hay mucha documentación detrás, claro.

*—Aunque dices que luego la has tirado y has comenzado a escribir...*

—Sí.

*—Yo recomiendo a nuestros amigos oyentes que lean el libro siguiendo la instrucción que él sugiere al comienzo del mismo, cuando nos ofrece unos croquis con los dibujos de los barcos, con las circunstancias tácticas que allí se dieron... porque entonces el asunto es absolutamente apasionante. Absolutamente apasionante.*

—Es que se ha hablado mucho de Trafalgar, pero, al final, Trafalgar, para el joven de hoy, no es más que una plaza en Londres, nada más. Trafalgar ni siquiera está en los libros de historia.

*—Ni siquiera saben dónde está.*

—Todo eso lo han barrido. Entonces yo quería, sobre todo, que se entienda qué pasó, por qué pasó, cómo pasó... Y que el lector se sintiera dentro de un barco...

*—Para empezar, es la emocionante aventura de un drama bélico extraordinario, porque una batalla en el mar debe de ser tremebunda. Para comenzar, nos plantea el croquis de una de estas embarcaciones, es un 74 cañones, debe de tener unos 64 metros de eslora.*

—Más o menos.

*—Y unos diecisiete o dieciocho de manga...*

—Así es.

*—¿Y cuánta gente dentro, más o menos?*

—En tiempos de guerra, unos ochocientos, setecientos, más o menos.

*—Unos ochocientos, aproximadamente, ¿no? Y, como digo, es una gran batalla que se detalla con todo pormenor. Pero las circunstancias que llevaron a esa derrota son fascinantes. Primero, ¿por qué los aliados fran-*

*co-españoles salen a la mar, si, según parece, daban por seguro que iban a perder? ¿Por qué salen?*

—Es uno de esos casos clásicos de la historia de España: por razones políticas. Godoy quería estar a bien con Napoleón. A Godoy le importaba un bledo la Marina, y estaba, bueno... pasteleando con el amo de Europa. Y, bueno, decidió poner la escuadra española a las órdenes de Napoleón. Y Napoleón la utilizó: no sabía nada del mar, sabía de tierra. Era un magnífico táctico y un magnífico estratega, pero nunca comprendió el mar, nunca fue un marino, ni entendió la mentalidad de los marinos, ni sabe lo que es la fortuna de guerra del mar. Y, bueno, y nos pusimos al servicio de una potencia que nos llevó a la carnicería. Pero lo grave no es eso: lo grave es que la gente que subió a esos barcos era gente sin preparación, marineros de leva cogidos de hospitales, de cárceles, de cualquier sitio... puestos allí, sin ninguna preparación. Algunos murieron sin saber lo que estaban haciendo ni por qué estaban allí.

*—Sí, es muy impresionante, porque en todo momento dan por supuesto que salen al matadero.*

—Sí. Todos los marineros españoles sabían que iban a la carnicería. No había ni una sola posibilidad de ganar esa batalla. Y eso es lo terrible: que sabiéndolo, salieron con esa gente.

*—No había ninguna posibilidad... Me gustaría saber por qué. Porque hablas de los... oficiales, hablas de gente con mucha preparación, barcos excelentes...*

—Sí, sí...

*—Y, sin embargo, nada. Pero es que esa marinería... sin experiencia... Muchos de ellos se montaban en un barco por primera vez...*

—Es que era España, Iñaki. Eso era España. Es la historia de España. Es imprevisión e irresponsabilidad. Eran marinos excelentes, eran científicos, eran astrónomos, eran gente muy prestigiosa, como Churruca, como Alcalá Galiano... Después, había barcos excelentes, hechos con maderas americanas, muy buenos barcos. Lo que pasa es que no había gente para tripularlos; no se pagaban las pagas, había pagas atrasadas, los marineros estaban desmotivados, servían forzados... Pues eso: era un caos, un desastre. Y enfrente había una Marina profesional y eficaz: la inglesa... la británica.

*—Me gustó mucho eso que dices: en la Marina británica se asciende por méritos hasta capitán, y después, por rigurosa antigüedad, pase lo*

*que pase. En la Marina española se asciende al revés. Finalmente, va todo por puro enchufe y aquello es un pitorreo absoluto, ¿no?*

—Sí... Esa gente, a pesar de todo eso, peleó bien. Quiero decir que lo que es estremecedor es ver los documentos y manejar el material, darte cuenta de que esa pobre gente subió a la fuerza a los barcos, llevada allí sin ningún motivo, sabiendo que iban a morir todos... Bueno, que los iban a destrozar... Pelearon bien, pelearon bien. Y entonces te das cuenta de lo de siempre: de que la gente es mejor que la gente que los gobierna, de que Godoy, de que el Rey aquel, Carlos IV, aquel *empolvao* y fofo que estaba gobernando entonces España, o desgobernando España, y la puso en manos de Godoy, no merecían a la gente... no merecían a sus vasallos. O sea, se repite una vez más la historia, la vieja historia, de «qué buen vasallo si tuviese buen señor», que es la historia de España.

*—Sí, sí... un auténtico desastre. Por otro lado, los aliados iban mandados por [Pierre Charles] Villeneuve, un francés que, al parecer, según nos cuentas tú en el libro, tampoco era precisamente un genio, ¿no?*

—No. Era un magnífico capitán, era un buen capitán de navío, era un magnífico... era un tipo valiente, un capitán de navío, pero era un pésimo almirante. No tenía ningún concepto táctico ni estratégico. Y no tenía, además, el coraje moral con el que hacer frente a esa situación. Se fue juntando todo.

*—Y, al parecer, los nuestros tenían, además, orden de no discutir para que no se enfadara Napoleón. «Lo que diga esta gente», ¿no?*

—Imagínate. Como Estados Unidos en Irak, pues lo mismo. Si van otros, se les dice: «Ustedes vayan allí y sigan las órdenes de los americanos. No digan nada. Hagan lo que les digan...». Pues un poco así, pero en aquellos tiempos.

*—El tal Villeneuve y los franceses tenían una teoría un poco anticuada de la táctica militar: «Situemos los barcos, más o menos, y soltemos cañonazos, y el que gane, campeón».*

—Sí.

*—Pero resulta que, frente a eso, Nelson se inventó una maniobra diferente.*

—Es que Nelson era un genio. Nelson era muy bueno. En ese tiempo había cambiado completamente lo que es la concepción de la táctica naval; entonces, hizo algo innovador, algo muy arriesgado. Además... es que le salió bien y ganó. Ganó. Lo pagó con la vida, pero ganó la batalla.

*—Es interesante también observar el contexto histórico en que se celebra aquello que nos cuenta Arturo Pérez Reverte, el sueño de Napoleón de invadir las Islas Británicas. Cuéntalo brevemente porque aquello...*

—Claro, en realidad, Trafalgar era el final de una maniobra frustrada. O sea, Napoleón quiere invadir Inglaterra y manda la flota franco-española a las Antillas a hacer allí una especie de engaño para volver otra vez y poder conquistar el canal de La Mancha y desembarcar sus tropas en Inglaterra. Resumiendo: Villeneuve no está a la altura, se acobarda, no llega a hacer la operación y, en vez de ir hacia el norte, adonde quería Napoleón, se retira y se refugia en Cádiz. Los ingleses lo bloquean y, entonces, la escuadra franco-española queda bloqueada. Napoleón dice que o sale o lo destituye. Entonces, bueno, Villeneuve... sale, sale. Sale, pero sin ganas de salir y contra todos los consejos de los españoles, y de sus propios oficiales. Y, bueno... es una carnicería.

*—¿Cuántos barcos tenían los aliados? ¿Treinta y tres barcos?*

—Treinta y tres barcos.

*—Y los ingleses, veintisiete. En total, sesenta barcos en batalla. Los franco-españoles iban navegando rumbo norte, mientras los otros venían con el viento, venían desde el oeste. Pero, a todo esto, el autor, el novelista, se inventa un barco... para poder inventarse unos personajes y para poder moverse por la batalla como le dé la gana... me da la impresión.*

—Sí. Yo tenía un problema importante. Trafalgar está muy documentado. Se sabe lo que hizo cada barco: a tal hora, a las once cayó el trinquete, y a las doce y media fue herido el comandante... Entonces, era muy difícil contar la batalla completa hablando solamente de un navío. Entonces, lo que decidí fue utilizar un navío que me valiera como resumen de todo, donde pasara todo, más o menos, lo que pasó en la batalla. Y de esa forma, poder utilizarlo como... digamos... como mecanismo para... para moverme por el campo de batalla. Y, bueno, ésa es la cuestión.

*—El barco, el capitán...*

—El *Antilla.*

*—El* Antilla, *sí. Y el capitán. Y un personaje que a mí me parece que es un personaje en el que el autor pone mucho cariño y que simboliza muchas cosas. Porque, entre la gente que ha sido reclutada a empujones y que ha llegado allí completamente obligada, y que está, además, jurando que en cuanto tenga la primera ocasión va a matar al primer oficial que pille a mano... hay un personaje cuya transformación, creo, es clave en el relato, ¿no?*

—Y es, además, lo que explica qué pasó en Trafalgar. Es ese marinero... esa chusma de los barrios bajos de Cádiz, reclutado a golpes y subido al barco sin tener ningún motivo para estar allí... Una vez en la batalla, una vez en el combate, una vez en el calor de la acción, se cabrea. Yo sé, por experiencia, que el héroe en realidad no es más que un tipo cabreado y con algo de dignidad, y con mala leche. Bueno, pues eso es el héroe, en realidad. Es eso. Y a este personaje le pasa eso, se cabrea y dice: «Bueno, ya que nos van a matar, pues vamos a vender caro el pellejo». Entonces, pelea y se convierte en uno de los que se llamaron héroes de Trafalgar. En realidad, no eran más que eso: pobre gente que no podía escaparse del barco y, como tenían que luchar, pues lucharon. Dijeron: «Bueno, ya que nos van a matar, vendamos caro el pellejo».

*—Y terminan... encontrando algún sentido a aquello...*

—Así fue, así fue.

*—Hay que hablar del lenguaje, porque supongo que ése es uno de los asuntos en los que Arturo Pérez Reverte ha debido reflexionar más. Porque, de pronto, nos encontramos con un narrador que... A ver, cuéntanos, ¿cómo se sitúa el narrador ante este relato?*

—Yo tenía un problema fundamental, y es que yo quería que fuera muy riguroso históricamente, muy técnico en términos naúticos. Pero, al mismo tiempo, quería que fuera una obra divulgativa. Quería que aquella persona que no conoce nada del mar ni de la historia supiera qué pasó en Trafalgar. Entonces, necesitaba... trabajar en un lenguaje que fuese al mismo tiempo moderno, con anacronismos, un lenguaje muy utilitario, muy... con mucho humor, con humor negro, con mucha onomatopeya, con lenguaje de cómic... Mezclarlo todo, ¿no? Fue una experiencia peligrosa, porque se me podía haber estropeado todo, ¿no? Pero yo tenía que conseguir eso, y bueno... por eso tiene ese lenguaje tan peculiar. Yo estoy contento, pero es el lector quien tiene que decirlo...

*—Es un hombre de hoy que está contándonos aquella batalla con el lenguaje de hoy, ¿no?*

—Claro, yo pensé: «Voy a meter en ese barco, el *Antilla*, voy a meter al lector, voy a reclutarlo también a la fuerza y voy a llevarlo al combate». Entonces, ¿cómo vería el combate un hombre de hoy? ¿Cómo comentaría un hombre de hoy el combate de Trafalgar? Pues así, ¿no...? Conseguir que eso no chirríe, que el anacronismo se combine con el rigor, digamos, ha sido la parte más complicada del libro. También es muy divertido y, además, ha sido un desafío profesional muy interesante.

—*Creo que la primera vez que ocurre eso es cuando se cita a* Speedy González, *me parece. Y dices: ¡Anda! ¿Y cómo nombra aquí a* Speedy González? *Pero al cabo de un rato, uno descubre el juego... Luego, nada, luego va muy bien. A mí me parece... me resulta muy fácil.*

—Lo bueno de una novela es decirle al lector: «Bueno, vamos a jugar con estas reglas: ¿las aceptas o no las aceptas...?». Si las acepta, es tuyo, ya lo tienes. Pero, bueno, la cosa era que el lector aceptara esas reglas, porque supongo que al final las acepta.

—*«Cantaba más que* La Traviata», *dice el libro. Aunque, naturalmente,* La Traviata *todavía no se había escrito.*

—Sí. Dice el mismo texto...

—*El narrador está colocado en una posición muy próxima, para contar una batalla que luego viene con mucho... mucho pormenor. Y que creo que, además, a los aficionados al mar les va a gustar mucho, porque están precisadas muy bien todas las circunstancias puramente náuticas del asunto.*

—Ya oí los ecos. Realmente, a estas alturas, ya oí los ecos y sí les está gustando. Pero, sobre todo, de lo que más contento estoy es del... efecto divulgativo, ¿no? O sea, yo quería contar... quería... quería que se entendiera...

—*Sí, aquí en el mapa... Sí, el barco tal... llega ahora... y le envuelve por detrás.*

—Por eso van los mapas...

[Javier Rioyo]

—*Un paso adelante, Arturo: yo creo que aquí se refleja el cabreo moral de Arturo, desde hace mucho tiempo, con la historia de España. De tu particular mirada a los* Episodios Nacionales, *algo le debes a Galdós, seguramente; y algo le debes a Juan Marsé, ¿no...?*

—Naturalmente, además, le dedico el libro a Juan. Sí, pero, además, el ser español lúcido y leer historia es terrible, es terrible. Porque es que te da una depresión terrible. Por eso hay tanto humor en el libro, tanto humor negro, porque sin humor es imposible tragarte todo eso, ¿no? Si te das cuenta, la historia siempre dice: «¡Qué mala suerte hemos tenido siempre! ¡Qué mala suerte! ¡Siempre hemos estado en manos de los mismos...!». Y ése es el fondo de, prácticamente, todas mis novelas históricas. Y es el fondo de esta novela.

[Iñaki Gabilondo]

*—Claro, cuando, en un momento determinado, ese capitán que está arengando a las tropas sabe que dentro de un rato van a estar muchos muertos, otros mutilados, y sabe que, aunque salgan vivos, no van a cobrar la pensión, y los que la tengan que cobrar sabrán que van a estar cuatro años esperando; y que, además, alguien se la va a quedar; y que cuatro señoritos en tierra se la van a quedar. Mientras tanto, los ingleses saben que van a luchar por su convicción. Esa especie de amargura histórica también estaba flotando allí, ¿no?*

—Pero es que... Tú fíjate: los capitanes de navío... esta gente, Churruca y todos los demás, salieron con varias pagas atrasadas, les debían... Murieron con varias pagas atrasadas.

*—Ahí está... Churruca estaba dando clases de matemáticas en Cádiz para poder vivir.*

—Para poder vivir, para llegar a final de mes. Churruca era un cartógrafo respetado por los ingleses. Y es que, además, los capitanes ingleses pintaron los barcos con dinero de su bolsillo, porque les daba vergüenza que los franceses vieran barcos tan sucios. O sea, es que es todo una... Y después de muertos, las viudas y los huérfanos estuvieron sin cobrar, pasado ya el momento del fasto y los monumentos, y los signos patrióticos, y las banderitas... Se quedaron sin cobrar, en la miseria...

*—Todos los marineros, y todos los heridos, y todos los oficiales heridos, maltratados siempre por este país...*

—Es la historia de España. Tratados, como dice el texto, no como es justo, sino como es gusto. Y es verdad, ésa es la historia de España, ¿no?

[Javier Rioyo]

*—Arturo, ha salido un libro sobre Godoy, digamos... definiéndolo, con otra tesis, diferente a la tuya y...*

—Lo sé, lo sé... Lo he leído.

*—¿Y...?*

—Pero no es una tesis contraria a la mía, es una tesis contraria a la... a la...

*—Tú lo tienes muy claro: Godoy es un irresponsable, un señorito; es un lado oscuro de la historia de España, de la que se aprovecha. ¿No tienes fisuras, no dudas un poco de...?*

—No, no dudo. Yo he leído ese libro. Es un libro, además, excelente. Y, además, en historia es importante que haya distintos puntos de vista. Pero yo he leído las memorias de Godoy, donde se exculpa de muchas cosas; he leído las memorias de Talleyrand, donde hablan de Godoy; las memorias de Napoleón, donde hablan de Godoy. Y, además, he leído otros libros de historia. Quiero decir que tengo elementos de juicio suficientes para apoyar que Godoy era un... era un jeta y un arribista, y un irresponsable, y un incompetente. Lo que pasa es que, bueno, esa visión que dan ahora también es interesante y también tiene su parte... Pero, no. Me mantengo en la tesis.

[Iñaki Gabilondo]

*—Mientras Francia tenía a Talleyrand, España tenía a Godoy.*

—Nosotros teníamos a Godoy. Aquí nunca ha habido un Talleyrand... Y, fíjate, era un hijo de puta absoluto; pero, bueno, era un tipo con una inteligencia...

[Javier Rioyo]

*—¿Cuántas veces puedes haber escrito «hijo de puta» en la novela?*

—Depende. Escuchadme una cosa... escuchadme una cosa: la novela transcurre en el combate y, además, son marinos. Y un marino, que ya blasfema y maldice en situaciones normales, muchísimo, si, además, te están pegando cañonazos, pues fíjate si lo hacen...

[Iñaki Gabilondo]

*—En la Marina española no se podía blasfemar, ¿verdad?*

—No. No se podía, estaba muy penado. Mientras que los ingleses castigaban otras cosas, los españoles, la blasfemia. Podías ser un pésimo marinero, podías robar todo, pero si no blasfemabas, no había ningún problema.

*—Hay una situación absolutamente excepcional: cuando nos cuentan la preparación de los cañones, cuando van explicando a aquellos pobres que no se habían montado en un barco nunca cómo se hacía. La mitad estaba vomitando por las esquinas y tenían que ocuparse de ayudar en las tareas de la carga de las balas... Es impresionante esa escena, aguardando el comienzo del combate...*

—Fíjate: un tipo que no ha estado nunca en el mar... ¡estar en un barco, en un navío! Ahí, en la bodega, con un cañón. Y no ve nada más que un barco inglés, enemigo, que está dando cañonazos, y no sabe qué está pasando. ¡Clac! ¡Cataplúm! ¡Clac! Fíjate tú la pesadilla que tuvo que ser eso. Y aun así, la gente peleó muy bien. Entonces, claro, es admirable. Es admirable y, al mismo tiempo, es terrible.

*—Es carnicería: al mismo tiempo, es carnicería.*

—Es que era un mundo diferente, era un mundo diferente. En aquella época, la gente estaba acostumbrada a sufrir mucho más que ahora. Ahora sería impensable, por muchas razones... Pero la gente tenía una capacidad de sufrimiento, de sacrificio, en muchos sentidos, y del deber también: del deber también. Son mejores tiempos ahora, por supuesto.

*—Bueno, y luego viene la relación de muertos, en cada barco. Los grandes capitanes... Había mucha gente ilustre aquel día allí, ¿no?*

—Ese día perdimos... perdimos marinos que leían, ilustrados. Eran militares liberales, dentro de lo que podían ser en España, en aquel momento. Eran religiosos y demás... pero eran gente que había viajado y eran científicos...

*—Muchos eran científicos, ¿no?*

—Respetados por los enemigos.

[Javier Rioyo]

*—Dices: «Cuando uno muere cumpliendo su obligación, no se equivoca nunca».*

—No. Lo dice un personaje, no lo digo yo.

*—Dice la novela.*

—Lo dice un oficial de Marina español. Lógicamente, un oficial de Marina español tiene que decir eso. Si no, ¿cómo te explicas que murieran en Trafalgar? Claro que sí. Pero lo que queda después es el poso amargo de decir: «¡Dios mío...! ¡Otra vez, otra vez!» Y menos de un siglo después, otro Trafalgar, que fue Santiago de Cuba; y después... y no aprendemos de nada.

[Iñaki Gabilondo]

*—Y antes otros, también.*

—Y otros.

*—Bueno, yo no sabía casi nada de lo que pone aquí, pero...*

—Por eso la escribí.

*—No lo sabía en absoluto. Algunos de los barcos siguieron su camino y ni siquiera participaron en la historia. A pesar de los avisos, ellos se marcharon, tan a gusto, ¿no?*

—Cuatro barcos franceses. Se marcharon.

*—¿No participaron en la batalla?*

—Prácticamente nada. Se largaron. O sea, huyeron del combate. Pero, aun así, hubo un par de barcos españoles en la batalla que combatieron muy poquito, lo justo. Pero también hay que ser justos y decir que, aunque todo el mundo combatió muy bien, hubo un par de barcos, el *Rayo* y el *San Justo*, un par de navíos españoles que... digamos, salieron con siete heridos. Y dices, cuatrocientos muertos en el *Redoutable;* doscientos muertos en el *Santísima Trinidad*... ¡Y siete heridos en otro...!

—*¿El* Redoutable *era francés? En el que más víctimas hubo...*

—El que se abordó con el *Victory* de Nelson, y el que mató a Nelson. Y tuvo cuatrocientos ochenta muertos a bordo.

*—De todas maneras, fue increíble la audacia de Nelson llegando perpendicular a la línea, sin poder bombardear...*

—Era muy bueno.

*—Sin poder bombardear, mientras a él lo estaban...*

—Era buenísimo. Primero, como buen inglés, era arrogante y despreciaba al enemigo. Él sabía, además, que tenía influencia, era almirante incompetente, y tenía enfrente una Marina española muy poco eficaz. Por eso se la jugó. Y ganó.

*—Bueno, y después de Trafalgar, ¿qué pasó?*

—Que nos quedamos como siempre... Hasta que, por fin, en el año 1808, tres años después, la gente se hartó, se sublevó contra los franceses y cambió la historia de España, claro.

*—Desde luego, es desesperante. Así hemos sido siempre en nuestro país. ¿Ésta es la desgracia?*

—Ya lo sabes, tan bien como yo.

*—Pero no me lo quiero creer.*

—Hace tres días estuve en el cabo de Trafalgar, no hay ni una piedra, ni una cruz: nada. O sea, la historia se borra. En vez de aprender... ¡Vamos a aprender, que los chicos estudien! Que sepan evitar trafalgares en el futuro... Aquí, lo mejor es borrarlo...

63

# *Teresa González*
# *Sonrisas frente al 'tsunami'*

El día 26 de diciembre de 2004, la presión de las placas euroasiática e índica provocaba un hundimiento de la corteza terrestre en las costas occidentales de Indonesia. El epicentro del terremoto estaba en el mar y, por esta razón, se produjo un *tsunami:* una ola gigante que fue avanzando en todas direcciones, del mismo modo que una piedra arrojada en un estanque forma pequeñas olas concéntricas. La gran ola alcanzó las costas de Indonesia, Tailandia, Sri Lanka, India, y llegó hasta el continente africano, causando alrededor de 300.000 muertos.

El 12 de enero de 2005, Iñaki Gabilondo entrevistó a Teresa González, presidenta de Médicos del Mundo en España, para conocer cómo se estaba procediendo en las labores de ayuda humanitaria.

—*Teresa González es presidenta de Médicos del Mundo en España y ayer llegó de Ceilán, de Sri Lanka. Ha estado allí dos semanas, en Trincomalee, y allí se ha quedado un equipo de médicos de esa ONG, Médicos del Mundo, que está en esa zona desde el primer momento, prestando apoyo médico y psicosocial. Creo, Teresa, que usted tiene intención de volver inmediatamente para allá, ¿no?*

—Pues sí, la verdad es que me gustaría volver de nuevo... la semana que viene, si es posible. No sé si a Sri Lanka o a Indonesia, porque estamos valorando dónde hay que reforzar en estos momentos los equipos, pero, sí: yo creo que todos los equipos que hemos estado allí queremos volver.

—*Tiene información directa de Sri Lanka e información de otros puntos donde sus compañeros están trabajando en Indonesia. Dígame, ¿qué testimonio nos trae de Sri Lanka? ¿Qué impresión nos puede transmitir?*

—Pues yo... la verdad es que vengo muy impresionada por la capacidad de reacción de ese pueblo. Yo estoy trabajando en emergencias desde 1994, así que no es la primera vez que me encuentro en una catástrofe, y lo que más nos ha sorprendido a todos los que hemos llegado allí ha sido que el pueblo de Sri Lanka se había organizado, y se había organizado muy bien. Y, además, están trabajando con nosotros y nosotros con ellos, y están vigilando la ayuda que llega; están vigilando lo que hacemos y si lo hacemos bien. Y, de hecho, cuando el señor Kofi Annan estuvo el otro día, justamente allí, y vino al campo de desplazados donde nosotros estamos trabajando, al reunirse con los líderes civiles, éstos le expresaron su disconformidad porque dentro de la fuerza de emergencia que se había creado no hubiera ningún musulmán, siendo que el 80 por ciento de la población afectada era musulmana. Es decir, que son gente que se mueve, que responde, que conoce y defiende sus derechos... Y cuando nosotros hemos llegado, a mí me ha gustado mucho esa sensación de pueblo reactivo, de pueblo que va a salir de este lío, porque ellos se lo han propuesto.

—*¿Qué día llegó usted allí?*

—Nosotros llegamos el día 29.

—*El 29. Es una zona donde ha habido un gran número de muertos y, sin embargo, nos decía usted, un poquito antes de que comenzara esta conversación, que le llamó la atención que, para cuando ustedes llegaron, todos los muertos estaban ya enterrados.*

—Efectivamente. Yo no he visto ningún cadáver. Es decir, en esta zona, concretamente, donde nosotros estamos trabajando, ha habido como cuatrocientos y pico muertos, más los desaparecidos. El primer día, el día 26, a las siete de la tarde, ya habían enterrado a 270 personas. Y eso lo había hecho la propia comunidad, que se había movilizado.

—*En circunstancias dificilísimas, claro.*

—Claro, pero se han movilizado. Eso me ha llamado la atención de este pueblo: son una gente que ha afrontado la situación y está manteniendo el tipo, lo que nosotros llamamos mantener el tipo, con esa mentalidad oriental, quizás, frente al dolor. Evidentemente, a medida que van pasando los días, ese dolor vivido va saliendo, porque la gente ha perdido muchas cosas. Entonces, vemos en la consulta a gente... Yo me acordaba el otro día de un señor que vino con un niñito en brazos y... yo pensaba que venía por el niño, y me dice el señor: «No, no, no... Mire usted, es que yo he perdido a mi mujer y a todos mis hijos, no hago más que darle vueltas a la cabeza de lo que ha pasado. ¿Usted cree que me estoy volviendo loco?». «Pues mire, no. Me parece normal». Venía solamente a que nosotros le reafirmáramos que no se estaba volviendo loco, que era normal lo que le estaba pasando. Quiero decir que ellos han luchado, han sobrevivido, se han planteado las cosas, se han organizado, y ahora, digamos, están en la fase de bajón y les está empezando a salir ese dolor que han vivido. Y es el momento de acompañarles, yo creo. Pero ¡qué capacidad, qué energía, qué fuerza tiene ese pueblo...!

—*¡Qué serenidad tan profunda! Produce, desde luego, una enorme impresión esa especie de serenidad que procede, posiblemente, de su mirada de la realidad, heredada del budismo, del confucionismo, quién sabe. Pero se enfrentan a algo así con una serenidad impresionante. Así que ya habían enterrado a sus muertos, a pesar de que hacía muy pocos días que habían muerto: estaban ya en acción. Los refugiados: supongo que sí han debido de ver una gran cantidad de personas erráticas, vagabundeando, tratando de buscar su sitio, ¿no?*

—Cuando llegamos a esta zona, como le decía, todo estaba muy organizado. Es decir, la gente estaba alojada en escuelas públicas. Es verdad que en condiciones un poco apretadas, porque, de hecho, en la escuela donde nosotros trabajamos, estaban 850 familias, 3.500 personas, que es un poco apretado... Pero muy bien organizado.

—*Son gente que ha perdido sus casas, ¿no?*

—Había gente que había perdido sus casas y gente cuyas casas estaban bastante estropeadas.

—*Ya...*

—¡En una semana! ¡En una semana, esta gente ha vuelto! Toda la gente que tenía casa, ha vuelto a sus casas; las han limpiado y están retornando. Pero, claro, queda una partida de gente que vivía en la playa... En Sri Lanka está prohibido vivir en la playa: hay una ley de costas que impide que la gente viva en la playa. Así que la gente que vive en la playa es porque no tiene otro sitio donde vivir o porque son pescadores muy pobres.

—*Parece que se ha arruinado la industria pesquera...*

—Claro, efectivamente. Entonces, esta gente ha perdido su casa, ha perdido sus medios de vida y ahora mismo está muy desconcertada, porque no sabe dónde volver.

—*Ya, ya... ¡qué situación! ¿Qué asistencias básicas están ofreciendo ustedes en esas zonas con Médicos del Mundo?*

—Nosotros estamos trabajando activamente con el servicio local de salud, que nos pidió un apoyo concreto en atención primaria. Estamos viendo a unos ciento cincuenta pacientes diarios, en esta zona, pero hay un equipo que se ha desplazado a la zona tamil, en el norte, para hacer el mismo trabajo. Estamos también trabajando el tema de higiene, repartiendo *kits* a estas familias que lo han perdido todo. Es una gente muy limpia y lo primero que han pedido es jabón para lavar a los niños, cepillos de dientes... porque ellos se sienten angustiados, les pica el cuerpo de no lavarse, y además, es muy importante para la prevención de enfermedades. Y también vamos a trabajar el apoyo psicosocial, porque día a día nos vamos dando cuenta de lo que comentaba antes, de ese dolor que va saliendo poco a poco.

—*En esa zona, según las noticias, se estaban cruzando otras complicaciones, por si no había suficientes: las complicaciones derivadas de la guerra, que ha reaparecido. No sé qué noticias le transmiten los suyos desde allí.*

—Nosotros no hemos... no hemos observado nada de violencia en la zona. Lo que sí es verdad es que el LTT [Ejército de Liberación de la Tierra Tamil] está denunciando que su zona también está recibiendo menos ayuda. Y eso puede... puede generar una tensión, o puede incrementar la tensión en la zona. De todas maneras, el equipo que está al norte no nos ha reportado, de momento, ningún nuevo ataque de la guerrilla tamil.

—*Sí. Parece que en otras zonas, concretamente en Sumatra, se están viviendo situaciones más difíciles. Ayer, un español que se encontraba en una pequeña isla en el Índico, al oeste de Sumatra, nos mandó un correo donde decía que había cuarenta y tantas mil personas mirando al cielo y que no estaba llegando ninguna ayuda. Deben de estarse viviendo situaciones muy difíciles, ¿no? De Indonesia, ¿qué le cuentan sus compañeros?*

—Pues nos decían exactamente eso, que... toda la costa este está desatendida y que no hay forma... De hecho, ayer, los compañeros del equipo de Médicos del Mundo de Francia, que llevaban ya tiempo trabajando ahí, justamente en Banda Aceh, nos comentaban a ver si podíamos hablar con el Gobierno español para que mandaran un helicóptero. Es esa sensación de que estamos aquí, pero no podemos llegar... Y parece que es un poco esto lo que todo el mundo cuenta: la sensación de impotencia de no poder llegar a donde sabes que hay necesidad.

*—Sí, porque otra cosa que se pone de manifiesto es la diferencia entre una zona rica y una zona pobre cuando ocurre algo así: es como multiplicarlo por mil. Supongo que usted, que tiene experiencia en catástrofes, eso lo habrá comprobado muchas veces, ¿no?*

—Sí, bueno... es la diferencia, digamos, entre lo que sería una emergencia y lo que es verdaderamente una catástrofe, ¿no? Es decir, en California hay lluvias y, entonces, se produce una situación de emergencia, y los servicios responden. En Centroamérica hay lluvias y se produce una catástrofe. Entonces, aquí, efectivamente, vemos cómo el Gobierno y la población de Sri Lanka está reaccionando y está minimizando los daños, y en Indonesia, probablemente, los daños se van a maximizar, precisamente por esta falta de organización o de accesibilidad a las zonas dañadas.

*—¿Qué imagen trae usted en los ojos? Me parece que la serenidad que impresiona, eso es evidente. La serenidad impresiona mucho, y el hecho de que no les esperaran a ustedes, porque no estuvieron aguardando a que llegaran para que se produjera algún tipo de respuesta. La respuesta se había producido ya, como nos ha dicho. ¿Qué imágenes, sobre todo, trae en los ojos?*

—Yo diría que la sonrisa de esta gente. Yo no conocía el sureste asiático y te sonríen con la boca y con los ojos. Y te dicen: «Gracias por venir a mi país». Y en ese momento, uno se siente muy bien, porque se siente transmitiendo la solidaridad de un pueblo, el pueblo español, en este caso, a otro pueblo, y se siente vehículo de esa solidaridad. Pero además, yo no sé... yo nunca había visto esa sonrisa tan... tan franca y tan bonita, vamos. Yo tengo una sensación muy hermosa de estos días.

*—¿Qué emergencias anteriores ha vivido usted?*

—Pues... desde Zaire, Ruanda, Chiapas, Cuba, Kosovo... bueno, y muchas más.

*—Después de tanta tragedia como ha visto por todo el mundo, ¿qué piensa usted en general de... del mundo, visto, como lo ve, a través de tantos dolores y tantas angustias, Teresa?*

—¡Uf! ¡Qué pregunta más difícil! Yo... yo debo de ser una especie de loca utópica, porque la verdad es que sigo esperanzada. Y precisamente, de vez en cuando, tiene uno este tipo de experiencias, muy hermosas, que te hacen seguir pensando que construir puentes entre los pueblos es algo hermoso, que es posible llegar a algo más. De vez en cuando vienen las... las desilusiones repetidas... Vamos, como siempre: dándonos contra el mismo muro. Pegándonos cabezazos, cabezazos, cabezazos... pero, de vez en cuando, uno se trae una sonrisa, se trae uno un... un no sé qué que te hace pensar que es posible que haya otro mundo, que es posible construir otro mundo distinto al que vivimos.

*—Pasado mañana, viernes, llegarán a Sri Lanka otros tres médicos de esta ONG. Uno de los tres médicos de Médicos del Mundo que se han quedado allí, en Trincomalee, es Ricardo Angora [anterior presidente de Médicos del Mundo]. Ricardo, muy buenos días.*

—Hola, buenos días.

*—Ricardo Angora lleva desde 1993 con Médicos del Mundo. [...] ¿Qué está haciendo usted en estos momentos, Ricardo?*

—Estamos preparando la distribución de unos *kits* sanitarios para la población de los campos de desplazados, que contienen medidas higiénicas para prevenir la transmisión de enfermedades, es decir, para mantener la higiene de las personas que se encuentran hacinadas en campos que no están preparados para poderles atender adecuadamente. Y se trata de evitar que haya propagación de enfermedades, y lo hacemos a través del reparto de jabón, utensilios para el aseo personal, desinfectantes para el campo, raticidas, desparasitación, y... champú. Es decir, todo lo necesario para la higiene personal y para evitar que se produzca transmisión de enfermedades.

*—Nos estaba contando Teresa que, además de la utilidad de la higiene, ellos la demandan, ¿verdad? Tienen una gran preocupación por la higiene, la demandan...*

—Claro, es que las condiciones en las que viven son muy difíciles. Es gente que ha perdido todo, que ha perdido su casa, que ha perdido su trabajo, gente de cincuenta años que, después de haberlo construido con mucho esfuerzo, porque son personas con pocos recursos, pescadores de la costa, de pronto se les ha venido abajo todo. Han perdido todo, han perdido a sus seres queridos, todas sus ilusiones de vida, y se encuentran en una situación absolutamente desesperante.

*—Cuéntenos algo de gente que haya conocido esta misma mañana o de la que haya atendido esta misma mañana. ¿Nos puede comentar alguna circunstancia concreta?*

—Pues... en el reparto de la ayuda que hemos hecho hoy, hemos visto a las mujeres, con los niños, y se encuentran, ya digo, en una situación de desesperación, porque lo que quieren es volver cuanto antes a tener un hogar y a poder estar en el hogar. Ahora mismo se encuentran hacinados en los colegios y conviviendo con un montón de personas y es una situación muy difícil. Ellos lo que nos piden es que hagamos lo posible para que, cuanto antes, les reconstruyan sus casas y puedan llegar a vivir y a desarrollar una vida normal. Es absolutamente lógico.

*—¿Quiere Teresa enviarle algún saludo a su compañero Ricardo Angora?*

—[T. G.] Claro que sí. Hola, Ricardo, ¿cómo andas?

—[R. A.] ¿Qué tal? Buenos días. Muy bien, repartiendo toda la ayuda que traíamos.

—[T. G.] Muy cansaditos estaréis todos, ¿no?

—[R. A.] Bueno... pero los campos lo necesitan, la gente está en una situación difícil y hay que evitar que se produzcan brotes de enfermedades transmisibles y en eso estamos, con el reparto de los *kits* higiénicos y material higiénico.

—[T. G.] Muy bien, ¿seguís haciendo la consulta en Trincomalee?

—[R. A.] Seguimos haciendo la consulta en Trincomalee. Ahora mismo hay tres médicos allí pasando consulta y haciendo atención psicosocial a la población que lo demanda.

*—Gracias Ricardo, muchísima suerte. Teresa, me gustaría saber cómo se prepara uno para esto. Porque me imagino que no debe de haber ninguna asignatura de la carrera que hable de catástrofes, dramas, de un mundo que no conoces, de unas circunstancias diferentes. No te enseñan que vas a necesitar emplear no sólo tus conocimientos técnicos, sino tu visión de la realidad, de la vida, de los hombres... Vas a tener que ser psicólogo, amiga, hermana... Esa asignatura no se enseña, ¿no?*

—No, no hay esa asignatura. Pero bueno... las personas que queremos participar en este tipo de cosas, sí tenemos posibilidades de formarnos; cada vez hay más posibilidades... Aunque es verdad que aunque uno se vaya formando, para lo único que te sirve es para tener un poquito más de soltura, porque cada catástrofe, cada pueblo, cada situación es absolutamente diferente. Muchas veces se trata de recurrir a la experiencia acumulada. Concretamente, con nosotros ha estado un médico, un médico de familia, ya de cincuenta años, magnífico, que me decía: «¿Esto es la emergencia?». Y yo le decía: «No, esto no es *la* emergencia. La de Ban [Irán] es muy distinta y la de Irak, hace dos años, fue muy distinta también».

Pero es verdad que uno va acumulando, va aprendiendo, y va aprendiendo sobre todo a tener cintura, a ser muy adaptable y a escuchar. A escuchar a la gente y a aprender de ellos y a ser menos prepotente y a trabajar más con la gente. Y eso es lo fundamental.

*—Usted terminó Medicina en 1986 y, en ese momento, ¿ya tenía usted intención de dedicar su vida profesional a esta actividad o fue atrapada por alguna razón concreta?*

—Pues la verdad es que yo entré a trabajar en el Ayuntamiento de Sevilla enseguida, en el año 1987 y, en 1994, de pronto, hay una llamada en los periódicos... «Se necesitan médicos con experiencia de seis o siete años que hablen francés». Era para mí y yo dije: «Venga, me voy». ¡Ja, ja, ja...! Y así fue. Me fui a Goma [Ruanda] y la verdad es que me enganchó, me enganchó... Yo creo que esto es una experiencia en la que siempre te traes más de lo que das. O sea, para ti es mucho más enriquecedor que cualquier aporte que tú hagas; siempre tú te traes más de lo que has dejado y casi todo el mundo que está aquí lo sabe, porque exploras otra dimensión de lo humano y porque, además, yo creo que para los médicos, especialmente, es la verdadera vocación. ¿Tú estudiaste para esto? La verdad, no. No estudiaste para leer pruebas o mirar *tacs* o el escáner. Tú estudiaste para estar con la gente porque te gusta la gente, y en estas cosas... estás con la gente: redescubres tu vocación y ahí te quedas.

*—En Bosnia, en Afganistán, en Irán, en Irak... [...] Una última cosa: si tuviera que escoger un mensaje para los oyentes de la Cadena SER, ¿cuál sería su mensaje?*

—Pues... yo creo que les diría un poco lo que comentábamos antes: que es hermoso, que es muy hermoso que una sociedad, como en este caso la sociedad del sureste asiático, reciba la solidaridad de otra sociedad. Es importante que los estados se movilicen. Pero los ciudadanos sienten que otros ciudadanos están pensando en ellos y eso es muy bonito. Yo creo que todos hemos vivido lo bonito que es cuando alguien se acerca a ti en un momento de dolor. En este caso, ellos están sintiendo cómo pueblos enteros se están acercando a ellos en un momento de dolor y es muy hermoso.

*—De manera que esta ayuda, que en ocasiones parece solamente un elemento cuantificable, la veis allí, la ven ustedes allí... reflejada en relaciones personales más profundas...*

—Exactamente: vínculos de solidaridad, y eso es impagable.

64

# *Imanol Arias*
# *Antonio Alcántara y un hombre comprometido*

En septiembre de 2001, Televisión Española comenzó a emitir una serie de ficción titulada *Cuéntame cómo pasó*, que narraba las peripecias de la familia Alcántara a finales de los años sesenta. La serie, protagonizada por Imanol Arias, Ana Duato, María Galiana, José Sancho y otros muchos actores, obtuvo un éxito inmediato. En 2005 ya había completado su sexta temporada de emisión y los Alcántara, con sus vecinos, se dirigían inevitablemente hacia los años de la transición política española.

El día 20 de enero de 2005, Iñaki Gabilondo entrevistaba a Imanol Arias (Riaño, León, 1953) para comentar, entre otras cosas, el fulgurante éxito de la serie televisiva. Imanol Arias era ya un actor consagrado: había trabajado con Pedro Almodóvar en *Laberinto de pasiones* (1982), con Vicente Aranda en *El Lute* (1987) (véase la entrevista a Eleuterio Sánchez en esta recopilación) y en otras muchas producciones cinematográficas. También era un habitual de la televisión, en series como *Anillos de oro* o *Brigada central.*

*—Imanol Arias... Estábamos recordando el éxito enorme que tuviste con aquellos* Anillos de oro. *Te pilló, además, en el extranjero. Recuerdo que habías hecho la serie de televisión, te fuiste a hacer cine a Argentina y, al volver, te encontraste con que eras un ídolo… Y, ahora, fíjate, después de tantas cosas que has hecho en tu vida, un éxito monumental otra vez con* Cuéntame.

—Las cosas van y vienen. Esto es... esto es como... como la propia historia, como el Guadiana: se esconde uno, sale y vuelve.

Es una suerte, de todas formas. Es una suerte que los picos tengan años de diferencia, que te vayan encontrando en diferentes estaciones de la vida, porque así... lo vas haciendo mejor, te lo pasas bien...

*—¿Qué ha pasado con* Cuéntame? *¿Cuál es la razón de que haya tenido un éxito tan espectacular?*

—Yo he ido variando un poco la opinión. Desde pensar en una cierta necesidad de una nostalgia positiva, de una visión de una época predemocrática muy marcada y muy común en los españoles. Pensaba también que el éxito radicaba en no hacer sangre, sino en situarlo todo en un contexto medio, donde los acontecimientos desde la derecha y desde la izquierda afectaran a la familia... Pero también he llegado a la conclusión de que es la mejor serie de televisión, que hay una apuesta por una calidad en cuanto al entretenimiento que rompe todas las mentiras que durante dos o tres años se han venido propagando. Decían que la realidad era la telerrealidad, que la ficción estaba muerta. En *Cuéntame* lo que se ha demostrado es que la televisión es un elemento vivo, como dicen, pero que la televisión tiene también un poder de comunicación, y yo creo que esta serie se acerca. Yo también creo, por último, que hay otro factor importante: a los españoles nos han rascado el bolsillo y no lo queremos reconocer, y nos han dado un palo del cien por cien, o sea, que la cerveza vale ciento setenta pesetas.

*—Sí, con el euro...*

—Entonces, como la serie se emite los jueves, cuesta más salir los jueves. Entonces, uno, para no salir el jueves, no tiene que reconocer que no tiene una «pela» en el bolsillo, y puede decir: «No, yo es que los jueves no salgo porque... ¿para qué voy a ir al cine si veo *Cuéntame?*». El programa de los jueves consigue sustituir en algo la salida y la gente lo puede contar, porque la gente que ve *Cuéntame* lo cuenta, lo dice. Yo creo que les alivia un poco el tener que reconocer que nos han dado palos por todos los lados.

*—Pues ya ven ustedes: la suma de un montón de factores. Podrían ser algunos otros, pero no cabe duda de que éstos han funcionado. [...] Oye, Imanol, en tu carrera profesional, en tu carrera artística, hay pocos picos, pero de una gran altura... Esto... ¿qué significa? La televisión durante algún tiempo, para los actores muy acreditados, para las primeras figuras, parecía un tema menor... y una buena oportunidad o trampolín para gente poco conocida. ¿Eso ya ha acabado? ¿Y qué significa en tu carrera Antonio Alcántara y la serie* Cuéntame *en la tele?*

—Al final es el pago de una factura que yo me negaba y es que... yo creo que a lo largo de estos treinta años de profesión yo he sido un actor que ha tenido mucha suerte, pero, además, he tenido el favor del público. Yo creo que en un momento determinado, en los inicios, había más... un acierto, el gusto por el público y la oportunidad histórica de la transición de hacer papeles importantes. Y, al final, cuando el reconocimiento del público supera circunstancias, tiempos, épocas, edades, uno llega también a tener un compromiso. Yo creo que con *Cuéntame* cumplo un compromiso con el público en general, desde un estamento gratuito, desde una televisión pública, durante dos o tres años. Creo que es la única vez en toda mi vida que he trabajado tanto en un mismo sitio. Y, además, también me da la posibilidad, espero (ése siempre es el sueño), de ir recuperando también otra parte como actor que a mí me gusta, que es el actor más minoritario, de textos... Digamos que la realidad me ha ido llevando a la ficción poética y al pensamiento mucho más que a la noticia.

*—¿El extraordinario impacto popular de la figura de Antonio Alcántara no te va a crear dificultades, digamos, desde el punto de vista profesional? ¿No te va a dejar marcado una temporada larga?*

—Yo ya he pasado por algunos suplicios de ésos y, al final, si no te aferras a ellos... A mí, Eleuterio Sánchez, en un momento determinado, me dijo: «A partir de ahora, *El Lute* eres tú». Y no volvió a aparecer nunca más en los medios de comunicación. Sí... alguna vez me han llamado *El Lute* en la calle, cariñosamente, sobre todo por el sur. No, yo creo que no. Lo que sí puedo hacer es que este acercamiento intensivo al público pueda suscitar luego un interés para verte más en privado, en un teatro, por ejemplo. Yo creo que al cine sí le afecta un poco. Yo creo que, después de una serie de televisión, la gente tiene que esperar para verte en una pantalla...

*—Sí. Para el teatro es otra cosa, sí.*

—Sí, y yo me vinculo más al teatro.

*—Bueno, de todas maneras, antes de este éxito extraordinario, tú ya tenías una gran historia como actor, de forma que esto difícilmente puede apoderarse de ti, aunque, efectivamente, te puede marcar. En todo caso, dejando a un lado el éxito extraordinario de* Cuéntame, *queríamos también hablar de ti, contigo, de otras cosas, porque eres un hombre siempre comprometido, siempre implicado en todos los procesos sociales. Quisiera que nos dieras tu impresión de cómo están ahora las cosas. En*

*torno a tu profesión, estos nuevos tiempos han cambiado las cosas en la política. Los nuevos políticos llegan anunciando cosas que, en relación con tu oficio, constituyen novedades de relieve. ¿Cómo las valoras?*

—En primer lugar, creo que la pacificación es lo más importante. El sector cultural no puede ser un sector enfrentado a los poderes. Todo lo contrario: es un mecanismo de sustento, es un mecanismo dinamizador y, situado así, además, se sitúa en su verdadero contexto, porque si lo sacas de ese contexto, puedes, incluso, magnificarlo demasiado. Yo creo que el sector profesional está aliviado, porque teníamos una presión, teníamos un enemigo, se nos ninguneaba. Se nos ha ninguneado, se nos ha insultado, se nos ha desprestigiado. Y esas voces, curiosamente, cíclicamente siguen apareciendo. Es decir, el mismo que ha dicho que alguien es un chupa no sé qué, a mí me dijo hace años que yo era un *gudari* asqueroso, con las mismas letrillas y los mismos versillos fascistas y derechosos. Y yo creo que la profesión, en ese sentido, está liberada y ahora se enfrenta con su verdadera cuestión: lo que hay que hacer es muy buenos trabajos. Es verdad que en la época anterior, con el Gobierno anterior, cierta tensión hizo que no hubiera tan buenos trabajos, que la conexión con el público no fuera fluida. Yo creo que ése es el compromiso: callar y trabajar, y no vivir a golpe de titular diario, como si esto fuera una confrontación [1].

*—Pero ¿crees que ha prendido en parte de la sociedad esa imagen que algunos, en efecto, han insistido en marcaros? Dicen: actor igual a gorrón, actor igual a parásito social, actor igual a chupón del erario público. Sabes que hay quien ha manejado esto de una manera tan insistente y tan brutal que yo no sé medir en este momento si eso ha prendido o la gente se ha dado cuenta de que no tiene ni pies ni cabeza. ¿Tú qué crees?*

—No es nuevo y, además, son las mismas voces. Y hay voces continuas sobre la subvención cultural. Son las mismas que se ríen cuando dicen que no se puede trabajar sobre el IVA, en vez de pensar que puede ser una propuesta española y francesa a Europa. Son los que devalúan un Oscar y lo llaman subvencionado. Es gente que tiene esa predisposición. Y se va extendiendo esa idea. Y, además, en algunos medios, conforman una... Yo creo que ha calado...

*—Parece casi una especie de tópico: se marca y queda acuñado, ¿no? Como «Viriato, pastor lusitano», «actor español, parásito social».*

—Sí, sí...

*—Eso es lo malo, cuando queda, en cierto sentido, acuñado, ¿no?*

—Yo creo que eso afecta mucho al espectáculo en directo, a una cierta desvalorización del teatro. Afecta mucho a las administraciones del propio partido para los que éstos hablan, porque entonces se sienten como... Y ha habido rechazos. En Gran Canaria se rechazaba a la gente de acuerdo con su postura ante la guerra [de Irak]. Y creo que sí ha calado, pero se pasará, ¿no? Es muy curioso cómo luego la gente, cuando te ve en la televisión, no te vincula con las posiciones políticas o sociales que hayas podido mantener.

*—Es que el televisor es un miembro de la familia.*

—Claro. Pero quiero decir algo más sobre el tema anterior: yo creo que es profundamente injusto personificar los ataques políticos. Entiendo que hay que hacer un análisis cuando hay un dinero público, para ver el resultado y la calidad de las cosas, el sostenimiento industrial, para que no se esté siempre amamantando la producción cultural, pero de ahí a decir que somos unos parásitos... Es que, entonces, ¿qué habría que decir de los poetas? ¿Qué habría que decir de los maestros? ¿Qué habría que decir de la gente que hace cosas para los demás? Evidentemente, los que hacen cosas para uno mismo no tienen que estar subvencionados. Ésos ya hacen guerras y ya dicen mentiras. [...] Estamos en manos de los asesores de imagen, en todo. Cada día es un torpedeo, cada día son más palabras que ocultan una realidad que es mucho más sencilla. Así que yo, ahora, me he refugiado en la observación y en la lectura de verdad y en cosas que me hagan pensar sobre el mundo. Yo estoy muy descontento con los políticos, creo que lo tienen muy complicado, pero creo que están mintiendo descaradamente. Y cuando no mienten, porque muchos de ellos tienen buena voluntad, actúan torpemente. Creo que habría que explicar muchas cosas y que sería bueno que alguien, cuando plantea algo, explicara, lo primero, las dificultades que va a tener, las incógnitas que tiene, con toda la tranquilidad. Tienen que explicar que las cosas son difíciles, para que el titular del día no sea: «Ya hemos resuelto esto...». Luego viene la desilusión, la contraofensiva... ¡Hombre...! A mí no me gusta y no quiero que haya una ideologización de todo, que todo sea ideología, pero tampoco quiero no haya distintos puntos de vista y que la gente no tenga en cuenta que hay personas que hablan de respeto democrático y tienen una ideología reaccionaria. En España, como en todos los países europeos, hay que saber que juzgamos a los políticos como si fueran economistas. A ver quién lo hace mejor con las cuentas: no. Está la ideología, está lo que se quiere hacer con el mundo, quién quiere hacer qué con el mundo, qué se quiere hacer con los ciudadanos. Y, bueno, en ese sentido, el cambio de una derecha bastante rancia, sobre todo en los últimos años de gobierno, bastante mentirosa, con jóvenes delfines que son patéticos, a una izquierda socialdemócrata... yo espero que al menos esa sustitución sirva para que no haya que estar en la guerra de los titulares, porque si no, la gente dejará de ir a votar, incluso. Es un aburrimiento.

*—Oye, ¿qué sentido tiene el compromiso ahora, digamos, en un caso como el tuyo, cuando ya ha llegado el éxito, cuando ya está pagada la luz, cuando uno ya tiene la vida estabilizada y el reconocimiento social? [...] ¿Cómo ves el mundo? ¿Cómo ves en este momento el mundo y cómo ves el compromiso de una persona conocida, como tú, de una persona reconocida, con éxito? ¿Cabe el compromiso con los desfavorecidos? El otro día, en el Forum, hablaste de Acnur y los refugiados* [2].

—La globalización tiene enormes ventajas para los que ganan mil quinientos euros al mes. Yo creo que tiene gran capacidad de información y para favorecer el acceso a las tecnologías. Curiosamente, también tiene una enorme capacidad para fragmentar las cosas y es muy difícil que la gente sepa que hay diecisiete millones de desplazados y refugiados en el mundo. Eran veinte, hemos ganado tres porque sólo en Afganistán se han recuperado dos millones de desplazados. Es decir, es difícil oír los gritos del silencio, es decir, las personas apagadas que existen y no existen, que son desplazadas por conflictos que les afectan pero que no les pertenecen y son masacrados mientras salen del conflicto, masacrados durante la travesía, y maltratados, humillados y marginados. Angelina Jolie me sorprendió mucho porque dijo que, en su opinión personal, habría que dar luz a los desplazados, iluminar esas vidas oscuras. Se podría ayudar a que no se ejecute un exterminio calculado, planeado, que tiene dos directrices: una política y otra económica. El genocidio en África, el abandono, es preocupante, pero no porque me afecte solamente en la cercanía, sino porque me afecta como ser humano y en el sentido que tengo de la vida.

*—¿Pero crees que una persona de reconocido prestigio popular tiene la obligación de dar testimonios como el que acabas tú de hacer? O como Angelina Jolie... has dicho que estuvo allí, en Barcelona.*

—Si eres artista, no solamente tienes la obligación, sino que además... es la única manera de ver las cosas. Yo creo, por el contrario, que los artistas, al llegar a determinados niveles de reconocimiento social, tenemos demasiada cercanía con el poder: eso nos quita inteligencia, nos oscurece los puntos de vista. A todos nos gusta ser amigo de algún ministro, aunque sólo sea para... no para pedirle nada, sino para decir: «Cené con éste y me contó estas cosas». Bueno, pues creo que es mejor que el artista viva desde un punto de vista crítico. Pero lo que me preocupa es la mentira, creo que se ha instalado la mentira...

—*¡Nos hemos pasado un par de años, hijo...!*

—Sí...

—*Desde luego... ha sido ir de rueda de molino en rueda de molino, ¿sabes? Bueno, ya lo sabes. Oye, una cosa, y en el momento vital en el que te encuentras, Pastora [Vega], los chicos, la edad, el tiempo, ¿cómo lo vas encajando?*

—Casi he dejado de fumar, con lo cual, tengo cuatro kilos más y parece que estoy hasta bien.

—*¿Tienes cuatro kilos más?*

—Sí, sí. Estaba muy flacucho.

—*¿Pues cómo estabas cuando tenías cuatro kilos menos?*

—Pues estaba... ya ves... estaba como en los setenta, o sea, enflaquecido. Y, eh..., y eso me ha hecho recuperar un poco el gusto por la comida y bebo mejor el vino.

—*Está todo más rico, ¿verdad?*

—Todo más rico, duermo... Lo de fumar... no lo he dejado del todo, porque, además, yo no soy radical en eso: yo soy tabaquista. O sea, yo analicé que, en toda mi vida, todos mis vicios han tenido que ver con echar humo por la boca. Ha sido una especie de obsesión de chimenea, y entonces me ha picado Kyoto a mí mismo, y me he hecho una especie de arancel y lo he rebajado casi en un 70 por ciento, y así, a nivel muy privado... esas cosas... Te quiero decir que yo no cuento nunca cosas muy privadas, pero te voy a contar una cosa de mi cama. Pastora, al tercer día, pensó que me había muerto por la noche, porque de los ruidos que hace uno cuando fuma a la placidez, a la quietud del que fuma poco... Pensó que me había dado algo, porque no me movía en ocho o nueve horas.

—*¡Ja, ja, ja...! Pues sí... ¡Hasta ella! Mira, es un indicador... Se debió de quedar muy aliviada cuando descubrió que no te habías muerto. Y ahora, para regresar a* Cuéntame, *a la serie, ¿has aprendido algo especial?*

—Sí, he aprendido que la mayoría de la gente tiene... el recuerdo emotivo a partir del impacto visual. Porque en una época, sobre todo en la época del último franquismo, la característica era la ocultación de lo que uno pensaba. Frente a ese vacío, la gente sí recuerda los objetos y la forma de vivir. Es decir, la sociedad franquista, más que ideológicamente, está representada por una especie de cosa chata y de elementos que sorprenden al verlos de nuevo. Yo he recordado que si una mujer faltaba unas horas de su casa, el marido mandaba a la policía a buscarla, lo de los créditos... [3]. Claro... ahora entiendo por qué mi madre nunca iba a la caja de ahorros. Era cosa del hombre, claro; siempre iba el *aita*. Menos mal que los vascos, muy inteligentemente, le dábamos el dinero a la mujer, para que ella gobernara la casa. O sea, que dentro de casa, los hombres éramos...

*—¿Sabes? Un día del mes anterior a mi boda, a las diez y cinco minutos de la noche, el padre de mi novia bajó al portal porque eran las diez y ella aún no había llegado...*

—¡Ja, ja, ja...!

*—Yo me sentí... Fue fuerte, verdaderamente fuerte...*

—Y además, con la voz que tú tienes, seguro que, bajando por el tercero, él ya lo estaba oyendo todo: tú no le oías a él y él ya te...

*—No estábamos haciendo mucho ruido.*

—¡Ah, bueno!

*—Sí, bueno. Esto... De todos los objetos de la época, selecciona uno. De tu recuerdo, no de Antonio Alcántara...*

—El «picá» *[pick up]*. Aquella especie de comediscos *single* que los rayaba...

*—El «picú».*

—El «picú», el «picú». El «picú» amarillo de la marca Telefunken.

*—Muy bien. ¿Y qué planes tienes? ¿Seguir trabajando, descansar, América...? ¿Qué planes tienes?*

—Ahora tenemos mucho más margen, porque vamos a hacer una nueva programación en *Cuéntame*. Este año terminamos ahora y volvemos en octubre, y vamos a hacer trece capítulos al año, creo que dos años más. Queríamos hacer hasta 1975. Luego haré en Valencia una *TV-movie* que se llama *Mentiras*, que produzco e interpreto, y luego volveré a la serie. Y para el año que viene tengo un proyecto complicadito para hacer en los teatros.

## NOTAS

[1] La tensión social que se puso de manifiesto durante los últimos meses del Gobierno de José María Aznar influyó en el comportamiento público de actores, directores, músicos y otros sectores de la profesión. Aunque había motivos intrínsecos para ese descontento, el mundo de la cultura —en una amplísima mayoría— se situó junto a la sociedad española a la hora de enfrentarse a la política del Gobierno popular. La gala de entrega de los premios Goya de 2004, con la presencia de la ministra de Cultura, fue una singular demostración del enojo social frente a las posiciones gubernamentales.

[2] Durante el verano de 2004, en Barcelona, se celebró un acontecimiento de concienciación social llamado Forum: un multitudinario y gigantesco encuentro de distintas culturas, un debate sobre la globalización, una visión panorámica del mundo futuro, etcétera, con exposiciones, coloquios, espectáculos y otras actividades. No tuvo un éxito más que mediano y, en algunos sectores, se consideró sólo como un gran proyecto de reforma urbanística.

[3] Las mujeres, en general, no tenían acceso a las cuentas bancarias ni tenían derecho a pedir un crédito durante el franquismo. Todas estas operaciones debían ser consentidas o avaladas por el marido o por un hombre de la familia.